Sakramente ökumenisch feiern

Vorüberlegungen für die Erfüllung
einer Hoffnung

Für Theodor Schneider

Herausgegeben von
Dorothea Sattler und Gunther Wenz

Matthias-Grünewald-Verlag · Mainz

Der Matthias-Grünewald-Verlag ist Mitglied
der Verlagsgruppe engagement

Die Deutsche Bibliothek – Bibliografische Information der Deutschen Bibliothek
Die Deutsche Bibliothek verzeichnet diese Publikation in der Deutschen Nationalbibliografie; detaillierte bibliografische Daten sind im Internet über http://dnb.ddb.de abrufbar.

© 2005 Matthias-Grünewald-Verlag, Mainz
Das Werk einschließlich aller seiner Teile ist urheberrechtlich geschützt. Jede Verwertung außerhalb der engen Grenzen des Urheberrechtsgesetzes ist ohne Zustimmung des Verlags unzulässig und strafbar. Das gilt insbesondere für Vervielfältigungen, Übersetzungen, Mikroverfilmungen und die Einspeicherung und Verarbeitung in elektronischen Systemen.

Umschlag: Paul Enste, creative time, Mainz
Bildmotiv: „Dornbusch" von Beatrix Claßen (in Privatbesitz)
Produktion: Doron, Prag
Druck und Bindung: PbTisk s.r.o., Pribram

ISBN 3-7867-2551-9

INHALT

Ein Wort des Dankes zuallererst 9

GRUSSWORTE

Karl Kardinal Lehmann 15
Bischof em. Hartmut Löwe 16
Bischof Felix Genn 18

SAKRAMENTALITÄT IM GESPRÄCH

Harding Meyer
Kirchliche Einheit in Wort und Sakrament
und das Konzept „Kirchengemeinschaft"
Reformatorische Anliegen 25

Jürgen Werbick
Kirchliche Einheit in Wort und Sakrament
Römisch-katholische Anliegen 47

Hermann-Josef Röhrig
Die Verwandlung von Mensch und Welt
Sakramente in orthodoxer Sicht 61

Gunther Wenz
Ins Wort gefasst
Homiletische Erwägungen in ökumenischer Perspektive
zum reformatorischen Grundverständnis des Sakramentalen 76

Michael Welker
Wahrheitssuchende Gemeinschaften?
Über eine hohe Minimalbedingung ökumenischer Verständigung 91

DIE EINE TAUFE

Eva-Maria Faber
Baptismale Ökumene
Tauftheologische Orientierungen für den ökumenischen Weg 101

Christiane Olbrich / Peter-Otto Ullrich
Regionale Ökumene-Beauftragte
Eine Initiative zur organisationalen Konkretisierung der in der
Taufe grundgelegten Verbundenheit christlicher Gemeinschaften 124

Walter Klaiber
Freikirchliche Tauftraditionen – ökumenisch herausgefordert 147

Wolfgang Thönissen
Taufe und Kirchengemeinschaft
Gegenwärtige Bemühungen um eine
gegenseitige Anerkennung der Taufe 167

Martin Stuflesser
Wir bekennen die eine Taufe
Die Feier des Taufgedächtnisses in ökumenischer Gemeinschaft 180

Dagmar Heller
Die Taufe ökumenisch feiern? 198

DAS EUCHARISTISCHE ABENDMAHL

Harald Wagner
Taufe und Eucharistie in wechselnder Verwiesenheit 211

Lothar Lies SJ
Erlebte Feier eucharistischer Gemeinschaft
in früher Vätertradition 220

Friederike Nüssel
Perspektiven im innerreformatorischen
Abendmahlsstreit damals und heute 256

Bernd Jochen Hilberath
Eucharistische Gastfreundschaft –
eine ekklesiologische Unmöglichkeit? 278

Dorothea Sattler
Mit Kranken das eucharistische Mahl feiern
Eine ökumenische Perspektive 291

FEIERN DER VERSÖHNUNG

Paul Deselaers
Erfahrungen mit dem Sakrament der Versöhnung
Unterwegs zu ökumenischen Horizonten 319

Ulrich Kühn
Reformatorische Anliegen beim Bußsakrament 339

VERSTÄNDNISSE DER EHE

Peter Neuner
Der sakramental-ekklesiale Charakter
der ehelichen Gemeinschaft 359

Ulrike Link-Wieczorek / Ralf Miggelbrink
Sakrament oder Segen?
Zur ökumenischen Verständigung über die Ehe 376

Reinhard Hauke
Segensbitte für die Gemeinschaft von Mann und Frau
in ökumenischer Feier 432

KRANKENSALBUNG UND KRANKENSEGNUNG

Ottfried Jordahn
Erneuerung der Feier der Krankensegnung und Krankensalbung
in ökumenischer Perspektive 445

Albert Gerhards
„Mein Los ist Tod, hast du nicht andern Segen?"
Sakramentale Feiern im Umfeld von
Sterben und Tod – ökumenisch betrachtet 467

KONFIRMATION UND ORDINATION

Wolf-Dieter Hauschild
Reformatorische Anliegen bei der Neuordnung der confirmatio
in Deutschland während des 16. Jahrhunderts 479

Winfried Haunerland
Amtsantritt der Ordinierten
Interkonfessionelle Beobachtungen zur Feier
der Primiz und der Einführung eines Pfarrers 513

Gunther Wenz
Amt und Ordination aus reformatorischer Sicht 533

Autorinnen und Autoren 553

Ein Wort des Dankes zuallererst

Dieses Vorwort wird ein mehrfaches Dankeswort. Wer ein Buch wie das vorliegende in Händen hält, möchte wohl erfahren, wie es hat werden können.

Ein erstes Dankeswort gilt Theodor Schneider, dessen theologisches Werk und dessen Persönlichkeit Anlass für die thematische Ausrichtung dieser Festgabe anlässlich seines 75. Geburtstags sind. Bis in die jüngsten Lebenstage hinein ist Theodor Schneider seinem frühen Grundanliegen treu geblieben, die Feiern der Sakramente in ökumenischer Offenheit Menschen in Aufnahme liturgischer Traditionen sowie in lebensnaher Sprache zu erschließen. Nach den vielen wissenschaftlichen Publikationen von Theodor Schneider zur Sakramententheologie[1], die in diesem Buch mehrfach zitiert werden, hat er zuletzt zusammen mit Martina Patenge ein Vorhaben verwirklichen können, das ihn lange schon motivierte, nämlich eine „kleine Sakramentenlehre" zu schreiben[2], die auch Menschen zugänglich ist, die kein theologisches Studium begonnen haben, zugleich jedoch den Feiern der Sakramente in unterschiedlicher Weise nahe kommen, sie vorbereiten und mitgestalten oder einfach ökumenisch sensibel erleben.

Ein Wort des Dankes ist vor allem an jene Menschen zu richten, die unserer Bitte gefolgt sind, aus ihrer Sicht einzelne Fragen der ökumenischen Sakramententheologie aufzunehmen. Manche der Autorinnen und Autoren sind bisher Theodor Schneider persönlich kaum begegnet. Zugleich tragen sie wesentliche seiner Anliegen in zukünftige Zeiten hinein. Mit Theodor Schneider liegt gewiss allen Schreibenden an einer nachhaltigen Sorge um eine ökumenisch verantwortete Feier der Sakramente. Wir sind sehr dankbar, dass alle in den Traditionen der Kirchen gezählten Sakramente in diesem Buch bedacht sind.

Unser Dank gilt in besonderer Weise all denen, die bei der Drucklegung des Buches mitgewirkt haben: Dr. Peter-Otto Ullrich hat sich der großen Mühe unterzogen, die druckfertige Fassung der Manuskripte zu erstellen. Zum Korrekturlesen konnten wir Dr. Paul Deselaers, MarkusZingel,

---

[1] Lebensdaten und bibliographische Angaben zu den Schriften von Theodor Schneider finden sich in den Festgaben zu seinem 65. und seinem 70. Geburtstag: vgl. Bernd Jochen Hilberath/Dorothea Sattler (Hgg.), Vorgeschmack. Ökumenische Bemühungen um die Eucharistie, Mainz 1995, 630–643; Konrad Raiser/Dorothea Sattler (Hgg.), Ökumene vor neuen Zeiten, Freiburg–Basel–Wien 2000, 557–575.

[2] Vgl. Theodor Schneider/Martina Patenge, Sieben heilige Feiern. Eine kleine Sakramentenlehre, Mainz 2004.

Dr. Birgit Blankenberg und Dr. Annette Kompa gewinnen. Bei der Erstellung des Ausdrucks wirkten zudem Judith Wegener, Regina Postner, Stephan Müffler und Jürgen Krallmann mit. Finanzielle Unterstützung haben wir von den Diözesen Essen und Mainz erfahren.

Auf dem Titelbild des Buches ist ein frühes Werk der Künstlerin Beatrix Claßen zu sehen, mit der Theodor Schneider seit seiner Zeit als Kaplan in Essen verbunden ist. Das Ölgemälde aus dem Jahr 1965 ist auf das Kind Jesus hin zentriert. In der Mitte ist das Kind mit dem angedeuteten Heiligenschein. Sein Rücken ist gerade. Es sitzt auf dem Schoß der Mutter, ihr zugewandt. Die Mutter ist hineinverstrickt in die Dornen des Lebens. Ihr Gesicht ist verhüllt. Und doch ist ihre Gestalt wahrnehmbar. Jesus Christus ist nach dem gemeinsamen christlichen Glauben jene menschliche Gestalt, in der sich die Wahrheit der Verheißung Gottes in dichtester Gestalt erfüllt hat: Christus Jesus ist das menschgewordene Wesen Gottes, ein fürseiender, mitseiender, bis in den eigenen Tod hinein barmherzig bleibender Gott. Die Vergegenwärtigung des einmaligen, geschichtlichen Christus-Ereignisses geschieht im Heiligen Geist, dem auch heute brennenden Feuer der Gotteserkenntnis. Jedes Dunkel des sterblichen menschlichen Lebens ist österlich und pfingstlich gelichtet. Alle Dornen der sündigen menschlichen Existenz können die Bereitschaft zur Liebe Gottes nicht tödlich verletzen. In einzelnen Sakramenten feiert die christliche Glaubensgemeinschaft das eine Sakrament Gottes, das eine „Geheimnis Gottes" (Kol 2,2): in Zeiten der Bedrängnis durch Schulderfahrungen und Krankheiten den Feiern der Versöhnung sowie in der Krankensalbung, in Zeiten der Übernahme von Verantwortung für die Gemeinde in Firmung und Amt, in Zeiten der Entschließung zu einer partnerschaftlichen Lebensform in der Ehe. In der Taufe und in der Eucharistie feiert die Gemeinde den Ursprung und die Gegenwart der unverbrüchlichen Bundeswilligkeit Gottes – auch angesichts der Sünde und selbst noch im Tod. Gregor von Nyssa sah im brennenden Dornbusch ein Sinnbild der Empfängnis Marias, der Mutter Jesu. Diese Frau brannte im Heiligen Geist und verbrannte doch nicht. Maria blieb als Mutter in ihrem Wesen rein bewahrt. Dieser Gedanke der Vätertheologie ist der Ursprung zahlreicher Darstellungen, in denen sich Maria und Jesus inmitten eines brennenden Dornbuschs befinden. In der liturgischen Tradition scheint diese Metaphorik in der dritten Antiphon der ersten und zweiten Vesper zum Fest des 1. Januar auf.

Der Dank, den wir allesamt schulden, gilt Gott selbst in seiner Bereitschaft, sich in Sichtbarkeit mit seinem Namen und seinem Wesen Menschen zu offenbaren. Die Sakramentenlehre basiert auf der Überzeugung, Gott sei einer, der sich in menschlichen Zeichenhandlungen kund macht. Er möchte zur Darstellung kommen im Heiligtum der Schöpfung. Möge sich das Wort des Propheten Maleachi erfüllen, das die römisch-katholische Leseordnung für das Fest der „Darstellung des Herrn Jesus Christus im Tempel" vorsieht: „Seht ich sende meinen Boten; er soll den Weg für mich bahnen. Dann kommt plötzlich zu seinem Tempel der Herr, den ihr sucht, und der Bote des Bundes, den ihr herbeiwünscht. Seht, er kommt!, spricht der Herr der Heere. Doch wer erträgt den Tag, an dem er kommt? Wer kann bestehen, wenn er erscheint? Denn er ist wie das Feuer im Schmelzofen und wie die Lauge im Waschtrog. Er setzt sich, um das Silber zu schmelzen und zu reinigen: Er reinigt die Söhne Levis, er läutert sie wie Gold und Silber. Dann werden sie dem Herrn die richtigen Opfer darbringen" (Mal 3,1–4).

Münster und München,
am Fest der Darstellung des Herrn, dem 2. Februar 2005

Dorothea Sattler und Gunther Wenz

GRUSSWORTE

Zum Geleit

Karl Kardinal Lehmann

Professor Dr. Theodor Schneider hat in seiner aktiven Zeit als Mainzer Hochschullehrer immer wieder innerhalb und außerhalb der Universität eine hohe Anerkennung bekommen. Die beiden Festschriften „Vorgeschmack" (1995) und „Ökumene vor neuen Zeiten" (2000) bezeugen dies jedem. Theodor Schneider ist in der Zwischenzeit trotz des vorgerückteren Alters nicht untätig geblieben. Er hat in wissenschaftlicher und pastoraler Hinsicht weitere eigene Bücher verfasst, z.b. die kleine Sakramentenlehre „Sieben Heilige Feiern", zusammen mit Frau Martina Patenge (2004). Die anderen bewährten Veröffentlichungen hat er sorgfältig weiter betreut und aktualisiert. In vieler Hinsicht sind sie bewährte Standardwerke geworden und geblieben.

Unaufhörlich hat er als Wissenschaftlicher Leiter von katholischer Seite im Ökumenischen Arbeitskreis evangelischer und katholischer Theologen, zusammen mit seinem evangelischen Partner Gunther Wenz, die theologische Arbeit im Dienst der Una Sancta vorwärts getrieben. Es sind besonders schwierige Themen, denen er sich dabei gestellt hat, wie dem Verhältnis von Wort Gottes – Tradition – Lehramt (Verbindliches Zeugnis I–III, 1992–1998), dem alten kontroverstheologischen Thema „Gerecht und Sünder zugleich?" (2001) und neuerdings dem besonders schwierigen Problem der apostolischen Sukzession im Verständnis des kirchlichen Amtes (Band I, 2004). Dieses große Thema wird er noch weiter betreuen. Als katholischer Vorsitzender dieses Arbeitskreises möchte ich ihm für diesen unermüdlichen Einsatz ganz besonders danken. Diese Bemühungen werden mit seinem Namen verbunden bleiben.

Als Vorsitzender der Deutschen Bischofskonferenz und als Bischof von Mainz habe ich ihm weiter zu danken für die große Bereitschaft in der Mitwirkung in der Theologischen Erwachsenenbildung und in der Fortbildung für die kirchlichen Berufe. Dies alles wird zusammengehalten und immer wieder bewährt durch seine treue und zuverlässige Mithilfe in den Gottesdiensten und in der Seelsorge in Rheinhessen. Dies verbindet ihn immer wieder mit den Gemeinden, Pfarrern und den übrigen kirchlichen Berufen. Ein herzliches Vergelt's Gott!

Ich wünsche Prof. Dr. Theodor Schneider zum 75. Geburtstag am 22. Mai 2005 Gottes reichen Segen für Leib und Seele, vor allem aber auch ein gutes Gelingen seiner Vorhaben in Theologie, Ökumene und Pastoral.

Ein Dankesgruß zum 75. Geburtstag von Theodor Schneider

Bischof Hartmut Löwe

Lieber Theodor Schneider!

Ich höre gerade Johann Sebastian Bachs Kantate, die mit dem Chorsatz schließt:

> Es ist genug;
> Herr, wenn es dir gefällt,
> So spanne mich doch aus!
> Mein Jesus kömmt;
> Nun gute Nacht, o Welt!
> Ich fahr ins Himmelshaus,
> Ich fahre sicher hin mit Frieden;
> Mein großer Jammer bleibt danieden.
> Es ist genug.

Ist das ein Glückwunschtext zu einem 75. Geburtstag? Auf den ersten Blick gewiss nicht. Aber wir Christenmenschen sollen nüchtern sein und, zu Jahren gekommen, auch an den Geburtstag denken, dem keiner mehr folgt.

Älter werden ist ja nicht nur Gnade. Das sicher zuerst. Sich in jedem Jahr neu an Gottes Wunderwirken in der Schöpfung freuen, ist ein unverdientes Glück. Die Dokumente großer Kunst immer noch einmal wahrnehmen, ist Jahr für Jahr ein großes Geschenk. Die Geheimnisse Gottes im Jahreskreis wieder und wieder feiern, erneuert den inneren Menschen, auch wenn der äußere verdirbt.

Aber das ist nicht schon alles, ist nur die eine Seite. Älter werden, das heißt auch, Hoffnungen verabschieden, für die wir lange gelebt und gearbeitet haben.

Nein, jetzt keine Melancholie. Nur Nüchternheit. Und zuvor noch der Dank. Von meiner Seite und gewissermaßen amtlich für den Ökumenischen Arbeitskreis evangelischer und katholischer Theologen ein großer Dank für Deine Mitarbeit über bald dreißig und Deine wissenschaftliche Leitung von mehr als fünfzehn Jahren. Du hast viel Zeit und Energie, Geduld und Phantasie, viel theologische Umsicht in die Ökumene allgemein und besonders in unseren Arbeitskreis investiert. Du hast uns zusammen mit – zuerst – Wolfhart Pannenberg und – später – Gunther Wenz großzügig und, wenn es sein musste, auch einmal streng an die gemeinsamen Aufgaben gewiesen und die Arbeit vorangebracht. Aber manchmal sah man Dir auch die Verwunderung an darüber, wie mühselig es ist, voneinander zu lernen, wie schwer es ist, das Ungenügen überkommener Argumentationen zu durchschauen, wie wenig selbstverständlich es ist, ins Offene aufzubrechen. Manche Erwartung hat sich nicht erfüllt. Und manchmal mag Dich wie andere die Sorge plagen, ob wir die Chancen, näher zusammenzufinden, nicht vielleicht schon vertan haben.

Dann kann in uns ein resignatives „Es ist genug" aufsteigen. Aber bei Bach ist der kleine Satz keine Laune der Resignation. Die Zeilen „Mein Jesus kömmt ... Ich fahr ins Himmelshaus" nehmen auf, was an anderer Stelle der Kantate so wunderbar heißt: „Mein Jesus trägt mit mir die Last." Das macht mit aller Resignation ein Ende.

Ich danke Dir im Namen der evangelischen Mitglieder unseres ökumenischen Arbeitskreises für Deine theologische Arbeit, Deine Mühen mit uns, Dein Christen- und Professoren- und Priesterleben mit dem Wunsch, dass Du einwilligen kannst in das, was Gott Dir hat gelingen lassen, und das, was er Dir versagt hat, dass Du Dich herzlich freuen kannst an allem, was in der Christenheit lebt und blüht, ohne bekümmert zu werden über das, was krank ist und ohne Zukunft.

Theologisches Grußwort

Bischof Felix Genn

I.

„Sakramente ökumenisch feiern": Dieser Titel der vorliegenden Festgabe für Professor Dr. Theodor Schneider, Priester des Bistums Essen, fasst zusammen, was innerlich und inhaltlich mit seinem Namen verbunden und zu verbinden ist: seine Lehrtätigkeit, die Schwerpunkte seiner Lehrinhalte und seine Erfahrung mit der Kirche und ihrem sakramentalen Wirken. Bei all dem ist das Zweite Vatikanische Konzil für ihn wie für viele seiner Generation *das* kirchliche Ereignis, das sein akademisches Lehren und sein Erleben bis heute bestimmt. Die Ökumene und das sakramentale Handeln der Kirche werden von diesem prägenden Ereignis her verstanden und auf es hin vermittelt. Zwei Äußerungen aus seinen umfangreichen wissenschaftlichen Publikationen greife ich heraus, um dieses beispielhaft zu belegen: seine Aussage zur Ökumene und seine Darlegung zur Feier der Eucharistie.

II.

Ökumene vor dem Konzil: Papst Pius XI. begegnet denjenigen Nichtkatholiken, so schreibt Theodor Schneider,[1] die sich verstärkt um die Annäherung der verschiedenen Konfessionen bemühen, mit skeptischem Argwohn und mit deutlicher Abwehr. „Bei dieser Sachlage", so schreibt Pius XI. in seinem Rundschreiben *Moralium animos* im Jahr 1928,[2] „ist es klar, daß weder der Apostolische Stuhl in irgendeiner Weise an ihren Konferenzen teilnehmen kann, noch daß es den Katholiken irgendwie erlaubt sein kann, diese Versuche zu unterstützen oder an ihnen mitzuarbeiten. Wenn sie das täten, würden sie einer falschen christlichen Religion, die von der einen Kirche Jesu Christi grundverschieden ist, Geltung verschaffen. Können wir dulden, was doch eine große Gottlosigkeit wäre, daß die Wahrheit, und zwar die von Gott geoffenbarte Wahrheit, zum Gegenstand von Verhandlungen gemacht wird?" Noch 1949 schärfte das „Heilige Offizium" allen Bischöfen in einer Erklärung zur „ökumenischen Bewegung" ein, alle Ge-

---

[1] Vgl. Theodor Schneider, Auf seiner Spur. Ein Werkstattbuch, Düsseldorf 1990, 390f.
[2] Vgl. Pius XI., Moralium animos. Rundschreiben vom 6. Januar 1928, in: Anton Rohrbasser (Hg.), Heilslehre der Kirche. Dokumente von Pius XI. bis Pius XII., Fribourg 1953, 397–411, 404.

spräche genau zu kontrollieren und regelmäßig darüber nach Rom zu berichten: Interkonfessionelle Zusammenkünfte, so das Fazit von Theodor Schneider, „sind somit nicht absolut verboten, sie sollen aber nicht abgehalten werden ohne vorherige Bewilligung der zuständigen kirchlichen Behörde"[3].

III.

Ökumene nach dem Konzil: „Die Spaltungen der Christenheit", schreibt Professor Schneider,[4] „werden in ihrer ganzen Skandalosität wahrgenommen, die katholische Kirche tritt offiziell und mit Nachdruck in die ‚ökumenischen' Bemühungen ein; die große Gemeinsamkeit der christlichen Konfessionen wird vor den Unterschieden hervorgehoben und positiv gewertet; nicht nur der einzelne Christ einer anderen Kirche ist als solcher ernst genommen, sondern auch die anderen ‚Kirchen und kirchlichen Gemeinschaften' selbst werden ‚Mittel des Heils' genannt; die geschichtlich gewachsene Vielfalt soll als ein eigener Wert erkannt werden und ‚Einheit' nur im wirklich Notwendigen angestrebt werden; Schuldbekenntnis angesichts des eigenen geschichtlichen Versagens und Bitte um Vergebung erleichtern das Gespräch und das dringende Kennenlernen; überhaupt gilt Bekehrung aller zum Evangelium und Erneuerung der Kirchen als der einzig erfolgversprechende Weg auch zu der angestrebten Einheit." Noch positiver als Professor Schneider es hier tut, kann die ökumenische Entwicklung, die mit dem Konzil ihren Anfang nahm, im Grunde nicht beurteilt werden.

IV.

Die Feier der Eucharistie vor dem Konzil: Theodor Schneider kennt noch aus eigenem Erleben den Unterschied zwischen vorkonziliarer und nachkonziliarer Konzeption des christlichen Gottesdienstes. Er weiß aus eigener Erfahrung, dass nirgendwo sonst die verändernde Kraft des Konzils deutlicher wird als beim Gottesdienst und bei der damit verbundenen Frage nach seinem Träger: „Der Priester ist der Akteur, der die Liturgie der Messe durchführt, trägt und vollzieht." „Die Älteren unter uns", so schreibt er vor

---

[3] Instruktion über die Ökumenische Bewegung unter Pius XII. vom 20. Dezember 1949, in: Rohrbasser, 417.
[4] Schneider, Auf seiner Spur, 391.

fünfzehn Jahren anschaulich,⁵ „erinnern sich gut, wie die normale ‚Frühmesse' am Werktag und am Sonntag als ‚stille' Messe ablief. Er sprach zwar abwechselnd mit den Ministranten lateinische Gebetstexte, die man in den Bänken als leises Murmeln vernahm, wenn auch nicht ‚verstand'; die anwesenden Gläubigen brauchten aber kein einziges Mal den Mund aufzutun, konnten das auch nicht, weil gar keine Gelegenheit dazu war. Es gab keine Begrüßung, das ‚Dominus vobiscum' wurde nur vom Ministranten beantwortet, Lesung und Evangelium wurden leise lateinisch gegen die Wand hin ‚verkündigt', die Einsetzungsworte des Hochgebetes wurden unhörbar geflüstert, eine Akklamation ‚Deinen Tod, o Herr, verkünden wir ...' gab es nicht. Das Vaterunser wurde vom Priester allein gebetet, und auch der abschließende Segen wurde so leise gesprochen, daß nur der Meßdiener mit Amen antworten konnte. Die anwesenden Gläubigen waren sich selbst (und ihren Meßbüchern oder Rosenkränzen) überlassen, wurden nirgendwo direkt angesprochen oder in irgendeiner sichtbaren oder hörbaren Form einbezogen, wenn man einmal von den Schellensignalen zur Wandlung und zur Kommunionausteilung absieht. Immerhin wurde die Kommunion regelmäßig an die Gläubigen ausgeteilt (mancherorts allerdings kurioserweise nicht während, sondern vor der Messe), was in der feierlichen Form der Eucharistiefeier, im sonntäglichen Hochamt, ja über lange Jahre hin einfach unterblieb. [...] Alles das ist allerjüngste Vergangenheit und fällt mir immer gleich ein, wenn über die Mängel der neuen Liturgie geklagt wird und gar die vorkonziliare Zeit als Ideal gepriesen wird, zu dem wir zurückkehren müßten. Im Bereich des Gottesdienstes sind wohl die Veränderungen durch das letzte Konzil am unmittelbarsten zu spüren."

V.

Die Feier der Eucharistie nach dem Konzil: „Subjekt der Liturgie, Träger des Gottesdienstes", so Theodor Schneider,⁶ „ist der Priester Jesus Christus, aber der ganze Christus aus Haupt und Gliedern, d.h. die ganze mit Christus vereinte Gemeinde". Zweimal ist in der Liturgiekonstitution vom Priesteramt bzw. Priester die Rede⁷, aber beide Male ist nicht der menschliche Vorsteher der Feier gemeint, sondern beide Male ist Jesus Christus selbst gemeint, der in und durch seine Kirche priesterlich wirkt.⁸ Wir sind Kirche

---

5 AaO. 183, 391f.
6 AaO. 185.
7 Vgl. SC 7.
8 Schneider, Auf seiner Spur, 184f.

als Eucharistiegemeinde, resümiert Professor Schneider. Das „heißt auch, daß uns als Volk Gottes, das auf dem Weg durch die Zeit unter veränderten und zum Teil erheblich erschwerten Bedingungen die Nachfolge Jesu versucht, hier das Vermächtnis des Herrn gegeben ist, damit es uns jetzt und heute die eiserne Ration ist für unterwegs, die Speise auf dem Weg durch die Wüste, wie für den verzagten Elias unter dem Ginsterbusch"[9]. Wie schon bei seinen Aussagen zur Ökumene, so können auch die Auswirkungen des Konzils für die Liturgie am Beispiel der Feier der Eucharistie kaum positiver bewertet werden, als es durch Professor Schneider geschieht.

VI.

Das Konzil verpflichtet: Mit dieser vorkonziliaren und nachkonziliaren Situationsschilderung und Situationsbewertung gelingt es Theodor Schneider, die Akzentsetzungen und Aufbrüche der Kirchenversammlung des ganzen Erdkreises, ihre Veränderungen und Wandlungen, die sie (nicht nur) im Blick auf die Ökumene und die Liturgie in Gang brachte, anschaulich und nachvollziehbar zu dokumentieren. Auf diese Weise lässt er nicht nur deutlich werden, wie sehr er sich als Hochschullehrer und als Priester dem II. Vaticanum verpflichtet fühlt, sondern auch, wie sehr ihm daran gelegen ist, seine Hörer- und Leserschaft mit vollziehen zu lassen, dass dieses Konzil sie alle als gläubige Christinnen und Christen bis heute in die Pflicht nimmt. An seinem erklärten Einsatz für die Ökumene lässt sich dieses besonders gut verdeutlichen. Als Professor für Ökumenische Theologie will er zur Bereitschaft verhelfen, „die ‚Maßgeblichkeit' der eigenen Sehweise in Frage zu stellen – die Bereitschaft, die Einseitigkeiten und Mangelerscheinungen nicht nur [...] beim Partner zu sehen, sondern auch bei sich selbst einzukalkulieren", um so – und das sagt er mit den Worten von Kardinal Ratzinger – zu versuchen, „die ganze Einheit zu finden; Modelle der Einheit zu erdenken; Gegensätze auf die Einheit hin zu durchleuchten ... die bestehende Einheit operativ zu machen und sie zu konkretisieren und zu erweitern"[10]. Immer wieder müssen die Ergebnisse des Konzils in den konkreten Lebensäußerungen der Kirche und in ihren ökumenischen Bemühungen „umgesetzt" werden. Theodor Schneider leistet dazu als Professor und als Priester bis heute seinen wesentlichen Beitrag. Im wahrsten Sinne des Wortes ist er „Theolo-

---

[9] AaO. 187.
[10] AaO. 230; Joseph Ratzinger, Zum Fortgang der Ökumene, in: ThQ 166 (1986) 246.

gie-Professor". Sein theologisches Arbeiten ist immer auch Professio, Bekenntnis des Glaubens.[11]

VII.

Glückwunsch und Dank: Dafür sind ihm viele seine Hörerinnen und Hörer, die Leserinnen und Leser seiner theologischen Bücher und Schriften und seine zahlreichen Freunde im Bistum Essen dankbar. Als Bischof von Essen danke auch ich Herrn Professor Schneider, der am 22. Mai 2005 die Vollendung seines 75. Lebensjahres begehen kann, für sein verdienstvolles Wirken, spreche ihm meine herzlichen Glückwünsche zum Geburtstag aus, und wünsche ihm Gottes Heiligen Geist für sein weiteres theologisches Arbeiten, für sein Bemühen, das Zweite Vatikanische Konzil im Handeln der Kirche und in den Herzen der Christinnen und Christen immer neu lebendig werden zu lassen, und für sein priesterliches Wirken in der Kirche und für sie.

---

[11] So auch Alois Moos, Theodor Schneider – Glaubenslehrer und Glaubenszeuge, in: Schneider, Auf seiner Spur, 421–427, 423.

SAKRAMENTALITÄT IM GESPRÄCH

Kirchliche Einheit in Wort und Sakrament und das Konzept „Kirchengemeinschaft"
Reformatorische Anliegen

Harding Meyer

„Gemeinschaft in der Verkündigung des Evangeliums in Wort und Sakrament", oder kurz „Einheit in Wort und Sakrament" – damit ist aus reformatorischer Sicht in der Tat das Wesen kirchlicher Einheit beschrieben. Die Formel „Kanzel- und Abendmahlsgemeinschaft" – englisch: „pulpit and altar fellowship" – war lange Zeit nicht nur eine inhaltliche Umschreibung dessen, was kirchliche Einheit ist. Sie konnte im kirchlich-theologischen Sprachgebrauch sogar zum *Wort* für „kirchliche Einheit" werden und an die Stelle der Rede von „Einheit der Kirche" treten. Einheit der Kirche war gleichbedeutend mit „Kanzel- und Abendmahlsgemeinschaft".[1]

Dahinter stand und steht in aller Klarheit die reformatorische Auffassung von Kirche, wie die reformatorischen Bekenntnisschriften sie beschreiben: Kirche ist die „congregatio sanctorum in qua evangelium pure docetur et recte administrantur sacramenta" – so Artikel 7 der Confessio Augustana. Und für die Confessio Helvetica Posterior, Artikel 17, ist die Kirche der „coetus fidelium", in dem die „signa vel notae inveniuntur ecclesiae verae, imprimis vero verbi Dei legitima vel syncera praedicatio ... simul et ... sacramenta a Christo instituta et ab Apostolis tradita".

1. Der soteriologische Primärsinn der ekklesiologischen Aussagen des Augsburger Bekenntnisses

Diese ekklesiologische Überzeugung ist ihrerseits ganz und gar getragen und bestimmt von der in der reformatorischen Rechtfertigungslehre sich aussprechenden soteriologischen Überzeugung, dass das Heil – und damit die Gemeinschaft mit Christus und die Gliedschaft an seinem Leibe, der Kirche – dem Menschen allein durch den Zuspruch des Evangeliums in Wort und Sakrament zuteil wird. Soteriologie und Ekklesiologie, Rechtfer-

---

[1] Als man in der frühen ökumenischen Bewegung die drei verschiedenen „Auffassungen von kirchlicher Einheit" miteinander verglich, charakterisierte und bezeichnete man die zweite, die protestantische Auffassung kurz als „Abendmahlsgemeinschaft" (Zweite Weltkonferenz für Glauben und Kirchenverfassung in Edinburgh, 1937, Schlußbericht, Nr. 117–120).

tigung und Kirche und ihre Einheit rücken also im reformatorischen Denken aufs Engste aneinander heran:

Die „ecclesia vera" (Confessio Helvetica) wird durch *nichts anderes als* den Zuspruch des Evangeliums in Wort und Sakrament konstituiert, und so ist auch die „vera unitas ecclesiae" (Confessio Augustana) *nichts anderes als* die Gemeinschaft in Wort und Sakrament. Dieses „*nichts anderes als*" wird in der Confessio Augustana bekanntlich durch das „satis est" und das mit ihm gekoppelte „nec necesse est" scharf hervorgehoben: „Et ad veram unitatem ecclesiae satis est consentire de doctrina evangelii et de administratione sacramentorum. Nec necesse est ubique similes esse traditiones humanas seu ritus aut ceremonias ab hominibus institutas." Die Radikalität und Schärfe, mit der diese ekklesiologische Konzentration auf Wort und Sakrament vollzogen wird, sind dieselbe Radikalität und Schärfe, mit der die reformatorische Rechtfertigungslehre alles menschliche Werk aus der Rechtfertigung vor Gott ausschließt. Letztlich geht es darum, dass der Glaubensartikel von der Rechtfertigung sich in der Lehre von der Kirche durchhalten muss. Er darf ekklesiologisch nicht unterlaufen oder geschmälert werden. Man hat das lutherischerseits oft mit einer ähnlichen Aussage wie dieser zum Ausdruck gebracht: Was zum Heil der Menschen notwendig und hinreichend ist, ist auch zum Sein der Kirche notwendig und hinreichend, und was zum Sein der Kirche notwendig und hinreichend ist, ist auch zur Einheit der Kirche notwendig und hinreichend.[2] Die ekklesiologische Aussage, dass die wahre Einheit der Kirche nichts anderes ist als die Gemeinschaft in Wort und Sakrament, ist also zuallererst und in ihrem Kern eine *soteriologische*, auf das Heil der Menschen bezogene Aussage.

Die lutherischen Bekenntnisschriften zeigen das immer wieder. Man kann geradezu sagen, dass, wo immer dort und im reformatorischen Schrifttum die Rede davon ist, etwas sei für die Kirche und ihre Einheit „notwendig" oder „nicht notwendig", das Wörtchen „notwendig" „notwendig *zur Rechtfertigung*" meint.

Das zeigt beispielsweise der Artikel 28 der Confessio Augustana, in dem es – unter anderem – auch um den theologisch-ekklesiologischen Stel-

---

[2] So sagt z. B. Gerhard Ebeling in Anknüpfung an CA 7: Es „gehört zu dem, was die Einheit der Kirche ausmacht, nichts anderes, als was Kirche zur Kirche macht. Das was Kirche zur Kirche macht, macht eo ipso die Kirche zur una ecclesia" (Die kirchentrennende Bedeutung von Lehrdifferenzen, in: Wort und Glaube,, Tübingen 1962, 181). So auch Ernst Kinder, ebenfalls unter Berufung auf CA 7: „Dasjenige, was von Christi Stiftung her seinsnotwendig und lebensnotwendig für die Kirche ist, das muß auch Einigungsprinzip für legitime Sichtbarwerdung und Geschichtswerdung der wahren Einheit der Kirche sein" (Grundsätzliche Gedanken über die Einheit der Kirche, in: Die Einheit der Kirche, Berlin 1957, 83).

lenwert kirchlicher Ordnungen, Verordnungen und Zeremonien geht. Es heißt dort: „Derhalben, dieweil solche Ordnung als nötig [necessarius] aufgericht, damit Gott zu versöhnen und Gnade zu verdienen, dem Evangelium entgegen sind [...] Denn man muß in der Christenheit die Lehre von der christlichen Freiheit behalten, nämlich, dass die Knechtschaft des Gesetzes nicht nötig ist zur Rechtfertigung [non sit necessaria ... ad justificationem] [...] Denn es muß ja der vornehmste Artikel des Evangeliums erhalten werden, daß wir die Gnade Gottes durch den Glauben an Christum ohne unser Verdienst erlangen und nicht durch Gottesdienst, von Menschen eingesetzt, verdienen."[3]

Noch deutlicher sagt das die Apologie der Confessio Augustana. Sie gibt – in Art. 7 – durchaus zu, dass „es uns auch wohlgefällt, dass die Universalzeremonien um Einigkeit und guter Ordnung willen gleichförmig gehalten werden, wie wir denn auch in unseren Kirchen die Messe, des Sonntags Feier und die anderen hohen Feiern halten. Und wir lassen uns gefallen alle guten nützlichen Menschensatzungen [...]" Jedoch heißt es dann sofort: „Aber hier ist die Frage nicht: Ob Menschensatzungen um äußerlicher Zucht willen, um Frieden willen zu halten sein. Es ist gar viel eine andere Frage, nämlich ob solche Menschensatzungen halten ein Gottesdienst sei, dadurch man Gott versühne, und dass ohne solche Satzungen niemand vor Gott gerecht sein möge. Das ist die *„Hauptfrage"*, das *„krinomenon"*, wie es dort in der lateinischen Version mit einem griechischen Wort heißt.[4]

Kirchliche Einheit muss also, wenn sie „*wahre* Einheit der Kirche" sein soll, so verstanden und gesucht werden, dass dabei der Rechtfertigungsartikel gewahrt bleibt. Und das entscheidet sich allein daran, dass in dem, was dem Menschen das Heil zuspricht, also in der rechten Verkündigung des Evangeliums in Wort und Sakrament, Gemeinsamkeit, Übereinstimmung besteht. Das ist der *eigentliche Skopus* der „satis est"-Aussage. Es geschah jedoch, dass die gängige Deutung von Confessio Augustana 7 die deutliche und starke Tendenz entwickelte, die „satis est"-Aussage dennoch *direkt* ins Ekklesiologische und auf die gesamte Einheitsfrage zu übertragen. Dass diese Aussage eigentlich einen soteriologischen Skopus oder Primärsinn hatte und vor allem als Kriterium wahren Kirche-Seins und wahrer Einheit fungierte, trat zurück. Man verstand sie in dem Sinne, dass die Einheit der Kirche *überhaupt* nichts anderes sei als die Gemeinschaft in Wort und Sakrament und dass darum auch das Bemühen um sichtbare Einheit der Kir-

---

[3] CA 28,50–52 (BSLK 128f).
[4] Apologie 7,33f (BSLK 242f).

chen sich auf diese Gemeinschaft in Wort und Sakrament beschränken und alles andere der Beliebigkeit überlassen werden könne, ja müsse. Während die einen diese exklusive Zentrierung der Einheitsfrage auf die Gemeinschaft in Wort und Sakrament als verheißungsvolles ökumenisches Leitprinzip verteidigten, weil dadurch das Ringen um kirchliche Einheit auf das Wesentliche ausgerichtet und vom weniger Wesentlichen befreit werde, haben andere, besonders in der ökumenischen Bewegung – aber nicht erst und nur dort![5] – sich immer wieder an jener „satis est"-Maxime gestoßen. Das „satis est" sei eben keineswegs „genug", so hieß es[6], weil es wichtige Bereiche ausblende und vernachlässige, die durchaus zur Kirche und zur gesuchten sichtbaren Einheit der Kirche hinzugehörten. Wieder andere meinten, jene Aussage der Confessio Augustana entfalten und erweitern zu können, indem sie – gestützt auf den vorausgegangenen Artikel 5 – wenigstens das kirchliche Amt in das zur Einheit der Kirche „Notwendige" einbezogen, weil das Amt ja von Gott gestiftet und in der Evangeliumsverkündigung durch Wort und Sakrament gewissermaßen „impliziert" sei.

Jede dieser Arten, mit Confessio Augustana 7 und ihrer „satis est"-Aussage umzugehen, trägt mehr oder minder stark die Spuren einer Deutung, die den primär soteriologischen Skopus – also mit Apologie 7: die „Hauptfrage", das „krinomenon" – der „satis est"-Aussage nicht oder nicht genügend sieht und in Rechnung setzt. Es wird nicht hinreichend klar gesehen, dass die „satis est"-Aussage ihre Radikalität und exklusive Schärfe nur aus ihrem soteriologischen Kernanliegen gewinnt und sich darauf richtet, dass bei der Frage, was Kirche und Einheit der Kirche sind und was dazu

---

[5] Konfessionelle Lutheraner des 19. Jahrhunderts wie z.B. Friedrich J. Stahl, Wilhelm Löhe und Wilhelm Vilmar wollten das Amt, das Kirchenregiment oder das Bekenntnis in die Definition von Kirche aufgenommen sehen (so Wilhelm Schneemelcher in seinem Artikel „Confessio Augustana VII im Luthertum des 19. Jahrhunderts", in: Evangelische Theologie 1949/50, 308ff). Albrecht Ritschl wollte CA 7 weiter entfalten und die vom göttlichen Gnadenwirken hervorgerufenen Tätigkeiten – Gnadengaben und Berufe – einbeziehen (Die Begründung des Kirchenrechts im evangelischen Begriff von Kirche, in: Gesammelte Aufsätze, Freiburg i.Br. 1893, 136f). Für Karl Barth wiederum machte CA 7 nicht hinreichend deutlich, dass „die wirkliche Gemeinde Jesu Christi [...] die von Gott [...] in die Welt gesendete Gemeinde" sei (Kirchliche Dogmatik, Bd. IV/3,2, Zürich 1959, 878).

[6] So z.B. Lukas Vischer in seinem, damals oft zitierten Aufsatz "... satis est? Gemeinschaft in Christus und Einheit der Kirche", in: Christliche Freiheit – im Dienst am Menschen (Festschrift für Martin Niemöller), Frankfurt 1972, 243ff. Auch die Weltkonferenz für Glauben und Kirchenverfassung in Edinburgh (1937) sagte, dass „die sakramentale Abendmahlsgemeinschaft" nur „ein notwendiger Teil jeder wirklich befriedigenden Kircheneinheit" sei (s.o. Anm.1).

hinzugehören mag, ja nicht die biblische Heilsbotschaft, das „Evangelium" – wie die reformatorische Rechtfertigungslehre es beschreibt – geschmälert wird und auf der Strecke bleibt.

Mit anderen Worten: Es geht in der „satis est"-Aussage in erster Linie darum, wie *Wahrheit und Wesen* der Kirche und ihrer Einheit gewahrt werden, also darum, ob Kirche *wahre* Kirche, „ecclessia vera" (Confessio Helvetica) und ihre Einheit *wahre* Einheit, „vera unitas ecclesiae" (Confessio Augustana) sind; und dafür ist die Verkündigung des Evangeliums in Wort und Sakrament das einzige Kriterium, das „krinomenon", wie Apologie 7 sagt. Es geht im „satis est" dagegen *nicht* um eine Aussage darüber, was alles zur *gestalteten und zu gestaltenden Wirklichkeit oder Erscheinung* der Kirche und ihrer Einheit hinzugehört oder hinzugehören mag. Darum gelten die Radikalität und exklusive Schärfe, mit denen die reformatorische Rechtfertigungslehre jegliche Form von Menschenwerk im Heilsgeschehen verneint, wohl für die Frage nach *Wahrheit und Wesen* der Kirche und ihrer Einheit, können jedoch nicht einfach und direkt auf die Frage nach der gestalteten und zu gestaltenden *Wirklichkeit und Erscheinung* der Kirche und ihrer Einheit übertragen werden, ohne dass dadurch diese Wirklichkeit und Erscheinung verkürzt und verengt werden.

2. Die äußere Gestalt und Gestaltung der Kirche und ihrer Einheit

Die Reformatoren waren sich sehr wohl bewusst, dass zur sichtbaren Kirche und entsprechend zur gelebten, gestalteten und sichtbaren Einheit der Kirche, die auch sie bewahren wollten, noch anderes hinzugehört und hinzugehören muss als allein die Gemeinschaft in Wort und Sakrament. Das zeigt sich bei ihnen immer wieder. Schon das oben angeführte Zitat aus der Apologie deutet das an, wenn dort von den „Universalzeremonien" die Rede ist, die „um Einigkeit und guter Ordnung willen gleichförmig gehalten werden" sollen, und von „allen guten nützlichen Menschensatzungen", die „um äußerlicher Zucht willen, um Frieden willen zu halten sein".

Sehr viel deutlicher noch zeigt sich das an den sichtbaren „Zeichen der Kirche", von denen zum Beispiel Luthers Spätschriften sprechen. Es sind sichtbare „Zeichen", an denen man die Kirche, das christliche Volk „erkennt", wie es dort heißt, an denen man aber zugleich und nicht zuletzt die Kontinuität der Kirche durch die Zeiten, also ihre „diachronische Einheit" erkennt: Sie „beweisen, dass wir bei der rechten alten Kirche blieben, ja dass wir die rechte alte Kirche sind" und nicht „von der alten Kirche abtrünnig geworden" sind, wie Luther sagt.[7] Die „Zeichen der Kirche" haben also ökumenische Relevanz.

An erster Stelle unter diesen „Zeichen" stehen gewiss die Predigt des Wortes Gottes und die Feier der Sakramente (Taufe, Abendmahl, Absolution). So heißt es übereinstimmend in „Von Konziliis und Kirchen"[8] und in „Wider Hans Worst"[9]. Aber dann folgen bekanntlich noch andere äußerliche Erkennungszeichen wie das Amt („ordinierte Diener"), das Bekenntnis (Apostolikum), das öffentliche Gebet (Vaterunser), Leid und Verfolgung, dazu auch Dinge – so sagt Luther – der „zweiten Tafel des Gesetzes", obschon diese sich auch bei „etlichen Heiden" finden[10] wie die Achtung der weltlichen Obrigkeit, die Hochschätzung der Ehe und der Verzicht auf Gewalt.[11] Das bedeutet: Die „äußerlichen Zeichen" der Kirche und damit die äußerlich sichtbare Erscheinungsform und gelebte Wirklichkeit der Kirche und ihrer Einheit bleiben nicht begrenzt auf die Verkündigung des Evangeliums in Wort und Sakramenten. Es gibt noch andere „Zeichen", die zu den in der Tat primären und grundlegenden „Zeichen" von „Wort und Sakrament" hinzutreten. Auch die innerreformatorisch umstrittene Frage der „Adiaphora" ist, ohne sie überbewerten zu wollen, für die Frage kirchlicher Einheit und damit ökumenisch durchaus relevant. Denn dieser „adiaphoristische Streit" (1548–1552) wurde ja ausgelöst durch das „Leipziger Interim" (1548), das der altgläubigen Seite zwar nicht in der Lehre, wohl aber durch die Beibehaltung vorreformatorischer Riten und Zeremonien entgegengekommen war. Auf diese kirchlichen Gebräuche, Riten und Zeremonien wurde der der Ethik zugehörende Begriff der „Adiaphora" oder „Mittelinge" angewandt, und die Frage war, ob man sie als Ausdruck der Gemeinschaft mit der römischen Kirche beibehalten könne oder ob das eine Verleugnung reformatorischer Grundüberzeugungen impliziere. Innerhalb der lutherischen Bekenntnisschriften wird diese Frage in Kapitel X der „Konkordienformel" behandelt und beantwortet.[12]

Bereits die Bezeichnung der kirchlichen Gebräuche und Zeremonien als „Adiaphora" war eine grundsätzliche Beantwortung jener Frage: Diese Gebräuche und Zeremonien, so lautete sie, sind ambivalent, eben „Mittelinge". *Einerseits* sind sie in „guter Meinung (bono consilio) um guter

---

[7] „Wider Hans Worst", WA 51, 479.
[8] WA 50, 628–632.
[9] WA 51, 479–481.
[10] WA 50, 643.
[11] WA 51, 482–485.
[12] „Von den Kirchengebräuchen, so man Adiaphora oder Mittelding nennet", Epitome, (BSLK 813–816); Solida Declaratio (BSLK 1053–1063).

Ordnung und Wohlstandes willen (propter eutaxion et ordinem) oder zur Erhaltung christlicher Zucht (piam disciplinam) in die Kirche eingeführt worden"[13] und haben somit für die äussere Gestaltung der Kirche, ihres Lebens und ihrer Einheit ihren Wert und ihren „Nutzen" (utilitas). Als solche können sie bewahrt werden. Andererseits aber sind sie – weil „in Gottes Wort weder geboten noch verboten"[14] – nicht im strengen Sinne „notwendig"[15]. Sie müssen deshalb, wo und sobald man sie trotzdem als „notwendig" einfordert, bekenntnishaft abgelehnt und abgeschafft werden, weil eine solche Forderung den Rechtfertigungsglauben in Frage stellt. „Adiaphoron" ist also alles, was zur Kirche und ihrer Einheit als gut und förderlich hinzugehört, aber nicht „notwendig" ist – so kann man sagen.

Zu diesen „Adiaphora" gehören aber nicht nur zeremoniale Gebräuche und Vorschriften oder auch kirchenrechtliche Bestimmungen. Ebenfalls die episkopale und primatiale Kirchenverfassung gehört zu den „Adiaphora". Sie ist sogar das einzige konkrete Beispiel, das die Konkordienformel ausdrücklich nennt und erörtert.[16] Auch diese Form der Kirchenverfassung hat Teil an der Ambivalenz, die die Adiaphora als solche kennzeichnet. Das heißt: Sie kann durchaus für die Gestaltung der Kirche und ihrer Einheit förderlich und nützlich sein und sollte darum bejaht und nur, wo man sie als „notwendig" einfordert, verneint und abgelehnt werden.

Die „Lehrverwerfungen", mit denen der Artikel X der Konkordienformel schließt, spiegeln diese Ambivalenz genau wider. Sehr wichtig und beachtenswert dabei ist – gerade in unserem Zusammenhang –, dass auch der mögliche *Wert* der Adiaphora und die *Freiheit*, sie zu gebrauchen, durch eine entsprechende Lehrverwerfung nachdrücklich *unterstrichen* werden: „Wir verwerfen und verdammen auch, wenn solche Mitteldinge dergestalt

---

[13] AaO. 1054.
[14] AaO. 1053f.
[15] Das Kapitel X besonders der „Solida Declaratio" ist darum ein regelrechter Fundort für den spezifisch reformatorischen Gebrauch des Adjektivs „necessarius" und seiner Äquivalente im Sinne von „necessarius ad justificationem" oder „necessarius ad salutem" (s.o.).
[16] AaO. 1060f. Die Konkordienformel tut das im Rückgriff auf Luthers „Schmalkaldische Artikel". Sie hätte ebensogut Kapitel 14 der Apologie über das „Kirchenregiment", den „ordo ecclesiasticus" heranziehen können mit seinen Aussagen über die „ecclesiastica et canonica politia" und das Bischofsamt (BSLK 296f). Wie klar hier die „summa voluntas" zur Bewahrung der alten bischöflichen Kirchenverfassung zum Ausdruck kommt, freilich vorausgesetzt, dass von ihr nicht das Sein der Kirche abhängig gemacht wird, habe ich in meinem Artikel „Bemerkungen zum Artikel 28 der Confessio Augustana und zum Artikel 14 der Apologie der Confessio Augustana über das Bischofsamt" beschrieben (in meinem Aufsatzband „Versöhnte Verschiedenheit. Aufsätze zur ökumenischen Theologie II", Frankfurt–Paderborn 2000, 284–297).

abgeschafft werden, als sollte es der Gemeinde Gottes nicht freistehen, wie es der Kirche am nützlichsten (ist), eines oder mehrere (dieser Mitteldinge) zu gebrauchen."[17] Beides, die reformatorische Auffassung von den „Zeichen der Kirche" wie auch die reformatorische Einstellung zu den „Adiaphora", die hier nur als Beispiele gebraucht werden, zeigen also, dass es für die Reformation, wo es ihr um die Gestalt und Gestaltung der Kirche und ihrer Einheit geht, Dinge gibt, die zu Wort und Sakrament hinzutreten. Sie sind nicht – wie Wort und Sakrament – der *Grund* der Kirche und ihrer Einheit und auch nicht *Kriterium* für deren Wahrheit und Authentizität. Sie haben aber gleichwohl ihre Wichtigkeit und ihren – sicherlich abgestuften – Wert für die *Gestaltung* der Kirche und ihrer Einheit, so dass man auf sie nicht einfach verzichten und sie ausklammern darf. Wohl gilt von ihnen das „nec necesse est" der Confessio Augustana, doch vergleichgültigt werden sie dadurch keineswegs, auch nicht durch das nur auf Wort und Sakrament bezogene und sie ins Zentrum stellende „satis est".

3. Das Konzept „Kirchengemeinschaft"

Die Begegnung mit anderen Kirchen und anders geprägten Auffassungen von Kirche und kirchlicher Einheit, vor allem aber das ökumenische Bemühen selbst hatten evangelischerseits ihre Rückwirkungen auf die traditionell vorherrschende Auffassung, die gesuchte Einheit der Kirche sei gleichbedeutend mit der Gemeinschaft in Wort und Sakrament. Schon im Blick auf den Sprachgebrauch kann man leicht feststellen, dass die Formel „Kanzel- und Abendmahlsgemeinschaft" als Bezeichnung der gesuchten kirchlichen Einheit schon seit langem deutlich zurückgetreten ist und statt dessen immer häufiger von *„Kirchengemeinschaft"* gesprochen wird. Der hinter diesem Wechsel der Terminologie stehende Lernprozess war – so kann man durchaus sagen – etwas wie eine „re-lecture" von Confessio Augustana 7, die diesen wichtigen Bekenntnisartikel mit Entschiedenheit wahrte, ihn aber nunmehr von seinem eigentlichen Skopus, seinem „Primärsinn" (s.o.) her interpretierte und ökumenisch verwendete.

Ich habe in einer früheren Veröffentlichung die Entwicklung des Konzeptes der „Kirchengemeinschaft" zu verfolgen versucht.[18] Diese Entwick-

---

[17] BSLK 1063.
[18] „Zur Entstehung und Bedeutung des Konzeptes ‚Kirchengemeinschaft'", in: Communio Sanctorum. Einheit der Christen – Einheit der Kirchen (Festschrift für Bischof Paul-Werner Scheele), Würzburg 1988, 204–230; mit kleinen Änderungen wieder abgedruckt in meinem Aufsatzband „Versöhnte Verschiedenheit I. Aufsätze zur ökumenischen Theologie", Frankfurt–Paderborn 1998, 137–162.

lung hebt sich in ihren Hauptlinien recht klar ab. Man kann sagen, dass sie zu Anfang der 1950er Jahre im Umkreis der deutschen evangelisch-unierten Kirchen und der Evangelischen Kirche in Deutschland (EKD) begann, von dort weiterführte in die Vereinigte Lutherische Kirche Deutschlands (VELKD), danach in den Lutherischen Weltbund (LWB) und schließlich in den europäischen lutherisch/reformierten „Leuenberger Gesprächen" (1969/1970) und der Leuenberger Konkordie (1973) einen Punkt erreichte, von dem man sagen kann, mit ihm habe dieses Konzept eine klare Gestalt und zugleich eine kirchlich-ökumenische Anwendung gefunden, ohne dass damit die Entwicklung als in jeder Hinsicht abgeschlossen gelten muss.

Bevor man jedoch – auf der Linie meines Themas – nach den Ausdrucksformen oder Kennzeichen von Kirchengemeinschaft fragt, die sich in der Entwicklung dieses Konzeptes herauskristallisierten, also nach dem, was Kirchengemeinschaft im einzelnen *charakterisiert*, muss man sich darüber im Klaren sein, was sie *ist* oder *sein will*. Grundsätzlich und von Anfang an – das ist das erste – wurde Kirchengemeinschaft als die *sichtbare Verwirklichung* der im Glauben an Christus schon gegebenen Einheit der Kirche verstanden. Wo immer also der Begriff „Kirchengemeinschaft" recht gebraucht wird, meint er die *gestaltete und zu gestaltende Wirklichkeit kirchlicher Einheit*, also das, was der ökumenische Sprachgebrauch „volle sichtbare Einheit der Kirche" nennt. Wer denkt, der Begriff meine die nur geglaubte Einheit oder er spreche lediglich von einer Vor- oder Zwischenform kirchlicher Einheit, verfehlt die ursprüngliche Intention dieses Begriffs.

Dabei ging es gleichfalls von Anfang an – und das ist das zweite – vor allem um die Einheit oder Gemeinschaft *institutionell selbständiger und konfessionell verschiedener Kirchen*, die auch innerhalb der Kirchengemeinschaft ihre kirchliche Selbständigkeit und ihren besonderen konfessionellen Charakter bewahren und nicht miteinander verschmelzen, weder organisatorisch noch in Lehre und Bekenntnis.[19] Der Begriff „Kirchen-Gemeinschaft" sprach und spricht also von einem Kirchen*plural*, einer „communio *ecclesiarum*". Er bewahrte dabei, wie ausdrücklich gesagt werden konnte[20], den biblisch-altkirchlichen Sinn von „koinonia/communio" als einer in der

---

[19] Dass es eine solche Gemeinschaft auch unter bekenntnisgleichen Kirchen geben kann, verstand sich von selbst und war – etwa im Blick auf die Gemeinschaft der einzelnen lutherischen Kirchen innerhalb des LWB – durchaus mitgemeint.

[20] Davon sprach unter den für die Entwicklung des Kirchengemeinschaftskonzeptes relevanten Texten vor allem, aber nicht nur, ein Referat Werner Elerts vom September 1953 über „Abendmahl und Kirchengemeinschaft in der alten Kirche" (in: KOINONIA. Arbeiten des Ökumenischen Ausschusses der VELKD zur Frage der Kirchen- und Abendmahlsgemeinschaft, Berlin 1957, 57–78). Es war eine Kurzfassung seines bald darauf erschienenen gleichnamigen Buches (Berlin 1954).

Gemeinschaft (koinonia/communio) mit Christus gründenden Gemeinschaft der Christen und Kirchen untereinander.[21] Welches waren nun die Ausdrucksformen und Kennzeichen, die man dieser Kirchengemeinschaft zusprach? Darum geht es in unserem Zusammenhang besonders. Sie können hier nur sehr summarisch genannt werden und ohne sie genauer in die zeitliche Entwicklung einzubinden.[22]

1. Der „*Grund*", ja der „einzige Grund" – so oder ähnlich hieß es von Anfang an immer wieder und mit Nachdruck – der Kirchengemeinschaft ist die *Gemeinschaft in der Verkündigung des Evangeliums in Wort und Sakrament*. Sie ist unter den „Kennzeichen" von Kirchengemeinschaft ein besonderes, eben das „*grundlegende*" Zeichen. Nur Wort und Sakrament tragen das Attribut „notwendig" im strengen reformatorischen Sinne, weil es ohne die Gemeinschaft in Wort und Sakrament keine „wahre" Kirchengemeinschaft geben kann. Damit wurde die reformatorische Überzeugung aufgenommen und durchgehalten von der zur wahren Einheit „notwendigen" Gemeinschaft in Wort und Sakrament mit allem, was das bedeutet und impliziert (s.o.). Das blieb ein konstantes Element in der gesamten Entwicklung dieses Einheitskonzeptes. Aber es machte nun *das Neue* gegenüber dem traditionellen Konzept der „Kanzel- und *Abendmahlsgemeinschaft*" aus, dass es nicht bei der Gemeinschaft in Wort und Sakrament blieb. Ohne dass sie an der „Notwendigkeit" von Wort und Sakrament teilhaben oder, umgekehrt, sie schmälern, traten im Laufe der Entwicklung des Kirchengemeinschaftskonzeptes nach und nach noch andere Ausdrucksformen oder Kennzeichen von Kirchengemeinschaft hinzu, und man unterschied sie von der Gemeinschaft in Wort und Sakrament mit Hilfe der Differenzierung zwischen „Grund" und „Ausgestaltung" von Kirchengemeinschaft.

2. Zuerst war es das *gemeinsame Bekenntnis*, das Kirchengemeinschaft zu einer „*Bekenntnisgemeinschaft*" machte, jedoch ausdrücklich nicht in Gestalt einer gemeinsamen Bekenntnis*formel*, sondern in Gestalt eines lehrhaften „Konsenses", der die Brücke zwischen den verschiedenen kirchlichen Bekenntnissen bildet und erweist, dass in den verschiedenen Bekenntnissen und trotz ihrer Verschiedenheit doch der gemeinsame apostolische Glaube bekannt wird. „Lehrkonsens" war das Stichwort, und

---

[21] Der Gesamtband zur Studie des Ökumenischen Ausschusses der VELKD über „Kirchengemeinschaft und Abendmahlsgemeinschaft" (1953–1954) trug darum den Titel „KOINONIA" (s.o. Anm. 20).
[22] Weitere Einzelheiten auch darüber, wo und in welchen Stadien der sukzessiven Entwicklung des Kirchengemeinschaftskonzeptes diese Ausdrucksformen oder Kennzeichen von Kirchengemeinschaft besonders hervortraten, bietet mein zitierter Aufsatz (s.o. Anm. 18).

schon früh – lange vor der Leuenberger Konkordie – tauchte der Begriff der „Lehrkonkordie" auf. Und dieser Lehrkonsens muss – das kam relativ spät hinzu[23] – durch eine Erklärung bestätigt werden, dass bisherige Lehrverurteilungen zwischen den Kirchen die Partnerkirche heute nicht treffen.

3. Ausdrücklich wurde bald darauf auch das *kirchliche Amt* einbezogen. Zur Gemeinschaft in Wort und Sakrament und zur Bekenntnisgemeinschaft gehöre das gemeinsam anerkannte Amt, und das drücke sich aus in der „gegenseitigen Anerkennung der Ordination", so hieß es.[24] Dabei konnte der Blick gelegentlich auch über den ursprünglich lutherisch/reformierten Kontext des Kirchengemeinschaftskonzeptes, der ja keine wirkliche lutherisch/reformierte Kontroverse über das kirchliche Amt kennt, hinausgehen zu episkopal verfassten Kirchen, und es konnte heißen, dass auch „die in Freiheit[25] vollzogene Eingliederung in die Gemeinschaft des historischen Episkopats eine angemessene Ausdrucksform der Kirchengemeinschaft sein könnte"[26].

4. In den „Leuenberger Gesprächen" über „Kirchengemeinschaft und Kirchentrennung" (1969–1970), die der Leuenberger Konkordie vorausgingen und die für die Entwicklung des Kirchengemeinschaftskonzeptes wichtiger waren als die Konkordie selbst, kam es noch zu einer anderen und wichtigen Erweiterung des Konzeptes. Es waren ganz besonders die Vertreter der Kirchen aus der damaligen DDR, denen eine nur in Kanzel- und Abendmahlsgemeinschaft, also nur innerkirchlich sich ausdrückende Kirchengemeinschaft zutiefst ungenügend erschien. Sie drängten darauf, dass Kirchengemeinschaft sich auch als „*Gemeinsamkeit in Zeugnis und Dienst*

---

[23] Etwa in den lutherisch/reformierten Bad Schauenburger Gesprächen (1964–1967), in den „Leitsätzen für das Gespräch bekenntnisverschiedener evangelischer Kirchen über Kirchengemeinschaft" der VELKD (1968) und dann vor allem in den „Leuenberger Gesprächen" (1969/1970) und ihrem Schlussbericht (s.u. Anm. 27).

[24] So dann auch in der Leuenberger Konkordie, Nr. 33.

[25] „In Freiheit", das heißt hier wie überhaupt im Sprachgebrauch der Reformation: ohne dass dabei ein Bekenntnis zur soteriologischen wie ekklesialen „Notwendigkeit" des historischen Episkopats abverlangt wird, wodurch letztlich das Bekenntnis zur Glaubensgerechtigkeit verletzt würde.

[26] In den für die Entwicklung des Kirchengemeinschaftskonzeptes relevanten Texten war das eine singuläre Äußerung. Aber sie zeigte doch die Offenheit dieses Konzeptes für andere ökumenische Konstellationen als nur die lutherisch/reformierte. Es war eine Äußerung des Lutheraners Peter Brunner in einem Referat (1956) vor der Theologischen Kommission des LWB, einem Vortrag, der mehr als alle vorausgegangenen Texte „Kirchengemeinschaft" als spezifisches Einheitskonzept für das ökumenische Bemühen überhaupt und als ökumenisches Programm verstand (Die Einheit der Kirche und die Verwirklichung der Kirchengemeinschaft, in: Die Einheit der Kirche. Aus der Arbeit des Lutherischen Weltbundes, Berlin 1957, 17–27, 24).

an der Welt" gestalten müsse. Das wurde damals – nach erheblichen Diskussionen – in die Beschreibung von Kirchengemeinschaft aufgenommen[27] und fand sich dann auch in der Konkordie selbst und ihrer Definition von „Kirchengemeinschaft" wieder.[28]

5. Diese zur Kirchengemeinschaft hinzugehörende „Gemeinsamkeit im Zeugnis und Dienst für die Welt" führte nun aber zur Frage *gemeinsamer Strukturen*. Die durch die Konkordie herbeigeführte Kirchengemeinschaft – ja das Konzept als solches – leide an einem strukturellen Defizit, so hört man nicht selten. Das mag bis zu einem gewissen Grade stimmen. Immer wieder hieß es bei der Konzipierung von Kirchengemeinschaft, man wolle keine „einheitliche" oder gar „zentralisierte Organisation", weil das die zum „Wesen" dieses Konzeptes hinzugehörende Vielfalt und Selbständigkeit der einzelnen Kirchen und ihrer Identitäten gefährde.[29] Dennoch ist die verwirklichte „Leuenberger Kirchengemeinschaft", die sich seit einiger Zeit „Gemeinschaft Reformatorischer Kirchen in Europa" nennt, nicht ohne strukturelle Elemente (regelmäßige Vollversammlungen, Exekutivkomitee u.a.) geblieben. Denn es war schon damals eine Sache allenthalben gemachter Erfahrung, dass für ein *gemeinsames* Reden, Entscheiden und Handeln – und darum ging es ja bei der „Gemeinsamkeit in Zeugnis und Dienst" – gemeinsame Strukturen unerlässlich sind. Dieser „Sachzusammenhang von Zeugnis und Ordnung" wurde auch gesehen und gestattete der Leuenberger Konkordie ein bedingtes Ja zu „organisatorischen Zusammenschlüssen".[30] Aber schon zuvor hatte man das erkannt. Es konnte heißen, im Interesse gemeinsamen kirchlichen Sprechens und Handelns bedürfe es zur Kirchengemeinschaft der „Möglichkeiten kirchlichen Zusammentretens". Das war eine sehr vorsichtige Aussage. Sie zeigt aber doch, dass das Konzept „Kirchengemeinschaft" durchaus offen für, ja sogar angelegt war auf die Entwicklung gemeinsamer Strukturen, sofern diese dem Konzept einer Gemeinschaft verschieden geprägter und selbständiger Kirchen nicht widersprechen.

Diese Beschreibung der Entstehung und Entwicklung des Kirchengemeinschaftskonzeptes zeigt, wie die reformatorischen Kirchen selbst die

---

[27] Der Text des Berichtes über „Kirchengemeinschaft und Kirchentrennung", mit dem die „Leuenberger Gespräche" abschlossen (1970), findet sich in: Gemeinschaft der reformatorischen Kirchen. Auf dem Weg II, Zürich 1971, 8–21, aber auch bei Elisabeth Schieffer, Von Schauenburg nach Leuenberg. Entstehung und Bedeutung der Konkordie reformatorischer Kirchen in Europa, Paderborn 1983, A55–A67. Dort ist es besonders der Abschnitt 14, der von „Kirchengemeinschaft" redet und sie beschreibt.
[28] Leuenberger Konkordie, Nr. 29; vgl. Nr. 36.
[29] So z.B. auch in der Leuenberger Konkordie, Nr. 45.
[30] Leuenberger Konkordie, Nr. 44 und 45.

Verengung des Einheitsverständnisses auf die Gemeinschaft in Wort und Sakrament aufbrachen. Die Gemeinschaft in Wort und Sakrament bewahrt die nur ihr zukommende strikte „Notwendigkeit" zur wahren Einheit der Kirche, aber es werden andere Aspekte einbezogen, die zur „Ausgestaltung" kirchlicher Einheit hinzugehören. Es lohnt sich, das mit Worten Peter Brunners aus dem Jahre 1954 noch einmal zu sagen, die bereits in jenem frühen Stadium zeigten, worum es bei der Konzipierung von „Kirchengemeinschaft" gehen müsse und tatsächlich auch ging: „Wir dürfen uns [...] nicht bei einem Zustande gegenseitiger Zulassung zum Abendmahl beruhigen und darin schon die Überwindung der Trennungen erblicken wollen. [...] Wir müssen uns statt dessen mit dem Gedanken vertraut machen, dass es eine Fülle (eine „Mehrheit", so heißt es kurz darauf) von wirklich gelebten, konkret geschichtlichen und allerdings auch rechtlich greifbaren Verhältnissen und Ausdruckformen gibt, in denen Kirchenvereinigung sich realisiert. Ich schlage für die Fülle dieser Momente das Wort ‚*Kirchengemeinschaft*' vor."[31]

4. Neuere kirchliche Äußerungen zum Konzept „Kirchengemeinschaft"

Indem das in den reformatorischen Kirchen traditionell vorherrschende Verständnis von kirchlicher Einheit als „Gemeinschaft in Wort und Sakrament" bzw. „Kanzel- und Abendmahlsgemeinschaft" die beschriebenen Erweiterungen erfuhr und sich zum Konzept der „Kirchengemeinschaft" entwickelte, wurde dieses Konzept ein nicht nur auf das Verhältnis der reformatorischen Kirchen zueinander, sondern auch für deren Begegnung mit anderen Kirchen und – jedenfalls im Prinzip – sogar in der ökumenischen Bewegung überhaupt anwendbares Einheitskonzept.[32] Mit Recht konnte man damals evangelischerseits in Anspruch nehmen, was 1963 in einer Publikation des LWB von lutherischer Seite gesagt wurde: Mit dem Konzept der „Kirchengemeinschaft" „nehmen die lutherischen Kirchen mit einer positiven Konzeption an dem ökumenischen Ringen der Gegenwart teil"[33]. In diesem Sinne gehen auch die neueren kirchlichen Äußerungen zur „Kir-

---

[31] AaO. (s.o. Anm. 26), 23. „Kirchengemeinschaft verwirklicht sich in einer Mehrheit von Ausdrucksweisen" (aaO. 269).
[32] Wolfgang Thönissen z.B. zeigt das in seinem Artikel „Die Leuenberger Konkordie als ökumenisches Einheitsmodell? Umrisse eines katholischen Konzepts von Kirchengemeinschaft", in: Cath (M) 1995, 1–31, bes. 28f.
[33] Dokument Nr. 4 zur LWB-Vollversammlung in Helsinki „Zum Wesen des Lutherischen Weltbundes", 21.

chengemeinschaft" mit diesem Konzept um. Ich beziehe mich dabei vor allem auf drei Texte: Einmal ist es die schon etwas länger zurückliegende Studie der Gemeinschaft Reformatorischer Kirchen in Europa über „Die Kirche Jesu Christi. Der reformatorische Beitrag zum ökumenischen Dialog über die Einheit der Kirche" aus dem Jahre 1995[34], zum anderen der Text der EKD über „Kirchengemeinschaft nach evangelischem Verständnis" von 2001[35] und schließlich das Positionspapier der VELKD von 2004 über „Ökumene nach evangelisch-lutherischem Verständnis"[36].

Ich denke, dass man die drei Texte, deren Status verschieden und im Blick auf den letzten unklar ist, doch im Wesentlichen als ein Ganzes nehmen kann, weil alle ihren Bezugspunkt in der Leuenberger Konkordie haben und weil zudem in ihrem zeitlichen Nacheinander, so scheint mir, zwischen ihnen auch genetische, zum Teil personelle Verbindungen bestehen dürften.

Die Frage an alle drei Texte ist: Wie verhält sich ihr Konzept von Kirchengemeinschaft zu dem Konzept, das sich in den Jahren etwa von 1950 bis 1970 – also noch vor der textlichen Fixierung der Leuenberger Konkordie – herausgebildet hatte und im Vorausgegangenen beschrieben wurde? Hält sich das Konzept durch? Gibt es Modifizierungen? Hat das Konzept sich erweitert? Hat es sich verengt? – Wenn man die vorausgegangene Beschreibung von Kirchengemeinschaft zum Leitfaden nimmt, dann kann man als erstes sagen:

Im Verständnis dessen, was Kirchengemeinschaft ökumenisch ist, besteht sowohl unter den drei Texten als auch zwischen ihnen und dem ursprünglichen Konzept klare Übereinstimmung: Man versteht Kirchengemeinschaft als *volle, sichtbare Gestaltwerdung* der von Gott schon gegebenen und geglaubten Einheit der Kirche, die sich darstellt als *Gemeinschaft institutionell selbständiger und konfessionell verschiedener* – erst recht bekenntnisgleicher – *Einzelkirchen*, die auch innerhalb der Gemeinschaft ihre Selbständigkeit und konfessionelle Besonderheit bewahren. Dabei verdient besonders das erste Betonung: Alle drei Texte reden in variierenden Begriffen von Kirchengemeinschaft als „sichtbarer" Einheit der Kirche, aber der EKD-Text tut das mit besonderem Nachdruck: Die schon gegebene aber „verborgene" Glaubensgemeinschaft „bedarf einer äußeren Ordnung, die [...] sichtbar ist"; sie „drängt" nach einer „sichtbaren", „äußeren Gestalt",

---

[34] Zweite Auflage Frankfurt 1996, besonders das Kapitel III: „Die Einheit der Kirche und die Einigung der Kirchen", 55ff (im Folgenden zitiert als: GRKE).
[35] Ein Votum zum geordneten Miteinander bekenntnisverschiedener Kirchen, EKD-Texte 69, Hannover 2001 (im Folgenden zitiert als: EKD).
[36] In: Texte aus der VELKD, Februar 2004 (im Folgenden zitiert als: VELKD).

die das ist, was traditionell als Ziel der ökumenischen Bewegung bezeichnet wird, nämlich die „volle sichtbare Einheit" der Kirchen.[37] In diesem Sinne ist der Begriff „Ordnung" ein immer wiederkehrender, bereits im Titel des Textes erscheinender Begriff.

Wie verhält es sich nun mit den Ausdrucksformen und sichtbaren Kennzeichen von Kirchengemeinschaft, von denen im Vorausgegangenen in mehreren Punkten die Rede war? Besonders wichtig und für das Gesamtverständnis von Kirchengemeinschaft bestimmend ist der erste Punkt. Auf ihn muss darum ausführlicher eingegangen werden als auf die anderen.

Wie bei der Entstehung des Kirchengemeinschaftskonzeptes so liegt auch in den neueren Äußerungen ein ganz besonderes Gewicht auf der *Gemeinschaft in Wort und Sakrament*. Die reformatorische Überzeugung, dass *allein* die Verkündigung des Evangeliums in Wort und Sakrament zur Existenz der Kirche und die Gemeinschaft in Wort und Sakrament zur wahren Einheit der Kirche „*notwendig*" im strengen Sinne sind, wird mit Nachdruck fest- und durchgehalten. Auch wird klar gezeigt, wie diese Überzeugung aufs Engste mit der Rechtfertigungslehre zusammenhängt und ganz von ihr geprägt ist. Dazu dienen im VELKD-Text ausführliche Reflexionen über die „Konstitution", d.h. das „Zustandekommen" oder den „Grund" des rechtfertigenden Glaubens. Ihr Bezugspunkt ist vor allem die Aussage von Confessio Augustana, Artikel 5, dass Menschen den rechtfertigenden Glauben „erlangen" allein durch den von Gott eingesetzten „Dienst der Evangeliumsverkündigung und Sakramentsausteilung"[38], der in der Kraft des Heiligen Geistes wirksam wird. Als alleiniger „Grund" des Glaubens sind Evangeliumsverkündigung und Sakramentsausteilung zugleich der alleinige „Grund" der Kirche und der alleinige „Grund" kirchlicher Einheit. Dieser Rekurs auf die „Konstitution des Glaubens" ist in seiner Ausführlichkeit zwar ein Proprium des VELKD-Textes[39], aber der Rekurs als solcher mit seinem Rückbezug auf Confessio Augustana 5 bestimmt auch den EKD-Text schon in seinen allerersten Aussagen über „den Grund der Kirche".[40]

Das alles ist zunächst und der Sache nach völlig identisch mit dem, was von Anfang an bei der Entwicklung des Konzeptes „Kirchengemeinschaft" bestimmend war. Und doch setzen genau an diesem Punkt zugleich *Beden-*

---

[37] EKD, I,2; I,2,1; I,2,2.
[38] Nach der lateinischen Version: „ministerium docendi evangelii et porrigendi sacramenta".
[39] VELKD, 2.1 und 2. Dieser Hinweis auf die „Konstitution" oder das „Zustandekommen" des Glaubens und der Kirche zieht sich von da ab durch den ganzen Text hindurch (3.1c und d; 3.2b, d und f).
[40] EKD, I,1; vgl. auch III,2.3 („Glaubensgrund"; „Grund des Glaubens").

ken und Fragen ein gegenüber dem Kirchengemeinschaftskonzept, wie es in den drei neueren Äußerungen vertreten und entfaltet wird. Die erste und wohl die *Hauptfrage* an das neuere Verständnis von Kirchengemeinschaft ist: Zeigt sich hier nicht zumindest die

Tendenz zu einer erneuten Verengung des Kirchengemeinschaftskonzeptes?

Im Entscheidenden geht es darum, ob die Aussagen über „*Grund*" und „*Mitte*" der Kirchengemeinschaft – also über die Verkündigung des Evangeliums in Wort und Sakrament – so sehr zu einer Aussage über das „*Ganze*" von Kirchengemeinschaft gemacht wird, dass die übrigen Ausdrucksformen und Kennzeichen von Kirchengemeinschaft in den Schatten treten und an Bedeutung verlieren. Es ist die im ersten Teil dieses Aufsatzes bereits dargestellte Tendenz, nicht genügend in Rechnung zu setzen, dass die beherrschende, auf Wort und Sakrament bezogene „satis est"-Aussage von Confessio Augustana VII in erster Linie eine Aussage über das Heil, also eine „soteriologische" Aussage ist und erst in zweiter Linie eine „ekklesiologische" Aussage über das, was Kirche ist und was zu ihr und zu ihrer Einheit hinzugehört. Die „Hauptfrage", das „krinomenon" der „satis est"-Aussage und der mit ihr gekoppelten „nec necesse est"-Aussage – so hatte Apologie VII betont – ist, dass der Glaube an die Rechtfertigung auch im Verständnis von Kirche durchgehalten und nicht geschmälert wird. Nur von diesem Anliegen her gewinnen die Aussagen über das allein „notwendige" Wort und Sakrament ihre berechtigte Radikalität und exklusive Schärfe. Aber diese soteriologisch berechtigte Radikalität und Schärfe der „satis est"-Aussage darf nicht direkt und ohne Einschränkungen ins Ekklesiologische übertragen werden, weil dadurch das, was Kirche ist und zu ihren „Kennzeichen" gehört, erhebliche Verkürzungen erfahren würde.

Mir scheint, dass jene neueren Äußerungen über das Konzept „Kirchengemeinschaft" hier ihre Schwäche haben. Gewiss sprechen sie – wie gleich noch zu zeigen sein wird – auch von anderen Ausdruckweisen oder Kennzeichen der Kirchengemeinschaft. Aber die Tendenz, die Gemeinschaft in Wort und Sakrament, die ohne Zweifel grundlegend ist für die Einheit der Kirche und die allein das Attribut „notwendig" trägt, mit Kirchengemeinschaft *gleichzusetzen* und – so wie früher – die Einheit der Kirche mit „Kanzel- und Abendmahlsgemeinschaft" zu *identifizieren*[41], ist schwer zu übersehen. Schon die wiederkehrende, das ursprüngliche Kirchengemeinschaftskonzept deutlich verkürzende und verengende Rede von

---
[41] EKD, II,2.

„Kirchengemeinschaft *in Wort und Sakrament*", ohne zu präzisieren, dass hier der „Grund" oder die „Mitte", aber nicht das „Ganze" von Kirchengemeinschaft liegt[42], scheint mir, ein sprechendes Indiz dafür zu sein. Das kann nur dadurch wieder ins rechte Lot gebracht werden, dass man die übrigen Ausdrucksformen von Kirchengemeinschaft in der ihnen zukommenden Bedeutung klar herausstellt. Bei dieser Tendenz zu einer erneuten Verengung des Kirchengemeinschaftskonzeptes auf die Gemeinschaft in Wort und Sakrament besteht nun aber die Gefahr, dass sich die alte Tendenz neu belebt, die Einheit der Kirche als nur im Glauben gegebene und erfahrbare, nicht als sichtbare und die Sichtbarkeit suchende Einheit zu verstehen. Auch wenn die neueren Texte zur „Kirchengemeinschaft" expressis verbis das genaue Gegenteil vertreten (s.o.), müssen sie sich die Frage gefallen lassen: Sprechen sie letztlich nicht doch für eine

Präponderanz der „geistlichen" Einheit?

Der Ansatzpunkt dazu scheint mir dort zu liegen, wo – wie besonders im VELKD-Text – die „Konstitution des Glaubens" als „Grund" der Kirche und ihrer Einheit so stark betont wird. Selbstverständlich sind Wort und Sakrament, durch die allein – im Heiligen Geist – Glaube und Glaubensgemeinschaft „zustande kommen", *„sichtbare* Zeichen" oder Gegebenheiten. Doch ebenso selbstverständlich ist es, dass der durch sie konstituierte Glaube und auch die Gemeinschaft im Glauben „*verborgen*" sind und nicht sichtbar. Die reformatorischen Bekenntnisschriften sprechen hier von den „*vere* credentes" (Confessio Augustana VIII), von der „vera ecclesia" (Confessio Augustana VII) und der „*vera* unitas" (Confessio Helvetica Posterior XVII), und wenn man der Apologie der Confessio Augustana folgt[43], so meint das Adverb oder Adjektiv „vere/vera" hier soviel wie „spiritualis", „geistlich" und bezieht sich auf die „ecclesia proprie dicta".

Auch die vorliegenden Texte zur Kirchengemeinschaft sehen das. Aber ihr Konzept von Einheit oder Kirchengemeinschaft, das ganz von der Konstitution des *Glaubens* ausgeht, trägt nun einmal die Tendenz in sich, die grundsätzliche *Verborgenheit* des Glaubens auf Einheit und Kirchengemeinschaft überhaupt zu übertragen.

---

[42] Diese Rede taucht in allen drei Texten immer wieder auf und bedarf keiner besonderen Belege.

[43] Apologie VII,31 (BSLK 241): „Nos de vera, hoc est, spirituali unitate loquimur." Vgl. auch den deutschen Text.

Auf jeden Fall hat dieses Konzept eine starke Ambivalenz. Auch wider Willen kann es ein Gefälle entwickeln hin zu einer nur „geistlichen" Einheit. Es ist, als stünde es gleichsam auf der Kuppe des Berges: Betont es Wort und Sakrament als *äußere Zeichen*, die den Glauben schaffen, so wird das Gefälle zur „sichtbaren" Einheit führen, betont es jedoch den *Glauben*, der durch Wort und Sakrament konstituiert wird, so wird sich das Gefälle zur „geistlichen" Einheit hin neigen.

Auch hier wird es darauf ankommen, der für Glaube, Kirche und Einheit der Kirche in der Tat konstitutiven Evangeliumsverkündigung in Wort und Sakrament andere „Zeichen" und „Ausdrucksformen" der Kirche und ihrer Einheit zur Seite zu stellen, auch wenn diese keinen konstitutiven Charakter beanspruchen können.

In welchem Maße geschieht das in jenen drei neueren Texten zur Kirchengemeinschaft? Hier kann man sich kürzer fassen. Der Gesamteindruck, den diese neueren Texte hinterlassen, gibt – das sei vorweg gesagt – Anlass zu der Frage: Kommt es hier nicht zu einem, zumindest partiellen Bedeutungsschwund der übrigen Ausdrucksformen von Kirchengemeinschaft?

Das erste der insgesamt vier Kennzeichen von Kirchengemeinschaft, die im ursprünglichen Konzept dem ersten und grundlegenden Kennzeichen – der Gemeinschaft in Wort und Sakrament – folgen, muss freilich von dieser kritischen Anfrage ausgenommen werden:

Denn dass ein *gemeinsames Bekenntnis* oder ein *„Lehrkonsens"* zur Kirchengemeinschaft hinzugehört, wird in seiner Bedeutung sehr nachhaltig betont. „Damit Gemeinschaft in Wort und Sakrament möglich wird, bedarf es einer Übereinstimmung im Verständnis des Evangeliums". Das ist der unerlässliche „Grundkonsens". Diese Übereinstimmung hat die Gestalt einer „lehrmäßigen" Übereinstimmung[44], ist also „im Medium der Lehre" darzulegen[45], wobei diese lehrmäßige Übereinstimmung auch „in einer legitimen. Vielfalt von Lehrgestalten ausgedrückt werden" kann, so heißt es[46]. „Ökumenische Gespräche „haben den Sinn zu klären, ob [...] das gemeinsame schriftgemäße Verständnis des Evangeliums gegeben ist"[47].

Was die *Gemeinschaft im kirchlichen Amt* betrifft, so wird deutlich gesagt, dass dieses Amt „von Gott eingesetzt" ist[48], dass es „als solches geordnet werden muss" und dass es als „ordiniertes Amt zum Sein der Kirche

---

[44] GRKE, 56–59.
[45] EKD, II,1.
[46] GRKE, 57. Ganz ähnlich VELKD, 3.2.
[47] VELKD, 3.3.
[48] Z.B. EKD, I,2.1.

gehört"[49]. Die Gemeinschaft in diesem Amt gehört darum zur Kirchengemeinschaft hinzu. Kirchengemeinschaft kann „nicht ohne das ordinationsgebundene Amt" erklärt werden.[50] Gleichwohl bedarf es nicht ein und derselben Amtsgestalt. Die Ausgestaltung des Amtes kann verschieden sein. Die zur Kirchengemeinschaft gehörende „Gemeinschaft im Amt" ist darum dann gegeben, wenn die Kirchen wechselseitig ihre Ordination anerkennen und damit Interzelebration möglich machen.

So hatte es auch das ursprüngliche Konzept von Kirchengemeinschaft gesehen. Und doch konnte man damals – wie gezeigt – diese Schau erweitern und die Möglichkeit einer „in Freiheit" vollzogenen „Eingliederung in den historischen Episkopat" in Erwägung ziehen.[51] Hatten nicht auch die der Leuenberger Konkordie nachfolgenden „Lehrspräche" und ihre „Thesen zur Amtsdiskussion heute" – die sogenannten „Tampere-Thesen" von 1987 – in diese Richtung gewiesen?[52] Aber das hat in den neueren Äußerungen zur Kirchengemeinschaft keinerlei Spuren hinterlassen. Aus dem EKD-Text spricht eher das Gegenteil, wenn es dort heißt, katholisches und evangelisches Verständnis von Kirchengemeinschaft seien „offensichtlich nicht kompatibel", solange das Verhältnis der evangelischen und der katholischen „Auffassung vom Grund des Glaubens und von der Selbstvergegenwärtigung des dreieinigen Gottes durch das Zeugnis der Kirche" noch ungeklärt sei. Infolgedessen seien – unter anderem – die katholische Auffassung von der „Notwendigkeit [...] des ‚Petrusamtes'" und das entsprechende „Verständnis der apostolischen Sukzession" „Sachverhalte, denen evangelischerseits widersprochen werden muss".[53]

Daran ist richtig, dass die entscheidende Frage der *Bewertung* dieser beiden Ausgestaltungen des kirchlichen Amtes, also die Frage, ob sie im strengen Sinne „*notwendig*" sind zum Sein der Kirche und ihrer Einheit, noch kontrovers ist. Hier hätte das scharfe Wort vom „Widerspruch", ja von einer „Inkompatibilität" seinen Sinn vor allem dann, wenn man diesen „Widerspruch" ein dem Dialog aufgetragenes Problem sein lässt. Aber dem „Sachverhalt" als solchem, dass es in der katholischen Kirche diese Ausgestaltungen des Amtes gibt, und auch dem Wunsch als solchem, es in einer Kirchengemeinschaft zu bewahren, kann evangelischerseits nicht einfach „widersprochen" werden. Auch in der Reformation ist das ja nicht

---

[49] GRKE, 32.
[50] VELKD, 3.2c.
[51] S.o. Anm. 26 und Text.
[52] GRKE, 32–34, s. besonders die 3. These „Der Leitungsdienst (die Episkopé) – ökumenische Perspektiven".
[53] EKD, III,2,3.

so kategorisch geschehen. Das wäre einer Verleugnung der „christlichen Freiheit" und der Rechtfertigungsbotschaft, die der Grund dieser Freiheit ist, gleichgekommen. Denn die „christliche Freiheit" wird nicht nur verloren, wenn man etwas bejaht, das beansprucht, für die Kirche und ihre Einheit „notwendig" zu sein, es aber nicht ist und sein kann. Sie wird auch dort verleugnet, wo man etwas verwirft, das nützlich und förderlich ist oder sein kann für die Kirche und ihr Leben, ohne dass es den Anspruch der „Notwendigkeit" erhebt. Die mit einer Lehrverwerfung unterstrichene Mahnung der Konkordienformel trifft hier zu: Die christliche Freiheit will auch dadurch gewahrt werden, dass man „Sachverhalte", die für die Kirche „nützlich", wenn auch nicht „notwendig" sind – also die „Adiaphora" –, bewahrt und ihnen nicht widerspricht, bzw. sie „abschafft".[54] Bei der Entwicklung des Kirchengemeinschaftskonzeptes war diese „Freiheit" noch deutlich zu spüren gewesen.[55]

Und wie verhält es sich mit den beiden letzten Ausdrucksformen von Kirchengemeinschaft, die für die Entwicklung des Konzeptes wichtig waren, besonders der *Gemeinsamkeit in Zeugnis und Dienst*, aber auch den *gemeinsamen Strukturen*? Auch hier sind Anzeichen eines Bedeutungsschwundes spürbar.

Man gewinnt den Eindruck, als seien diese beiden Kennzeichen von Kirchengemeinschaft letztlich etwas nur *Fakultatives*. So kann es beispielsweise heißen, dass für Kirchen, die untereinander Kirchengemeinschaft erklärt haben, „*Möglichkeiten* der Zusammenarbeit, der strukturellen Gemeinsamkeit und der gemeinsamen Erfüllung des kirchlichen Auftrags bestehen"[56]. Schon wo allgemein und ohne bereits von „Kirchengemeinschaft" zu sprechen, von dem Verhältnis der Einzelkirchen zueinander die Rede ist, heißt es: Aufgrund der „geistlichen Verbundenheit in Christus" „*kann*" jede Kirche „die Begegnung und den Austausch mit Christen anderer Kirchen institutionalisieren", und sie „*kann* bei den Problemen der Weltverantwortung der Kirche mit ihnen zusammenarbeiten"[57]. Oder es heißt – unter Berufung auf die Leuenberger Konkordie –, dass jene beiden Kennzeichen oder „Dimensionen" von Kirchengemeinschaft eine Sache

---

[54] S.o. Anm. 12–16 und Text.
[55] S.o. Anm. 26 und Text.
[56] VELKD, 3.2c.
[57] EKD, I,2.2. Es überrascht, dass auch der EKD-Text den Aspekt gemeinsamer Strukturen so wenig hervorhebt, obwohl er an anderen Stellen den Gedanken der „Ordnung" stark betont (s.o. Anm. 37 und Text).

prozesshafter „*Verwirklichung* von Kirchengemeinschaft" sind[58], als gehörten sie nicht grundsätzlich zur *Wirklichkeit* von Kirchengemeinschaft hinzu. So ist es auch, wenn an anderer Stelle jene beiden Kennzeichen von Kirchengemeinschaft unter die „*Konsequenzen* von Kirchengemeinschaft" gerechnet werden.[59] Auch dadurch verlieren sie ihren eigentlichen Charakter als „Kennzeichen", die zeigen, was Kirchengemeinschaft *ist* und ob sie wirklich und in vollem Sinne *besteht*. Es wird nicht mehr genügend gesehen, dass ohne die Gemeinsamkeit in Zeugnis und Dienst und ohne die dazu erforderlichen gemeinsamen Strukturen die Wirklichkeit von Kirchengemeinschaft defizient bleibt. Genau dieses Defizit kann im Blick auf die durch die Leuenberger Konkordie konstituierte Gemeinschaft Reformatorischer Kirchen in Europa bedauert werden. Es heißt von dieser Gemeinschaft: „Am schwierigsten hat sich bisher das *Bemühen um Gemeinsamkeit in Zeugnis und Dienst* angesichts der Herausforderungen unserer Zeit gestaltet. Dies ist seit 1989 besonders dringend geworden. Die Vollversammlungen der Unterzeichnerkirchen haben die Wichtigkeit dieses Auftrags immer wieder betont, doch ist es bisher weitgehend nicht gelungen, diese Aufgabe in die Tat umzusetzen. Das könnte seinen Grund u.a. in einer gewissen *strukturellen Schwäche* der Leuenberger Gemeinschaft haben."[60]

So bleibt auch hier der Gesamteindruck, dass in den neueren Äußerungen zur Kirchengemeinschaft das ursprüngliche Konzept sich wieder verengt. Der „Grund" von Kirchengemeinschaft, der in der gemeinsamen Verkündigung des Evangeliums in Wort und Sakrament liegt, wird so sehr hervorgehoben, dass dabei die anderen Ausdrucksweisen und Kennzeichen von Kirchengemeinschaft an Bedeutung verlieren. Es scheint, dass der „*Grund*" von Kirchengemeinschaft – die Gemeinschaft in Wort und Sakrament – wieder zum „*Ganzen*" von Kirchengemeinschaft wird. Das widerspricht der expliziten Intention bei der Entwicklung des Konzeptes von „Kirchengemeinschaft". Denn diese Entwicklung zielte gerade darauf, die althergebrachte Engführung des protestantischen Einheitsverständnisses zu überwinden, indem man zeigte, dass zur Einheit der Kirchen eine „Mehr-

---

[58] Unter einer solchen Überschrift spricht der GRKE-Text (59f) vom „Bemühen um gemeinsames Zeugnis und gemeinsamen Dienst" und von den „möglichen organisatorischen Folgerungen". Das entspricht zwar dem Absatz Nr.36 der Leuenberger Konkordie, aber zuvor war im Absatz Nr. 29 die „Gemeinsamkeit in Zeugnis und Dienst an der Welt" als Merkmal von Kirchengemeinschaft als solcher genannt worden. Das entsprach der Intention der „Leuenberger Gespräche" (s.o. Anm. 27 und 28 und Text).
[59] EKD II,1.
[60] GRKE, 60.

heit" von Ausdrucksformen und Kennzeichen gehört und gehören muss, ohne dass dadurch ihr wesentlicher „Grund" – die Gemeinschaft in Wort und Sakrament – in Frage gestellt und geschmälert wird. In dem Maße, wie das Kirchengemeinschaftskonzept sich wieder verengt, wird es zugleich seine umfassende ökumenische, über den Bereich der reformatorischen Kirchen hinausreichende Anwendbarkeit und Akzeptanz einbüßen.

Kirchliche Einheit in Wort und Sakrament
Römisch-katholische Anliegen

Jürgen Werbick

1. Einheitlichkeit in Lehre und sakramentaler Praxis?

Das römisch-katholische Anliegen im Blick auf die kirchliche Einheit in Wort und Sakrament scheint eindeutig identifizierbar zu sein. Es richtet sich – so könnte man etwa unter Bezugnahme auf die Erklärung *Dominus Iesus* der Kongregation für die Glaubenslehre vom 6. August 2000 klarstellen – auf die Einheitlichkeit in der Glaubenslehre, der sakramentalen Praxis und der kirchlichen Verfassung. Wo diese Einheitlichkeit nicht gegeben ist, so bei den kirchlichen Gemeinschaften, die aus der Reformation hervorgegangen sind und „den gültigen Episkopat und die ursprüngliche und vollständige Wirklichkeit des eucharistischen Mysteriums nicht bewahrt haben", kann nicht nur von der kirchlichen Einheit keine Rede sein. Es kann nicht einmal von „Kirchen im eigentlichen Sinn" gesprochen werden; und dies gilt für *Dominus Iesus*, obwohl „die in diesen Gemeinschaften Getauften [...] durch die Taufe Christus eingegliedert" und so „in einer gewissen, wenn auch nicht vollkommenen Gemeinschaft mit der Kirche" stehen. Was fehlt ihnen konkret? Das, worauf die ihnen gespendete Taufe abzielt: „Die Taufe zielt nämlich hin auf die volle Entfaltung des Lebens in Christus durch das vollständige Bekenntnis des Glaubens, die Eucharistie und die volle Gemeinschaft in der Kirche."[1]

Das Ökumenismusdekret des Zweiten Vatikanischen Konzils *Unitatis redintegratio*, auf das sich *Dominus Iesus* hier beruft, formuliert präziser, die Taufe sei hingeordnet „auf die völlige Eingliederung in die Heilsveranstaltung, wie Christus sie gewollt hat, schließlich auf die vollständige Einfügung in die eucharistische Gemeinschaft" („ad integram incorporationem in salutis institutum, prout ipse Christus illud voluit, ad integram in communionem eucharisticum insertionem"). Was steht der „integra incorporatio" in Gottes Heilswerk und der „integra insertio" in die eucharistisch-sakramentale Communio hier im Wege? – *Dominus Iesus* konzentriert sich auf das Fehlen des „gültigen Episkopat[s]" und der „ursprüngliche[n] und vollständige[n] Wirklichkeit des eucharistischen Mysteriums". Heißt das

---

[1] Dominus Iesus, Ziffer 17 mit Verweis auf das Dekret Unitatis redintegratio 22.

nun, dass die vollständige Wirklichkeit des eucharistischen Mysteriums[2] „vor allem wegen des Fehlens des Weihesakramentes" (ordinis defectum; *Unitatis redintegratio* 22) nicht bewahrt wurde? *Dominus Iesus* ist hier nicht eindeutig. Durch den Textzusammenschnitt aus *Unitatis redintegratio*, der die eben zitierte Passage (bewusst?) auslässt, entsteht der Eindruck, das Hindernis der Einheit solle auch auf all das bezogen gesehen werden, was zwar in der Taufe angelegt ist, aber eben nicht in allen kirchlichen Gemeinschaften zu voller Ausbildung gelange. Die Rede ist hier zusätzlich von der „volle[n] Entfaltung des Lebens in Christus" und vom „vollständige[n] Bekenntnis des Glaubens". Mit welchem Recht aber wird den nichtrömisch-katholischen kirchlichen Gemeinschaften hier die volle Entfaltung des Lebens in Christus sowie das vollständige Bekenntnis des Glaubens abgesprochen?

Die Kategorie der „Integritas" oder der Vollständigkeit irritiert bei diesen Formulierungen nachhaltig. Wie kann man überhaupt für eine kirchliche Gemeinschaft oder auch für einzelne Glaubende die volle Entfaltung des Lebens in Christus – also der Christusnachfolge – beanspruchen? Wäre das nicht ein hybrider Anspruch, aufrechtzuerhalten allenfalls, wenn man ihn doch wieder nur am vollständigen Integriertsein in die römisch-katholische Kirche festmachte? Aber noch dramatischer: Worauf bezieht sich die implizite Unterstellung des nicht „vollständigen" Bekenntnisses des Glaubens genau? Sie kann sich ja nun nicht schon wieder auf eine Kirchenverfassung beziehen, die den Episkopat nach römisch-katholischem Verständnis nicht für zentral und unabdingbar hält. Wie also ist das „vollständige Bekenntnis des Glaubens" zu verstehen und abzugrenzen von Glaubensüberzeugungen, die nicht direkt Gegenstand des Glaubensbekenntnisses sind?

Diese Frage ist keineswegs peripher. An ihr entscheidet sich ja, welche Bekenntniseinheit für die ekklesiale Einheit in Wort und Sakrament und dann auch für Kirchen-Einheit hinreichend ist. Der Kontext von *Dominus Iesus* legt es nahe, dass man hier Bekenntnisdifferenzen im Blick auf das Eucharistie- und das Kirchenverständnis ansprechen wollte. Aber sind es wirklich Bekenntnisdifferenzen? Oder Differenzen in der theologischen Auslegung des gemeinsamen Bekenntnisses? Diese Fragen sind wiederum keineswegs belanglos, denn sie betreffen die grundsätzliche Unterscheidung zwischen Bekenntnis- und Lehrdimension und damit wiederum die Frage, ob zur kirchlichen Einheit über die Einheit im Bekennen hinaus auch

---

[2] Der Bezugstext in Unitatis redintegratio 22 formuliert „genuinam atque integram substantiam Mysterii eucharistici".

eine Einheit in der Lehre erforderlich sei – und wie weit diese Einheit gehen müsse. Das alles ist im theologischen Klärungsprozess zu „Lehrverurteilungen – kirchentrennend?"[3] an einzelnen Streitfragen – so auch in der Eucharistietheologie – ausgiebig bedacht worden. Aber offenkundig hat sich *Dominus Iesus* nicht auf hier erreichte Klärungen eingelassen. Das gibt Anlass, das römisch-katholische Anliegen im Blick auf die kirchliche Einheit in Wort und Sakrament theologisch konkreter zu bestimmen. Ich will dabei die These vertreten, dass gerade katholischerseits mit der Einheit in Wort und Sakrament auch die Vielfalt der lehrhaften Ausdeutungen des Gotteswortes und der sakramentalen Praxis zu ihrem Recht kommen muss bzw. kommen müsste. Die Verteidigung dieser These erfordert zunächst hermeneutische Vorklärungen, deren sachliches Gewicht für die anstehenden ekklesiologischen und sakramententheologischen Fragen aber nicht unterschätzt werden sollte.

2. Hermeneutische Vorklärungen

Das römisch-katholische Überlieferungsverständnis scheint sich gegen die eingeforderte Unterscheidung von Bekenntnis und Lehre eher zu sperren, weil es hier – so der erste Eindruck – keinen qualitativen Unterschied in der jeweiligen Verbindlichkeit gibt. Ungeachtet der abgestuften Beurteilung lehrhafter Äußerungen von Theologen durch unterschiedliche theologische Qualifikationen wird mit der kirchlichen Lehre durch das Lehramt ein umfassender Gehorsamsanspruch verbunden, der zwar den Glaubensgehorsam vom „religiösen Gehorsam" unterscheidet[4], sich aber nicht in der Verbindlichkeit unterscheidet und – verstärkt in den letzten Jahren – auch da vom hierarchischen Lehramt eingefordert wird, wo es um Lehren geht, die sich auf „die mit der göttlichen Offenbarung notwendigerweise verknüpften Wahrheiten" beziehen, auf Lehren, „die bei der Erforschung der katholischen Glaubenslehre eine besondere Inspiration des Heiligen Geistes für ein tieferes Verständnis einer bestimmten Wahrheit der Glaubens- oder Sittenlehre durch die Kirche zum Ausdruck bringen"[5].

---

[3] Dieser Prozess ist dokumentiert in: Karl Lehmann/Wolfhart Pannenberg (Hgg.), Lehrverurteilungen – kirchentrennend?, Band I, Freiburg–Göttingen 1986; die Bände II und III, Freiburg–Göttingen 1989f, enthalten die theologischen Vorstudien; Band IV, Freiburg–Göttingen 1994, publiziert eine Stellungnahme des federführenden Theologischen Arbeitskreises zu der Diskussion der in Band I dokumentierten Erklärung.
[4] Vgl. Lumen gentium 25.
[5] Motuproprio Ad tuendam fidem aus dem Jahre 1989, Professio fidei Ziffer 3.

Damit wird eine Differenzierung unterlaufen, die von hermeneutisch grundsätzlicher Bedeutung ist, auf den katholischen Begriff des Dogmas aber nicht anwendbar scheint: die zwischen Auszulegendem (explanandum) und Auslegung. Die Auslegung ist relativ zum Auszulegenden, an ihm immer wieder neu zu gewinnen und zu verifizieren, aber auch immer wieder neu in die Situation hinein zu wagen, in der das Auszulegende verstanden werden soll. Diese doppelte Relativität bedingt die Überholbarkeit aller Auslegungen und markiert das hermeneutische Risiko, hinter dem Auszulegenden zurückzubleiben – oder hinter der Aufgabe, es hier und jetzt als verstehbar und bedeutsam auszulegen. Die evangelische Theologie markiert die Differenz zwischen Auszulegendem und Auslegungen deutlich und prinzipiell mit dem Schriftprinzip. Sie relativiert alle anderen Traditions- und Lehrbildungen als Schriftauslegung. Im Gegenzug dazu versucht das katholische Lehramt – deutlich seit dem Tridentinum, verschärft seit den Achtzigerjahren des 20. Jahrhunderts – diese Differenzierung zumindest zu verschieben: Möglichst viele lehrhafte Festlegungen sollen dem auszulegenden, nicht relativierbaren Bestand des „Depositum fidei" zugerechnet werden (so ja etwa auch die Weiheunfähigkeit der Frauen), während das in sich relative Lehren der Theologie eher der Aufgabe dient, das durch das hierarchische Lehramt umfassend Vorgegebene auf die Verstehensmöglichkeiten der Zeitgenossen hin auszusprechen[6], es ihnen zu erläutern und zu erklären. Während also in der Alten Kirche und bis weit ins Mittelalter hinein das Bekenntnis (der Konzilien) im Wesentlichen Inbegriff des von der Schrift – aufgrund ihres Evangeliums – zu Glaubenden (der fides quae) war, erweiterte sich der Bereich der fides quae bis in unsere Tage dramatisch. Er erstreckt sich nun keineswegs nur auf definierte Dogmen, sondern – wie zitiert – auf alles, was als geistgeschenkte, unersetzliche Auslegungshilfe bei der Interpretation von Glaubenswahrheiten bezeichnet werden kann und damit ausdrücklich auch auf Gestalten der Auslegung, deren Unersetzlichkeit und definitive Verbindlichkeit das Lehramt geltend macht. So wird die Kategorie der „Vollständigkeit" zu einer normativen Bestimmung des Verbindlichen.[7] So wird aber auch das „vollständige Bekenntnis des Glaubens" zum Unterscheidungsmerkmal der Kirche zu den nicht eigentlich Kirche zu nennenden kirchlichen Gemeinschaften aus der Reformation. Und so werden schließlich die lehrhaften Bedingungen für die

---

[6] In meinem Buch: Von Gott sprechen an der Grenze zum Verstummen, Münster 2004, habe ich diese Tendenz anhand lehramtlicher Texte analysiert; vgl. aaO. 332ff.

[7] Vgl. meine Überlegungen: Der Anspruch auf „Vollständigkeit" als anti-relativistische Abwehrstrategie, in: Michael J. Rainer (Red.), Dominus Iesus. Anstößige Wahrheit oder anstößige Kirche?, Münster 2001, 134–143.

kirchliche Einheit in Wort und Sakrament – die fides quae bzw. das Depositum fidei – so umfassend bestimmt, dass diese Einheit als Utopie erscheint. Man kann mit guten Gründen darauf hinweisen, dass dieses katholisch-lehramtliche Konzept einseitig am Lehrglauben orientiert ist und das zu Glaubende – die Gottesoffenbarung, wie sie in der Bibel bezeugt ist – im Entscheidenden als eine göttliche Belehrung über heilsnotwendige Wahrheiten versteht, deren Weitergabe in der Kirche nicht eigentlich hermeneutisch relative Auslegung, sondern eben bloße Weitergabe und „Vorlage" (proposito) ist, die deshalb an der nicht-relativierbaren Vor-Gegebenheit des Vorzulegenden partizipiert. Und man kann ebenfalls mit guten Gründen darauf hinweisen, dass dieses *instruktionstheoretische Konzept* (Max Seckler) für das Offenbarungsverständnis seit der Offenbarungskonstitution des II. Vatikanums *Dei verbum* als theologisch und lehramtlich überholt gelten darf. Dann stellt sich aber die Frage, ob die hermeneutische Unterscheidung zwischen Auszulegendem und Auslegung nicht auch katholischerseits entschiedener aufgegriffen werden muss und ökumenisch fruchtbar werden kann.

3. Vielfalt der Auslegungen – Einheit im Wort

Das traditionell-katholische Interesse daran, im Feld der kirchlichen Lehre den Umkreis des Auszulegenden gegenüber den relativ gültigen und verbindlichen Auslegungen möglichst auszuweiten, hat nun offenkundig damit zu tun, dass hier das primär Auszulegende – die Gottesoffenbarung – und die kirchliche Lehre – gewissermaßen das sekundär Auszulegende – von gleicher Art sind. Beides ist als *Lehre* verstanden: Die Lehre über die „göttlichen Dinge", die Gott selbst durch seine Offenbarungsträger übermittelt; die kirchliche Lehre, die die göttliche Lehre gegen Missverständnisse oder Bestreitungen schützt und insofern hermeneutisch „auf ihre Seite gehört", an ihrer Wahrheit und Verbindlichkeit teilhat. Auslegungen haben dann nur noch die Aufgabe, diese Lehre den Hörern aller Zeiten nahe zu bringen und zu erläutern, ihnen den „Nexus" der gelehrten „Mysterien" aufzuweisen (vgl. DH 3016), damit sie die innere Logik des Glaubens besser nachvollziehen können. Diese Auslegungen, denen hier eigentlich „nur" pastorale Bedeutung beigemessen wird, sind dann tatsächlich relativ zum Auszulegenden und überholbar, wenngleich sich das Lehramt auch hier ausdrücklich das Recht vorbehält, über die Angemessenheit solcher Auslegungen zu wachen.

Die Differenz zwischen Auszulegendem und den Auslegungen ist anders zu bestimmen, wenn das primär Auszulegende nicht mehr als sekundär präzisierte und klargestellte und als solche vom hierarchischen Lehramt vorgelegte Lehre verstanden wird, sondern als Ereignis und Ereignisfolge, deren Offenbarungsbedeutung immer nur im Vollzug der Auslegung bezeugt werden kann. Solche Auslegungen können ihrerseits in der Kirche grundlegende und normative Bedeutung gewinnen und sind dann selbst wieder Auszulegendes. Aber sie sind ursprünglich und unüberholbar Auslegung. Ist Offenbarung also nicht ursprünglich selbst das (lehrhaft) *Gesagte*, sondern das *Gezeigte*, worin Gott sich zeigt, indem er seinen guten Willen geschehen lässt – das „worüber schlechterdings nichts Größeres geschehen kann"[8] –, so haben alle kirchliche Lehren wie ja auch schon die biblischen Schriften den Charakter des Zeugnisses davon, was glaubende Menschen und die Gemeinden der Glaubenden sich haben zeigen lassen und was sie dabei gesehen haben, ja: was sie darin *erfahren* haben. Offenbarung als das Geschenk, „quo majus non datur"[9], weil Gott selbst sich darin gibt: Sie kann nur bezeugt werden, indem Menschen zur Sprache zu bringen versuchen, wie sie sich von Gott beschenkt erfahren und wer sie durch dieses Geschenk geworden sind.

Das Wort, in dem Gott sich schenkt, ruft die vielfältigen Antworten hervor, in denen Hörer des Wortes die verheißungsvolle Herausforderung bezeugen, die ihnen darin widerfuhr. In diesen Antworten haben wir – die Jünger, Zeuginnen und Zeugen „zweiter Hand"[10] – das Wort.[11] Gerade ihre Vielfalt bezeugt das *eine* Wort. Der Kanon des Alten und des Neuen Testaments bindet die vielen Zeugnisse zu einer Sammlung von Antworten zusammen, anhand derer sich die Jüngerinnen und Jünger zweiter Hand immer wieder neu des Inhalts des sie herausfordernden Wortes – der Aus-Richtung seiner Herausforderung – vergewissern. Die Einheit des Wortes erweist sich darin als *Beziehungsreichtum*: Das Wort ruft unterschiedliche Zeugnisse hervor, weil es Zeugen mit ganz unterschiedlichen Erfahrungen, Denk- und Lebensweisen in Anspruch nimmt und doch in jeder dieser Erfahrungs- und Glaubenskontexte zum Ziel kommt: Glauben findet. So kann

---

[8] Vgl. Friedrich Wilhelm Joseph Schelling, Philosophie der Offenbarung, Bd. II, Darmstadt 1974, 27.

[9] Das ist – vor der eben zitierten – die erste Umschreibung des Anselmianischen „quo maius cogitari nequit" in Schellings Philosophie der Offenbarung, Bd. I, 157.

[10] Vgl. Søren Kierkegaard, Philosophische Brocken. Gesammelte Werke, herausgegeben von Emanuel Hirsch und Hugo Gerdes, Taschenbuchausgabe Gütersloh 1981, 10. Abteilung, 85ff.

[11] Vgl. Hans Urs von Balthasars Formel „an der Antwort haben wir das Wort", in: ders., Verbum caro, Einsiedeln 1960, 98.

nicht *eine* Antwort oder *eine* Gruppe von Antworten das Zeugnis der anderen ersetzen, gar überflüssig machen. Die Einheit des Wortes ist eben nicht die Einheit und Konsistenz einer Lehre, die alles in sich zu fassen sucht, was zu sagen ist. Sie zeigt sich in den unterschiedlichen Antworten, die sich aufeinander beziehen und miteinander bezeugen können, was sie hervorgerufen hat, weil dieser Hervor-Ruf selbst unendlich beziehungsreich ist.

Der Kanon bindet zusammen – und er schließt aus. Vielfalt bedeutet nicht Richtungslosigkeit. So muss immer wieder neu der Versuch gemacht werden, die Richtung zu identifizieren, in der Gottes Wort die Menschen dazu herausfordert, dem guten Willen Gottes Folge zu leisten und in der Spur Jesu Christi, des Gekreuzigten und Auferweckten (vgl. 1 Petr 2,21), Gottes größere Gerechtigkeit in dieser Welt – und über sie hinaus – zu suchen. Der Kanon schließt Antworten aus, in denen das Wort nicht mehr hinreichend erkennbar wird. Aber er formuliert noch keinen Lehrbegriff des Christlichen, aufgrund dessen die Ausgrenzung vorzunehmen wäre. Die authentischen Antworten sind „definiert" durch den Kreis der Gesprächspartner, die der Kanon aufgrund ihres unverzichtbaren Zeugnisses zum „ewigen" Gespräch über die Bedeutung des Wortes lädt. Theologische Lehre ist von Anfang an der Versuch, die Bedeutung des Wortes aus diesem Gespräch und aus den dieses Gespräch auslegenden „Kommentaren" zu erheben – und so konkret-situativ die Aufgabe des Kanons in den Wechselfällen geschichtlicher Konflikte und Herausforderungen zu übernehmen: die Grenze zu ziehen zwischen legitimer Vielfalt der Auslegungen und Verfälschungen des Wortes. Die theologische Lehre kann Bekenntnischarakter annehmen, wenn es zu elementaren Abgrenzungen kommen muss. Hier gewinnt sie selbst Konsens-Bedeutung. Meist aber bleibt sie ein Versuch, das verbindlich-verbindend Christliche in einer konkreten geschichtlichen Situation angesichts ganz bestimmter Zeugnis-Herausforderungen *perspektivisch* geltend zu machen. Hier muss sie sich ihrer doppelten Relativität bewusst bleiben: der Relativität zum *einen* Wort ebenso wie zu den vielen Auslegungen und den vielen Lehr-Begriffen, die nötig und kirchlich willkommen sind, weil sie nur miteinander die *katholische* Vielfalt authentischer Antworten unverkürzt zur Geltung bringen können.

Das *katholische* Anliegen müsste es vor diesem Hintergrund sein, dem Beziehungsreichtum des einen Wortes dadurch zu dienen, dass die Vielfalt legitimer Auslegungen unverkürzt erhalten bleibt und in den lebendigen Zeugnis-Diskurs der Kirche eingebracht wird. Wenn es zu lehrhafter Abgrenzung und schließlich auch zu kommunitärer Ausgrenzung in Bekenntnis und Dogma kommt, so tragen die jeweils zuständigen Instanzen die schwere Verantwortung dafür, dass die kirchliche Gemeinschaft mit denen, die das Verbindlich-Verbindende aufzukündigen scheinen, nicht vorschnell aufgekündigt wird. Und sie nehmen diese Verantwortung *nach* getroffenen Abgrenzungsentscheidungen nur dann wahr, wenn immer wieder neu und revisionsbereit geprüft wird, ob die damaligen Entscheidungsgründe heute noch tragen, ob die Lehrdifferenzen heute noch als kirchentrennend gewertet werden müssen. Der theologische Prozess „Lehrverurteilungen – kirchentrennend?" hat deutlich gemacht, dass es sehr wohl eine kirchlich – *katholisch* – illegitime Verdrängung von Vielfalt geben kann: möglicherweise *damals* schon, aber ganz bestimmt *heute*.

Kirchliche Einheit im Wort hat ihr Vorbild in der Einheit des Kanons, der das spannungsreich Vielfältige zusammenhält und gerade so den Beziehungsreichtum des einen Wortes zur Geltung bringt. Dieses Wort ist beziehungsreich, weil es geschieht – weil darin geschieht, dass Gott sich den Menschen mitten in ihrem Leben und Sterben als der Gott für sie erweist; es ist unendlich beziehungsreich, weil es in Jesus von Nazaret geschah, der es beziehungsreich wie kein anderer Mensch für seine Mitmenschen gelebt und lebendig ausgelegt hat; es ist unendlich beziehungsreich, weil es durch Gottes heiligen Geist immer wieder neu geschieht, der es zur Inspiration und zum Halt in den Abgründen und den Wagnissen der so unendlich vielfältigen und letztlich unvergleichbaren Menschenleben macht. Wer die Vielfalt im konkreten Fall unter Verdacht stellt, die christlich authentische Bedeutung des einen Wortes und damit die Einheit des Zeugnisses ins Unkenntliche aufzulösen, der steht immer in der Gefahr, dem Beziehungsreichtum des Wortes zu wenig zu trauen. Aber es gilt auch umkehrt: Wer nur die Vielfalt im Blick hat, der gerät in Gefahr, das unterscheidend Christliche unkenntlich zu machen. Er wird dann mitunter dem Eindruck Vorschub leisten, das Christliche sei letztlich doch mit allem und jedem vereinbar und der Gehorsam gegen Gottes guten Willen sei eine Allerweltsangelegenheit.

Das Risiko, zu viel oder zu wenig an Vielfalt zuzulassen, zu viel oder zu wenig Einheit zu urgieren, ist gewissermaßen typisch katholisch; nein, es ist typisch christlich. Wer es nicht eingehen will, etwa weil er davor zurückschreckt, sich revidieren zu müssen und weil er es nicht zu dem Eingeständnis kommen lassen will, zu anpasserisch oder zu unsensibel gegenüber der Wahrheit „der anderen" gewesen zu sein, der vergeht sich an der Einheit des Wortes, die mehr Weite ermöglicht als unsere Identitätsängste für möglich halten – und mehr Entschiedenheit fordert, als wir sie in unserer Sehnsucht nach Anerkennung und Akzeptanz aufbringen.

4. Sakramentales Handeln: Einheit der Praxis und Vielfalt der Auslegungen

Schon für die Einheit im Wort gilt: Das Wort geschieht. Wer es bereitwillig hört, der lässt sich in sein Geschehen einbeziehen und wird zu seinem Zeugen, zu seiner Zeugin. Die Einheit der Kirche gründet im Austausch der Zeugnisse, im Diskurs der Zeuginnen und Zeugen, die sich gegenseitig als Zeugen des einen, kirchengründenden Wortes anerkennen und sich deshalb im Hören auf dieses Wort wie im Sich-herausfordern-Lassen von ihm verbunden wissen. Das kirchliche Amt dient der Gemeinsamkeit des Hörens und Befolgens und schützt deshalb die legitime Vielfalt der Zeugnisse, die den Beziehungsreichtum des Wortes zum Ausdruck bringen. Weil im Wort das Für-uns-Dasein Gottes *geschieht*, hat das Zeugnis, in dem dieses Geschehen „weiter geht", die Aufgabe und die Sendung, anderen Menschen die Bedeutung und die Verlässlichkeit des Wortes darzustellen. Das gilt in besonderer Weise für das kirchliche Zeugnis sakramentaler Praxis, in der Gottes Versprechen szenisch dargestellt – *gehandelt* – und so für die daran Teilnehmenden immer wieder neu wahr wird.[12] Gottes Versprechen werden ekklesial konkret in *signifikanten Gesten*.[13] Sie stellen dar und sie bezeugen mit göttlicher Vollmacht – im Namen Gottes werden sie ja ge-handelt –, wie die Menschen, denen sie gelten, in Gottes Heilswirklichkeit einbezogen sind.

Was diese Gesten be-deuten, das wird in ihnen selbst gezeigt: im Modus des Zeugnisses. Gezeigt wird es, da es hier und jetzt geschieht und als Geschehenes bezeugt wird. *Karl Rahner* spricht in diesem Sinne vom Realsymbol, „durch dessen Setzung das Symbolisierte sich selber setzt und selber im Symbol anwest."[14] Die sakramentale Geste ist signifikante Zeugnisgeste, weil Gott sein Versprechen selbst darin wahr macht: Es wird von den ekklesial Handelnden als im sakramentalen Vollzug eingetretene Wirklichkeit bezeugt. Die Bedeutung der Geste ist ihre göttliche Handlungsintention, die aber ursprünglich in der Handlung selbst zum Ausdruck kommt – und nicht in einem Wissen über diese Handlung. Gottes guter Wille offenbart sich, indem er geschieht. Sein Geschehen ist die Mitteilung,

---

[12] Jesus Christus selbst – das Wort – ist die Ur-Handlung (das Ursakrament), in dem Gottes Versprechen ihre definitive Bestätigung finden. „Er ist das Ja zu allem, was Gott versprochen hat" (2 Kor 1,20).

[13] Diesen sakramententheologischen Leitgedanken habe ich weiter ausgeführt in meinem Buch: Warum die Kirche vor Ort bleiben muss, Donauwörth 2002, 132ff.

[14] Karl Rahner, Das christliche Verständnis von Erlösung, in: Andreas Bsteh (Hg.), Erlösung im Christentum und Buddhismus, Mödling 1982, 112–127, 123.

in der die Handlungs-Intention dieses Willens verstehbar wird und vom „szenischen Verstehen" der Beteiligten nachvollzogen werden kann. Das szenische Verstehen wird kontrolliert von Sakramententheorien und Sakramententheologien, die die Vielfalt und den Beziehungsreichtum des szenisch Dargestellten freilich niemals einholen können. Die theologische Reflexion will die Auslegungen des szenischen Verstehens davor bewahren, die Intention des hier Dargestellten und im szenischen Verstehen Nachvollzogenen zu verfälschen. Aber sie hat diese Intention nicht rein für sich, sondern eben nur in der „realsymbolischen" Handlungsgestalt. So kann es auch hier – und gerade hier – nur darum gehen, intentionswidrige Auslegungen des sakramentalen Vollzugs als solche zu identifizieren und einseitige Auslegungen auf die sakramentalen Vollzüge selbst und die anderen authentischen Auslegungen hin zu relativieren. Es kann – gerade hier – nicht darum gehen, in der Sprache der Beschreibung nachzuzeichnen, wie sich die Handlungsintention, die sich in den sakramentalen Handlungen realisiert, weil Gottes guter Wille sich darin realisiert, in geheimnisvollen Sachverhalten umsetzt. Nicht wie Gott es konkret „anstellt", seinen guten Willen im Vollzug der sakramentalen Handlungen Wirklichkeit werden zu lassen, ist Thema der Sakramententheologie, sondern wie dieser gute Wille die sakramental (Mit-)Handelnden ergreift und sie in Gottes Herrschaft einbezieht. Die gemeinsame Feier setzt deshalb auch nicht voraus, dass alle Beteiligten in der einen, allein zutreffenden Theorie über den sakramentalen Verwandlungs- oder Gnadenmitteilungsprozess übereinstimmen. Sie setzt vielmehr lediglich voraus, im Glauben an das im jeweiligen Sakrament Gewirkte – im szenischen Verstehen der darin sich realisierenden sakramentalen Intention – übereinzustimmen.

Sakramentale Theorien haben ihren guten Sinn und ihre Berechtigung darin, das im sakramentalen Handeln Geschehende im Rahmen des jeweiligen Wirklichkeitsverständnisses einigermaßen rational nachvollziehbar zu machen. Sie legen es aus, indem sie es zu Sachverhalten, Handlungen und Ereignissen in der jeweils bewohnten gemeinsamen Welt in Beziehung setzen und zugleich davon signifikant unterscheiden. Nur so lässt sich verstehbar sagen, was in den Sakramenten geschieht. Der gemeinsame Glaube der Feiernden bezieht sich aber nicht auf die eine oder andere Verlaufsbeschreibung und die ihr jeweils zu Grunde liegende metaphysische Theorie, sondern auf den guten Willen, der in all dem geschieht – und darauf, dass er hier und jetzt in dieser sakramentalen Handlung geschieht, wie auch darauf, dass die sakramentale Geste gültig zum Ausdruck bringt, was in ihr geschieht. Im szenischen Verstehen müssten die miteinander Feiernden übereinstimmen, damit sie sich wirklich *miteinander* in das Geschehen einbeziehen lassen können, das sie hier ergreifen und verwandeln will. Aber auch dieses szenische Verstehen ereignet sich in vielfältigen Auslegungen, da es unterschiedliche Erfahrungen und unterschiedliche Aspekte eines polyvalent-beziehungsreichen Geschehens bezeugt, da es vielfältige Weisen reflektiert, sich von ihm ergreifen zu lassen. Gemeinsam feiern setzt voraus, in den zentralen Aspekten übereinzustimmen und sich ansonsten bereitwillig davon überraschen zu lassen, wie vielfältig die sakramentalen Handlungen im Leben der Menschen Bedeutung gewinnen können.

Das Geschenk des Wortes und der sakramentalen Wirklichkeit ist so viel größer als alle menschlichen Auslegungen dessen, was darin mitgeteilt ist und geschieht, dass menschliche Auslegungen diesen Reichtum nicht im Entferntesten ausschöpfen können.[15] Die Unterstellung, andere Auslegungen würden inadäquat von diesem Reichtum sprechen, steht also immer in der Gefahr, dieses Geschenk auf die ärmlichen Kategorien zu reduzieren, mit denen wir es uns verständlich machen wollen, und *deshalb* nicht genug Glaubens-Verständnis für andere Zeugnisse und Auslegungen aufzubringen. Das Risiko, den Reichtum des uns Geschenkten nicht hinreichend zu ehren, weil man ausschließt, was man nicht einfühlsam genug versteht, ist katholischerseits vielleicht über lange Zeit hinweg nicht ernst genug genommen worden. Wenn man es ernst nimmt und wenn man die theologische Arbeit ernst nimmt, die etwa die unterschiedlichen eucharistietheologischen Theorien in ihrer Relativität verstehbar gemacht hat, wird man katholischerseits anderen Kirchen – etwa den aus der Reformation hervorgegangenen – nicht pauschal die „vollständige Wirklichkeit des eucharistischen Mysteriums" absprechen; es sei denn, man unterstellt, das von römisch-katholischer Ekklesiologie abweichende Amts- und Ordinationsverständnis hindere Gott daran, auch nichtkatholische Kirchen am Reichtum seines Geschenks teilhaben zu lassen. Man wird – und das ist ja nur die Kehrseite des Gedankens – katholischerseits auch nicht mehr ganz so selbstverständlich die „vollständige Wirklichkeit des eucharistischen Mysteriums" von den sakramentalen Handlungen der eigenen Kirche eingeholt sehen. „Vollständig" wird der Beziehungsreichtum dieses Mysteriums erst da zugänglich, wo sich eschatologisch ereignet, was es bezeichnet und zum

---

[15] Vgl. dazu meine im Kontext einer Reflexion zur Rechtfertigungstheologie und im Gespräch mit Paul Ricœur entwickelten Leitsätze einer theologischen Hermeneutik des Geschenks: Erwählung und Verantwortung. Was die Fundamentaltheologie aus dem jüdisch-christlichen Gespräch für ihre Methodenreflexion lernen kann, in: Peter Hünermann/Thomas Söding (Hgg.), Methodische Erneuerung der Theologie. Konsequenzen der wieder entdeckten jüdisch-christlichen Gemeinsamkeiten, QD 200, Freiburg–Basel–Wien 2003, 116–141, 135–141.

Ausdruck bringt. Es ist also theologisch im Blick auf den Reichtum des Gottesgeschenks mehr als prekär, für die eigene Theorie und Praxis „Vollständigkeit" in Anspruch zu nehmen und sie „den anderen" abzusprechen. Die authentisch *katholische* Perspektive wäre auch hier von der Einsicht und der Zuversicht bestimmt, mit den eigenen Auslegungen unendlich weit hinter dem Ausgelegten zurückzubleiben und schon deshalb auf die Auslegungen „der anderen" verwiesen zu sein; und dies auch auf die Gefahr hin, dass man sich hier irgendwann doch gegen Missverständnisse – gegen intentionswidrige Auslegungen – abzugrenzen hat.

5. Fazit und Ausblick

Die ökumenisch bedeutsamsten Fragen, die sich aus dieser Überlegung ergeben, lassen sich m.E. so zuspitzen: Ist die Einheit in der Sendung und in der Berufung, die sich im Hören auf das Wort und im Zeugnis für sein Geschehen realisiert, sowie die Einheit in sakramentaler wie nichtsakramentaler Reich-Gottes-Praxis theologisch bedeutsamer als das zweifellos unterschiedliche Verständnis der amtlichen Verfasstheit von Kirche? Und dieser Frage vorausliegend: Sollte man im Blick auf die großen christlichen Konfessionstraditionen die Einheit in der Sendung und im Zeugnis bei aller Unterschiedlichkeit der Zeugnis- und Sendungsgestalten vermuten dürfen, da gerade diese Unterschiedlichkeit bis zum Erweis des Gegenteils als Zeugnis für den Beziehungsreichtum der Selbstmitteilung Gottes im Geschehen des Wortes geglaubt werden kann?

Meine Überlegungen galten explizit eher der zweiten Frage; und sie wollten dafür werben, sie als positiv beantwortbar anzusehen. Bei einer positiven Antwort würde sich dann aber sofort die erstgenannte Frage stellen. Die herkömmliche katholische Lehre spricht nun allerdings nicht von einer die katholische Kirche und andere Kirchen übergreifenden Einheit im sakramentalen Handeln bzw. sie spricht von dieser Einheit nur im Blick auf das Sakrament der Taufe. Bei den übrigen sakramentalen Handlungen – das Ehesakrament sei hier wegen der speziellen Spenderproblematik ausgenommen – liegt nach dieser Lehre außerhalb der römisch-katholischen Kirche und der mit ihr in (eingeschränkter) Eucharistie-Gemeinschaft stehenden Kirchen des Ostens deshalb kein gültiges sakramentales Handeln vor, weil der dazu allein „befähigte" und bevollmächtigte Spender hier nicht zur Verfügung stehe. Aber müsste nach dem Gesagten nicht doch auch katholischerseits damit gerechnet werden, dass es in den „anderen Kirchen" nicht nur beim Fall der Taufe, sondern auch etwa im Zusammenhang von Abendmahls- und Sündenvergebungsfeiern sakramentale Wirklichkeiten gibt, dass also im Blick auf diese sakramentale Wirklichkeiten auch eine – zumindest basale – Einheit im Sakrament angenommen werden darf?

Das II. Vatikanum spricht ja schon davon, dass außerhalb des „Gefüges" der hierarchisch verfassten katholischen Kirche „vielfältige Elemente der Heiligung und der Wahrheit zu finden sind". Als der Kirche „eigene Gaben" drängen sie – so *Lumen gentium* 8 – „auf die katholische Einheit hin"; auf die Einheit hin, die wahrhaft *katholisch* genannt zu werden verdiente, weil sie die Einheit der Kirche nicht mehr auf Kosten einer legitimen Vielfalt der Zeugnisse herzustellen und zu wahren versucht. Speziell im Blick auf die anderen christlichen „Kirchen und kirchlichen Gemeinschaften" spricht *Lumen gentium* 15 folgerichtig davon, dass die Menschen hier nicht nur durch das Zeichen der Taufe mit Christus verbunden werden, sondern in ihnen „andere Sakramente" „anerkennen und empfangen". Unter diesen Kirchen und kirchlichen Gemeinschaften gibt es schließlich auch solche, die einen Episkopat „besitzen" und die heilige Eucharistie feiern. Aber nach dem Wortlaut von *Lumen gentium* 15 sind nicht nur sie es, denen neben der Taufe auch die Feier „andere[r] Sakramente" zugesprochen wird. Sie werden ja nur als Untergruppe all der kirchlichen Gemeinschaften genannt, in denen auch „andere Sakramente" anerkannt und empfangen werden.

Die lehramtliche Theologie hat sich seither nicht dazu entschließen können, diese – über die Kirchen der Orthodoxie offenkundig hinausreichende – ekklesiale Einheit im sakramentalen Handeln genauer in den Blick zu nehmen und zu würdigen. Man hat es vielmehr – in *Dominus Iesus* – für nötig gehalten, die basale Einheit im Wort und im Sakrament wegen der in den nichtepiskopalen Kirchen fehlenden bzw. als fehlend angesehenen *Successio apostolica* faktisch in Zweifel zu ziehen und diesen Kirchen den Namen Kirche zu bestreiten. Gerade an diesem Punkt wird sichtbar, wie weit *Dominus Iesus* hinter den Texten des Zweiten Vatikanums zurückbleibt und wie selektiv es sich seiner Texte bedient.[16] So werden – leider auch von in Deutschland lehramtlich für die Ökumene Zuständigen – Formulierungen übergangen oder als Betriebsunfall verschwiegen, die damals ganz im Gegenteil theologisch einigermaßen Selbst-

---

[16] Es ist offenkundig nicht wahr, wenn der ehemalige Münchener Dogmatiker und jetzige Regensburger Bischof Gerhard Ludwig Müller (nach KNA vom 4. Oktober 2000) behauptet, Dominus Iesus würde doch nur die Texte des II. Vatikanums zitieren und das in ihnen Gesagte wiederholen.

verständliches anzudeuten wagten und heute um der Katholizität der Kirche willen weiter ausgearbeitet zu werden verdienten. Dass man sich „in katholischer Perspektive" auch die Frage stellen muss, ob die durch Ordination erlangten Ämter in den Kirchen der Reformation tatsächlich weiterhin als ekklesiologisches *Nullum* angesehen werden müssen oder eben doch auch sakramententheologisch zu würdigen wären, liegt m.E. auf der Hand. Gerade hier wird in den ökumenischen Gesprächen, die vor uns liegen, zu klären sein, wie viel institutionelle und theologische Vielfalt eine prinzipielle und basale Einheit im Sakramentalen „verträgt", ehe sie in Frage gestellt oder als nicht wirklich gegeben angesehen werden müsste. Man wird sich katholischerseits nachhaltiger und ehrlicher mit der Frage zu konfrontieren haben, was die Einheit der Kirche ausmacht, die doch theologisch offenkundig in Jesus Christus – dem Gotteswort in Person – und dem überreichen, niemals auszuschöpfenden Gottesgeschenk des Heiligen Geistes gründet.

Die Verwandlung von Mensch und Welt
Sakramente in orthodoxer Sicht

Hermann-Josef Röhrig

1. Erfahrungen der sieben Sakramente

1.1 Die Sorge um das Seelenheil

Der Lehrer für Patristik am damaligen „Philosophisch-Theologischen Studium" in Erfurt, Kanonikus Böhmer, hat uns Studierenden das Gemeinsame zwischen römisch-katholischer Kirche und den Kirchen der Orthodoxie mit einer nachvollziehbaren Geschichte plausibel zu machen versucht. Sie führt die Hörer zurück in die Zeit des Zweiten Weltkrieges und sei ihm von einem russischen Soldaten glaubhaft so berichtet worden. Als jener Soldat zum Kriegsdienst in die Rote Armee einberufen wurde, ging er vor der Abfahrt noch einmal zu einem Geistlichen, um sich dessen Segen zu holen. Der Geistliche kam der Bitte nach und setzte hinzu: „Wenn du dann nach Deutschland kommst einen Geistlichen brauchst, musst du dir die Kirchen genau ansehen. Es gibt dort nämlich Kirchen mit zwei Sakramenten und Kirchen mit sieben Sakramenten. Geh zu dem Geistlichen in die Kirche mit den sieben Sakramenten. Dort kannst du die Sakramente empfangen."

In einer kriegerischen Zeit, in der Ökumene und die Frage nach einer gegenseitigen Zulassung zu den Sakramenten nicht unbedingt ganz oben auf der Tagesordnung standen, handelte es sich um einen ganz praktischen Vorschlag. Irgendwie schien dem orthodoxen Geistlichen die Notsituation ein hinreichender Grund dafür zu sein, mögliche Einwände und vorhandene Unterschiede zu Gunsten des Seelenheiles dieses Soldaten zurückstellen zu dürfen. Immerhin war in seinem Bewusstsein – auch noch etwa 20 Jahren nach dem Ende geregelter Verhältnisse sowohl in der kirchlichen Verwaltung als auch in der theologischen Ausbildung – ein Wissen darum präsent, dass es bezüglich der Sakramente keine grundsätzlichen, also keine kirchentrennenden Unterschiede zwischen seiner russischen-orthodoxen Kirche und der römisch-katholischen Kirche gäbe. Diese Gemeinsamkeit machte er ausdrücklich an der Siebenzahl fest.

1.2 Keine ausreichende Grundlage

Einen ähnlich gearteten, von der Sorge um das Seelenheil der Gläubigen bestimmten Ratschlag bekamen katholische Christen der ehemaligen DDR von ihren Kirchenleitungen, wenn sie sich anschickten, eine Reise in ein „befreundetes sozialistisches Land" wie Rumänien oder Bulgarien zu unternehmen, oder sogar die Möglichkeit hatten, in einer staatlich organisierten Reisegruppe jenes Land bereisen zu dürfen, in dem nicht nur das „Brudervolk" ansässig war, sondern in dem es auch noch immer orthodoxe Christen gab. Denn mit ein wenig Geschick und mit Hilfe der verbliebenen Reste des Schul-Russischs konnte man sich als katholischer Christ – freilich außerhalb des offiziellen Reiseprogramms – in einer liturgischen Feier oder gar dem orthodoxen Sonntagsgottesdienst wiederfinden. Dort könne man – so der seelsorgliche Ratschlag – durchaus die Eucharistie empfangen.

Gerade bei den Sakramenten, argumentierten die katholischen Oberhirten, gäbe es letztendlich ein großes Maß an Gemeinsamkeit zwischen den Kirchen der Orthodoxie und des Westens. So gesehen, würden andere, dagegen sprechende Argumente der kirchlichen Lehre und Praxis entkräftet, zumal es sich um eine Ausnahmesituation handelte. Es sollte jedoch nicht lange dauern, bis diese Regelung aus kirchenpolitischen Gründen wieder zurückgenommen werden musste. Auslöser waren Hinweise aus der Orthodoxie dieser Länder, dass die noch offenen Fragen nach einer Zulassung zu den Sakramenten so einfach nicht zu lösen seien. Denn das Sakramentsverständnis sei ganz eng an ekklesiologische Fragen geknüpft, und der Empfang der Eucharistie sei in den Kirchen der Orthodoxie zudem mit einer spezifischen aszetisch-spirituellen Praxis, wie Fasten oder dem vorherigen Empfang des Bußsakramentes, verbunden.

1.3 Zu klärende Probleme

Was auf den ersten Blick jeweils als eine Ausnahmesituation vergangener Zeiten erscheinen mag, kann in einer Zeit permanenter Migration und zunehmender Mobilität zum Alltag eines Seelsorgers in unseren Breiten dazugehören. Dies betrifft beispielsweise den Bereich der Klinikseelsorge. In dieser Eigenschaft war der Autor des Beitrags wiederholt vor die Frage gestellt, welcher Option im konkreten Fall stärkeres Gewicht beizumessen sei: dem Wunsch des Patienten nach dem Empfang der Sakramente und damit der Sorge um sein Seelenheil nachzukommen oder aber den Empfehlungen der orthodoxen Kirchen und dogmatischen Erwägungen zu folgen und den seelsorglichen Einsatz auf die Suche nach dem zuständigen Spender zu konzentrieren. Zwar sind zunächst für die Spendung der Krankensakramente die Geistlichen der Kirchen zuständig, denen ein bittender Patient angehört, aber nicht selten ist sofortiges Handeln geboten. Solches Handeln darf indes das theologische Verständnis bezüglich des Wesens und der Bedeutung der Sakramente in den anderen Kirchen nicht außen vor lassen. So stellt sich in diesem Zusammenhang die drängende Frage nach der Bedeutung der Siebenzahl in den orthodoxen Kirche und zugleich nach dem Proprium des Sakramentsverständnisses. Dabei muss zugleich eingeschränkt werden, dass die (gegenseitige) Zulassung zu den Sakramenten zwischen den Kirchen des Ostens und des Westens ein Thema ist, das hier nicht zu Ende diskutiert werden kann und auch anderenorts entschieden wird.

2. Geschichtlicher Rückblick

2.1 Dem Osten nicht grundsätzlich fremd

Wie bereits angeklungen, wird in einer seelsorglichen Notsituation als Begründung für die Zulassung zu den Sakramenten stillschweigend ein gleiches – wenn auch nicht ausdrücklich thematisiertes – Verständnis der Sakramente vorausgesetzt. Dieses wiederum schließt die Siebenzahl ein, die sowohl in der römisch-katholischen Kirche als auch in den Kirchen des Ostens – und zwar in den vorchalkedonensischen und den byzantinischen – letztendlich nicht bestritten wird. Dabei kommt ihr allerdings im Osten nicht der gleiche, hohe Stellenwert zu, wie dies seit der Hochscholastik – insbesondere durch die Systematisierung und präzise Fassung des Sakramentenbegriffs durch Thomas von Aquin – auf der anderen Seite der Fall ist. Vielmehr ist es erst unter dem Einfluss der westlichen Scholastik dazu gekommen, dass die Siebenzahl im Osten überhaupt thematisiert worden ist. Dieser Einfluss der Scholastik wird indes in der jüngeren Vergangenheit im Osten durchaus als problematisch angesehen, und zwar sowohl hinsichtlich der Theologie im allgemeinen als auch der Sakramentenlehre im besonderen.

Entscheidende Marksteine auf dem Weg der Anerkennung der Siebenzahl kristallisieren sich erst auf den Unionskonzilien von Lyon (1274) und Florenz (1438–1445) heraus.[1] Dazu gehört auch das „Bekenntnis des Glaubens" von Kaiser Michael Palaiologos, das dieser Papst Klemens IV. im Jah-

---

[1] Siehe Franz Courth, Die Sakramente. Ein Lehrbuch für Studium und Praxis der Theologie, Freiburg 1995, 33f.

re 1267 vorgelegt hat und das in Lyon erneut verlesen wurde. Es gilt als erste Lehre von den sieben Sakramenten im Osten. Allerdings wurde es wahrscheinlich nicht vom Kaiser selbst, sondern von einem lateinischen Theologen geschrieben. Die Konzilien wurden zwar von der Orthodoxie insgesamt abgelehnt, deren Sakramentenlehre, insbesondere der Aufzählung der Sakramente, ist jedoch nicht widersprochen worden. Wenngleich solche geschichtlich greifbaren, ein gewisses Diktat ausübenden Einflüsse nicht geleugnet werden können, meint Karl Felmy, „dass die orthodoxe Kirche an der Siebenzahl der Mysterien nicht festgehalten hätte, wäre ihr hier etwas von Grund auf Fremdes aufgepfropft worden [...] Die in der Hl. Schrift über 600mal begegnende Sieben-Zahl, der Hinweis des Propheten Jesaja auf die sieben Gaben des Heiligen Geistes (Jes 11,2–4 LXX), die Spr 9,1 erwähnten sieben Säulen der Weisheit – all das überzeugte von dieser heiligen Zahl."[2]

Bereits im 14. Jahrhundert hatte der Theologe Nikolas Kabasilas eine Systematisierung der Sakramentenlehre vorgenommen, während im darauffolgenden Jahrhundert der heilige Symeon von Thessalonike von sieben Sakramenten sprach. Allerdings beharrte er auf dem sakramentalen Charakter der Mönchstonsur. Sein Zeitgenosse, der Metropolit Joasaph von Ephesus, legte hingegen eine Liste mit zehn Sakramenten vor, welche die Mönchsweihe, die Begräbnisfeier und die Ordnung der Kirchweihe enthält. Gerade die beiden nun folgenden Jahrhunderte, die durch die Auseinandersetzung der Orthodoxie mit der Reformation und Gegenreformation geprägt sind, haben zu einer Verfestigung der Lehre von den sieben Sakramenten geführt. In der Ablehnung protestantischer Ansichten hat man schlicht die Festlegung des Konzils von Trient (DH 1601, 1606, 1608) übernommen, das zwar nicht formell die Siebenzahl, jedoch „die Existenz und die (nach can. 2 wiederum in sich zu differenzierende) sakramentale Würde und Wirksamkeit der aufgezählten gottesdienstlichen Vollzüge"[3] als Glaubenslehre vorgelegt hat. Mit der sich nun rasch verbreitenden „scholastischen" Theologie ist diese Lehre in die Katechismen, die dogmatischen Lehrbücher und in die geistlichen Lehranstalten gekommen. So ist sich in der Mitte des 19. Jahrhunderts der Autor eines russischen dogmatischen Lehrbuches – Archimandrit Antonij – sicher, dass „die ganze Ökumenische Kirche diese Zahl bewahrt hat, und zwar von den ersten Jahrhunderten des Christentums an."[4]

---

[2] Karl Felmy, Die Orthodoxe Theologie der Gegenwart. Eine Einführung, Darmstadt 1990, 170.
[3] Irenée-Henry Dalmais, Die Mysterien (Sakramente) im orthodoxen und altorientalischen Christentum. Theologie und liturgischer Vollzug, HOK II, 141.
[4] Archim. Antonij, Dogmatische Theologie (Dogmatičeskoe bogoslovie), Moskau 1852, 227.

2.2 Befreiung aus der scholastischen Gefangenschaft

Die Rückbesinnung auf die eigene Tradition, die am Ende des 19. Jahrhunderts in Russland beginnt und in den dreißiger Jahren des 20. Jahrhunderts vor allem im französischen Exil einen Höhepunkt erreicht, war auch ein Versuch, die östliche Theologie aus der „scholastischen Gefangenschaft" zu befreien. In der Sakramententheologie geht sie mit der Abkehr von einer strengen oder bloß formalen Festlegung auf die Siebenzahl einher. In diesem Zusammenhang wird meistens auf die Mönchsweihe und das Begräbnis verwiesen, die in der östlichen Tradition immer auch als Sakrament angesehen worden seien, während sie in der römisch-katholischen Kirche seit der Scholastik als sakramentenähnliche rituelle Vollzüge oder als Sakramentalien angesehen werden.

Einer der exponiertesten Vertreter dieser Periode, der russische Exilstheologe Sergij Bulgakov (1871–1944), hält in seinem bereits im Jahre 1932 in französischer Sprache – und glücklicherweise im Jahre 1996 in einer deutschen Ausgabe – erschienenen Buch „Die Orthodoxie" fest: „Die Orthodoxie hat (gleich wie der Katholizismus) die Siebenzahl der Sakramente erhalten (Taufe, Myronsalbung, Buße, Eucharistie, Priestertum, Ehe, Ölsalbung). Diese Lehre, die in neuerer Zeit die Bedeutung einer dogmatischen Tradition in der Kirche erlangt hat, hat sich erst ab dem XII. Jahrhundert herausgebildet, zunächst im Westen, dann im Osten. Man sollte beachten, dass auch die Siebenzahl keine erschöpfende Bedeutung hat."[5] Während er für die Siebenzahl die Notwendigkeit einer Ordnung und Begrenzung des Charismatischen – also „ein bestimmtes und für alle erlangbares Muster der Annahme der Gnade des Hl. Geistes" – und zugleich die Objektivität göttlicher Begründung für das Gnadenleben geltend macht, ist die faktische Existenz von vielen anderen sacramentalia – Bulgakov legt eine recht große Liste vor – hinreichende Erklärung dafür, dass die in jedem Fall gewährte Gnade des Heiligen Geistes nicht an genau diese sieben Sakramente allein gebunden ist. Sein Weggefährte und Freund, Pavel A. Florenskij (1882–1937), weitet die Vorstellung vom Sakrament sogar aus auf die Heilige Schrift, auf das Glaubensbekenntnis, auf die eucharistische Zusammenkunft, die Ikone, auf das Wort und auf den Namen Gottes.[6]

---

[5] Sergij Bulgakov, Die Orthodoxie. Die Lehre der orthodoxen Kirche. Übersetzt und eingeleitet von Thomas Bremer, Trier 1996 (Sophia 29), 172f.
[6] Dazu Johannes Schelhas, Schöpfung und Neuschöpfung im theologischen Werk Pavel A. Florenskijs (1882–1937), Forum Orthodoxe Theologie 3, Münster–Hamburg–London 2003, 279.

Diese in groben Zügen nachgezeichnete Entwicklung hat also aufs Ganze gesehen zu einem „Ja – aber" hinsichtlich der Zählung der Sakramente geführt. „Ja, es gibt in der orthodoxen Kirche sieben Sakramente" – „aber eigentlich sind es mehr." Für Irenée-Henry Dalmais ist diese Spannung sogar – teilweise jedenfalls – noch jenseits der Nachwirkungen westlichen scholastischen Denkens begründet, nämlich in zwei unterschiedlichen Theologietypen des Ostens selbst. Der erste Typ kommt bei den Ostsyrern vor, ist aber auch – von der antiochenischen Schule beeinflusst und vor allem über Johannes Chrysostomos verbreitet – im byzantinischen Raum zu finden. Dieser neigt zu einer „fast unbegrenzten" Zahl der Mysterien. Dagegen hat die Theologie der Westsyrer, die stark von der alexandrinischen Tradition und dem Einfluss der areopagitischen Schriften bestimmt ist, zu einer Festlegung der wichtigsten Mysterien geführt.[7]

Neben dem Insistieren auf einer nicht festgeschriebenen Zahl bei gleichzeitiger „Kritik am starren Schema der Siebenzahl"[8] gibt es gegenwärtig durchaus auch solche Stimmen, wie die vom griechisch-orthodoxen Bischof in Großbritannien, Bischof Kallistos (Timothy) Ware[9], der ein kluges Sprechen von der Siebenzahl anmahnt, um Missverständnisse zu vermeiden, und auch solche, die auf die Einwurzelung des scholastisch geprägten Sakramentsverständnisses im gläubigen orthodoxen Volk verweisen. Diesem ginge es vor allem um die gemeinsamen Wurzeln beider Traditionen. „Die Siebenzahl der Sakramente, wie sie in der traditionellen orthodoxen Theologie Geltung hatte, ist für die orthodoxe Dogmatik heute ebenso wichtig wie in der katholischen Theologie", resümiert ein russischer Gesprächspartner, bei dem nicht nur eine große Vertrautheit mit der Theologie der östlichen wie auch westlichen Tradition, sondern auch ein weiter ökumenischer Horizont zu spüren ist.

In dem jüngst in deutscher Übersetzung erschienenen Buch des versierten Theologen und russischen orthodoxen Bischofs von Wien und Österreich, Hilarion Alfejev, „Geheimnis des Glaubens", gibt es –ähnlich wie bei Bulgakov – sowohl den Hinweis auf die „klassische Zählung" der sieben Sakramente, wie auch die Erinnerung daran, dass es in der Orthodoxie durchaus üblich ist, diese Zahl zu erweitern. Während die Lehre von den sieben Sakramenten, welche in den Lehrbüchern der dogmatischen Theologie enthalten ist, der lateinischen Scholastik entnommen sei, interessiere sich das östliche heiligväterliche Denken eigentlich nicht für die Zahl der

---

[7] Irenée-Henry Dalmais, Die Mysterien, 142ff.
[8] Siehe Anastasios Kallis, Art. Sakramente. V. Ostkirchliche Theologie, LThK^3 VIII, 1445–1447.
[9] So Timothy Ware, L'orthodoxie. L'Église des sept conciles, Paris 1997.

Sakramente und habe es sich nicht zur Aufgabe gemacht, sie zu nummerieren. Alfejev behandelt deswegen nach einer kurzen Einleitung in das östliche Sakramentsverständnis auch nacheinander die sieben Sakramente, an deren Ende in seiner Zählung indes das Weihesakrament steht, in welchem die drei liturgischen Riten der Bischofs-, Priester-, und Diakonweihe vereint sind. Dem folgt allerdings – ohne eine weitere ausführliche Begründung voranzuschicken – eine breite Darlegung der „Mönchsweihe", als handele es sich um ein achtes Sakrament.[10]

3. Strukturen und Besonderheiten ostkirchlichen Sakramentsverständnisses

3.1 Begriffe

In einem Seminar zu den Beschlüssen des Konzils von Trient am Katholisch-Theologischen Seminar in Marburg befassten wir uns mit der scholastischen Transsubstantiationslehre. Nach dem überaus problematischen Versuch eines Studenten, diese zugegebenermaßen schwierige, auf einer hohen Ebene der Abstraktion anzusiedelnde Thematik anschaulich mit Hilfe eines Tafelbildes darzustellen, und nach ziemlich langen Gesprächen zur Klarstellung fragen wir eine Studentin, die von Hause aus zur griechischen orthodoxen Kirche gehört: „Welche Rolle spielen solche Begriffe in Ihrer Kirche?" „Mir ist nicht bekannt, dass diese genannten Begriffe wie Substanz oder Akzidenz in unserer Kirche wichtig sind. Jedoch ist ‚Wesensverwandlung' – μεταβολή – ein bekannter und vertrauter Begriff." „Allerdings", so setzt sie hinzu, „spielt auch dieser weder in der Familie noch im Kreis von Gleichaltrigen ein Rolle, wenn sich ein Gespräch um das Thema Kommunion dreht".

Ähnliches war in einem Seminar zu beobachten, das auf der Grundlage des erwähnten Buches von Bischof Alfejev im Sommersemester 2001 an der Universität in Fribourg zur orthodoxen Theologie und Spiritualität veranstaltet wurde und an dem neben katholischen und reformierten auch orthodoxe Studierende teilnahmen. Die jedem Studierenden der katholischen Theologie hinreichend bekannten Termini zur Definition der Sakramente und zur Umschreibung ihrer Wirksamkeit suchte man im Traktat über die Sakramente des russischen Bischofs vergebens. Es reifte einmal mehr die

---

[10] Hilarion Alfejev, Geheimnis des Glaubens. Einführung in die orthodoxe dogmatische Theologie. Aus dem Russischen übersetzt von Hermann-Josef Röhrig, herausgegeben von Barbara Hallensleben und Guido Vergauwen, Freiburg–Schweiz 2003, 150–189.

Erkenntnis, dass man über Sakramente auch anders – und dabei durchaus angemessen – sprechen kann, als dies in der scholastischen Spezialterminologie noch immer im akademischen Lehrbetrieb des römisch-katholischen Westens dazugehört. Das hieß zum anderen zugleich, dass die permanente Anwesenheit dieser Terminologie in der Art eines Rasters zwischen dem Leser und dem Text keine Annäherung an das orthodoxe Sakramentsverständnis bringt, wie es von Alfejev vorgestellt wird. Nichtsdestoweniger kann dieser vergleichsweise leicht verständlich darlegen, was der Orthodoxie diesbezüglich wichtig ist. „Unter den Sakramenten versteht man in der orthodoxen Theologie Weihehandlungen, in denen sich eine Begegnung zwischen Gott und Mensch ereignet und in denen sich, soweit das im irdischen Leben möglich ist, eine höchstmögliche Einheit mit Gott verwirklicht. In den Sakramenten steigt die Gnade Gottes auf uns herab und heiligt unsere ganze Natur – Seele und Leib –, indem sie uns an der Göttlichen Natur Anteil gewährt, uns Leben schenkt, uns vergöttlicht und neu erschafft zum ewigen Leben. In den Sakramenten empfangen wir eine Erfahrung des Himmels, einen Vorgeschmack des Reiches Gottes; vollständig werden wir erst nach dem Tod daran teilhaben, d. h. darin eingehen und darin leben."[11]

Während Alfejev die letzten Reste scholastischer Terminologie, welche die orthodoxe Schultheologie weitgehend übernommen hatte, abgelegt hat, waren sie bei Bulgakov noch zu finden. Für den Letztgenannten sind die Sakramente in Anlehnung an dogmatische Lehrbücher „heilige Handlungen, in denen unter einem sichtbaren Zeichen unsichtbar eine bestimmte Gabe des Hl. Geistes gewährt wird. Wesentlich für das Sakrament ist die *Vereinigung* von Sichtbarem und Unsichtbarem, von äußerer Form und innerem Inhalt."[12] Indes zeigt sich bereits bei ihm – und in einem weit stärkeren Maß bei Florenskij –, dass der Verzicht auf die westliche Terminologie nicht zu einer Verwässerung der Sakramententheologie, sondern vielmehr zu einer größeren Weite führt. Diese geht einerseits mit einer starken Profilierung des östlichen Nachdenkens über die Sakramente einher und bringt andererseits in späteren Jahren über die „Umwege des Exils" zugleich eine Bereicherung auch des westlichen Denkens mit sich.

Die Weitung des Horizontes, in den hinein die Lehre von den Sakramenten gestellt ist, beginnt bereits mit der Besinnung auf den in der kirchlichen Praxis üblichen Begriff für das Sakrament: Geheimnis – μυστήριον – таинство (russ.). „Das Wort μυστήριον, tainstvo, sperrt sich von seiner

---

[11] Alfejev, 150.
[12] Bulgakov, 171; Hervorhebung im Original.

Etymologie her gegen jede Definition"[13], gibt Felmy zu verstehen. So wird im theologischen Sprechen bei aller Enthüllung des Göttlichen, die das sakramentale Geschehen bietet, dem bleibenden verhüllenden Charakter des Geschehens noch Rechnung getragen. Darin unterscheidet sich ostkirchliche Sakramententheologie in einem hohen Maß von römisch-katholischer, in der es in jüngster Vergangenheit fast ausnahmslos den Rekurs auf den Begriff μυστήριον gibt, der dann jedoch zumeist beiseite gelassen wird, um mit Modellen oder Theorien aus anderen Wissenschaften präzise erklären zu können, was ein Sakrament ist und was genau bei einer Spendung und beim Empfang geschieht.

3.2 Eucharistie als Zentrum

Mit dem griechischen Wort μυστήριον bzw. seiner Übersetzung werden in der Orthodoxie – meistens in der Pluralform – die sieben Sakramente bezeichnet. Im Singular steht der Begriff hingegen oft synonym für *das Sakrament*: die Eucharistie. Sie steht klar an der Spitze einer „Hierarchie der Sakramente". Sie ist das zentrale Sakrament. Die anderen Sakramente stehen – indes ähnlich wie bei Thomas von Aquin – in einem inneren Bezug zur Eucharistie. Deswegen wird über dieses Sakrament auch in Ausführungen der akademisch-lehrenden Theologie oft in lobpreisenden Umschreibungen gesprochen.

Zusammen mit der Taufe ist die Eucharistie für Bulgakov aus den übrigen Sakramenten deswegen herausgehoben, weil sie einerseits vom Herrn selbst eingesetzt und andererseits für alle Christen wesentlich nötig sind.[14] Mit dem Ausruf „'Das Sakrament der Sakramente' der Orthodoxen Kirche ist die Eucharistie" beginnt Alfejev seine diesbezüglichen Ausführungen.[15] Diese Stellung schlägt sich sogar gut sichtbar in der Konzeption seines dogmatischen Lehrbuches nieder. Denn das Werk ist durch eine ab- bzw. aufsteigende Linie der theologischen Inhalte strukturiert: Gott – Trinität – Schöpfung – Mensch – Christus – Kirche – Sakramente – Gebet – Vergöttlichung – Leben des kommenden Äon. Von der „Mitte", der Eucharistie, wird diese Struktur am besten „nachgehbar", von hier aus erschließen sich die Aussagen der anderen Kapitel in ihren wesentlichen Inhalten. Die Eucharistie ist Ziel und Ende des kenotischen Abstieges Gottes zu den Menschen in Jesus Christus und zugleich der Anfang des „Aufstieges des

---

[13] Felmy, 169.
[14] Bulgakov, 173.
[15] Alfejev, 158–167.

Menschen zu Gott". Damit steht die Eucharistie sogar in der Mitte der göttlichen Heilsökonomie.

Für Florenskij ist die Eucharistie das Sakrament par excellence, das allen Sakramenten vorgeordnet ist. In den weiten kosmischen Horizont seines theologischen Sprechens über Gott und den Menschen hineingestellt, kann er sie sogar als Ziel und Mitte der Schöpfung bezeichnen, als „Alpha und Omega der Welt". Denn die Mysterien des irdischen Lebens Christi, der in seiner Inkarnation, seinem Tod und seiner Auferstehung die gesamte Schöpfung geheiligt hat, sind in die Eucharistie hinübergegangen. Seit seiner Himmelfahrt ist das Leben Christi in den Sakramenten, vornehmlich jedoch in der Eucharistie verborgen. Eucharistie ist die Feier der Hineinnahme der Schöpfung in seinen Leib. Der Kosmos und alles in ihm bewegt sich um die Eucharistie, die so zur Weltachse und zum Pol der Erde wird.[16]

3.3 Bezogen auf das Mysterium der Kirche

Bereits bei Florenskij und Bulgakov deutet sich eine ekklesiologische Rückbindung der Sakramente an. „In ihnen [den Sakramenten] spiegelt sich das Wesen der Kirche selbst wieder."[17] In dieser Perspektive ist für Bulgakov die Eucharistie nicht nur die Mitte der Sakramente, sondern das Zentrum kirchlicher Praxis überhaupt. Sie begründet – im Sinne der Theologie der heiligen Väter – das Wesen und die Existenz der Kirche. Alfejev kann sogar sagen: „Sie ist das Herzstück der Kirche, ihr Grund, ihr Fundament, ohne das die Existenz der Kirche undenkbar ist."[18] Umgekehrt hat die Kirche – argumentiert Bulgakov – die übrigen, nicht vom Herrn eingesetzten Sakramente in souveräner und ihrem Wesen entsprechenden Weise eingesetzt. Diese ekklesiologische Orientierung der Sakramente in der Ostkirche bildet eine ökumenische Brücke bis in die Texte des Zweiten Vatikanischen Konzils hinein und findet ihren Niederschlag in der Enzyklika Papst Johannes Paul II. „*Ecclesia de Eucharistia*" im Jahr 2003.

Für die Theologie bedeutet dies zunächst, dass die dogmatischen Darlegungen zu den Sakramenten in einem hohen Maß den jeweiligen sakramentalen Vollzug berücksichtigen. Denn Sakramente sind zunächst nicht Objekte der Diskussion, sondern liturgische Feiern, in denen sie für die menschliche Wahrnehmung überhaupt erst zugänglich werden. Felmy greift – in Anlehnung an Bischof Ioannis Zizioulas und vor allem an Alexander Šmeman –

---

[16] Ausführlich: Schelhas, 296–302.
[17] Bulgakov, 171.
[18] Alfejev, 158.

dieses Anliegen auf, um am Beispiel von Taufe, Myronsalbung, Eucharistie, Beichte und den Weihen zu den drei sakramentalen Stufen des Priestertums diese in jüngerer Vergangenheit wieder aktuell gewordene Weise der theologischen Darlegung nachzuzeichnen. Diese Mysterientheologie in einer mehr beschreibenden als definierenden Art war schon in der byzantinischen Theologie üblich, jedoch aufgrund der geschilderten Entwicklung weitgehend ausgeblendet worden. So findet man erfreulicherweise auch in der modernen Sakramententheologie von Alfejev nicht nur zentrale liturgische Texte, sondern auch Beschreibungen von Riten und die dem rechten Empfang angemessene spirituell-asketische Praxis.

Hinter dieser Art, Theologie zu treiben, steht ein anderes Verständnis von der Bedeutung der Liturgie, als dies weithin in westlicher akademischer Theologie der Fall ist. Sie ist neben der Schrift und den Kirchenvätern die dritte wichtige Quelle der Glaubenslehre.[19] Das Axiom der Väter „lex orandi lex credendi est" wird in dem Sinn spezifiziert, dass die „lex credendi" aus der „lex orandi" erwächst. Liturgische Praxis geht der lehrmäßigen Formulierung – nicht nur geschichtlich betrachtet – voraus. Sie ist zusammen mit der Schrift und den dogmatischen Lehren – das sind die Glaubensdefinitionen der Ökumenischen Konzilien und die Werke der Heiligen Väter – eingebettet in den lebendigen Strom der Überlieferung von Glaubenserfahrungen, die durch die Jahrhunderte weitergeben worden sind. Die konkrete Liturgie ist verdichtete Gebetserfahrung heiligmäßiger Menschen. Damit ist in der Göttlichen Liturgie die ganze orthodoxe Theologie konzentriert und verdichtet. Diese hohe Autorität haben die liturgischen Texte aufgrund ihrer Rezeption in der Orthodoxie durch die Jahrhunderte erlangt. In dieser Perspektive ist der Gottesdienst sogar ein Kriterium für die Wahrheit der dogmatischen Theologie.

Der facettenreichen ekklesiologischen Einbindung der Sakramente auf der einen Seite entspricht die pneumatische Grundbestimmung auf der anderen Seite. Der Heilige Geist bewirkt das Heilsgeschehen, das die Zeichen andeuten und das in menschlichen Handlungen vollzogen wird. Diese pneumatische Dimension wurde in der Theologie des Westens in einzelnen Etappen zunehmend ausgeblendet, weil einmal das theologische Interesse mehr und mehr den Zeichen selbst galt, weil weiterhin das Interesse an den Voraussetzungen für einen würdigen Empfang wuchs und weil schließlich unter dem Eindruck von Irrlehren vor allem die Frage nach den Bedingungen für eine gültige Spendung bedacht wurde. Gerade das Aufstellen von Minimalbedingungen bezüglich der (moralischen) Würdigkeit des Spenders ließ die

---

[19] Vgl. aaO. 14ff (Vorwort des Autors).

Rolle Christi immer mehr in den Vordergrund treten, während das Wirken des Heiligen Geistes nahezu bedeutungslos wurde. Der von ostkirchlicher Seite dem Westen vorgeworfene „Christusmonismus" korrelierte mit einem „Geist-Vergessen"[20], das seinen Niederschlag in den indikativischen Spendeformeln der Sakramente gefunden hatte. Heißt es im Westen „N., ich taufe dich im Namen des Vaters und des Sohnes und des Heiligen Geistes", so erfolgt die Taufe im Osten mit der passiven Formel „Getauft wird der Knecht Gottes / die Magd Gottes". Verweist die westliche Formel direkt auf den eigentlichen Spender des Sakramentes, nämlich auf Christus, in dessen Person der Priester handelt, so öffnet die Formel des Ostens den Raum für die Ahnung, dass die Sakramente Handlungen Gottes sind, die durch die Kirche im Heiligen Geist vollzogen werden. Bei der Eucharistie bedeutete dies, dass die Einsetzungsworte Christi als die eigentliche Verwandlung der Gaben galten, während für die Ostkirche dieser liturgische Akt erst nach der Epiklese („Sende herab Deinen Heiligen Geist auf uns und auf diese vorliegenden Gaben") vollendet ist.

3.4 Sakramente – Neuschöpfung – Transfiguration

In ihrer Eigenschaft, Spiegel der Sakramentalität der Kirche zu sein und als solche zugleich die Gnaden des Heiligen Geistes zu vermitteln, heiligen die Sakramente in ihrer *Gesamtheit* das Leben des Menschen. Da sie gleichsam einen sakramentalen Kosmos bilden, darf man die sieben Sakramente nie von anderen Handlungen trennen, die ebenfalls sakramentalen Charakter haben, z.B. die Mönchsweihe, die Wasserweihe an Epiphanie, die Beerdigung, die Herrscherweihe, die Weihe einer Kirche oder die Ikonen- und Kreuzweihe. Auch viele andere Weihehandlungen, die die Kirche vornimmt, sind sakramentaler Natur: die Weihe von Getreide, Wein, Öl, Früchten, Feldern, Wohnungen, anderen Objekten. Es gibt also keine ganz strenge Trennung zwischen den „eigentlichen Sakramenten" und nur „sakramentalen Handlungen". Vielmehr ist das christliche Leben in seiner Einheit zu betrachten, d.h. als ein großes „Mysterium" oder ein einziges großes Sakrament, das sich in einer Vielzahl von Formen und Weisen ausdrückt. Einige davon kommen nur einmal im Leben vor, andere hingegen kehren vielleicht täglich wieder.[21]

---

[20] Dem „Geist-Vergessen" in der westlichen Theologie ist die ausführliche Untersuchung gewidmet: Josef Freitag, Geist-Vergessen – Geist-Erinnern, Würzburg 1995; speziell zur Sakramententheologie: 256–302.
[21] Siehe Ware, L'orthodoxie.

Damit ist zugleich die grandiose Perspektive aufgetan, in die hinein die Sakramente gestellt sind. Es ist das ewige Ineinander von Schöpfung und Neuschöpfung, das Florenskij sogar in einer „umgekehrten Perspektive" versteht. „Die Neuschöpfung bestimmt die Schöpfung, das Göttliche prägt das Geschaffene. Die Neuschöpfung geht aus der ewigen Kenosis des dreieinigen Gottes hervor. Von Anfang an ist das Geheimnis der Neuschöpfung das Ziel – die causa finalis – der Schöpfung."[22] Wenn daher gesagt ist, die Sakramente vermitteln die Gnade des Heiligen Geistes, dann meint diese missverständliche Umschreibung im orthodoxen Verständnis: Die Feier der Sakramente ist ein Akt realer Neuschöpfung in der Schöpfung. In den Sakramenten wird das Ineinander von Schöpfung und Neuschöpfung erfahrbar. Gottes Erschaffen und Erhalten wird dabei neu aktuiert.

Aus eben diesem Grund kommt den irdischen Dingen bzw. dem Akt ihrer Weihe und Segnung eine eminente Bedeutung zu, nicht jedoch, weil sie einfach aus sich heraus einen quasi-sakramentalen Verweischarakter hätten. Von der Myronsalbung ist deswegen immer im Zweiklang von Salbung durch den Priester und vorheriger Bereitung des Myrons durch den Bischof die Rede. Im Sakrament der Eucharistie tritt dieser Zug am deutlichsten hervor, und dies, obwohl die dabei verwendete Terminologie für das verwandelnde Geschehen weniger wichtig ist als im Westen. Wie ist das gemeint? Das Geheimnis der Eucharistie ist – wie kurz erwähnt – das Ziel der Inkarnation des Gottmenschen Jesus Christus, und zwar als Sakrament der Gegenwart des fleischgewordenen, gekreuzigten, auferstandenen und erhöhten Herrn. An dieser Stelle bekommt der Gedanke des Einswerdens mit Christus eine tragende Rolle. „Die Vereinigung des Glaubenden mit Christus in der Eucharistie ist nicht symbolisch oder bildhaft, sondern wahrhaftig, wirklich und vollständig. Wie Christus selbst Brot und Wein durchdringt und sie mit Seiner Gottheit erfüllt, so geht Er in den Menschen ein, indem Er sein Fleisch und seine Seele mit Seiner lebenschaffenden Gegenwart und Göttlichen Energie erfüllt. In der Eucharistie werden wir, nach einem Ausdruck der Hl. Väter, ‚eines Leibes' mit Christus, Der in uns hineinkommt, wie in den Schoß der Jungfrau Maria."[23] Weil indes in der Eucharistie das gesamte Erlösungsgeschehen gegenwärtig ist, ist sie das „Mittel" auf dem Weg zur endgültigen Erlösung des Menschen, die in orthodoxer Terminologie Vergöttlichung oder Theosis heißt. Derjenige, der die Eucharistie empfängt, wird selbst umgestaltet oder transformiert. Dabei ist diese Umgestaltung ein schmerzhaftes Geschehen, in dem das Nicht-Erlöste vernichtet, die alte

---

[22] Schelhas, 328f.
[23] Alfejev, 162.

Schöpfung also „verbrannt" wird. Von diesem Verbrennen des alten, sündhaften Ichs geben zahlreiche Kommuniongebete Zeugnis. In dieser Hinsicht ist Eucharistie nicht nur eine Art „Seelenspeise", sondern sie wirkt in der Art eines „unvergänglichen Sauerteigs", der auch das Fleisch vergöttlicht, und wenn es stirbt und zerfällt, dann wird dieser Sauerteig zum Pfand der künftigen Auferstehung. Wie die westliche Theologie die Wirkung des Sakramentes stark auf das „Seelenleben" des Christen konzentrierte, so schaute sie zugleich in einer gewissen anthropozentrischer Einengung auch auf die ewige Vollendung des Einzelmenschen. Östliche Theologie nimmt hingegen in der eschatologischen Betrachtung viel stärker die Verwandlung der ganzen Welt – der belebten und der unbelebten Materie – in den Blick. In diesem Prozess ist die Eucharistie ein Ferment der Transfiguration. Alle Sakramente zusammen stehen also in „göttlichem Dienst" der Verwandlung von Mensch und Welt.

4. Brücke des Verstehens: Gebetspraxis

Diese Sicht der Sakramente, wie sie in der jüngsten Vergangenheit in der ostkirchlichen Theologie in Rückbesinnung auf die eigene Tradition aufgegriffen und weiterentwickelt worden ist, kann in der römisch-katholischen Kirche befremdend wirken. Allerdings ist damit durchaus eine Alternative zu vielen Diskussionen um die Zahl der Sakramente und ihre Wirksamkeit, über den Charakter von sakramentenähnlichen Handlungen, aber auch zu einer fragwürdige Überbetonung des „natürlichen Verweischarakters" der Elemente geboten. Unabhängig davon gibt es eine Brücke des Verstehens vom westlichen zum östlichen Sakramentsverständnis. Das ist die Gebetspraxis.

In Frankreich gibt es ein modernes Lied, das zur Danksagung nach dem Empfang der Kommunion gesungen wird. Immer wieder ist im Refrain genau das Anliegen der östlichen Theologie ins Wort gefasst: Der Empfang der Eucharistie führt zur Transfiguration des Menschen. Neugierig gemacht von solchem gesungenen Gebet, gilt die Suche ähnlichen Texten in der hiesigen kirchlichen Praxis. Während sie bei Liedern ohne Ergebnis bleibt, finden sich zwar nur wenige, immerhin aber einige Texte, die den Gedanken der Verwandlung des Menschen ins Wort heben. Im Schlussgebet der Messe am 17. Dezember heißt es: „Entzünde in uns das Feuer deines Geistes, damit wir gleich den Lichtern am Himmel leuchten." Diese bildliche Sprache wird am Dienstag der vierten Fastenwoche im Schlussgebet der Messe präzisiert durch die Bitte, einst teilhaben zu dürfen „an der Verklä-

rung" des Sohnes. Dagegen bringt das Schlussgebet am Fest der Verklärung, welches in der Ostkirche ohnehin eine viel größere Rolle als im Westen spielt, die Sache auf den Punkt:
„Herr, unser Gott,
in der Verklärung deines Sohnes
wurde der Glanz seiner Gottheit offenbar.
Lass uns durch den Empfang der himmlischen Speise
Seinem verherrlichten Leib gleichgestaltet werden.
Darum bitten wir …"

Ins Wort gefasst
Homiletische Erwägungen in ökumenischer Perspektive zum reformatorischen Grundverständnis des Sakramentalen

Gunther Wenz

1. Olympischer Prolog

Unter denen, die seit alters beklagen, der protestantische Gottesdienst habe „zu wenig Fülle und Konsequenz, als daß er die Gemeinde zusammenhalten könnte"[1], ragt Johann Wolfgang von Goethe unzweifelhaft hervor. Als wesentlichen Grund für den auch nach seinem Urteil schlimmen protestantischen Mangel in gottesdienstlicher Hinsicht benennt der Olympier das notorische Sakramentsdefizit: „(D)er Protestant hat zu wenig Sakramente, ja er hat nur eins, bei dem er sich tätig erweist, das Abendmahl: denn die Taufe sieht er nur an andern vollbringen und es wird ihm nicht wohl dabei." (318) Sakramente, so fährt Goethe fort, seien als sinnliche Symbole einer außerordentlichen göttlichen Gunst und Gnade „das Höchste der Religion" (ebd.), und so könne es der christlichen Gemeinde mitnichten genügen, allein – und auch dies, wie unter Protestanten üblich, nur gelegentlich – in den Genuss des Nachtmahls zu kommen. Es bedürfe einer erheblichen Ausweitung des Sakramentalen und einer gewohnheitsmäßigen Durchdringung des gottesdienstlichen, ja des ganzen christlichen Lebens mit heiligen Zeichenvollzügen.

Ich zitiere das siebente Buch aus „Dichtung und Wahrheit": „Hier reicht ein jugendliches Paar sich einander die Hände, nicht zum vorübergehenden Gruß oder zum Tanze; der Priester spricht seinen Segen darüber aus, und das Band ist unauflöslich. Es währt nicht lange, so bringen diese Gatten ein Ebenbild an die Schwelle des Altars; es wird mit heiligem Wasser gereinigt und der Kirche dergestalt einverleibt, daß es diese Wohltat nur durch den ungeheursten Abfall verscherzen kann. Das Kind übt sich im Leben an den irdischen Dingen selbst heran, in himmlischen muß es unterrichtet werden. Zeigt sich bei der Prüfung, daß dies vollständig geschehen sei,

---

[1] Johann Wolfgang Goethe, Sämtliche Werke X: Aus meinem Leben. Dichtung und Wahrheit, Zürich 1979 (unveränderter Nachdruck der Artemis-Gedenkausgabe zu Goethes 200. Geburtstag am 28. August 1949), 317ff, hier: 317. Die nachfolgenden Seitenverweise im Text beziehen sich hierauf.

so wird es nunmehr als wirklicher Bürger, als wahrhafter und freiwilliger Bekenner in den Schoß der Kirche aufgenommen, nicht ohne äußere Zeichen der Wichtigkeit dieser Handlung. Nun ist er erst entschieden ein Christ, nun kennt er erst die Vorteile, jedoch auch die Pflichten. Aber inzwischen ist ihm als Menschen manches Wunderliche begegnet, durch Lehren und Strafen ist ihm aufgegangen, wie bedenklich es mit seinem Innern aussehe, und immerfort wird noch von Lehren und von Übertretungen die Rede sein; aber die Strafe soll nicht mehr stattfinden. Hier ist ihm nun in der unendlichen Verworrenheit, in die er sich bei dem Widerstreit natürlicher und religiöser Forderungen verwickeln muß, ein herrliches Auskunftsmittel gegeben, seine Taten und Untaten, seine Gebrechen und seine Zweifel einem würdigen, eigens dazu bestellten Manne zu vertrauen, der ihn zu beruhigen, zu warnen, zu stärken, durch gleichfalls symbolische Strafen zu züchtigen und ihn zuletzt, durch ein völliges Auslöschen seiner Schuld, zu beseligen, und ihm rein und abgewaschen die Tafel seiner Menschheit wieder zu übergeben weiß. So, durch mehrere sakramentliche Handlungen, welche sich wieder, bei genauerer Ansicht, in sakramentliche kleinere Züge verzweigen, vorbereitet und rein beruhigt, kniet er hin, die Hostie zu empfangen; und daß ja das Geheimnis dieses hohen Akts noch gesteigert werde, sieht er den Kelch nur in der Ferne, es ist kein gemeines Essen und Trinken, was befriedigt, es ist eine Himmelsspeise, die nach himmlischem Tranke durstig macht." (319f)

Es folgt sodann noch das Lob der extrema unctio und der Hinweis, dass in der Weihe des Priesters alles zusammengefasst sei – ich zitiere noch einmal –, „was nötig ist, um diejenigen heiligen Handlungen wirksam zu begehen, wodurch die Menge begünstigt wird, ohne daß sie irgendeine andere Tätigkeit dabei nötig hätte, als die des Glaubens und des unbedingten Zutrauens. Und so tritt der Priester in der Reihe seiner Vorfahren und Nachfolger, in dem Kreise seiner Mitgesalbten, den höchsten Segnenden darstellend, um so herrlicher auf, als es nicht er ist, den wir verehren, sondern sein Amt, nicht sein Wink, vor dem wir die Knie beugen, sondern der Segen, den er erteilt, und der um desto heiliger, unmittelbarer vom Himmel zu kommen scheint, weil ihn das irdische Werkzeug nicht einmal durch sündhaftes, ja lasterhaftes Wesen schwächen oder gar entkräften könnte. Wie ist nicht dieser wahrhaft geistige Zusammenhang im Protestantismus zersplittert! indem ein Teil gedachter Symbole für apokryphisch und nur wenige für kanonisch erklärt werden, und wie will man uns durch das Gleichgültige der einen zu der hohen Würde der andern vorbereiten?" (321f) Soweit der etwas umfängliche Text der heutigen Schriftlesung, wenn man so sagen darf.

Sinn und Ziel nachfolgender Schriftauslegung ist es nicht, in eine detaillierte Goetheexegese einzutreten. Auch besteht nicht die Absicht, eine allgemeine Sakramentsnot des Protestantismus zu diagnostizieren, wie Friedrich Heiler dies einst unter Bezug auf den zitierten Goethetext aus der leicht entrückten Sphäre einer evangelisch-katholischen Hochkirche heraus getan hat[2], oder für eine notwendige Restauration der Siebenzahl der Sakramente im Bereich des Protestantismus einzutreten – letzteres um so weniger, als die Frage der Zählung der Sakramente in evangelisch-lutherischer Tradition, aus deren Perspektive heraus argumentiert wird, ohnehin stets als zweitrangiges Problem eingeschätzt wurde. Was aus Anlass des Goethetextes und in bestimmter Weise im Anschluss an ihn gesagt werden soll, ist erstens dies, dass die Pflege des Sakramentalen auch für die evangelische Kirche, die man traditionellerweise eine Kirche des Wortes genannt hat, ekklesiologisch unentbehrlich ist, und dass zweitens eine solche Pflege nur dann angemessen ist, wenn Wort und Sakrament nicht als Gegensatz, sondern als differenzierter Beziehungszusammenhang begriffen werden. Dass dieser Zusammenhang im Kontext christlicher Ökumene vorauszusetzen ist und antithetische Kontrastierungen wie diejenige einer Kirche des Worts und einer Kirche des Sakraments von vornehrein als obsolet erscheinen lässt, zeigt allein schon die Tatsache, dass die Dogmatik ein wortloses Sakrament nicht kennt, sondern dieses gemäß traditioneller Definition als ein ins Wort gefasstes Elementarzeichen verstanden wissen will. Als ins Wort gefasste Zeichen sind die Sakramente wesensmäßig darauf angelegt, durch Predigt ausgelegt zu werden, wie umgekehrt das Predigtwort im christlichen Gottesdienst von sich aus auf verba visibilia zu verweisen hat.

Wie und unter welchen Gesichtspunkten eine Deutung der Sakramente in der Predigt erfolgen kann, soll im folgenden ansatzweise und ohne Berücksichtigung der sog. Einzelsakramente erörtert werden, um auf diese Weise unter ökumenischer Perspektive zu einem Grundverständnis des Sakramentalen in reformatorischer Tradition zu gelangen. Intendiert sind Grundzüge einer Lehre, wie unter evangelischen Bedingungen vom Sakramentalen zu predigen sei. Ich skizziere hierzu zunächst in kurzen Strichen

---

[2] Vgl. Friedrich Heiler, Die Sakramentsnot des Protestantismus als Glaubens- und Lebensnot, in: Die Hochkirche 14 (1932) 107–110; der Goethepassus findet sich 105ff unter der Überschrift: „Der Protestant hat zu wenig Sakrament". Vgl. ferner: Paul Schorlemmer, Die Sakramentsnot der evangelischen Kirche, in: Die Hochkirche 14 (1932) 110–120; Karl Ramge, Die Sakramentsnot im Hinblick auf Taufe, Konfirmation und Beichte, in: Die Hochkirche 14 (1932) 120–126, sowie Anne Maria Heiler, Gott, Natur und Sakrament bei Goethe. Ein „evangelisch-katholischer" Beitrag zum 100. Todestage Goethes, in: Die Hochkirche 14 (1932) 141–154.

die Entwicklungsgeschichte des Sakramentsbegriffs, um das Mysterium Jesu Christi und des in ihm offenbaren dreieinigen Gottes, welcher kraft seines Heiligen Geistes das eschatologische Heil in väterlicher Schöpfermacht für Mensch und Welt bereiten wird, als Inbegriff und Sinngrund aller kirchlichen Zeichenvollzüge zu erweisen. Sodann wird die bereits erwähnte Grundannahme näher ausgeführt, dass sich kirchliche Heilsvermittlung stets in der zwar differenzierten, aber nichtsdestoweniger untrennbaren Einheit von Wort und Sakrament vollzieht. Bevor zuletzt noch einmal auf Goethe zurückzukommen ist, wird in einem weiteren und abschließenden Hauptteil der Versuch unternommen, Ordnung und Sinnstruktur des Sakramentalen systematisch zu bestimmen. Die Perspektive ist dabei – wie insgesamt – diejenige der evangelisch-lutherischen Bekenntnistradition; doch schließt dies das Bemühen um ökumenische Integration nicht aus, sondern im Gegenteil dezidiert ein.

2. Das Mysterium Jesu Christi

Das Wort Sakrament stammt aus der römischen Rechtssprache und benennt ursprünglich die Geldsumme, die vom Kläger als Kaution an einem geweihten Ort hinterlegt werden musste und im Falle einer Prozessniederlage dem Tempel anheim fiel. Der Begriff bezeichnet sodann auch den Eid im Zivilprozess und nimmt als militärischer terminus technicus die Bedeutung Fahneneid an. In den ältesten lateinischen Bibelübersetzungen (besonders in der Itala) dient sacramentum der Wiedergabe des griechischen Wortes *mysterion*, das im Neuen Testament u.a. das Geheimnis der Gottesherrschaft, das Christusmysterium sowie das geheimnisvolle Verhältnis des Herrn zu seiner Kirche zum Ausdruck bringt. Entsprechend weit ist der Begriff Sakrament in der Alten Kirchen gefasst. Diese Bedeutungsbreite hat sich in der Rede von Christus bzw. der Kirche als Ur- und Grundsakrament bis heute erhalten, wobei der Sprachgebrauch konfessionell differiert.

Für die Spezialisierung des Sakramentsbegriffs ist vor allem Augustin bestimmend geworden. Nach ihm sind Sakramente sichtbare Zeichen und Sinnbilder einer unsichtbaren Wirklichkeit. Ließ die Annahme einer symbolischen Verfassung der Gesamtwirklichkeit, wie sie für das platonische Empfinden der Alten Kirche selbstverständlich war, die sakramentale Verbindung von signum (Zeichen) und res (bezeichneter Gnadengehalt) zunächst zu keinem entscheidenden Problem werden, so kommt es mit dem Eintritt des Christentums in die Welt der Germanen zu einer Krise der sakramentalen Idee (vgl. Ratramnus, Berengar) und zu einem Auseinandertreten der ursprünglich vereinten effektiv-realistischen und signifikativ-spirituellen Aspekte des sakramentalen Geschehens. Noch die einschlägigen Streitigkeiten der Reformationszeit und ihre konfessionellen Folgen stehen unter dem Einfluss dieser Krise.

Die Lehrentwicklung im Mittelalter differenzierte den Ansatz Augustins und baute ihn zu einer allgemeinen Sakramentenlehre aus, wobei man zu präzisen Bestimmungen in Hinblick auf Einsetzung, Heilsgehalt, Spender, Empfänger, Wirkung und Wirkweise des jeweiligen Sakraments gelangte. Zugleich setzte sich die Zählung von sieben kirchlichen Handlungen (Taufe; Firmung; Eucharistie; Buße; Krankensalbung; Priesterweise; Ehe) durch, welche das Konzil von Trient in Aufnahme mittelalterlicher Konzilsentscheidungen dogmatisierte. Während die Praxis der Orthodoxen Kirchen damit übereinstimmt, lehnten die Kirchen der Reformation die Siebenzahl der Sakramente ab, weil sie bei einigen die Einsetzung durch Christus bzw. das sichtbare Zeichen vermissten, und rechneten nur Taufe und Abendmahl, gegebenenfalls Beichte/Buße und Ordination zu den Sakramenten. Vergegenwärtigt man sich die historisch-kritischen Probleme des Stiftungsnachweises sowie die Tatsache, dass der technische Begriff Sakrament eine nachträgliche Zusammenfassung einzelner, zunächst für sich zu begründender Heilsmittel darstellt, wird man die Bedeutung dieser konfessionellen Differenz nicht überschätzen, zumal Einverständnis darüber besteht, dass Taufe und Herrenmahl für die Begründung und das Leben der Kirche von einzigartiger Bedeutung sind.

Ich greife aus der knappen Skizze der Entwicklungsgeschichte des Sakramentsbegriffs nur einen Aspekt heraus, der m.E. neben anderen erwähnten Aspekten gelegentlicher Gegenstand evangelischer Sakramentspredigten sein könnte und sein müsste. Dieser Aspekt verbindet einen gleichsam negativen und einen positiven Gesichtspunkt in sich. Zum ersten: Von Sakramenten im Sinne des heute geläufigen kirchlich-theologischen Sprachgebrauchs ist im Neuen Testament nirgends die Rede. Der neutestamentliche Begriff *mysterion*, der in altlateinischen Bibelübersetzungen in der Regel mit sacramentum wiedergegeben wurde, ist ursprünglich ohne direkten Bezug zu den Zeichenhandlungen, welche die spätere Theologie dem Sakramentsbegriff subsumierte. So wurden etwa Taufe und Abendmahl, deren Sakramentalität (sacramenta maiora) von fast allen christlichen Kirchen anerkannt wird, im Neuen Testament nie dem *mysterion*-Begriff zugeordnet, geschweige denn durch diesen Terminus zusammengefasst. Auf den Sakramentsbegriff als solchen kommt es also in der Tat nicht an, er hat in der Dogmatik, wie Ernst Kinder treffend hervorgehoben hat, „als heuristischer und hinweisender *Hilfsbegriff*" Verwendung zu finden, nicht aber als ein „*Interpretationsbegriff* ...., der durch den ihm immanenten Eigengehalt die Bedeutung der Handlungen, die ihm subsumiert werden, a priori präjudiziert, statt nur den Rahmen dafür zu geben, daß der kontingente Eigengehalt dieser konkreten Handlungen selbst zur Geltung kommt"[3]. In diesem aposteriorischen, nachträglich zusammenfassenden Sinne begegnet der Sakramentsbegriff etwa in CA XIII. In der Apologie von CA XIII hat Melanchthon daher auch folgerichtig betont, dass um die Vokabel „Sakrament" bzw. um die Zahl der Handlungen, die mit dieser Vokabel bezeichnet werden sollen, kein vernünftiger Mensch einen großen Zank veranstalten werde, „si tamen illae res retineantur, quae habent mandatum Dei et promissiones" (Apol XIII, 17), wenn nur „Gottes Wort und Befehl nicht abgebrochen werde" (BSLK 294, 48f.).

Das ist das eine; das andere aber, das Positive, hat Luther so gesagt: „Unum solum habent sacrae literae sacramentum, quod est ipse Christus Dominus" (WA 6,86, These 18; vgl. WA 6,96,26–97,24). Unbeschadet aller sonstigen Differenzen sind sich Luther, Melanchthon, Zwingli und Calvin, aber auch Schleiermacher und Karl Barth darin einig, dass der Sakramentsbegriff eigentlich und im strengen Sinne Jesus Christus vorzubehalten sei. Evangelische Predigt wird daher, ohne das Einsetzungsproblem historistisch verengen zu wollen, doch alle sakramentalen Einzelhandlungen auf einen inneren Zusammenhang mit der Erscheinungsgestalt Jesu Christi als des göttlichen Heilszeichens schlechthin und als des Inbegriffs alles Sakramentalen zurückzuführen haben. Solche Rückführung hat nicht nur einen notwendig geschichtlichen Sinn, sondern besagt vor allem dies, dass Jesus Christus bzw. der in Jesus Christus offenbare dreieinige Gott als „Subjekt" aller Sakramente zu nennenden kirchlichen Handlungsvollzüge zu gelten hat. Der Stifter der Sakramente fungiert in der Kraft des göttlichen Geistes als deren ständiger Herr und Wirklichkeitsgarant. Entsprechend stellt Jesus Christus bzw. der dreieinige Gott als „Subjekt" der sakramentalen Vollzüge zugleich deren wesentlichen Inhalt dar. Die Sakramente vermitteln nicht irgendein Gnadengut, sondern Teilhabe an Jesus Christus und vermittels dieser auch Teilhabe an der geistbestimmten und im Heiligen Geiste gegebenen Gemeinschaft des Sohnes mit dem Vater, mithin Teilhabe an der Koinonia des dreieinigen Gottes als des Ursprungs und Grundes aller christlichen communio. Das muss, um im sakramentalen Zusammenhang in bewusstem Glauben wahrgenommen zu werden, von der Predigt klar gesagt und ausgeführt werden.

---

[3] Ernst Kinder, Zur Sakramentslehre, in: NZSTh 3 (1961) 141–174, 148.

3. Sakramente als verba visibilia

Den Reformatoren galt der heilige Augustin als Kirchenvater schlechthin. Er war es auch, der für die systematische Grundlegung des Sakramentsbegriffs bestimmend wurde. Nach seiner Basisdefinition sind Sakramente sichtbare Zeichen und Sinnbilder einer unsichtbaren Wirklichkeit. Um genauer zu verstehen, was damit gemeint ist, kann ein kurzer Blick auf Augustins allgemeine Zeichenlehre hilfreich sein, wie er sie etwa in seinem frühen philosophischen Dialog „De Magistro" (PL 32, 1193–1220) sowie in seinen vier Büchern „De doctrina christiana" (PL 34, 15–122) entwickelt hat. Danach ist die Gattung der Zeichen (res significantes) in natürliche (signa naturalia) und gegebene Zeichen (signa data) zu unterteilen. Natürliche Zeichen sind solche, die absichtslos und ohne bewussten Willen etwas außer sich selbst erkennen lassen, wie etwa der Rauch die Nähe des Feuers. Gegebene Zeichen hingegen sind jene, die bewusst und willentlich gesetzt werden. Zeichensetzungen dieser Art sind im Bereich des Kreatürlichen im Wesentlichen dem Menschen vorbehalten. Dabei gliedert Augustin die menschlichen Mitteilungszeichen unter dem Gesichtspunkt, auf welche Sinnesorgane sie sich beziehen: während den Gesichtssinn (sensus oculorum) nur einige und die übrigen Sinne die wenigsten affizieren, sind die meisten signa data des Menschen auf den Gehörsinn (sensus aurium) gerichtet. Die auf den Gehörsinn bezogenen Zeichen wiederum sind insbesondere Wörter. Den Wörtern kommt sonach eine herausragende Stellung im menschlichen Zeichenschatz zu, der principatus significandi inter homines, wie Augustin sagt.

Im sakramentstheologischen Zusammenhang bestätigt sich dies nicht nur an der Benennung der Sakramente als verba visibilia, sondern auch an dem Grundsatz, der unzweifelhaft zu den am meisten zitierten Vätersprüchen reformatorischer Tradition gehört: „accedit verbum ad elementum, et fit Sacramentum [...]" (PL 35, 1840). Das Wort gehört also nicht nur äußerlich und nebenbei, sondern konstitutiv zum Sakrament hinzu. „Detrahe verbum, et quid est aqua nisi aqua?" (ebd.), fragt Augustin rhetorisch; und sein Schüler, der einstige Augustinereremit Martin Luther, pflichtet ihm bei: „Wasser tut's freilich nicht, sondern das Wort Gottes, so mit und bei dem Wasser ist, und der Glaube, so solchem Wort Gottes im Wasser trauet; denn ohn Gottes Wort ist das Wasser schlecht Wasser und keine Taufe, aber mit dem Wort Gottes ist's eine Taufe, das ist ein gnadenreich Wasser des Lebens [...]" (BSLK 516, 13–19; vgl. 693f). Im Blick auf die Abendmahlslehre bestätigt sich dieser Befund: „Das ist wohl wahr", heißt es im Großen Katechismus (BSLK 710, 15–23), „wenn Du das Wort davon tuest oder ohn

Wort ansiehest, so hast Du nichts denn lauter Brot und Wein, wenn sie aber dabei bleiben, wie sie sollen und müssen, so ist's lauts derselbigen wahrhaftig Christus' Leib und Blut. Denn wie Christus' Mund redet und spricht, also ist es, als der nicht liegen noch triegen kann" (vgl. BSLK 708, 3ff; 713, 1ff). Der Nutzen von Essen und Trinken im Abendmahl hängt sonach daran, dass dieses Mahl in Gottes Wort gefasst ist (vgl. BSLK 520, 31ff). „Das Wort ... ist das, das dies Sakrament machet und unterscheidet, daß es nicht lauter Brot und Wein, sondern Christus' Leib und Blut ist und heißet" (BSLK 709, 32–36). Fehlt das Wort, „so bleibt's ein lauter Element" (BSLK 709, 44). Die sakramentale Zeichenfunktion des Elements ist allein durch das Wort begründet. Daraus erklärt es sich, dass lutherische Abendmahlstheologie „keinerlei Interesse (hat) an dem Aufweis der symbolischen Bedeutung, die Brot und Wein an und für sich haben könnten, und durch die Brot und Wein bereits als solche aus anderen Elementen dieser Welt hervorgehoben wären. Brot und Wein an und für sich sind nur ‚schlecht Brot und Wein, so man sonst zu Tisch trägt' (GK 9) und stehen in gleicher Nichtigkeit wie das Wasser und der Strohhalm zwischen andern Elemente, ohne aus sich heraus bereits auf Christi Sterben und Gottes Gnade hinzuweisen."[4] Jede symbolische Ausdeutung des Mahlvorgangs bzw. der Mahlelemente um ihrer selbst willen wird unterlassen. Es bleibt bei der lakonischen Feststellung, dass „an ihm selbs Brot Brot ist" (BSLK 713, 7). Entsprechendes gilt, wie gesagt, für das Wasserbad der Taufe.

Festzuhalten ist demnach, dass den sinnenfälligen Zeichen bzw. Zeichenhandlungen ihr göttlicher Verweisungscharakter, mithin ihr sakramentaler Charakter nach lutherischer Lehre keineswegs in ihrer natürlichen Verfassung zukommt. Erst indem die Zeichen der Kargheit ihrer natürlichen Selbstbezüglichkeit entnommen und in den durch die Stiftungsworte bestimmten Beziehungszusammenhang eingesetzt sind, werden sie zu wirksamen Gnadenzeichen. Das Wort als forma sacramenti ist es, welches den sakramentalen Sinn durch elementaren Bedeutungswandel bewirkt[5], der theoretisch als Transsignifikation, Transfinalisation und gegebenenfalls auch als Transsubstantiation beschrieben werden kann. Die Stiftungsworte hinwiederum werden nur dann nicht als magische Zauberformel verkannt, wenn sie als Summe und Inbegriff des Evangeliums erkannt und verstanden werden, was nicht möglich ist ohne verständige Predigt über sie. Von daher kann und muss gesagt werden, dass zur Wirklichkeit der Sakramente we-

---

[4] Edmund Schlink, Theologie der lutherischen Bekenntnisschriften, München 1940, 217f.

[5] Vgl. Theodor Schneider, Zeichen der Nähe Gottes. Grundriß einer Sakramententheologie, Mainz 1979, bes. 58f.

sentlich die Predigt von ihnen gehört. Ohne Wort kein Sakrament! Das ist wahr; doch es bedeutet dies keineswegs zwangsläufig die undifferenzierte Leugnung jedweden sakramentalen Propriums und die Behauptung, das Sakrament sei eine bloße Dublette und ein marginales Anhängsel des Wortes. Zwar kennt Luther in der Tat keine Gabe, die das Wort vorenthält, so dass der Unterschied zwischen Wort und Sakrament bei ihm niemals eine im eigentlichen Sinne sachliche, sondern lediglich eine modale Differenz bezeichnet. Gleichwohl ist der die Weise des Gebens der göttlichen Gabe betreffende Unterschied alles andere als unerheblich. Er zeigt nämlich an, dass das in den media salutis in der Kraft des göttlichen Geistes sich vermittelnde Heilsevangelium Jesu Christi nicht nur die vom Leib abgehobene Geistseele angeht, sondern den ganzen Menschen in der differenzierten Einheit seines Seins betrifft. Ein Personalismus, der in spiritualisierender Weise vom leibhaften Dasein des Menschen und der irdischen Welt abstrahiert, ist Luther nicht weniger fremd als ein Dinglichkeitsfetischismus, der Gottes in wortloser Substanzhaftigkeit habhaft werden möchte. Nein: Wort und Sakrament lassen sich nicht auseinanderdividieren, sie sind auf differenzierte, aber untrennbare Weise verbunden – und sie halter. in dieser Verbundenheit, wenn man so sagen will, Leib und Seele des Menschen in heilsamer Weise zusammen.[6]

Ein bloßer „Verbismus" hat sonach an der lutherischen Bekenntnistradition keinen Anhalt. Um dies eindeutig klarzustellen und gegenüber naheliegenden Missverständnissen abzusichern, scheint es geboten, die sehr allgemein gehaltene und unpräzise Formel „Wort und Sakrament" genauer zu bestimmen. Der bereits erwähnte Ernst Kinder hat mit Recht darauf hingewiesen, dass in Luthers Sprachgebrauch „zwischen 'Wort' und 'Wort' unterschieden werden (muß): der Predigt, dem durch Menschenmund verkündigten Wort Gottes, dem die Sakramentshandlungen grundsätzlich koordiniert sind, und dem *einen* schöpferischen, wirkenden Wort Gottes in seiner ganzen 'Gefülltheit', das hinter *beiden* steht und durch *beide* ergeht"[7]. Kinder schlägt deshalb vor, statt in allgemeiner und irreführender Weise von „Wort und Sakrament" besser „von ‚Predigt und Sakramentshandlung' [...] oder von dem *mündlich gepredigten* Wort und dem durch die Handlung mit dem *äußerlichen Element* wirkenden Wort (zu sprechen), hinter denen beiden das *eine* Wort Gottes (das Christus ist und in der Heiligen Schrift urbezeugt wird) steht, das durch beide Gestalten im Zusammenhang miteinander am Menschen wirken will"[8].

---

[6] So auch Schneider, Zeichen der Nähe Gottes, bes. 27ff: Leib-Geist-Einheit als „sakramentale Struktur".

[7] Kinder, Sakramentslehre, 157.

[8] AaO. 159.

Diese Näherbestimmung ist ohne Zweifel sachgemäß und entsprechend auch für die Wesensbestimmung der Kirche und ihres gottesdienstlichen Lebens in Anschlag zu bringen, wie sie CA VII in klassischer Kürze umschreibt: „Est autem ecclesia congregatio sanctorum, in qua evangelium pure docetur et recte administrantur sacramenta." (BSLK 61, 3–6) Nicht Kirche des Wortes oder Kirche des Sakraments, sondern Kirche in der Einheit von Wort und Sakrament, wobei Sakrament selbst sich als Einheit von Wort und sichtbarem Zeichen vollzieht – das ist der Wesensbegriff evangelischer Kirche. Im Sinne Luthers ist evangelischer Gottesdienst seinem Wesen nach nicht Predigtgottesdienst oder Sakramentsgottesdienst – diese Unterscheidung ist genau genommen abstrakt –, sondern Gottesdienst in der Einheit von verbum audibile und verbum visibile, auf dass der ganze Mensch zum Glauben komme und im Glauben erhalten bleibe.

4. Ordnung und Sinnstruktur des Sakramentalen

Unter Berufung auf den antiken Ursprungssinn des Begriffs sacramentum wollte Zwingli die Sakramente im Wesentlichen als Bekenntnis- und Verpflichtungszeichen des Einzelnen und der Gemeinde verstanden wissen, wohingegen er ihren Charakter als Gnadenzeichen weitgehend in Abrede stellte: „sunt ergo sacramenta signa vel ceremoniae ..., quibus se homo ecclesiae probat aut candidatum aut militem esse Christi, redduntque ecclesiam totam potius certiorem de tua fide quam te" (CR XC, 761). Gegen solche und ähnliche Wesensbestimmungen der Sakramente, die sich in der reformierten Bekenntnistradition allerdings nicht durchsetzen konnten, wendet sich CA XIII mit der Lehre, die Sakramente seien eingesetzt, „nicht allein darum, daß sie Zeichen seien, dabei man äußerlich die Christen kennen muge, sondern daß es Zeichen und Zeugnus seien gottlichs Willens gegen uns, unseren Glauben dadurch zu erwecken und zu stärken" (BSLK 68, 3–8; CA XIII,1: „non modo ut sint notae professionis inter homines, sed magis ut sint signa et testimonia voluntatis Dei erga nos, ad excitandam et confirmandam fidem in his, qui utuntur, proposita"). Apol XIII bekräftigt diese Bestimmung, wenn es heißt, Sakramente seien „nicht schlechte Zeichen, dabei die Leute unter einander sich kennen ..., sondern sind kräftige Zeichen und gewisse Zeugnis göttlicher Gnade und Willens gegen uns, dadurch Gott unsere Herzen erinnert und stärket, desto gewisser und fröhlicher zu gläuben" (BSLK 291, 49–292,3; Apol XIII,1: „non esse tantum notas professionis inter homines, ut quidam fingunt, sed magis esse signa et testimonia voluntatis Dei erga nos, per quae movet Deus corda ad credendum"). Vergleichbare Bestimmungen ließen sich ergänzen (vgl. Apol XXIV, 49–69 u.a.): stets wird der göttliche Gabencharakter betont (vgl. BSLK 709, 8ff) und hervorgehoben, Sakramente seien nicht allein und nicht primär menschliche Erkennungs- und Bekenntniszeichen, sondern in erster Linie Zeichen des in Jesus Christus offenbaren göttlichen Gnadenwillens gegen uns (vgl. BSLK 369, 23ff).

Unter dem Aspekt des so bestimmten, seiner Art nach unumkehrbaren Zusammenhangs von Gnaden- und Bekenntniszeichen soll nun abschließend die Frage erörtert werden, ob sich auch unter evangelischen Lehr- und Praxisbedingungen eine sinnvolle Ordnung des Sakramentalen identifizieren lässt. Ich konzentriere mich dabei auf die beiden sacramenta maiora, nämlich Taufe und Abendmahl, denen abgesehen vom sacramentum absolutionis der Buße in protestantischer Tradition der Sakramentsbegriff in der Regel vorbehalten wird, ohne dass dieser Vorbehalt notwendig als Grundsatzentscheid gedeutet werden müsste. Man lese dazu Apol XIII, wo Melanchthon gegebenenfalls auch die unter Handauflegung vollzogene Ordination, die Ehe, ja in bestimmter Weise auch Gebet, Almosen sowie Kreuz und Trübsal der Christen mit dem Sakramentsbegriff in Verbindung bringen kann. Im Übrigen ist daran zu erinnern, dass erst um 1150 herum sich jene Zählung und Reihenfolge von Sakramenten durchsetzte, die Goethe in dem zitierten Passus aus „Dichtung und Wahrheit" voraussetzt und die im Konzil von Trient (vgl. DH 1601) vom römisch-katholischen Lehramt gegen die Angriffe der Reformation verteidigt und endgültig definiert wurde. Ich versuche dieser Entwicklung und dem eigentümlichen Verhältnis der Wittenberger Tradition zu ihr dadurch Rechnung zu tragen, dass ich zum einen Gründe für die reduktive Konzentration reformatorischer Sakramentstheologie geltend mache, zum andern aber zu zeigen versuche, dass die sakramentale Zweiheit von Taufe und Abendmahl aufgeschlossen ist für eine Viel- und gegebenenfalls auch für eine Siebenzahl (die Sieben gleichsam als eine numerische Vollendungskategorie genommen) von kirchlichen Zeichenvollzügen.

Als entscheidender Grund für die sakramentstheologische Reduktion reformatorischer Lehre und Praxis auf Taufe und Abendmahl wird in der Regel angegeben, dass im strengen Sinne nur diese beiden rituellen Empfangshandlungen und möglicherweise auch noch die Buße über ein sichtbares äußeres Zeichen verfügen und von Christus eingesetzt sind bzw. dessen Mandat und Verheißung haben. So wichtig – wenngleich im Einzelnen klärungsbedürftig – diese beiden Aspekte zweifellos sind, systematisch betrachtet dürfte für die reformatorische Zentrierungstendenz nicht zuletzt die Tatsache wirksam geworden sein, dass sich wie die theologische Aufmerksamkeit im Allgemeinen, so auch die sakramentstheologische Aufmerksamkeit der Reformation primär auf den Konstitutionszusammenhang des Glaubens ausrichtete und erst in zweiter Linie auf den empirisch-biographisch orientierten Zusammenhang der Glaubensrealisierung, -erhaltung und -stärkung, der bei Zwingli und in anderer Weise auch im Tridentinum und in noch einmal anderer Weise schließlich bei Goethe im Mittelpunkt des Interesses stand. Der Begründungszusammenhang des Glaubens ist in der Zweieinigkeit von Taufe und Abendmahl gegeben und präzise sichtbar gemacht.

Ich wähle, um dies zu verdeutlichen, den sakramentstheologischen Gesichtspunkt von Wiederholbarkeit bzw. Unwiederholbarkeit des jeweiligen Zeichenvollzugs. Die Taufe ist nach überkommener, von der Reformation bekräftigter und namentlich gegen die sog. Anabaptisten verteidigter Lehre ihrem Wesen nach unwiederholbar. Warum? Weil das durch die Taufe vermittelte und im Glauben wahrgenommene menschliche Gottesverhältnis in seiner Art einzig und von prinzipieller Individualität ist. Während kein Welt- und Selbstbezug die irreversible und nicht reproduzierbare bzw. duplizierbare Einmaligkeit des Eigenen zu begründen vermag, darf der Getaufte seiner unverwechselbar singulären Identität gewiss sein. Er hat einen Namen bei Gott, der in Ewigkeit unvergessen bleibt.

Ist sonach die Taufe in ihrer Unwiederholbarkeit das wirksame Zeichen gottgegründeter Individualität des Menschen, wie sie in den Selbst- und Weltbezügen des Menschen vorauszusetzen ist und zu entsprechender Wirkung kommen soll, so wäre das sacramentum individuationis der Taufe doch gründlich missverstanden ohne entsprechenden Bezug zum sacramentum communionis des Abendmahls, welches in seiner Wiederholbarkeit als elementares Wirkzeichen gottfundierter Sozialität zu gelten hat, welche ebenfalls in allen Selbst- und Weltbezügen der Menschen vorauszusetzen ist und zu entsprechender Geltung kommen soll. Indem wir im Mahl des Herrn Anteil gewinnen an Leib und Blut, will heißen: an der in Gott verewigten, zur Gottheit des dreieinigen Gottes unveräußerlich hinzugehörigen Person des auferstandenen Gekreuzigten, werden wir untereinander zu einer personalen Gemeinschaft wechselseitiger Teilhabe und Teilgabe, zum Leib Christi zusammengeschlossen, der zu sein die Kirche in allen ihren Erscheinungsformen bestimmt ist. Taufe und Abendmahl stehen so in ihrer Unwiederholbarkeit bzw. Wiederholbarkeit als wirksame Zeichen für die gottgegründete Gleichursprünglichkeit von Individualität und Sozialität, wie es für das Leben des Glaubens bestimmend und charakteristisch ist. Hinzuzufügen ist, dass ihr wechselseitiger Bezug Taufe und Abendmahl nicht äußerlich, sondern u.a. insofern intern ist, als beide, wenngleich mit unterschiedlicher Akzentuierung, sowohl den Individualitäts- als auch den Sozialitätsaspekt jeweils in sich enthalten. Wie in der Altargemeinschaft der Kommunion Leib und Blut Christi unter den Gestalten von Brot und Wein von jedem Einzelnen empfangen werden, so fügt die Taufe den Täufling, dessen persönliche Gotteskindschaft sie wirksam zusagt und namentlich verspricht, zugleich ein in das Corpus Christi, zu dessen kirchlichem Glied sie ihn bestimmt.

Ist damit die Struktur evangelischer Sakramentalität in Grundzügen skizziert, so erweist sich der durch die Zweieinigkeit von Taufe und Abendmahl genuin geprägte sakramentstheologische Zusammenhang nicht zuletzt darin als fundamental, dass er an sich selbst aufgeschlossen ist für jene Zeichenvollzüge, welche ein nicht geringer Teil der christlichen Tradition dem Sakramentsbegriff subsumiert. Am Verhältnis von Taufe und Buße hat reformatorische Theologie dies immer schon deutlich zu machen sich angeschickt. Vergleichbares wäre im Blick auf die Konfirmation als eine konzentrierte Gestalt kirchlichen Taufgedächtnisses, aber auch in Bezug auf die Krankensalbung zu leisten, die in evangelischer Perspektive unter dem Gesichtspunkt lebendiger Tauferinnerung zu reinterpretieren und gegebenenfalls zu restituieren nicht grundsätzlich ausgeschlossen sein muss. Bei all dem dürfte der ekklesiologische, konstitutiv auf Sozialität hingeordnete Bezug evangelischer Tauftheologie nicht vergessen werden, wie er im Mahl des Herrn wirksam zum Ausdruck kommt. Vom sacramentum communionis her als dem elementaren Wirkzeichen der Gemeinschaft der Getauften in ihrer prinzipiellen Individualität hinwiederum dürfte es nicht übermäßig schwer fallen, theologische Bezüge herzustellen zum ordo bzw. zum ordinationsgebundenen Amt des publice docere (vgl. CA XIV), welches als Amt der öffentlichen Evangeliumsverkündigung in Wort und Sakrament für die Einheit der Kirche in besonderer Weise verantwortlich ist. Wäre es zu weit hergeholt und ein Indiz übermäßigen ökumenischen Verständigungswillens, dann auch noch einen Zusammenhang herzustellen zwischen dem Dienstamt kirchlicher Einheit, das ganz und gar auf die geistliche Sozialität der Getauften hingeordnet ist, und dem Institut der Ehe als dem Elementarzeichen leibhafter Gemeinschaft, ohne welche das Reich zur Linken nicht zu bestehen vermag? Ich lasse diese Frage, die mir dogmatisch zumindest nicht ganz abwegig zu sein scheint, auf sich beruhen, zumal ich sie an anderer Stelle bereits über Andeutungen hinaus zu beantworten versucht habe[9], und komme zum Schluss noch einmal kurz auf das Verhältnis von verbum visibile und verbum audibile zurück.

---

[9] Vgl. Gunther Wenz, Einführung in die evangelische Sakramentenlehre, Darmstadt 1988.

Die Kultur des Protestantismus gilt traditionellerweise als eine Kultur des Wortes und der Schrift, wie denn auch die Reformation ursprünglich ein um Wort und Schrift gruppiertes Medienereignis war, wobei kanonischer Buchstabe und Gutenberg'sche Druckkunst etc. durchaus zusammengehören. Zwischen reformatorischem Glauben und Sprache bzw. Literatur besteht eine eigentümliche Affinität, die allenfalls noch durch eine Wahlverwandtschaft zur Musik überboten wird. Verbunden mit solch reformatorischer Wortkultur war nicht selten und über lange Zeit hinweg ein gegenüber anderen Konfessionen des Christentums gesteigertes Vermögen, die Gehalte des Glaubens nicht nur symbolisch, sondern mittels verbaler Rationalität zu kommunizieren. Dieses spezifische Erbe von Reformation und Protestantismus darf auch heute nicht preisgegeben werden. Aber es ist ökumenisch und in dem Bewusstsein zu pflegen, dass verbale Kommunikation und symbolische Interaktion religiös und theologisch aufeinander angewiesen sind. Ansonsten drohen beide zu verarmen. Wo die Predigt tendenziell aus dem liturgischen Gesamtzusammenhang herausgelöst wird, verkommt sie zur bloßen Ansprache; umgekehrt rufen kultische Vollzüge, deren Sinn nicht verbal erschlossen und verständlich kommuniziert wird, bestenfalls sprachloses Staunen ohne rechte innere Beteiligung hervor. Beides durch Einsicht in die gottesdienstliche Einheit von verbaler Kommunikation und symbolischer Interaktion zu verhindern, ist ökumenische Pflicht. Eine – von der reformatorischen Tradition besonders naheliegende – Möglichkeit, ihr nachzukommen, ist die Predigt über die Sakramente.

In Jesus Christus ist das Wort Fleisch geworden und der Logos hat leibhafte Gestalt angenommen. Das Mysterium der Inkarnation wird im Gottesdienst der Christenheit liturgisch-sakramental gefeiert. Aber das signum sacrum des Sakraments ist, was es ist, nicht ohne das verbum, welches ihm unveräußerlich zugehört und das verständlich zu explizieren eine wesentliche Aufgabe der gottesdienstlichen Predigt ist, welche das Wunder der Inkarnation auf den auferstandenen Gekreuzigten zu beziehen und von ihm her zu begreifen hat. Ohne Deutung lässt sich der christliche Sinn sakramentaler Zeichen nicht behaupten. Deuteworten ist demnach nicht ohne Grund konsekratorische Funktion zuerkannt worden. Worte aber sind, um ihrerseits nicht zur Formel zu erstarren, nur in Satzzusammenhängen verständlich. Daraus folgt: Tauf- und Absolutionsformeln bedürfen wie die verba testamenti des Herrenmahls des Kontexts der Predigt, damit sie verständlich wirken und den heilsamen Sinngehalt des Sakramentalen erschließen können.

5. Römischer Epilog

Aus Darstellungsgründen, aber auch aus Gründen ausgleichender ökumenischer Gerechtigkeit soll zuletzt noch einmal der Olympier zu Wort kommen. Rechtzeitig zum Fest Allerheiligen/Allerseelen war Goethe im Zuge seiner italienischen Reise nach Rom gelangt. Alsbald finden wir ihn in der päpstlichen Hauskapelle auf dem Quirinal: „Die Funktion", schreibt er unter dem Datum des 3. November 1786, „war angegangen, Papst und Kardinäle schon in der Kirche. Der Heilige Vater, die schönste würdigste Männergestalt, Kardinäle von verschiedenem Alter und Bildung. Mich ergriff ein wunderbar Verlangen, das Oberhaupt der Kirche möge den goldenen Mund auftun und, von dem unaussprechlichen Heil der seligen Seelen mit Entzücken sprechend, uns in Entzücken versetzen. Da ich ihn aber vor dem Altare sich nur hin und her bewegen sah, bald nach dieser bald nach jener Seite sich wendend, sich wie ein gemeiner Pfaffe gebärdend und murmelnd, da regte sich die protestantische Erbsünde, und mir wollte das bekannte und gewohnte Meßopfer hier keineswegs gefallen. Hat doch Christus schon als Knabe durch mündliche Auslegung der Schrift und in seinem Jünglingsleben gewiß nicht schweigend gelehrt und gewirkt, denn er sprach gern, geistreich und gut, wie wir aus den Evangelien wissen. Was würde der sagen, dacht' ich, wenn er hereinträte und sein Ebenbild auf Erden summend und hin und wider wankend anträfe?[10] Keine Frage: Predigt tut not – auch und gerade in sakramentalen Zusammenhängen!

---

[10] Johann Wolfgang Goethe, Sämtliche Werke XI: Italienische Reise. Tag- und Jahreshefte, Zürich 1979 (unveränderter Nachdruck der Artemis-Gedenkausgabe zu Goethes 200. Geburtstag am 28. August 1949), 138f. Vgl. Jochen Hörisch, Brot und Wein. Die Poesie des Abendmahls, Frankfurt–Main 1992, hier: 154f.

Wahrheitssuchende Gemeinschaften?
Über eine hohe Minimalbedingung ökumenischer Verständigung

Michael Welker

I.

In den achtziger Jahren des 20. Jahrhunderts hatte der römisch-katholische Theologe David Tracy, der an der Divinity School der University of Chicago lehrt, vorgeschlagen, die Theologie als einen „öffentlichen Diskurs" zu verstehen, der in drei Öffentlichkeiten, *in three publics*, geführt werden müsse: in der Gesellschaft, in der Wissenschaft und in der Kirche. Jede dieser Öffentlichkeiten erfordere eigene Formen der Vergegenwärtigung theologischer Inhalte und weise eigene Muster der Rezeption theologischer Äußerungen auf.[1]

Tracys Rede von den drei Öffentlichkeiten und das Fragen nach verschiedenen Formen der Hermeneutik und Rhetorik prägten für mehrere Jahre den Diskurs der theologischen Avantgarde in der angelsächsischen Welt. Doch der Druck der Sozial- und Kulturwissenschaftler, zumindest die gesellschaftliche Öffentlichkeit stärker zu differenzieren und politische, mediale und zivilgesellschaftliche Kontexte besser zu unterscheiden, führte zu einer weiteren Pluralisierung in der Wahrnehmung „der Gesellschaft" und ihrer Öffentlichkeiten. Auch das Verständnis von Wissenschaft als Pluralismus wissenschaftlicher Disziplinen ließ die Rede von „the academy" als zu schlicht erscheinen. Langjährige Erfahrungen mit den Dialogen zwischen Theologie und Naturwissenschaften und erste Ansätze zum Gespräch zwischen Theologie und Ökonomie trugen zur Abwendung von bloßen Metadiskursen und zur bewussteren Wahrnehmung der systemischen Binnendifferenzierung der Wissenschaften bei. Ebenso brachten die Forderungen, die Kirchen müssten die konfessionellen und andere innerkirchliche Strukturen und Profile klarer beachten, die Rede von den „drei Öffentlichkeiten" auch im Blick auf „die Kirche" unter einen Differenzierungsdruck. Angesichts dieser Herausforderungen ist es bedauerlich, dass Tracy das große Vorhaben, „the culture of pluralism" zu vermessen und mehrperspektivische Orientierung für die theologische Arbeit zu geben, zurückgenommen und sich post-

---

[1] Vgl. David Tracy, The Analogical Imagination. Christian Theology and the Culture of Pluralism, New York 1981.

moderner Vielfalt und „Pluralität" sowie dem mystischen Umgang mit religiöser Unbestimmtheit zugewendet hat.²

Außer der sachlichen Herausforderung, die komplexere Verfassung der strukturiert-pluralistischen Umgebungen der Theologie in Gesellschaft, Wissenschaft und Ökumene zu diagnostizieren (und nicht nur eine erratische „Pluralität" von Einstellungen und Perspektiven von Individuen und Gruppen festzustellen), zeigte sich ein weiteres Ungenügen an dem an sich fruchtbaren Neuansatz Tracys. Von ordinierten anglikanischen Naturwissenschaftlern wurde wohl zuerst die Frage aufgeworfen, ob nicht Kirche und Wissenschaft als „Öffentlichkeiten" unterbestimmt seien. Wohl könnten Kirche und Wissenschaft in bestimmten Situationen und in bestimmten Entwicklungsformen zu bloßen Öffentlichkeiten herabsinken, doch in ihrem Kern seien sie Gemeinschaften, und zwar genauer „wahrheitssuchende Gemeinschaften", *truth-seeking communities.*³

Diese Herausforderung führte zu Fragen, wie wahrheitssuchende Gemeinschaften genauer beschaffen seien. Dabei zeigte sich, dass die Formel *truth-seeking communities* ein Kürzel ist für Gemeinschaften, die Wahrheitsansprüche erheben, die beanspruchen, die Wahrheit zur Sprache zu bringen, und die dabei eine vertiefte Wahrheitserkenntnis und eine verbesserte Wahrheitsbezeugung anstreben. Wahrheitssuchende Gemeinschaften sind Gemeinschaften, die Wahrheitsansprüche erheben im Sinne der berühmten Formulierung Luthers in seiner Rede auf dem Reichstag zu Worms 1521: „Wenn ich nicht durch Schriftzeugnisse oder einen klaren Grund widerlegt werde, [...] so bin ich durch die von mir angeführten Schriftworte überwunden [...] und [...] mein Gewissen [ist] in den Worten Gottes gefangen."⁴ Wahrheitssuchende Gemeinschaften sind nicht Vereinigungen, die meinen, die Wahrheit endgültig gefunden zu haben und sie nun nur noch anderen mit dem Anspruch auf unbedingtes Gehör mitteilen zu können.

Wahrheitssuchende Gemeinschaften erheben aber nicht nur Wahrheitsansprüche, sondern sie entwickeln auch von allen Beteiligten anerkannte Formen der Überprüfung dieser Wahrheitsansprüche. Dabei unterscheiden sie persönliche Gewissheiten und Konsensus einerseits und richtige Gegenstandserkenntnis andererseits und beziehen sie aufeinander. Erreichte Gewissheiten und erreichter Konsens müssen in wahrheitssuchenden Gemeinschaf-

---

² Vgl. David Tracy, Plurality and Ambiguity. Hermeneutics, Religion, Hope, San Francisco 1987.
³ Siehe dazu neuerlich John Polkinghorne/Michael Welker, An den lebendigen Gott glauben. Ein Gespräch, Gütersloh 2005, Kap. 9.
⁴ Martin Luther, Ausgewählte Schriften I, hg. von Karin Bornkamm/Gerhard Ebeling, Frankfurt 1982, 269.

ten ebenso überprüft werden wie die als richtig beanspruchte Gegenstandserkenntnis. Diese Prüfung erfolgt um der Steigerung und Verstetigung der Gewissheit und der Festigung des Konsenses willen, und sie erfolgt um der dabei nötigen Differenzierung und Festigung der Gegenstandserkenntnis willen. Der Weg, Gewissheit, Konsens und Sacherkenntnis um der bewährten bzw. gesteigerten Gewissheit, des gefestigten Konsenses und der differenzierteren Sacherkenntnis willen in Frage zu stellen, ist der Weg der Wahrheitssuche.

II.

Die zahlreichen ökumenischen Gespräche auf Weltebene zwischen den christlichen Kirchen im 20. Jahrhundert sind ein Paradebeispiel für die segensreiche Arbeit von wahrheitssuchenden Gemeinschaften.[5] An diesen Gesprächen nahmen jeweils sowohl kirchenleitende Persönlichkeiten als auch wissenschaftliche Theologen und Theologinnen teil, die von Rom, den Führungsinstanzen der konfessionellen Weltbünde und anderen obersten kirchenleitenden Organen ausgewählt worden waren. Mit Respekt vor der in der eigenen Kirche jeweils geltenden Lehre, mit Aufmerksamkeit auf die Tradition, in gemeinsamer Schriftauslegung, unter Achtung der Standards rationaler Argumentation und weiterer offengelegter, akzeptierter, manchmal wohl auch im Gespräch modifizierter theologischer Rahmenbedingungen wurde die gemeinsame Wahrheitssuche vorangetrieben. Die Ergebnisse wurden schriftlich festgehalten und in den *Dokumenten wachsender Übereinstimmung* als gemeinsame öffentliche Verlautbarung publiziert.

Um die Erkenntnisprozesse in Gang zu setzen, wurde der hermeneutische Ansatz gewählt, zunächst relative Gemeinsamkeiten zu identifizieren, in deren Licht dann die verbleibenden Differenzen zu bearbeiten waren. Etliche Differenzen ließen sich im Licht der gefundenen Gemeinsamkeiten relativieren, andere konnten schärfer ausformuliert, wieder andere nachdrücklicher beklagt werden. Indem sie den Erkenntnisstand der wahrheitssuchenden Gemeinschaften markierten und die verbleibenden Differenzen benannten, boten die Verlautbarungen aber auch klare Progressrichtungen.

Ein besonders gutes Beispiel eines solchen Progresses war die in ökumenischen Gesprächen vor allem auf römisch-katholischer Seite sogenannte

---

[5] Siehe die Dokumente wachsender Übereinstimmung. Sämtliche Berichte und Konsenstexte interkonfessioneller Gespräche auf Weltebene, hg. von Harding Meyer u.a., Paderborn–Frankfurt, Bd. I (1931–1982), ²1991; Bd. II (1982–1990), 1992; Bd. III (1990–2001), 2003.

„Communio-Ekklesiologie", oft auch mit der Formel „Communio-Gedanke" oder „Communio-Idee" bezeichnet. Sie ging einher mit der sich festigenden Auffassung, das Abendmahl/die Eucharistie müsse in der versammelten Gemeinde gefeiert werden, und mit der Versicherung, dass dieses Sakrament treffend „Kommunion" genannt werde.[6] Die große Kraft wahrheitssuchender Gemeinschaften zeigt sich an dieser Entdeckung der „Communio-Ekklesiologie", die die protestantische Sicht des Abendmahls stärkt, aber auch Raum gibt, das römisch-katholische Verständnis dieses Sakraments in seiner Tiefe zu schätzen.

III.

Das Konzil von Trient hatte in seiner 13. Sitzung von 1551 klar formuliert: „Denn noch hatten die Apostel die Eucharistie nicht von der Hand des Herrn empfangen, als er doch schon in Wahrheit aussagte, das, was er gebe, sei sein Leib."[7] Auf dieser Basis hatte das Konzil in der 22. Sitzung von 1562 in den „Lehrsätzen über das hochheilige Messopfer" den Verwerfungssatz formuliert: „Wer sagt, die Messen, in denen der Priester allein sakramental kommuniziere, seien unerlaubt und deshalb abzuschaffen, der sei ausgeschlossen."[8] Diese Position des Konzils von Trient konnte allerdings aufgrund klarer Aussagen der Heiligen Schrift („gab er das Brot den Jüngern und sagte: ...") nicht aufrechterhalten werden. Mk 14, Mt 26 und Lk 22, aber auch andere biblische Texte lassen es nicht zu, die Worte Jesu zu trennen vom Geben und Nehmen von Brot und Wein. Dies hatten die Gespräche auf Weltebene mit zunehmender Deutlichkeit hervorgehoben.

1971 hieß es in der anglikanisch/römisch-katholischen Windsor-Erklärung: „Die Herrenworte beim letzten Mahl ‚nehmet, esset, das ist mein Leib' erlauben uns nicht, die Gabe der Gegenwart (Jesu Christi) von der Handlung des sakramentalen Essens zu trennen."[9] 1978 hält die Erklärung „Das Herrenmahl" der gemeinsamen römisch-katholischen/evangelisch-lutherischen Kommission, eingesetzt vom Sekretariat für die Einheit der Christen in Rom und vom Lutherischen Weltbund, „die gemeinsame Überzeugung vom Mahl-Charakter der Eucharistie" fest und betont ausdrücklich: „Gemeinsam sind

---

[6] So auch das Rundschreiben Ecclesia de Eucharistia von Papst Johannes Paul II. vom 7. April 2003, 34.
[7] Josef Neuner/Heinrich Roos, Der Glaube der Kirche in den Urkunden der Lehrverkündigung, neu bearbeitet von Karl Rahner/Karl-Heinz Weger, Regensburg [12]1986, 385.
[8] Neuner/Roos, 399.
[9] DwÜ I, 142.

Lutheraner und Katholiken der Überzeugung, daß die Eucharistie wesenhaft Gemeinschaftsmahl ist."[10] 1979 formuliert der anglikanisch/römisch-katholische Salisbury-Text: „Wenn die Verehrung [scil. der aufbewahrten Elemente] sich von der eucharistischen Feier der Gemeinde vollständig ablöst, widerspricht sie der wahren Lehre von der Eucharistie. Jede Ablösung solcher Verehrung von ihrem eigentlichen Ziel, der Kommunion aller Glieder in Christus, ist eine Verzerrung der eucharistischen Praxis."[11] Alle weiteren „Dokumente wachsender Übereinstimmung" behalten diese Linie bei.[12]

Man muss einerseits festhalten, dass hier das protestantische Bemühen um Schrifttreue und Orientierung an den biblischen Texten einen wichtigen Dienst in der Wahrheitssuche danach geleistet hat, wie das Sakrament des Abendmahls angemessen zu feiern ist. Ohne den „Communio-Gedanken" in irgendeiner Weise zu relativieren, wird man aber auch die mit der Konzentration auf die versammelte Gemeinde mögliche Engführung gerade auf protestantischer Seite erkennen, die von römisch-katholischer und orthodoxer Theologie her aufgedeckt und überwunden werden kann. Die versammelte Gemeinde in der Feier des Abendmahls ist Teil der Kirche Jesu Christi aller Zeiten und Weltgegenden. Mit der Gegenwart des auferstandenen und erhöhten Christus in der Abendmahlsfeier ist also nicht nur die einzelne Gemeinde, sondern ist die Kirche aller Zeiten und Weltgegenden gegenwärtig.[13] Es ist daher der versammelten Gemeinde nicht freigestellt, das Abendmahl in die Perspektive eines Geselligkeitsmahls zu bringen – eine Tendenz, die u.a. im Zusammenhang des sogenannten „Feierabendmahls" und der Kirchentagsfrömmigkeit im deutschen Protestantismus zeitweilig um sich griff.

Aus der doppelten Perspektive: Das Abendmahl ist unabdingbar eine Feier der Gemeinde, und zugleich ist es die Feier der Gemeinde des auferstandenen Jesus Christus, die sich innerhalb der Kirche Christi aller Zeiten und Weltgegenden zu verstehen hat, aus dieser doppelten Perspektive hatte sich die wahrheitssuchende ökumenische Gemeinschaft einen großen Schritt auf dem Weg zum ökumenischen Frieden voranbegeben.

---

[10] AaO. 287, vgl. 290.
[11] AaO. 147. Alle weiteren Dokumente wachsender Übereinstimmung bleiben auf dieser Linie.
[12] Vgl. Michael Welker, Was geht vor beim Abendmahl?, Stuttgart 1999, Gütersloh ²2004.
[13] Dazu ausführlich aaO, Kapitel 9.

IV.

Es war daher ein harter Schlag gegen die von der Kirchenleitung selbst autorisierte wahrheitssuchende Gemeinschaft in ihr, als Papst Johannes Paul II. in dem Rundschreiben *Ecclesia de Eucharistia* vom 17. April 2003 ausdrücklich wieder die Tabernakelfrömmigkeit zu fördern suchte und auch die Feier der Eucharistie ohne Gemeinde guthieß.[14] Gewiss kann man auf protestantischer Seite, nachdem der Papst in diesem Rundschreiben auch eine weder von den biblischen Texten her sorgfältig begründete noch in den bisherigen ökumenischen Gesprächen über das Abendmahl deutlich berücksichtigte Marienfrömmigkeit zur Sprache bringt[15], dieses Rundschreiben in das Licht einer päpstlichen Privattheologie rücken.

Eberhard Jüngel hat sich in dieser Hinsicht geäußert: „[...] man reibt sich an vielen Stellen die Augen. Schon exegetisch ist – jedenfalls zum Teil – schwer akzeptabel, was da verkündet wird. Maria als ‚eucharistische Jungfrau'! Was sollen wir nun dazu sagen? Dabei ist der Papst nach meinem Urteil ein Mann, der die Ökumene bejaht und voranbringen will, aber er hat eben seine eigene Theologie, und die war schon nach dem Urteil Karl Rahners – sagen wir einmal: beratungsbedürftig."[16] Da es römisch-katholischen Theologinnen und Theologen nicht freigestellt ist, die Verlautbarung des Papstes auf diese Weise zu rezipieren, und da eine solche Haltung die wahrheitssuchende Gemeinschaft im ökumenischen Gespräch sprengen würde, muss man in Zukunft sorgfältig den Status der von den kirchlichen Spitzen autorisierten ökumenischen Gespräche auf Weltebene festlegen.

Man wird nach der Bindekraft wahrheitssuchender Gemeinschaften und ihrer Erkenntnisse sowie nach dem Status wissenschaftlich-theologischer Arbeit in kirchlichen Prozessen der Selbstverständigung und der ökumenischen Verständigung fragen müssen. Von Seiten der wissenschaftlichen Theologie wird man darauf aufmerksam machen müssen, dass jede Kirchenleitung, die sich von der Teilnahme an wahrheitssuchenden Gemeinschaften und der Auseinandersetzung mit ihnen dispensiert, Gefahr läuft, letztlich dem politischen Kalkül, der massenmedialen Resonanz, der bürokratischen Macht oder gar Kräften individueller Willkür die Lenkung des Geschicks der Kirche anzuvertrauen. Die wahrheitssuchenden Gemeinschaften sollten dann deutlich machen, dass eine Kirche, die sich von der wissenschaftlich-theologisch begleiteten Wahrheitssuche distanziert, schwerlich vom Heiligen Geist, sondern

---

[14] Ecclesia de Eucharistia, 25 und 31.
[15] AaO. 53ff.
[16] Man reibt sich die Augen. Ökumene in Deutschland – ein Gespräch mit dem Tübinger Theologen Eberhard Jüngel, Zeitzeichen 6 (2005) 41.

von anderen Kräften und Rationalitäten, Meinungen und Rhetoriken gesteuert werden wird. Die akademische christliche Theologie wird dann jeweils prüfen müssen, ob sie nur dazu dient, den Schein der geordneten Wahrheitssuche aufrechtzuerhalten, und ob sie in diesem Fall ihrer Kirche damit dienen muss, dass sie sich gegen diesen Schein wendet.

DIE EINE TAUFE

Baptismale Ökumene
Taufttheologische Orientierungen
für den ökumenischen Weg

Eva-Maria Faber

1. Die Taufe als Band der Einheit – und bleibende Probleme

Heute eine selbstverständliche Voraussetzung – vor wenigen Jahrzehnten eine Entdeckung, die Freude und Erleichterung auslöste: Die Christen der verschiedenen Kirchen sind nicht schlechthin „getrennte" Christen, sondern verbunden durch das Band der Taufe. „Die Taufe begründet [...] ein sakramentales Band der Einheit zwischen allen, die durch sie wiedergeboren sind." Diese Formulierung des Ökumenismus-Dekrets „Unitatis Redintegratio" (1964) des II. Vatikanischen Konzils (UR 22) fand ein Echo im sogenannten Lima-Dokument der Kommission für Glauben und Kirchenverfassung des Ökumenischen Rates der Kirchen (1982): „Durch ihre eigene Taufe werden Christen in die Gemeinschaft mit Christus, miteinander und mit der Kirche aller Zeiten und Orte geführt. Unsere gemeinsame Taufe, die uns mit Christus im Glauben vereint, ist [...] ein grundlegendes Band der Einheit (Eph 4,3–6)."[1]

Neue tauftheologische Einsichten taten sich für die römisch-katholische Perspektive – die auch in den folgenden Ausführungen eingenommen wird – auf verschiedenen Ebenen auf. Zunächst wurde die lange Zeit geübte Praxis der bedingungsweisen Taufe von evangelischen Christen, die zur katholischen Kirche übertraten, aufgegeben. Im Normalfall wurde fortan die *Gültigkeit* der in evangelischen Kirchen gefeierten Taufe vorausgesetzt. Noch mehr: Es wurde anerkannt, dass die Taufe auch in den anderen Kirchen ihre *heilschaffende und ekklesiale Wirksamkeit* entfaltet, insofern der Mensch durch sie „dem gekreuzigten und verherrlichten Christus eingegliedert und wiedergeboren [wird] zur Teilhabe am göttlichen Leben" (UR 22; vgl. LG 15). Die Getauften sind „durch den Glauben in der Taufe gerechtfertigt und dem Leibe Christi eingegliedert" (UR 3). In verschiedenen ökumenischen Dokumenten wurden Wege gesucht, wie die Christen verschiedener Konfessionen ein *gemeinsames Taufverständnis* formulieren

---

[1] Kommission für Glauben und Kirchenverfassung des ÖRK: Taufe, Eucharistie und Amt („Lima-Dokument" 1982), in: DwÜ I, 545–585 (Taufe, Nr. 6: 551).

können. Beispielhaft genannt werden kann hier der Abschnitt über die Taufe im schon erwähnten „Lima-Dokument".

Die entscheidende Einsicht liegt jedoch tiefer. Nicht nur wurde ein einzelnes Sakrament der anderen Kirchen anerkannt, es wurde auch nicht nur gesehen, dass damit ein gemeinsamer Glaube bezüglich der Taufe vorliegt. Wichtig war und ist, dass mit der gemeinsamen Taufe ein *„sakramentales Band der Einheit"* zwischen den Getauften besteht. Das Bemühen um die Einheit setzt nicht bei einem schlechthinnigen „noch-nicht" an, sondern kann von einer gegebenen Einheit ausgehen, die allem Hinstreben zur Einheit voraus liegt. Diese gegebene Einheit ist überdies, so ist über das Ökumenismus-Dekret (vgl. UR 3; 22) hinaus zu formulieren, eine *ekklesiale Wirklichkeit*. Nicht nur besteht ein Band zwischen allen einzelnen Getauften oder – aus der Sicht der je eigenen Kirche – ein Band zwischen allen einzelnen Getauften und der eigenen Kirche[2]. Das gemeinsame Getauftsein begründet ein Band auch zwischen den Kirchen. Die gegenseitige offizielle Anerkennung der Taufe stellt – so Papst Johannes Paul II. – „eine ekklesiologische Grundaussage dar"[3].

Diese hier nur knapp skizzierte eindrückliche Entdeckung der ökumenischen Bedeutung der Taufe ist von hohem Gewicht. Gleichwohl lässt sich feststellen, dass es schwer fällt, das Gemeinsame der Taufe fruchtbar zu machen für den Fortgang des ökumenischen Gespräches. Ein äußeres Indiz bieten die Stichwortverzeichnisse der in nunmehr drei Bänden gesammelten „Dokumente wachsender Übereinstimmung". War im ersten und zweiten Band eine Fülle von Belegstellen zum Thema Taufe angegeben (im ersten Band ca. eine Spalte, im zweiten Band mehr als eine Spalte), so sind es im dritten Band ganze neun Belegstellen unter Taufe sowie drei Belegstellen für den Zusammenhang von Kirche und Taufe. Die Beobachtung, dass die Entdeckung der gemeinsamen Taufe nicht schon unmittelbar für andere Bereiche positive Folgen hat, löst ratlose Fragen aus: „Wenn wir in der Taufe als Christen verbunden sind [...], wieso können wir diese Verbundenheit dann (noch) nicht in der gemeinsamen Feier des Abendmahles vollziehen und feiern? Wieso wiegt anscheinend das, was trennt, stärker als das, was (durch die Taufe) eint?"[4] – Wo liegen heute die Hindernisse, die gemeinsame Taufe für weitere ökumenische Schritte fruchtbar zu machen?[5]

---

[2] So klingt noch UR 3: „Denn wer an Christus glaubt und in der rechten Weise die Taufe empfangen hat, steht dadurch in einer gewissen, wenn auch nicht vollkommenen Gemeinschaft mit der katholischen Kirche".

[3] Papst Johannes Paul II., Enzyklika Ut unum sint. Über den Einsatz für die Ökumene, 25. Mai 1994, Verlautbarungen des Apostolischen Stuhls 121, Bonn 1995, Nr. 42.

[4] Martin Stuflesser, Liturgisches Gedächtnis der einen Taufe. Überlegungen im ökume-

Zunächst ist festzustellen, dass das „sakramentale Band der Taufe" durchaus noch angefochten ist. Die gegenseitige *Anerkennung* der Taufe ist noch nicht generell erreicht und noch nicht zwischen allen Kirchen definitiv vereinbart.[6] Einige Kirchen der baptistischen Familie erkennen die Taufe von Kindern in anderen Kirchen nicht an. Ebenso verlangen manche orthodoxen und altorientalischen Kirchen beim Übertritt oder vor der kirchlichen Eheschließung von konfessionsverschiedenen Partnern den Vollzug der Taufe in der orthodoxen Kirche, nach Auffassung der anderen Kirchen eine Wiedertaufe.

Ein weiteres Problem lässt sich allein schon an der Tatsache ablesen, dass die Taufe – obwohl sie Band zwischen den Kirchen ist – *nicht gemeinsam gefeiert* werden kann. Grund dafür ist die ekklesiale Bedeutung der Taufe. Von der verbindenden Taufe wird gesagt, dass sie die Christen „in die Gemeinschaft mit Christus, miteinander und mit der Kirche aller Zeiten und Orte"[7] führt. Sie begründet die Teilhabe am Leib Christi. Ja, es kann ausdrücklich gesagt werden: Die Taufe macht „nicht nur zum Mitglied einer Gemeinde, sondern zum Glied der una sancta, catholica et apostolica ecclesia. Sie hat von ihrem innersten Wesen her eine die jeweilige Orts- wie Konfessionskirche überschreitende Bedeutung."[8] Doch ist dieser Leib Christi nicht eine übergeschichtliche Größe. Er konkretisiert sich in der Geschichte, und konkretisiert sich immer noch so, dass verschiedene Kirchen nebeneinander stehen. Darum wird die Taufe immer nur in einer konkreten Kirche gefeiert.[9] Die Taufe führt in einen christlich-kirchlichen Lebensvoll-

---

nischen Kontext, Freiburg i.Br. 2004, 288. Ein konstruktiver Versuch, sich mit der Ratlosigkeit nicht abzufinden, sind die Reflexionen in: Silvia Hell/Lothar Lies (Hgg.), Taufe und Eucharistiegemeinschaft. Ökumenische Perspektiven und Probleme, Innsbruck 2002. Siehe zu dieser Frage unten in Abschnitt 2.

5 Siehe hierzu auch: Walter Kasper, Ekklesiologische und ökumenische Implikationen der Taufe, in: Albert Raffelt/Karl Lehmann (Hg.), Weg und Weite, Freiburg i.Br. 2001, 581–599.

6 Vgl. den Hinweis im Lima-Dokument, Taufe, Nr. 6 (DwÜ I, 551).

7 Lima-Dokument, Taufe, Nr. 6 (DwÜ I, 551).

8 Kasper, Ekklesiologische und ökumenische Implikationen, 587. Deswegen ist die Frage an die Taufpraxis der Kirchen berechtigt: Wird darin „die Taufe zum Zeichen für die umfassende Zugehörigkeit der Getauften zu Christus, zum Leib Christi und zum Wirkungsbereich des heiligen Geistes?" (Christine Lienemann-Perin: Einleitung, in: dies. [Hg.], Taufe und Kirchenzugehörigkeit. Studien zur Bedeutung der Taufe für Verkündigung, Gestalt und Ordnung der Kirche, Forschungen und Berichte der Evangelischen Studiengemeinschaft 39, München 1983, 17–31, 21).

9 Vgl. Päpstlicher Rat zur Förderung der Einheit der Christen, Direktorium zur Ausführung der Prinzipien und Normen über den Ökumenismus, Verlautbarungen des Apostolischen Stuhls 110, Bonn 1993, Nr. 97: „Obwohl der Mensch durch die Taufe in Christus und seine Kirche eingegliedert wird, geschieht dies konkret in einer ganz be-

zug hinein, in dessen Gestalt Unterschiede zwischen den Kirchen sichtbar werden, die – so der Anschein – nicht von der Taufe her beseitigt werden können.

So stellt das Lima-Dokument bekümmert fest: „Die Unfähigkeit der Kirchen, gegenseitig ihre verschiedenen Taufpraktiken als Teilhabe an der einen Taufe anzuerkennen, und ihre fortdauernde Trennung trotz gegenseitiger Anerkennung ihrer Taufe machen das gebrochene Zeugnis der Kirche tragisch sichtbar."[10] Lohnt es sich also nicht, sich in ökumenischer Perspektive weiter mit der Taufe zu befassen, weil man von ihr her nicht weiterkommt? Muss man sich mit der Feststellung des mit der Taufe gegebenen Bandes zwischen den Kirchen begnügen, für den weiteren Weg aber andere Anhaltspunkte suchen?

2. Die Bedeutung der Taufe auf dem ökumenischen Weg

Vermag die Taufe, auf dem ökumenischen Weg Weisung zu geben? Wie weit reicht die baptismale Grundlegung der Ökumene?

In einigen neueren Publikationen wird versucht, die Frage eucharistischer Gemeinschaft sehr unmittelbar an die gegenseitige Anerkennung der Taufe durch die verschiedenen Kirchen zu binden. „Der Leib Christi, den die am Abendmahl Teilnehmenden bilden und zu dem sie durch das Abendmahl je neu werden, ist kein anderer als der Leib Christi, in den sie durch die Taufe eingefügt worden sind. Und dennoch sind nicht alle Getauften zur gemeinsamen Feier des Abendmahls in einer konfessionell bestimmten Kirche eingeladen, sondern nur die zu dieser Kirche Gehörenden. Obwohl es nur einen Leib Christi gibt, in den die Taufe hineinführt[,] und obwohl es derselbe Leib Christi ist, der durch das Abendmahl je neu geschaffen, erhalten und genährt wird, ist eine gemeinsame Feier von Glaubenden, die verschiedenen Kirchen angehören, bisher oft nicht möglich gewesen, weil zwischen den verschiedenen Kirchen eine Kontroverse darüber besteht, wie das Verhältnis des Leibes Christi zur wahrnehmbaren Gemeinschaft der Glaubenden zu bestimmen ist."[11] Doch: „In der Taufe wie im Abendmahl geht es um den Leib Christi, wenn auch in verschiedener Weise: in der Taufe um das einmalige Eingefügtwerden in den Leib Christi, im Abendmahl darum, dass der auferstande-

---

[10] stimmten Kirche oder kirchlichen Gemeinschaft".
Lima-Dokument, Taufe, Nr. 6 [Kommentar] (DwÜ I, 551).
[11] Centre d'Études Œcuméniques (Strasbourg)/Institut für Ökumenische Forschung (Tübingen)/Konfessionskundliches Institut (Bensheim), Abendmahlsgemeinschaft ist möglich. Thesen zur eucharistischen Gastfreundschaft, Frankfurt a.M. 2003, 35f.

ne Gekreuzigte durch seine Selbstgabe im Heiligen Geist den Leib Christi immer wieder neu schafft, erhält und wachsen lässt."[12] Wenn darum „nichtkatholische Glieder des Leibes Christi a limine nicht am Abendmahl, das in der katholischen Kirche gefeiert wird, teilnehmen können, kann die Feier dieses Sakraments auch nicht die Einheit des Leibes Christi bezeichnen."[13] Dies wird als Selbstwiderspruch gekennzeichnet. Noch vehementer formuliert Johannes Brosseder: „Wo immer Christus selbst Gemeinschaft mit sich selbst und daher Anteil am göttlichen Leben gewährt, Gottesdienstgemeinschaft aber von Seiten der Kirche verweigert wird, bleibt auch die Frage, warum die gegebene Gemeinschaft der Getauften untereinander sich nicht in der Gemeinschaft des Brotbrechens fortsetzt. ... Wenn Christus das Haupt seines Leibes ist, dann ist jede Gemeinschaft mit Christus, die durch die Taufe gewährt wird, auch Gemeinschaft in und mit seinem Leib, die keine quantifizierenden Abstufungen erlaubt."[14]

Nun ist die enge Zusammengehörigkeit von Taufe und Eucharistie unbestritten. Doch darf nicht übersehen werden, dass die Anerkennung der Taufe als Band zwischen den Kirchen noch nicht eine volle Gemeinschaft im Taufverständnis und in der Feier der Taufe bedeutet. Grund dafür ist die fortdauernde Spaltung der Kirche, die in der Tat ein Selbstwiderspruch ist und überwunden werden muss, auf dass sowohl Taufe wie Abendmahl gemeinsam gefeiert werden können.

Dies ist für beide Sakramente heute noch nicht möglich. Denn die Sakramente sind nicht isolierte Punkte; sie stehen in einem ekklesialen Rahmen. Gerade von der Taufe gilt, dass sie nach vorn offen ist, angelegt auf Entfaltung. „Die Taufe ist nicht nur auf eine augenblickliche Erfahrung bezogen, sondern auf ein lebenslängliches Hineinwachsen in Christus."[15] Diese Aussage des Lima-Dokumentes wird in einer neueren Konsultation der Kommission für Glauben und Kirchenverfassung des Ökumenischen Rates der Kirchen aufgenommen. Sie reflektiert auf den „ordo" der Taufe, der neben der Wassertaufe die Unterweisung (Katechese) und den andauernden, lebenslangen Prozess des Hineinwachsens in Christus umfasst.[16] Auch das Ökume-

---

[12] AaO. 35 (im Original kursiv).
[13] AaO. 37.
[14] Johannes Brosseder, Das Zweite Vatikanische Konzil und der Zusammenhang von Taufe, Eucharistie und Kirche im Blick auf Eucharistische Gastfreundschaft, in: ders./Hans-Georg Link (Hgg.), Eucharistische Gastfreundschaft. Ein Plädoyer evangelischer und katholischer Theologen, Neukirchen-Vluyn 2003, 15–25, 19.
[15] Lima-Dokument, Taufe, Nr. 9 (DwÜ I, 552).
[16] Christ werden: Die ökumenischen Implikationen unserer gemeinsamen Taufe. Konsultation der Kommission für Glauben und Kirchenverfassung, Faverges (Frankreich), 17.–24. Januar 1997, in: US 53 (1998) 73–96.

nismus-Dekret des II. Vatikanischen Konzil unterstreicht die notwendige Entfaltung der Taufe in das Leben der Kirche hinein, wenn es nach der Aussage zur Taufe als dem sakramentalen Band der Einheit heißt: „Dennoch ist die Taufe nur ein Anfang und Ausgangspunkt, da sie ihrem ganzen Wesen nach hinzielt auf die Erlangung der Fülle des Lebens in Christus. Daher ist die Taufe hingeordnet auf das vollständige Bekenntnis des Glaubens, auf die völlige Eingliederung in die Heilsveranstaltung, wie Christus sie gewollt hat, schließlich auf die vollständige Einfügung in die eucharistische Gemeinschaft" (UR 22).

Bei der Interpretation dieser Aussagen ist präzise zu unterscheiden zwischen zwei verschiedenen Aspekten. Auf der einen Seite geht es um die Einsicht, dass die Taufe, obwohl sie im Vollsinn in den Leib Christi eingliedert, im christlichen Leben des einzelnen Menschen ein Anfang ist, der angelegt ist auf Entfaltung. Aus dieser Dynamik auf Entfaltung hin ergibt sich eine – von der Prozesshaftigkeit der Initiation gleichwohl zu unterscheidende – ökumenische Problematik. Die mit der Taufe gegebene Dynamik nach vorn, in ein christliches Leben hinein, ist angewiesen auf und geprägt durch einen konkreten ekklesialen Raum. Über die Gestalt dieses für die Taufe konstitutiven ekklesialen Kontextes ist trotz der Anerkennung der Taufe als Band zwischen den Christen und den Kirchen noch kein hinreichender Konsens erreicht. Die Begründung dafür, dass die gegenseitige Anerkennung der Taufe noch nicht alle Probleme löst, liegt also nicht darin, dass *nach* der Taufe noch verschiedene andere Schwellen gegeben sind oder aufgebaut werden, sondern dass schon im Blick auf die Taufe Unterschiede gegeben sind hinsichtlich der Frage, in welchem ekklesialen Rahmen sie gefeiert wird und in welche Gestalt christlichen und kirchlichen Lebens sie die Getauften hineinführt.

Gleichwohl ist es angezeigt, die Bedeutung der Taufe nicht unterzubelichten. Es besteht weitgehende Einigkeit zwischen den Kirchen über die Bedeutung der Taufe. Es besteht Einigkeit auch darüber, dass die Taufe die Grundlage für christliches Leben darstellt. „Durch Gottes andauernde Gnade und Gegenwart ist die Taufe ein *Prozess*, ein ein für allemal eschatologisches *Ereignis* und *Muster* für das ganze Leben."[17] Die Taufe ist nicht das Ganze christlichen Lebens, aber sie ist auch nicht nur ein unbedeutender erster Anfang, sondern Grundlegung. „Es geht ... nicht darum, dass man in der Taufe nur einen schwächlichen Anfang sieht, sondern er ist gerade für die katholische Theologie ein bleibender Gründungsakt christlichen Lebens, der alles durchdringt, umfasst und trägt, was zum Heil gehört. Die Taufe ist auch nicht

---

[17] Christ werden, 79.

Ausgangspunkt in dem Sinne, dass sie eigentlich nur eine Art Sprungbrett ist, das man zu anderen Vollzügen verlässt. Vielmehr ist sie ein bleibendes Fundament, das alles begründet, unterfasst und zur Entfaltung anspornt."[18]

Es darf durchaus kritisch angefragt werden, ob dieser im eigentlichen Sinn fundamentale Stellenwert der Tauftheologie immer hinreichend beachtet wurde. Im Rahmen der römisch-katholischen Kirche hat das II. Vatikanische Konzil die Bedeutung der Taufe für die Würde und die Heilssendung aller Getauften erst noch wieder entdecken müssen. Im Blick auf ökumenische Fragen kann es nachdenklich machen, dass der Hinweis auf die verbindende Kraft der Taufe im Ökumenismus-Dekret zwar schon in UR 3f. auftaucht, die Taufe als „sakramentales Band" aber erst wieder in UR 22 benannt wird, im Abschnitt über „die getrennten Kirchen und kirchlichen Gemeinschaften des Abendlands". Im Abschnitt über „die orientalischen Kirchen" bleibt die Taufe als solche unerwähnt und ist nur zusammenfassend in der „Gemeinschaft des Glaubens und des sakramentalen Lebens" (UR 14) mitgemeint. Ist, weil im Blick auf die Kirchen des Ostens die Eucharistie als gemeinsames Gut genannt werden kann (vgl. UR 15), die Taufe von weniger hoher Bedeutung? Ist nicht die Eucharistie ganz und gar grundgelegt in der Taufe, die das Leben des Leibes Christi begründet, welches die Eucharistie aktualisiert?

Gewiss ist die Taufe noch nicht das Ganze des christlichen Lebens, aber man darf ihr auch nicht zu wenig zutrauen. Was das christliche Leben ausmacht, ist durch sie grundgelegt; das ganze christliche Leben ist eine Umsetzung des Geschenks der Taufe. „Es gibt eine für das christliche Leben unübersehbare Bewegung, die den Sinn der Taufe in die einzelnen Phasen und Vollzugsweisen christlicher Existenz umsetzt."[19]

So dürfte es sinnvoll sein, über die grundlegenden Momente der Taufe nachzudenken, insofern sie nicht nur bleibende Grundlage christlichen und kirchlichen Lebens sind, sondern auch Prinzipien der Ökumene. Anders gesagt: Ökumenische Arbeit ist eine vom Geist geführte Bemühung getaufter Menschen, denen ihr gemeinsames Getauftsein auch gemeinsame Beweggründe und Prinzipien ihres Engagements für die Einheit der Kirchen vorgibt. Dies gilt umso mehr, als die Taufe neben der Eucharistie das

---

[18] Karl Lehmann, Einheit der Kirche und Gemeinschaft im Herrenmahl. Zur neueren ökumenischen Diskussion um Eucharistie- und Kirchengemeinschaft, in: Thomas Söding (Hg.), Eucharistie. Positionen katholischer Theologie, Regensburg 2002, 141–177, 152f.

[19] AaO. 153.

„kirchengründende Sakrament"[20] ist. Deswegen muss die Ökumene, welche nach der Einheit der Kirchen strebt, auf der Taufe nicht nur aufbauen, sie trägt „baptismale" Züge. „Durch die gemeinsame Taufe ist schon jetzt eine fundamentale, wenngleich noch nicht volle Einheit gegeben. Die Rückbesinnung auf die gemeinsame Taufe und auf das Taufbekenntnis, das wir in jeder Osternachtfeier wiederholen, ist der Ausgangspunkt und der Bezugspunkt jeder Ökumene des Lebens. ... Wir kommen in der Ökumene nur weiter, wenn wir das in der Taufe geschenkte neue Leben zur Entfaltung bringen, es wachsen und reifen lassen."[21]

3. Tauftheologische Orientierungspunkte für eine baptismale Ökumene

1. Glaube und Taufe

Taufe und Glaube gehören von den ersten Anfängen der Kirche an zusammen. In der paulinischen Theologie sind Glaube und Taufe gleichermaßen und nach heutiger Exegese in komplementärer Zusammengehörigkeit Weg in die Heilswirklichkeit Jesu Christi (vgl. Gal 3,26f). Die Taufe setzt den Glauben voraus, wie umgekehrt der Glaube danach verlangt, sich in der Taufe zu konkretisieren. Dabei schillert das mit Glauben Gemeinte hier noch zwischen Glaubenshaltung und Glaubensinhalt. Der zur Taufe gehörige Glaube umfasst das Engagement, das der Täufling eingeht, ebenso wie den Glauben in seinem Gehalt, wie ihn der Täufling von der Kirche empfängt und sich zu eigen macht. Beides ist auf dem Weg der Ökumene bedeutsam.

a) Taufe und Ökumene zwischen „objektiver Gestalt"
   und „existentieller Verwirklichung"

Unter der Überschrift „Taufe und Glauben" arbeitet das Lima-Dokument die Angewiesenheit der Taufe als konkreter Gestalt der Heilsgabe auf die existentielle Antwort der Getauften in Glaube und Lebensvollzug heraus: „Die Taufe ist zugleich Gottes Gabe und unsere menschliche Antwort auf diese Gabe. Sie ist ausgerichtet auf ein Wachsen in das Maß der Fülle Christi (Eph 4,13). Die Notwendigkeit des Glaubens für den Empfang des Heils, wie es in der Taufe

---

[20] Theodor Schneider, Was wir glauben. Eine Auslegung des Apostolischen Glaubensbekenntnisses, Düsseldorf [4]1991, 420.
[21] Walter Kasper, Sakrament der Einheit. Eucharistie und Kirche, Freiburg i.Br. 2004, 59f.

verkörpert und dargestellt ist, wird von allen Kirchen anerkannt. Persönliche Verpflichtung ist notwendig für eine verantwortliche Gliedschaft am Leibe Christi."[22] Die Einsicht in die fruchtbare Spannung zwischen „objektiver Gestalt" und „existentieller Verwirklichung" dürfte für den ökumenischen Dialog über die Kirche fundamental sein.

Die ökumenische Wende, wie sie sich mit dem II. Vatikanischen Konzil vollzogen hat, ist im Dekret „Unitatis Redintegratio" an dem neuen Bemühen erkennbar, nicht zuerst das aufzuzählen, was die Kirchen trennt, sondern das, was sie eint. Dies fiel im Blick auf die orthodoxen Kirchen (UR 14–18) um einiges leichter als im Blick auf die Kirchen und kirchlichen Gemeinschaften des Abendlandes (UR 19–23). Denn das Gewicht der Aufzählung von Gemeinsamem lag zunächst auf den „objektiven" Heilsmitteln, die den Kirchen gemeinsam sind. Diesbezüglich waren und sind die Unterschiede zwischen der römisch-katholischen Kirche und den reformatorischen Kirchen größer. So wird in UR 20 gleich auch das Trennende angesprochen, weil „nicht geringe Unterschiede gegenüber der Lehre der katholischen Kirche bestehen". Als gemeinsame Heilsmittel können in UR 21 und 22 die Heilige Schrift und das Sakrament der Taufe benannt werden, nur mit Einschränkung das Abendmahl und die Dienstämter. UR 23 geht daran anschließend zu einer anderen Art von Würdigung über. Ins Licht gehoben werden die aus dem Christusglauben, aus der Taufe und dem Hören des Wortes erwachsenden Früchte gelebten Glaubens. „Der Christusglaube zeitigt seine Früchte in Lobpreis und Danksagung für die von Gott empfangenen Wohltaten; hinzu kommt ein lebendiges Gerechtigkeitsgefühl und eine aufrichtige Nächstenliebe. Dieser werktätige Glaube hat auch viele Einrichtungen zur Behebung der geistlichen und leiblichen Not, zur Förderung der Jugenderziehung, zur Schaffung menschenwürdiger Verhältnisse im sozialen Leben und zur allgemeinen Festigung des Friedens hervorgebracht." (UR 23) Auch in LG 15 werden diese gelebten Vollzugsformen des Glaubens gewürdigt als Weisen, wie die Christen in ihrem gelebten Glauben miteinander verbunden sein können: „Dazu kommt die Gemeinschaft im Gebet und in anderen geistlichen Gütern; ja sogar eine wahre Verbindung im Heiligen Geiste, der in Gaben und Gnaden auch in ihnen mit seiner heiligenden Kraft wirksam ist und manche von ihnen bis zur Vergießung des Blutes gestärkt hat." Papst Johannes Paul II. hat immer wieder auf die Heiligen aller Kirchen und insbesondere die Märtyrer hingewiesen[23]. Eine auf die objektive Gestaltwerdung der Heilswirklichkeit in den Strukturen und Lebensvollzügen der Kirche bedachte Herangehensweise erfährt

---

[22] Lima-Dokument, Taufe, Nr. 8 (DwÜ I, 552).
[23] Vgl. UUS, Nr. 1

hier eine heilsame Öffnung. So wie die Taufe darauf angelegt ist, im existentiellen Lebensvollzug eingeholt zu werden, so kann für das Leben der Kirche nicht allein ihre institutionelle Verfasstheit wichtig sein, sondern ebenso die gelebte Heiligkeit. Ausdrücklich thematisiert die Enzyklika „Ut unum sint" diesen Perspektivenwechsel: „Wenn man von einem gemeinsamen Erbgut spricht, muss man dazu nicht nur die Einrichtungen, die Riten, die Heilsmittel und die Traditionen zählen, die alle Gemeinschaften bewahrt haben und von denen sie geformt worden sind, sondern an erster Stelle [!] diese Tatsache der Heiligkeit" (UUS Nr. 84). Diese Sicht geht mit dem Eingeständnis einher, dass in der eigenen Kirche, in der nach eigener Überzeugung die Fülle der Heilsmittel gegeben ist, deren subjektive Aneignung zurückbleibt. „Obgleich nämlich die katholische Kirche mit dem ganzen Reichtum der von Gott geoffenbarten Wahrheit und der Gnadenmittel beschenkt ist, ist es doch Tatsache, dass ihre Glieder nicht mit der entsprechenden Glut daraus leben, so dass das Antlitz der Kirche den von uns getrennten Brüdern und der ganzen Welt nicht recht aufleuchtet und das Wachstum des Reiches Gottes verzögert wird" (UR 4). Mag in anderen Kirchen manches von dem fehlen, was nach Auffassung der römisch-katholischen Kirche zur vollständigen Gestalt der Kirche gehört, dies muss das gelebte Christsein nicht beeinträchtigen, weil die Gnade sich ihre eigenen Wege sucht. In diesem Sinne schreibt Papst Johannes Paul II. in der Enzyklika „Ut unum sint": „Dort, wo der aufrichtige Wille zur Nachfolge Christi besteht, gießt der Geist seine Gnade oft auf anderen als den gewöhnlichen Pfaden aus. Die ökumenische Erfahrung hat uns dies besser begreifen lassen" (UUS Nr. 84). Heilsame Beschämung ...

Die Hochschätzung gelebten Christseins, wie es aus vielfältigen und auch ungewöhnlichen Wegen der Gnade erweckt und gespeist wird, macht andererseits die Aufmerksamkeit für die „gewöhnlichen" Gestaltformen der Heilszuwendung Gottes nicht überflüssig. Der Glaube verlangt nach der Taufe, in der das göttliche Heilshandeln, auf das sich der Glaube bezieht, in ausdrücklicher Gestalt gefeiert wird, auf dass diese Gestalt tragfähige Basis sei für einen gläubigen Lebensvollzug. Ebenso ist es Auftrag der Kirche(n), den Glaubenden einen verlässlichen Rahmen für ihr alltägliches Leben als Christen nicht vorzuenthalten und nach den authentischen Formen zu fragen, in denen Gottes Heilshandeln sich in der Geschichte verleiblichen will. Kirchliches Leben ist auf feste Gestaltformen angewiesen, die nicht beliebig sind, insofern sich in ihnen das Heilswirken Gottes kristallisiert. Jesus Christus, in dem Gott seine Selbstmitteilung hat greifbar werden lassen, will mit seiner Gnade bleibend antreffbar sein in der Kirche und ihren Lebensvollzügen. Daher ist es nicht schlechthin fragwürdige Hartnäckigkeit, wenn gerade die römisch-katholische

Kirche auf dem Dialog über die strukturelle Gestalt der Kirche und über die „objektiven" Heilsmittel besteht. Wer die Bedeutung dieser institutionellen Formen der Gottesbegegnung unterbelichtet, „verkennt, dass es innerhalb der Kirche der Zeichen bedarf, die uns vergegenwärtigen, dass es allein Gott durch Jesus Christus im Heiligen Geist ist und nicht wir selber, durch den sein Reich kommt und Kirche zum wirksamen und überzeugenden Zeichen seines Reiches wird. Dem dienen nach dem Willen Gottes ja auf ihre Weise Sakramente, Amt und Ordnung der Kirche."[24]

Ein Beispiel, an dem die Notwendigkeit, den Heilscharakter der Kirche nicht einlinig ausmachen zu wollen, im ökumenischen Gespräch deutlich geworden ist, ist die Frage nach der successio apostolica.[25] Es ist zu hoffen, dass die Einsicht in das komplementäre Zueinander von institutionellem Zeichen und Sache, von objektiver Gestalt und existentieller Verwirklichung dieses Problem einer Lösung zuführen kann. Die Treue zum apostolischen Ursprung verwirklicht sich in den Kirchen auf vielfältige Weise. Es kann eine gelebte Kontinuität zum apostolischen Zeugnis vom Evangelium Jesu Christi unabhängig von bestimmten institutionellen Ausdrucksformen solcher Kontinuität geben. Diese kraft des Geistwirkens gelebte und in verschiedene Formen gefasste Ursprungstreue ist in ihrer Bedeutung anzuerkennen. Dazu steht die Institutionalisierung der Verbindung mit dem apostolischen Ursprung durch die strukturelle Kontinuität des apostolischen Amtes nicht in Konkurrenz, sondern in Ergänzung. Sie ist keine Garantie für die Übereinstimmung mit dem apostolischen Ursprung, sondern deren Zeichen.

Ein Weg zur gegenseitigen Anerkennung der Ämter zwischen der römisch-katholischen Kirche und den reformatorischen Kirchen wird wohl nur gangbar, wenn katholischerseits Bereitschaft besteht, die Ämter der reformatorischen Kirchen, insofern sie sich *geistlich* bewährt haben, in einem geistlichen Urteil anzuerkennen[26], evangelischerseits aber die Bereitschaft, das *konkret-geschichtliche* Zeichen (die Ordination in episkopaler Sukzession) aufzunehmen[27]. Beides würde einer „baptismalen Ökumene" entsprechen.

---

[24] Hermann-Josef Pottmeyer, Die Frage nach der wahren Kirche, in: HFTh 3, 212–241, 229.

[25] Siehe dazu neu: Theodor Schneider/Gunther Wenz (Hgg.), Das kirchliche Amt in apostolischer Nachfolge I: Grundlagen und Grundfragen, Dialog der Kirchen 12, Freiburg i.Br.–Göttingen 2004.

[26] So ein Vorschlag von Walter Kasper, Die apostolische Sukzession als ökumenisches Problem, in: Wolfhart Pannenberg (Hg.), Lehrverurteilungen – kirchentrennend? III: Materialen zur Lehre von den Sakramenten und vom kirchlichen Amt, Dialog der Kirchen 6, Freiburg i.Br.–Göttingen 1990, 329–349, 348.

[27] Vgl. in diesem Sinne Wolfhart Pannenberg, Die Ökumene als Wirken des Heiligen Geistes, in: Stephan Leimgruber (Hg.), Gottes Geist bei den Menschen. Grundfragen

b) Zur Bedeutung des Bekenntnisses

Im ökumenischen Gespräch ist nicht die Bedeutung des Glaubens strittig, sondern die Bedeutung und die Formulierung des Bekenntnisses sowie die Frage, ob Kirchengemeinschaft Bekenntnisgemeinschaft voraussetzt. Kann hier der Blick auf die Taufe Orientierungspunkte geben?

Das in der Taufe eingegangene gläubige Engagement ist Antwort auf das Heilswirken Gottes in Jesus Christus, welches schon neutestamentlich Inhalt von Bekenntnisformeln wurde. In einer Textvariante von Apg 8,36–38 aus dem 2. Jahrhundert wurde ein solches Bekenntnis in den Bericht von der Taufe des äthiopischen Kämmerers eingefügt (V 37): „Ich glaube, dass Jesus Christus der Sohn Gottes ist". Hier spiegelt sich ein Stück frühkirchlicher Ritusgeschichte wider: Das implizite Bekenntnis zu Jesus als Christus und Kyrios soll seinen Ausdruck in einer Bekenntnisformel finden, die fester Bestandteil in der Taufliturgie ist. Sie verdeutlicht, dass der Glaube, welcher der Taufe zugrunde liegt, ein *bestimmter* Glaube ist, der nur als ein solcher bestimmter Glaube auch die existentielle Selbstverpflichtung der Getauften beanspruchen kann. Die Getauften sind „von Herzen dem Lehr-Typos gehorsam geworden", an den sie „übergeben" wurden (Röm 6,17). Ob der Römerbrief mit Lehr-Typos nun das Taufsymbolum oder dessen urbildliche Wirklichkeit, den Auferstandenen selbst, meint[28]: in jedem Fall ist vom Auferstandenen her der Taufglaube ein bestimmter Glaube, der sich auch in ein Bekenntnis als seinen sprachlichen Ausdruck kleidet. Als solcher ist er der eine Glaube, der die Getauften in ihrem je individuellen und persönlichen Glaubensvollzug doch zur Einheit zusammenbinden kann (vgl. Eph 4,5)[29]. Im Vollzug der Taufe steht das Bekenntnis für den dem subjektiven Glaubensvollzug vorgeordneten Glauben der Kirche, den die Taufkandidaten von der Kirche empfangen als diesen bestimmten Glauben, auf den sie sich einlassen in der Zuversicht, dadurch nicht in ihrer Freiheit be-

---

und spirituelle Anstöße, München 1999, 68–78, 75: „Andererseits sollten auf reformatorischer Seite Fehlentwicklungen, die infolge der Spaltungen eingetreten sind, wie das Abreißen der apostolischen Amtssukzession im Bischofsamt, nicht als besondere Vorzüge der reformatorischen Kirchen ausgegeben werden."

[28] Vgl. Ulrich Wilckens, Der Brief an die Römer, 2. Teilband: Röm 6–11, EKK VI/2, Zürich–Neukirchen-Vluyn ³1993, 35–37.

[29] Vgl. Joachim Gnilka, Der Epheserbrief, HThKNT X/2, Freiburg i.Br. 1971, 202. – „Die Formel von dem ‚einen Glauben' bemisst sich […] an dem einen Glaubensbekenntnis, das alle eint, ohne deshalb die Vielfalt von Frömmigkeitsformen und Glaubensäußerungen in der Kirche ausschließen zu wollen" (Michael Theobald, Mit den Augen des Herzens sehen. Der Epheserbrief als Leitfaden für Spiritualität und Kirche, Würzburg 2000, 122).

schnitten, sondern in sie hinausgeführt zu werden. Es ist ein Glaube, in dem die Getauften Stand nehmen wollen – der Stand geben kann aber nur in seiner Bestimmtheit. Umgekehrt tendiert das „Ich glaube" des Täuflings, gerade weil es sich auf den von der Kirche empfangenen Glauben und fortan auch von den Neugetauften mitzuverantwortenden und zu bezeugenden Glauben bezieht, zu dem mit den anderen Getauften gesprochenen „Wir glauben".[30]

Tendiert nicht in analoger Weise der in bekenntnisverschiedenen Kirchen bezeugte Glaube dazu, in das gemeinsame Bekenntnis einer geeinten Kirche hineinzuwachsen? Die Anerkennung der Taufe setzt nicht voraus, dass die inhaltliche Übereinstimmung des Glaubens schon in allem erreicht ist – doch drängt die gemeinsame Taufe darauf hin. Wenn gefragt wird, weshalb diejenigen, „welche durch die eine Taufe Glieder an dem einen ekklesialen Leib des Herrn sind, dennoch nicht gemeinsam den eucharistischen Leib des Herrn am Tisch des Herrn empfangen"[31] dürfen, so liegt der Grund nicht darin, dass zwischen Taufe und Eucharistie weitere Schwellen aufgebaut werden. Der Grund dürfte darin liegen, dass die gegenseitige Anerkennung der Taufe noch nicht eine Einheit im Blick auf die Vollgestalt der Taufe bedeutet. Zu ihrem Vollzug gehört nach dem Verständnis der meisten Kirchen konstitutiv das Glaubensbekenntnis hinzu. Es fasst zusammen, was die Getauften als ihren Glauben so übernehmen, dass sie dazu stehen auch gegen Anfechtung und Widerspruch. Sie übernehmen es als Überzeugung, „für die man zur Rechenschaft gezogen wird"[32]. Zugleich ist es das Bekenntnis, das den vielfältigen Wegen des Glaubens die gemeinsame Ausrichtung gibt. Vielfalt wird möglich, weil eine gemeinsame Grundlage des Glaubens geschenkt ist. Einheit der Kirchen ohne gemeinsame Identität im gemeinsamen Bekenntnis des Glaubens ist eine unvollständige Einheit.

2. Umkehr als Prinzip der Ökumene

„Umkehr ist die fundamentale Antwort auf das Evangelium, sie ist konstitutiv für den Anfang des Glaubens an Jesus als den Christus Gottes, sie ist

---

[30] Vgl. im Dokument aus dem methodistisch/römisch-katholischen Dialog: Die apostolische Tradition. Bericht der Gemeinsamen Kommission für den Dialog zwischen der Römisch-Katholischen Kirche und dem Weltrat Methodistischer Kirchen, 1991, in: DwÜ III, 442–468, Nr. 66: 460: „So ist die getaufte und glaubende Gemeinde eine Gemeinschaft. Indem sie gemeinsam an dem Glauben festhält, auf den sie getauft ist, und an all dem, was Gottes Geschenk ist, wächst sie in eine Gemeinschaft des Volkes hinein, das durch Gottes Gnade und Macht geheiligt wird."
[31] Kasper, Ekklesiologische und ökumenische Implikationen der Taufe, 582f.
[32] Schneider, Was wir glauben, 15.

damit grundlegend auch für die Taufe, das Sakrament des Glaubens".[33] In ihr – so die Leuenberger Konkordie – beruft Gott den Menschen „in der Kraft des Heiligen Geistes in seine Gemeinde und zu einem Leben aus Glauben, zur täglichen Umkehr und Nachfolge."[34]

Die christliche Taufe folgt auf die Taufe des Johannes, eine Umkehrtaufe, und übernimmt durchaus auch diesen Gehalt. Die Taufe verlangt die Absage an das Böse, eine Abwendung, die Erwachsene im Verlauf eines katechumenalen Weges einüben müssen und diejene, die als Kinder getauft wurden, im Verlauf ihres Lebens einzuholen haben. Dass die Umkehr bleibendes Prinzip christlichen Lebens ist, lehrt die Erfahrung ... Wer sich taufen lässt, lässt sich auf einen Weg ein, auf dem ein Hineinwachsen in das Gewand Christi, eine Gleichgestaltung mit seinem Bild erfolgen soll. Auf dem Weg zu diesem Ziel ist immer neu zu überwinden, was das Hineinwachsen in die Christusförmigkeit behindert.

Die Umkehrbedürftigkeit der Christen schließt die Umkehrbedürftigkeit der Kirchen ein. Dies gilt auch unabhängig von der ökumenischen Aufgabe: Die Kirche „ist zugleich heilig und stets der Reinigung bedürftig, sie geht immerfort den Weg der Buße und Erneuerung" (LG 8). Erst recht verlangt der offenkundige Missstand der Kirchenspaltungen die Umkehr der Kirchen[35]. So wird die Ökumenische Bewegung vom Ökumenismus-Dekret des II. Vatikanischen Konzils als Umkehrbewegung beschrieben, deren Wurzel gottgeschenkte Reue ist.[36] Solche Reue ist nicht eine nebensächliche Vorbereitung oder Begleiterscheinung, vielmehr gilt: „Es gibt keinen echten Ökumenismus ohne innere Bekehrung" (UR 7). Und: „Diese Bekehrung des Herzens und die Heiligkeit des Lebens ist in Verbindung mit dem privaten und öffentlichen Gebet für die Einheit der Christen als die Seele der ganzen ökumenischen Bewegung anzusehen" (UR 8). Dass dies auch für das konziliare Eintreten in den ökumenischen Prozess gilt, hält rückblickend Papst Johannes Paul II. in seiner Enzyklika „Ut unum sint" fest, wenn er schreibt: „Man kann sagen, das ganze Dekret über den Ökumenismus ist vom Geist der Bekehrung durchdrungen" (UUS Nr. 35).

---

[33] AaO. 422.
[34] Die Konkordie reformatorischer Kirchen in Europa: Leuenberger Konkordie (16. März 1973), in: DwÜ III, 724–731, Nr. II.2.a (14): 727.
[35] Siehe zum Folgenden ausführlicher: Eva-Maria Faber, Von der Mühe konkreter Schritte. Umkehr als Prinzip der Ökumene, in: dies. (Hg.), Zur Ökumene verpflichtet, Schriftenreihe der Theologischen Hochschule Chur 3, Freiburg/Schw. 2003, 51–85.
[36] „Der Herr der Geschichte aber, der seinen Gnadenplan mit uns Sündern in Weisheit und Langmut verfolgt, hat in jüngster Zeit begonnen, über die gespaltene Christenheit ernste Reue und Sehnsucht nach Einheit reichlicher auszugießen" (UR 1); vgl. UUS, Nr. 41: Die ökumenische Bewegung ist gemeinsame Bekehrung zum Evangelium.

Wie sehr die Umkehr Prinzip der Ökumene ist, arbeitet ein Dokument der Groupe des Dombes, einer angesehenen ökumenischen Arbeitsgemeinschaft von römisch-katholischen und evangelischen Theologen des französischen Sprachraums, heraus. Unter dem Titel „Für die Umkehr der Kirchen"[37] werden die „theologischen Grundlagen der Erfahrung von Umkehr" reflektiert[38]. In einer Zeit, in der die Ökumene auch deswegen ins Stocken gerät, weil die Konfessionen bei zunehmender Annäherung den Verlust ihrer Identität fürchten, ist die Reflexion auf den Zusammenhang von Umkehr und Identität weiterführend. Die Arbeitsthese der Groupe des Dombes lautet: „Weit davon entfernt sich auszuschließen, brauchen sich Identität und Umkehr vielmehr gegenseitig: Es gibt keine christliche Identität ohne Umkehr; die Umkehr ist grundlegend für die Kirche; unsere Konfessionen verdienen den Namen christlich nur in dem Maße, wie sie sich der Forderung nach Umkehr öffnen."[39] Die Umkehr wird im Dokument der Groupe des Dombes an der Taufe festgemacht: die grundlegende christliche Umkehr „wird feierlich eingeleitet mit der Taufe".[40] Von der kirchlichen Umkehr, von der die konfessionelle Umkehr ein Teilaspekt ist, gilt, dass sie „gleichen Inhalts ist wie die christliche Umkehr, aber sie betrifft die Glieder der Kirche gemeinsam und als Teile einer Institution".[41]

Baptismale Ökumene ist eine Ökumene, welche die Dynamik nach vorn stets neu aus der Umkehr nimmt. Es macht nachdenklich, wenn Jürgen Moltmann diagnostiziert: „Vor dreißig Jahren hieß Ökumene: *Einheit und Erneuerung* der Kirche. Seit fünfzehn Jahren etwa ist nur noch die Einheit als Ziel geblieben."[42] Wo nur noch die Einheit als Ziel bleibt, die Bereitschaft zu Umkehr und Erneuerung hingegen geschwunden ist, wird das Ziel fraglich.

In der Taufe führt der Umkehrprozess in die Hineinnahme in den Tod Jesu Christi hinein. Dies dürfte ein Vorzeichen für den Umkehrprozess der Ökumene sein. Es lohnt sich, hier nochmals den Blick auf die Märtyrer der verschiedenen Kirchen zu wenden, in deren Sterben Papst Johannes Paul II.

---

[37] Gruppe von Dombes, Für die Umkehr der Kirchen. Identität und Wandel im Vollzug der Kirchengemeinschaft, Frankfurt a.M. 1994. Die französische Originalausgabe erschien 1991 unter dem Titel „Pour la conversion des Eglises". Im Folgenden mit Nummer und Seitenzahl der deutschen Ausgabe zitiert.
[38] AaO. Nr. 5: 24.
[39] AaO. Nr. 8: 25, im Original kursiv.
[40] AaO. Nr. 39: 37.
[41] AaO. Nr. 41: 37.
[42] Jürgen Moltmann, Ökumene im Zeitalter der Globalisierungen. Die Enzyklika „Ut unum sint" in evangelischer Sicht, in: Bernd Jochen Hilberath/Jürgen Moltmann (Hgg.), Ökumene – wohin? Bischöfe und Theologen entwickeln Perspektiven, Tübingen 2000, 87–97, 90.

die intensivste Gemeinschaft mit Christus und darum die schon vollkommene Gemeinschaft kirchlichen Lebens gegeben sieht (vgl. UUS Nr. 84). Hier liegt der Maßstab für den Dialog der Bekehrung. Die Märtyrer des christlichen Glaubens aller Kirchen haben „trotz des Dramas der Spaltung ... eine so radikale und absolute Hingabe an Christus und an seinen Vater bewahrt, dass sie so weit zu gehen vermochten, ihr Blut zu vergießen. Aber besagt nicht vielleicht genau diese Hingabe Einbezogenwerden in das, was ich als ‚Dialog der Bekehrung' bezeichnet habe? Soll nicht gerade dieser Dialog die Notwendigkeit unterstreichen, um der vollen Gemeinschaft willen in der Erfahrung der Wahrheit bis zum Äußersten zu gehen?" (UUS Nr. 83) Die Märtyrer sind dem Bischof von Rom „Beweis dafür, dass in der Ganzhingabe seiner selbst an die Sache des Evangeliums jedes Element der Spaltung bewältigt und überwunden werden kann" (UUS Nr. 1). Spaltung überwinden kann die Ganzhingabe nach dem Vorbild des Martyriums. Entsprechend schließt die Enzyklika mit einem Appell: „Sollten wir zu Beginn des neuen Jahrtausends nicht mit erneutem Schwung und reiferem Bewusstsein den Herrn inständig um die Gnade bitten, uns alle auf dieses *Opfer der Einheit* vorzubereiten?" (UUS Nr. 102). Wenn ökumenisches Handeln sich an der Taufe auf den Tod des Herrn orientiert, wird es von solcher Radikalität der Bekehrung und der Hingabe gezeichnet sein müssen.

3. Tauftheologische Orientierungspunkte für die ökumenische Frage nach dem Verhältnis von christologisch-soteriologischer und ekklesiologischer Dimension des Christseins

Ein neuralgischer Punkt im ökumenischen Gespräch zwischen der römisch-katholischen Kirche und den orthodoxen Kirchen einerseits und den reformatorischen Kirchen andererseits ist das Verhältnis zwischen der christologisch-soteriologischen und der ekklesiologischen Dimension christlichen Glaubens und Lebens. Um es exemplarisch zu skizzieren: Evangelische Kirchen betonen, dass die Kirche nicht berechtigt ist, Zugangsbedingungen für die Teilnahme am Abendmahl zu formulieren, weil Jesus Christus derjenige ist, der zum Abendmahl einlädt und Herr des Mahles ist. Demgegenüber sehen sich die römisch-katholische Kirche und die orthodoxen Kirchen stärker in Pflicht genommen, für eine sinnvolle Ordnung der Eucharistiefeier zu sorgen. Dabei wird insbesondere hervorgehoben, dass Christusgemeinschaft und Kirchengemeinschaft gerade im Zusammenhang der Eucharistie – der Feier des Leibes Christi – nicht voneinander zu trennen sind. Zuweilen scheinen sich in dieser Frage wiederum Symptome einer fatalen kontroverstheologischen Abgrenzung gegeneinander einzustellen, in der jede Seite meint, im Gegenüber zu einer anderen Position bestimmte Akzente in einseitiger Weise betonen zu müssen.

Nun werden auch evangelische Kirchen nicht übersehen, wie sehr das Abendmahl eine ekklesiale Dimension hat. Umgekehrt steht auf katholischer Seite nicht in Frage, dass Jesus Christus der Gastgeber des eucharistischen Mahles ist. Umstritten ist die authentische Verhältnisbestimmung zwischen christologischer und ekklesiologischer Dimension der Eucharistie.

Eine Spannung zwischen christologischen und ekklesiologischen Aspekten ist auch in der Tauftheologie wahrzunehmen. Die christologische und die ekklesiologische Dimension der Taufe gehören zusammen: „In unserer Taufe werden wir vereint mit Christus und seinem Leib, der Kirche"[43]. Ließen sich an der Taufe vielleicht Orientierungspunkte gewinnen, wie diese Spannung in fruchtbarer Weise zu wahren ist?

Schon im Neuen Testament steht die christologisch-soteriologisch akzentuierte Tauftheologie des Römerbriefes neben der Beschreibung der ekklesiologischen Bedeutung der Taufe im 1. Korintherbrief. Taufe ist Hineinnahme in das Geschick Jesu: „Wisst ihr denn nicht, dass wir alle, die wir auf Christus Jesus getauft wurden, auf seinen Tod getauft worden sind? Wir wurden mit ihm begraben durch die Taufe auf den Tod; und wie Christus durch die Herrlichkeit des Vaters von den Toten auferweckt wurde, so sollen auch wir als neue Menschen leben" (Röm 6,3f). Diese Hineinnahme in das Geschick Jesu Christi aber ist Hineinnahme in ihn, der der Leib der vielen Glieder ist (vgl. 1 Kor 12,12). Darum gilt: „Durch den einen Geist wurden wir in der Taufe alle in einen einzigen Leib aufgenommen, Juden und Griechen, Sklaven und Freie; und alle wurden wir mit dem einen Geist getränkt" (1 Kor 12,13).

In der Geschichte der Tauftheologie und Taufpraxis stand lange Zeit die soteriologische Bedeutung der Taufe zur Vergebung der Sünden im Mittelpunkt der Aufmerksamkeit. Damit war zugleich ein sehr heilsindividualistisches Verständnis der Taufe gegeben. Es ging um das Heil des einzelnen, während die ekklesiale Dimension der Taufe kaum gesehen wurde und in der Taufpraxis auch nicht sichtbar war. Es ist bemerkenswert, dass gerade reformierte Tauftheologien und Taufordnungen andere Akzente gesetzt und den ekklesialen Charakter der Taufe ins Licht gehoben haben. Exemplarisch können hier die Ausführungen Johannes Calvins zur Taufe angeführt werden: „Sooft jemand getauft werden soll, lässt man ihn bei der Versammlung der Gläubigen gegenwärtig sein und stellt ihn Gott dar, wo-

---

[43] Christ werden, 73.

bei die ganze Kirche wie ein Zeuge ihr Augenmerk auf den Vorgang hat und über den Täufling betet; darauf wird das Glaubensbekenntnis gesprochen, in welchem der Katechumene unterwiesen werden soll, die Verheißungen werden mitgeteilt, die für die Taufe gelten; dann wird der Katechumene auf den Namen des Vaters und des Sohnes und des Heiligen Geistes getauft (Mt 28,19), und schließlich wird er unter Gebet und Danksagung entlassen. Auf diese Weise wäre nichts ausgelassen, was zur Sache gehört"[44]. Gemäss der Genfer Gottesdienstordnung von 1542 gilt: „Weil die Taufe eine feierliche Aufnahme in die Kirche ist, soll sie in der Gegenwart der Gemeinde geschehen"[45]. Im Hintergrund steht hier auch die reformierte Bundestheologie, in deren Rahmen die Sakramente als Sakramente der Gemeinschaft zu verstehen sind: „Sie führen in die Gemeinschaft und bestärken die Gemeinschaft"[46]. Auch in der römisch-katholischen Theologie wird heute sowohl theologisch als auch in pastoraler Hinsicht und in der liturgischen Feier zu Recht die Eingliederung in die Kirche als wesentlicher Aspekt des Taufgeschehens hervorgehoben. Im Anschluss an Karl Rahner ist hervorgehoben worden, dass die Eingliederung in die Kirche die erste, unmittelbarste und immer gegebene Wirkung der Taufe ist, durch welche die anderen Taufgaben bezeichnet sind. „Diese Eingliederung [...] ist nicht nur irgendeine ‚auch' bestehende Wirkung der Taufe, sondern selber Sakrament, Zeichen für die übrigen Wirkungen der Taufe"[47].

An dieser Stelle ist nun aber um der rechten Balance zwischen christologischer und ekklesiologischer Dimension der Taufe willen genau hinzuschauen. Insofern die Eingliederung in die Kirche durch die Taufe nicht einfach der Rezeption des Getauften in die äußere Kirchengemeinschaft gleichkommt, sondern Hineinnahme des Getauften in den Leib Christi ist, lassen sich Eingliederung in die Kirche und Eingliederung in Christus weder im Sinne verschiedener Phasen unterscheiden, noch kann die christologische Wirkung der Taufe der ekklesialen Wirkung sachlich nachgeordnet werden. Wie Tod und Auferstehung Jesu Grund der Kirche als Leib Christi sind, so ist das Mitsterben mit Christus Grund für die Einfügung in diesen ekklesialen Leib.

So dürfte es heilsam sein, mit Theodor Schneider das Gewicht der christologischen Bedeutung der Taufe geltend zu machen: „Diese christolo-

---

[44] Johannes Calvin, Institutio Christianae Religionis IV,15,19.
[45] Johannes Calvin, La forme des prières et chants ecclésiastiques: Ioannis Calvini Opera quae supersunt omnia VI, CR 34, 185.
[46] Peter Dettwiler, Wem gehört Jesus? Kirche aus reformierter Sicht, Frankfurt a.M. 2002, 125.
[47] Vgl. Karl Rahner, Kirche und Sakramente, QD 10, Freiburg i.Br. 1960, 78.

gisch-soteriologischen Aussagen über die Taufe als Initiation, Eingliederung in das Schicksal Jesu Christi, sind und bleiben das notwendige Korrektiv für die Aussage der Initiation in das neue Volk Gottes als den von Gott eröffneten Lebensraum. Die Kirche ist notwendiges Werkzeug des Heils, aber sie ist Werkzeug und nicht Selbstzweck, Kirche ist Grundsakrament, aber sie ist es als abgeleitete Größe, abgeleitet vom Ur-Sakrament Jesus Christus. Aufnahme in die Kirche heißt Übereignung an Jesus Christus. Christologie und Ekklesiologie gehören zusammen, aber der Blick auf das Schicksal Jesu Christi bewahrt uns vor einem ekklesiologischen ‚Triumphalismus'"[48]. Was dies bedeutet, mag ein längeres Zitat eines orthodoxen Theologen verdeutlichen: „Die Kirche ist nur solange Kirche, als sie sich sozusagen selbst vergisst und sich entschieden für Christus engagiert. Sie existiert paradoxerweise als objektive Realität durch ihre subjektive Selbstverleugnung. [...] Weil das Seelenstreben aller auf Christus geht, weil sie in Christus zusammenwachsen, erkennen sich die Glieder als zusammengehörig, erkennen sie, dass sie die Kirche bilden. Ihr In-Christus-Sein folgt nicht aus ihrem Zusammen-Sein; vielmehr folgt ihr gänzliches Eins-Sein aus der Tatsache, dass sie im nämlichen Christus sind.

Die Kirche ist Ausdruck gemeinsamen Glaubens an Christus und gemeinsamen Bezugs auf Ihn. Gemeinsamer Glaube an Ihn und gemeinsames, entschiedenes Engagement für Ihn sind Grundlage und Wesen der Kirche, nicht umgekehrt. Wenn wir uns so ausdrücken, wollen wir keine zeitliche Priorität des gemeinsamen Bezugs auf Christus vor der Kirche konstatieren, sondern eine fundamentale Priorität; wir wollen festhalten, dass dieser Bezug die einzelnen Menschen wesentlich prägt und sie zur Kirche zusammenfügt.

Der Taufordo legt daher großes Gewicht auf das Mit-Christus-eins-Werden des Täuflings [...] Der Ordo stellt die Taufe als Aufnahme einer personalen Beziehung zwischen Täufling und Christus, nicht als Empfang von Gnaden aus einem unpersönlichen Schatz der Kirche dar. Die Gebete und Handlungen des Priesters sind eine Bitte an Gott, dass Er den Täufling in persönliche Beziehung mit Sich eintreten lasse. Die Kirche, die Gemeinschaft der in Christus bereits Eingegliederten, bittet Ihn bei der Taufe, dass Er den Täufling gleichermaßen in Sich eingliedere und ihn Seines Todes und Seiner Auferstehung teilhaft mache."[49]

---

[48] Schneider, Zeichen der Nähe Gottes. Grundriß der Sakramententheologie, Mainz ^{7}1998, 67.
[49] Dimitru Staniloae, Die Transparenz der Kirche für Christus aufgrund der Taufe, in: Ernst Chr. Suttner (Hg.), Taufe und Firmung. Zweites Regensburger Ökumenisches Symposion, Regensburg 1971, 111–124, 113f.

So sehr die Taufe den Menschen in den ekklesialen Leib Christi eingliedert, so wenig darf darüber vernachlässigt werden, dass diese ekklesiale Wirkung der Taufe abhängig ist von der Hineinnahme des Menschen in Person und Wirklichkeit Jesu Christi. Zudem begründet die Taufe eine je persönliche Christusbeziehung, die nicht im Kirchenbezug aufgeht. Dies stellt nicht die andere, zuvor schon thematisierte Seite der Taufwirklichkeit in Frage: Der Christus, mit dem die Taufe verbindet, ist nicht ohne seine Kirche. „Eingliederung in Jesus Christus ist Eingliederung in die Kirche und umgekehrt. So sollte es jedenfalls sein".[50] Diese tauftheologische Spannung von christologisch-soteriologischer und ekklesiologischer Dimension legt drei Folgerungen für den ökumenischen Weg nahe.

Die christologisch-soteriologische Dimension, die für die Taufe ebenso wie für christliches und kirchliches Leben grundlegend ist, nötigt in ekklesialer Hinsicht erstens dazu, die Abhängigkeit der Kirche von Christus auch dort zu betonen, wo im ökumenischen Gespräch – mit guten Gründen – die Bedeutung der Kirche herausgestellt wird. „Von wem eigentlich empfängt man dieses Geschenk [der Taufe als Beschenktwerden mit der Gabe des Glaubens]? Nun, zunächst von der Kirche. Aber auch sie hat es nicht von sich selbst. Sie ist sich selbst vom Herrn geschenkt, und zwar nicht nur in grauer Vorzeit. Sondern immerfort kann sie nur den Glauben leben, weil sie sich selber von ihm her geschenkt wird. ... Sie wird sich selbst immer wieder von außen gegeben: Sie lebt von dem Wort, das sie vorfindet; sie lebt von den Sakramenten, die sie nicht machen, nur empfangen kann. Wenn der Glaube unmittelbar eine Gabe der Kirche ist, so ist dabei immer mit zu sehen, dass die Kirche als solche nur als Gabe vom Herrn her bestehen kann."[51] Ähnliches gilt für eucharistietheologische und andere Zusammenhänge. Konkret ist damit nicht nur gefordert, in den Aussagen über die Kirche ihre Abhängigkeit von Jesus Christus stets mitzubedenken und wenn möglich mitzuthematisieren. Geboten ist darüber hinaus die Bereitschaft, die ekklesialen Wirklichkeiten an christologischen Kriterien messen und davon korrigieren zu lassen. Die Unterscheidung zwischen christlicher, kirchlicher und konfessioneller Identität, wie sie die Groupe des Dombes vorgeschlagen hat, ist hier fruchtbar. Diese Identitäten sind in einer klaren Rangordnung aufeinander bezogen. Dabei ist auch mit Konflikten „zwischen gelebter kirchlicher und verkündigter christlicher Identität" zu rechnen[52]. So bedarf es der schon thematisierten Bereitschaft zur Umkehr.

---

[50] Schneider, Zeichen, 79.
[51] Joseph Ratzinger, Taufe, Glaube und Zugehörigkeit zur Kirche, in: IKaZ 5 (1976) 218–234, 228.
[52] Gruppe von Dombes, Nr. 25: 32.

Kirchliche und erst recht konfessionelle Identität hat „sich ständig in den Dienst christlicher Identität zu stellen"[53]. Gerade deswegen wird eine baptismale Ökumene Mut haben müssen, eine Annäherung der Kirchen aneinander nicht allein durch den Blick aufeinander zu suchen, sondern vornehmlich durch den Blick auf Christus, von dem alle Kirchen sich empfangen. Theodor Schneider erinnert in diesem Sinne einen Satz aus der Mathematik: „Sind zwei Größen einer dritten gleich, so sind sie auch untereinander gleich. Bezogen auf die ökumenische Frage könnte er deutlich machen: Unsere Angleichung aneinander geschieht durch die je stärkere Angleichung an Jesus Christus"[54].

Insofern die christologische Bedeutung der Taufe auch darin liegt, einen *einzelnen* Menschen in die innige Christusgemeinschaft aufzunehmen, leitet sie zweitens zu einer legitimen, am Menschen als Individuum orientierten Betrachtungsweise an. Die Wahrnehmung christlicher Existenz einseitig unter dem Aspekt der Kirchlichkeit verkennt die Würde der einzelnen Person, die als solche von Gott gemeint und berufen ist und vor Gott als dem Geheimnis des unverwechselbar eigenen Lebens steht. Die in der Taufe begründete Christusbeziehung stiftet einen unantastbaren Bereich der je persönlichen Heilssituation, der zwar in ekklesiale Zusammenhänge hineingebunden ist, darin jedoch nicht gänzlich aufgeht und im Letzten dem Zugriff ekklesialer Bewertung und Reglementierung entnommen ist. Daraus sollte in ökumenischen Zusammenhängen die Freiheit genommen werden, die spezifische Situation von einzelnen Menschen nicht schlechthin mit der ekklesialen Situation zwischen den Kirchen in eins zu schauen. Denn, so ist mit Walter Kasper festzuhalten: „Die Einheit der Kirche ist keine totalitäre Größe, welche den Einzelnen ‚aufsaugt' und gnadenlos einer abstrakten Einheitsideologie unterordnet. Der Einzelne wird vielmehr in seiner persönlich unableitbaren je einmaligen Situation ernst genommen. Deshalb anerkennt die Kirche unter bestimmten Bedingungen individuelle Lösungen"[55]. Gemeint sind Lösungen, „welche der jeweiligen persönlichen Situation und der Vielfalt des Lebens gerecht werden."[56]

Andererseits und drittens kann, wenn die Taufe die Getauften mit Christus und zugleich mit seinem ekklesialen Leib verbindet, eine baptismale

---

[53] Ebd.
[54] Schneider, Zeichen, 92.
[55] Kasper, Sakrament der Einheit, 139. Vgl. ebd., 69: „Natürlich lassen sich kirchenrechtlich nicht alle denkbaren individuellen Einzelsituationen auflisten; das Kirchenrecht steckt einen verbindlichen Rahmen ab, innerhalb dessen man pastoral verantwortlich handeln kann."
[56] Kasper, Sakrament der Einheit, 70.

Ökumene nicht eine Einheit der Christen behaupten, ohne eine Einheit der Kirchen anzustreben. Die „eine Taufe in Christus [ist] ein Ruf an die Kirchen, ihre Trennungen zu überwinden und ihre Gemeinschaft sichtbar zu manifestieren"[57]. Getauftsein ist Teilhabe nicht nur an einem geschichtsjenseitigen Leib Christi, sondern an einer konkreten Gemeinschaft der Kirche mit ihrem Auftrag, der gemeinsam getragen werden soll. Im methodistisch/römisch-katholischen Dialog ist dies sehr konkret beschrieben worden: „Diejenigen, die mit Bestätigung der Gemeinde ihren Glauben bekennen, werden durch das Taufwasser in das Leben Gottes geführt, das durch Christus im Heiligen Geist vermittelt wird. Dieses Leben, das das wirkliche Leben der göttlichen Personen ist, ist selbst ein Leben der Gemeinschaft und schließt die Teilhabe an dem Band der Liebe ein, das durch den Heiligen Geist zwischen Gott und der Schöpfung geknüpft wird. Die Getauften werden Schwestern und Brüder in Christus. Sie werden zur Familie Gottes gemacht und nehmen an ihren Vorrechten und Verpflichtungen teil"[58]. Bei der Gemeinschaft der Kirche geht es um eine konkrete Partizipation in „Vorrechten" und „Verpflichtungen", wie sie einer konkreten, auch strukturell geeinten Gemeinschaft eigen sind.[59] Mit der Taufe lässt sich eine gläubig gewordene Person der Gemeinschaft der Kirche hinzufügen, um ihrerseits verbindlich zuzusagen, den eigenen Anteil für die Erfüllung der kirchlichen Sendung zu übernehmen. Eine baptismale Ökumene wird nach Formen suchen müssen, wie die Kirchen in einer verbindlichen Weise so zu einer Einheit finden, dass von einer gemeinsamen Übernahme der Sendung der Kirche in einer handlungsfähig einen Kirche die Rede sein kann.

Ein Hoffnungsschimmer, in dem dieses Ziel aufleuchtet, ist die Selbstverpflichtung der Kirchen in der Charta oecumenica: Die Kirchen verpflichten sich dazu, „in der Kraft des Heiligen Geistes auf die sichtbare Einheit der Kirche Jesu Christi in dem einen Glauben hinzuwirken, die ihren Ausdruck in der gegenseitig anerkannten Taufe und in der eucharistischen Gemeinschaft findet sowie im gemeinsamen Zeugnis und Dienst"

---

[57] Lima-Dokument, Taufe, Nr. 6 (DwÜ 1, 551).
[58] Die apostolische Tradition, Nr. 64 (DwÜ 3, 460).
[59] Siehe dazu die Überlegungen in: Abendmahlsgemeinschaft – Kirchengemeinschaft. Stellungnahme der Gesprächskommission der Christkatholischen und der Römisch-katholischen Kirche der Schweiz (CRGK), in: IKZ 77 (1987) 53–61, 58f: „Eine zwischenkonfessionelle eucharistische Gemeinschaft ohne Gemeinschaft in der Verantwortung, im Stimm- und Wahlrecht usf. entspricht dem, was heute gelegentlich als Konsumhaltung von Christen bezeichnet wird, d.h. es ist keine wirkliche Gemeinschaft da; ohne Verpflichtung und ohne weitere Rechte zu haben, holt man die Kommunion auch in einer anderen Konfession, für die man sich bestenfalls vage allgemein ökumenisch mitverantwortlich fühlt".

(Abschnitt I.1). Die Tauftheologie ermutigt dazu, diesen ökumenischen Weg einzuschlagen und beharrlich weiterzugehen, im Wissen um die Bedeutung des eigenen Einsatzes: so wie in der Taufe Menschen im ganzen Einsatz ihrer Freiheit sich dem Wirken Gottes überlassen – aber auch im Vertrauen auf das heilende und einende Wirken Gottes; so wie in der Taufe nicht Menschen sich selbst das Heil geben und auch nicht die Kirche Menschen aus eigener Macht aufnimmt, sondern Gott der Kirche, dem Leib Christi, neue Glieder zufügt.

Regionale Ökumene-Beauftragte
Eine Initiative zur organisationalen Konkretisierung der in der Taufe grundgelegten Verbundenheit christlicher Gemeinschaften

Christiane Olbrich / Peter-Otto Ullrich

1. Situierung

1.1 Kontext und Vorhaben

„Die ökumenische Bewegung ist auf der Suche nach festen Verbindlichkeiten, nach offiziellen, einklagbaren Selbstverpflichtungen"[1] – diese Zeitansage nach der Unterzeichnung der Gemeinsamen Erklärung zur Rechtfertigungslehre 1999 und der Charta Oecumenica 2001 bzw. 2003 markiert eine neue, notwendige Phase auf dem Weg zur sichtbaren und vollen Einheit der christlichen Kirchen. Aufbauend auf den seit Jahrzehnten erprobten und bewährten Säulen von Liturgie, gelebter Alltagsökumene und bi- bzw. multilateralen Dialogen reproduzierte sich eine Praxis, die eine weitgehend unbeeinträchtigte Fortsetzung der Parallelexistenz von Konfessionskirchen und ökumenischer Bewegung als Bemühen um die Überwindung konfessioneller Spaltungen zuließ. Entsprechend der „Logik" der Selbstorganisation sozialer Systeme[2] stünde zu erwarten, dass diese Praxis sich fortzeugt. Mit den einfacheren Worten einer Pressemeldung: „Für die meisten Kirchen scheine Ökumene nicht mehr die Qualität einer Vision zu haben, die Menschen dazu bewege, überkommene Traditionen zu verlassen und sich auf Schritte der Erneuerung einzulassen"[3]. Eine nachhaltige Änderung im Muster der Selbstorganisation ist nur durch Unterschiede zu erwarten, die einen Unterschied machen und Änderungen in der Selbstorganisation bewirken. Dies kann – auf Dauer wenig wirksam – durch Intervention von außen ge-

---

[1] Dorothea Sattler, Charta Oecumenica. Gedanken zur Fortführung ihrer Rezeption nach der Unterzeichnung in Berlin 2003, in: ÖR 53 (2004) 67–81, 68.
[2] Die Operationslogik solcher Systeme wird dadurch nicht verändert, dass sie – etwa als Kirchen – in der Selbstbeschreibung andere Kennzeichnungen bevorzugen. – Zum Theorie-Hintergrund einführend: Hans-Jürgen Hohm, Soziale Systeme, Kommunikation, Mensch. Eine Einführung in soziologische Systemtheorie, Weinheim–München 2000.
[3] „ÖRK-Generalsekretär Konrad Raiser für Neugestaltung der Ökumene", 27. August 2002 (http://www2.wcc-coe.org/pressreleasesge.nsf/index/pr-CC2002-03g.htm).

schehen oder durch das Arrangement signifikanter Unterschiede von innen, also durch eine *Selbst*änderung des betreffenden sozialen Systems. In diesem Sinne verstehen wir die eingangs zitierte Verpflichtung als eine an die eigene Adresse gerichtete und vor *diesem* Forum einklagbare. Die festere und wirkungsvollere Form der offiziell erklärten Verbindlichkeit zeigte sich im Übergang von der vergleichsweise losen Koppelung von konfessionskirchlichem Handeln und ökumenischem Engagement über *Personen* mit entsprechender Präferenz zu der stabileren über *Programme* und *Werte*, welche die Handlungsroutinen der Kirchen durchgängig bestimmen und somit folgenreicher sind.[4] Ein solcher Transformationsprozess wäre Ausdruck der Annahme, „einen gemeinsamen Standort erreicht zu haben, an dem [...] in einzelnen Bereichen feste Vereinbarungen getroffen werden können"[5]. Einige aktuelle Beispiele dafür aus dem deutschen Südwesten:

(1) Die „Rahmenvereinbarung für ökumenische Partnerschaften zwischen evangelischen Pfarrgemeinden in der Evangelischen Landeskirche in Baden und römisch-katholischen Pfarreien in der Erzdiözese Freiburg"[6].

(2) Das Führungstraining für Dekaninnen und Dekane, Superintendentinnen und Superintendenten in Trägerschaft der Erzdiözese Freiburg, der Evangelischen Landeskirchen in Baden, in Württemberg und in der Pfalz mit dem Ziel, institutionelles Verständnis, fachliche Kompetenz (theologisch, methodisch) sowie persönliche Reflexion zwischen den Konfessionen in kollegialer Auseinandersetzung und Unterstützung zu ermöglichen.

(3) Die konfessionelle Kooperation in der Grundschule. Zur Zeit entsteht eine Vereinbarung zwischen den Evangelischen Landeskirchen in Baden und in Württemberg, der Erzdiözese Freiburg und der Diözese Rottenburg-Stuttgart zur konfessionellen Kooperati-

---

[4] Zu dem zugrundeliegenden Konzept der Identitätskonstitution sozialer Systeme vgl. Elena Esposito, Identität/Differenz, in: Claudio Baraldi/Giancarlo Corsi/Elena Esposito, GLU. Glossar zu Niklas Luhmanns Theorie sozialer Systeme, Frankfurt a.M. ²1998, 72–75, bes. 75. – An einem Beispiel verdeutlicht: Die Vergabe einer gemeinsamen Taufurkunde auf der Grundlage einer Absprache zwischen einzelnen ökumenisch gesinnten Pfarrern wäre etwas anderes als die gleiche Praxis auf der Basis eines von Kirchen als allgemeingültig definierten Standards, der sich aus der Erkenntnis heraus ergibt, dass eine andere Praxis hinter den erreichten Stand der gemeinsamen Taufekklesiologie zurückfällt (zum Thema Taufurkunde und Taufekklesiologie vgl. Santiago de Compostela 1993. Fünfte Weltkonferenz für Glauben und Kirchenverfassung, hg. von Günther Gaßmann und Dagmar Heller, Beiheft zur Ökumenischen Rundschau 67, Frankfurt a.M. 1994, 237f).

[5] Sattler, Charta Oecumenica, 68. – In einem Fernsehinterview im Dezember 2004 mit Karl Kardinal Lehmann und Bischof Wolfgang Huber stellte Kardinal Lehmann fest, dass es auf verschiedenen Ebenen noch mancherlei Möglichkeiten des Aufeinanderzugehens und der Kooperation gäbe, die genutzt werden könnten und sollten.

[6] Als Ausdruck der gemeinsamen Verpflichtung zur Zusammenarbeit aufgrund der Charta Oecumenica am 27. Mai 2004 anlässlich eines ökumenischen Gottesdienstes zur „Gebetswoche für die Einheit der Christen" von Landesbischof Dr. Ulrich Fischer und Erzbischof Dr. Robert Zollitsch unterzeichnet (Informationen darüber beim Evangelischen Oberkirchenrat in Karlsruhe, dem Erzbischöflichen Ordinariat in Freiburg oder der ACK Baden-Württemberg in Stuttgart).

on im Religionsunterricht (insbesondere) in den beiden ersten Grundschuljahren mit dem Ziel, ein vertieftes Bewusstsein der eigenen Konfession zu schaffen, die ökumenische Offenheit der Kirchen erfahrbar zu machen und den Schülerinnen und Schülern beider Konfessionen die authentische Begegnung mit der anderen Konfession zu ermöglichen.

(4) Das Vorhaben der Evangelischen Kirche in Hessen und Nassau (EKHN) und des Bistums Mainz, in einer Region tätige Ökumene-Beauftragte gemeinsam auszubilden[7], um ihnen – dienstrechtlich gesichert und organisational verankert – die Förderung der Ökumene im Zusammenwirken mit den Haupt- und Ehrenamtlichen sowie den von der jeweiligen Aufgabenstellung her in Betracht kommenden nicht-kirchlichen Partnern zur Aufgabe zu machen. Die Trägerschaft für die Durchführung liegt beim Zentrum Ökumene der EKHN in Frankfurt a.M. sowie bei der Abteilung Personal- und Organisationsförderung des Bischöflichen Ordinariats Mainz mit fachlicher Unterstützung durch das (katholische) Ökumenische Institut der Universität Münster in Rückbindung an die zuständigen Stellen in Kirchenverwaltung und -leitung. Erst durch deren Mitwirkung erhält dieses Vorhaben jenen Grad an Verbinlichkeit, der Mindestvoraussetzung für eine gelingende Transformation von person- zu programm- bzw. wertbasierter Förderung der Ökumene ist.[8]

Auf die letztgenannte Initiative beziehen sich die folgenden Überlegungen.

1.2 Verortung und Profil

Verortet in der Dritten Bildungsphase, der beruflichen Fort- und Weiterbildung der nach Ordination bzw. Sendung tätigen hauptberuflichen Theologinnen und Theologen[9], unterscheidet das genannte Vorhaben sich, soweit

---

[7] Die Regionalisierung der Beauftragung folgt der Erkenntnis, dass die bisherige organisationsräumliche Zuordnung zur Ebene der Diözese der Vielfalt, dem Anspruch und dem gestiegenen Verbindlichkeitsgrad ökumenischer Arbeit – zumindest in unserem Raum – nicht mehr gerecht zu werden vermag.

[8] Die Entscheidung, ob sich auch das Bistum Limburg daran beteiligen wird, steht derzeit noch aus. Klar ist dagegen, dass die Evangelische Landeskirche in Baden sowie das Erzbistum Freiburg, die in ersten Überlegungen ebenfalls als Partner vorgesehenen waren, bei dem 2006 beginnenden und jetzt in der konzeptionellen Vorbereitung befindlichen Pilotprojekt eines ersten Qualifizierungskurses aufgrund aktueller anderer Schwerpunktsetzungen nicht dabei sein werden. – Die Abfassung dieses Beitrag betreffend, haben wir uns dahingehend verständigt, im Verbund der ersten „Denkstube" zu verbleiben, auch wenn im weiteren Verlauf unsere Zusammenarbeit bezüglich dieses Projekts nicht fortgesetzt werden konnte und andere Mitträger gewonnen wurden. Die Ausführungen sind nur zwischen uns (C.O. und P.-O.U.) abgestimmt, nicht mit den anderen Partnerinnen und Partnern in Planung und Durchführung der Initiative.

[9] Auch für diese Bildungsphase muss u.E. die Aussage gelten, „ökumenische Bildung und Kompetenz im Umgang mit Christen jeweils anderer Konfessionen und Kulturen ist heute unabdingbar eine Grundvoraussetzung sowohl für die Ausübung des Pfarramts und anderer pastoraler Dienste als auch für den Religionsunterricht an öffentlichen Schulen" (Sattler, Charta Oecumenica, 78 Anm. 7). Gerade weil die Kirchen hier freie Hand bei der Gestaltung haben und nicht die Interessen anderer Träger berücksichtigen müssen, lägen in diesem Bildungsbereich große Chancen – wobei frei-

wir sehen, in folgenden Punkten von bisherigen Qualifizierungsmaßnahmen für ökumenisch Interessierte und Engagierte des gleichen Personenkreises:

(a) Es ist in Trägerschaft, konzeptioneller und inhaltlicher Gestaltung, Teilnehmer- und Dozentenkreis nicht mehr getrennt konfessionell bzw. konfessionsintern angelegt, sondern von Anfang an konfessionsübergreifend-gemeinsam und – soweit sinnvoll und machbar – ökumenisch multilateral.

(b) Der in ökumenischen Dialogen bewährte Grundsatz findet durchgängig Anwendung, Konfessionsspezifisches von Vertreter/inne/n der jeweiligen Konfession vorstellen zu lassen. Damit werden den Teilnehmenden reichhaltige Möglichkeiten eröffnet, binnenkonfessionelle Diskurse zu beobachten, Unterschiede in der Selbst- und Fremdwahrnehmung festzustellen und in differenzierter Weise zur Fortentwicklung der Diskurse in durchgängiger Anwesenheit von Angehörigen der jeweils anderen Konfession beizutragen.

(c) Die Qualifizierung zum bzw. zur regionalen Ökumenebeauftragten ist von vornherein rückgekoppelt in die durch die jeweilige Kirchenstruktur spezifizierte Personaleinsatz- und Arbeitsorganisation.

Dieser Punkt hat strukturelle Folgen. Aufgrund Ihrer Arbeitsplatzbeschreibungen bleiben die Teilnehmenden nach Abschluss der Qualifizierung nicht frei darin, ob und wie sie das Gelernte und Erfahrene in ihr berufliches Handeln einbringen. Vergleichbar haben sich die Leitungsverantwortlichen durch die Bereitstellung der notwendigen Voraussetzungen darauf festgelegt, nicht frei bleiben zu wollen darin, ob und wie die qualifizierten Mitarbeiter/innen das Gelernte und Erfahrene in ihr berufliches Handeln einbringen. Mithin steht zu erwarten, dass es einen leitungsrelevanten Unterschied machen wird, ob und wie die Beauftragung für Ökumene wahrgenommen wird, so dass daraus organisationales Anschlusshandeln[10] provoziert wird, woraus eine höhere und andersartige „Verbindlichkeit" entsteht.

---

[10] lich die Inanspruchnahme entsprechender Angebote ein unmittelbarer Gradmesser für die Relevanz des Themas „Ökumene" in der Einschätzung der Angehörigen der in Betracht kommenden Zielgruppen ist.
Unterbliebe es dennoch, wäre dies nicht allein fehlendem persönlichen ökumenischem „Goodwill" zuzuschreiben, sondern Ausdruck entweder mangelnder Professionalität oder eines Abrückens von zuvor vereinbarten Standards. Wenn eine solche Verbindlichkeit – wie etwa bei der o.g. Rahmenvereinbarung für ökumenische Partnerschaften zwischen der Landeskirche in Baden und der Erzdiözese Freiburg – als „Selbstverpflichtung" ohne „kirchenrechtlich gesetzlichen Charakter" qualifiziert wird (Vorwort), ist damit eine Frage für weiterführende Überlegungen benannt.

1.3 Grundlage und Ziel

Als Grundlage und Leitfaden der Qualifizierung haben die Beteiligten sich auf die Charta Oecumenica verständigt.[11] Sie verstehen dies als einen Beitrag, der von den führenden Repräsentanten christlicher Kirchen auf europäischer und deutscher Ebene feierlich unterzeichneten Verpflichtung nachzukommen, „auf allen Ebenen des kirchlichen Lebens gemeinsam zu handeln, wo die Voraussetzungen dafür gegeben sind und nicht Gründe des Glaubens oder größere Zweckmäßigkeit dem entgegenstehen"[12]. Sowohl die EKHN als auch das Bistum Mainz finden sich damit bereit, nicht nur die Risiken eines noch nicht begangenen Weg einzugehen[13], sondern um des gemeinschaftlichen Vorhabens willen auch Bewährtes hintanzustellen bzw. bisher weniger vertraute, aber für den Partner und die gemeinsame Sache unverzichtbare Fragestellungen und Perspektiven als auch für das eigene Handeln relevant anzunehmen.

Das Zentrum Ökumene verzichtet mit dieser Verständigung auf die Fortführung eines seit einer Reihe von Jahren bewährten landeskircheninternen Qualifizierungsmodells für Inhaber/innen von bzw. Interessent/inn/ en an den Ökumene-Profilstellen auf Dekanatsebene.

Der 6-Wochen-Intervallkurs „Lernfeld Ökumene" erstreckte sich jeweils über mehr als zwei Jahre. Er beinhaltete von der Kursleitung vorgegebene und von den Teilnehmenden gewählte Themen mit jeweils unterschiedlicher Konkretisierung aus dem breiten Spektrum der unter dem Stichwort „Ökumene" versammelten Schwerpunkte, repräsentiert durch die drei Fachbereiche „Entwicklung und Partnerschaft", „Zeugnis und Dialog" sowie „Frieden und Konflikt" mit ihren jeweiligen Sachgebieten; der Intervallkurs sah ferner einen, dem thematischen Schwerpunkt korrespondierenden Auslandsaufenthalt vor, eine Studienwoche im Ökumenischen Institut Bossey bei Genf sowie ein verpflichtendes Praxisprojekt.

In der Diözese Mainz gibt es bisher weder eine vergleichbare Qualifizierung noch entsprechend etablierte (Teildienst-)Stellen. Sie sind bis zum Beginn des gemeinsamen Kurses erst noch einzurichten.

---

[11] Eine eigene Darstellung der einschlägigen Themen zur „Charta" halten wir in diesem Zusammenhang für nicht erforderlich (vgl. Sattler, Charta Oecumenica, mit den Anmerkungen, bes. 2–5) und beschränken uns darauf, die für das gemeinsame Vorhaben bisher erkennbaren wesentlichen Gesichtspunkte vorzustellen.

[12] Charta Oecumenica, II.4. – Die (Selbst-)Verpflichtung zu ökumenischer Offenheit und Zusammenarbeit auch in der theologischen Aus- und Fortbildung wird in II.3 formuliert.

[13] Eine Umfrage bei der Konferenz für Berufsbegleitende Fortbildung im pastoralen Dienst der Bistümer in Deutschland ergab im vergangenen Jahr (2004), dass zu diesem Zeitpunkt in keiner anderen Diözese Initiativen im Rahmen der beruflichen Fortbildung des pastoralen Personals zur Förderung der Einlösung der mit der Charta Oecumenica eingegangenen Verpflichtungen geplant waren.

Eine weitere Asymmetrie zeigt sich – zumindest jetzt noch – hinsichtlich der vereinbarten Grundlage: Anders als für Kirchen, die als Mitglieder im Ökumenischen Rat der Kirchen mitarbeiten, repräsentiert die Charta Oecumenica – besonders in Abschnitt III („Unsere gemeinsame Verantwortung in Europa") – im römisch-katholischen Raum für viele ein ungewohnt breites Ökumene-Verständnis[14]. Sie setzt Themen auf die Tagesordnung, die in der oft vorherrschenden nahräumlichen Orientierung auf Kirchengemeinden bzw. im innerkonfessionellen Alltag kaum zur Kenntnis genommen werden, obwohl – etwa in den Fragen von Migration, Asyl, kultureller Pluralität oder europäischer Integration – ihre Relevanz längst auch im sozialen Nahraum mit Händen zu greifen ist. Gerade darin liegen allerdings Reiz und Gewinn eines konfessionsübergreifenden gemeinsamen Bezugs auf die Charta: im Aufmerksamwerden auf das Erkenntnispotential, das in unterschiedlichen Wahrnehmungsweisen, konfessionellen Traditionen, Interessen und Arbeitsstrukturen angelegt ist und aktiviert werden kann, nicht zuletzt, um der „blinden Flecken" des eigenen Sehvermögens willen, deren gewahr zu werden es unersetzbar der Außenperspektive bedarf.[15] So zeigen sich schon am Beginn des Prozesses der Zumutungscharakter und die Fruchtbarkeit eines verbindlichen Sich-Einlassens auf das Unternehmen, in verbindlichem Miteinander ökumenisch zu lernen und Wirklichkeit zu gestalten.

Die Ziele dieses Prozesses sind auf verschiedenen Ebenen angesiedelt. Sie sind erreicht, wenn (a) die noch ausstehenden Voraussetzungen für den Einsatz regionaler Ökumene-Beauftragten geschaffen sind, (b) der gemeinsame Qualifizierungskurs 2008/2009 gemeinsam abgeschlossen und ausgewertet wurde und (c) seine Wirkung in einer beobachtbaren Weise durch eine Intensivierung verbindlicher ökumenischer Arbeit im Verbund zumindest von Einrichtungen von EKHN und Bistum Mainz, aber auch vor Ort durch die Teilnehmenden in den durch die Charta Oecumenica gewiesenen Richtungen entfaltet. Dass im Anschluss daran weitergehende Ziele für neue und andere Initiativen auf der Grundlage des Erreichten vereinbart werden können, ist ebenso wünschenswert wie sinnvoll, muss aber jetzt noch nicht festgeschrieben werden.

---

[14] Einen kurzgefassten, informativen Überblick bietet Konrad Raiser, Enzyklopädisches Stichwort: Ökumene, in: ders., Hoffen auf Gerechtigkeit und Versöhnung. Ökumenische Predigten, Stuttgart 2002, 193–219, bes. 204–214 mit den Stichworten „Einheit", „Mission und interreligiöser Dialog" und „Gerechtigkeit und Dienst".

[15] Nicht blinde Flecken als solche sind problematisch – sie sind unvermeidlich (vgl. dazu Niklas Luhmann, Stenografie, in: ders. u.a., Beobachter. Konvergenz der Erkenntnistheorien?, München 1990, 119–136). Folgenreich und verhängnisvoll wäre es hingegen, ihrer in der Begegnung mit dem Blick eines anderen Beobachters ansichtig geworden, auf dem status quo ante beharren und sich den offenkundigen Herausforderungen nicht stellen zu wollen.

2. Positionierung

2.1 Taufe: Theologisches Fundament

Nicht allein die Charta Oecumenica begründet die Zuversicht, in der ökumenischen Bewegungen jenes qualitativ neue Stadium erreicht zu haben, das feste Vereinbarungen erlaubt. Dazu haben auch die langen, intensiven Bemühungen um die gegenseitige Anerkennung der Taufe maßgeblich beigetragen, ein Prozess, der bis heute fortdauert und zu großer Hoffnung Anlass gibt.

Aus römisch-katholischer, kirchenrechtlicher Perspektive urteilt Heribert Hallermann: „Der Taufe kommt [...] im Hinblick auf die Ökumene im doppelten Sinne eine ganz entscheidende Bedeutung zu: Zum einen begründet sie das sakramentale und damit unzerstörbare Band der Einheit zwischen allen Getauften und ihren jeweiligen Kirchen und Gemeinschaften, so daß die Getauften untereinander zu Schwestern und Brüdern im Herrn werden, und zum anderen stellt sich so etwas wie ein dynamisches Prinzip der Ökumene dar, insofern sie als Beginn der Eingliederung in die Kirche und als Eingangspforte zu den anderen Sakramenten hinzielt auf die Verwirklichung der vollen und sichtbaren Einheit unter allen Getauften. [...] Insofern die in einer bestimmten christlichen Kirche gültig vollzogene Taufe auch in anderen Kirchen als wirksam und die Gliedschaft in der je eigenen Kirche begründende sakramentale Rechtshandlung anerkannt wird, bezieht sich das Recht der eigenen Kirche auf rechtlich relevante Vorgänge in einer anderen Kirche und weist diesen in der eigenen Kirche eine unmittelbare rechtliche Wirkung zu".[16]

In Aufnahme von Eph 4,3–6 und der damit erfolgenden Nennung der *einen* Taufe eröffnet die Charta Oecumenica ihre Ausführungen zu Teil I („Wir glauben ‚die eine, heilige, katholische und apostolische Kirche'"). Sie führt sie bald darauf ein zweites Mal, wiederum an prominenter Stelle an, bei der ersten Selbstverpflichtung: „in der Kraft des Heiligen Geistes auf die sichtbare Einheit der Kirche Jesu Christi in dem einen Glauben hinzuwirken, die ihren Ausdruck in der gegenseitig anerkannten Taufe und in der eucharistischen Gemeinschaft findet sowie im gemeinsamen Zeugnis und Dienst" (I.1).

Es gehört heute zu den Selbstverständlichkeiten ökumenischer Arbeit, auf das gemeinsame Band der Taufe als deren Grundlegung und Ermöglichung trotz fortbestehender Trennung abzuheben.[17] In welchem Ausmaß im

---

[16] Heribert Hallermann, Die Vereinbarungen zur gegenseitigen Anerkennung der Taufe, in: ders. (Hg.), Ökumene und Kirchenrecht – Bausteine oder Stolpersteine?, Mainz 2000, 118–139, 119f.

[17] Vgl. z.B. die Ausführungen Paul-Werner Scheeles: „In vielfältiger Weise sind und bleiben die Getrennten verbunden. Die wichtigsten Bande sind Glaube und Taufe. Allen Hindernissen zum Trotz sind die Getrennten ‚durch den Glauben in der Taufe gerechtfertigt und dem Leibe Christi eingegliedert' [UR 3; vgl. 4 und 22]. Das entscheidende Heilsereignis ist Wirklichkeit geworden, auch wenn seiner Dynamik

letzten Jahrzehnt und bis in die Gegenwart hinein die theologische Neubesinnung auf die Taufe und deren ökumenische Relevanz in vielen Kirchen, einschließlich der orthodoxen und römisch-katholischen, zu eindrücklichen Ergebnissen geführt hat, belegen jüngst die Beiträge, Dokumente und Berichte des im Juli 2004 vorgelegten dritten Heftes der Ökumenischen Rundschau.

Diese wie auch die anderen einschlägigen Artikel können und müssen hier nicht eigens gewürdigt werden. Vielmehr kommt es uns darauf an, im Rahmen des im vorliegenden Beitrag Möglichen eine Perspektive vorzustellen (s. Abschnitt 2.2), die – soweit uns bekannt – anderweitig so bisher noch nicht entwickelt worden ist. Über das bisher theologisch vielfältig Erarbeitete hinaus kann sie nach unserer Auffassung einen weiteren Zugewinn für die Ausgestaltung verbindlicher ökumenischer Praxis jenseits einer weitgehend unbeeinträchtigten Fortsetzung der Parallelexistenz von Konfessionskirchen und ökumenischer Bewegung bieten.

Den einen Ansatzpunkt für unsere Thesen im folgenden Abschnitt bieten Beobachtungen an den grundlegenden Tauftexten. Röm 6,3f, 1 Kor 12,13 und Gal 3,27f ist ein entscheidender Grundzug eigen: Metaphorisch (mit Christus gestorben, begraben und – schon jetzt, im nachbaptismalen irdischen Leben – „von den Toten auferweckt") wie auch im Verweis auf die soziale Wirklichkeit charakterisiert Paulus die Taufe als einen Unterschied, der jeden anderen Unterschied überbietet – und damit die aus jenem Unterschied folgenden Konsequenzen. Gemessen am Unterschied „getauft/nicht-getauft", sind alle anderen Unterschiede keine Unterschiede mehr, die – auf der Geltungsebene – den durch die Taufe gesetzten Unterschied außer Kraft zu setzen vermögen.[18] Dieser Unterschied hat zur Folge,

---

[18] nicht voll entsprochen wird. ‚Die Taufe begründet also ein sakramentales Band der Einheit zwischen allen, die durch sie wiedergeboren sind' [UR 22]" (Paul-Werner Scheele, Damit auch ihr Gemeinschaft mit uns habt. Konzilsimpulse für heute, Würzburg 1993, 117f; Hervorhebung im Original). – Aus der Vielzahl einschlägiger Texte verweisen wir hier nur auf die Arbeiten von Edmund Schlink zur „baptismalen Ökumene" (Die Lehre von der Taufe, Kassel 1969); Eva-Maria Faber, Baptismale Ökumene. Tauftheologische Orientierungen für den ökumenischen Weg (in diesem Band) und – mit der (nicht nur) ihr ökumenisch weiterführend scheinenden Akzentuierung der Taufgedächtnisfeier – Dorothea Sattler, Gesegnet Segnende. Eine Besinnung auf Taufgedächtnisfeiern in ökumenischer Perspektive, in: Benedikt Kranemann/Gotthard Fuchs/Joachim Hake (Hgg.), Wiederkehr der Rituale. Zum Beispiel die Taufe, Stuttgart 2004, 73–97; dort weitere Literaturhinweise einschließlich der einschlägigen Dialogpapiere und Konvergenzerklärungen.
So auch Lukas Vischer, Die Konvergenztexte über Taufe, Abendmahl und Amt. Wie sind sie entstanden? Was haben sie gebracht?, in: IKZ 22 (2002) 139–178: „'Die Taufe weist in erster Linie auf den Umstand hin, dass Menschen in Christus eingepflanzt

dass die auf ihm basierende Wirklichkeitskonstitution zu einer grundlegenden Infragestellung der Geltungsansprüche aller vor- und außerbaptismalen Unterschiede führt. Kriterium der Wirklichkeitskonstitution kann nur mehr die Tora von Leben und Lehre des Christus Jesus sein, auf dessen Namen im Heiligen Geist die Taufe vollzogen wird.[19] Insofern das Taufereignis unter den Bedingungen des gegenwärtigen Äons geschieht, „gelten" seine Wirkungen schon unter dessen Bedingungen, auch wenn die Aufnahme in das Volk Gottes darüber hinaus ihre Geltung behält. Mit der Einzelbiographie und der Ordnung sozialer Verhältnisse wählt Paulus zur Verdeutlichung dessen, was in und durch die Taufe geschieht[20], Motive, die in ihrer Prägnanz und wirklichkeitsverändernden Wirkung unüberbietbar sind.

Die Erläuterung des Unterschieds „getauft/nicht-getauft" legt zugleich seine Funktion und Zweckbestimmung offen: die Hineinnahme in die durch Leben, Tod und Auferstehung Jesu allen, auch den Heiden zugängliche Wirklichkeit des Reiches Gottes, die schon jetzt angebrochen und wirksam ist. Der Unterschied „getauft/nicht-getauft" begründet, dass „in einem Geist [...] alle zu einem Leib" (1 Kor 12,13) werden, „ein Leib in Christus, [...] ausgestattet mit Gaben, die je nach der uns verliehenen Gnade verschieden" sind (Röm 12,4f). Wenn also die Taufe jenen Unterschied markiert, der jeden anderen Unterschied überbietet, so geschieht dies in soteriologischer Bestimmung, die der gesamten bewohnten Welt (Oikumene) gilt.[21] Folglich kann es keine andere, gleich- oder gar höherrangige Bestimmung geben; ihr

---

worden sind, sie verkündigt die gute Nachricht von Gottes Handeln in Christus.' Gegenüber dieser [..] Aussage verblasst die Bedeutung der Unterschiede zwischen den Kirchen" (149f mit Angabe der Belegstelle des Zitats aus dem Bericht „One Lord, One Baptism" von 1960). – In der ihr eigenen Zurückhaltung formuliert die Charta behutsamer, jedoch nicht weniger eindeutig: „Unsere in Christus begründete Zusammengehörigkeit ist von fundamentaler Bedeutung gegenüber unseren unterschiedlichen theologischen und ethischen Positionen" (II.6).

[19] Die Symbolhandlung des Taufritus nimmt diese Doppelstruktur der Um- und Neuausrichtung des Lebens von Täufling und Gemeinschaft der Getauften in den Widersagungen und Glaubenszusagen auf.

[20] Den ökumenischen Bemühungen um ein möglichst umfassendes, für viele Kirchen und kirchliche Gemeinschaften annehmbares Verständnis der Taufe verdanken wir in den letzten Jahren wertvolle Erinnerungen wie etwa diese: „Auf Grund von Gottes andauernder Gnade und Gegenwart ist die Taufe zugleich ein Prozess, ein endgültiges, eschatologisches Ereignis und ein Grundmuster des ganzen Lebens" (Becoming a Christian. The Ecumenical Implications of our Common Baptism, hg. von Thomas F. Best und Dagmar Heller, Genf 1999, 76; zit. aus Konrad Raiser, Gegenseitige Anerkennung der Taufe als Weg zu kirchlicher Gemeinschaft. Ein Überblick über die ökumenische Diskussion, in: ÖR 53 [2004] 298–317, 306; Hervorhebungen im Original).

[21] Entsprechend die Aussageintention von Lk 24,45–48 und des Sendungsauftrags Jesu (Mt 28,18–20; Mk 16,15f; Lk 24,47; Apg 1,8).

gegenüber haben alle anderen Unterschiede zurückzutreten. Würden sie dennoch geltend gemacht, müssten sie zurückgewiesen werden.[22]

2.2 Taufe in differenztheoretischer Interpretation

Anders als in vielen theologischen Beiträgen und lehramtlichen Verlautbarungen spielt in den grundlegenden neutestamentlichen Tauftexten nicht die Denkfigur der Identität die Schlüsselrolle, sondern die der Differenz – und dies implizit auf differenzierte Weise. Es gilt, Unterschiede zu unterscheiden hinsichtlich ihrer unterscheidenden, Wirklichkeit auf signifikant differente Weise gestaltenden, einschließenden und ausschließenden, Einheit und Vielfalt ermöglichenden Funktion. Entsprechendes gilt für die Charta Oecumenica, die in mancher Hinsicht „im Vorfeld der offenen Auseinandersetzungen" bleiben mag[23], aber in der Wahl und Ordnung der Sachbereiche, zu denen sie gemeinsame (Selbst)Verpflichtungen aller Unterzeichnenden protokolliert, unbeirrt und zielsicher das den Einzelthemen zugrundeliegende Thema der Unterschiede, die auf unterschiedliche Weise Unterschiede machen, zur Aufgabe macht.

---

[22] Wiederum sind es insbesondere dezidiert ökumenisch orientierte Arbeiten, denen das Verdienst klarstellender Erinnerung und konzentrierender Verdeutlichung zukommt: „die ursprünglichste Offenbarung des Christentums als solche [besteht] in der Erfahrung Jesu als des Gekreuzigten und Auferstandenen und somit des absoluten Heilbringers und in sonst nichts" (Karl Rahner, Vorfragen zu einem ökumenischen Amtsverständnis [1974], in: ders., Einheit in Vielfalt. Schriften zur ökumenischen Theologie, in: ders., Sämtliche Werke XXVII, bearbeitet von Karl Kardinal Lehmann und Albert Raffelt, Freiburg–Basel–Wien 2002, 223–285, 243; Hervorhebung im Original). – „Wenn man [...] in den getrennten Kirchen überall den heilschaffenden Glauben bestehen läßt [...], dann sagt man implizit, dass die getrennten Kirchen (als ganze, ohne Urteil über die einzelnen als solche) keine Wirklichkeit trennt, die in die letzten Tiefen der heilshaften Existenz hinabreicht und da das Heil unmöglich machen würde" (Rahner, Vorfragen, 253). Das gemeinsame Zeugnis der Kirchen für das durch Gott im Christus Jesus für alle Menschen endgültig eröffnete Heil „bedingt eine gegenseitige Toleranz und Anerkennung in der Soteriologie und Ekklesiologie" (Jacques Matthey, Versöhnung als Gottes Mission – Kirche als versöhnende Gemeinschaft. Zum Verhältnis von Einheit und Mission, Zeugnis und Dialog, in: ÖR 53 (2004) 427–443, 435. – „Es besteht eine wirkliche, sakramentale Koinonia, wann immer die Kirchen eine wahre Taufe feiern, durch welche Menschen in den Leib Christi eingegliedert werden" (Päpstlicher Rat für die Förderung der Einheit der Christen, bisher unveröffentlichter Beitrag [1997] zum Entwurf der Grundsatzerklärung des ÖRK „Auf dem Weg zu einem Gemeinsamen Verständnis und einer Gemeinsamen Vision des Ökumenischen Rates der Kirchen", zit. aus Raiser, Gegenseitige Anerkennung, 303).

[23] Sattler, Charta Oecumenica, 70.

So z.B. die Unterschiede der Konfessionen, der monotheistischen und anderen Religionen, der Kulturen, Weltanschauungen, der politischen Ordnung in Europa etc. Dies als additive Reihung zu verstehen, verfehlt u.E. Sinn und Struktur dieses Textes. Er ist in seiner Substruktur wesentlich anspruchsvoller und reflektierter, als es zunächst den Anschein haben mag. Auf der Basis der festgestellten Unterschiede entstehen die Fragen ihres Verhältnisses unter- und zueinander, ihres Gewichtes und ihrer Tragweite, die nicht einfach für jeden einzelnen Unterschied für sich erhoben, sondern nur in der vielfachen Bezüglichkeit der Unterschiede zueinander angemessen ausgelotet und auf ihre Folgen hin bedacht werden können.

Es scheint uns deshalb sinnvoll, auch in einem theologischen Kontext Bezug auf ein Konzept zu nehmen, das der Differenz in der Theoriebildung Vorrang einräumt, und zu prüfen, welchen Ertrag es im vorliegenden Zusammenhang zu erbringen vermag. Wir beziehen uns damit auf Niklas Luhmanns Systemtheorie als differenztheoretischen Ansatz. „Dies bedeutet, daß sie nicht an Identität ansetzt. [...] Der Ausgangspunkt ist eine Unterscheidung – die Unterscheidung System/Umwelt –, an die weitere Unterscheidungen angeschlossen werden."[24] „Ein System muß sich selbst als System identifizieren (konstituieren), indem es sich von einer selbst different gesetzten Umwelt abhebt. [...] Die Leitdifferenz von Identität und D[ifferenz] hebt darauf ab, daß es nicht um eine Vorabvergewisserung der Identität von etwas (hier: eines Systems), genauer der Aufhebung von etwas Differentem in einer es einschließenden Einheit oder Identität geht. [...] Ein System gründet und identifiziert sich vielmehr als System, indem es sich als different zu seiner mit sich selbst gesetzten Umwelt setzt."[25] Die je besondere Differenz führt zur Unterscheidung von (je besonderem) System und (seiner) Umwelt, ohne dass diese Umwelt im Gefolge der Unterscheidung überflüssig und zu einer vernachlässigenswerten Größe würde. Beide, System und Umwelt, bleiben strukturell gekoppelt, insofern die Differenz – wenn auch in unterschiedlicher Weise – beide zugleich markiert, voneinan-

---

[24] Elena Esposito, Identität/Differenz, in: Claudio Baraldi/Giancarlo Corsi/Elena Esposito, GLU. Glossar zu Niklas Luhmanns Theorie sozialer Systeme, Frankfurt a.M. ²1998, 72–75, 72. – Luhmann selbst qualifiziert Systemtheorie als „besonders eindrucksvolle Supertheorie" mit universalistischen Ansprüchen (Soziale Systeme. Grundriß einer allgemeinen Theorie, Frankfurt a.M. ⁶1996 [Erstauflage 1984], 19) und findet darin die Zustimmung u.a. auch von Robert Spaemann, Niklas Luhmanns Herausforderung der Philosophie. Laudatio anläßlich der Verleihung des Hegel-Preises 1989 an Niklas Luhmann, in: Paradigm lost: Über die ethische Reflexion der Moral, Frankfurt a.M. ³1996, 51–73, bes. 57–61).

[25] Detlef Krause, Luhmann-Lexikon. Eine Einführung in das Gesamtwerk von Niklas Luhmann, Stuttgart ²1999, 95. – Systemtheorie ist deshalb Differenztheorie, insofern sie „von D[ifferenzen] und auf D[ifferenzen] hin entfaltet [wird], jedoch nicht in Richtung auf Aufhebung des Differenten in Einheit" (aaO. 95).

der abhebt und solange bleibend aufeinander bezogen sein lässt, wie sie als Differenz geltend gemacht wird.

Wichtig für das Verständnis des Gedankens ist, dass die Differenz immer relativ zu einem Beobachter und nicht unabhängig von dessen Kategorien in der Welt gegeben ist.[26] Bezogen auf den Sachzusammenhang: Die Differenz „getauft/nicht getauft" wird von dem „Beobachter" Paulus als maßgeblich geltend gemacht. Sie hängt in ihrer Bedeutung von *dessen* Kategorien ab, wie auch von denen, die die formal gleiche Differenz für die eigene Beobachtung als Primärdifferenz wählen, die in ihrer Bedeutung wiederum von *deren* Kategorien geformt wird.

Auf der Basis der Unterscheidung von System und Umwelt kommt es innerhalb des Systems zu weiteren Unterscheidungen[27], zu Systembildungen im System, was zur Ausbildung interner Umwelten führt und die Systemkomplexität folgenreich erhöht.

Was kann dadurch in Bezug auf das bisher zur Taufe Gesagte und weiterhin zu Bedenkende deutlicher vor Augen treten? Dazu vier Thesen, mit denen wir gebündelt jene eigene Perspektive vorstellen, von der zuvor die Rede war:

These 1: Wenn die Differenz „getauft/nicht-getauft" die primäre, basale, alles weitere konfigurierende Unterscheidung in soteriologischer, ekklesiologischer und missiologischer Hinsicht[28] darstellt und damit system-bildend ist, ist systemtheoretisch keine Differenz denkbar, die innerhalb des gewählten Rahmens die Einheit des Systems[29] in Frage stellen oder gar aufheben könnte. Kirchentrennung und Aufkündigung der Abendmahlsgemeinschaft wären in dieser Sicht nur möglich (a) durch die Bestreitung eines gemeinsamen Taufverständnisses, (b) infolge noch mangelnder Verständigung hierüber, (c) aufgrund eines Transfers eines system*internen* Unterschieds in die sys-

---

[26] Vgl. Esposito, Identität/Differenz, 73
[27] Luhmann nennt sie „Differenzierungen" (Niklas Luhmann, Inklusion und Exklusion, in: ders., Soziologische Aufklärung 6. Die Soziologie und der Mensch, Opladen 1995, 237–264, 241).
[28] „Einheit ist unauflöslich mit Mission verbunden (Joh 17:20). Einheit ist von und in Christus gegeben, eschatologisch verwirklicht. Einheit ist aber auch ein Merkmal des kirchlichen Daseins in der ‚Zwischenzeit', zwischen Christi Erhöhung und dem Ende der Geschichte. Das heißt, dass Einheit auf allen Ebenen kirchlichen bzw. missionarischen Lebens konkret und erfahrbar werden muss. [...] Es stellt sich also die Aufgabe, die biblische Forderung nach Einheit mit der biblischen Forderung nach Mission in konstruktiver Spannung zusammenzuhalten, im Kontext von multireligiösen und multi-kulturellen Gesellschaften" (Matthey, Versöhnung als Gottes Mission, 430f).
[29] Luhmann unterscheidet „Einheit" und „Identität" von Systemen: „Die Einheit eines Systems kann als Einheit nur von einem externen Beobachter beobachtet werden. Wenn dagegen der Beobachter das System selbst ist, spricht man von Identität. Die Identität von Systemen entsteht also nur in der Reflexion [...] des Systems auf seine eigene Einheit" (vgl. Esposito, Identität/Differenz, 75).

tembildende Primärdifferenz oder (d) infolge der Überordnung anderer Primärdifferenzen gegenüber der baptismalen, kirchebildenden.

In beiden Fällen wäre die systembildende Primärdifferenz „getauft/nicht-getauft" damit streng genommen für die Betreffenden als ganze hinfällig, was jedoch aufgrund der „Trägheit" so komplexer Sozialsysteme wie jener christlicher Kirchen in gewisser Hinsicht eine Zeitlang unbemerkt und scheinbar folgenlos bleiben kann.

These 2: Wenn System und Umwelt strukturell gekoppelt sind, würde jeder theologische Diskurs, der nur oder überwiegend systembezogen oder an den teilsysteminternen Differenzen interessiert wäre, zumindest systemtheoretisch zu kurz greifen.

Infolge der Selbstorganisation der Kommunikation (auch) in den theologischwissenschaftlichen und kirchenleitenden Subsystemen als ausdifferenzierten Funktionsbereichen (in der Unterschiedlichkeit ihrer jeweiligen Verfassung und Struktur) trifft dies nach unserer Wahrnehmung weithin zu. Hier erhalten system*interne* Unterschiede (z.b. liturgischer, rechtlicher, ekklesiologischer etc. Art) einen Stellenwert, der zumeist kaum mehr zu der systembildenden Primärdifferenz in Beziehung gesetzt zu sein scheint. Die Unterschiede werden damit nicht mehr unterschieden. Als systeminterne Differenzen erhalten sie ein Gewicht, das ihnen – gemessen an der Primärdifferenz – nicht zukommt.[30]

These 3: Wenn Differenzen stets relativ zum Beobachter sind und bestimmen, was beobachtet werden kann und was nicht, sind „Perspektivenwechsel" mehr als ratsam, um mit dem so eröffneten, durch eine andere Primärdifferenz geschärften Blick allererst wahrnehmen zu können, was dem eigenen Sehvermögen aufgrund seines unvermeidbaren blinden Flecks

---

[30] An einem gegenläufigen Beispiel sei das Gemeinte illustriert. In der Auswertung einer empirischen Studie aus dem Jahr 2002 zum Thema „Ökumene und Gemeinde" führen Karl Gabriel und Helmut Geller aus: „Verfolgen wir die Entwicklung der beobachteten Kirchengemeinden [in Leipzig] [...], so lässt sich [...] feststellen, dass die ökumenischen Beziehungen das Verhältnis zwischen den konfessionsverschiedenen Gemeinden nachhaltig verändert haben. [...] Solange die konfessionellen Milieus geschlossen waren, war mit der Abgrenzung auch eine Ausgrenzung und Diskriminierung von anderen [konfessionellen Milieus] verknüpft. Die ökumenischen Beziehungen haben nun dazu beigetragen, dass die Ausgrenzung an Bedeutung verloren hat. Angesichts auch der Konfrontation mit anderen Religionen werden die Grenzen zwischen den Kirchen [...] als weniger relevant empfunden. Konfessionelle Differenzen werden zwar noch gesehen, doch haben sie an Handlungsrelevanz verloren. [...] Die konfessionelle Differenz verblasst angesichts eines stärker auch vor Ort bewusstseinsfähig gewordenen gesteigerten religiösen und weltanschaulichen Pluralismus. Es schließt sowohl die alltägliche Präsenz der nicht-christlichen großen Weltreligionen wie eine Lebenswelt ein, in der die Konfessionslosigkeit [...] die alltägliche Normalitätserwartung bestimmt" (Karl Gabriel/Helmut Geller, Ausblick: Entwicklungstrends in Kirchengemeinden, in: Helmut Geller, Eckhart Pankoke, Karl Gabriel, Ökumene und Gemeinde. Untersuchungen zum Alltag in Kirchengemeinden, Opladen 2002, 361–389, 366f).

unzugänglich war, dennoch aber wirksam blieb[31] – auch hinsichtlich der Operationen im „eigenen" System.

So bedeutet die Eingliederung in den Leib Christi „nicht die Eintragung in einen Verein, sondern unsere Einbürgerung ins Reich Gottes, das schon begonnen hat und noch nicht vollendet ist. Den mystischen Charakter dieser Eingliederung kann man durchaus mit der sozialen Dimension des Aufbaus eines gemeinsamen Leibes, des Hauses des Herrn vereinen"[32]. Wenn mithin zwischen christlichen Kirchen Einigkeit darin besteht, die Eingliederung in die Kirche als Leib Christi geschehe durch die Taufe und diese Eingliederung als größtmögliche Differenz zur Nichteingliederung verstanden wird, ist – zumindest systemtheoretisch – die Verweigerung von Kirchen- und Abendmahlsgemeinschaft nur dann nachvollziehbar, wenn eine der o.g. inadäquaten Formen des Umgangs mit Differenz und Differenzen als wirksam unterstellt wird.

These 4: Wenn die ökumenische Bewegung als „eine ständige Einladung zur Grenzüberschreitung" charakterisiert werden kann, darf von den hier Engagierten am ehesten jene Kompetenz zum differenzierten Umgang mit Differenz und Differenzen erwartet werden, auf die es ankommt, wenn es gilt, den „weiten Horizont der Ökumene Gottes"[33] und der „missio Dei"[34] besser zu verstehen und im „System" Kirche wie unter den Bedingungen seiner Umwelt(en) kommunikativ anschlussfähig zu machen.

---

[31] Von der das politische System konstituierenden Differenz von „Macht haben/nicht haben" sind Fortschritte auch in der Ekklesiologie zu erwarten, die auch deswegen wichtig sind, „weil es hier um Machtfaktoren geht, spirituell (Amtsfrage), sozial (Diakonie), politisch (Einfluss auf Menschen), sowie um Geld und Landbesitz. Identität, Macht und Kapital gehören zu den wichtigsten konfliktträchtigen und gewaltfördernden Elementen menschlichen Zusammenlebens. Sollte Mission also zur Versöhnung und Verminderung der Gewalt beitragen, muss sie Toleranz in der Ekklesiologie geradezu verlangen. [...] Sollen nun Christen einen Beitrag zum Zusammenleben von Menschen mit verschiedenen Identitäten leisten können, sind sie gefordert, ihre Kompetenz zunächst in der ekklesiologischen Toleranz zu beweisen" (Matthey, Versöhnung als Gottes Mission, 440).

[32] Athanasios Vletsis, Taufe: Ein Sakrament auf der Suche nach seiner Identität? Versuch einer orthodoxen Interpretation, in: ÖR 53 (2004) 318–336, 328.

[33] Raiser, Enzyklopädisches Stichwort, 219.

[34] „Missio Dei" [...] bleibt zur Zeit die angemessenste Formulierung für den Rahmen, den Gottes Identität und Werk menschlicher Existenz bietet. [...] Gleichzeitig erkennen wir [...] an, dass wir als Menschen und Kirchen innerhalb der missio Dei eine unersetzliche eigene Mission haben: Gemeinschaften zu bilden, vermehren und ständig zu reformieren, die Orte des Zeugnisses von der heilenden Mission des Geistes werden (hic et nunc), die Raum bieten für Zeichen, Sakramente und Prozesse des Versöhnens, in denen Menschen Würde, Liebe, Anerkennung, sowie auch Herausforderung erfahren und so den Glauben entdecken oder stärken können. Die Verbindung der universalen Mission Gottes mit dem spezifischen Auftrag der Kirche betrachte ich zur Zeit als die zutreffendste Formulierung einer ökumenischen Missionsstrategie" (Matthey, 427f; Hervorhebungen im Original).

2.3 Theologische Explikationen des differenztheoretischen Ertrags

Systemtheorie bleibt zumeist „abstrakt". Differenztheoretische Erträge bedürfen auch in der Theologie der „positiven" Übertragung. Eine solche sei bezüglich des Tauf-Themas in doppeltem Zugang gewagt. Der Versuch wird niemals in vollem Umfang gelingen können, verliert dadurch aber nicht an Wert, auch wenn er weitere Fragen aufwirft.[35]

Für den einen Zugang beziehen wir uns auf Überlegungen des orthodoxen Theologen Athanasios Vletsis: „Wird [...] die Taufe christologisch interpretiert, als ein Sich-ankleiden des neuen Adams, der durch das Begrabenwerden (Untertauchen) des alten Adams real wird, und andererseits die Firmung pneumatologisch, als Geistschenkung – eigentlich eine notwendige Folge, wenn man vom auferstandenen Leib spricht, der nur ein σωμα πνευματικον (1 Kor 15,44) sein kann –, dann ist es nur eine verbindliche Konsequenz, die Gläubigen an den Tisch des Herrn zu bitten"[36].

Den anderen Zugang erschließen Kernaussagen zu einer „gesellschaftlich relevanten Mission" in einem jüngst vorgelegten Beitrag des derzeitigen Programmreferenten für Mission und Evangelisation im ÖRK, Jacques Matthey[37]: „Entscheidende Fortschritte in Einheitsbemühungen unter Kirchen sind die *conditio sine qua non* dafür, dass wir als Christen glaubwürdig in gesellschaftlichen Konfliktfällen auftreten. Sind wir personell und institutionell nicht imstande, aus dem jetzt doch kritisch fortgeschrittenen ‚ökumenischen Winter' herauszukommen, sollten wir uns hüten, anderen Menschen und Gruppen Ratschläge für eine friedliche Lösung von Konflikten, für ein neues friedliches solidarisches Zusammensein, zu geben" (430; Hervorhebung im Original).[38] „Christliche Einheit gründet im Kreuzestod Christi, der die Menschen mit Gott versöhnt hat und auch miteinander, in Form einer Gemeinschaft, die aus grundverschiedenen Identitäten (Kulturen, Ethnien und Rassen) gebildet ist. Diese ‚neue Schöpfung' lebt von der

---

[35] Die Generierung von Fragen stellt systemtheoretisch indes kein Manko, sondern im Gegenteil ein Erfolgskriterium dar.
[36] Vletsis, 331.
[37] Matthey, aaO. (Seitenangaben in Klammern im Text).
[38] Von anderem Ausgangspunkt herkommend, in der Sache aber zustimmend Antje Heider-Rottwilm: „Es sollte uns zu denken geben, dass diejenigen in den europäischen Institutionen, die eher distanziert oder ablehnend den Kirchen gegenüberstehen, sich weigern, uns ernst zu nehmen, wenn wir als Kirchen [...] einander widersprechende Interessen und Thesen vertreten!" (Charta Oecumenica – Herausforderungen, in: Arbeitsgemeinschaft Christlicher Kirchen in Deutschland (Hg.), Charta Oecumenica. Leitlinien für die wachsende Zusammenarbeit unter den Kirchen in Europa, Frankfurt a.M. o.J. [2002] 59f, 59).

Bedingung, dass kulturell-religiöse identitätsbildende Riten, Gesetze und Traditionen soteriologisch außer Kraft gesetzt worden sind. Menschliche Identitäten haben seit Christus nur noch vorletzte, nicht aber eschatologische Bedeutung. [...] Einheit fußt [...] auf der gemeinsamen Erfahrung des Beschenktseins durch den Geist" (431).

3. Konkretisierung

Den vier Thesen zu der in der Taufe grundgelegten Verbundenheit christlicher Gemeinschaften und den daraus in einer systemtheoretischen Perspektive sich ergebenden Konsequenzen schließen wir eine fünfte an. Sie rückt den zweiten Aspekt unseres Themas wiederum in den Mittelpunkt: die Qualifizierung regionaler Ökumene-Beauftragter auf der Grundlage der Charta Oecumenica.

These 5: Unabhängig davon, in welcher organisationsräumlichen Zuordnung sie ihren Dienst tun, besteht die allen Einzelaufgaben zugrunde liegende Kernkompetenz von Ökumene-Beauftragten formal gesehen darin, mit Unterschieden differenziert umgehen und sie wirklichkeitserschließend, ent-feindend aufeinander beziehen zu können, inhaltlich gesehen in der „Suche nach einer friedlicheren Welt, in der Versöhnung Vergeltung ersetzen kann"[39]. Dafür sollen sie Experten und Spezialistinnen sein; daraufhin gilt es sie zu qualifizieren.

Die hier mögliche Konkretisierung kann nicht bis zur Ebene der Kursgestaltung oder gar einzelner Arbeitsfelder und -projekte von Teilnehmenden reichen. Was hingegen nach dem naturgemäß allgemeinen und formalen Einblick in die systemtheoretische Unterscheidungs-Werkstatt ansteht, sind Konkretisierungen der anstehenden Unterscheidungsarbeit im gemeinsamen Gebet und Dialog sowie in allen anderen Formen gemeinsamen verbindlichen Engagements, zu denen sich die Unterzeichner der Charta verpflichtet haben, anhand einiger ausgewählter, gleichwohl für das von jener vorgegebene Themenspektrum prominenter Beispiele.

3.1 „Gemeinsam das Evangelium für das Heil aller Menschen verkünden"[40]

Wenn Systembildung durch Absetzung und Unterscheidung von „Umwelt" geschieht, ist es für die Art und Anlage der Kommunikation aufschluss-

---

[39] Matthey, 439.
[40] Charta Oecumenica, II.2.

reich, als was das different gesetzte Ausgeschlossene aus der Perspektive des Systems identifiziert und mit den ihm zur Verfügung stehenden Ausdrucksmitteln qualifiziert wird. Zugleich gibt das System damit implizit Auskunft darüber, wie es über Anders- und Fremdheit denkt, welche Einstellungen und Verhaltensweisen seinerseits in der Begegnung mit diesem erwartbar sind.

Virulent wird dieser Aspekt angesichts der Begegnung mit Alterität jeglicher Art, theologisch und kirchenhistorisch etwa bei der Frage, wie die frühen Christen ihr Verhältnis gegenüber ihrer Herkunft aus dem Judentum bestimmen und sozial gestalten. Die Frage nach Wert und Bedeutung des Nicht-Christlichen (als „Umwelt" zum System des „Christlichen") verschärft sich um so mehr, je mehr das jeweilige Verständnis des Christlichen als „Normalität" und „Norm" angesehen wird, historisch insbesondere in der Missionsgeschichte der frühen Neuzeit. „Ob protestantisch oder katholisch, ob Asien oder Amerika – die ersten europäischen Missionare mussten eine vollkommen neuartige Erfahrung der Begegnung mit völlig fremden Kulturen und Religionen machen. [...] Die europäische Christenheit kannte religiöse Alterität bisher nur als jüdische Minorität im Inneren oder als bedrohliche islamische Gegenmacht jenseits ihrer Grenzen"[41].

Als Gestalt und Ausdruck der kirche-bildenden Primärdifferenz ist die Taufe Ort einschlägiger Auskunft auch hierzu:

„Noch Franz Xaver hatte die selbstverständliche Überzeugung aller Amerika-Missionare geteilt, dass gemäß der Lehre des Augustinus alle Ungetauften in der Hölle enden. [...] Die für unsere Begriffe absurden Massentaufen nach notdürftiger Minimalkatechese erklären sich aus dem edlen Bestreben der Missionare, möglichst viele dieser armen Menschen noch rasch vor dem Höllenfeuer zu retten. [...] Seit dem späten 16. Jahrhundert hat sich aber in der katholischen Theologie [...] die Vorstellung von außerordentlichen Wegen zum ewigen Heil auch für Ungetaufte durchgesetzt."[42]

In unserer Zeit sind es Theologen wie Karl Rahner und Konrad Raiser, die diese Vorstellung ausgestalten und vertiefen:

„Rahner scheint in der Gewissheit gelebt zu haben, dass sich durch einen Blick auf die faktisch gelebte Kirchlichkeit und auf Zugeständnisse selbst in der Schultheologie erweisen ließe, dass auch die kirchliche Tradition auf die Wirksamkeit des Geistes Gottes jenseits des im Recht vorgeschriebenen Ritus vertraut [...] – oder: Gottes Wirken nicht begrenzt bleibt auf die in den Menschenordnungen vorgesehenen Wege."[43] – Raiser formuliert: „Ökumene hat es mit Kirche und Welt in ihrer spannungsvollen Zuordnung zu tun, aber sie lebt aus der Gewissheit, dass die Welt nicht einfach ‚Nicht-Kirche' ist, sondern Gottes gute Schöpfung. Die Ökumene Gottes ist die ganze Schöpfung als die für Menschen und alles Leben ‚bewohnbare' Erde, die unter Gottes Verheißung steht, die ganze Schöpfung zu erneuern. Sie ist in neuerer Zeit verstärkt daran erinnert worden, dass Ökumene,

---

[41] Wolfgang Reinhard, Christentümer und Kulturkonflikte, in: ders., Glaube und Macht. Kirche und Politik im Zeitalter der Konfessionalisierung, Freiburg–Basel–Wien 2004, 106–128, 112.
[42] AaO. 121f.
[43] Dorothea Sattler, Vergessene Vorfragen zu einem ökumenischen Amtsverständnis. War Karl Rahner den heutigen ökumenischen Gesprächen voraus?, in: Cath (M) 58 (2004) 276–295, 279f.

Ökonomie und Ökologie den gleichen Wortstamm haben, d.h. *oikos* im Sinne von Haus, Haushalt oder bewohnbarem, lebensförderlichem Raum. Im christlichen Sinn ist die Ökumene der Haushalt Gottes und der Haushalt des Lebens, d.h. der Raum, der das Leben in seiner Fülle und in der Gemeinschaft alles Lebendigen ermöglicht. [...] die Vision des neuen Himmels und einer neuen Erde gehört unverzichtbar in den Horizont der Ökumene"[44].

Kritische Einstellungen gegenüber dem vielgestaltigen Komplex „Umwelt" sind systemtheoretisch integrierbar, da unterschieden, und theologisch-inhaltlich keineswegs ausgeschlossen[45]. – Diese Andeutungen müssen genügen, um angesichts der sehr unterschiedlichen Vorstellungen zum Thema der „außerordentlichen" Wege zum Heil und damit des Eigenwerts von (nichtchristlicher) Fremdheit und Andersheit den hohen Anspruch vor Augen zu führen, der mit den in der Charta zu diesem Punkt vereinbarten Verpflichtungen verbunden ist.

3.2 „Die Geschichte der christlichen Kirchen aufarbeiten"[46]

Nicht nur individuelle Schuld und Mangel an Liebe führt die Charta an, wenn sie die schwere Beschädigung der Glaubwürdigkeit des christlichen Zeugnisses und die Trennungen zwischen den Kirchen beklagt, sondern auch „besondere geschichtliche Umstände und unterschiedliche kulturelle Prägungen" (II.3 und 6). Als „nicht-theologische" Einflüsse geläufig, die trotz anerkannter und förmlich vereinbarter theologischer Übereinstimmungen in der Lehre Fortschritte auf dem Weg zur Einheit der christlichen Kirchen verhindern, gehören sie zu jenen Faktoren, hinsichtlich derer Unterscheidungsarbeit ansteht.

Zu klären ist dabei, inwieweit solchermaßen etikettierte Einflüsse mit der Primärdifferenz der Taufe gesetzt sind, oder ob sie zu den nachfolgenden system*internen* Unterscheidungen gehören, die zwar kulturell höchst wirksam sein können, aber eben entweder nicht *theologischer* Natur sind oder die *theologische Valenz* der systembildenden Primärdifferenz „getauft/nicht-getauft" nicht erreichen. Im einen wie im anderen Fall verleiten sie – subjektiv unerkannt, gleichwohl aber fortwährend – dazu, die Taufdifferenz außer Kraft zu setzen. Damit würde faktisch geleugnet, dass die in der Taufe gnadenhaft gestiftete neue Ordnung des Reiches Gottes schon jetzt wirksam ist. Diese Ordnung würde auch und gerade hinsichtlich der Gestaltung sozialer Verhältnisse und des Lebensstils, wie sie die Charta in III.8 und 9 explizit anspricht, außer Kraft gesetzt. Damit wäre aber auch klar, dass *kulturell* bedingten Unterschieden nicht unmittelbar mit *theologischen* Mitteln beizukommen ist.

---

[44] Konrad Raiser, Ökumenische Predigten, 197f; Hervorhebung im Original.
[45] Vgl. beispielsweise die (ihrerseits in gewisser Weise polemisch zugespitzten) Ausführungen Mattheys zur missiologischen Religionskritik (Versöhnung als Gottes Mission, 428 mit Anm. 3).
[46] Charta Oecumenica, II.3.

An Konzepten und Instrumenten für die Unterscheidungsarbeit im Schnittfeld von theologischer und nicht-theologischer Rationalität herrscht kein Mangel. Wir müssen es hier bei wenigen Hinweisen belassen:

Zu aufschlussreichen und brisanten Erkenntnissen würden etwa soziologisch-systemtheoretische Ansätze und historisch-kulturanthroplogische Arbeiten führen. Wenn die These zutrifft, dass Inklusion und Exklusion, also die Teilhabe an Kommunikation und damit der Ein- bzw. Ausschluss in bzw. aus Gesellschaft in Abhängigkeit von der Form gesellschaftlicher Differenzierung mit signifikanten Unterschieden verschieden erfolgt[47], hätte dies nachhaltige Auswirkungen auch auf die Ausformung der Sozialgestalt christlicher Kirchen. Darin keine theologisch relevante Herausforderung zu erkennen, würde bedeuten, die Frage, wie der „mystische Charakter" der Eingliederung „mit der sozialen Dimension des Aufbaus eines gemeinsamen Leibes, des Hauses des Herrn", zusammenkommt[48], als irrelevant zu betrachten. Die Taufe könnte dann nicht mehr einfach als Sakrament der Initiation in dem Sinne verstanden werden, dass sie für alle Zeiten und gesellschaftliche Formationen unterschiedslos in die Kirche inkludiert, d.h. unterschiedslos gleiche Chancen der Partizipation an kirche-bildender Kommunikation eröffnet. Zugleich stellt sich die Frage, ob die verschiedenen Formen gesellschaftlicher Differenzierung die *gleichzeitige* Inklusion in *unterschiedliche* gesellschaftliche Teilsysteme zulassen oder nicht, also eine unterschiedlich verbindliche Inklusion etwa in Staat und Kirche – was auf deren Trennung hinauslaufen würde.

Mit dem Einspruch des Historikers Wolfgang Reinhard, die Rede von „Kirche und Staat" sei sachlich unangemessen und „anachronistisch", leiten wir über zu historisch-kulturanthropologischen Arbeiten: „Zunächst existierte weder ein Staat noch eine Kirche im Sinne moderner Großorganisationen, sondern es gab nur geistliche und weltliche Herrschaft einander entsprechender, wenig entwickelter Institutionen über Menschen, oft sogar dieselben Menschen. Staaten und Kirchen entstanden erst durch Staatsbildung und Konfessionsbildung, wobei beide Prozesse interaktiv [...] abliefen".[49] – Wenn nun „der Nachweis des engen Zusammenhangs der Konfessionalisierung mit der Entstehung des modernen Staates" durch die neuere Forschung belegt ist[50], und wenn man dies auf dem Hintergrund der soziologischen Erkenntnis liest, in stratifizierten Gesellschaften – wie jener des 16. Jahrhunderts – sei nur die Zugehörigkeit zu einem einzigen (Teil)System möglich (weil die Differenzierung in verschiedene funktionale Teilsysteme noch nicht entwickelt ist), wird die Frage nach der Zukunft von *Konfessions*kirchen – zu denen auch die römisch-katholische sich seinerzeit und seitdem entwickelt hat[51] – virulent, wenn dafür weder die erforderlichen gesellschaftsstrukturellen Voraussetzungen noch staatliches Interesse gegeben sind.[52] Es geht also mit anderen Worten darum, im nachkonfessionellen Zeitalter neu,

---

[47] Luhmann, Inklusion und Exklusion, 242; 242–249 und 258–261 weitere grundlegende Erläuterungen.
[48] Vletsis, 328.
[49] Reinhard, Throne und Altäre, in: ders., Glaube und Macht, 83–105, 84.
[50] Vgl. Reinhard, Die Konstruktion der Konfession und die Folgen, in: ders., Glaube und Macht, 12–33, 17, mit wertvollen Hinweisen zum Bedeutungswandel des Wortes „confessio": 14f.
[51] AaO. 16.
[52] „Kirchliche Konfessionalisierung funktionierte meistens nur in Zusammenarbeit oder zumindest mit Duldung der weltlichen Obrigkeit, sofern diese die Sache nicht sogar selbst in die Hand nahm" (aaO. 17).

nachkonfessionell nach der Gestalt von Kirche zu fragen, die ihrem Auftrag entspricht. Dies kann konsequent nur ökumenisch geschehen.

Wir sind uns bewusst, dass insbesondere im kirchlichen, und hier insbesondere im römisch-katholischen Raum der Hinweis auf Soziologisches eher Abwehr als Interesse auslöst.[53]

3.3 „Völker und Kulturen versöhnen"[54]

Insbesondere die im dritten Teil der Charta versammelten Themen (Mitgestaltung Europas, Versöhnung von Völkern und Kulturen, Bewahrung der Schöpfung, Beziehungen zum Islam und Begegnung mit anderen Religionen und Weltanschauungen) werden – mit Ausnahme des dem Judentum gewidmeten Abschnitts – hierzulande vielfach, wie sich gesprächsweise zeigt, als eher fremd, sperrig und weniger bedeutsam angesehen. Dabei stehen diesbezüglich nicht minder Unterscheidungsaufgaben an, die in ihrer Tragweite weder in ihrem historischen Bezug – in dem es um die Übernahme von Verantwortung für Taten und Handlungsweisen geht, die theologisch mit der in der Taufe grundgelegten Verbundenheit der Christinnen und Christen unvereinbar sind, und um die Erkenntnis fortwährender gemeinschaftsschädigender, also sündhafter Muster – noch in ihrem Gewicht für die Gegenwart und Zukunft zu überschätzen sind.

Eine Verbindung zwischen den genannten Bezügen stellt der folgende Gedanke her: „Europa hat in seiner bisherigen Geschichte durch Kriege und Verwüstungen sehr viel Leid über sich selber und in der Kolonialzeit auch über die ganze Welt gebracht. Es hat damit grosse Schuld auf sich geladen. Aber gerade aufgrund der Erfahrung dieses Leidens und dieser Schuld hat Europa auch eine Vorstellung von Recht entwickelt, welche heute die Grundlage des Friedens auf diesem Kontinent bildet und darüber hinaus auch zu einer weltweiten Friedensordnung beitragen kann"[55].

---

[53] Wie wenig angemessen, ja kontraproduktiv diese Abwehr sein kann, hat Karl Rahner schon vor Jahrzehnten vehement, wenngleich weithin vergeblich beklagt: „Die ökumenische Theologie als solche hat es gewiß mit der Wahrheitsfrage der getrennten christlichen Bekenntnisse zu tun, selbst wenn man nicht übersieht, daß die getrennten Theologien nicht nur uneins darüber sind, ob die von der jeweiligen Theologie gesagten Sätze wahr oder falsch sind. [...] Diese ökumenische Theologie ist sich aber bei der Wahrnehmung ihrer [...] Aufgabe der religionssoziologischen Situation nicht genügend bewußt, in der sie ihr Geschäft betreibt" (Karl Rahner, Zur Theologie des ökumenischen Gesprächs [1970], in: ders., Einheit in Vielfalt, 59–92, 75f).

[54] Charta Oecumenica, Einleitung.

[55] Gret Haller, Erwartungen einer europäischen Politikerin an den Beitrag der Theologie zum Frieden, in: Bulletin. Zeitschrift für Theologie in Europa 15 (2004) 142–154, 153f.

Auch hier muss es mit wenigen Hinweisen sein Bewenden haben. Sie gelten Arbeiten aus dem historischen und juristischen Umfeld.

Im Mittelpunkt steht dabei der religiöse Charakter des modernen Staates, wie er sich in der Aufgipfelung des europäischen Nationalismus zeigte. Zur kurzen Erläuterung Wolfgang Reinhard[56]: „Der eigentliche ‚Königsweg' zum modernen Staat [...] war der Krieg, die erfolgreiche Selbstbehauptung gegen Rivalen und deren Unterwerfung. Darum ging mit der zunehmenden militärischen Gewaltanwendung nach außen die allmähliche Unterdrückung jeder nicht-staatlichen Gewaltanwendung im Innern Hand in Hand. [...] Je friedlicher die werdenden modernen Staaten im Innern wurden, umso gewalttätiger erwiesen sie sich nach außen." (86) „Im Zeitalter der Französischen Revolution war der moderne Staat als souveräner Inhaber des inneren und äußeren Gewaltmonopols bereits vollendet. Dennoch gelang es seit damals, seine Macht durch die ideenpolitischen Errungenschaften der modernen Volkssouveränität und des Nationalismus noch weiter zu steigern. Mit der Fiktion der Volkssouveränität wurde der Staat von jeder einschränkenden Fremdlegitimation unabhängig. [...] Mit der Nation als quasi-religiösem Wert erhöhte sich die Bereitschaft der Untertanen, für ihren mit der Nation identifizierten Staat immer höhere Opfer an Gut und Blut zu bringen. Denn der moderne Staat hat auch in seiner säkularsten Variante immer religiösen Charakter. Schließlich verlangt er von seinen Dienern nicht nur konformes Verhalten, sondern auch die richtige Gesinnung. Er will und muss geglaubt werden, so dass die gegenwärtige Krise des Staates auch als politische Glaubenskrise gedeutet werden kann. Überspitzt formuliert, wenn die lateinische Kirche sich als der erste Staat Europa [sic] erweist, dann ist der moderne Staat die letzte Kirche Europas – gewesen" (87f).

Weiterführend Gret Hallers Überlegungen zum Verhältnis von Religion, Recht, Nation und Kultur. Sie richtet an die Theologie die Erwartung, „dass sie heute ihre eigene Säkularisierung nicht mehr als etwas betrachtet, das sie erlitten hat, obwohl sich das damals [im Westfälischen Frieden von 1648 mit der Einbindung der Religion in eine übergeordnete staatliche Ordnung, der Statuierung des Prinzips der Gleichheit der Staaten und der Erfindung des Völkerrechts] durchaus so abspielte. Gerade weil die Säkularisierung der Religion [...] das Muster für die Säkularisierung der Nationen darstellt, ist es Aufgabe der Theologie, die eigene Säkularisierung positiv anzunehmen [...] und auch zu lehren. Dass die Theologie, wenn sie die eigene Säkularisierung ablehnt oder verschweigt, damit fundamentalistische Tendenzen in der Religion fördert, ist [...] unbestritten. Dass sie aber dadurch auch die Säkularisierung der Nationen [und der Kulturen; C.O./P.-O.U.] in Frage stellt und damit die europäische Friedensordnung tangiert, auf diese Gefahr möchte ich ausdrücklich hinweisen."[57]

In Anbetracht solcher Befunde ist erneut zu fragen, wie es kam und was es bedeutet, dass die Entfundamentalisierung religiöser Geltungsansprüche, die theologisch in der Taufdifferenz grundgelegt ist und als eine der „ethischen Folgen" der Taufe zu erwarten wäre, über weite Strecken historisch durch die Vorordnung der Taufdifferenz gegenüber sekundärer Differenzen überlagert und außer Kraft gesetzt wurde (ohne dass dies als *theologisches* Problem erkannt worden wäre) – ein Muster, bezüglich dessen auch zu prüfen ist, ob es heute bereits überwunden ist.

Der Kontext solcher Überlegungen wäre zugleich der Ort für die Frage, ob die Bestimmung der notwendigen Elemente für die volle Kirchengemeinschaft, wie sie nach römisch-katholischem Verständnis gefasst ist (zusätzlich zur Taufe die Bande des Glaubensbekenntnisses, der Sakramente und der kirchlichen Leitung), nicht dadurch zu kurz greift,

---

[56] Throne und Altäre; Seitenangaben in Klammern im Text.
[57] Haller, 150.

dass sie auf system*interne* Unterschiede abstellt, die basale Taufdifferenz nicht angemessen veranschlagt und das weite Feld der „ethischen Folgen" der Taufe gänzlich außer Betracht lässt, die – wie gesehen – nie nur in individualethischen Zusammenhängen zu verorten sind.

An Fragen dieser Art kann und muss ökumenisch konstruktive Unterscheidungsarbeit ansetzen, wenn es darum geht, „Völker und Kulturen" zu versöhnen, und dies in spezifischer Zuspitzung durch die jeweiligen Aufgaben, wie sie sich im gesellschaftlichen Umfeld von Bistum und Landeskirche stellen.

„Den Dienst der Versöhnung auch für Völker und Kulturen wahrzunehmen", setzt nicht allein – so anspruchsvoll schon dies ist – den „Frieden zwischen den Kirchen" voraus (III.8), sondern auch die Wagnisbereitschaft und Entschlossenheit, sich den nachhaltig veränderten Anforderungen an die Konstruktion der eigenen Identität zu stellen, auf die – unser letzter Hinweis – sozialwissenschaftlich-pädagogische Forschungen aufmerksam machen[58].

Auf breit angelegtem empirischem Fundament steht ein Konzept im Zentrum, in welchem Identität eine *Beziehung*, nicht eine Eigenschaft ist. „Deshalb ist die Identitätsfrage nicht wer bin ich?, sondern wer bin ich im Verhältnis zu den anderen, wer sind die anderen im Verhältnis zu mir? Das Konzept der Identität ist untrennbar vom Konzept der Alterität" (95). Ständiger Bezug auf Andersheit, Zulassen von und Auseinandersetzung mit Fremdheit statt Ab- und Ausgrenzung von beidem gehören somit konstitutiv zum Aufbau von Identität unter heutigen Bedingungen. Sie „erwächst nicht mehr aus einer gemeinsamen Welt-Sicht vieler, einem [...] moralischen Normenpaket, sondern aus der dialogischen Welt-Erfahrung" in sozialen Netzwerken (99); sie wird „über Sprache und ihre Erzählstrukturen" vermittelt (101). – Ist es Zufall oder rein äußerliche Entsprechung, wenn solche Erträge mit jenen übereinstimmen, die im Rahmen von Überlegungen zur gegenseitigen Anerkennung der Taufe zu dem Ergebnis kommen: „Vielleicht gelingt eine solche gegenseitige Anerkennung von ‚äquivalenten Prozessen' [der lebenslangen Eingliederung in die Kirche als universalem Leib Christi] nicht so sehr mit Hilfe begrifflicher Theologie sondern auf andere Weise, d.h. durch Erzählen von Geschichten. Im wechselseitigen Hören auf unsere Erzählungen von den Anfängen unseres Christseins, unabhängig von der uns prägenden Tradition, können wir dazu kommen, einander zuzugestehen: ‚Es ist der gleiche Weg'"[59].

4. Ausblick

Solche Wagnisbereitschaft und Entschlossenheit braucht es für das Vorhaben, zu dem sich die an der gemeinsamen Qualifizierung regionaler Ökumene-Beauftragter Beteiligten entschieden haben. Sie setzen sich damit

---

[58] Heiner Keupp u.a., Identitäts-Konstruktionen. Das Patchwork der Identitäten in der Spätmoderne, Reinbek bei Hamburg 1999; Seitenangaben in Klammern im Text.
[59] Paul Fiddes, zit. aus Raiser, Gegenseitige Anerkennung, 309.

selber jenen Anforderungen aus, mit denen die Charta Oecumenica konfrontiert, wenn sie in ihrer Verbindlichkeit angenommen wird. Sie haben dabei allerdings schon auf dem bisherigen Wegstück erfahren, dass Verbindlichkeit keine äußere Forderung ist, sondern Verbindung schafft, aus der Verbundenheit entsteht, die das Verbindliche der Charta vor allem als dankbar anzunehmendes und mit Leben zu erfüllendes Geschenk erkennen lässt.

„Nicht nur die Mission, sondern die Kirche insgesamt steht [...] vor der Frage, ob im Zeichen kultureller Globalisierung einerseits, sinkender Bedeutung des Christentums andererseits inzwischen nicht ein anderes Verhältnis von Glaube und Macht angesagt sein könnte, wo die Macht des Glaubens ohne den in der bisherigen Geschichte praktizierten Glauben an die Macht auskommen muss."[60] Die Besinnung auf die Taufe als grundlegende Unterscheidung – auch zwischen Glauben und Macht – und die Charta Oecumenica haben je auf ihre behutsame Art die Antwort schon gegeben. Die wichtigste Aufgabe, nicht allein für Ökumene-Beauftragte, besteht darin, diese Antwort weiterzutragen und vernehmbar zu machen. Die Aufgabe wäre erfüllt, wenn sie überflüssig geworden wäre.

---

[60] Reinhard, Christentümer und Kulturkonflikte, 127f.

Freikirchliche Tauftraditionen – ökumenisch herausgefordert

Walter Klaiber

Der Bitte, für eine Festschrift für Theodor Schneider einen Beitrag zum Thema „Freikirchliche Tauftraditionen – ökumenisch herausgefordert" zu schreiben, bin ich gerne nachgekommen. Ich habe auch die mit der Formulierung des Themas verbundene Fragestellung akzeptiert, da man einer Herausforderung nicht ausweichen sollte. Ich möchte mir aber die Freiheit nehmen, das Thema auch in der umgekehrten Fragerichtung zu bedenken, also gewissermaßen mit dem Untertitel zu versehen: „Ökumenische Tauftheologie – freikirchlich herausgefordert".

Nun ist es freilich keineswegs so, dass die Freikirchen eine einheitliche Tauftheologie hätten. Schon der Begriff „Freikirche" ist nicht völlig eindeutig und hat außerhalb Europas bzw. außerhalb der Länder, in denen es einmal protestantische Staatskirchen gab, keine Definitionskraft.[1] Es ist allerdings symptomatisch, dass eine Kirche wie die Selbständige Evangelisch-Lutherische Kirche, die soziologisch zweifellos Merkmale einer Freikirche aufweist und durch den Zusammenschluss dreier „Freikirchen" entstand, die aber nun gerade in ihrer Tauftheologie keine Unterschiede zu anderen lutherischen Kirchen aufweist, sich theologisch gesehen als eine „Freikirche wider Willen" bezeichnet.[2] Offensichtlich hat Freikirchesein doch etwas mit einer bestimmten Tauftheologie zu tun!

Blickt man aber in die Präambel der Verfassung der Vereinigung Evangelischer Freikirchen, durch die definiert werden soll, welche Art von Kirchen sich hier unter der Bezeichnung „Freikirchen" zusammengeschlossen haben, findet man keine Aussage über die Taufe. Dazu ist die Tauftheologie und Taufpraxis dieser Kirchen offensichtlich zu unterschiedlich. Aber es findet sich eine Aussage über die Kirchengliedschaft, die indirekt auch etwas über die Gemeinsamkeit im Blick auf die Tauftheologie aussagt. Dort heißt es von diesen Kirchen: „Sie erwarten von den Gliedern ihrer Gemeinden ein

---

[1] Vgl. Walter Klaiber, Freikirche – Kirche der Zukunft?, in: ÖR 50 (2001) 442–455; Karl Heinz Voigt, Freikirchen in Deutschland (19. und 20. Jahrhundert), KGE III/6, Leipzig 2004, 31–34.

[2] Werner Klän, Art. Selbständige Evangelisch-Lutherische Kirche, TRE XXXI, 103–105; Voigt, Freikirchen, 37f.

Bekenntnis des persönlichen Glaubens an Jesus Christus sowie die ernsthafte Bereitschaft, ihr Leben dem Willen Gottes entsprechend zu führen."[3]

Soziologisch wendet sich diese Formulierung gegen das volkskirchliche Prinzip, dass zur Kirche alle (evangelisch) Getauften gehören, so lange sie nicht aus der Kirche austreten oder in eine andere Kirche übertreten.[4] Theologisch bekräftigt der zitierte Satz, dass die Zugehörigkeit zur Kirche nicht durch die Taufe allein, sondern auch durch das Bekenntnis des Glaubens konstituiert wird. Wie die Elemente Glaube und Taufe einander zugeordnet sind, das wird – wie schon angedeutet – von den einzelnen Freikirchen unterschiedlich formuliert und geordnet.

Das Element des Glaubens betonen die Freien evangelischen Gemeinden am stärksten. In ihrer Verfassung heißt es: In den Gemeinden „kann Mitglied werden, wer an Jesus Christus glaubt und bekennt, durch ihn Vergebung der Sünden empfangen zu haben, und wer bereit ist, seine Lebensführung von ihm bestimmen zu lassen."[5] Und in der Musterordnung für Freie evangelische Gemeinden wird das noch etwas präzisiert: „Die Gemeinde übt die Taufe der Glaubenden; diese ist jedoch nicht Bedingung für die Aufnahme in die Gemeinde."[6] Das heißt, es können u.U. auch als Kind Getaufte aufgenommen werden. Zugleich ist nicht ausgeschlossen, dass auch Menschen, die die Taufe als äußeres Zeichen ganz ablehnen, Mitglied in einer Freien evangelischen Gemeinde sind.

Eine konsequente Verbindung von Taufe und Glaube findet sich in der baptistischen Tauftradition. In der „Rechenschaft vom Glauben" des Bundes Evangelisch-Freikirchlicher Gemeinden heißt es in Artikel 2,I,3: „Jesus Christus hat seine Gemeinde beauftragt, die an ihn Glaubenden zu taufen. Die Taufe bezeugt die Umkehr des Menschen zu Gott. Deshalb sind nur solche Menschen zu taufen, die auf Grund ihres Glaubens die Taufe für sich selbst begehren. [...] Mit der Taufe lässt sich der glaubende Mensch als Glied am Leib Christi zugleich in die Gemeinschaft einer Ortsgemeinde eingliedern."[7] Damit ist nicht nur eine klare Ablehnung der Praxis der Kindertaufe

---

[3] Freikirchenhandbuch (Ausgabe 2004), Wuppertal 2004, 141.
[4] Auf Seiten evangelischer Landeskirchen geht es um das „Territorialprinzip", „wonach grundsätzlich jeder ev. Getaufte, der im jeweiligen Gebiet wohnt und weder den Kirchenaustritt noch einen Konfessionsübertritt erklärt hat, auch ohne eine – ausdrückliche oder stillschweigende – Beitrittserklärung Mitglied der betreffenden L(andeskirche) wird" (Christoph Görisch, Art. Landeskirche, RGG^4 V, 61). Zur Situation bei der Katholischen Kirche s.u. Anm. 26.
[5] In: Peter Strauch (Hg.), Typisch FeG. Freie evangelische Gemeinden unterwegs ins neue Jahrtausend, Witten ²1998, 245.
[6] AaO. 256.
[7] Rechenschaft vom Glauben, Kassel o.J. (1995), 9.

ausgesprochen; grundsätzlich kann die Taufe eines Säuglings nicht als gültige Taufe anerkannt werden, selbst wenn der oder die so Getaufte inzwischen zum Glauben gekommen sind. Ob hier aus seelsorgerlichen Gründen Ausnahmen möglich sind, wird seit längerer Zeit im Baptismus diskutiert und teilweise auch unterschiedlich praktiziert.[8]

Hier haben die Mennoniten schon einen Schritt zu einer größeren ökumenischen Offenheit getan, nachdem es eine Reihe von Gesprächen mit der VELKD gegeben hat.[9] In einem von der Arbeitsgemeinschaft Mennonitischer Gemeinden im Jahr 2002 verabschiedeten Text „Herzstück unseres Glaubens – mennonitisch-täuferische Kernüberzeugungen" heißt es: „Die Taufe verstehen wir als Gottes Ja zu uns und zugleich als Antwort des Menschen auf Gottes Ruf. Wir praktizieren die Taufe von mündigen Menschen nach Bekenntnis des Glaubens. Wenn eine Person in die Gemeinde eintritt, die als Kind getauft wurde, machen wir die Bekenntnistaufe nicht zur Bedingung. Wichtig ist uns vor allem das heutige Bekenntnis des Glaubens."[10]

Damit wird eine Grundüberzeugung der reformatorischen Täuferbewegung, für die die Kindertaufe ein „Greuel" war,[11] aufgegeben; aber es wird zugleich deren Grundanliegen gewahrt, da es dieser Bewegung – wie übrigens auch dem frühen Baptismus – nicht isoliert um die schriftgemäße Form der Taufe, sondern vor allen Dingen um die Frage ging: Wie konstituiert sich die Gemeinde Jesu Christi?

Von einem ganz anderen Ansatzpunkt trifft sich das dann auch mit dem Anliegen evangelisch-methodistischer Theologie. In den methodistischen Kirchen hat man zwar in der Regel die Kindertaufe beibehalten. Aber ihre soteriologische und ekklesiologische Wirkung wird sehr viel stärker als in der katholischen, orthodoxen oder auch lutherischen Tradition mit dem Bekenntnis des Glaubens verbunden, auf das die Kindertaufe zielt und das bei einer Taufe Jugendlicher oder Erwachsener öffentlich abgelegt wird. Das führt ekklesiologisch bei vielen methodistischen Kirchen zu einer „gestuften" Kirchengliedschaft. Als Kind Getaufte sind zunächst Kirchenangehörige und

---

[8] Vgl. André Heinze, Glaube und Taufe als Initiation. Exegetische Anmerkungen aus baptistischer Sicht, in: Walter Klaiber/Wolfgang Thönissen (Hgg.), Glaube und Taufe in freikirchlicher und römisch-katholischer Sicht, Paderborn 2005, 49–70; ders., Taufe und Mitgliedschaft, in: Zeitschrift für Theologie und Gemeinde 4 (1999) 208–222; Andreas Peter Zabka, Wie gültig ist die Kindertaufe? Zwei Ansätze zur Begründung der „offenen Mitgliedschaft" im Bund Ev.-Freikirchlicher Gemeinden, aaO. 223–237.

[9] Die Ergebnisse sind dokumentiert in Texte der VELKD, Nr. 53/1993 und Nr. 67/1996.

[10] Abgedruckt im Freikirchenhandbuch (2004), 188.

[11] So die Schleitheimer Artikel, vgl. Karl-Heinz zur Mühlen, Art. Taufe V., TRE XXXII, 705f.

werden dann, wenn sie sich durch ein Bekenntnis zu Jesus Christus und die Verpflichtung zur Mitarbeit in der Gemeinde in die Kirche aufnehmen lassen, zu Kirchengliedern.[12]

Was die Freikirchen also eint, ist die Ablehnung eines rein sakramentalen Verständnis der Taufe und ihrer Wirkung *ex opere operato* auch dann, wenn der Täufling nicht zum Glauben findet. Den Konvergenzpunkt zwischen den verschiedenen freikirchlichen Traditionen zeigt sehr schön eine Bemerkung des baptistischen Theologen Hans Luckey: „Auf deutschem Boden, d.h. im Bereich der lutherischen Landeskirchen, haben die Väter des deutschen Baptismus einen scharfen Kampf gegen die orthodoxe Lehre von der Taufwiedergeburt geführt. Denn sie predigten ‚methodistisch'. Mit anderen Worten: Sie bestanden auf der persönlichen Erfahrung des Heils, auf der Entscheidung für Christus, und zwar *vor* der Taufe"[13]. Zwar trifft der letzte Halbsatz nur für die baptistische Traditionslinie zu – Methodisten hätten gesagt „und zwar gerade auch durch die als Kind Getauften" –, aber die konstitutive Bedeutung des Glaubens für das Heil und die Zugehörigkeitzum Leib Christi hatte bei allen freikirchlichen Verkündigern eine klare Priorität.

Was bedeutet das für die wechselseitige Herausforderung zwischen freikirchlicher und „ökumenischer" Theologie? Schon die Frage weist auf eine gewisse Schieflage hin: zumindest international sollte man annehmen, dass freikirchliche Theologie ein integraler Bestandteil ökumenischer Theologie ist. Das trifft aber gerade für die Sakramententheologie und insbesondere für die Tauflehre nur sehr bedingt zu. Hier scheint ökumenische Theologie fast identisch mit der „katholischen" (im umfassenden Sinne dieses Wortes) Tradition zu sein, weil es hier einen Konsens gibt, der Orthodoxie, Römisch-katholische Kirche, Altkatholiken, Anglikaner, Lutheraner und teilweise auch die Reformierten einigt. Und deshalb besteht die Gefahr, dass man nach mancher Enttäuschung beim Versuch, ein gemeinsames Abendmahlsverständnis zu entwickeln, die vermeintliche oder tatsächliche Übereinstimmung

---

[12] Vgl. Walter Klaiber/Manfred Marquardt, Gelebte Gnade. Grundriß einer Theologie der Evangelisch-methodistischen Kirche, Stuttgart 1993, 323–328, 381–383; Manfred Marquardt, Taufpraxis, religiöse Sozialisation und Kirchengliedschaft in der Evangelisch-methodistischen Kirche, in: Klaiber/Thönissen (Hgg.), Glaube und Taufe, 135–154. Weiter Rudolf Weth, Taufverständnis und Taufpraxis in den Freikirchen als Anfrage an die landeskirchliche Taufpraxis, in: Christine Lienemann-Perrin (Hg.), Taufe und Kirchenzugehörigkeit, FBESG 39, München 1983, 358–362; Christoph Raedel, Gemeinschaft in Glaube und Dienst. Kirchengliedschaft als Gestalt verbindlicher Christusnachfolge, in: Theologie für die Praxis 30 (2004) 42–67.

[13] Hans Luckey, Die baptistische Lehre von der Taufe, in: Günter Balders/Uwe Swarat (Hgg.), Textbuch zur Tauftheologie im deutschen Baptismus, Kassel 1994, 29–43, 29.

in der Tauffrage zur Grundlage der Einheit der Kirche macht und die Anfragen der täuferischen und freikirchlichen Traditionen nach der Bedeutung des Zusammenhangs von Taufe und Glauben als Störfaktor auf die Seite stellt.[14] Allerdings hat sich umgekehrt freikirchliche Theologie in den letzten Jahrzehnten selbst die Aufgabe gestellt, die Frage nach einer sakramentalen Dimension der Taufe nicht nur vom Streit um die Praxis der Kindertaufe her zu bedenken, sondern grundsätzlich vom Zeugnis des Neuen Testaments über Gottes Handeln in der Taufe zu beurteilen. Ich möchte dieses Ringen an zwei Beispielen der aktuellen Diskussion über die Taufe im Baptismus einerseits und in der Evangelisch-methodistischen Kirche andererseits illustrieren.

1. Taufe und Glaube im Gespräch im und mit dem Baptismus

Als die deutschsprachigen Baptisten Mitte der siebziger Jahre unter dem Thema „Rechenschaft vom Glauben" ein gemeinsames Glaubensbekenntnis erarbeiteten, konnte man sich in fast allen Fragen auf einen gemeinsamen Text einigen. Nur beim Artikel „Glaube und Taufe" nahm die Bundesratstagung des Bundes Evangelisch-Freikirchlicher Gemeinden in der DDR 1978 einen anderen Text entgegen, als ein Jahr zuvor den entsprechenden Gremien in der Bundesrepublik, in der Schweiz und in Österreich vorgelegen hatte.[15] Hinter diesem für Außenstehende sehr bemerkenswerten Vorgang verbarg sich kein politisch bedingter Ost-West-Gegensatz in der Tauffrage, sondern eine Spannung im baptistischen Taufverständnis, die – wie Günter Balders gezeigt hat – den Baptismus in Deutschland von seinen Anfängen an begleitet hat und der sich nun in der unterschiedlichen Akzentuierung im Taufverständnis in den Gemeinden in der DDR und dem übrigen deutschsprachigen Europa wieder zeigte.[16]

Die Fassung der DDR spricht diesen Unterschied am Ende des Artikels „Glaube und Taufe" offen an: „Die einen sehen nach ihrem Verständnis des Neuen Testaments die Taufe grundsätzlich als ein auf das Evangelium antwortendes Handeln des Menschen, der aber nicht aus sich selbst antwortet, sondern erfüllt und getragen von Gottes Geist. [...] Die anderen sehen in der im Glauben empfangenen Taufe sowohl ein Handeln des Menschen als auch ein Handeln Gottes. Der Täufling wird in seiner Taufe an seinen Herrn

---

[14] Es ist deshalb wichtig, dass an den Gesprächen über eine gegenseitige Taufanerkennung in Deutschland auch ein baptistischer Theologe als Berater teilgenommen hat.
[15] Texte und Diskussion sind dokumentiert in Balders/Swarat, Textbuch.
[16] Günter Balders, Zu den Taufartikeln unserer früheren Glaubensbekenntnisse, in: ders./Swarat, Textbuch, 15–28.

übereignet und lässt sich in den Leib Christi eingliedern."[17] Eine Entscheidung wird nicht ausdrücklich getroffen, aber die vorgehenden Ausführungen zeigen, dass man hier der erstgenannten Auffassung zuneigt, denn diese sprechen – abgesehen von der Beschreibung des Vorgangs des Getauftwerdens – im Wesentlichen von dem, was der Täufling tut: „In der Taufe lässt sich der Täufling öffentlich-verbindlich auf seinen Glauben und auf Christus als den Grund seines Glaubens festlegen. Er gibt sein Leben ohne Christus ins Grab, um in der Nachfolge das Leben Christi mitzuleben. Dazu erbittet er in der Taufe die Gnade Gottes. Gleichzeitig willigt er ein in eine Lern- und Dienstgemeinschaft mit der Gemeinde, die sich vor Gott mit dem Getauften geistlich und sozial solidarisch erklärt." Anders der „westliche" Text. Nach ihm ist die Taufe „Zeichen der Vergebung der Sünden, der Annahme des Menschen durch Gott und der Erneuerung des Menschen durch den Heiligen Geist. In der im Glauben empfangenen Taufe erhält der Täufling Anteil am Sterben und Auferstehen Jesu Christi und wird ihm als seinem Herrn übereignet. In der Taufe wird der Täufling durch die Gabe des Heiligen Geistes zu einem neuen Leben des Lobes Gottes in der Nachfolge Jesu Christi zugerüstet. In der Taufe lässt er sich in den einen Leib Christi eingliedern und in die Gemeinschaft der Gemeinde aufnehmen. Durch die Taufe solidarisieren sich Christus und seine Gemeinde mit dem Täufling, der zum Kampf und Leiden im Reich Gottes in die Pflicht genommen wird."

Grundsätzlich neigt täuferische Tauftheologie dazu, im Geschehen der Taufe das Bekenntnis und Handeln des Menschen in den Vordergrund zu stellen. Das kennzeichnete auch das erste baptistische Glaubensbekenntnis, das 1837 in Hamburg von Johann Gerhard Oncken verfasst worden ist.[18] Für ihn ist die Taufe „das Begräbnis und die Auferstehung Christi, so wie die feierliche Verpflichtung des Täuflings, der Sünde abzusterben, und durch den Glauben an Christum in einem neuen Leben zu wandeln. [...] Die von Christo verordnete Taufe dient dazu, uns in die sichtbare Gemeinschaft seiner Kirche aufzunehmen, wie auch zur Befestigung des Glaubens und der Verbindung mit ihm." Das war der Berliner Baptistengemeinde unter der Führung von Gottfried Wilhelm Lehmann zu wenig. Man fügte deshalb einen neuen Absatz hinzu: Gerade beim schriftgemäßen Vollzug der Taufe „behält die ursprüngliche Anordnung Christi ihre tiefe, ursprüngliche Bedeutung, daß der Mensch nämlich von der Sünde, die ihn ganz und gar behaftet nach Ps. 38,4–8. durchaus gereinigt und abgewaschen [...] und also

---

[17] Balders/Swarat, Textbuch, 6 (dort auch die weiteren Zitate).
[18] Texte bei Balders, Zu den Taufartikeln, 22–27.

ein der Größe und dem Umfange des Übels und der Heilung vollkommen entsprechendes Zeichen gegeben werde; sodann, daß das Begrabensein und Auferstehen mit Christo, das Sterben der Sünde und Wandeln im neuen Leben, nach Röm. 6,4., hervortrete; und endlich die große Umwandlung des Menschen, von der Heiligen Schrift Wiedergeburt genannt, ein tiefes und ausdrucksvolles Symbol erhalte. [...] Wir glauben, daß die Taufe aber, nach dem geoffenbarten Willen des Herrn vollzogen, nicht ein bloßes Zeichen sei, sondern daß, unter den nöthigen Voraussetzungen, sie das wirklich giebt und zu Stande bringt, als ein Mittel der Gnade, was sie bedeutet, daß wir dadurch aus dem alten Adam in den neuen Christum versetzt, seiner sichtbaren Gemeine auf Erden einverleibt, des Heiligen Geistes und aller Segnungen des Hauses Gottes theilhaftig werden." Das klingt sehr viel lutherischer und nimmt damit auch wichtige Taufaussagen des Neuen Testaments auf.

Schon 1847 versuchte man, eine gemeinsame Fassung des Glaubensbekenntnisses zu erstellen, was offensichtlich recht schwierig war. Man stellte dann einfach beide Aspekte nebeneinander: „Die Taufe ist die Erstlingsfrucht des Glaubens und der Liebe zu Christo, der Eintritt in den Gehorsam gegen den Herrn und in seine Gemeine. Sie ist die feierliche Erklärung, das Bekenntniß des Sünders, der das Schreckliche der Sünde und der Verdammlichkeit seines ganzen Wesens erkannt hat: daß er alle seine Hoffnung allein auf den Tod und die Auferstehung Jesu Christi, seines Heilandes, setze und an ihn glaube, als Erlöser vom Fluch und Sold der Sünde – daß er sich mit Leib und Seele Christo ergebe und Ihn anziehe, als seine Gerechtigkeit und Stärke – daß er seinen alten Menschen in den Tod gebe und mit Christo in einem neuen Leben zu wandeln wünsche.
Die Taufe ist aber auch die feierliche Erklärung und Versicherung Gottes an den gläubigen Täufling, daß er versenkt sei in Christo Jesu, und also mit ihm gestorben, begraben und auferstanden; daß seine Sünden abgewaschen seien, und daß er ein liebes Kind Gottes sei, an welchem der Vater Wohlgefallen habe." Allerdings war die Frage damit nicht wirklich gelöst und die Balance zwischen den beiden Aussagenreihen offensichtlich nicht leicht zu halten.
Karl Barths Tauftheologie, die gerade in baptistischen Kreisen große Beachtung fand, verstärkte wieder die zwinglianische Tendenz, in der Taufe vor allem einen Bekenntnisakt des Täuflings zu sehen.[19] Exegetisch war dies unbefriedi-

---

[19] Karl Barth, Die kirchliche Dogmatik IV,4: Das christliche Leben (Fragment), Die Taufe als Begründung des christlichen Lebens, Zürich 1967.

gend, und gerade dort, wo man sich aus der polemischen Situation der Bestreitung der Kindertaufe löste, war es fast zwingend, den Aussagen des Paulus in Römer 6 über das, was am Getauften geschieht, größere Beachtung zu schenken. Diese Synthese wurde im dem grundlegenden und epochemachenden Buch von G. R. Beasley-Murray, Baptism in the New Testament, 1962, vollzogen.[20] Es ist nicht von ungefähr, dass Beasley-Murray im Vorwort zu seinem Buch sagt, dass er im Blick auf die unterschiedlichen Taufauffassungen von niemand so viel gelernt habe, wie von der europäischen Sektion der Kommission für Glaube und Kirchenverfassung. Denn Beasley-Murrays Buch ist zwar ein durch und durch exegetisches Werk, aber in seinem hermeneutischen Horizont gerade durch die Einbeziehung der Sicht des biblischen Befundes in anderen Tauftraditionen sehr breit angelegt.

Nach der Wiedervereinigung Deutschlands und der beiden Bünde Evangelisch-Freikirchlicher Gemeinden ist es dann auch gelungen, in einem durchaus nicht einfachen Diskussionsprozess einen gemeinsamen Artikel zu „Glaube und Taufe" für die „Rechenschaft vom Glauben" zu formulieren. Was in der Taufe am Täufling geschieht, wird nun als direktes Zitat aus einem (virtuellen) Bekenntnis des Täuflings formuliert: „Durch den Vollzug der Taufe wird dem Täufling bestätigt, was ihm das Evangelium zusagt und wozu er sich vor Gott und Menschen bekennt: Jesus Christus ist auch für mich gestorben und auferstanden. Mein altes Leben unter der Herrschaft der Sünde ist begraben, durch Christus ist mir neues Leben geschenkt. Gott gibt mir Anteil an der Wirkung des Todes Jesu Christi. Er lässt auch die Kraft seiner Auferstehung an mir wirksam werden, schon jetzt durch die Gabe des Heiligen Geistes und einst durch die Auferweckung zum ewigen Leben." Bekenntnis des Menschen und Handeln Gottes werden durch diese Redefigur als sich gegenseitig bedingend und ermöglichend beschrieben.

Diese Entwicklung hat nun auch das Gespräch über die Taufe im ökumenischen Bereich konstruktiv beeinflusst. Das erste Beispiel dafür sind die Konvergenzerklärungen der Kommission für Glaube und Kirchenverfassung des Ökumenischen Rates der Kirche zu „Taufe, Eucharistie und Amt" aus dem Jahr 1982. Ich vermute, der Abschnitt über die Taufe ist der erste bedeutsame ökumenische Text, in dem die Fragen der täuferischen Tradition ernsthaft aufgenommen und auf dieser Basis dann auch wieder Rückfragen an die Position der Vertreter der Glaubenstaufe gerichtet wurden. Das mündete in die berühmt gewordene Aufforderung an beide Seiten: „Um ihre Unterschiede zu überwinden, sollten Anhänger der Gläubigentaufe und diejenigen, die die Kindertaufe üben, bestimmte Aspekte ihrer Praxis

---

[20] Deutsche Ausgabe: Die christliche Taufe, Kassel 1968.

neu überdenken. Erstere könnten sich darum bemühen, die Tatsache sichtbarer zum Ausdruck zu bringen, dass Kinder unter den Schutz der Gnade Gottes gestellt sind. Letztere müssten sich gegenüber der Praxis einer offensichtlich unterschiedslosen Taufe schützen und ihre Verantwortung ernster nehmen, getaufte Kinder zu einer bewussten Verpflichtung Christus gegenüber hinzuführen" (Taufe IV,16).[21] Ob damit freilich die Tiefe des Dissenses zwischen beiden Auffassungen erfasst oder gar überbrückt ist, mag man bezweifeln. Aber die gegenseitige ökumenische Herausforderung, die Anliegen der anderen Seite *ad bonam partem* zu bedenken, war wichtig und zukunftsweisend.

Zehn Jahre später erfolgte der Anstoß zu weiteren ökumenischen Gesprächen.[22] Die Europäische Evangelische Versammlung, die 1992 in Budapest stattfand und die Folgen der politischen Wende für den europäischen Protestantismus bedachte, richtete an die Leuenberger Kirchengemeinschaft die Bitte, Gespräche mit anderen protestantischen Kirchen mit dem Ziel aufzunehmen, eine gemeinsame Plattform für die evangelischen Kirchen in Europa zu schaffen. Neben Methodisten und Anglikanern wurden ausdrücklich auch die Baptisten genannt. Diese Bitte wurde von der Leuenberger Vollversammlung 1994 positiv aufgenommen, aber während die Gespräche mit den Methodisten relativ zügig zu deren Beitritt zur Leuenberger Kirchengemeinschaft im Jahr 1997 führte, kamen die Gespräche mit der Europäischen Baptistischen Föderation nur zögernd in Gang. Nach einem inoffiziellen Vorgespräch 1993 dauerte es recht lange, bis dann 1999 und 2000 eine erste Konsultationsrunde stattfand. Eines der Ergebnisse dieser Konsultation war die Empfehlung, „Lehrgespräche über die Taufe" aufzunehmen mit der Frage, „unter welchen Umständen eine gegenseitige Anerkennung der Taufe möglich ist". Das Lehrgespräch fand vom Herbst 2002 bis Frühjahr 2004 statt, und das Abschlussdokument ist inzwischen unter dem Titel „Der Anfang des christlichen Lebens und das Wesen der Kirche" veröffentlicht worden.[23] Hier werden eine ganze Reihe grundsätzlicher gemeinsamer Feststellungen zur Bedeutung der Taufe getroffen, die vor allem vom Handeln Gottes in der Taufe sprechen, aber auch dem Re-

---

[21] Zur freikirchlichen Rezeption dieses Textes siehe Johannes Oeldemann, Ökumenische Konvergenz im Taufverständnis? Das Lima-Papier über die Taufe und seine Bewertung von freikirchlicher und katholischer Seite, in: Klaiber/Thönissen (Hgg.), Glaube und Taufe, 191–214.

[22] Dazu Uwe Swarat, Die Gespräche zwischen der Europäisch Baptistischen Föderation und der Leuenberger Kirchengemeinschaft, in: ÖR 53 (2004) 376–386; Klaus Peter Voß, Täuferisch-freikirchliche Positionen und Anliegen im aktuellen Gespräch über die gegenseitige Taufanerkennung, in: MdKI 55 (2004) 97–101.

[23] Text in ÖR 53 (2004) 387–397.

Agieren des Täuflings seinen Platz im Taufgeschehen zuweisen. Dafür ein Beispiel aus dem Text: „Im Glauben an Jesus Christus erfährt und bejaht der sündige Mensch die schöpferische und versöhnende Liebe des dreieinigen Gottes so und sagt sein eigenes ‚Ja' zu ihr, so dass er sich selber als in die Geschichte dieser Liebe einbezogen weiß. [...] In der Taufe im Namen des dreieinigen Gottes feiert die christliche Kirche den Sieg der Liebe Gottes über des Menschen Gottlosigkeit und über alle Mächte des Verderbens, die unser Unglaube, unsere Gottlosigkeit und unsere Hoffnungslosigkeit über unsere Welt gebracht haben. [...] Deshalb ist die Taufe auch ein Ort, wo Menschen im Glauben zu Gott ‚Ja' sagen können, der sie schon im Sieg der Liebe bejaht hat." Diese weitreichende Übereinstimmung führt dann zu der bemerkenswerten Schlussfolgerung: „Alle Taufen, die nach dem Auftrag Jesu Christi (Mt 28,19) evangeliumsgemäß vollzogen worden sind, werden von unseren Kirchen anerkannt. Zu einer evangeliumsgemäß vollzogenen Taufe gehört zumindest das Taufen im Namen des Vaters, des Sohnes und des Heiligen Geistes mit Zeichenhandlung des Begießens mit bzw. Untertauchens im Wasser. Wir erklären, dass die Kirchen unserer beiden Traditionen aufgerufen sind, weiterhin zu prüfen, was es heißt, gemäß dem Evangelium zu taufen, und was dies insbesondere für die Stellung des menschlichen Glaubens im Taufereignis bedeutet." Allerdings kann diese Übereinstimmung nicht über die bestehenden Unterschiede hinwegtäuschen, die insbesondere darin besteht, dass baptistische Kirchen eine Taufe an Säuglingen nicht als Taufe anerkennen können und deshalb in ihren Gemeinden Gläubige getauft werden, die schon als Säuglinge getauft worden sind, was für sie keine „Wiedertaufe" darstellt, wohl aber für die Kirchen der Leuenberger Kirchengemeinschaft (GEKE). Man suchte einen Ausweg, der in etwa der Linie liegt, die zwischen der Arbeitsgemeinschaft Mennonitischer Gemeinden und der VELKD gefunden wurde: „Auch wenn die meisten Baptisten die Säuglingstaufe sicherlich als unangemessen betrachten, könnten sie ihre Gültigkeit nicht ausdrücklich in Frage stellen und in diesen Fällen für die Aufnahme in die baptistische Gemeinde nur ein Bekenntnis des Glaubens verlangen, das den Weg der christlichen Initiation vollständig macht." Das würde ihnen umso leichter fallen, wenn die Kirchen, die die Säuglingstaufe praktizieren, noch ernster damit machen, „die Getauften auf ihrem Glaubensweg mit Gebet, Seelsorge und Unterweisung zu begleiten".[24]

---

[24] Zitate in ÖR 53 (2004) 389, 392, 397. Vgl. auch die vergleichbare „Vereinbarung zwischen Waldenser-, Methodisten- und Baptistenkirchen in Italien" von 1990, in: Cornelia Nussberger (Hg.), Wachsende Kirchengemeinschaft. Gespräche und Vereinbarungen zwischen evangelischen Kirchen in Europa, Bern 1992, 155–167.

Die Wege zu größerer Gemeinsamkeit, die hier angedeutet werden, sind nun freilich eher pragmatisch als grundsätzlich theologisch. Merkwürdigerweise hat man ja die Frage, welche konstitutive Bedeutung der Glaube im Zusammenhang mit der Taufe habe, im Grundsätzlichen übereinstimmend beantwortet, aber die Konsequenzen für die Praxis bleiben dann doch ganz unterschiedlich. Die Frage, welcher Stellenwert dem Bekenntnis des Glaubens strukturell in der Initiation zum Heil und in die Gemeinde zukommt, bleibt offen.

Eigenartigerweise scheint hier das Gespräch mit der Römisch-katholischen Kirche durchaus verheißungsvoll zu sein.[25] Zwar ist die Praxis der Kindertaufe in der Katholischen Kirche praktisch nicht weniger stark verwurzelt als in den lutherischen Volkskirchen, aber sie ist theologisch sehr viel weniger stark im System verankert als dort. Das beginnt mit der erstaunlichen Feststellung, dass das Dekret über die Rechtfertigung des Konzils von Trient am Modell einer Erwachsenentaufe entwickelt wird, und es hat auch damit zu tun, dass in der Katholischen Kirche der Glaube viel eindeutiger als Bedingung der Zugehörigkeit zur Kirche benannt wird, als das auf lutherischer Seite meist geschieht.[26] Die katholische Sicht der Taufe als ein Teil der christlichen Initiation macht auch bei den als Säuglingen Getauften theologisch und praktisch bewusst, dass ihre Taufe auf Glaube zielt.[27] Das trifft sich mit einem Vorschlag des baptistischen Theo-

---

[25] Vgl. Uwe Swarat, Was eint uns, was trennt uns noch?, in: Walter Klaiber/Wolfgang Thönissen (Hgg.), Rechtfertigung in freikirchlicher und römisch-katholischer Sicht, Paderborn–Stuttgart 2003, 193–200; und vor allem die Beiträge zum 2. freikirchlich-römisch-katholischen Symposion im Johann-Adam-Möhler-Institut in Paderborn in: Klaiber/Thönissen (Hgg.), Glaube und Taufe.

[26] Allerdings bleibt für den freikirchlichen Gesprächspartner eine gewisse Ambivalenz in den römisch-katholischen Aussagen. Einerseits sagt Unitatis Redintegratio 3: „Denn wer an Christus glaubt und in der rechten Weise die Taufe empfangen hat, steht dadurch in einer gewissen, wenn auch nicht vollkommenen Gemeinschaft mit der Katholischen Kirche" (DH 4, 188). Und von den in voller Gemeinschaft mit der römisch-katholischen Kirche Befindlichen sagt can. 205 CIC: „Voll in der Gemeinschaft der Katholischen Kirche [...] stehen jene Getauften, die in ihrem sichtbaren Verband mit Christus verbunden sind, und zwar durch die Bande des Glaubensbekenntnisses, der Sakramente und der kirchlichen Leitung" (ähnlich Lumen Gentium 14). Hier ist also der Glaube konstitutives Merkmal der Kirchenzugehörigkeit. Zugleich aber verleiht die Taufe als Sakrament der Eingliederung in die Kirche „ein untilgbares Prägemal", so dass theologisch gesprochen auch für den Nichtglaubenden ein Austritt aus der Katholischen Kirche nicht möglich ist (vgl. Heribert Hallermann, Der nach staatlichem Recht geregelte Kirchenaustritt – Apostasie, Häresie oder Schisma?, in: Athanasios Basdekis/Klaus Peter Voß [Hgg.], Kirchenwechsel – ein Tabuthema der Ökumene, Frankfurt a.M. 2004, 82–101).

[27] Vgl. Unitatis Redintegratio 22: „Daher ist die Taufe hingeordnet auf das vollständige

logen Fiddes, auch in der baptistischen Theologie die Taufe als ein Teil in einem längeren Prozess der Initiation zu sehen.[28] Dagegen besteht in der lutherischen Theologie bis heute die Tendenz, die Kindertaufe als die treffendste „Übertragung der Rechtfertigungslehre auf das Gebiet der Ekklesiologie" zu betrachten,[29] weil hier die Menschen Heil und Zugehörigkeit zur Kirche ohne jede Vorleistung (also auch ohne ein Bekenntnis ihres Glaubens) empfangen.

Von daher ist die Frage des Verhältnisses von Glaube und Taufe nicht nur eine praktische Frage, von der viele meinen, sie würde sich bald von selber lösen, weil immer weniger Menschen schon als Säuglinge getauft werden. Denn es besteht in Theorie und Praxis durchaus die Versuchung, auch die Erwachsenentaufe von einer theologisch idealisierten Kindertaufe her zu verstehen und zu gestalten und deshalb z. B. auf ein Bekenntnis des Glaubens von Seiten des Täuflings auch in diesem Fall zu verzichten, um diesen vor der Gefahr zu bewahren, eine „Vorleistung" erbringen zu wollen oder zu sollen. Eine solche Synergismusphobie ist der Katholischen Kirche naturgemäß eher fremd und daher ist sie in diesen Fragen eine interessante Gesprächspartnerin für freikirchliche Theolgie.

Ich fasse zusammen: Für freikirchliche Tauftheologie besteht die ökumenische Herausforderung vor allen Dingen darin, den Charakter der neutestamentlichen Taufe als ein wirksames Zeichen (also in gewissem Sinne ihren „sakramentalen" Charakter) ernst zu nehmen und in ihr mehr zu sehen als den äußeren Ausdruck dessen, was der Mensch im Glauben an sich vollzieht.

Die freikirchliche Herausforderung an die ökumenische Theologie großkirchlicher Tauftradition besteht in der Frage, wie Taufe und Glaube einander zuzuordnen sind, ohne dass der Glaube zur vom Menschen zu leistenden Vorbedingung wird, aber auch nicht zu einer wünschbaren, aber letztlich nicht notwendigen Beigabe im Heilsgeschehen degradiert wird.

---

[28] Bekenntnis des Glaubens"; weiter: Peter Lüning, Taufe als Initiation, in: Klaiber/Thönissen, Glaube und Taufe, 29–44; Burkhard Neumann, Die Taufe als Sakrament des Glaubens, in: Klaiber/Thönissen (Hgg.), Glaube und Taufe, 71–90.
Paul S. Fiddes, Baptism and the Process of Christian Initiation, in: ER 54 (2002) 48–65.

[29] Udo Schnelle, Art. Taufe II, TRE XXXII, 673 (als weiteres Beispiel dafür nimmt Schnelle die Vikariatstaufe von 1 Kor 15,29; aaO. 668); zur Kritik s. Walter Klaiber, Glaube und Taufe in exegetischer Sicht, in: Klaiber/Thönissen (Hgg.), Glaube und Taufe, 11–28, 25ff.

2. Taufe und Kirchengliedschaft – die Herausforderung des Methodismus

Zu den Schwachstellen im theologischen Erbe, das John Wesley den „Leuten, die man Methodisten nennt," hinterlassen hat, gehört zweifellos seine Tauflehre. Einerseits hielt Wesley an der sakramentalen Tauflehre der Anglikanischen Kirche fest und identifizierte das Geschehen der Taufe (auch im Falle der Taufe von Säuglingen) mit der Wiedergeburt.[30] Andererseits war er davon überzeugt, dass die Getauften das ihnen in der Taufe zugeeignete Heil durch die von ihnen begangene Sünde verspielt haben und der erneuten Neugeburt bedürfen. Als evangelistischer Prediger warnt er seine Hörer davor, sich unter Berufung auf die Taufwiedergeburt dem Ruf zur Buße zu verweigern und sich auf jenen „zerbrochenen Rohrstab, dass ihr in der Taufe wiedergeboren wurdet," zu stützen.[31] Allerdings hat diese Widersprüchlichkeit ihren Grund. Wie auch andere Aspekte seiner Theologie schließt das Verständnis Wesleys von der Taufe mehrere Dimensionen ein: „Grace and freedom of God, the church and sacraments, human responsibility and personal holiness of life. There is an inescapable tension in Wesley's thought between Catholic and Protestant, between objective and subjective, between ecclesiastical and evangelical. This tension results not in a conflict of elements, but in a creative synthesis."[32]

So lange der Methodismus eine Bewegung innerhalb der Anglikanischen Kirche war, stellte sich die Frage, was in diesem Zusammenhang die Taufe für die Kirchengliedschaft bedeute, nicht. Wer getauft war, war Glied der Kirche von England; für die Mitgliedschaft in den Methodistischen Gemeinschaften galt als Aufnahmebedingung nur das durch eine entsprechende Lebensführung bekräftigte „Verlangen, dem zukünftigen Zorn zu entfliehen und von Sünde erlöst zu werden".[33]

Als die Bewegung (zuerst in den USA) zur Kirche wurde und einerseits die Kindertaufe beibehielt, andererseits aber an dem Grundsatz festhalten

---

[30] Vgl. seine Predigt „Kennzeichen der Wiedergeburt" (Predigt 18,1 in: John Wesley, Die 53 Lehrpredigten, Stuttgart 1986–1992) und die 1756 unter seinem Namen herausgegebene Abhandlung „A Treatise on Baptism" (The Works of Rev. John Wesley, 3rd ed., London 1829–31, X, 188–201). Dazu Klaiber/Marquardt, Gelebte Gnade, 273–275, 323–328).

[31] Predigt 18,IV,5, in: Wesley, Lehrpredigten, 343.

[32] Gayle Carlton Felton, This Gift of Water. The Practice and Theology of Baptism among Methodists in America, 1992, 48.

[33] So die Formulierung in den „Allgemeinen Regeln" von 1743, die noch heute Bestandteil der evangelisch-methodistischen Kirchenordnung sind (s. Lehre, Verfassung und Ordnung der Evangelisch-methodistischen Kirche, Ausgabe 2000, Stuttgart o.J., 41f).

wollte, dass es zur Zugehörigkeit zur Methodistischen Kirche auch einer Willensäußerung des Betroffenen bedürfe, war ein theologisch fast unlösbares Problem gestellt. Denn dass die Taufe die Getauften in die Kirche als den Leib Christi einfügt, war neutestamentliche Lehre und gemeinchristliche Tradition; aber dass es nach der Intention des biblischen Zeugnisses zur Kirchengliedschaft nicht ohne Bekenntnis des Glaubens und die erklärte Bereitschaft, zur Kirche zu gehören, kommen könne, war gleichfalls grundlegende methodistische Überzeugung.[34]

Nicht selten wurde in der theologischen Diskussion dieser Frage die Auffassung als Lösung angesehen, dass die Taufe (als Kind) in die allgemeine christliche Kirche einfüge, während der Akt der Gliederaufnahme, der für die als Kind Getauften nach entsprechender katechetischer Unterweisung erfolgen konnte oder sich an eine Erwachsenentaufe anschloss, die Aufnahme in die Methodistische Kirche als Denomination bedeute.[35] Diese Meinung wurde aber – zu Recht – nie kirchenrechtlich fixiert.

Es kann hier nicht dargestellt werden, welche unterschiedlichen Lösungen im Laufe der Zeit methodistische Kirchenordnungen dafür gesucht haben.[36] Bis zur Kirchenvereinigung der Bischöflichen Methodistenkirche und der Evangelischen Gemeinschaft zur Evangelisch-methodistischen Kirche (United Methodist Church) 1968 galt für den deutschsprachigen Raum folgende Aussage: „Wir betrachten alle Kinder, die getauft worden sind, als in einem Bundesverhältnis zu Gott stehend und als Kirchenkinder [...], unter die besondere Pflege und Aufsicht der Kirche gestellt"[37]. Nach dem Abschluss eines mehrjährigen kirchlichen Unterrichts (meist im Alter zwischen 12–14 Jahren) wurden diese Kinder in das „Verzeichnis der zur Mitgliedschaft angemeldeten Personen" aufgenommen. Für die Aufnahme in die Mitgliedschaft galt dann die folgende Ordnung: „Alle Personen, welche sich während einer Zeit der Vorbereitung bewährt und welche die Heilige Taufe empfangen haben und hinreichenden Beweis geben von der

---

[34] Umstritten war freilich, ob zur Aufnahme in die Mitgliedschaft weiterhin das Verlangen, von der Sünde erlöst zu werden, genüge, oder ob es einer Erfahrung der Bekehrung, der Gewissheit des Glaubens oder der Wiedergeburt bedürfe (vgl. Felton, 168f, 128f).

[35] So z.B. noch William F. Dunkle in einem Artikel in The Encyclopaedia of World Methodism, 1974, p. 220, zitiert nach Felton, 168; vgl. weiter Christoph Raedel, Methodistische Theologie im 19. Jahrhundert, in: KKR 47 (2004) 304.

[36] Das Buch von Felton gibt dazu einen ausgezeichneten Überblick, ebenso Christoph Raedel, Die ekklesiologische Bestimmung des kirchlichen Status getaufter Kinder in der Bischöflichen Methodistenkirche des 19. Jahrhunderts. Theologie für die Praxis 28 (2002) 60–78.

[37] Kirchenordnung der Methodistenkirche, Zürich 1958, § 86,2.

Echtheit ihres Glaubens, ihrer Bereitwilligkeit, das Tauf- und Mitgliedschaftsgelübde auf sich zu nehmen, und ihrer Kenntnis der Regeln und Ordnungen der Methodistenkirche, sollen [...] nach der dafür vorgeschriebenen liturgischen Form in Gegenwart der Gemeinde als Mitglieder aufgenommen werden"[38].

Dass damit das Verhältnis von Taufe und Kirchengliedschaft nicht völlig befriedigend bestimmt war, wurde insbesondere in der Nachkriegszeit im Dialog mit den ökumenischen Partnern klar. Aber deren Lösung dieser Frage, die Kirchengliedschaft auch bei den als Kind Getauften von jeder persönlichen Willenskundgebung unabhängig zu machen, befriedigte auch nicht.[39]

Hier bot eine kleine Schrift des methodistischen Alttestamentlers Rolf Knierim aus dem Jahr 1960 unter dem Titel „Entwurf eines methodistischen Selbstverständnisses" eine wichtige theologische Verständnis- und Formulierungshilfe an.[40] Knierim verwies auf das biblische Prinzip der Zuordnung von Heilsgabe und Heilsannahme und sah in Theologie und Praxis der Methodistischen Kirche die strukturelle Sichtbarmachung von Unterscheidung und Zusammengehörigkeit der beiden Seiten dieses Prinzips in der Ekklesiologie. Er sah in der Taufe von Kindern das Sichtbarmachen und Wirksamwerden der von menschlichem Tun unabhängigen Heilszusage Gottes und im Bekenntnis des Glaubens bei der Gliederaufnahme den Vollzug und die institutionelle Ausprägung der Heilsannahme durch den Einzelnen.

Bei der Neufassung der Kirchenordnung bei der Kirchenvereinigung 1968 griff man in Deutschland diese Gedanken auf und fand für den kirchlichen Status der als Kind Getauften den Begriff „Kirchenangehörige"; er beschrieb die durch die Taufe gewährte Zugehörigkeit zur Kirche, die dann im Akt der Gliederaufnahme durch Bekenntnis und Selbstverpflichtung des Getauften in die volle Kirchengliedschaft führen sollte. In der Taufagende wird dies dadurch ausgedrückt, dass nach der Taufformel zum Täufling gesagt wird: „Wir nehmen dich auf in die Gemeinschaft der christlichen Kirche, damit du im Glauben an Jesus Christus erzogen wirst, dich für ihn

---

[38] AaO. § 83,2.
[39] Bis zu einem gewissen Grade hatte im lutherischen Bereich die Konfirmation eine der Gliederaufnahme vergleichbare Stellung. Aber aus verschiedenen Gründen wurde ihre Funktion als Selbstverpflichtung der Getauften und als Vorbedingung für die vollen Mitgliedschaftsrechte gerade in dieser Zeit immer mehr aufgegeben (Christian Grethlein/Michael Germann, Art. Konfirmation, RGG⁴ IV, 1558–1562).
[40] Rolf Knierim, Entwurf eines methodistischen Selbstverständnisses, Methodismus in Dokumenten, Heft 9, Zürich 1960; vgl. Klaiber/Marquardt, Gelebte Gnade, 323–328.

entscheidest und dich als lebendiges Glied der Kirche bekennst."[41] Dementsprechend heißt es in den Erläuterungen zur Liturgie zur Aufnahme in die Kirchengliedschaft: „Die Evangelisch-methodistische Kirche ist ein Teil der Kirche Christi. Wer Kirchenglied in ihr werden will, vollzieht eine Entscheidung des Glaubens. Er oder sie gibt ihr in einem öffentlichen Bekenntnis seines/ihres Glaubens an Jesus Christus Ausdruck. Es ist das Ja zu dem in Jesus Christus geschenkten Heil, das dem Täufling in der Taufe zugesprochen wird. Taufe und Kirchengliedschaft sind also aufeinander bezogen. Die Taufe von Kindern und die Aufnahme in die Kirchengliedschaft gehören zusammen wie zwei Seiten des selben Geschehens: der Gabe und der Annahme des Heils"[42].

Diese Entwicklung und terminologische Ausformung hat sich allerdings nur in Deutschland vollzogen. In der übrigen Evangelischmethodistischen Kirche[43] galt zunächst die alte Terminologie weiter mit ihrer recht unklaren Bezeichnung des Zusammenhangs von Taufe und Kirchengliedschaft. Hier ging der Anstoß für eine Veränderung von einer Überarbeitung der Taufliturgie aus, die in den achtziger Jahren in den USA vorgenommen wurde. Die Generalkonferenz der United Methodist Church hatte 1984 zunächst ohne große Diskussion dem Entwurf einer Neufassung zugestimmt, stellte aber 1988, als diese Formulare zur Aufnahme in das neue Gesangbuch bestätigt werden sollten, überrascht fest, dass sie ein völlig neues Taufverständnis enthielten. Dies galt gerade für den Zusammenhang von Taufe und Kirchengliedschaft. So begann der Taufteil des Gottesdienstes mit dem Hinweis: „Through the Sacrament of Baptism we are initiated into Christ's Holy Church. We are incorporated into God's mighty acts of salvation and given new birth through water and the Spirit"[44]. Bei der Kindertaufe antworteten Eltern oder Paten auf die Fragen, die sonst bei der Aufnahme in die Kirchengliedschaft gestellt wurden. Nach der Taufe werden die Getauften von der Gemeinde als „members of the familiy of Christ" angesprochen und die Gemeinde gelobte: „As members together with you in the Body of Christ and in this congregation of the United

---

[41] In: Agende, herausgegeben von der Evangelisch-methodistischen Kirche in Deutschland, Stuttgart 1991/1994, 64.

[42] AaO. 73; in der Agende von 1973 hieß es in der ersten Frage bei der Aufnahme in die Kirchengliedschaft sogar ausdrücklich: „Bejahst du im Glauben die dir in der Taufe verheißene Gotteskindschaft [...]".

[43] Evangelisch-methodistische Kirche ist im deutschsprachigen Bereich der Name der United Methodist Church. Wenn es um die Gesamtkirche geht, verwende ich im Folgenden den englischen Namen.

[44] The United Methodist Hymnal/Book of United Methodist Worship, 1989, The Baptismal Covenant II, 39.

Methodist Church, we renew our covenant [...]"[45] Und all diese Formulierungen wurden auch in den Formularen gewählt, die sich nur auf die Taufe von Säuglingen beziehen!

Es ist offensichtlich, dass hier die Ergebnisse ökumenischer Gespräche und vor allen Dingen auch die Vorschläge von „Taufe, Eucharistie und Amt" aufgenommen und verarbeitet sind. Allerdings bedeutet dies einen tiefen Einschnitt in die bisherige methodistische Tauflehre. Gayle Felton, die an diesem Prozess nicht unbeteiligt war und ihn äußerst positiv beurteilt, sagt offen: „Plainly these rituals depart in many ways from what had become the wide-spread understandings and practices of baptism in the Methodist and Evangelical United Brethren traditions earlier in the Century"[46].

Die Situation auf der Generalkonferenz 1988 war dementsprechend schwierig. Man konnte die vorgelegten Formulare nicht ablehnen, da man sie dringend für das neue Gesangbuch brauchte. Aber sie stimmten mit vielen bisherigen Überzeugungen und vor allem nicht mit den entsprechenden Aussagen des „Book of Discipline", der Kirchenordnung der United Methodist Church, in Sachen Kirchengliedschaft überein. Was tun? Man setzte eine Studienkommission ein, die die Auswirkungen der neuen Liturgie für Fragen wie Kirchengliedschaft und Zulassung zum Abendmahl untersuchen und Empfehlungen für das weitere Vorgehen geben sollte. Eine erste Fassung der entsprechenden Studie „By Water and Spirit" wurde der Generalkonferenz 1992 vorgelegt. Diese empfahl eine breite Diskussion innerhalb der Kirche und eine entsprechende Überarbeitung der Studie. Die überarbeitete Fassung der Studie wurde dann 1996 von der nächsten Generalkonferenz „als eine offizielle Erklärung zur Interpretation der neuen Gottesdienstordnungen zum Taufbund, die sich im ‚Hymnal' von 1989 und im ‚Book of Worship' von 1992 finden" angenommen[47].

Die Studie beschreibt die Spannung bzw. Balance zwischen einem sakramentalen und einem „evangelikalen" Verständnis der Taufe in der Geschichte der methodistischen Tradition und sucht beide Dimensionen festzuhalten, hat aber eine deutlich stärkere Akzentuierung hin zur sakramentalen Seite. Die Auswirkungen des ökumenischen Gesprächs sind dabei deutlich zu spüren. Die Frage nach Umkehr, Bekehrung und Erfahrung der Wiedergeburt, die die evangelikale Interpretation kennzeichnet, ist nicht

---

[45] AaO. 43.
[46] Felton, 165 (Evangelical United Brethren war der internationale Name der Evangelischen Gemeinschaft).
[47] Deutscher Text in: Holger Eschmann (Hg.), Durch Wasser und Geist, EmK-Forum 26, Stuttgart 2004, 43–68.

ausgeklammert, aber deutlich zugunsten der Bedeutung von christlicher Erziehung, „nurture", persönlicher Entwicklung und Reifung im Glauben als Folge der Taufe zurückgestellt. Im Blick auf die Kirchengliedschaft empfiehlt die Studie, anstelle der bisherigen Terminologie der United Methodist Church (Kirchenkinder, vorbereitende und volle Kirchengliedschaft) nur noch von „baptized members" (für die als Kind Getauften) und „professing members" (für diejenigen, die sich mit einem Bekenntnis des Glaubens bei der Taufe als Jugendliche oder Erwachsene, bei der Konfirmation oder im Akt der Gliederaufnahme aufnehmen lassen) zu sprechen.

Strukturell entspricht dies in etwa der in Deutschland gebräuchlichen Unterscheidung von Kirchenangehörigen und Kirchengliedern, inhaltlich aber bleibt es – insbesondere bei der Übersetzung ins Deutsche und unter Berücksichtigung des volkskirchlichen Kontextes in Deutschland – fraglich, ob diese Terminologie im Stande ist, die (hoffentlich) intendierte Dynamik zwischen einer in der Taufe zugesprochenen Zugehörigkeit zur Kirche und der im Bekenntnis des Glaubens dankbar angenommenen und gelebten Gliedschaft am Leib Christi auszudrücken.

In der Gesamtkirche, insbesondere in den USA, hat sich nach anfänglich heftiger Diskussion offensichtlich eine breite Zustimmung zu dieser Neufassung herausgebildet. Möglicherweise empfindet man die neue Tauftheologie gegenüber dem doch recht blassen und „blutarmen" Verständnis von Taufe in der methodistischen Tradition als eine Bereicherung; und vielleicht ist in der amerikanischen, sehr stark vom baptistischen, kongregationalistischen Dezisionismus bestimmten religiösen Kultur die Besinnung auf die „objektiven" Vorgaben des Zuspruchs des Heils in der Taufe eine hilfreiche Korrektur!

In der deutschen Evangelisch-methodistischen Kirche empfindet man hier anders. Zunächst hatte man diese Entwicklung kaum zur Kenntnis genommen. Erst als in den letzten Jahren aus ganz anderen Gründen geplant wurde, die deutsche Kirchenordnung stärker an die der Gesamtkirche anzupassen, wurde die Frage nach dem Zusammenhang von Taufe und Kirchengliedschaft und einer möglichen Übernahme der neuen Terminologie in großer Heftigkeit diskutiert.[48]

Zwei Gründe waren wohl die Ursache für diese Erregung. Erstens zeigte sich, dass die Diskussion um die Kindertaufe in der Evangelischmethodistischen Kirche eine nicht wirklich befriedigend gelöste Fragestel-

---

[48] Teilweise dokumentiert in Eschmann (Hg.), Durch Wasser und Geist. – Eine frühe, aber kaum beachtete Kritik findet sich bei Maja Friedrich-Buser, Taufe und Kirchengliedschaft in evangelisch-methodistischer Perspektive. Die neuen Texte der Generalkonferenz 1996 theologisch untersucht, EmK-Forum 8, Stuttgart 1997.

lung darstellt. Nicht wenige wachen argwöhnisch darüber, dass der Kindertaufe nicht zu viel Gewicht beigelegt wird, und erwarten, dass zwischen getauften und auf Wunsch ihrer Eltern gesegneten Kindern kirchenrechtlich nicht unterschieden wird.

Zweitens – und das ist die für unseren Zusammenhang interessante Beobachtung – stellte sich heraus, dass die bisherige Zuordnung von (Kinder)Taufe und Kirchengliedschaft, wie sie sich durch das Begriffspaar Kirchenangehörige/Kirchenglied artikuliert, in der deutschen Evangelischmethodistischen Kirche sehr stark identitätsstiftend gewirkt hatte und für viele das Profil der Kirche gegenüber dem volkskirchlich geprägten mainstream, aber auch gegenüber anderen freikirchlichen Partnern markiert. Hier wurde die Herausforderung, sich einer ökumenischeren Tauftheologie zu öffnen, als Bedrohung der freikirchlichen Identität wahrgenommen. Das ist ein Phänomen, das in der heutigen ökumenischen Situation sehr wohl zu beachten ist. Inwiefern liegt in der ökumenischen Herausforderung nach mehr Gemeinsamkeit zugleich die Zumutung von Identitätsverlust, der sich bei einem kleinen Partner sehr schnell auch in Richtung Selbstaufgabe entwickeln kann? Umgekehrt: Wie sehr steckt im Bestreben, die Wahrheit der eigenen Tradition zu wahren, auch das Ringen um das eigene denominationelle Existenzrecht?![49]

Das ist nun freilich zunächst eine recht formale Betrachtungsweise und sie darf das Ringen um die Inhalte und um die Frage, welche Gestalt von Kirche und Theologie den Aussagen des Evangeliums am ehesten entspricht, nicht einfach relativieren.

Die wirkliche ökumenische Herausforderung an das freikirchliche Verständnis des Zusammenhangs von Taufe und Kirchengliedschaft dürfte in der Frage liegen, in wieweit bei ihm die subjektive Entscheidung nicht doch zur Grundlage der Kirche werde anstelle der transsubjektiven Entscheidung Gottes für seine Kirche, die sich gerade in objektiven Vor-Gaben Gottes wie Sakrament und Amt ausdrücken mag. Allerdings ist hier zugleich zu sagen, dass sich die Freikirchen keineswegs in diesem individualistischen Sinne als „Freiwilligkeitskirche" verstehen, sondern in der Präambel der Vereinigung Evangelischer Freikirchen ausdrücklich formulieren: „Sie ver-

---

[49] Vgl. dazu die Ausführungen von Kardinal Kasper zur Frage nach der Identität im ökumenischen Prozess in seiner Prolusio zur Plenarsitzung des Einheitsrates im November 2001 „Present Situation and Future of the Ecumenical Movement", in: The Pontifical Council for Promoting Christian Unity, Information Service 109 (2002/I), 11–20, 14f.

stehen die Kirche bzw. Gemeinde Jesu Christi als Gemeinschaft der Gläubigen, geschaffen durch das Wort Gottes."[50]

Aber umgekehrt wird die freikirchliche Herausforderung an ihre ökumenischen Partner wohl weiterhin gerade auch in der Frage bestehen, wie sehr eine bestimmte Amts- und Sakramententheologie, insbesondere im Verbund mit volkskirchlichem Denken, die Tatsache verdunkelt, dass die Gemeinschaft der Heiligen immer auch die Gemeinschaft der Glaubenden ist, also der Menschen, die Gottes Ja mit ihrem Ja beantwortet haben, und dass dies an bestimmten Stellen auch in der Gestalt der Kirche und der Art, wie die Zugehörigkeit zu ihr gelebt wird, zum Ausdruck kommen sollte.[51] Kaum eine Freikirche wird heute von sich behaupten wollen und können, nur Gemeinde von Glaubenden zu sein. Die Evangelisch-methodistische Kirche z.B. bezeichnet sich bewusst als eine Gemeinschaft „von Suchenden und Glaubenden"[52]. Aber die Frage nach dem Bekenntnis des Glaubens und nach der Verbindlichkeit der Zugehörigkeit zur Gemeinde ist eine schon durch die neutestamentliche Paränese gestellte Aufgabe und sollte nicht als Ersatz des Rechtfertigungsglaubens durch „ekklesiologische Leistungen" denunziert werden, „die diesen Glauben durch die Stärke der religiösen, liturgischen oder fideistischen *opera* überflüssig machen würden"[53]. In diesem Drängen auf Verbindlichkeit ist die Katholische Kirche ein naher, theologisch aber nicht ganz ungefährlicher Verbündeter.

Ich fasse zusammen: Wir haben gesehen, dass sich Freikirchen in ihrer Tauftheologie herausfordern lassen, Anliegen und Einsichten ihrer ökumenischen Partner aufzunehmen, weil sie feststellen konnten, dass auch ihre Anliegen besser verstanden und zumindest grundsätzlich aufgenommen worden sind. Wichtig aber ist, dass solche Annäherung nicht zu einer Nivellierung der in unseren Traditionen geschenkten Einsicht in biblischen Grundaussagen führt, mit der wir uns gegenseitig herausfordern.

---

[50] Freikirchenhandbuch (2004), 141.
[51] Es wäre allerdings interessant zu untersuchen, wie die unterschiedlichen Auffassungen von Kirchenzugehörigkeit und -mitgliedschaft sich in gesellschaftlichen Situationen ausformen, die nicht volkskirchlich geprägt sind (z.B. in den USA, in Afrika oder Indien).
[52] Dazu Karl Heinz Voigt, Kirche mit Gemeinden aus Suchenden und Glaubenden. Wer kann Kirchenglied in der Evangelisch-methodistischen Kirche werden?, EmK-Forum 11, 1998.
[53] Trutz Rendtorff, Theologische Probleme der Volkskirche, in: Wenzel Lohff/Lutz Mohaupt (Hgg.), Volkskirche – Kirche der Zukunft?, Hamburg 1977, 104–132, 123. Rendtorff stellt der Freikirche die Volkskirche als „Kirche der Freiheit" gegenüber, in der – ein wenig zugespitzt gesagt – die Freiheit des Evangeliums sich auch in der Freiheit, sich nicht zu beteiligen, ausdrücken kann.

Taufe und Kirchengemeinschaft
Gegenwärtige Bemühungen um eine gegenseitige Anerkennung der Taufe

Wolfgang Thönissen

Seit dem Zweiten Vatikanischen Konzil ist die wechselseitige Anerkennung der Taufe zu einem zentralen Bezugspunkt in den ökumenischen Beziehungen geworden. Die Taufe wird dabei als Ausgangspunkt und als ein gemeinsamer Grund einer neuen Beziehung zwischen bisher getrennten Christen gesehen. Gerade eine solche gegenseitige Anerkennung der Taufe kann als bedeutsames Zeichen und Mittel angesehen werden, um die in Christus gegebene Einheit in der Taufe gemeinsam zum Ausdruck zu bringen.[1] Dadurch, dass die Taufe Menschen mit Christus vereint, schafft sie ein Band, das stärker ist als alles, was Menschen, die verschiedenen Kirchen und Gemeinschaften angehören, voneinander trennt.[2] Gegenseitige Vereinbarungen zur Taufanerkennung können daher als Symbol des gemeinsamen christlichen Zeugnisses verstanden werden. Eine gegenseitige offizielle Anerkennung der Taufe, die zwischen bisher getrennten Kirchen und kirchlichen Gemeinschaften vereinbart wird, stellt nicht nur einen ökumenischen Höflichkeitsakt, sondern „eine ekklesiologische Grundaussage dar"[3]. Mit dieser Aussage aus der Enzyklika „Ut Unum Sint" Papst Johannes Pauls II. ist eine neue Stufe in den ökumenischen Beziehungen erreicht. Denn erinnert man in diesem Zusammenhang an die vor dem Zweiten Vatikanischen Konzil herrschende Praxis, die nicht in der katholischen Kirche gespendete Taufe einem prinzipiellen Zweifel zu unterziehen, erscheint es nötig, Sinn, Ziel und Zweck solcher Vereinbarungen gegenseitiger Anerkennung der Taufen zu erläutern. Inwiefern stellt die gegenseitige Anerkennung der Taufe tatsächlich eine ekklesiologische Grundaussage dar?

---

[1] Taufe, Eucharistie und Amt. Konvergenzerklärungen der Kommission für Glauben und Kirchenverfassung des Ökumenischen Rates der Kirchen, Frankfurt a.M.–Paderborn 1984, 15, Nr. 15.

[2] Eine katholische Stellungnahme zu den Konvergenzerklärungen der Kommission für Glauben und Kirchenverfassung des Ökumenischen Rates der Kirchen, Taufe, Eucharistie und Amt, 21. Juli 1987, VApS 79, Bonn 1987, 17.

[3] Papst Johannes Paul II. hält ausdrücklich diese Aussage fest: Enzyklika Ut Unum Sint von Papst Johannes Paul II. über den Einsatz für die Ökumene, 25. Mai 1995, VApS 121, Bonn 1995, Nr. 42.

1. Ökumenischer Perspektivenwechsel: Taufe als Ausgangspunkt der Gemeinschaft mit Christus

Das Zweite Vatikanische Konzil hat keinen Zweifel daran gelassen, dass die Taufe das Band zwischen allen ist, die durch sie wiedergeboren werden.[4] Trotz der Trennung recht großer Gemeinschaften von der vollen Gemeinschaft der katholischen Kirche, trotz der Spaltungen in der Christenheit bildet die Taufe das Band der Einheit in Christus. Die Schuld der Trennung darf nicht einzelnen Gläubigen angelastet werden. Wer einer anderen Kirche angehört, wird dennoch als Bruder im Glauben anerkannt, hebt das Ökumenismusdekret emphatisch hervor. Diese Auffassung wird im Wesentlichen ekklesiologisch begründet. Den entsprechenden Kontext hierfür bildet die Lehre von der Kirchengliedschaft aus „Lumen gentium" Nr. 14. Verständlich wird sie freilich erst vor dem Hintergrund einer vor dem Zweiten Vatikanischen Konzil einsetzenden Veränderung in der ekklesiologischen Grundentscheidung der Kirche insgesamt.

Einen wichtigen Hinweis auf Sinn und Bedeutung der Taufe für die Einheit der Kirche im beginnenden Zeitalter der ökumenischen Bewegung enthält der für das Erste Vatikanische Konzil vorbereitete Entwurf über die Kirche Christi. Dort heißt es nämlich: „Um aber diese Einheit des geheimnisvollen Leibes zu bewirken, setzte Christus der Herr das heilige Bad der Wiedergeburt und der Erneuerung ein. Durch dieses Bad sollten die Menschenkinder, so vielfach voneinander getrennt, vor allem aber durch die Sünde zerfallen, von jenem Makel der Schuld gereinigt, Glieder untereinander werden"[5]. In Fortführung dieser Tradition stellte die Enzyklika Papst Leos XIII. „Satis cognitum" von 1896 in Verbindung mit dem Bekenntnis zur Einheit der Kirche Jesu Christi – Christus der Herr hat eine einige und einzige Kirche gegründet[6] – heraus, dass alle, die von dieser einen Kirche abweichen, vom Willen und von der Vorschrift Christi selbst abweichen und damit den Weg des Heiles verlassen und dem Untergang entgegengehen.[7] Zur Einheit der Kirche gehören deshalb notwendigerweise die Einheit des Glaubens und die Einheit der Leitung. Ist Christus das Haupt seines Leibes, dann können zerstreute und getrennte Glieder nicht mit demselben Haupte verbunden sein. Die in der rechten Weise gespendete Taufe führt

---

[4] So der Text in UR 22.
[5] Übersetzung nach Josef Neuner/Heinrich Roos, Der Glaube der Kirche in den Urkunden der Lehrverkündigung, Regensburg ¹¹1971, 260, Nr. 387. Vgl. dazu Fidelis van der Horst, Das Schema über die Kirche auf dem 1. Vatikanischen Konzil, KKTS VII, Paderborn 1963.
[6] DH 3305.
[7] DH 3304.

daher zwangsläufig und notwendigerweise zur Einheit des Leibes Christi. Die Taufe ist der Ausgangspunkt und das Eingangstor zu der von Christus selbst als eine und einzige gegründete Kirche.

Hält man hierzu nun die Aussagen des Zweiten Vatikanischen Konzils dagegen, so fällt der Unterschied allerdings nicht sogleich ins Auge. Das Bekenntnis zur einen und einzigen von Christus gegründeten Kirche wird festgehalten, doch erkennt das Konzil jetzt an, dass mehrere christliche Gemeinschaften vor den Menschen Anspruch auf das wahre Erbe Christi erheben.[8] Jetzt heißt es: „Denn wer an Christus glaubt und in der rechten Weise die Taufe empfangen hat, steht dadurch in einer gewissen, wenn auch nicht vollkommenen Gemeinschaft mit der katholischen Kirche."[9] Die Taufe, recht gespendet und in der gebührenden Geisteshaltung empfangen, gliedert in Christus ein. An die Stelle der Ab- und Ausgrenzung ist offenbar das Bewusstsein der gemeinsamen, aber gestuften Zugehörigkeit zu Christus getreten. Mit dieser Auffassung hat das Zweite Vatikanische Konzil den nichtkatholischen Christen einen neuen, ekklesialen Status zuerkannt. Damit hat es selbst zwei bisher geltende Traditionslinien, die jeweils unterschiedliche Nuancierungen der einen kirchlichen Auffassung darstellten, überwunden.

Eine dieser beiden Traditionslinien, die apologetische, geht zurück auf die Zeit der Gegenreformation. Wirkliche Kirchenzugehörigkeit wird als Verbundenheit mit der sichtbaren Gemeinschaft der katholischen Kirche definiert, und dies wird durch das dreifache Band des Glaubensbekenntnisses, der Sakramente und der Anerkennung der Hierarchie ausgedrückt. Daneben ist aber auch eine Zugehörigkeit zur Kirche dem Verlangen nach, votum implicitum Ecclesiae genannt, wirksam. Diese in der Kontroverstheologie Robert Bellarmins ausgeprägte Theorie der Kirchengliedschaft wird erstmals lehramtlich durch die Enzyklika Papst Pius XII. „Mystici corporis" von 1943 rezipiert. Danach zählen zu den Gliedern der Kirche nur die, die die Taufe empfangen haben, den wahren Glauben bekennen und sich nicht vom Gefüge des Leibes Christi abgesondert haben. Wer sich weigert, der Kirche anzugehören, hat sich gänzlich vom Herrn getrennt.[10]

Dieser Tradition gegenüber gewinnt die kanonistische durch das Kirchliche Gesetzbuch von 1917 Gestalt. Der Codex Iuris Canonici von 1917

---

[8] UR 1.
[9] UR 3.
[10] DH 3802: „Zu den Gliedern der Kirche sind aber in Wirklichkeit nur die zu zählen, die das Bad der Wiedergeburt empfangen haben und den wahren Glauben bekennen, die sich nicht selbst beklagenswerterweise vom Gefüge des Leibes getrennt haben oder wegen schwerster Vergehen von der rechtmäßigen Autorität abgetrennt wurden."

führt zur Darstellung der Frage, wer zur Kirche gehört, die Taufe ins Feld. Hier ist es allein das Sakrament der Taufe, das die Gliedschaft in der Kirche Christi begründet. Die Taufe bringt prinzipiell alle Rechte und Pflichten in der Kirche mit sich.[11] Da aber auch nach dem CIC/1917 die katholische Kirche mit der Kirche Christi gleichgesetzt wurde, bedurfte es einer Lösung für diejenigen nichtkatholischen Christen, die zwar durch die Taufe zur Kirche gehörten, nicht aber Glieder der katholischen Kirche waren. Hier behalf man sich mit einer Rechtsfiktion. Man sprach daher von rechtlich behinderten Gliedern der katholischen Kirche und meinte damit Apostaten, Häretiker und Schismatiker. Sie waren zwar durch die Taufe Glieder der katholischen Kirche geworden, aber mangels der Erfüllung ihrer Pflichten ihrer Rechte in der Kirche nicht mehr teilhaft.[12]

Bei einer ersten, noch ungenauen Betrachtung zeigt sich, dass der Text beide traditionellen Auffassungen zunächst lediglich miteinander zu kombinieren scheint. Einerseits wird die Bedeutung der Taufe im Sinne der Begründung der Zugehörigkeit zur katholischen Gemeinschaft hervorgehoben, andererseits die Verpflichtung zur Ausübung der vollen Mitgliedschaft im Bekenntnis des Glaubens, in der Gemeinschaft der Sakramente und in der Gemeinschaft mit Papst, Bischöfen und Priestern. Zunächst heißt es in „Lumen gentium" Nr. 1: „Jene werden der Gemeinschaft der Kirche voll eingegliedert, die, im Besitze des Geistes Christi, ihre ganze Ordnung und alle in ihr eingerichteten Heilsmittel annehmen und in ihrem sichtbaren Verband mit Christus, der sie durch den Papst und die Bischöfe leitet, verbunden sind, und dies durch die Bande des Glaubensbekenntnisses, der Sakramente und der kirchlichen Leitung und Gemeinschaft." Und dann heißt es in Nr. 15: „Mit jenen, die durch die Taufe der Ehre des Christennamens teilhaft sind, den vollen Glauben aber nicht bekennen oder die Einheit der Gemeinschaft unter dem Nachfolger Petri nicht wahren, weiß sich die Kirche aus mehrfachem Grunde verbunden. Viele nämlich halten die Schrift als Glaubens- und Lebensnorm in Ehren, zeigen einen aufrichtigen religiösen Eifer, glauben in Liebe an Gott, den allmächtigen Vater, und an Christus, den Sohn Gottes und Erlöser, empfangen das Zeichen der Taufe, wodurch sie mit Christus verbunden werden." Erst nachdem die sich aus

---

[11] CIC/1917, can. 87: „Baptismate homo contituitur in Ecclesia Christi persona cum omnibus christianorum iuribus et officiis, nisi ... obstet obex, ecclesiasticae communionis vinculum impediens, vel lata ab Ecclesia censura."

[12] CIC/1917, can. 87. Vgl. dazu Georg Gänswein, Kirchengliedschaft – Vom Zweiten Vatikanischen Konzil zum Codex Iuris Canonici. Die Rezeption der konziliaren Aussagen über die Kirchenzugehörigkeit in das nachkonziliare Gesetzbuch der Lateinischen Kirche, MThS 47, St. Ottilien 1995, 5.

der Enzyklika „Mystici corporis" herleitende Formel von der unteilbaren, wirklichen (reapse) Kirchengliedschaft zugunsten einer Idee der gestuften Kirchenzugehörigkeit aufgegeben worden war[13], ergab sich die Möglichkeit einer differenzierten Darstellung von Teilhabe- und Gemeinschaftsformen, die miteinander kompatibel erscheinen. Das Konzil bediente sich nicht mehr einer von den Kanonisten verwendeten Rechtsfiktion, sondern des Modells der gestuften Kirchenzugehörigkeit. Dieses Modell setzt allerdings eine Grundentscheidung voraus, die diese Lösung allererst möglich macht. Die Kirchenkonstitution „Lumen gentium" eröffnet überhaupt eine Reihe von charakteristischen Unterscheidungen, die es in einem komplexen, spannungsreichen Beziehungsgefüge zu synthetisieren sucht.

Wer den vollen Glauben nicht bekennt oder die Einheit der Gemeinschaft unter dem Nachfolger Petri nicht gewahrt hat, auch mit dem weiß sich die Kirche aus mehrfachem Grunde verbunden, heißt es nun.[14] Erst die Ausführungen im Ökumenismusdekret lassen die veränderte ekklesiologische Grundbestimmung vollends deutlich werden: „Die Taufe begründet also ein sakramentales Band der Einheit zwischen allen, die durch sie wiedergeboren sind. Dennoch ist die Taufe nur ein Anfang und Ausgangspunkt, da sie ihrem ganzen Wesen nach hinzielt auf die Erlangung der Fülle des Lebens in Christus. Daher ist die Taufe hingeordnet auf das vollständige Bekenntnis des Glaubens, auf die völlige Eingliederung in die Heilsveranstaltung, wie Christus sie gewollt hat, schließlich auf die vollständige Einfügung in die eucharistische Gemeinschaft."[15]

Grundlegend hierfür ist die in der Idee des Mysteriums mitgesetzte prinzipielle Unterscheidung zwischen Christus und der Kirche, die freilich von einem nexus mysteriorum, einem sakramentalen Strukturgefüge, unterfangen wird; sie findet ihren Ausdruck in der Aussage, dass die Taufe mit Christus verbindet. Sodann folgt die Unterscheidung zwischen der Kirche als Mysterium des Glaubens und der sichtbaren institutionellen Gestalt der Kirche als irdischer Existenzweise. Beide Dimensionen zusammen erst bilden die eine einzige komplexe Wirklichkeit der Kirche als Ganzer. Dahinter steht das von der Kirchenkonstitution „Lumen gentium" Nr. 8 dargelegte komplexe Zuordnungsverhältnis von verborgener und sichtbarer Kirche,

---

[13] Die Enzyklika Mystici corporis von 1943 ging von einer unteilbaren Kirchengliedschaft aus („In Ecclesiae autem membris reapse ii soli anumerandi sunt"); einer der vorläufigen Textentwürfe von Lumen gentium enthielt noch die Sentenz „reapse et simpliciter", bevor dann endgültig das „plene incorporantur" gewählt wurde.
[14] LG 15.
[15] UR 22.

das in der knappen Formulierung des „subsistit" aufgenommen wird.[16] Man verfehlt die Reichweite des „subsistit", wenn man es nur von der deutschen Übersetzung „ist verwirklicht in" her zu verstehen sucht.[17] Wie immer man nämlich das lateinische „subsistit" übersetzt, es begründet auf jeden Fall die darauf folgende Aussage, dass auch außerhalb des sichtbaren Gefüges der katholischen Kirche Elemente der Heiligung und der Wahrheit zu finden sind, die wohl auf die katholische Einheit hindrängen, aber – da sie von Christus herkommen – von ihm selbst ihre Bedeutung erlangen. Zu diesen grundlegenden Elementen zählt das Konzil die Taufe. Vollends verständlich wird dieses Modell der gestuften Zugehörigkeit zur einen Kirche Jesu Christi aber erst dann, wenn man versucht, die Vollgestalt der Gemeinschaft in den Blick zu nehmen. Indem die Taufe, die das Ökumenismusdekret als Anfang und Ausgangspunkt definiert, auf die Fülle des Lebens in Christus verweist, führt sie insgesamt in die Gemeinschaft mit Christus hinein, die ihren Ausdruck in der eucharistischen Gemeinschaft findet.[18] Im Sakrament und in der Feier der Eucharistie wird diese Gemeinschaft mit Christus wirksam und sichtbar. Dies setzt das Bekenntnis des Glaubens ebenso voraus wie die Eingliederung in die Gemeinschaft mit dem Nachfolger Petri und den Bischöfen. Vergleichbar mit konzentrischen Kreisen bilden sich von Christus selbst ausgehend jene Formen der Gemeinschaft aus, die sich in der Kirche Christi verwirklichen. Es ist Christus selbst, der die Seinen in seine Gemeinschaft zieht. Nur in Beziehung zu dieser eucharistisch-sakramentalen Lebensgemeinschaft in und mit Christus kann von einer vollständigen Wirklichkeit des eucharistischen Mysteriums gesprochen werden. Christus selbst setzt jene Teilhabegemeinschaft frei, die un-

---

[16] „Dies ist die einzige Kirche Christi, die wir im Glaubensbekenntnis als die eine, heilige, katholische und apostolische bekennen [...] Diese Kirche, in dieser Welt als Gesellschaft verfasst und geordnet, ist verwirklicht in der katholischen Kirche, die vom Nachfolger Petri und von den Bischöfen in Gemeinschaft mit ihm geleitet wird." Vgl. dazu Wolfgang Thönissen, Einheitsverständnis und Einheitsmodell nach katholischer Lehre, in: Georg Hintzen/Wolfgang Thönissen, Kirchengemeinschaft möglich? Einheitsverständnis und Einheitskonzepte in der Diskussion, Paderborn 2001, 89–102.

[17] Vgl. hier die Übersetzung in der von Peter Hünermann verantworteten Studienausgabe: „Diese Kirche, in dieser Welt als Gesellschaft verfasst und geordnet, existiert in der katholischen Kirche, die vom Nachfolger des Petrus und von den Bischöfen in Gemeinschaft mit ihm geleitet wird, auch wenn sich außerhalb ihres Gefüges mehrere Elemente der Heiligung und der Wahrheit finden, die als der Kirche Christi eigene Gaben auf die katholische Einheit hindrängen", in: Herders Theologischer Kommentar zum Zweiten Vatikanischen Konzil I, hg. von Peter Hünermann und Bernd Jochen Hilberath, Die Dokumente des Zweiten Vatikanischen Konzils, Freiburg–Basel–Wien 2004, 84f.

[18] Vgl. hierzu UR 22.

terschiedliche Gestaltungen kennt, die einander kompatibel sind, sich gegenseitig ein-, aber nicht mehr gegenseitig ausschließen. Man kann diese Gemeinschaft ekklesiologisch betrachtet als auf Komplementarität angelegte Teilhabe an den von Christus ausgehenden Heilsgütern bezeichnen. Es ist ein dynamisches, auf Wachstum angelegtes ekklesiales Strukturgefüge. Von diesem Konzept her gelesen, wird die Bedeutung der Taufe als Grundsakrament und Band der Einheit in Christus allererst plausibel. Von dorther werden nun zwei Gesichtspunkte bedeutsam, die sich vor allem in nachkonziliaren Dokumenten niedergeschlagen haben.

2. Gegenseitige Taufanerkennung im Kontext gelebter Gemeinschaft

Das Bekenntnis zur Taufe als „sakramentales Band der Einheit zwischen allen, die durch sie wiedergeboren sind"[19], zieht unmittelbar die Frage der kanonischen Evaluation der Taufe und ihrer Spendung in den von der katholischen Kirche getrennten Kirchen und Gemeinschaften nach sich. Die ökumenischen Intentionen, Impulse und Entscheidungen des Zweiten Vatikanischen Konzils wurden nach dessen Abschluss im vom Päpstlichen Sekretariat zur Förderung der Einheit der Christen herausgegebenen Ökumenischen Direktorium aufgenommen, welches Richtlinien zur Durchführung der Konzilsbeschlüsse über die ökumenische Aufgabe enthält. In diesen 1967 erstmals publizierten Durchführungsbestimmungen findet sich ein Kapitel über die Gültigkeit der von Amtsträgern der von der katholischen Kirche getrennten Kirchen und kirchlichen Gemeinschaften gespendeten Taufe. Darin hebt das Ökumenische Direktorium hervor, dass es von erheblicher ökumenischer Bedeutung ist, wenn „die von Amtsträgern der von uns getrennten Kirchen und Kirchengemeinschaften"[20] gespendete Taufe gebührend eingeschätzt wird. Da es bisher, wie das Direktorium hervorhebt, bezüglich der Gültigkeit der in den anderen Gemeinschaften gespendeten Taufe begründete Zweifel gab, muss diese Frage nunmehr unter den neuen ökumenischen Voraussetzungen angegangen werden. Dabei wird zunächst festgestellt, dass die Gültigkeit der bei den getrennten Ostkirchen gespendeten Taufe nicht in Zweifel gezogen werden kann. Überhaupt hat das Zweite Vatikanische Konzil die in den von Rom getrennten östlichen Kirchen gespendeten Sakramente wohlwollender eingeschätzt, gerade unter der Vor-

---

[19] UR 22.
[20] Sekretariat für die Einheit der Christen, Ökumenisches Direktorium. Richtlinien zur Durchführung der Konzilsbeschlüsse über die ökumenische Aufgabe, 1. Teil: Nachkonziliare Dokumentation VII, Trier 1967, Nr. 18.

aussetzung, dass in Bezug auf die apostolische Sukzession dort wahre Sakramente gespendet werden. Was die übrigen von Rom getrennten Christen betrifft, können Zweifel bestehen bezüglich der Materie und der Form wie bezüglich des Glaubens und der Intention. Ausdrücklich weist das Direktorium darauf hin, dass die Frage der Theologie und Praxis der Taufe unbedingt in einem Dialog zwischen der katholischen Kirche und den getrennten Kirchen und Gemeinschaften zur Sprache kommen muss.[21]

Das im Jahre 1993 in zweiter Auflage neu herausgegebene Direktorium zur Ausführung der Prinzipien und Normen über den Ökumenismus bezieht sich im Wesentlichen auf die Ausführungen der ersten Auflage. Es geht allerdings in einigen Punkten über diese dort dargelegte Auffassung hinaus. Die Frage der Gültigkeit der in den von Rom getrennten Kirchen und Kirchengemeinschaften gespendeten Taufe ist längst nicht mehr von solch hoher Bedeutung. Offensichtlich hat der ökumenische Dialog weitgehend zur Einschätzung geführt, dass die in anderen Kirchen und Gemeinschaften gespendeten Taufen sowohl der Materie wie der Form nach als gültig anzuerkennen sind. Ausdrücklich regt das Ökumenische Direktorium gemeinsame Erklärungen über die gegenseitige Anerkennung der Taufen zwischen den Autoritäten der katholischen Kirche und denen der anderen Kirchen und kirchlichen Gemeinschaften auf den Ebenen der Diözese oder der Bischofskonferenzen an.

Aus dem Vergleich der beiden Ausführungen des Ökumenischen Direktoriums geht klar hervor, dass das Thema der Gültigkeit der Taufe nun nochmals von einer neuen Fragestellung überboten werden soll. Die mit dem Sakrament der Taufe gegebene Eingliederung in Christus und seine Kirche bietet noch eine andere Dimension: die der gemeinsamen Teilhabe an den geistlichen Aktivitäten und Reichtümern. Das Thema „Die Taufe als sakramentales Band der Einheit" soll in einem ökumenischen Dialog und damit in gemeinsamen Vereinbarungen und Erklärungen ausdrücklich aufgenommen und bekräftigt werden. Worin besteht der Sinn solcher gemeinsamer Erklärungen?

Das Direktorium weist an anderer Stelle auf die sich bietenden Gelegenheiten hin, in einer gemeinsamen Feier mit anderen Christen das Gedächtnis der Taufe zu feiern.[22] Auch hier ist klar, worum es geht: die in der Taufe bereits anfanghaft begründete Gemeinschaft zwischen den Christen soll ausdrücklich in das Leben der noch getrennten Christen einbezogen

---

[21] AaO. Nr. 16.
[22] Päpstlicher Rat zur Förderung der Einheit der Christen, Direktorium zur Ausführung der Prinzipien und Normen über den Ökumenismus, 25. März 1993, VApS 110, Bonn 1993, Nr. 96.

werden. Es geht um die Gemeinschaft im Leben und um die Gemeinschaft im geistlichen Tun unter den Getauften. Über die rechtliche Frage der Gültigkeit hinaus geht es um die Feier der bereits bestehenden Gemeinschaft unter getrennten Christen. Das aber macht nur Sinn, wenn man davon ausgehen kann, dass diese Gemeinschaft, die durch die Taufe begründet wird, auf die volle Gemeinschaft hingeordnet ist, in der die Gemeinschaft mit Christus vollends ihren Ausdruck erfährt. Ökumene ist also nicht nur unter den rechtlichen Gesichtspunkten der Gültigkeit von Sakramenten abzuhandeln, sondern als Prozess der Gemeinschaft und des gemeinsamen Lebens aufzufassen. Findet sie dort nicht ihren Ausdruck, ist sie selbst nicht auf Dauer lebensfähig. Das Direktorium weist deshalb dem spirituellen Ökumenismus eine besonders hohe Bedeutung zu und meint damit alle Aktivitäten und Bemühungen, die im Geiste der Suche nach der größeren Gemeinschaft unternommen werden. Statt Abgrenzung und Unterscheidung oder gar Suspendierung von Rechten will das Zweite Vatikanische Konzil die von der Taufe ausgehende Gemeinschaft im gemeinsamen Leben vertiefen. Das aber heißt nichts anderes, als einen ökumenischen Prozess zu fördern und zu beleben, der eine klare Richtung hat, nämlich die volle Gemeinschaft in, mit und durch Christus.

Im Lichte dieser grundsätzlichen Bemerkungen gewinnen gemeinsame Erklärungen zur gegenseitigen Anerkennung der Taufe über ihren eigentlich rechtlichen Aspekt hinaus ihre ekklesiale Bedeutung. Sie geben der Gemeinschaft eine Richtung an und verorten sie selbst im Leben der Gemeinden, der Diözesen und der universalen Kirche. Damit wird unterstrichen, dass es bei der vom Konzil gewollten Gemeinschaft nicht um das bloße Gefühl einer gewissen Gemeinsamkeit geht, sondern um den Ausdruck echter vertiefter Gemeinschaft, die den Ausdruck kirchlich, also ekklesial, wirklich verdient.

3. Modelle der gegenseitigen Anerkennung

Der Päpstliche Rat zur Förderung der Einheit der Christen hat vor einigen Jahren in einer Umfrage unter katholischen Bischofskonferenzen und Synoden der katholischen Ostkirchen zu erfragen gesucht, ob es auf den jeweiligen Ebenen der Kirche eine pastorale Praxis gegenseitiger Anerkennung der Taufe gibt. Diese Studie hat ein erstaunliches Ergebnis hervorgebracht. Es konnten dabei weltweit vier verschiedene Modelle identifiziert werden, in denen es um Taufanerkennung geht. Das erste Modell ist durch eine implizite Anerkennung definiert. Eine Bischofskonferenz oder ein

Ortsbischof geben die Entscheidung öffentlich bekannt, dass bei einer Aufnahme eines nichtkatholischen Christen in die katholische Kirche nicht wieder getauft wird, wenn die Tatsache der ordnungsgemäß vollzogenen Taufe festgestellt werden konnte. Das zweite Modell ist durch eine so genannte einseitige Anerkennung gekennzeichnet. Hier liegt die Entscheidung einer kirchlichen Autorität vor, welche die Gültigkeit der von Geistlichen anderer Kirchen oder kirchlicher Gemeinschaften gespendeten Taufe feststellt. Darüber hinaus gibt es das Modell der gemeinsamen Erklärung. Hier haben dreizehn Bischofskonferenzen der Weltkirche mitgeteilt, dass sie entsprechende Vereinbarungen – normalerweise auf der lokalen Ebene – mit anderen Kirchen oder kirchlichen Gemeinschaften unterzeichnet haben. Schließlich gibt es noch ein Modell, das einen Vertrag vorsieht. Über eine wechselseitige Anerkennung der Taufe hinaus impliziert dieses Modell weitere pastorale Beziehungen.[23]

Auch in Deutschland hat es seit dem Ende des Zweiten Vatikanischen Konzils eine Reihe von Vereinbarungen bzw. Vorgängen zur gegenseitigen Anerkennung der Taufen gegeben. Hier haben sich drei unterschiedliche Modelle herauskristallisiert. Bei dem so genannten unilateralen Modell anerkennen einzelne Diözesen die in einer evangelischen Landeskirche gespendete Taufe durch Bekanntgabe im kirchlichen Amtsblatt an. Im Rahmen eines solchen unilateralen Modells haben etwa das Bistum Münster und verschiedene katholische Ordinariate in der ehemaligen DDR bereits in den 60er-Jahren in ihren Amtsblättern mitgeteilt, dass die von geistlichen Amtsträgern evangelischer Kirchen gespendeten Taufen von den katholischen Bischöfen anerkannt werden.[24]

In einer Reihe von Diözesen und evangelischen Landeskirchen hat es in den 60er- und 70er-Jahren so genannte bilaterale Anerkennungen gegeben, so unter anderem zwischen der evangelisch-lutherischen Kirche Oldenburgs und dem Bistum Münster 1966 und in den Kirchen, die der Konferenz der Kirchenleitungen in Hessen angehören (abgeschlossen zwischen den Diözesen Fulda, Limburg, Mainz und Paderborn und den Evangelischen Kirchen in Hessen-Nassau, von Kurhessen-Waldeck und der Evangelischen Kirche im Rheinland, 1977). Die Erzdiözese Freiburg und die Evangelische

---

[23] So festgehalten in einem Schreiben des Päpstlichen Einheitsrates an die Vorsitzenden der nationalen Bischofskonferenzen vom 27. Mai 2002.

[24] Vgl. Heribert Hallermann, Die Vereinbarungen zur gegenseitigen Anerkennung der Taufe, in: ders. (Hg.), Ökumene und Kirchenrecht – Bausteine oder Stolpersteine? Mainz 2000, 118–139; vgl. hierzu auch die Zusammenstellung von Arnulf Vagedes, Zur gegenseitigen Anerkennung der Taufe, in: KNA-ÖKI 51 (15. Dezember 1993) 15–18.

Landeskirche in Baden haben 1980 beschlossen, gegenseitig die Taufe als gültig anzuerkennen. 1996 hat es dann eine Vereinbarung zwischen der Evangelischen Kirche im Rheinland und dem Erzbistum Köln sowie den Bistümern Aachen, Essen, Münster und Trier zur gegenseitigen Anerkennung der Taufe gegeben. Solche Vereinbarungen kombinieren die gemeinsame Auffassung über die Taufe in einer theologischen Grundlegung und fügen eine gemeinsame kirchenrechtliche Regelung an. Die Normen verpflichten alle Gläubigen, die den Kirchen angehören, welche miteinander vorliegende Vereinbarungen abgeschlossen haben. Hier wird auf geltendes Recht der einzelnen beteiligten Kirchen verwiesen. Als gültige Form der Taufspendung wird zwischen den beteiligten Kirchen die Taufe durch Untertauchen in Wasser oder durch Übergießen mit Wasser bei Verwendung der trinitarischen Taufformel vereinbart.

Gegenüber diesen bilateralen Formen gegenseitiger Anerkennung hat sich in Deutschland im Raum der Arbeitsgemeinschaft Christlicher Kirchen in Baden-Württemberg ein multilaterales Modell der gegenseitigen Anerkennung der Taufe etabliert, das zwischen einigen Mitgliedskirchen der ACK zustande gekommen ist. Hier haben über den Kreis der katholischen Diözesen und evangelischen Landeskirchen hinaus kleinere Kirchen wie die Selbständige Evangelisch-Lutherische Kirche in Baden, die Serbisch-Orthodoxe Kirche, die Griechisch-Orthodoxe Kirche, die Altkatholische Kirche und die Evangelisch-Methodistische Kirche dieser Vereinbarung zugestimmt. Es ist in diesem Rahmen erstmals gelungen, Freikirchen und orthodoxe Kirchen in solche Vereinbarungen einzubeziehen.

Im Rückblick auf vierzig Jahre ökumenischer Beziehungen steht außer Frage, dass solchen Vereinbarungen gegenseitiger Taufanerkennung eine hohe Bedeutung in den ökumenischen Beziehungen zwischen den beteiligten Kirchen zuerkannt werden muss. Mit diesen Vereinbarungen wird die gültige Spendung des Sakraments der Taufe und die daraus resultierende Eingliederung des Getauften in die eine Kirche Jesu Christi rechtsgültig anerkannt. Andererseits wird auch der bisher bestehende generelle Zweifel an der gültigen Spendung der Taufe in einer von der katholischen Kirche getrennten Kirche oder Gemeinschaft beseitigt. Darüber hinaus aber zeigen solche Vereinbarungen, dass der ökumenische Fortschritt in den Beziehungen zwischen den beteiligten Kirchen nicht nur eine gemeinsame ökumenische Gesinnung zum Ausdruck bringt, sondern sich auch in gültigen Rechtsakten niederschlagen kann. Sie bilden jedenfalls ein tragfähiges Fundament für weitere ökumenische Fortschritte.

4. Taufanerkennung im Zusammenhang von Kirchengemeinschaft

Das Projekt der gegenseitigen Anerkennung der Taufe gewinnt eine neue Dimension, wenn man den Charakter der Gemeinschaft beschreibt, der Gegenstand der ökumenischen Bemühungen ist. Damit rückt nochmals das Modell der gestuften Kirchengemeinschaft in den Blick. Papst Johannes Paul II. hat in seiner Enzyklika „Ut Unum Sint" von 1995 ausdrücklich nach der „Anerkennung der bei den anderen Christen vorhandenen Güter"[25] gefragt. Es geht also darum, die „Reichtümer Christi und das Wirken der Geisteskräfte im Leben der anderen anzuerkennen"[26]. Die Gemeinschaft unter den Christen und damit auch die Gemeinschaft unter den Kirchen und kirchlichen Gemeinschaften, in denen die nichtkatholischen Christen beheimatet sind, wächst durch das Ausschöpfen dieses ökumenischen Potenzials. Darunter sind die in Christus wirksamen Reichtümer, nämlich jene Elemente und Güter zu verstehen, die von Christus herkommen und zu ihm hinführen. Gerade durch die Anerkennung dieser Heil bringenden Elemente wächst Gemeinschaft. „Denn Güter der Kirche Christi drängen aufgrund ihrer Natur zur Wiederherstellung der Einheit. Daraus folgt, dass die Suche nach der Einheit der Christen kein Akt opportunistischer Beliebigkeit ist, sondern ein Erfordernis, das aus dem Wesen der christlichen Gemeinschaft selbst erwächst."[27] Über die gegenseitige Anerkennung dieser Elemente wächst die Gemeinschaft und bildet je nach dem Grad der erreichten Anerkennung gewisse Stufen aus, die man fortschreitend auf die volle Gemeinschaft hin einnehmen kann. Die Vereinbarungen zur gegenseitigen Anerkennung der einen Taufe gehen deshalb „über einen ökumenischen Höflichkeitsakt hinaus und stell(en) eine ekklesiologische Grundaussage dar"[28].

In welcher Weise stellen diese gemeinsamen Vereinbarungen eine ekklesiologische Grundaussage dar? Eine Antwort zeigt sich, wenn man dieses Projekt auf ein ekklesiologisches Modell bezieht, das man nach katholischer Tradition mit der Idee der Kirchengemeinschaft, also der Idee der communio, bezeichnen kann. Die Wiederherstellung der Einheit der Christen im Sinne einer Wiedergewinnung der verloren gegangenen Gemeinschaft unter den Kirchen und kirchlichen Gemeinschaften ist ein von diesen Kirchen und Gemeinschaften selbst zu unternehmender Prozess, der Lebenselemente der Spiritualität und der konkreten strukturierten ekklesia-

---

[25] UUS, Nr. 47.
[26] UR 4.
[27] UUS, Nr. 49.
[28] UUS, Nr. 42.

len Gestaltung umfasst. Dahinter verbirgt sich die Auffassung, dass die Kirche durch ekklesial-sakramentale Strukturelemente lebt und auferbaut wird. Lumen gentium Nr. 11 hat hierfür das Bild der sakramentalen Gemeinschaft der Kirche ausgeprägt. Aus dem geht hervor, was das Konzil unter kirchlicher Gemeinschaft versteht. Danach ist Kirche eine lebendige Gemeinschaft derer, die sich in der Feier der Sakramente versammeln und dadurch von Christus selbst zur Kirche geformt werden. In Aufnahme des griechischen Begriffs der Koinonia (lateinisch: communio, deutsch: Gemeinschaft durch Teilhabe) lässt sich darunter wohl auch ein katholisches Modell von Kirchengemeinschaft erfassen. Dieses hat zum Ziel, die von Christus gestiftete Einheit unter den konkreten Bedingungen strukturierter Einheit wahrzunehmen. Mit diesem Modell ist ein dynamisches Konzept verbunden, das für zukünftige Entwicklungen offen ist. Wenn schon durch die Taufe die, wenn auch nicht vollkommene, Gemeinschaft grundgelegt ist, dann weist sie auf eine Vervollkommnung hin, die am Ende des ökumenischen Weges steht. Das alles macht auf ein ekklesiologisches Stufenmodell aufmerksam. Somit operiert auch die katholische Theologie nicht mit einem uniformen Einheitsverständnis, sondern mit einem Modell von Kirchengemeinschaft, das einer Pluralität von Kirchen und Gemeinschaften Raum lässt, die einander auf der Grundlage einer sakramental strukturierten Konzeption von Gemeinschaft Teilkirchen sind.

Das Projekt der gegenseitigen Anerkennung der Taufen ist also nicht nur unter kirchenrechtlichen, sondern auch unter ekklesiologischen Gesichtspunkten bedeutsam und wirksam. Bezogen auf ein dynamisches Konzept von Kirchengemeinschaft könnten solche Vereinbarungen darauf hinweisen, dass Gemeinschaft tatsächlich bereits heute besteht und selbst sichtbaren Ausdruck erlangt hat. Gleichzeitig wird deutlich, worauf diese schon bereits bestehende, aber noch unvollkommene Gemeinschaft verweist, letztlich auf die vollständige Eingliederung in die von Christus gewollte Heilsgemeinschaft[29]. Damit sind solche Vereinbarungen zur gegenseitigen Anerkennung der Taufe nie nur Ausdruck ökumenischer Freundlichkeiten, die man heute miteinander austauscht, sondern konkreter und lebendiger Hinweis auf eine bereits bestehende Gemeinschaft unter Christen, die im Wachsen begriffen ist.

---

[29] UR 22.

Wir bekennen die eine Taufe
Die Feier des Taufgedächtnisses in ökumenischer Gemeinschaft

Martin Stuflesser

1. Annäherung

1.1 Eine Impression vom Ökumenischen Kirchentag 2003

Berlin am 1. Juni 2003, der „Platz der Republik" vor dem Reichstag. Es haben sich viele tausend Menschen an diesem Sonntagmorgen hier versammelt. Später wird in den Zeitungen stehen, dass es knapp 200.000 Christen waren, die hier den Abschluss des ersten Ökumenischen Kirchentages mit einem gemeinsamen Gottesdienst gefeiert haben. Wasser wird aus einem großen Brunnen geschöpft, ein Gebet wird gesprochen und das Wasser auf Schalen verteilt, die durch die Menschenmenge gereicht werden. Vor uns steht ein kleines Mädchen, vielleicht fünf Jahre alt, mit einer Wasserschale; wir knien uns hin, damit das Mädchen unseren Kopf berühren kann. Es taucht seine Hand in das Wasser, zeichnet uns ein Kreuz auf die Stirn und sagt dazu mit großer Ernsthaftigkeit: „Du sollst Segen sein!"

Wahrscheinlich hat man nicht oft im Leben die Gelegenheit, die Erinnerung an die eigene Taufe so intensiv zu feiern. Nicht oft wird man dieses Gefühl der Zusammengehörigkeit zwischen unterschiedlichen Menschen aus den verschiedenen christlichen Konfessionen erleben dürfen, die doch alle geeint sind im Band der Taufe.

Wenn es schon im Ökumenismusdekret des Zweiten Vatikanischen Konzils *Unitatis Redintegratio* heißt, dass „die Taufe [...]) ein sakramentales Band der Einheit zwischen allen, die durch sie wiedergeboren sind" (Art. 22), begründet, so hat das Konzil deutlich gemacht, dass die Taufe eine weit größere Einheit aller getauften Christen stiftet, als es die Verschiedenheit der unterschiedlichen christlichen Kofessionen im Alltag vielleicht vermuten lässt.

Taufe und Taufgedächtnis bilden dabei sicherlich eine Einheit: Die Taufe ist zunächst ein Aufnahmeritus, der die Eingliederung in die Kirche bewirkt. Man greift jedoch zu kurz, wenn man sich auf diese vordergründige Bedeutung von „Taufe" beschränken würde. „Taufe" bezeichnet ja auch die Antwort eines Menschen auf den Ruf des Evangeliums, und in der Taufe feiert die Kirche die vollzogene Umkehr eines Menschen zu Gott und damit den Eintritt in die Lebensgemeinschaft des in Jesus Christus geoffenbarten dreieinen Gottes. Wenn dieser Umkehrprozess aber vollzogen ist und die Taufe dessen Abschluss feiert, welche Bedeutung kommt dann einem wie auch immer gearteten Ritus der Tauferinnerung zu?

Natürlich kann durchaus sinnvoll danach gefragt werden, ob es überhaupt einer Tauferinnerung bedürfe, wenn nicht eine bestimmte Taufpraxis – nämlich die, Säuglinge zu taufen – den eigentlich der Taufe vorausgehenden Entscheidungsprozess in die Zeit nach der Taufe verlegt. Taufe als bewusste Umkehr, als eine Hinwendung zum Evangelium – davon kann im Fall der Kindertaufe sicher nicht gesprochen werden. Eher handelt es sich um den Anfang eines Glaubenswegs, bei dem zu einem späteren Zeitpunkt das eingelöst werden kann, was Eltern und Paten bei der Taufe eines Kindes in dessen Namen als ihren Glauben bekannt haben. Damit ist aber gerade die Feier der Kindertaufe immer auch die Feier der Tauferinnerung für die Eltern, für die Paten, für die mitfeiernde Gemeinde.

Im Kontext des durch das II. Vatikanum erneuerten Erwachsenenkatechumenats und der damit zunehmenden Anzahl an Erwachsenentaufen stellt sich jedoch auch die Frage nach der Bedeutung des Taufgedächtnisses noch einmal anders: Im Fall der Erwachsenentaufe bildet die Taufe tatsächlich den vorläufigen Abschluss eines Prozesses der Umkehr. Deshalb könnte womöglich die gesamte Feier des Erwachsenenkatechumenats für die mitfeiernde Gemeinde einen Prozess der Tauferinnerung darstellen. Dies kann ein Prozess sein, in dem sich u.U. bereits als Kinder Getaufte neu der in der Taufe grundgelegten Berufung zu einem Leben in der Gemeinschaft des dreifaltigen Gottes bewusst werden. Unterscheiden sich dabei aber solche (direkten und indirekten) Formen des Taufgedächtnisses, die innerhalb einer Konfession gefeiert werden, von ökumenischen Feierformen, wie wir sie beim Ökumenischen Kirchentag 2003 erlebt haben?

Bereits dieser kurze Überblick zeigt, wie vielschichtig und vielgestaltig die Fragen und Probleme sind, die sich um das Thema „Taufgedächtnis" gruppieren. In einer Zeit, die von vielen Autoren schon als nach-christlich bezeichnet wird, erscheint es umso wichtiger, sich darüber zu verständigen, was christliche Identität eigentlich ausmacht. Hätte man die friedliche Atmosphäre beim Abschlussgottesdienst des Ökumenischen Kirchentages 2003 in Berlin von außen betrachtet, wäre man angesichts der Texte, Lieder, Symbolhandlungen vielleicht zu dem Schluss gekommen: Christen, das sind Menschen, die aus der Taufe leben, die von einer Hoffnung erfüllt sind auf ein Leben in Gemeinschaft mit Gott und untereinander, die sich von Gott in die Welt senden lassen zum liebevollen Dienst am Nächsten. Inwiefern können liturgische Formen des Taufgedächtnisses vielleicht sogar, wenn man an die positiven Erfahrungen beim Ökumenischen Kirchentag 2003 denkt, ein entscheidender Schritt auf dem Weg der Ökumene sein: indem wir in versöhnter Verschiedenheit das feiern, was uns eint – das Band der Taufe?

1.2 Methodische Vorüberlegungen: Sinngehalt und Feiergestalt des Taufgedächtnisses

Bereits in den oben zusammengefassten Überlegungen ist angeklungen, dass die Frage zu erörtern sein wird, inwieweit ökumenische Feierformen des liturgischen Taufgedächtnisses sich von solchen innerhalb der jeweiligen Konfessionen unterscheiden. Für unsere weiteren Überlegungen ist an dieser Stelle zunächst auf die methodische Unterscheidung von Sinn- und Feiergestalt der Liturgie einzugehen. In dem – im Jahr 1989 erschienenen – vierten Band des deutschsprachigen Handbuchs der Liturgiewissenschaft „Gottesdienst der Kirche" zum Thema „Eucharistie" untersucht Hans Bernhard Meyer den Unterschied von Sinn- und Feiergestalt der Eucharistie.[1]

Auch wenn Meyer diese Überlegungen im Hinblick auf die Eucharistie formuliert hat, so sind diese doch auch für unsere weiteren Überlegungen von zentraler Bedeutung, da das von Meyer vorgelegte Modell den Kontext seiner eucharistietheologischen Überlegungen transzendiert und somit auch auf die übrigen rituellen Vollzüge christlicher Liturgie applizierbar ist. Meyer unternimmt in seinen Ausführungen den Versuch einer Systematisierung jener Ansätze, die schon seit der liturgischen Bewegung der Frage nach dem „Wesen der Eucharistie", ihrer „Grundgestalt" etc. verstärkte Aufmerksamkeit geschenkt haben.[2] Meyer entscheidet sich für die Begriffe „Sinngestalt" und „Feiergestalt"[3] und erläutert diese folgendermaßen: Mit „Sinngestalt" bezeichnet er „[...] die formale Dynamik (Vollzugsform), die der Feier ihren Sinn gibt und durch die deren Einzelaspekte ihre theologische Bedeutung erhalten, untereinander verbunden und in das Ganze integriert sind."[4]

---

[1] Vgl. Hans B. Meyer, Eucharistie, Gottesdienst der Kirche. Handbuch der Liturgiewissenschaft IV, Regensburg 1989, 444ff.

[2] Vgl. Martin Stuflesser, Memoria Passionis. Das Verhältnis von lex orandi und lex credendi am Beispiel des Opferbegriffs in den Eucharistischen Hochgebeten nach dem II. Vatikanischen Konzil, Münsteraner Theologische Abhandlungen 51, Altenberge ²2000, 37ff.

[3] Meyer, Eucharistie, 445.

[4] AaO. 445. Wir verwenden im Folgenden die Begriffe „Sinngestalt" und „Sinngehalt" als Synonyme.

Meyer weist an dieser Stelle selbst darauf hin, dass die Sinngestalt durch „liturgietheologische Reflexion" gewonnen wird; sie ist die „formale Sinnstruktur" der liturgischen Feier und bestimmt „die theologische Bedeutung der Eucharistiefeier im Ganzen sowie ihrer Einzelaspekte"[5]. Auch der Terminus „Feiergestalt" ist ein durch liturgietheologische Reflexion gewonnener Begriff, und er bezeichnet „[…] den materialen Ausdruck der formalen Sinngestalt und umfasst sowohl die anthropologischen als auch die in der Stiftung Jesu gründenden Elemente und Vollzüge der Eucharistiefeier, in denen deren Sinngestalt zum Ausdruck kommt."[6]

Hierzu gehören nach Meyer alle für die Symbolhandlung der Eucharistie konstitutiven Elemente wie: „Worte und Gesten, Elemente und Handlungen, personale und soziale Faktoren, Ordnung der Gesamtfeier und Abfolge ihrer Teile"[7]. Wichtig für das rechte Verständnis dessen, was Meyer mit seinen Ausführungen zu Sinn- und Feiergestalt aussagen will, sind seine abschließenden Betrachtungen über das Verhältnis der beiden Kategorien zueinander. So weist Meyer darauf hin, dass Sinn- und Feiergestalt wohl zu unterscheiden, aber nicht zu trennen sind. Beide Kategorien greifen also ineinander und sind nur von der jeweils anderen Kategorie her zu verstehen: „Denn die formale Sinngestalt kann nur aus dem ‚Material' der Feiergestalt(en) gewonnen werden. Umgekehrt ist die Sinngestalt Kriterium für die sachgerechte Feiergestalt."[8]

Die für das sakramentale Zeichen konstitutive Christusanamnese der Liturgie umfasst dabei die kommemorative Aktualpräsenz der Heilstaten Gottes und die personale Aktualpräsenz (Christus principaliter agens) des Paschamysteriums Jesu Christi in der liturgischen Feier seines Leidens, seines Todes und seiner Auferstehung.[9] Diese Gedächtnis-Gegenwart liegt im

---

[5] Ebd. – Meyer führt an dieser Stelle noch nicht aus, was näher unter „liturgietheologischer Reflexion" zu verstehen ist. Erst im weiteren Teil seiner Ausführungen zur Sinn- und Feiergestalt der Eucharistie wird dies deutlich. Entscheidend erscheint hierbei, dass außer der Normativität der Schrift das historische Zeugnis der liturgischen Feier untersucht wird.

[6] Ebd.

[7] AaO. 446.

[8] Ebd. – Meyer wehrt sich an dieser Stelle auch gegen Fehlinterpretationen, als ginge es um die Unterscheidung von „innerem theologischen Wesen" und „äußerem zeremoniellen Ausdruck". Vielmehr betont Meyer auch an dieser Stelle nochmals, dass es sich um liturgietheologische Kategorien handelt, die eine inhaltliche Einheit bilden.

[9] Vgl. aaO. 448f. – Meyer formuliert hier im Anschluss an Johannes Betz, Eucharistie, Freiburg 1961. Auf der liturgisch-realsymbolischen Ebene findet dies bei der Feier der Eucharistie seine Entsprechung im „anamnetisch-epikletischen Sprechen" und in dem damit verbundenen „Handeln mit den Mahlelementen von Brot und Wein, deren Genuss die communio mit dem (substantial realpräsenten) Herrn und mit seinem

Auftrag Jesu, solches zu tun, begründet.[10] Damit kommt Meyer in Gestalt einer Zusammenfassung der bisher genannten Einzelaspekte zur Bestimmung der Sinngestalt der Eucharistie als „eulogisches Gedenken"[11], und er führt hierzu aus: „Die Vollzugsform ‚eulogisches Gedenken' ist nach dem bisher Gesagten ein soterisch-katabatisches und kultisch-anabatisches Handeln, das in Wort, Geste und Gabe zum Ausdruck kommt."[12]

Wenn wir uns an dieser Stelle der Frage widmen, inwiefern sich ökumenische Feierformen des Taufgedächtnisses von binnenkonfessionellen Feierformen unterscheiden, worin ihr jeweiliges Spezifikum liegt, ist genau bei diesem Begriff der Sinngestalt der Liturgie als „lobpreisendes Gedächtnis"[13] anzusetzen. Denn wie alle christliche Liturgie ist auch die Feier des Taufgedächtnisses lobpreisendes Gedenken der Heilstaten Gottes, sie ist Feier des Paschamysteriums.[14] Denn Gott, der Dreieine, teilt sich in der Geschichte selbst mit; diese Selbstoffenbarung Gottes, seine in der Geschichte ergangene Selbstmitteilung in seinem Wort Jesus Christus, die fortlebt in der geistgewirkten Kirche, ist Ursprung aller Liturgie.[15]

Die Anamnese in der Liturgie ist dabei „vergegenwärtigendes Gedenken"[16]. Die zentrale liturgietheologische Kategorie der „Anamnese" besagt also die in der und „durch die liturgische Feier (actio) vermittelte Gleichzei-

---

[10] Leib, der Kirche, vermittelt"; in: Meyer, Eucharistie, 449.

[11] „Als ganze ist sie [die Eucharistie; M.S.] ein (Wort- und Tat-) Gedächtnis, das der Herr seiner Kirche hinterlassen hat, damit sie durch die Anamnese seiner Person und seines Pascha an ihm und an seinem Erlösungswerk Anteil habe und mit ihm und durch ihn den Vater verherrliche"; in: ebd.

In: aaO. 454. – Meyer selbst fasst diese Bestimmung der Sinngestalt der Eucharistie weniger als Definition auf als vielmehr als heuristische Bestimmung. Das sprachliche Element „Gedenken" scheint schon von der biblischen Rede von der Eucharistie als „Feier des Gedächtnisses" (1 Kor 11) sehr geeignet zu sein, die Sinngestalt der Eucharistie näher zu umschreiben. Außerdem verdeutlicht der Begriff „Gedenken", „dass es nicht um ein mimetisch-dramatisierendes Nachspielen des Abendmahles geht", vielmehr umfasst die liturgische actio das Wort- und Tatgedächtnis von Leiden, Tod und Auferstehung Jesu Christi (454). Eulogie „steht für ein Segens-Handeln, das sowohl heiligende Selbstmitteilung Gottes als auch bekennend lobpreisende Hingabe an Gott und so Verherrlichung Gottes ist." Problematisch ist hier allenfalls, dass der Begriff „lobpreisend" nicht als genaue Übersetzung für „eulogisch" angesehen werden kann und insofern kein direktes Äquivalent im Deutschen vorliegt (aaO. 455).

[12] Ebd.

[13] AaO. 444ff.

[14] SC 5.

[15] Vgl. Gerhard L. Müller, Gemeinschaft mit Jesus Christus in Wort und Sakrament: Liturgie im katholischen Verständnis, in: Konrad Baumgartner u.a. (Hgg.), Unfähig zum Gottesdienst? Liturgie als Aufgabe aller Christen, Regensburg 1991, 78–102, 85–89.

[16] Hans B. Meyer, Art. Anamnese. V, LThK³ I, 592–593, 592.

tigkeit der Feiernden zu den historisch vergangenen, aber auch zu den für die Zukunft verheißenen Heilstaten, an denen sie Anteil gewinnen, sowie Begegnung mit deren personalem Grund, dem dreifaltigen Gott und dem verherrlichten Herrn"[17].

Diese katabatisch-soterische Linie der Liturgie – Gott handelt an seinem Volk – erfährt in der anabatisch-latreutischen Linie ihre Antwort: Die Gemeinde antwortet auf das Heilshandeln Gottes, an dem sie in der liturgischen Feier des Heilsgedächtnisses Anteil gewinnt, mit Lob, Dank und Bitte, mit Psalmen, Hymnen und Liedern, wie sie der Geist eingibt (vgl. Eph 5,19f.).

So handelt es sich bei der Liturgie um zutiefst dialogisches Geschehen zwischen Gott und Mensch[18], wobei die Anrede Gottes an die Menschen aller Antwort des Menschen stets vorausgeht. Diese katabatische Linie: die Anrede Gottes an die Menschen, findet vor allem in der Verkündigung der Schrift ihren Ausdruck, in der Gottes bereits erwiesene Heilstaten an seinem Volk überliefert sind. Diese Reihenfolge von Anrede Gottes und Antwort des Menschen findet sich in dieser Reihenfolge auch in Art. 59 der Liturgiekonstitution *Sacrosanctum Concilium*, wo es heißt: „Die Sakramente sind hingeordnet auf die Heiligung der Menschen, den Aufbau des Leibes Christi [katabatisch-soterischer Aspekt; M.S.] und schließlich auch auf die Gott geschuldete Verehrung [anabatisch-latreutischer Aspekt; M.S.]."

Die Anamnese der Heilstaten Gottes in Jesus Christus leistet dabei, so Arno Schilson, „die notwendige Vermittlung zw[ischen] der hist[orischen] Einmaligkeit v[on] Leben, Kreuz und Auferstehung Jesu u. deren universaler Bedeutung, die keinem gesch[ichtlichen] Vergessensprozess unterliegen kann u. darf, sondern sich als stets neu und gegenwärtig erweist."[19]

Für unsere weiteren Überlegungen zur Bedeutung der Anamnese im Kontext der Taufe erscheint der Hinweis Arno Schilsons weiterführend, dass das Gedächtnis der Heilstaten Gottes nicht „nur" in der liturgischen Feier (liturgia) symbolhaft seinen Ausdruck findet, sondern mit den Ausdrucksweisen des Gedächtnisses in den übrigen kirchlichen Grundvollzügen korrespondieren muss. Sowohl das Wort der Verkündigung (martyria) als auch der Dienst an den Nächsten, die gelebte Nachfolge Christi (diakonia), sind Formen der Anamnese der Heilstaten Gottes.[20]

---

[17] Ebd.
[18] SC 7, 11, 33, 48 und 59.
[19] Arno Schilson, Art. Anamnese. IV. Theologisch, LThK³ I, 591–592, 591.
[20] AaO. 591f. – Schilson weist darauf hin, dass dieser Aspekt seit der frühen Kirche zugunsten einer einseitigen Überbetonung des sakramentalen Handelns der Kirche verlorengegangen ist. Auch die Reformation (stärkere Betonung des Wort-Charakters)

Konzentrieren wir uns also im Folgenden auf die Taufe und die Frage, was spezifisch unter dem Begriff Taufgedächtnis oder, theologisch korrekt: unter dem liturgischen Gedächtnis der einen Taufe zu verstehen ist, so ist zu überlegen, welches die eigentlichen Inhalte dieser Feierform sind, inwiefern sich dieses liturgische Gedächtnis von anderen Feierformen des Gedächtnisses unterscheidet und, ob es bei der Betrachtung der Sinngestalt des Taufgedächtnisses eine unterschiedliche konfessionelle oder gar spezifisch ökumenische Ausprägung gibt.

Als eine kurze prägnante Definition dafür, was unter Anamnese zu verstehen ist, greifen wir auf einen Versuch Adolf Darlaps zurück: „Unter Anamnese verstehen wir die feiernd-gedenkende Gegenwärtigsetzung eines geschichtlichen (Heils-)Ereignisses, um es so über die Situation des Gedenkenden Macht gewinnen zu lassen im Blick auf die im Ereignis implizierte Intention und Praxis."[21] Hiermit ist für unsere Frage nach dem liturgischen Gedächtnis der einen Taufe ein Mehrfaches gesagt:

1. Der Ursprung des anamnetischen Handelns ist ein konkretes geschichtliches Heilsereignis. Dabei ist von zentraler Bedeutung, dass „die geschichtliche, raum-zeitlich fixierte Einmaligkeit eines Ereignisses nicht nivelliert"[22] wird. Im Hinblick auf die Taufe bedeutet dies: Es wird nicht etwa, wie der im Deutschen sehr missverständliche Ausdruck „Taufgedächtnis" intendiert, vordergründig an das Ereignis der Taufe erinnert, also an das Datum, die Familienfeier, die äußeren Umstände. Vielmehr feiert das liturgische Gedächtnis der einen Taufe das Handeln Gottes in seinem Sohn Jesus Christus an jenem konkreten Menschen, der durch die Begegnung mit dem Wort Gottes zum Glauben gekommen ist und im Sakrament der Taufe auf diesen Anruf Gottes antwortet.[23]

2. In der Taufe haben alle Getauften sakramental Anteil erlangt an diesem Heilshandeln Gottes. Die Getauften haben geantwortet auf den Ruf des Evangeliums[24], sie feiern die vollzogene Umkehr und den Eintritt in die

---

und die Aufklärung (einseitige Interpretation der Anamnese als rein subjektive „ethisch motivierende Erinnerung") konnten die Weite des biblisch inspirierten Anamnesebegriffs der Alten Kirche nicht wiedergewinnen. Erst im 20. Jahrhundert in der Mysterientheologie Odo Casels und dem Aufgreifen dieser Ansätze durch das II. Vatikanum konnte diese Sicht wiedergewonnen werden.

[21] Adolf Darlap, Anamnesis. Marginalien zum Verständnis eines theologischen Begriffs, in: ZKTh 97 (1975) 80–86, 82.

[22] Ebd.

[23] Vgl. Dorothea Sattler, Wandeln Worte Wirklichkeit? Nachdenkliches über die Rezeption der Sprechakttheorie in der (Sakramenten-)Theologie, in: Cath (M) 51 (1997) 125–138, 137.

[24] Auch an dieser Stelle wird deutlich, wie sehr sich die Kindertaufe zunächst gegen die

Lebensgemeinschaft des in Jesus Christus geoffenbarten dreifaltigen Gottes.[25] Die Taufe ist somit *die* Grundlage christlicher Existenz.

3. Bei der Anamnese handelt es sich aber um kein intellektualistisches Sich-Erinnern-an[26]. Anamnese ist keine „historisierende Reminiszenz", sie ist vielmehr eine Handlung, ein Tun (ποιεῖν in 1 Kor 11,24), bei dem das Heilsereignis in die jeweilige Zeit „zu aktualisieren und in Praxis hinein zu vermitteln"[27] ist. So ereignet sich Anamnese in der kultischen Feier der versammelten Gemeinde, die gemeinsam das Gedächtnis der Heilstaten Gottes, in unserem Falle die in der Taufe geschenkte Erfahrung der Erlösung begeht.

4. Gedächtnis der einen Taufe bedeutet so auch, ein Gedächtnis der Treue Gottes zu feiern. Gott hält seinem Volk die Treue, zuletzt im Leiden, im Tod und in der Auferweckung seines Sohnes (Röm 6). Der Getaufte ist somit, mit den Worten von Albert Gerhards, eingebettet in einen „heilsgesch[ichtlichen], schöpfungs- und erlösungstheol[ogischen] Gesamthorizont"[28].

5. Für die Feier des liturgischen Gedächtnisses der einen Taufe bedeutet dies: Die einstmals in der Taufe gegebene Antwort auf den Anspruch des Evangeliums, die geschenkte Erfahrung der Barmherzigkeit Gottes in der Vergebung der Sünden, die Hoffnung auf Gottes unumstößliche Treue, all dies muss „Macht gewinnen [...] im Blick auf die im Ereignis implizierte Intention und Praxis"[29].

6. Die Feier des Gedächtnisses zielt dabei auf eine Transformation der Versammelten. Diese Verwandlung gründet im Sinngehalt des Gedächtnisses: in Gottes unumstößlichem Heilswillen für seine gesamte Schöpfung, erfahrbar in der radikalen Liebe seines Sohnes, die auch vor dem eigenen Tod als letzter Konsequenz nicht zurückschreckt[30].

---

klassischen theologischen Paradigmen der Tauftheologie (Taufe als Antwort auf den Anruf Gottes) sperrt. Wie sehr jedoch gerade im Kontext der Kindertaufe die Frage eines nachzuholenden Katechumenats und damit auch die Frage nach der liturgischen Feier des Taufgedächtnisses an Bedeutung gewinnt, wäre noch ausführlicher zu erörtern.

[25] Franz J. Nocke, Sakramententheologie. Ein Handbuch, Düsseldorf 1997, 117ff.
[26] Vgl. DH 1753: „nuda commemoratio".
[27] Darlap, 82.
[28] Albert Gerhards, Art. Taufgedächtnis, LThK³ IX, 1300–1301, 1300.
[29] Darlap, 82.
[30] Philip Thompson merkt hierzu an: „That baptism is, no less than the eucharist, a Christian memorial act I shall not seek to prove. It would be no original observation. The two rites [...] are one in their origin in God's love. While in the eucharist, believers continually remember and receive anew the grace won through Christ's life, death and resurrection; these are realities to which Christians are united through baptism."

7. Die in der Taufe begonnene Transformation ist also kein punktuelles Ereignis, sondern bedarf der stetigen Einübung und eines stets zu vertiefenden Taufbewusstseins im Sinne einer „katechumenalen Neuorientierung"[31].

8. Taufbewusstsein heißt dann, sich des unumstößlichen Heilswillens Gottes bewusst zu werden und darauf zu antworten durch ein Leben, das diesem Anruf Gottes entspricht.

9. Taufgedächtnis bedeutet demzufolge, „dass wir (als noch geschichtlich existierende Menschen) die Identität des Erhöhten mit dem irdischen und gekreuzigten Jesus festhalten und uns lernend auf den Weg seiner Nachfolge (der konkreten Gleichgestaltung mit ihm) einweisen lassen, auf dem er uns kraft seines Auferstehungslebens stärkt und begleitet"[32].

10. So gewinnt das in der Taufe anfanghaft persönlich erfahrene Heilshandeln Gottes Macht über die versammelte Gemeinde und fordert sie zu einer neuen Praxis heraus, so dass in der Anamnese Vergangenheit, Gegenwart und Zukunft ineinander verschränkt sind.[33]

11. Dieses Herausgefordertsein zu einer neuen Praxis zeigt sich in der liturgischen Feier des Gedächtnisses der einen Taufe in verschiedenen rituellen Ausformungen. Allen ist jedoch gemeinsam, dass in ihnen die Gemeinde durch die Anamnese von Leiden, Tod und Auferstehung Jesu, durch das Gedächtnis des Heilshandelns Gottes, dazu aufgefordert ist, sich ihrer Taufberufung immer neu gewahr zu werden und in die Nachfolge Jesu einzuüben.

12. Dieses Einüben in die Nachfolge Jesu ist nicht an eine bestimmte konfessionelle Identität gebunden. So sehr die Feiergestalt des liturgischen Gedächtnisses der einen Taufe sich von Konfession zu Konfession unterscheiden mag[34], so sehr die Suche nach einer gemeinsamen ökumenischen

---

[31] Thompson, Philip E. Memorial Dimensions of Baptism, in: Stanley E. Porter/Anthony Cross (Hgg.), Dimensions of Baptism. Biblical and Theological Studies, Journal for the New Testament, Supplement Series 234, London 2002, 304–324, 307.

[32] Gerhards, 1300f.

Thomas Pröpper, Zur vielfältigen Rede von der Gegenwart Gottes und Jesu Christi. Versuch einer systematischen Erschließung, in: ders., Evangelium und Vernunft. Konturen einer theologischen Hermeneutik, Freiburg 2001, 245–265, 264.

[33] Vgl. den Hinweis Darlaps (aaO. 84.) auf die drei signa (rememorativum, demonstrativum und prognosticum) bei Thomas in S. th. II q. 60 a. 3. Diese lebenspraktische Relevanz lässt sich auch in dem von Emil J. Lengeling vorgeschlagenen Terminus „signum obligativum" ablesen; in: Emil J. Lengeling, Art. Liturgie/Liturgiewissenschaft, in: Peter Eicher (Hg.), Neues Handbuch theologischer Grundbegriffe III, München 1991, 277–305, 286. Er verweist dabei auf SC 2; 9–12.

[34] Vgl. die Übersicht über die unterschiedlichen konfessionellen Ausprägungen des liturgischen Taufgedächtnisses in: Martin Stuflesser, Liturgisches Gedächtnis der einen Taufe. Überlegungen im ökumenischen Kontext, Freiburg 2004, bes. 155ff.

Feierform sich im Konkreten als schwierig erweisen mag[35], die Sinngestalt des Taufgedächtnisses bleibt dennoch eine Größe, welche allen diesen konkreten liturgischen Feierformen, also allen Formen der Feiergestalt zu eigen ist: Taufgedächtnis ist immer das lobpreisende Gedächtnis für das in Jesus Christus geschenkte Heil.

Doch kehren wir zu unserer Eingangsfrage zurück: Worin unterscheiden sich dann ökumische Feierformen des Taufgedächtnisses von denen innerhalb einer Konfession? Wenn der Sinngehalt doch zunächst identisch ist, unterscheidet sich dann lediglich die konkrete Feiergestalt? Oder gibt es auch beim Sinngehalt noch einmal theologisch zu differenzierende Akzentsetzungen?

2. Liturgisches Gedächtnis der einen Taufe in getrennten Kirchen

2.1 Annäherung an die zugrundeliegende ekklesiologische Fragestellung

Die Feier der Taufe bedeutet zunächst: Feier der Eingliederung in den Leib Christi. Dabei ist allerdings zu bedenken, dass dieser „mystische Leib Christi", wenn er auch nicht einfach identisch ist, so doch in engem Zusammenhang mit der konkret verfassten Gemeinde vor Ort steht, in der die Taufe vollzogen wird. Nicht zuletzt durch die Auferbauung und Stärkung der Gemeinde durch die Partizipation am Leib Christi wird dies in jeder Feier der Eucharistie aufs Neue verdeutlicht. Erinnert sei hier an das Augustinus zugeschriebene Diktum: „Empfangt, was ihr seid, damit ihr werdet, was ihr empfangt!"[36]

Was bedeutet nun – in ekklesiologischer Perspektive – Taufe für diese konkrete Gemeinde? Welches sind die ekklesiologischen Implikationen zunächst der Taufliturgie selbst, dann aber auch, davon abgeleitet, der liturgischen Feier des Taufgedächtnisses? Welche „Kirchenbilder" schließlich entsprechen den „Liturgiebildern", von denen Karl Heinrich Bieritz schreibt: „Es sind Bilder – in der Regel sehr frühe Bilder –, die unsere Vorstellungen vom Gottesdienst, unser Gottesdienstwissen und damit auch unsere Einstellungen samt unserem Verhalten nachhaltig prägen."[37] Diesen

---

[35] So etwa in der Suche nach einer passenden Feiergestalt für den Abschlußgottesdienst des Ökumenischen Kirchentages 2003 (vgl. Stuflesser, Liturgisches Gedächtnis, 43ff).

[36] Bei Augustinus heißt es in Sermo 272: „Werdet das, was ihr seht, und empfangt das, was ihr seid: Leib Christi!"

[37] Karl H. Bieritz, Bilder vom Gottesdienst. Eucharistische Gastfreundschaft im Evangelischen Gottesdienstbuch, in: Joachim Hake (Hg.), Der Gast bringt Gott herein. Eu-

Bildern vom Gottesdienst entsprechen auch Bilder von der Kirche. Doch welches sind die Kirchenbilder, die etwa eine liturgische Feier des Taufgedächtnisses zum Ausdruck bringt? Hier erscheint die Nachfrage von Lothar Lies hilfreich: „wie sehr [ist; M.S.] der mystische Leib Christi, in den die Taufe eingliedert, schon der wesenhaft hierarchisch strukturierte Leib [...], als der er in der Eucharistie als Volleingliederung in die Kirche sichtbar wird"[38]? Bringen Riten und liturgische Feierformen des Taufgedächtnisses hier die Möglichkeit einer gestuften Zugehörigkeit zum Ausdruck, einer „communio plena" oder „communio non plena", wie sie die systematische Theologie reflektiert? Gibt es für gestufte Formen der Zugehörigkeit zu diesem Leib Christi auch entsprechend gestufte Formen des Taufgedächtnisses – also ökumenisch zugespitzt gefragt: Feiert ein ökumenisches Taufgedächtnis dann eben doch auf der Ebene der Sinngestalt etwas anderes, und wenn ja, inwiefern ist es zu unterscheiden von einem rein innerkonfessionellen Taufgedächtnis z.b. innerhalb einer Gruppe von getauften Mitgliedern der römisch-katholischen Kirche? Inwiefern kann die Feier des Taufgedächtnisses sogar helfen, die Trennung der unterschiedlichen christlichen Denominationen zu überwinden, indem sie das allen Christen gemeinsame Taufbewusstsein stärkt?

Wenn die gegenseitige Anerkenntnis der Taufen eine „ekklesiologische Grundaussage"[39] ist und dies nicht nur eine höfliche „façon de parler" darstellt, entspringen dann dieser Gliedschaft in der – laut Nizäno-Konstantinopolitanum – einen, heiligen, katholischen und apostolischen Kirche Jesu Christi nicht auch gewisse Gliedschaftsrechte[40] (man denke an die Frage des gemeinsamen Abendmahls), so wie ihr ja aus der Taufberufung heraus ebenso gewisse Gliedschaftspflichten entspringen (der Dienst an der Welt)?[41]

---

[38] charistische Gastfreundschaft als Weg zur vollen Abendmahlsgemeinschaft, Stuttgart 2003, 65–86, 65.
Lothar Lies, Das Verhältnis von Taufe zu Eucharistie im 2. Vatikanischen Konzil, in: Silvia Hell/ders. (Hgg.), Taufe und Eucharistiegemeinschaft. Ökumenische Perspektiven und Probleme, Innsbruck 2002, 35–62, 57.

[39] Ut unum sint, Nr. 42.

[40] Vgl. KKK, 1269.

[41] Vgl. AG, Art. 11, wo es heißt: „Denn alle Christgläubigen, wo immer sie leben, müssen durch das Beispiel ihres Lebens und durch das Zeugnis des Wortes den neuen Menschen, den sie durch die Taufe angezogen haben, und die Kraft des Heiligen Geistes, der sie durch die Firmung gestärkt hat, so offenbaren, dass die anderen Menschen ihre guten Werke sehen, den Vater preisen und an ihnen den wahren Sinn des menschlichen Lebens und das alle umfassende Band der menschlichen Gemeinschaft vollkommener wahrnehmen können." Die Balance zwischen solchen Gliedschaftsrechten und -pflichten müsste auch im Kontext des liturgischen Gedächtnisses der

2.2 Liturgisches Gedächtnis der einen Taufe in noch getrennten Kirchen auf dem Weg zur sichtbaren Einheit der Kirchen

Im Kontext dieser Diskussion wurde schon auf die ekklesiologische Problemstellung hingewiesen: Taufe in welche Kirche? Was bedeutet in diesem Zusammenhang die Rede von „der Kirche"?[42] Wie ist der mystische Leib Christi näher zu bestimmen und in welchem Verhältnis steht er zu den konkreten konfessionell ausgeprägten Kirchen und kirchlichen Gemeinschaften? Schließlich: Welche Rolle spielt die Taufe – und davon abgeleitet – das liturgische Gedächtnis der einen Taufe bei der Frage der Überwindung der konfessionellen Spaltungen?

Die Durchsicht der konziliaren Dokumente, die sich zur Taufthematik äußern, zeigt, dass dort eine deutliche Spannung auszumachen ist zwischen der Taufe als Eingliederung in den mystischen Leib Christi[43] – also in die Kirche Jesu Christi, wie sie im Credo bekannt wird – und den konfessionell ausgeprägten Ortskirchen mit all ihren historisch gewachsenen Diversifikationen.[44] In can. 205 des CIC von 1983 heißt es: „Voll in der Gemeinschaft der katholischen Kirche stehen jene Getauften, die in ihrem sichtbaren Verband mit Christus verbunden sind, und zwar durch die Bande des Glaubensbekenntnisses, der Sakramente und der kirchlichen Leitung."[45] Silvia Hell merkt zu diesem Canon an: „Durch die Taufe ist eine […] Form von

---

[42] Taufe in einer ekklesiologischen Perspektive neu bedacht werden.
Vgl. hierzu auch aus protestantischer Sicht den von Chr. Lienemann-Perrin herausgegebenen Sammelband: Taufe und Kirchenzugehörigkeit, München 1983. Hierin besonders die Beiträge von Wolfgang Lienemann zur Taufe als Mitte und Grenze der Kirche (147–191) und von Gerta Scharffenorth zur Frage der Taufe und Kirchengliedschaft bei Martin Luther (192–245).

[43] Es wäre hier eine eigene Untersuchung wert, inwieweit sich die Vertauschung der Begrifflichkeit „corpus Christi mysticum" in der frühen Kirche noch für die eucharistischen Gaben, dann seit dem Hochmittelalter für die Kirche und umgekehrt „corpus Christi reale" in der frühen Kirche für die Kirche als versammelte Gemeinde (SC, Art. 7/Mt 18,20), später dann zur Bezeichnung der somatischen Realpräsenz in den eucharistischen Gaben, auch in der Tauftheologie widerspiegelt. Vgl. die immer noch wegweisende Studie von Henri de Lubac, Corpus mysticum. Kirche und Eucharistie im Mittelalter. Eine historische Studie, übertragen von Hans Urs von Balthasar, Einsiedeln 1969.

[44] Vgl. Stuflesser, Liturgisches Gedächtnis, 61ff.

[45] Der CIC spricht hier im lateinischen Text von „plene in communione Ecclesiae catholicae". Dies lässt den Rückschluss zu, dass es auch eine „communio non plena" geben kann (vgl. UR, Art. 22). Sämtliche Ausnahmeregelungen bezüglich einer etwaigen „eucharistischen Gastfreundschaft" sind vor dem Hintergrund dieser Differenzierungsmöglichkeit zu sehen. Wie eine solche „communio non plena" angesichts des in der Taufe grundgelegten Bandes der Einheit theologisch zu bewerten ist, ist noch zu erörtern.

Gemeinschaft gegeben, die durch die Nichtanerkennung des Leitungsamtes und durch mögliche Unterschiede im Sakramenten- und Glaubensverständnis (vorausgesetzt, dass diese nicht im Widerspruch zum ‚katholischen Glauben' stehen) nicht automatisch aufgehoben wird."[46] Anders ausgedrückt: Durch die Taufe ist ein Band der Einheit gegeben, das bestehen bleibt trotz aller konfessionell trennenden Unterschiede[47]; oder noch kürzer zusammengefasst: Das Band der Einheit ist enger als alle trennenden Unterschiede.[48] Was bedeutet dies aber nun für die Ekklesiologie?

Das Zweite Vatikanische Konzil spricht in LG, Art. 8 von der einen Kirche Jesu Christi, die „verwirklicht ist" („subsistit") in der römisch-

---

[46] Silvia Hell, Wechselseitige Anerkennung der Taufe und die Frage der Zulassung zur Kommunion, in: dies./Lothar Lies (Hgg.). Taufe und Eucharistiegemeinschaft, 63–86, 64f. Zur Ämterfrage, die hier mit angesprochen wird, vgl. auch unsere Überlegungen zur gemeinsamen Feier von Eucharistie/Abendmahl in: Stuflesser, Liturgisches Gedächtnis, 287ff.

[47] So betont auch UR, Art. 3, trotz aller bestehenden Unterschiede: „Nichtsdestoweniger sind sie durch den Glauben in der Taufe gerechtfertigt und Christus eingegliedert, darum gebührt ihnen der Ehrenname des Christen, und mit Recht werden sie von den Söhnen der katholischen Kirche als Brüder im Herrn angesehen."

[48] Lothar Lies versucht in diesem Zusammenhang Kriterien aufzustellen für die Beurteilung und Gewichtung dieser Unterschiede und für die Frage, inwieweit diese Unterschiede den Ausschluss von Christen aus der Tradition der reformatorischen Kirchen von der römisch-katholischen Eucharistiefeier legitimieren. Im Rückgriff auf das Unfehlbarkeitsdogma des I. Vatikanum (DH 3074) schreibt er: „Damit stehen aber Taufe und Eucharistie, wenn sie noch so sehr in den mystischen Leib Christi eingliedern und die Taufe heilswirksam rechtfertigen, unter dem Anspruch einer sichtbar und buchstäblich verfassten Schrift, einer historisch einzuholenden normierten Tradition (Liturgie) und unter dem sichtbaren Lehramt, das zum sichtbaren Leiteamt der sichtbaren Kirche gehört" (Lies, Das Verhältnis von Taufe zu Eucharistie, 60f). Mag man das Kriterium der Schrift und der Tradition (und dabei auch der Liturgie) noch unkritisch rezipieren, wäre bei der Frage des Leitungsdienstes (episkopé) als Kriterium der sichtbar verfassten Kirche doch eine Rückfrage nötig, wie dessen historische Genese zu beurteilen ist, wie dieser in seiner (schriftgemäßen?) Verwirklichung genau auszusehen hat und wie demnach der „defectus ordinis", von dem UR, Art. 22, spricht, als der Ordinations- „Mangel" in seinen ekklesiologischen wie sakramententheologischen Auswirkungen einzuschätzen ist. Eine kurze, knappe und kritische Sicht über die „Ämterfrage" liefert: Hans Jorissen, Behindert die Amtsfrage die Einheit der Kirchen? Katholisches Plädoyer für die Anerkennung der reformatorischen Ämter, in: Johannes Brosseder/Hans-Georg Link (Hgg.), Eucharistische Gastfreundschaft. Ein Plädoyer evangelischer und katholischer Theologen, Neukirchen-Vluyn 2003, 98–110. Spätestens der ausdrücklich intendierte „Zirkelschluss", den Lies zum Abschluss seiner Überlegungen vorlegt (aaO. 61.), wird jedoch u.E. der komplexen Materie nicht wirklich gerecht, wenn ihm auch in der fragenden Beobachtung zuzustimmen ist, „dass in unseren Breiten die evangelische Taufe nur in einem äußeren – rein rituellen – Sinn, nicht jedoch in ihrer theologischen Bedeutsamkeit zur Kenntnis genommen wird" (aaO. 36).

katholischen Kirche.⁴⁹ Wenn das Konzil an dieser Stelle so vorsichtig formuliert und nicht einfach feststellt, dass die Kirche Jesu Christi mit der römisch-katholischen Kirche identisch „ist" („est"), hat dies auch seinen Grund in der oben referierten Tauftheologie. Die in der Taufe vollzogene Eingliederung in den Leib Christi steht wohl in einem engen Zusammenhang mit der Aufnahme in eine konkrete konfessionell geprägte Kirche – ist jedoch nicht einfach mit dieser identisch.⁵⁰ So merkt Silvia Hell hierzu an: „Die Eingliederung in die Gottesdienstgemeinde, die konfessionell geprägt ist, darf nicht mit dem, was sich in der Taufe ereignet, nämlich ‚Leib-Christi-Werdung', gleichgesetzt werden. […] Eine Totalidentifikation von Kirche Jesu Christi mit der römisch-katholischen Kirche widerspricht dem Text des Zweiten Vatikanischen Konzils und würde die Taufe zu einem konfessionellen Bekenntnisakt verkürzen."⁵¹

So heißt es im Katechismus der Katholischen Kirche [KKK] in Nr. 1267 zunächst: „Die Taufe macht uns zu Gliedern des Leibes Christi. […] Die Taufe gliedert in die Kirche ein." Dass diese eine Kirche Jesu Christi aber verwirklicht ist in der konkreten Ortsgemeinde, in die hinein getauft wird, zeigt die nachfolgende Nr. 1269 des KKK, wo präzisierend genau diese Spannung erläutert wird: „Zu einem Glied der Kirche geworden, gehört der Getaufte nicht mehr sich selbst, sondern dem, der für uns gestorben und auferstanden ist. Darum soll er sich in der Gemeinschaft der Kirche den anderen unterordnen, ihnen dienen und den Vorstehern der Kirche gehorchen, sich ihnen unterordnen, sie anerkennen und hochachten."

Und auch im Katholischen Erwachsenenkatechismus der deutschen Ortskirche heißt es konsequent, dass die Taufe eingliedert in den Leib Christi, „in die Gemeinschaft der Kirche aller Zeiten und aller Orte"⁵². Al-

---

49 Die Erklärung der Glaubenskongregation „Dominus Jesus" greift in Fußnote 56 den Art. 8 von LG auf und verschärft die dort genannte Position: „Der authentischen Bedeutung des Konzilstextes widerspricht deshalb die Interpretation jener, die von der Formel ‚subsistit in' die Meinung ableiten, dass die einzige Kirche Christi auch in anderen christlichen Kirchen verwirklicht sein könnte." Diese sehr exklusivistische Interpretation von LG, Art 8, widerspricht anderen Zeugnissen des authentischen Lehramtes, etwa der Enzyklika „Ut unum sint", wo es in einer inklusivistischen Sicht heißt, dass die römisch-katholische Kirche in den anderen kirchlichen Gemeinschaften Aspekte anerkennt, die ihr selbst eigen sind und die dort „bisweilen sogar wirkungsvoller zutage treten" (Nr. 14).

50 Lies merkt hierzu kritisch an: „Das entscheidende Problem stellt sich in der Frage dar, wie sehr der mystische Leib Christi, in den die Taufe eingliedert, schon der wesenhaft hierarchisch strukturierte Leib ist, als der er in der Eucharistie als Volleingliederung in die Kirche sichtbar wird" (Lies, Das Verhältnis von Taufe zu Eucharistie, 57).

51 Hell, Wechselseitige Anerkennung, 69.

52 Katholischer Erwachsenen-Katechismus, 335. Deshalb betont der Katechismus nach-

lerdings fährt der Katechismus fort, die gerade skizzierte Spannung aufgreifend: „Die Eingliederung in die Kirche findet konkreten Ausdruck in der Aufnahme in die Gottesdienstgemeinde [...]."[53]

Bei einer Untersuchung der einzelnen liturgischen Feierformen des liturgischen Gedächtnisses der einen Taufe wird deutlich, dass die in der Taufe gefeierte Christusförmigkeit, die Leib-Christi-Werdung, die Hineinnahme in das Paschamysterium Jesu Christi in einem zwar engen, aber doch spannungsreichen Zusammenhang steht zu der in derselben Taufe gefeierten Eingliederung in eine konkrete Gottesdienstgemeinde.

Diese Spannung ist nicht einfach aufzulösen, auch nicht in Feiern des Taufgedächtnisses: Zwar sind wir durch die Taufe in den einen Leib Christi eingegliedert, dieser verwirklicht sich jedoch in der konkreten Konfession, noch präziser in der ganz konkreten Gemeinde. Dies findet seinen Niederschlag bis hinein in die Bestimmungen des Kirchenrechtes zur Frage des Taufpaten. So heißt es in can. 874 §2 des CIC/1983: „Ein Getaufter, der einer nichtkatholischen kirchlichen Gemeinschaft angehört, darf nur zusammen mit einem katholischen Paten, und zwar nur als Taufzeuge, zugelassen werden."

Was hier dem ersten Anschein nach ökumenisch unsensibel und hart klingt, ist allerdings die Konsequenz aus der oben beschriebenen Spannung. Die Feier der christlichen Initiation ist letztlich Feier der Zulassung zur Eucharistie, und zwar zu einer ganz spezifischen, konfessionell ausgeprägten liturgischen Feierform. Dabei ist sicherlich eine gegenseitige Anerkennung der Taufe mit der Enzyklika „Ut unum sint" (Nr. 42) als „eine ekklesiologische Grundaussage" zu werten. Diese ekklesiologische Grundaussage darf jedoch nicht die grundlegende Frage einfach übergehen, wie die oben skizzierte Spannung in theologisch verantwortbarer Weise auszubalancieren ist: „Weil wir heute landauf landab eine minimalistische Tauftheologie vertreten und damit keine präzise Vorstellung von dem bieten, was wir mit ‚mystischem Leib Christi' bezeichnen, in den die Taufe eingliedert, können wir ‚leichtfertig' Taufen anerkennen."[54]

---

folgend auch: „Durch die eine gemeinsame Taufe sind wir auch mit den getauften Christen, die nicht zur Gemeinschaft der römisch katholischen Kirche gehören, verbunden. Nach mancherlei Auseinandersetzungen hat die Kirche sich bereits im Ketzertaufstreit im 4. Jahrhundert und im Donatistenstreit im 5. Jahrhundert für die Gültigkeit der in der rechten Form außerhalb der katholischen Kirche gespendeten Taufe ausgesprochen. So ist die Taufe die Grundlage der ökumenischen Gemeinschaft und der Bemühungen um die volle Kirchengemeinschaft" (aaO. 336).

[53] AaO. 335.
[54] Lies, Das Verhältnis von Taufe zu Eucharistie, 57. Wenn Lies auch aus liturgiesystematischer Sicht zu widersprechen ist: Sicher ist das letzte Ziel (im Sinne einer Finalität) der

Auch wenn man Lies in seiner sehr kritischen Sicht u.U. nicht in allen Punkten folgen mag[55], so ist ihm doch Recht zu geben, dass spätestens bei der Frage der Abendmahlsgemeinschaft eben jene – vermeintlichen oder echten – Aporien wieder auftauchen, die man mit einer allzu laxen Tauftheologie umgehen zu können meint: „Nur haben wir dann bei der Zulassung der von uns durch die Taufe anerkannten Schwestern und Brüder zur Eucharistie ein Problem. [...] Und so stellt sich die Frage neu: Was bedeutet die Taufe als Eingliederung in den mystischen Leib Christi, der sichtbar werden will in der einen Kirche, für einen Katholiken und für einen Protestanten?"[56] Denn gerade das gemeinsame Bewusstsein der Teilhabe am Geschick Jesu durch die Taufe führt nahezu zwangsläufig zur nächsten Frage: derjenigen der Eucharistiegemeinschaft, auf die wir freilich an dieser Stelle nicht weiter eingehen können.[57]

Um zu unserer Ausgangsfrage zurückzukehren, können wir als Ergebnis festhalten: Es lassen sich, was die Sinngestalt von Taufgedächtnisfeiern betrifft, durchaus unterschiedliche Akzente ausmachen, je nachdem, ob Taufgedächtnisfeiern ökumenisch begangen werden oder innerhalb einer Konfession.

---

[55] grundlegenden Verbindung von Taufe und Eucharistie nicht die Initiation (sonst würde deren Feier zum reinen Selbstzweck). Genauso wenig kann dieses letzte Ziel aber die Kirche sein, die sich sonst ebenfalls als Selbstzweck verstehen würde – was im Übrigen ganz und gar der Intention von LG, Nr. 1 („signum et instrumentum") widersprechen würde. Letztes, eschatologisches Ziel kann nur die immer größere „conformitas Christi" sein, die in der Neuschöpfung der Taufe grundgelegte, immer stärkere Teilnahme und Teilgabe am Geschick Jesu, an seinem Paschamysterium, wie es die Liturgie im lobpreisenden Gedächtnis feiert (vgl. Reinhard Meßner, Liturgiewissenschaftliche Anmerkungen zum Verhältnis von Taufe und Eucharistiegemeinschaft, in: Hell/Lies (Hgg.), Taufe und Eucharistiegemeinschaft, 19–34, 20f).
Für Lies ist ein entscheidendes Kriterium dieses Glaubens das Bekenntnis zur realen Gegenwart Jesu Christi in der Eucharistie, weil sich hier konkret die Frage nach der Identität stellt zwischen dem mystischen Leib Christi, in den die Taufe eingliedert, und dem wesenhaft hierarchisch strukturierten Leib Christi, der „in der Eucharistie als Volleingliederung in die Kirche sichtbar wird". Diese Gegenwart sei „durch gewisse Kriterien der vollen Eingliederung in eine bestimmte Kirche verstellt und zur Nebensache geworden" (Lies, Das Verhältnis von Taufe zu Eucharistie, 57.) Für Lies wäre also die Frage der Abendmahlsgemeinschaft rückzubinden an die Frage einer möglichen Anerkennung der Taufen, die dann wiederum abhängig wäre von ebenjenem Bekenntnis zur Gegenwart Jesu in der Eucharistie.
[56] Lies, Das Verhältnis von Taufe zu Eucharistie, 57. Vgl. zur grundlegenden Frage des Verhältnisses von Ekklesiologie und Liturgie auch: Klemens Richter, Das Verhältnis von Kirche und Liturgie. Zur Rezeption des Zweiten Vatikanischen Konzils, in: Antonio Autiero (Hg.). Herausforderung Aggiornamento. Zur Rezeption des Zweiten Vatikanischen Konzils, Münsteraner Theologische Abhandlungen 62, Altenberge 2000, 117–131.
[57] Stuflesser, Liturgisches Gedächtnis, 287ff.

Der grundlegende Sinngehalt von Taufgedächtnisfeiern, wie wir ihn an dieser Stelle zu erheben versucht haben, bleibt allerdings konstitutiv: Taufgedächtnis ist in allen Konfessionen lobpreisendes Gedächtnis für das in der Taufe erfahrene, in Gottes Heilshandeln an seinem Sohn Jesus Christus geschenkte Heil. Die ökumenische Feier des Taufgedächtnisses setzt hier, wie es das Beispiel des Schlussgottesdienstes beim Ökumenischen Kirchentag 2003 zeigt, noch einmal einen besonderen Akzent. Sie kann sowohl das Bewusstsein stärken für das gemeinsame „Mithineingenommensein" in das Paschamysterium Christi, als auch dabei helfen, die konfessionellen Unterschiede auf der Basis einer in der Taufe schon erlangten Einheit aller Getauften zu überwinden.[58] Dann gilt in besonderem Maße, was Papst Johannes Paul II. in seiner Ökumene-Ezyklika „Ut unum sint" schreibt: „Durch den Ökumenismus wurde die Betrachtung von ‚Gottes großen Taten' (mirabilia Dei) um neue Räume bereichert, in denen der dreieinige Gott das Wirken der Gnade weckt: die Wahrnehmung, dass der Heilige Geist in den anderen christlichen Gemeinschaften tätig ist [...]."[59]

3. Ausblick

In der Frage nach dem Sinngehalt von liturgischen Taufgedächtnisfeiern spiegelt sich die Frage nach der Bedeutung der Taufe für das Leben eines Christen. Wir haben dabei betont, wie wichtig das Thema Tauferinnerung gerade im ökumenischen Kontext ist. Das Bewusstsein der eigenen Taufe und eines Lebens aus derselben soll und muss ein Fundament christlicher Existenz sein.[60] So sind an dieser Stelle zwei zentrale Ziele zu benennen, auf die es u.E. hinzuarbeiten gilt:

---

[58] Umgekehrt heißt dies für alle diskutierten Einheitsmodelle zwischen den Kirchen, dass in ihnen ebenfalls die Spannung zwischen Eigenheiten der Ortskirche und dem Eingebundensein in den einen Leib Christi fruchtbar gemacht werden muss. Eine „Einheit in versöhnter Verschiedenheit", die in einem partizipatorischen Einheitsmodell („Teilhabe-Modell") zum Ausdruck kommt, scheint diesem Gedanken am ehesten Rechnung zu tragen. Zur Diskussion der verschiedenen Einheitsmodelle vgl. die kurze, informative Übersicht von: Georg Hintzen/Wolfgang Thönissen, Kirchengemeinschaft möglich? Einheitsverständnis und Einheitskonzepte in der Diskussion, Thema Ökumene 1, Paderborn 2001, bes. 122ff. Thönissen fasst zusammen: „Wenn es überhaupt eine Gestalt der Einheit der Kirchen gibt, dann ist es die der Kirchengemeinschaft. Kirchengemeinschaft bedeutet: Kanzel- und Abendmahlsgemeinschaft auf der Grundlage einer weitgehenden Übereinstimmung im Verständnis von Rechtfertigung und Kirche" (aaO. 130). Vgl. auch den Überblick bei: Walter Kasper, Kirchengemeinschaft als ökumenischer Leitbegriff, in: ThRv 98 (2002) 4–12.
[59] UUS, Nr. 15.
[60] Dies zeigt nicht zuletzt auch der Blick in die liturgische Tradition, vgl. Stuflesser, Litur-

1. Innerhalb der einzelnen Konfessionen wird es das Hauptanliegen sein müssen, zunächst einmal das Taufbewusstsein zu stärken: Hierzu sind regelmäßige Feierformen des liturgischen Taufgedächtnisses zu etablieren, die in angemessener Weise das in der Taufe begonnene Heilshandeln Gottes lobpreisend erinnern.

2. Auch in ökumenischer Perspektive sind regelmäßige ökumenische Feierformen der Tauferinnerung im ursprünglichen Wortsinn „fundamental": Diese Feierformen begehen feiernd das gemeinsame Fundament unserer christlichen Existenz im lobpreisenden Gedächtnis. Sie sind wichtige geistliche Erfahrungsorte auf dem Weg zur Einheit aller Christen, wenn wir uns dabei immer mehr der gemeinsamen Wurzeln in der einen Taufe auf unseren Herrn Jesus Christus bewusst werden.

Wenn wir uns abschließend fragen, wo die Tauferinnerung so etwas wie den „Sitz im Leben" eines getauften Christen hat, so wohl noch am ehesten in der Mitfeier der Taufe anderer. Die positiven, freilich noch anfanghaften Erfahrungen mit dem Erwachsenenkatechumenat in Deutschland zeigen, dass diese Mitfeier der Taufe anderer umso mehr zur Anfrage an das eigene Taufbewusstsein wird, je mehr sich Gemeinden für ihre Taufkandidaten verantwortlich fühlen – sei es als Paten oder in der Katechese. Wenn aber SC, Art. 14, die „actuosa participatio" – was dann wohl am ehesten mit „wirklicher Teilnahme" zu übersetzen wäre – als Recht und sogar als Pflicht aus der Taufe konstatiert, dann ist wohl jede Mitfeier von Gottesdienst der Kirche Tauferinnerung, weil jede Mitfeier von Liturgie immer Feier des Paschamysteriums Christi ist, jenes Heilshandelns Gottes, in das wir qua Taufe mit hineingenommen worden sind: getauft auf Jesu Tod, mit ihm wiedergeboren zu neuem Leben.

Dann ist aber schließlich auch, wenn doch Glaube und Taufe in wechselseitiger Beziehung stehen und Glaube – Liturgie – Nächstenliebe/Diakonie aufs engste verwoben sind, das gesamte Leben eines Christenmenschen mit den bekannten Worten Martin Luthers ein lebenslanges „Unter-die-Taufe-Kriechen".[61] So ist schließlich das ganze Leben des Christen aus dem lebendigen Glauben heraus ein Gedächtnis der einen Taufe.

---

[61] gisches Gedächtnis, 73–151, bes. 155ff.
Luther entwickelt hier eine ausdifferenzierte Theologie des Getauft-Seins, die in ihrer spirituellen Tiefgründigkeit auch im Bereich der römisch-katholischen Kirche mit Gewinn neu zu entdecken wäre (vgl. Stuflesser, Liturgisches Gedächtnis, 141 ff).

Die Taufe ökumenisch feiern?

Dagmar Heller

Sogenannte ökumenische Trauungen[1] machen in manchen Gegenden Deutschlands heute über ein Viertel der kirchlichen Trauungen aus. Statistisch gesehen, werden bundesweit etwa 25,8 Prozent[2] der Trauungen im Bereich der evangelischen Landeskirchen zwischen konfessionsverschiedenen Partnern (d.h. wobei ein Partner der römisch-katholischen Kirche angehört) geschlossen, die ihre jeweilige Konfession nicht wechseln. In manchen Landeskirchen sind es über 35 Prozent. Spätestens bei der Geburt des ersten Kindes müssen sich aber doch die meisten dieser Paare für eine der beiden Konfessionen entscheiden im Hinblick auf die Taufe der Kinder. Die Frage danach, ob es eine ökumenische Taufe gebe, wird daher immer wieder gestellt. „Weil die gegenseitige Anerkennung der Taufe für die ökumenische Bewegung so grundlegend ist, sähen es konfessionsverbindende Familien gerne, wenn die Kirchen auf diesem Fundament aufbauten." So stellt es ein Dokument unter dem Titel „Konfessionsverbindende Familien und die Einheit der Christen" fest, das von der Weltkonferenz konfessionsverbindender Familien 2003 in Rom angenommen wurde.[3] Und man geht dort noch einen Schritt weiter und fragt: „Könnten nicht, abgesehen von offensichtlich rein praktischen Problemen, Kirchen verschiedener Traditionen häufiger Tauffeiern miteinander begehen, auch wenn der Täufling nicht aus einer konfessionsverbindenden Familie kommt? Könnten diese Tauffeiern nicht Gelegenheiten sein, bei denen alle Christen gemeinsam ihr Taufversprechen erneuern?"

Dies sind berechtigte und ernst zu nehmende Fragen, die es wert sind, für die ökumenische Praxis genauer überlegt und durchdacht zu werden.

---

[1] Ökumenische Trauungen im Sinne einer gleichwertigen Beteiligung der Partner gibt es nur in einigen Gegenden Deutschlands. Meist aber handelt es sich um eine evangelische Trauung unter Mitwirkung eines katholischen Geistlichen oder um eine katholische Trauung unter Mitwirkung eines evangelischen Geistlichen. Nur im Bereich der Evangelischen Landeskirche in Baden und der Erzdiözese Freiburg gibt es ökumenische Trauungen in dem Sinne, dass eine solche Trauung in beiden betroffenen Kirchengemeinden in das Trauregister eingetragen wird und für den katholischen Partner keine Dispens nötig ist.

[2] Diese Angaben beziehen sich auf eine statistische Erhebung der EKD aus dem Jahr 2002.

[3] Englische Originalfassung veröffentlicht als Broschüre unter dem Titel „Interchurch Families and Christian Unity" von der Association of Interchurch Families.

1. Was bedeutet „ökumenisch"?

Zunächst muss hier genau unterschieden und festgelegt werden, was mit dem Begriff „ökumenisch" gemeint ist. In Deutschland ist er aufgrund der Geschichte für viele Menschen immer noch auf die Beziehung zwischen evangelischen und katholischen Christen beschränkt. Wenn man jedoch von ökumenischen oder konfessionsverbindenden Ehen spricht, muss man immer auch im Blick behalten, dass dies auch Ehen zwischen evangelischen Christen und orthodoxen Christen, zwischen evangelischen und baptistischen bzw. freikirchlichen Christen, zwischen Katholiken und Orthodoxen, Katholiken und Baptisten usw. betreffen kann. Im Hinblick auf die Frage, ob eine Taufe ökumenisch durchgeführt werden kann, muss also jeweils überlegt werden, welche Konfessionen daran beteiligt sein sollen. Hinter dem oben zitierten ersten Satz aus dem Papier der Vereinigung konfessionsverbindender Familien steht eine differenzierte Situation im Hinblick auf die gegenseitige Anerkennung der Taufe zwischen den verschiedenen Kirchen. Ich möchte daher zunächst kurz darstellen, wie sich die theologischen Unterschiede bzw. Gemeinsamkeiten im Hinblick auf die Taufe derzeit darstellen und wie sie sich für die gegenseitige Anerkennung der Taufe auswirken.

2. Die Taufe im Miteinander der Kirchen

Grundlegend und gemeinsam ist allen Kirchen, dass sie die Taufe als einen einmaligen Akt verstehen, der die Teilhabe am Leben, Tod und Auferstehung Jesu Christi bedeutet.[4] Vermutlich würden auch alle christlichen Traditionen zustimmen, dass die Taufe „ein Zeichen und Siegel unserer gemeinsamen Jüngerschaft" ist und „zugleich Gottes Gabe und unsere menschliche Antwort auf diese Gabe"[5]. Aber bereits in der Frage, wie diese beiden Elemente, Gabe und Aufgabe, aufeinander bezogen sind, besteht keine Einigkeit. Unter den Christen der sogenannten Täufertradition wird die Taufe vor allem als menschliche Antwort verstanden. Dies hängt zusammen mit der Bedeutung, die dem Glauben für die Taufe zugedacht wird bzw. wie Glaube verstanden wird: Können zwar alle Traditionen sagen, dass der Glaube zur Taufe konstitutiv hinzugehört und eine Taufe ohne Glauben keine Taufe ist, so gibt es doch Unterschiede darin, ob dieser

---

[4] Vgl. dazu Taufe, Eucharistie und Amt. Konvergenzerklärungen der Kommission für Glauben und Kirchenverfassung des Ökumenischen Rates der Kirchen, Frankfurt–Paderborn 1982.
[5] Ebd., Taufe, Nr. 6 und Nr. 8.

Glaube ein mit dem Verstand erfasster ist oder ob auch Kinder einen Glauben haben bzw. inwieweit Eltern oder Erziehungsberechtigte mit ihrem Glauben für denjenigen des Kindes einstehen können. Damit liegt die hauptsächliche Trennungslinie im ökumenischen Gespräch über die Taufe zwischen Kirchen, die Kinder bzw. Säuglinge taufen einerseits und Kirchen, für die zur Taufe ein verständiger Glaube konstituierend dazu gehört, so dass die Taufe eines Säuglings per definitionem keine Taufe sein kann andererseits. Auf der einen Seite stehen daher die Orthodoxen, die katholische Kirche und die evangelischen Kirchen der lutherischen und reformierten Tradition, auf der anderen Seite die Kirchen der täuferischen Tradition, also vor allem die Baptisten und die Mennoniten. Zwischen beiden Gruppen gibt es keine gegenseitige Anerkennung der Taufe, d.h. wenn ein Orthodoxer, ein Katholik oder ein Evangelischer zu einer Kirche der baptistischen Tradition übertritt, wird er in der Regel getauft. Solch eine Taufe ist in den Augen der Erstgenannten eine Wiedertaufe, in den Augen der Baptisten jedoch die erste und damit einzige Taufe. Denn die Taufe als Säugling war nach diesem Verständnis keine Taufe. Umgekehrt besteht das Problem nicht in derselben Weise, da die Erwachsenentaufe von der evangelischen Kirche und der katholischen Kirche anerkannt wird.

Allerdings gibt es nun auch innerhalb der Gruppe der Kirchen, die die Säuglingstaufe praktizieren, eine Trennungslinie. Diese hängt wiederum mit einem Unterschied im Taufverständnis zusammen: In der orthodoxen Tradition steht die Taufe in engem Zusammenhang mit der Ekklesiologie. Eine Taufe ist nur dann gültig, wenn sie in der einen, heiligen, katholischen und apostolischen Kirche durchgeführt wurde.[6] Da es für die Orthodoxie aber noch ungeklärt ist, inwiefern die evangelischen Kirchen die eine, heilige, katholische und apostolische Kirche sind, gibt es unterschiedliches Vorgehen bei einem Übertritt: In den westeuropäischen Ländern wird im allgemeinen von orthodoxer Seite die evangelische Taufe anerkannt – kath' oikonomian.[7] Damit ist eine im orthodoxen Bereich bestehende Möglichkeit gemeint , die „akribische" Regel auszusetzen, wenn es der Nächstenliebe und der Pastoral dienlich ist. Über die Anwendung der „Ökonomie" gibt es jedoch keine verbindlichen, gemeinsam festgelegten Entscheidun-

---

[6] Vgl. dazu Damaskinos Papandreou, Zur Anerkennung der Taufe seitens der orthodoxen Kirche, in: Una Sancta 48 (1993) 48–53.

[7] AaO. – Vgl. dazu auch die bei Dorothea Wendebourg genannte Literatur zu diesem Thema in ihrem Aufsatz „Taufe und Oikonomia. Zur Frage der Wiedertaufe in der Orthodoxen Kirche", in: dies., Die eine Christenheit auf Erden. Aufsätze zur Kirchen- und Ökumenegeschichte, Tübingen 2000, 23–46, 23, Anm. 1.

gen. Daher zeigt sich eine gewisse Unklarheit im Hinblick auf die Anerkennung nicht-orthodox durchgeführter Taufen vor allem in der Tatsache, dass in der Orthodoxie im Laufe der Geschichte bis heute sehr unterschiedlich mit der Anerkennung der Taufe anderer Kirchen umgegangen wurde und wird. Je nach Einschätzung der nichtorthodoxen Seite wurde bzw. wird bei einem Übertritt eines nicht-orthodoxen Christen zur orthodoxen Kirche entweder neu getauft oder aber nur die Chrisam-Salbung vollzogen oder nur das Glaubensbekenntnis erneuert und das Sakrament der Busse gespendet.[8]

Problemlos ist dagegen die Anerkennung der Taufe aus anderen Kirchen auf Seiten der lutherischen und reformierten Kirchen, und damit in Deutschland auch auf Seiten der evangelischen Landeskirchen, aber auch auf Seiten der römisch-katholischen Kirche. In der letztgenannten wird sogar eine Taufe, die im rechten Ritus, d.h. mit Wasser unter Verwendung der trinitarischen Tauformel von einem Nicht-Christen durchgeführt wurde, als gültig betrachtet – auch wenn dies nur ein unwahrscheinlicher Extremfall ist.[9]

Dieser kurze Überblick macht bereits deutlich, dass die Bezeichnung der Taufe als „ökumenisches Sakrament", wie sie manchmal zu finden ist und auch in dem zitierten Dokument der konfessionsverschiedenen Familien durchklingt, so nicht aufrecht zu erhalten ist oder zumindest differenzierter betrachtet werden muss. Auch wenn das theologische Verständnis dessen, was die Taufe mit Wasser bedeutet, zwischen den verschiedenen Kirchen sich nur wenig unterscheidet, wird die Taufe auch in Zukunft immer in einer bestimmten Kirche stattfinden und mit einer Konfession verbunden sein. Gleichzeitig zeigt dieser Überblick auch, dass eine ökumenische Gestaltung einer Tauffeier, wie sie das anfangs zitierte Papier fordert, aufs Gesamte der Ökumene gesehen schwieriger ist, als vielleicht von manchen angenommen. So wird es z.B. aufgrund der verbleibenden Unterschiede im Verständnis der Rolle des Glaubens bei der Taufe für einen baptistischen Pfarrer schwierig sein, bei einer katholischen Säuglingstaufe mitzuwirken, oder für einen orthodoxen Geistlichen bei einer evangelischen Taufe wegen des unterschiedlichen ekklesiologischen Verständnisses. Ebenso hat es sich gezeigt, dass ökumenische Tauferinnerungs-

---

[8] Vgl. Papandreou, 49.
[9] Vgl. zu diesem Überblick meinen Artikel „Die Taufe – Grundlage der Einheit oder Ausdruck der Spaltung?", in: Una Sancta 56 (2001) 35–44. Eine detailliertere Darstellung der konfessionellen Positionen findet sich in Erich Geldbach, Taufe, Bensheimer Hefte 79, Göttingen 1996.

feiern für Baptisten problematisch sind.[10] Daher werden Überlegungen in diese Richtung sich zunächst auf eine bilaterale Ökumene beschränken müssen.

3. Ökumenisches Handeln im Zusammenhang der Taufe

Am einfachsten und am fruchtbarsten wird hier im deutschen Bereich vor allem zwischen der katholischen Kirche und den evangelischen Landeskirchen weitergedacht werden können. Und angesichts der geschichtlich gewachsenen Nähe der beiden Konfessionen in Deutschland ist ein Nachdenken darüber, inwieweit es Möglichkeiten gibt, diese theologische Nähe auch in einem gemeinsamen Feiern zum Ausdruck zu bringen, auch sinnvoll. Aber auch seelsorgerliche Gründe drängen die Kirchen dazu, an dieser Stelle gemeinsam zu handeln. Dabei gibt es verschiedene Möglichkeiten, die ich hier im einzelnen kurz vorstellen möchte.

a) Zunächst könnte daran gedacht werden, dass verschiedene katholische und evangelische Ortsgemeinden Vertreter der jeweils anderen Kirche zu ihren Tauffeiern einladen und zwar unabhängig davon, ob die Täuflinge aus konfessionsverschiedenen Familien kommen oder nicht. Das ist die Möglichkeit, die am wenigsten Schwierigkeiten bereitet, aber deshalb nicht unterschätzt werden sollte. Die gegenseitige offizielle Einladung zu Tauffeiern bringt die gegenseitige Verbundenheit zum Ausdruck, vergleichbar mit der Praxis der gegenseitigen Einladung, die bei Ordinationen und Priesterweihen oder auch bei Einführungen von Pfarrern bereits an vielen Orten in Deutschland üblich ist. Schließlich ist *ein* Aspekt der Taufe vergleichbar mit einer Ordination: in ihr wird das Priestertum aller Gläubigen begründet.

b) Eine weitere Möglichkeit, die bereits häufiger praktiziert wird, sind ökumenische Taufgedächtnisfeiern. Solche Feiern werden in den letzten Jahren sowohl in der evangelischen wie in der katholischen Kirche immer wieder gefeiert, vor allem auf dem Hintergrund der Tatsache, dass Menschen, die als Säuglinge getauft worden sind, keine lebendige Erinnerung an dieses Geschehen haben und daher zur Vergegenwärtigung dessen, was es bedeutet, getauft zu sein, Hilfestellung suchen. Wenn eine solche Vergegenwärtigung ökumenisch geschieht, kann dabei zusätzlich noch die gemeinsame Wurzel der Konfessionen und das Verbindende bewusst gemacht werden. Für die Gestaltung gibt es unzählige Möglichkeiten. Es legt sich aber vor allem nahe, mit Symbolen zu arbeiten, die mit der Taufe zu tun

---

[10] Hierzu gab es eine Diskussion nach einer ökumenischen Taufgedächtnisfeier auf einem Evangelischen Kirchentag.

haben. Dabei gibt es bereits traditionelle symbolische Gesten, wie z.b. das Besprengen der Gläubigen mit Wasser, die der Tauferinnerung dienen. Auch der traditionelle Osternachtsgottesdienst hat, da er der altkirchliche Tauftermin war, liturgische Teile, die eine Tauferinnerung darstellen. Da im evangelischen Bereich Osternachtsgottesdienste in den letzten Jahren wieder neu entdeckt wurden, könnte man gerade an dieser Stelle das Feiern ökumenisch weiter entwickeln. Außer den gängigen Symbolen Wasser und Oster- bzw. Taufkerzen könnte aber auch auf Symbole zurückgegriffen werden, die in der Alten Kirche in Benutzung waren, aber heute meistens in Vergessenheit geraten sind.[11] Wichtig ist in allen Fällen, dass das Symbol oder die symbolische Geste zusammen mit den zugehörigen biblischen Deuteworten so ausgestaltet werden, dass sie den heutigen Menschen ansprechen bzw. dem heutigen Menschen eine Erfahrung dessen vermitteln, was die Taufe bedeutet.

c) Auch eine gemeinsame Vorbereitung von evangelischen und katholischen Taufeltern könnte ins Auge gefasst werden. Auch Kindertaufen benötigen eine Vorbereitung, die in ökumenischer Verantwortung durchgeführt werden kann. Da viele Eltern – in beiden Kirchen – heute nur wenig über die Taufe wissen oder nur vage Vorstellungen von ihrer Bedeutung haben („Es kann ja nicht schaden", „Das Kind soll unter dem Schutz Gottes stehen"), wäre es sinnvoll – auch wenn dies sehr aufwendig ist –, Vorbereitungsseminare oder vorbereitende Gesprächsabende anzubieten, in denen es nicht nur um die Gestaltung des Taufgottesdienstes geht, sondern um ein Erschließen der Bedeutung der Taufe für das christliche Leben. Wenn so etwas ökumenisch geschieht, hat es gleichzeitig den Effekt, die reiche christliche Tradition und deren Entwicklung in anderen Kirchen zu entdecken.[12]

d) Erwachsene Täuflinge, von denen es auch in den Kirchen, die die Säuglingstaufe praktizieren, immer mehr gibt, könnten in einem ökumenischen Erwachsenenkatechumenat gemeinsam auf ihre Taufe vorbereitet werden.[13]

e) Und schließlich muss es auch Überlegungen dazu geben, wie die Kirchen bei Taufen von Kindern aus konfessionsverbindenden Ehen gemeinsam handeln können. Dies ist unter den vorgestellten Möglichkeiten vermutlich die bisher am wenigsten praktizierte. Die naheliegendste Praxis

---

[11] Konkrete liturgische Vorschläge finden sich in Dagmar Heller/Rainer-Matthias Müller, Die Eine Taufe. Tradition und Zukunft eines Sakramentes. Ein praktisches Handbuch für ökumenische Taufvorbereitung, Frankfurt–Paderborn 2002.

[12] Konkrete Materialvorschläge, aaO. 53–62.

[13] Auch dazu gibt es Material, aaO. 72–86.

ist dabei die Beteiligung eines Geistlichen und anderer Vertreter der jeweils anderen Konfession beim Taufgottesdienst. Dazu gibt es bereits einzelne Erfahrungen. Eine Möglichkeit ist beispielsweise, dass in einem evangelischen Taufgottesdienst ein katholischer Geistlicher die Chrisam-Salbung spendet.[14] Ein evangelischer Geistlicher könnte bei einer katholischen Taufe die Taufpredigt halten. Es ist aber durchaus auch denkbar, eine ganze Taufliturgie gemeinsam zu gestalten.[15]

f) Der weitestgehende Vorschlag ist vermutlich der anfangs zitierte, dass Gemeinden ab und zu – unabhängig von der Konfessionsverschiedenheit von Taufeltern – ihre Tauffeiern gemeinsam gestalten.

Für einige der dargestellten Möglichkeiten sind allerdings liturgische und kirchenrechtliche Aspekte zu beachten, die im Folgenden kurz erörtert werden.

4. Was macht Feiern ökumenisch?

Bei den vorgeschlagenen Möglichkeiten gemeinsamen Handelns im Hinblick auf die Taufe, handelt es sich um unterschiedliche Kategorien. Zum einen sind es gemeinsame Feiern, zum anderen handelt es sich um gemeinsame Vorbereitung. Für beides ist es jedoch wichtig, sich zu überlegen, welche Elemente das gemeinsame Feiern wirklich zu einem ökumenischen Feiern machen. Ähnlich wie bei grundsätzlichen Überlegungen zu ökumenischen Gottesdiensten allgemein[16] muss auch hier überlegt werden, was zur Ökumenizität solcher Feiern hinzugehört, außer dass die Beteiligten aus verschiedenen Kirchen kommen.

Grundsätzlich gilt dabei, dass jeder Gottesdienst in seinem Wesen ökumenisch ist in dem Sinne, dass christlicher Gottesdienst Anbetung des Gottes bedeutet, der sich in Jesus Christus allen Menschen offenbart hat sowie in dem Sinne, dass er offen ist für Christen anderer Traditionen und in einer Beziehung zur gesamten christlichen Tradition steht. Ökumenische Gottesdienste und damit auch ökumenisch gestaltete Taufgedächtnisfeiern oder Taufgottesdienste sind besondere Situationen, bei denen berücksichtigt werden muss, dass die Teilnehmer aus verschiedenen Traditionen kommen. Ein wichtiges Prinzip ist daher dasjenige, das z.B. bei der bekannten Lima-

---

[14] So hat die Autorin es einmal in einem reformierten Taufgottesdienst in der Schweiz erlebt.
[15] Vorschlag dazu Heller/Müller, 62–71.
[16] Vgl. dazu meinen Artikel Ecumenical Worship – Experiences, Problems, Possibilities. Some Basic Considerations, in: Thomas F. Best and Dagmar Heller, Worship Today. Understanding, Practice, Ecumenical Implications, Genf 2004, 231–246.

liturgie leitend war, nämlich die Benutzung von Texten oder Symbolen aus der gemeinsamen Tradition, also aus der Alten Kirche. Im Hinblick auf die Taufe führt dies zu folgenden Überlegungen: Die Taufe wurde in der Alten Kirche zu einer Mystagogie, zu einem Erleben des Mitsterbens und Mitauferstehens mit Christus. Dieser Erlebnis- und Erfahrungsaspekt fehlt heute in den meisten Tauffeiern gänzlich, ist aber ein Bedürfnis des heutigen Menschen. Daher ist ein Rückgriff auf solche Elemente hilfreich, trotz der klaren Erkenntnis, dass das Fühlen und Erleben der frühen Christen nicht wieder hergestellt werden kann. Hilfreich sind dabei Symbole wie das Taufkleid, symbolische Handlungen wie Salbungen oder auch das Untertauchen im Taufbecken.

Grundsätzlich ist für einen ökumenischen Gottesdienst wichtig, dass sich die Angehörigen verschiedener Traditionen darin wiederfinden. Daher sollten immer soviel wie möglich gemeinsame Texte verwendet werden. Dabei ist aber immer auch daran gedacht, dass die Angehörigen der einen Tradition von der anderen etwas lernen. Es müssen also nicht ausschließlich gemeinsam vertraute Elemente verwendet werden. Aber Texte oder Symbole, die einigen Gottesdienstteilnehmern unbekannt sind, müssen so verwendet werden, dass sie entweder von selbst sprechend sind oder sie müssen behutsam erschlossen werden.

Ein weiteres Prinzip ist, dass keiner der beteiligten Traditionen widersprochen wird. Es darf also theologisch keiner Seite etwas zugemutet werden, was sie nicht vertreten kann. So ist z.B. eine Formulierung des „Gebets über dem Wasser" aus römisch-katholischen Taufagenden, in der darum gebetet wird, dass Gott „dem Wasser die Kraft des Heiligen Geistes" schenke, aus evangelischer Perspektive theologisch problematisch. Dagegen ist es angemessen, in einer Epiklese um den Heiligen Geist zu bitten für das gesamte Taufhandeln.

Diese Überlegungen machen es nötig, zur Vorbereitung gemeinsamen Handelns im Hinblick auf die Taufe die jeweiligen Taufliturgien zu vergleichen und auf ihren theologischen Gehalt zu prüfen.

5. Vergleich von evangelischen und katholischen Taufliturgien

Auffällig ist, dass der Ritus des dreimaligen Übergießens bzw. Besprengens mit Wasser unter der trinitarischen Taufformel in beiden Traditionen im Zentrum steht. Dazu gehört das Bekenntnis des Glaubens, das im katholischen Bereich durch eine Absage an das Böse ergänzt wird. Im Gegensatz zur evangelischen Liturgie gibt es in einer katholischen Tauffeier außerdem noch verschiedene Zusatzriten und sogenannte ausdeutende Riten. Dabei sind am auffälligsten die Salbung mit Katechumenenöl vor der eigentlichen Taufe und im Zusammenhang damit ein Exorzismusgebet, die Salbung mit Chrisamöl nach dem Taufritus sowie der Effata-Ritus und die Absage an das Böse. Der evangelische Ritus ist auf das Wortgeschehen zentriert. Als ausdeutendes Symbol hat sich nur das Tragen eines Taufkleides erhalten, dessen Bedeutung aber kaum mehr bewusst ist. In den letzten Jahren wurde in den meisten landeskirchlichen Gemeinden außerdem die symbolische Bedeutung der Taufkerze neu entdeckt.

Für eine ökumenische Gestaltung von Taufgedächtnisfeiern oder Tauffeiern wird man sorgfältig vor allem die gemeinsamen Stücke beachten müssen, sollte aber auch in Betracht ziehen, wie ökumenisch mit den nur katholischerseits bekannten zusätzlichen Riten umzugehen ist.

a) Die *Salbung mit Katechumenen-Öl* wird im katholischen Bereich inzwischen meist fakultativ behandelt. Dies hängt damit zusammen, dass es schwer zu vermitteln ist, dass es hier zwei Salbungen gibt, vor der Taufe die Katechumenen-Salbung, nach der Taufe die Chrisam-Salbung. Es wird sich also im ökumenischen Zusammenhang nahe legen, wenn überhaupt, dann eher die Chrisam-Salbung einzuführen.[17]

b) Im Hinblick auf die *Absage an das Böse* ist zu beachten, dass in der Alten Kirche der Wille des Täuflings, sein Leben nach Christus auszurichten, ausschlaggebend für die Taufe war. Das Glaubensbekenntnis hat daher eine zentrale Bedeutung. Im katholischen Ritus ist verstärkend eine Absage an das Böse angehängt, die allerdings in ihren Formulierungen heute antiquiert wirkt und kaum verständlich ist. Außerdem macht sie bei einer Säuglingstaufe wenig Sinn. Gleichwohl ist die Funktion dieses Ritus zu beachten: Die bewusste Absage an bestimmte Dinge und die Ausrichtung auf ein neues Leben macht bei einer Erwachsenentaufe durchaus Sinn und kann hilfreich sein, um den Antwortcharakter der Taufe zu betonen. In genau diesem Sinn könnte eine solche Absage in einem Taufgedächtnisgottesdienst eine Funktion bekommen, wenn sie zukunftsweisend auf das Neue ausgerichtet formuliert wird.

c) Die *Chrisam-Salbung* im katholischen Taufritus hat eine die Taufe ausdeutende symbolische Bedeutung. Chrisam-Öl ist Olivenöl, das mit dem wohlriechenden Saft einer Staude (Balsam) vermischt wurde. Beide haben symbolische Bedeutung, da sie in der Antike medizinische und kosmetische Funktion hatten. Theologisch entstanden dazu drei Ausdeutungen: Zum ei-

---

[17] Siehe unten c).

nen wird die heilende Bedeutung des Öls in einen Zusammenhang mit der Befreiung von der Schuld Adams gebracht. Zweitens konnte im Kontext des Gebrauchs des Öls bei Hochzeiten auch eine eschatologische Sinndeutung gewonnen werden: die Salbung als symbolischer Ausblick auf das Zu-Tische-Sitzen im Reich Gottes beim Hochzeitsmahl. Eine letzte Bedeutung ist im Zusammenhang der kosmetischen Bedeutung zu sehen: die Salbung als Auszeichnung, wie im Alten Testament die Königssalbung verstanden wurde. Diese Deutungen können auch für heute fruchtbar gemacht werden.

d) Ein weiterer, im evangelischen Bereich unbekannter Ritus ist der sogenannte *Effata-Ritus*. Dabei formuliert der Liturg in einem Gebet die Bitte, Gott möge dem Kind helfen, seine Botschaft zu hören und zu bekennen. Wie bei der Heilung des Taubstummen soll der Ruf „Effata" die Ohren und den Mund öffnen. Daher berührt der Zelebrant die Ohren und den Mund des Täuflings. Dieser Ritus bekommt bei einer Erwachsenentaufe eine sinnenfällige Bedeutung, bei einer Säuglingstaufe hat er keinen Sitz im Leben.

6. Kirchenrechtliche Überlegungen

Während ökumenische Vorbereitungen von Taufeltern oder Taufbewerbern oder auch ökumenische Taufgedächtnisgottesdienste kirchenrechtlich kein Problem darstellen, kann dies für gemeinsam verantwortete Tauffeiern so nicht gesagt werden. Die Tatsache, dass die Kirche Jesu Christi in ihrer sichtbaren Gestalt heute in verschiedene Kirchen mit unterschiedlichen Traditionen getrennt ist, bedeutet, dass die Taufe immer eine Taufe in einer bestimmten konfessionellen Kirche ist, solange die Mitgliedschaft in einer Kirche an die Taufe geknüpft ist. Dies sollte nicht von gemeinsam verantworteten und gestalteten Tauffeiern abhalten, aber es macht deutlich, dass genaue Vereinbarungen zwischen den Kirchen nötig sind, in welcher Kirche solch eine Taufe ins Taufregister eingetragen wird. D.h. ökumenisch gestaltete Tauffeiern können nicht von der Entscheidung für eine bestimmte konfessionelle Kirche entbinden. Und solange die Kirchen getrennt sind, kann ein Täufling auch nicht Mitglied in beiden Kirchen sein – und dies nicht nur, weil er oder sie dann Kirchensteuer in zwei Kirchen bezahlen müsste.

Diese Überlegungen machen deutlich, dass man hier an Grenzen der ökumenischen Praxis gelangt, die nur dann zu überwinden sind, wenn die Kirchen die Trennmauern, die sie im Laufe der Geschichte aufgerichtet haben, einreißen. Diese Feststellung soll jedoch nicht dazu führen, jegliche ökumenischen Bemühungen in der Praxis einzustellen, sondern das zu tun, was bereits möglich ist und in diesem Sinne tatsächlich bis an die Grenzen zu gehen. Nur dann wird die Ökumene weiter vorangetrieben.

DAS
EUCHARISTISCHE ABENDMAHL

Taufe und Eucharistie in wechselnder Verwiesenheit

Harald Wagner

1. Hinführung

Jedes Kind lernte früher im Religionsunterricht, dass es in der katholischen Lehre und Praxis sieben Sakramente gebe. Hierbei handelt es sich letztlich um eine Festlegung des Konzils von Trient.[1] Der Sakramentsbegriff der Väterzeit und der Frühscholastik ist offen, so dass unterschiedliche kirchliche Handlungen, manchmal auch jene, die wir heute „Sakramentalien" nennen, als Sakramente bezeichnet werden. Von drei, vier, neun oder zwölf Sakramenten ist die Rede. Präzisierungen im Sakramentenbegriff führten schließlich zur Entscheidung von Trient – hier mit besonderer Abgrenzungstendenz gegenüber den Reformatoren –, die aber vom Konzil von Lyon (1274) schon lehramtlich vorbereitet worden war. Freilich deutet Trient eine Art „Hierarchie" innerhalb der Sakramente an, indem dort die Position abgelehnt wird, „diese sieben Sakramente seien so untereinander gleich, dass in keiner Hinsicht das eine würdiger sei als das andere" (DH 1603). Es gibt also, durchaus auch in der Perspektive von Trient, nicht nur die Siebenzahl der Sakramente, sondern auch eine Stufung unter ihnen.

Während man nach Trient freilich vor allem die Siebenerzahl betonte, so vergaß man jedoch auch die Stufung nicht zwischen *Taufe* und *Eucharistie* einerseits als den „sacramenta maiora" („sacramenta principalia") und den übrigen fünf. Das hat die neuere Theologie (Liturgische Bewegung, ökumenische Annäherungen) wieder ins Bewusstsein gehoben.[2] Unter den Gründen, die für die Vorzugsstellung von Taufe und Eucharistie herangezogen werden, ragt die konstitutive Bedeutung dieser beiden Sakramente für die Kirche hervor.[3]

---

[1] „Wer sagt, die Sakramente des Neuen Bundes seien nicht alle von unserem Herrn Jesus Christus eingesetzt, oder es gebe mehr oder weniger als sieben, nämlich Taufe, Firmung, Eucharistie, Buße, Letzte Ölung, Weihe und Ehe [...], der sei mit dem Anathema belegt" (DH 1601).

[2] Vgl. Art. Sacramenta maiora – sacramenta minora, LThK[3] VIII, 1421, wo der Verfasser (Arno Schilson) auch auf den geradezu klassisch gewordenen Artikel zu dieser Frage verweist: Yves Congar, Die Idee der sacramenta maiora, in: Conc 4 (1968) 9–15.

[3] Eine „deutlichere" Rückführung auf einen Auftrag Jesu im NT überzeugt dagegen weniger, wie m.E. z.B. der Vergleich mit dem Bußsakrament zeigt, und auch nicht ei-

2. Die Kirche und ihre Einheit durch die Taufe

Nun kann zwar als katholische Lehre schlechterdings nicht bestritten werden, dass die Taufe heilende und heiligende Wirkung hat: In der Taufe werden Erbsünde, alle Sünden und Sündenstrafen vergeben, sagt die klassische Theologie. In ihr und durch sie wird der Mensch zu einem neuen Geschöpf, wird zum Kind Gottes. Befreiung von der Sündenmacht, In-Sein in Christus, Geistbesitz, Kindschaft – mit diesen (weitgehend neutestamentlichen) Begriffen kann man das durch Gott in der Taufe geschenkte Heil zusammenfassend beschreiben. Aber die nachkonziliare Zeit betont stärker als die frühere Theologie, dass durch die Taufe die Kirche als Leib Christi geradezu konstituiert wird. Die Getauften sind nicht nur im metaphorischen Sinn miteinander verbunden (LG 15). Vielmehr gilt: „Die Taufe begründet also ein sakramentales Band der Einheit zwischen allen, die durch sie wiedergeboren sind" (UR 22). Wenn auch „nur" Anfang und Ausgangspunkt, ist die Taufe hingeordnet auf das vollständige Bekenntnis des Glaubens, auf die völlige Eingliederung in die Heilsveranstaltung, wie Christus sie gewollt hat, schließlich auf die vollständige Einfügung in die eucharistische Gemeinschaft" (aaO.). Anfang kann nicht nur als chronologischer Erstpunkt gemeint sein, sondern muss, wie sich relativ leicht zeigen ließe, jenen „Anfang in Fülle" bedeuten, den z.B. Johann Adam Möhler und die Katholische Tübinger Schule meinen, wenn sie von der Offenbarung reden.[4] Katholisch-Sein der Kirche Jesu Christi meint nicht eine umfassende Integration der in Geschichte gewachsenen Strukturen, sondern jene Fülle, die nicht jetzt schon allein in der sichtbaren, römisch-katholischen Kirche vollständig gegeben ist, sonst würde sie selber ihre „katholische Einheit" als fragmentarisch einerseits, als weiter zu verwirklichen ansehen.[5] Diese Einheit, die durch die Taufe geschieht, ist eine *wirkliche* Einheit. Diese Einheit ist Wirkung des Auferstandenen und vollzieht sich ständig durch die Sakramente. Ohne die ständige Wirkung Christi würde die Kirche „zur bloßen Organisation ohne innere Einheit".[6] Ich sehe kein Problem, diese sich an Ratzinger anlehnende Argumentation umzukehren und zu sagen:

---

ne besondere Kongenialität bei der Repräsentation auf das Paschamysterium, die ja auch bei Amt und Ehe nicht fehlt.

[4] Vgl. Harald Wagner, Aspekte der Katholizität, in: Cath (M) 30 (1976) 55–68.
[5] Vgl. ders., Einheit der Katholischen Kirche in „fragmentarischer" Gestalt?, in: ÖR 25 (1976) 371–382.
[6] So Joseph Ratzinger in: Dogma und Verkündigung, München 1973, 48. Paolo G. Sottopietra entwickelt diese Position Ratzingers in seinem großen Werk: Wissen aus der Taufe. Die Aporien der neuzeitlichen Vernunft und der christliche Weg im Werk von Joseph Ratzinger, Regensburg 2003 (est 51), 277.

Wo Christus sakramental handelt, da ist innere Einheit wirklich realisiert – um so mehr, wenn bei diesem Handeln (und bei der Taufe) ein theologisch-praktischer Konsens über die jeweilige Gültigkeit und entsprechender Anerkennung der Taufe bei der je anderen Kirche und kirchlichen Gemeinschaft besteht. Auf jeden Fall erwächst aus der einen christlichen Taufe das eine, heilige Volk von Priestern. Dazu wäre noch eine genauere Analyse von LG 8 nötig.[7] Für das wirkliche Hinzugefügtwerden zum Gottesvolk redet das Konzil nämlich an erster Stelle von Geistbesitz („Spiritum Christi habentes"). Wenn hingegen Gläubige der sichtbar organisierten Kirche zugehören, können sie zwar als „der Kirche eingegliedert" bezeichnet werden, werden aber trotzdem nicht gerettet, weil sie nicht in der Liebe verharren.

Durch die Taufe kommt es also zu einer wirklichen, tiefen Einheit unter den Getauften. Diese Intimität der Gemeinschaft schafft ein (geistlich zu verstehendes) „Corpus Christianum", das, falls es durchwirkt ist vom Umkehrwillen (der freilich von Gott her gewirkt ist), als Gemeinschaft von Glaube, Hoffnung und Liebe *Gottes Volk selbst* ist.

Letztlich stehen wir hier vor der Wirklichkeit der inkarnatorischen Struktur von Gnade, die Karl Rahner immer wieder ins Spiel gebracht hat, einerseits als Ausdruck der Tatsache, dass alle Heilszuwendung von Gott her in Jesus Christus geschieht, andererseits als Bestätigung des Faktums, dass die durch die Taufe erfolgte Christusgemeinschaft voll in den Leib Christi eingliedert (der ja nach bekannter katholischer Lehre nicht deckungsgleich ist mit der sichtbaren römisch-katholischen Kirche). Deshalb ist die Taufe heilsnotwendig, geschähe sie auch nur dadurch, dass Menschen, die direkt nichts von den christlichen Verkündigungen gehört haben, dennoch zulassen, dass Gott in ihnen die Grundausrichtungen von Glaube, Hoffnung und Liebe erweckt („anonyme Christen"). Auf der selben Ebene liegt es, wenn man mit wechselseitiger Taufanerkennung noch nicht *ipso facto* für eine – im Weiteren bedingungslose – wechselseitige Zulassung zur Eucharistie plädieren muss. Hier steht ja die letztlich bis dato nicht beantwortete Frage im Raum, welche Form von Vergemeinschaftung gefordert ist, die das gemeinsame Mahl ermöglicht. Ob hier im Einzelfall das eucharistische Mahl als Weg zur vollen Einheit angesehen werden soll oder als Ausdruck bereits bestehender Einheit[8], wird vom Konzil selbst nicht entschieden. Das soll auf der Grundlage von weiteren Gesprächen (UR 22) „durch die örtliche bischöfliche Autorität" bzw. den Hl. Stuhl entschieden

---

[7] Solche und verwandte Gedanken, die die Taufe für die Einheit der Kirche relevant machen, hatte allerdings mein römischer Dogmatiklehrer Louis Ligier in seinen Vorlesungen schon bald nach dem Konzil vertreten.
[8] Dazu wäre noch insgesamt eine genaue Analyse von LG 14 nötig.

werden (UR 8). Selbst der Hl. Stuhl sagt hier kein unabdingbares „Non possumus", sondern hat für bestimmte Regionen und Kirchen vorsichtige Ausnahmeregelungen ausgesprochen (z.b. in England und Schottland, für das Verhalten gegenüber der Polnischen Nationalkirche in den USA und anderswo). Der Papst setzt auf Übereinstimmung in weiteren ökumenischen Dialogen, man muss Gott jetzt schon danken „für bedeutsame Fortschritte und Annäherungen, die uns auf eine Zukunft in voller Glaubensgemeinschaft hoffen lassen" (Enzyklika *„Ecclesia de Eucharistia"* vom 17.4.2003, Nr. 30). Was jetzt noch Hindernisse aufbaut, gilt nur „zur Zeit" (ebd.). Vielleicht könnten Einheitsreflexionen zur Taufe, wie die hier skizzierten, dazu verhelfen, auch in der Frage der Einheit in Empfang und Feier des Abendmahls weiterzukommen.

3. Die Einheit der Kirche und die Eucharistie

Heute wird die Eucharistie in erster Linie unter dem Gedanken der Einheit diskutiert, weniger jedoch unter dem Gesichtspunkt, was dieses Sakrament selber zur Einheit der Christen beitrage, sondern eher unter der Perspektive, warum man bei der Feier dieses so wichtigen Vermächtnisses Jesu Christi nicht als die *eine* christliche Gemeinde zusammenkommt, wo doch im Vergleich mit den Fragestellungen der Reformationszeit heute kaum noch Gegensätze zwischen den Konfessionen wahrnehmbar sind. Das so gemeinsam gehaltene Mahl würde dann freilich auch sinnenfällig die Einheit der Kirche Jesu Christi darstellen. Die Lehrfragen, um die es freilich nach wie vor geht, sind vor allem die Frage nach der sogenannten Realpräsenz und dem Opfercharakter der Messfeier, gegebenenfalls noch die Frage, dass die Kirche ihr Leben aus dem Eucharistiegeheimnis erhält und es in dieser eucharistischen Prägung fortlaufend gestaltet. Als Hauptwirkung der Eucharistie bezeichnen die klassischen dogmatischen Handbücher, dass es in ihr zur innigsten Vereinigung des Menschen mit Jesus Christus komme, und dass sie das übernatürliche Leben des Menschen erhält und vermehrt. Erst in letzter Zeit ist der Gedanke wieder in den Vordergrund getreten, dass die Eucharistie in größerem Zusammenhang communionaler Einheit der Kirche zu sehen ist und dass sie direkt als „sacramentum ecclesiae unitatis" zu verstehen ist.[9] Der Versammlungs-, Mahl- und Gemeinschaftscha-

---

[9] So wörtlich Thomas von Aquin, S. th. III, 73,3. Diese und andere Stellen aus Thomas oder auch Bonaventura zitiert Walter Kasper in seinem Beitrag: Eucharistie – Sakrament der Einheit (ursprünglich Vortrag in Guadalajara), in: OR (dt.) 34/43

rakter wurde schon vor dem II. Vatikanum wiederentdeckt und erhielt aus dessen Texten (vor allem Liturgie- und Kirchendokument) kräftige Impulse. Genaugenommen handelt es sich aber insgesamt um einen Rückgriff auf die Hl. Schrift. Im zentralen Eucharistietext 1 Kor 10,16f will Paulus sagen: „Die Teilhabe [...] an dem einen Kelch und dem einen Brot läßt uns teilhaben an Tod und Auferstehung Christi und verbindet uns untereinander zum einen Leib des Herrn, der die Kirche ist. Die Eucharistie begründet diese Gemeinschaft nicht neu; sie setzt ja die durch die Taufe geschenkte Einheit voraus; aber sie aktualisiert, erneuert und vertieft sie. In diesem Sinn bewirkt die Teilhabe an dem einen eucharistischen Leib Christi die Teilhabe an dem einen ekklesialen Leib Christi und die ekklesiale Gemeinschaft der Christen untereinander."[10] In der Eucharistie ist sozusagen ein „reditus ad baptismum" (vgl. Martin Luther, WA 6,5) gegeben. In einem bekannten Beitrag über das Sakrament hat Eberhard Jüngel vor mehreren Jahrzehnten versucht, die beiden Sakramente „Taufe" und „Abendmahl" (nur hier handelt es sich um Sakramente) als Heilsverwirklichungen des *einen* Sakramentes Gottes zu begreifen.[11] In Jesus Christus (als dem Wort) ruft Gott zum Heil. So in die Welt einbrechend, ist Jesus Christus durch die Taufe öffentlich in die Welt einbrechendes Sakrament. Gott schafft die Kirche als seine „creatura", schenkt ihr eine Einheit als Vor-Gabe, die von den Menschen nie zerstört werden kann. Durch die Taufe ist Einheit in und mit Christus und der an ihn Glaubenden gegeben. Das aber so in die Welt „eingebrochene" Wort Gottes muss sich nun in der Welt Bahn brechen und muss den Glauben zu allen Zeiten (und unter Berücksichtigung der „conditio humana" einer Zeit) verständlich zu Gehör bringen. Kann dies – argumentiert in lockerem Anschluss an Jüngel – nicht auch heißen, dass sich der eine, aber in seiner Ausdrücklichmachung neu zu findende und zu formulierende Glaube seine Einheit vor Gott immer neu finden muss? Könnte dies heißen, dass sich kirchliche Einheit nicht in je neuer Dynamik neu gestalten muss – wobei die Taufe der „Anfang in Fülle" ist, an den es sich immer neu zu halten gilt? Von da her macht es in ökumenischer Perspektive durchaus Sinn, den Glauben je neu an den „ursprünglichen" Bekenntnissen der Kirche zu messen und ihn – angebunden an die Glaubenstradition der Kirche und an die je individuelle Glaubensgeschichte – in der Nachfolge neu zu ermessen, sich seiner neu zu vergewissern.

---

10 (22.10.2004) 8f und 34/44 (29.10.2004) 11f. Ich nehme Impulse aus diesem Beitrag auf.
AaO. 11.
11 Eberhard Jüngel, Das Sakrament – was ist das?, in: EvTh 26 (1966) 320–336.

Versteht man die Eucharistie als einen „reditus ad baptismum", dann wird auch leichter einsichtig, dass dann, wenn Menschen als Unmündige getauft wurden bzw. sich als Sünder bekennen und verstehen müssen, in der Eucharistie die sündentilgende Kraft der Taufe neu wirksam wird.

4. „In remissionem peccatorum": Eucharistie als Raum von Sündenvergebung

Es wurde darauf verwiesen: Nach konstanter christlicher Lehre ist die Taufe Raum und Ort, wo der Mensch der Macht des Bösen entrissen wird. Er wird der „Erbsünde" entrissen (wie immer jene auch von der heutigen Theologie erklärt werden mag), die aktuellen Sünden werden ihm vergeben. Aber auch die Eucharistie ist Sakrament der Versöhnung. Ist die Eucharistie Vollendung der Taufdynamik, dann ist „diese Dynamik bereits in der Taufe in wirksamer Form am Werk", nämlich derart, wie das Ziel in dem wirksam wird, was zu ihm hinstrebt."[12] In Danksagung und Bitte feiert die Gemeinde, die sich immer wieder als sündige weiß, die Versöhnung der Menschen mit Gott und die Versöhnung der Menschen untereinander. Die Eucharistie ist im realsten Sinne des Wortes Sakrament der Verzeihung, da sie reale Präsenz und Akt der Mitteilung des Aktes ist, der die Sünden vergibt: Als Gedächtnis der Sühnetat des Kreuzes wendet sie diese jenen zu, die sie feiern – in dem sie sie durch das Brot und den Becher des Mahles mit dem Ein-für-allemal des Osterereignisses in Verbindung bringt – und ruft auf die ganze Welt die unendliche Barmherzigkeit des Gottes und Vaters Jesu herab. Ja, sie ist im Herzen der Kirche der Ort schlechthin der Versöhnung.[13] Daher konnte das Konzil von Trient erklären, die Eucharistie besitze die Kraft, „crimina et peccata etiam ingentia", „auch größte Verbrechen und Sünden" nachzulassen.[14] Die spätere Bekenntnispflicht (für das Bußsakrament) müsste sich daher auf ein Maß von Gottwidrigkeit in der Sünde beziehen, das jene „größten Verbrechen und Sünden" noch überbietet. Diese Frage ist damals theologisch nicht ausdiskutiert worden, noch wurde bzw. wird sie im Blick auf heutige Bestrebungen zur Erneuerung des Bußsakramentes bedacht.[15]

---

[12] Jean-M. Tillard, Das Brot und der Kelch der Versöhnung, in: Conc 7 (1971) 17–26, 19.
[13] AaO. 21.
[14] DH 1743.
[15] Tillard redet von Sünden, die zwar von der Materie her „schwer" sein können, aber keine formelle Mißachtung Gottes bedeuten. Die Frage ist, ob in heutiger Bußtheologie bzw. Bußpsychologie eine solche Differenzierung noch als angemessen erscheint.

Schon vor Jahren hatte Hans Küng in seinem bahnbrechenden Werk über das katholische Rechtfertigungsverständnis[16] darauf hingewiesen, dass viele Texte der katholischen Liturgie darauf verweisen, dass den Menschen von Gott her immer Sündenvergebung zuteil wird, dass er aber auch als der „Gerechtfertigte" Knecht der Sünde bleibt und somit angewiesen auf Gottes vergebende Nähe. Auch in diesem Sinne ist die Eucharistie „reditus ad baptismum."

5. Zu einigen Bemerkungen von Gerhard Ebeling

Erstaunlicherweise gibt es zu unserem Thema nur relativ wenig Literatur. Auf der einen Seite wird die dogmatische, sakramentale und ökumenische Problematik der Eucharistie reflektiert und über den Kreis der Theologen hinaus diskutiert; auf der anderen Seite jene der Taufe. Nur selten werden wechselseitige Verwiesenheit und Verschränktheit problematisiert, oder wenn es geschieht, dann nur in ganz oberflächlicher Weise: in der Taufe werde dem Menschen das göttliche Leben eingestiftet, in der Eucharistie werde es fortlaufend genährt o.ä. Etwas breitere Ausführungen habe ich nur in der „Dogmatik" von Gerhard Ebeling gefunden.[17] Es soll hier darum gehen, einige seiner Ausführungen zustimmend oder modifiziert aufzunehmen bzw. kritisch zurückzuweisen, wobei uns die begriffsgeschichtlichen Erwägungen[18] nur insofern interessieren, als die Option (auch) katholischer Theologie für zwei der Sakramente als „sacramenta maiora" auch hier die Position Luthers erwägenswert macht, dass es nämlich eigentlich nur ein einziges Sakrament gibt, nämlich Jesus Christus selbst, sowie drei sakramentale Zeichen (Taufe, Eucharistie, Buße). Im Gefolge Luthers heißt es dann nur noch, die augenscheinlichste Differenz zwischen katholischer und lutherischer Theologie bestehe in der Reduktion der Zahl der Sakramente auf zwei (auf reformatorischer Seite). Dann wäre das eigentliche Bußsakrament in Taufe und Eucharistie integriert. Die katholische Theologie wäre gut beraten, die Anfragen zu hören, die in solchen Positionen liegen, und – ohne die symbolische Siebenzahl überzubewerten – katholische Revisionsmöglichkeiten zu prüfen.

---

[16] Hans Küng, Rechtfertigung. Die Lehre Karl Barths und eine katholische Besinnung, Horizonte 2, Einsiedeln 1957.
[17] Gerhard Ebeling, Dogmatik des christlichen Glaubens III: Der Glaube an Gott, den Vollender der Welt, Tübingen 1979, bes. „B. Gottes Wort in sakramentaler Gestalt", 295–330.
[18] AaO. 302ff.

Bei der Wertung der von Taufe und Eucharistie und Betonung ihrer besonderen Autorität verfolgt Ebeling – in Abhebung zu anderen evangelischen Systematikern – einen eigenen Weg. Nicht die Einsetzung durch Jesus Christus ist das entscheidende Argument, sie zu „sacramenta maiora" zu erklären, sondern ihre innere Verbindung und wechselnde Verwiesenheit, die dadurch gegeben ist, „daß jede dieser beiden Handlungen auf eine ungewöhnlich herausgehobene Lebenssituation Jesu Bezug nimmt: auf den Anfang und auf das Ende seines Weges; auf seine Taufe, durch die der Johannestaufe ein neuer, über sie hinausführender Inhalt gegeben wurde, und auf seinen Abschied von den Jüngern, der darauf deutet, dass er sich ihnen nicht entzog, sondern sich für sie und an sie hingab, nicht allein ihnen zugute, sondern zur Weitergabe durch sie an alle. Mit diesem Festhalten und immer neuem Aufrichten gewissermaßen der Eckpfeiler des in den Tod dahingegebenen Lebens dessen, der als der Auferstandene Leben aus dem Tode empfangen hat und verheißt, wird die Summe dessen, was durch ihn geschehen ist, als ein weitergehendes Geschehen bezeugt und vollzogen."[19] Die Vernetzung der Sakramente im Leben Jesu, wie sie schon bei den Kirchenvätern vorgenommen wurde und v.a. in gegenwärtiger Theologie z.B. von Edward Schillebeeckx vorgenommen wird, kommt hier zum Tragen.

In beiden Sakramenten, Taufe und Abendmahl, sind leibliche Vollzüge von besonderem Gewicht und von besonderer Erheblichkeit gegeben, Gestalt und Gehalt haben sich eng vermählt. Grundlegende Voraussetzungen aus der menschlichen Erfahrungswelt sind ja Reinigung und Ermahnung. Ebeling führt über diesen Gedanken noch hinaus. Wer von der Gestalt der Gabe redet, ist immer schon beim Gehalt. „Die Taufe wird zur Übereignung des Glaubenden an Christus und das Abendmahl zur Übereignung Christi an den Glaubenden. Man kann somit von der Gestalt dieser Handlungen gar nicht sprechen, ohne schon auf die Gabe zu stoßen, die durch sie zuteil wird."[20] In seiner direkten Weise beschreibt Ebeling wenig später seine Sicht des jeweiligen Zusammenhangs von Taufe und Eucharistie mit Kirchengemeinschaft, also in der ökumenischen Perspektive.[21]

Es besteht unter den christlichen Kirchen und Gemeinschaften praktisch Konsens darüber, dass die Taufe ein einmaliges Geschehen ist, d.h. sie ist nicht wiederholbar, was sich katholischerseits auch ausdrückt in der Lehre vom „character indelebilis", jenem unauslöschlichen Prägemal, das

---

[19] AaO. 317.
[20] Ebd.
[21] Dies wird hier nicht weiter vertieft, es wäre eine eigene Untersuchung wert.

dem Getauften ein für allemal verliehen wird. Ein für allemal ist menschliches Leben unter die Bejahung durch Gott gestellt.[22] Das Abendmahl hingegen wird trotz der Einmaligkeit des Todes Jesu wiederholt gefeiert und empfangen. Ebeling entscheidet sich in diesem Punkt für die Position Luthers, ohne diesen zu nennen, jedenfalls nicht an dieser Stelle. „Nur die Getauften haben Zugang zum Abendmahl, und was im Abendmahl empfangen wird, bestätigt nur das, was in der Taufe empfangen ist."[23] Wenn man die Eucharistie häufig empfängt, so ist das doch nichts anderes als Vergewisserung des einmal gelegten Glaubensgrundes, das Getauftsein auf den Tod Christi. Und auch dieses Geschehen, Christi Tod, ist einmal.

Ebeling schließt den Abschnitt über Taufe und Abendmahl und ihre wechselseitige Verwiesenheit mit einem Abschnitt ab, der manchmal geradezu vernachlässigt wird, nämlich mit der Bestimmung der beiden Sakramente als „Wegzeichen des heiligen Geistes".[24] „Wegzeichen" oder „Verheißungszeichen": Man würde hier gerne von der „eschatologischen" Bedeutung von Taufe und Abendmahl reden, ein Gesichtspunkt, den immerhin die sogenannten Lima-Dokumente in ihrem Teil über die Taufe deutlich angesprochen haben. Der hl. Geist garantiert die Verheißung, die mit dem Sakramentenempfang gegeben ist: „Wer sich an Taufe und Abendmahl hält, ist auf sein Unterwegssein angesprochen, auf das Leben als ganzes bis in den Tod hinein. Für dieses Unterwegssein wird ihm die Vergewisserung zugesprochen, „Christus zu sein."[25]

---

[22] Von diesen Fakten her wird von Ebeling auch die Möglichkeit der Kindertaufe (in Gleichberechtigung zur Erwachsenentaufe) begründet.
[23] AaO. 328.
[24] AaO. 330.
[25] Ebd. – Siehe den neuesten Beitrag meines Habilitanden Peter Lüning, Taufe und Eucharistie. Ein Versuch zu ihrer Verhältnisbestimmung in: Cath (M) 85 (2004) 314–328.

Erlebte Feier eucharistischer Gemeinschaft in früher Vätertradition

Lothar Lies SJ

1. Hermeneutische Vorbemerkungen

1.1 Das prinzipielle Problem

Über eucharistische Gemeinschaft nur dogmatisch zu reden, wird angesichts ökumenischen Dissenses zum Problem. Es besteht nämlich zwischen den Kirchen weder Konsens über die Lehre von der Eucharistie, noch besteht Übereinstimmung darüber, als was und wie die Gemeinschaft verstanden werden soll, die in der Eucharistie zusammenkommt. Es scheint: Weder der Begriff Eucharistie lässt sich im „luftleeren" Raum auf seine Gemeinschaft besagende Wirklichkeit hin abklopfen, noch lässt sich Gemeinschaft nur im Blick auf Eucharistie bestimmen. Zugleich fehlen diesen beiden Begriffen die inneren, sie untereinander verbindenden Dimensionen, so dass auch Identität und Differenz des Gemeinten nicht deutlich werden können.

1.2 Ein kombinierter Vorschlag zur Vorgehensweise

a) Erlebte Sinngestalt

Erfolgreicher dürfte ein Doppelschritt sein: Wir suchen erstens innerhalb von Wirklichkeit und Begriff der Eucharistie Sinnelemente, die einerseits den wesentlichen Sinn der Eucharistie der frühen und auch heutigen Kirche angeben, also Eucharistie erklären können, und andererseits zugleich eine erfahrbare und erlebnismäßig nachvollziehbare Gemeinschaft aufweisen können, die im Sinnganzen der Eucharistie begründet ist. Ich betrachte es daher als einen ersten und wichtigen Teil meiner Aufgabe, ganz dem Anliegen dieser Festschrift „Sakramente ökumenisch feiern", hier Vorüberlegungen zu bieten, die bei allem harten gegenseitigen dogmatischen „Njet" die Eucharistie von möglichen gemeinsam verantworteten Sinnerfahrungen her aufzuschließen.

Meine eigenen Studien der Vätertheologie zur Eucharistie[1] fordern, und das ist der zweite Aspekt meines Beitrages, jene Sinngestalt mit ihren Sinnelementen zu erschließen, die der Eucharistie zugrunde liegt und ihre formale Sinnstruktur ausmacht, nämlich Eulogie, Benedictio, Segen[2]. Denn diese Sinnstruktur ist geeignet, eine differenzierte und zugleich ganzheitlichere gemeinsame Erfahrung der Eucharistie den am ökumenischen Dialog beteiligten Kirchen zu ermöglichen. In diesem Sinn ist für mich Theologie auch eulogische „Erfahrungswissenschaft".[3]

Wenn die eucharistische Eulogie ihr Vorausbild in der eulogisch verstandenen Passa-Liturgie und in deren Sinngestalt der Berakah, des Segens, findet[4], sind dort schon Erfahrenselemente, Stimmungen und Haltungen ausgedrückt, die auch für die Eucharistie wichtig werden. Die Sinngestalt einer Wirklichkeit ist jene Gestalt, die die einzelnen Sinnelemente dieser Wirklichkeit in ein Sinnganzes ein- und zusammenordnen kann.[5] Wir suchen also mit der Analyse des eulogisch-eucharistischen Sinnganzen ein Geflecht von Glaubenserfahrungen, die in ihrem Gesamtbild das verdeutlichen, was Eucharistie über konfessionelle Grenzen hinaus erfahrbar macht – und umgekehrt. Als Basis unseres hermeneutischen Experimentes wählen wir die beiden ersten Jahrhunderte eucharistischer Praxis und Frömmigkeit.

Ohne die gläubige Erfahrung der jüdischen Familie in der Feier des Passamahles genauerhin zu entfalten – es gibt genügend Literatur dazu[6], lassen sich die Sinnelemente der Passaliturgie in der Sinnfigur einer Eulo-

---

[1] Lothar Lies, Wort und Eucharistie bei Origenes. Zur Spiritualisierungstendenz der Eucharistieauffassung, IST 1, Innsbruck 1978, ²1982; vgl. auch ders., Origenes' Eucharistielehre im Streit der Konfessionen. Die Auslegungsgeschichte seit der Reformation, ITS 15, Innsbruck 1985; ebenso ders., Rezeption der Eucharistielehre des Origenes bei den Reformatoren, in: Origeniana Tertia, Rom 1985, 287–303.
[2] Ders., Eulogia – Überlegungen zur formalen Sinngestalt der Eucharistie, in: ZKTh 100 (1978) 69–120 (mit Rezensionsanhang).
[3] Vgl. ders., Theologie als eulogisches Handeln, in: ZKTh 107 (1985) 76–91.
[4] Vgl. Textus Liturgiae Judaeorum, in: Irmgard Pahl (Hg.), Prex eucharistica, Spicilegium Friburgense 12, Fribourg 1968, 5–57.
[5] Diese Sinnelemente sind aus dem Werk von Johannes Betz nicht wegzudenken und wurden in seiner letzten größeren Veröffentlichung: Johannes Betz, Eucharistie in der Schrift und Patristik, HDG IV/4a, Freiburg 1979, verdeutlicht, wenn auch noch nicht zur vollen systematischen Sinngestalt der Eulogie entwickelt; vgl. Lies, Eulogia.
[6] Vgl. Herrmann Patsch, Abendmahl und historischer Jesus, Calwer Theologische Monographien 1, Stuttgart 1972; Rudolf Pesch, Wie Jesus das Abendmahl hielt. Der Grund der Eucharistie, Freiburg 1977; Xavier Léon-Dufour, Abendmahl und Abschiedsrede im Neuen Testament, Stuttgart 1983.

gia als Anamnese, als Epiklese, als Koinonia und als Prosphora darstellen.[7] Die Passaliturgie gedenkt dankbar (Anamnese), dass Gott in seiner Geschichte mit Israel dieses Volk aus Ägypten herausgeführt und zu seinem Volk gemacht hat. Diese Anamnese verweist auf die umfassende formale Sinngestalt Segen und bekennt: „Deus nos benedixit". Damit besagt die Passamahlfeier den expliziten Vollzug einer Gedächtnisgemeinschaft, die gerade in diesem Passagedächtnis jener sie zur Einheit des Volkes Israel zusammenführenden Segenstat Gottes dankbar gedenkt: „Deus nos benedixit." Das Volkwerden und so die Volksgemeinschaft haben ihren Grund in der heilsgeschichtlichen Segenstat Jahwes. Diese Segenstat wird im dankbaren Gedenken so vollzogen, dass das Volk als Gedächtnisgemeinschaft sich als Segensgemeinschaft erfahren und bekennen kann.[8]

Ein weiteres Sinnelement der Passamahlfeier schließt unmittelbar an dieses Gedächtnis an und bekennt gegenüber Jahwe die eigene Unfähigkeit, die Wirklichkeit des Gedächtnisinhaltes, also die Heilsgeschichte und so die Einheit des Volkes mit Gott und untereinander selbst zu schaffen oder auch nur zu wahren. Daher ruft der Hausvater Jahwe an, sich seines Volkes auch weiterhin zu erbarmen; er bittet den Gott Israels, sich selbst treu zu bleiben und auch heute und morgen diese Heilsgeschichte und so auch die Einheit seines Volkes mit sich fortzuführen und seinem Volk in Gemeinschaft durch seine allsorgende göttliche Macht gegenwärtig zu bleiben. Dieses Sinnelement nennt die eucharistische Tradition „Epiklese". Diese Epiklese geschieht vonseiten des Volkes immer mit leeren Händen und ist gegenüber Gott Offenbarungseid menschlicher Ohnmacht, dem eigenen Leben auch nur eine Haaresbreite hinzufügen zu können. Damit wird deutlich, dass das eulogische Sinnelement der Epiklese seine Legitimation in der Vertrauen und Hoffnung weckenden Anamnese der Segenstat Jahwes findet: „Deus nos benedicat", auch heute. Die Epiklese charakterisiert die Gedächtnisgemeinschaft zugleich als Gebetsgemeinschaft, deren Vertrauen über das Heute hinaus in der geschichtlich erfahrenen Treue Gottes begründet ist. Die Gebetsgemeinschaft vollzieht und erfleht für heute und morgen jene Erlösungstat Jahwes, die in der Gedächtnisgemeinschaft als Segensgrund ihrer Einheit untereinander und mit Gott erkannt worden ist. In der

---

[7] Vgl. Klaus Gamber, Beracha. Eucharistiegebete und Eucharistiefeier in der Urkirche, Studia patristica et liturgica fasc. 16, Regensburg 1986. – Wenn wir hier von Eulogia sprechen, dann wollen wir diese nicht mit dem später als Eulogie gesegneten Brot verwechselt wissen, das nach der Messe ausgeteilt wird.
[8] Vgl. Pahl, Prex, 26f.

Epiklese wandelt sich die im Segen konstituierte Gedächtnisgemeinschaft zur begnadeten Gebetsgemeinschaft: „Deus nos benedicat."[9] Damit nicht genug. Die Passamahl feiernde Familie und über sie das ganze Volk Israel sind sich bewusst, dass Jahwe die Bitte des Hausvaters auch heute erhört. Denn Jahwe ist kein Gott der Willkür, sondern bleibend-liebender Treue. Israel hat als Gedächtnisgemeinschaft und als Gebetsgemeinschaft seinen Grund in Jahwe und seiner Treue. Auch heute. Deshalb bekennt der Hausvater der Passamahlliturgie die Erhörung der vorgetragenen Bitte und die machtvoll rettende Gegenwart Jahwes in seinem Volk als die Mitte des Bundes mit Gott und der Einheit des Volkes. Jahwes heutige und derzeitige treue und bleibende Gegenwart in seinem Volk ist der Grund des gemeinsamen Überlebens des Volkes. Letzteres ist als Jahwes Werk Segen heute: „Deus nos hodie et nunc benedicit." Die jetzige Einheit des Volkes und seiner Gemeinschaft ist heutige Tat Gottes inmitten des Volkes (Koinonia) und verbindet die Menschen untereinander in Gott. Gott wohnt als Segen in seinem Volk und das Volk wohnt in dessen Segen bei Jahwe. Die heutige Einheit des Volkes ist Beweis für die das Volk einende Gegenwart Gottes in seinem Volk.[10]

Die Gemeinschaft derer, die das Passamahl feiern, weiß, dass diese rufende und erwählende Gegenwart Jahwes in seinem Volk immer auch einer Antwort des Volkes und jedes einzelnen Israeliten bedarf. Diese antwortende Hingabe kann angesichts der in der Anamnese bewusst gemachten und in der Epiklese vollzogenen leeren Hände der Menschen nur dankbare Selbsthingabe an den das Volk liebenden Jahwe sein. Das Volk zeigt sich in der Passamahlliturgie als Prosphora und Selbstdarbringung, und dies erstens mit und in der Liebe, mit der Jahwe sein Volk umgibt, und zweitens nicht um Gott zu betören, sondern ihn zu verherrlichen und so bei ihm geborgen zu sein. Das Volk wird in der erwählenden, rufenden und errettenden Liebe Gottes antwortend zur Darbringungsgemeinschaft.[11]

---

[9] Vgl. aaO. 27f.
[10] Vgl. aaO. 27.
[11] Vgl. aaO. 28: „Benedictus tu, Domine, Deus noster, rex universi, Deus, pater noster, rex noster, protector noster, creator noster, redemptor noster, formator noster, sanctus noster, sanctus Jakob, pastor noster, pastor Israel, rex benigne et benefaciens omnibus [Anamnese], qui omnibus et singulis diebus benefecit [Anamnese], benefacit [Koinonia] et benefaciet nobis [Epiklese]. Ipse auxit nos [Anamnese], ipse nos auget [Kononia], ipse nos in perpetuum augebit gratia et benignitate et misericordia et dilatatione, liberatione et prosperitate, benedictione et salute, solatio, sustentatione et alimentis et misericordia et vita et pace et omni bono [Epiklese], nec omni bono permittet nos egere."

Diese vier Sinnelemente der Passamahlfeier sind die vier Sinnelemente der Berakah, der Eulogia, des Segens. Jedes Sinnelement bedeutet einen bestimmten Aspekt erfahrener Erlösungsgemeinschaft, die ihre Erlösung und den Grund ihrer Gemeinschaft in Jahwe findet. Diesen erkennt sie als den Urheber des Segens in ihrer Gemeinschaft und verherrlicht ihn laut und allen vernehmlich (benedictus tu, Domine ...)[12]. Die Passamahlfeier bestimmt das Volk Israel zur Lobopfergemeinschaft, deren umfassender Grund Jahwe selbst ist.

Damit hat sich hermeneutisch ergeben: Die Sinnelemente der Eucharistie, die in ihrer Sinneinheit als Eulogie verstanden werden müssen, bringen schon Aspekte gemeinsamer Erfahrung mit und bewirken in einer bestimmten Stimmigkeit die auch erfahrbare Gemeinschaft der Menschen untereinander und mit Gott. Wenn wir von eucharistischer Gemeinschaft sprechen, meinen wir also nicht nur jene, die in der Teilhabe an den eucharistischen Gestalten bestimmt ist, sondern eine Gemeinschaft, die in den Sinnelementen des Segens sich als von Jahwe ausgehend erfährt und in der Eucharistie sich ihrer Geschichte bewusst wird. Dort erfleht sie Gottes wirksame und heilschaffende Kraft für die Gegenwart heute. Die Eucharistiefeier ist der Ort, an dem die Gegenwart der Heilstaten Jahwes begründet erfahren wird und sich erfahren lässt; die Eucharistiefeier ist aber auch der Ort unserer konkret erfahrbaren lobopfernden Hingabe an Gott. Diese erfahrene eucharistische Gemeinschaft geht noch aller ökumenisch reflektierten Eucharistiegemeinschaft voraus. Damit bietet sich uns als hermeneutisches Ergebnis an:

1.) Die eucharistische Gemeinschaft ist nicht allein vom Begriff Eucharistie her zu entwickeln. Das würde nur eine bruchstückhafte Ekklesiologie anzeigen. Es reicht also nicht, die frühkirchlichen, strengen Begriffe Eucharistie, Brotbrechen oder Herrenmahl auf Gemeinschaft hin zu untersuchen oder vom Amt allein her zu entwerfen. Vielmehr ist die Gemeinschaftsfunktion der Eucharistie von ihren Sinnelementen her zu entwickeln, die die Eucharistie besser auf Erfahrung hin aufzuschließen vermögen.

2.) Da aber die einzelnen Sinnelemente untereinander nicht zu trennen sind und ein Sinnelement das andere logisch und psychologisch voraussetzt, einschließt oder herbeiführt, besagt der Begriff eucharistischer Gemeinschaft als Segensgemeinschaft erstens immer schon eine Gedächtnisgemeinschaft von Gottes Heilswirken in der Geschichte und besonders in Jesus Christus; daraus zweitens eine Flehgemeinschaft, um die heilswirksame Gegenwart dieses Handelns in dieser gottmenschlichen Person auch

---

[12] Vgl. aaO. 28.

heute zu erhalten; drittens eine Erfahrungsgemeinschaft dieser Gegenwart, die die damalige Erfahrung der Kirche mit der heutigen Erfahrung verbinden kann und so Kriterium für echte Tradition ist; schließlich viertens eine Lobopfergemeinschaft, die Gott für all das in Christus Erflehte und in ihm als Geschenk Erfahrene dankt und sich in diesem „Bedankten" Gott übergibt. Gott in seiner Begnadung von Welt und Schöpfung wird in dieser Segensfeier zum Bedankten. Hermeneutisch gesehen heißt dies: Überall dort, wo von einem Sinnelement die Rede ist, sind die anderen drei Sinnelemente einschlußweise mitzubedenken und auch auf Eulogie hin zu entfalten. Auch die darin angemeldete Erfahrung sagt das. Das eine Sinnelement nennt implizit immer den ganzen Sinn des Segens. Wenn etwa Zwingli behauptet, Anamnese besage grundsätzlich die Abwesenheit des Erinnerten, so zeigt er damit, wie wenig er von den Sinnelementen der Eucharistiefeier damals verstehen konnte.

3.) Wenn nun aber jedes der vier Sinnelemente die anderen Sinnelemente einschließt und selbst in ihnen eingeschlossen ist, dann gilt dies auch von dem Begriff der eucharistischen Gemeinschaft und ihrer eigenen Sinnerfahrung. Isoliert man etwa den Begriff „Gemeinschaft" (Koinonia, Communio) von den übrigen Sinnelementen der Eulogie, dann hat man ihn nicht verstanden bzw. seine eigentliche Bedeutung verdunkelt. Man hat zerstört, was als gemeinsame Sinnerfahrung die Gemeinschaft zur Gemeinschaft macht. Nicht alle Menschen erfahren das Gleiche gleich, aber alle erfahren etwas im Blick auf ein immer neu zu erwerbendes Ganzes: Segen. Darum geht es vor allem. Weil der Begriff „Koinonia" schon im anamnetischen und so auch im epikletischen Geschehen eingeschlossen ist, besagt er nicht nur additive Gemeinschaft der Menschen untereinander, sondern immer auch deren qualitative, in besonderer Weise erfahrbare Gemeinschaft, und dies auch mit dem dreifaltigen Gott, von dem diese Gemeinschaft ausgeht. Gemeinschaft wird so zum staunenden Ausdruck von im Glauben gedeuteter Erfahrung der vom Vater im Himmel geschenkten Gegenwart Christi im Heiligen Geist. In diesem Geist sind die Menschen mit Christus und untereinander, mit ihm und in ihm auch mit dessen Vater im Himmel verbunden. Eucharistische Gemeinschaft sagt ahnend-realisierende Erfahrung trinitarischer Gemeinschaft. In dieser Gemeinschaft schwingen die Menschen ein in das den Vater liebend gehorchende Lob- und Sühnopfer des Kreuzes Christi.

b) Die eulogische Sinngestalt: Person Christi

Eines ist noch zu verdeutlichen: Die Eulogie ist letztlich Christus selbst. Wir sind davon ausgegangen, dass die formale Sinngestalt der frühchristlichen Eucharistie jene der Passamahlfeier (und evtl. sogar jeden authentischen Betens) ist. Die Klammer zwischen der Feier des Passamahles und der Feier des Herrenmahls ist nicht nur und zuerst das Passa als zeitliches und den äußeren formalen Sinn der Eucharistie stiftendes Fest, sondern in der Stiftung des Abendmahles eine Person: Jesus Christus.[13] Auch dann, wenn jene Exegeten recht behielten, das Abendmahl hätte nicht im Rahmen eines Passamahles stattgefunden, bleibt nicht nur der Hinweis auf die synoptischen Evangelien, die dies berichten und so zumindest einen hermeneutischen Erfahrungsschlüssel zum Verständnis des Abendmahles liefern.[14] Vielmehr ist gerade Christus als die fleischgewordene Berakah des Vaters, als die Mensch gewordene Eulogia des allmächtigen Gottes und als einer von uns, der gerade uns zum Segen geworden ist, der Segen unseres himmlischen Vaters schlechthin: „Autoeulogia".[15]

Das heißt nun aber hermeneutisch, dass diese eucharistische Gemeinschaft „außerhalb" des Herrn und ohne den gegenwärtigen, sie durchdringenden Herrn und ohne seinen Geist und ohne den Blick auf den Vater, von dem alles ausgeht, gar nicht zu denken ist und schließlich auch spirituell nichts erfahren lassen würde. Es erfüllt sich also schon in dieser eucharistischen, sich Gott im Lob schenkenden Gemeinschaft – wenngleich in unserer Darlegung noch sehr postulatorisch – jene auch in Anamnese und Epiklese schon erahnte und tastend erfahrene Gegenwart des erhöhten Herrn im Geist zur Verherrlichung des Vaters. Letztlich ist Christus selbst Gottes Gedächtnis der Menschen, sein und unser wechselseitiges Flehen zur heilenden Begegnung, unser Lob und „Verdienst". Diese gemeinschaftliche „charismatische" Erfahrung ist dann nicht chaotisch, wenn sie durch die Sinnelemente der Eulogie theologisch in anderen Erfahrungsaspekten wie Gedächtnis der Heilstaten Gottes, wie Heil in Geschichte bei leeren Händen etc. „festgemacht" ist und die Gegenwart dieses Heils in Geschichte auch heute erfahrbar einschließt und uns darin zur dankenden Übereignung an Gott veranlasst.

---

[13] Vgl. Lothar Lies, Die Heilsgegenwart Jesu Christi. Zur ökumenischen Spiritualität des Messopfers im Blick auf das Trienter Konzil (1562), in: Paul Imhof (Hg.), Gottes Nähe. Religiöse Erfahrung in Mystik und Offenbarung (FS J. Sudbrack), Würzburg 1990, 154–174.

[14] Vgl. zur anstehenden Frage: Pesch, 42.

[15] Vgl. Lies, Eulogia.

Die junge Kirche wusste noch um die Segensgestalt Christi in Feier und Mahlgaben, weil in Christus das Passagschehen zusammengefasst ist. Wie schon angedeutet: Christus ist das uns rettende Gedenken des Vaters; Christus ist unsere erhörte Anrufung des Vaters; Christus ist unsere Gemeinschaft mit Gott. Er und in ihm ist unser Lobopfer gegenüber dem Vater. Damit ist deutlich, wie sehr die Feier der eucharistischen Gemeinschaft immer auch Gedächtnis, Anrufung und Heilsgegenwart, aber auch die Dank- und Lobfeier in Christus sein muss, der als einer aus der Dreifaltigkeit und ewiges Wort und Sohn des Vaters Mensch geworden, für uns gestorben und auferstanden ist, in dem wir uns nun bewegen und sind und es eine Ewigkeit sein werden. Die Eucharistiefeier lebte davon, dieses geglaubte und postulierte „in Christus" liturgisch zu emotionalisieren.

2. Eucharistische Gemeinschaft als erfahrbare Segens-Gemeinschaft

2.1 Die Feier der Eucharistie als Erleben von Eucharistiegemeinschaft

Die „in Christus" Eucharistie feiernde Gemeinde begeht das Vermächtnismahl Jesu an seine Jünger. Im Blick auf dieses Selbstvermächtnis Christi an die Jünger erlebt die Eucharistiefeier aber gerade so die bleibende Gegenwart Christi in der Kirche bis ans Ende der Zeit. Was Feier seiner Person und ihres Heilswerkes besagt (kommemorative Aktualpräsenz), das wird als soteriologischer Inhalt in den Mahlgaben (geistig-somatische Realpräsenz) präsent. Das hat wiederum existentielle Konsequenzen für die Herrenmahlfeier nach Ostern und für das Erfahrungsbewusstsein einer Eucharistie feiernden Gemeinschaft (Didache, Irenäus). Es ist eine Feier des erhöhten Herrn, der seiner Kirche immer und hier besonders deutlich gegenwärtig ist bis ans Ende der Zeit. Später wird sich das Amt hier zeichenhaft ansiedeln (Did 15,1; 16, 1f; Ignatius). Wenn wir von eucharistischer Gemeinschaft reden, die durch die Sinnelemente der Eulogie geprägt ist, dann ist sie diese Gedächtnisgemeinschaft immer „im" Herrn, Flehgemeinschaft immer „im" Herrn und gläubig-staunende Gemeinschaft „im" Herrn, die wesentlich durch die Gegenwart des erhöhten Christus in der Feiergemeinschaft selbst konstituiert wird und wächst.

Wenn wir also in unserem Beitrag von eucharistischer Gemeinschaft der (frühen) Kirche sprechen, dann haben wir zunächst davon zu reden, dass und wie die Aktualpräsenz Christi mit seinem Heilswerk in der feiernden Gemeinde gläubig bewusst und erspürt wird. Dieser Christus muss, wie angedeutet, nicht erst „hergedacht" und „hererfleht" werden, als ob dieser Christus erst durch das Gedächtnis „hergeholt", durch die Epiklese von einer radikalen Abwesenheit zur Anwesenheit gebracht und dem Vater zur neuerlichen Versöhnung dargebracht werden müsste und wir diesen Christus in unserer Hingabe an Gott ins schwarze Loch der Transzendenz zu werfen hätten. Es ist umgekehrt: Wir müssen uns seiner Gegenwart erinnern, uns in seine Gegenwart hineinbeten, uns in sein in und mit ihm gegenwärtiges Sühnopfer hineinbegeben und in seine Verherrlichung staunend einschwingen. Denn er, der Mensch gewordene, gestorbene, ja auferstandene Sohn Gottes ist der Grund unserer Segensgemeinschaft mit Gott. Er ist die Auto-Eulogia, wie dies die Kirchenväter betonten.[16] All dies, was die Feier begeht, und vor allem der, den sie festlich begeht, wird schon im Abendmahlssaal in den Gestalten von Brot und Wein gegenwärtig und für den Menschen zur Speise. Der Mensch gewordene, gestorbene und auferstandene Sohn Gottes wird in den Gestalten von Brot und Wein unter der besonderen Rücksicht seines leiblichen Todes und seiner leiblich-personalen Auferstehung gegenwärtig und bietet sich den feiernden Menschen in seiner letzten und nicht mehr zurücknehmbaren, den Tod und die Auferstehung umgreifenden personalen Wirklichkeit an (Irenäus, Justin). Die Theologie spricht hier, um diese Eigenart der personalen Gegenwart Christi zu charakterisieren, in einem noch weiter zu differenzierenden Sinn von somatischer Realpräsenz.

Hermeneutisch gesehen heißt dies: Wir sprechen von der Eucharistie als erfahrbarer Feier der Gemeinschaft der Menschen untereinander und mit dem erhöhten Herrn, wenn wir die verschiedenen Aspekte dieser Gemeinschaft in Christus erfahrungsmäßig und spirituell an Christus und an den eucharistischen Gestalten verdeutlichen. Mit anderen Worten: Wir haben Texte bei den frühen Kirchenvätern zu suchen, die eine Aktualpräsenz Christi in der Feier der Eucharistie als den letzten Grund der eucharistischen Gemeinschaft ebenso aussagen und erfahrbar machen wie seine wirksame Gegenwart in den Gestalten von Brot und Wein. Die eine Art Gegenwart kann nicht gegen die andere ausgespielt werden.

2.2 Die Feier der Eucharistie als erlebte Segensgemeinschaft

Wenn wir die Sinngestalt der Eucharistie als Eulogie bezeichneten, so sind diese beiden Begriffe zunächst in den Stiftungsworten austauschbar und gleichberechtigt. Sie sagen in ihrem Erfahrungswert Gleiches: Nicht nur verwendet Mk 6,41 eulogein und Mk 8,6 eucharistein in den Speisungsgeschichten; in den Einsetzungsberichten haben Mk und Mt beide Termini,

---

[16] Vgl. aaO.

eulogein beim Brot und eucharistein beim Wein; Lk und Paulus, die den Mahlgestus beim Brot explizit beschreiben, verwenden nur eucharistein, aber Paulus kennt auch ein eulogein beim Kelch (1 Kor 10,16).[17] Bald jedoch gewinnt Eucharistia/eucharistein gegenüber Eulogia/eulogein die Oberhand, gegen die LXX und mit Philo[18], ohne jedoch die eulogische Sinngestalt und den damit gegebenen Erfahrungsrahmen zu verlieren. Das bestätigt unser folgender Aufweis im einzelnen, indem er beachtet, dass das „eucharistein" bzw. „Eucharistia" zunächst die Feier, die Handlung, das Fest bezeichnen und dann „Eucharistia" allein oder das passivische „bedankt" aber auch die Mahlgaben von Brot und Wein meinen können. Wir haben also in unserem Bemühen um die Dimensionen der Sinngestalt sowohl die Aussagen über die ganze gottesdienstliche Feier als auch die über Brot und Wein als Eucharistia/Eulogia heranzuziehen, um die von uns gesuchte Eucharistiegemeinschaft in ihren Erfahrungsaspekten aufzuweisen. Die Feier der Danksagung, wie sie das Dankgebet ausdrückt, geschieht nach urchristlicher Erfahrung im Heiligen Geist (Kol 3,15b.16).

2.3 Die Gestalten der Eucharistie als Eulogie-Gestalten

Es ist leicht nachzuweisen, dass die eucharistischen Gestalten ihre Bezeichnung und damit auch die Deutung ihrer Funktion aus der Feier der Eulogie-Eucharistie erhalten und selbst Eulogia bzw. Eucharistia genannt werden. So nennen schon Did 9,5; Ignatius, Sm 7,1; Phil 4; Justin, Apol. I, 66,1; Irenäus, Adv. haer. IV 18,5; V 2,3; Hippolyt, Trad. Apost. 36f; Klemens von Alexandrien, Paed. II 2,20,1; Acta Joannis 86; Acta Thomae 27.49 die Mahlgaben Eucharistia. In diesem Zusammenhang weist Betz darauf hin, dass der Begriff „eucharistein" nun intransitiv wird und die Bedeutung "zur Eucharistie machen" annimmt. Betz zeigt auf Justin, der das Herrenmahl als die zur Eucharistie gewordene Speise bezeichnen kann und von der „eucharistierten Nahrung" spricht.[19] Dass der Begriff Eucharistie tatsächlich die Feier, aber auch eine Gabenbezeichnung meinen kann, bestätigt die „Traditio Apostolica", wenn es dort von den Täuflingen heißt: „Die Täuflinge sollen nichts mitbringen außer dem, was ein jeder für die Eucharistie [propter eucharistiam, griech: eucharistia] bringt. Denn jeder, der [durch die Taufe] würdig geworden ist, soll auch zur gleichen Stunde die Gabe für die

---

[17] Vgl. Betz, Eucharistie, 26f.
[18] Vgl. Jean Laporte, La doctrine eucharistique chez Philon d'Alexandria, Paris 1972.
[19] Vgl. Betz, Eucharistie, 27 mit dem Verweis auf Apol. I 66,2; vgl. auch 65,4.

Eucharistie mitbringen."[20] Noch deutlicher verwendet die gleiche „Apostolische Tradition" den Begriff „Eucharistie" als Gabenbezeichnung nach der Taufe: „Dann soll dem Bischof von den Diakonen die Opfergabe (griech.: prosphora; lat.: oblatio) gereicht werden. Er soll danksagen: über das Brot als Abbild des Leibes Christi; über den Kelch mit gemischtem Wein als Abbild des Blutes, das für alle vergossen wurde, die an ihn glauben; über die Mischung aus Milch und Honig, um darauf hinzuweisen, dass sich die den Vätern gegebene Verheißung erfüllt hat, die von dem Land spricht, in dem Milch und Honig fließen."[21]

Die Texttradition B (AE) unserer Stelle ist elegant und lautet: „Diaconi autem offerent oblationem [prosphora] episcopo, et ille *gratias agat super panem* quia forma est carnis [sarx] Christi, et calicem vini quia est sanguis Christi qui effusus est pro omnibus qui credunt in eum; [...]"[22] Deutlicher bezüglich der Richtungsänderung von „Eucharistia/eucharistein" ist die Texttradition T unserer Stelle: „Et tunc iam offeratur oblatio a diaconibus episcopo et *gratias agat panem quidem in exe(m)plum*, quod dicit gr<a>ecus antitypum, corporis Christi."[23] Die Formulierung „gratias agere panem" übernimmt das griechische „eucharistein" und macht die Gabe zur „gratiarum actio", bzw. zur damals ebenfalls üblichen „eucharistierten Nahrung". Was also in der Feier der Danksagung „feiernd gesagt" wird, das geht in die Mahlgaben über.[24] Man muss aber dann auch umgekehrt sagen: Die Mahlgaben der Eucharistie sind Realsymbole dessen, was die Gemeinde feiert. Damit sind auch die eucharistischen Gestalten in ihrer theologisch-eulogischen Bedeutung aufschließbar als Ausdruck der Erfahrung der Eucharistie als Segensgeschehen.

3. Die Eucharistiegemeinschaft als erfahrbare Gedächtnisgemeinschaft

3.1 Die Eucharistiefeier als Gedächtnisfeier

Schon der biblische Auftrag „Tut dies zu meinem Gedächtnis" bestimmt die Eucharistiefeier als Herrenmahl oder Brotbrechen als Gedächtnisfeier des Herrn (Emmaus: Lk 24,13–35; bes. 35) und konstituiert nicht nur einen Teilsinn, sondern einen wesentlichen Sinn der ganzen eucharistischen Ge-

---

[20] Trad. Apost. 20 (FC 1, 257).
[21] Trad. Apost. 21 (FC 1, 267).
[22] AaO. 266.
[23] AaO. 266.
[24] Vgl. ausführlich bei Betz, Eucharistie, 27f.

meinschaft: Sie ist erfahrbare Gedächtnisgemeinschaft. Da unsere Erfahrung immer ganzheitlich ist und bleibt, wird die ganze Eucharistie auch dort als Gedächtniserfahrung gedeutet, wo Sinnelemente wie Bitte und Dank, Darbringung und Staunen vor der Gegenwart Gottes ins Bewusstsein treten. Das wird heute in der ökumenischen Diskussion meist vergessen. Opfer ist ohne die und außerhalb der Christus-Anamense nicht zu denken.

Gedächtnis ist Christuserkenntnis. Wie gesagt, der Sinn von Eulogia/eulogein – es ist Christus[25] – wird von Eucharistia/eucharistein aufgenommen, wobei die profane Grundbedeutung von eucharistein mit „ich verhalte mich als Wohlbeschenkter" wiedergegeben werden muss. Damit ist auch gesagt, dass Dank immer die Erinnerung an ein Geschenk und vor allem die Erinnerung an den Geber einschließt. Unübertroffen mein Lehrer Johannes Betz: „Im Dank schwingt immer der Grund des Dankes, die empfangene Wohltat mit; der Begriff ist zweipolig. Der Dank selbst aber ist die intentionale Herleitung einer Gunst vom Geber und dessen Rückleitung zu ihm, die anabatische Kehre der katabatischen Wohltat."[26]

Diese Bewegung ist in der Didache und bei Ignatius von Antiochien greifbar, ohne die eulogischen Sinnelemente zu verlieren, und dies zunächst noch unabhängig von der Entscheidung, ob Did 9 und 10 Teile eines eucharistischen Hochgebetes sind oder waren.[27] Eines ist für die Erfahrung der Eucharistiefeier jedoch deutlich: Wer den Sinn, „sich als Wohlbeschenkter zu verhalten" zerstört, zerstört die Eucharistiefeier. Ihr Gedenken ist vor allem das Gedenken von „Wohlbeschenkten", Gesegneten. Die eucharistischen Gaben sind „wohlbedankt", gesegnet.[28] Betrachtet man nun diese frühchristlichen Texte genauer, so lässt sich das Sinnelement der Anamnese als im Danken deutlich eingeschlossen hervorheben.

Die Didache ordnet für die „Eucharistia" folgenden Dank an: „Zuerst beim Kelch: ‚Wir danken dir, unser Vater, für den heiligen Weinstock Davids, deines Knechtes, den du uns offenbar gemacht hast durch Jesus, deinen Knecht. Dir sei Herrlichkeit in Ewigkeit!' Beim gebrochenen Brot: ‚Wir danken dir, unser Vater, für das Leben und die Erkenntnis, die du uns offenbar gemacht hast durch Jesus, deinen Knecht. Dir sei Herrlichkeit in Ewigkeit' (Did. 5,1 u. 2)."[29] Der Dank, der zugleich Verherrlichung des

---

[25] Vgl. Lies, Eulogia.
[26] Betz, Eucharistie, 27.
[27] Betz, Eucharistie, 27 führt an: Did 9,1.2.3; 10,1.2.3.4.7; 14,1; Ignatius, Eph 13,1; Justin, Apol. I 65, 3.5; 66, 2.3; 67, 5; Dial. 117,1f; Irenäus, Adv. haer. IV 18, 6; V 2,2; Hippolyt, Trad. apost. 4.
[28] Vgl. Betz, Eucharistie, 27.
[29] FC 1, 121f.

Vaters ist, blickt erinnernd zurück auf den Knecht Jesus, der unseres Vaters Offenbarungsgestalt ist. Was mit dem Weinstock Davids gemeint ist, ist umstritten. Die plausibelste Erklärung, auch im Blick auf den Dank für Leben und Erkenntnis, der über dem Brot (Klasma) gesprochen wird, besagt: Die christliche Gemeinde dankt im Blick auf Jesus, den der Vater zur Offenbarung gemacht hat, dafür, dass in ihm das neue Gottesvolk, das neue Israel, der neue Weinstock Davids offenbar wird, in dem Gottes Leben und Gottes Erkenntnis erfahren wird. Es ist die Erfahrung der neuen, eschatologischen Heilsgemeinschaft, die im Danken gedenkend schon in alle Ewigkeit ausgreift, sich ihrer Ewigkeit bewusst wird und nicht nur kosmische Dimensionen zeigt: „Wie dieses gebrochene Brot zerstreut war auf den Bergen und zusammengebracht eines geworden ist, so soll zusammengeführt werden deine Kirche von den Enden der Erde in dein Reich; denn dein ist die Herrlichkeit und die Macht durch Jesus Christus in Ewigkeit" (Did. 9,4).[30] Das gebrochene Brot, die Eucharistie, ist Symbol der im Knechte Jesus begonnenen Sammlung des neuen Israels, wie sie sich nun als Kirche zeigt und wie sie dann einmünden wird mit allen gesammelten Menschen in das Reich des Vaters. Wo ist heute bei aller notwendigen ökumenischen Diskussion um die Realpräsenz und ihre Dauer etwas von dieser eschatologischen Offenheit der Eucharistiefeier und ihrer Kirchen zu verspüren? Wo ist die eucharistische Symbolik als kirchliche erkannt und erfahren. Eucharistie besagt Sammlung durch den erhöhten Herrn. Besonders Did 14,1–3[31] zeigt, dass der Begriff der Eucharistia auf die ganze Feier übergehen kann und vom Gedächtnischarakter her Opfercharakter besagt. Einerseits begeht man diese Feier als Brotbrechen und Danksagen am „Herrentag des Herrn"; dieser seltsam verdoppelte Ausdruck diente wahrscheinlich einer christlichen Absetzung des Sonntags vom jüdischen Sabbat, der wohl nur „Herrentag" war. Damit besagt schon die Versammlung am Sonntag Christusgedächtnis und zugleich die innere Verbindung von gedenkendem Brotbrechen und gedenkender Danksagung. Aber der Darbringungscharakter einer Danksagung darf nicht vergessen werden. Beachtet man andererseits noch die Ausführungen über die Wahl von Bischöfen und Diakonen,

---

[30] AaO. 123.
[31] AaO. 133f: „14. 1. Wenn ihr am Herrentag zusammenkommt, brecht das Brot und sagt Dank, nachdem ihr zuvor eure Übertretungen bekannt habt, damit euer Opfer (thysia) rein sei. 2. Keiner, der einen Streit mit seinem Nächsten hat, komme mit euch zusammen, bis sie dich wieder ausgesöhnt haben, damit euer Opfer nicht unrein wird. 3. Über dieses ist vom Herrn gesagt worden: ‚An jedem Ort und zu jeder Zeit (ist) mir ein reines Opfer darzubringen, denn ich bin ein großer König, spricht der Herr, und mein Name wird bei den Heiden bewundert."

die nun den Dienst der Propheten und Lehrer in der Kirche übernehmen (Did 15,1; 16,1f), so erkennt man, dass die nun so geordnete Feier nichts von der eschatologischen Erwartung der Ankunft des Herrn, wie dies Propheten und Lehrer verkündeten, eingebüßt hat (vgl. Did 16, 1f). Es ist die Feier der Erinnerung und der daraus entstehenden Hoffnung, dass uns Jesus vorausgegangen ist und wiederkommen wird (Did 16,1; Mt 24,13; 10, 22), aber auch schon da ist. Die Anamnese der Dankfeier im Zusammenhang mit dem Brotbrechen schließt das Bekenntnis zu Christus, dem Erlöser und Richter, ein und ist eine eschatologisch ausgerichtete Darbringungsfeier.

Für eine ökumenische Eucharistietheologie heißt dies, keine Formulierungen und Theologumena zuzulassen, die diese eschatologisch orientierte Christuserfahrung stören, verdunkeln oder unsinnig machen. Das Brot und der Wein sind in diesen Erfahrungskontext einbezogen und werden zu Symbolwirklichkeiten dieser Erfahrung eschatologischer Gegenwart Christi auch heute: Sacramenta fidei. Wir erkennen hier deutlich, dass der sakramentale „Darbringungscharakter" der Eucharistiefeier nur in einem eschatologischen Milieu möglich ist; und dies zwischen dem Vorausgehen Jesu und seinem Wiederkommen, also wesentlich kirchlich zu deuten ist. Die Eucharistie als Darbringung setzt einerseits die eschatologische Erfüllung des Opfers Christi und zugleich seine Anwesenheit hier und jetzt voraus: Unser Lobpreis umgreift und vermittelt die Teilnahme an der den Himmel erschließenden Sühne Christi am Kreuz hier und jetzt (vgl. DH 1740– 1742).

Auch bei Ignatius kann man den anamnetisch-lobpreisenden Charakter der Dankfeier erkennen: „13.1. So seid nun bestrebt, möglichst häufig zusammen zu kommen zur Eucharistie Gottes und zum Lobpreis! Wenn ihr euch nämlich häufig versammelt, werden die Mächte des Satan besiegt und sein verderblicher Einfluss bricht sich an eurer Glaubenseintracht (en te homonoia tes pisteos). 2. Nichts ist vortrefflicher als ein Friede, an dem jeglicher Kampf himmlischer und irdischer Mächte scheitert."[32] Der Friede, der sich in der Eucharistiefeier in gläubiger Deutung zeigt, ist der eschatologische Friede, jener Friede, an dem und mit dem die Mächte Satans ihre Kraft verlieren. Es ist der Friede eschatologisch orientierter Glaubenseintracht, der durch nichts zu überbieten ist, weil er in der Gegenwart des erhöhten Christus begründet ist. Die eucharistische Gedächtnisgemeinschaft ist eine eschatologisch gesicherte Glaubensgemeinschaft in Glaubenseintracht. Ihr erfahrbarer Friede ist der Friede Christi, der im Glauben an ihn

---

[32] Ignatius, Eph 13,1–2; in: Joseph A. Fischer, Die Apostolischen Väter, München 1956, 153.

erreicht und verdeutlicht wird. Von dieser eschatologisch siegreichen Glaubenseintracht, so schreibt Ignatius, „entgeht euch nichts, wenn ihr in vollkommener Weise den Glauben und die Liebe, die Anfang und Ende des Lebens sind, auf Christus ausrichtet; Anfang ist der Glaube, Ende die Liebe (vgl. 1 Tim 1,5); beides aber vereinigt, das ist Gott; alles andere, was zur Tugendhaftigkeit gehört, folgt daraus."[33] Ökumenisch heißt dies: Besteht Konsens in dieser eschatologischen Ausrichtung, dann sind die Differenzen Differenzen des Hierseins und müssen hier gelöst werden.

Die Gedächtnisgemeinschaft des Dankens ist in ihrer gläubigen Ausrichtung auf Christus unterwegs zum vollen Erhalt der Liebe Gottes. Diese Eucharistiefeier ist Gedächtnis der Mensch gewordenen Gnade Christi (Sm 6,2). Origenes wird später, wie gesagt, von der Auto-Eulogia sprechen.[34] Von denen, die nichts von dieser inkarnatorischen Liebe Christi wissen wollen, wie die Gnostiker, sagt Ignatius: „Von der Eucharistiefeier und vom Gebet bleiben sie fern, weil sie nicht bekennen, dass die Eucharistie das Fleisch unseres Erlösers Jesus Christus ist, das für unsere Sünden gelitten, das der Vater in seiner Güte auferweckt hat. Die nun der Gabe Gottes widersprechen, sterben an ihrem Streiten" (Sm 7,1).[35] Wenngleich hier die Mahlelemente als Fleisch Christi im Mittelpunkt stehen, so ist doch die Gedächtnisfeier der Eucharistie gerade auch durch das Erinnern an die Mensch- und Fleischwerdung Christi geprägt und erinnert an seinen Tod für uns, zugleich auch an die Auferstehung des Fleisches Christi und so auch an die Auferstehung unseres Fleisches. Die eucharistischen Gestalten sind realisiertes Gedächtnis. Die Feier atmet in der andringenden Gegenwart eschatologische Wirklichkeit und die Überwindung der Welt. Dabei ist diese Feier noch amtlich strukturiert, zunächst inhaltlich durch die alttestamentliche Vorausverkündigung der Propheten und des kirchlichen Evangeliums, „in dem uns das Leiden kundgetan worden und die Auferstehung in Erfüllung gegangen ist" (Sm 7,2)[36]. Dann aber auch amtlich-formal: Dieses Evangelium wird jetzt unter der Leitung von Bischöfen und Presbyterium (Sm 8,1) gefeiert, die nicht nur die alttestamentlichen, sondern auch die neutestamentlichen Propheten (Did 15,1; 16,1ff) abgelöst haben; alle Amtsträger weisen uns auf Christi Heilswirken im Fleisch durch Inkarnation, Tod und Auferstehung hin. Amtsträger haben ein auch eschatologisch ausgerichtetes Gedächtnisamt inne. Ihr anamnetisches Amt verdeutlichen sie in der eucharistischen Feier als erinnertes (!) Christusamt. In ihrem Amt ist

---

[33] Ignatius, Eph 14,1; in: ebd.
[34] Vgl. Lies, Eulogia.
[35] Ignatius, Sm 7,1, in: Fischer, 209.
[36] Ignatius, Sm 7,2, in: Fischer, 211.

Christus, auch eschatologisch erinnert, der uns zur eschatologisch offenen Erinnerungsgemeinschaft bildet. Nachher wird in dieser strukturierten Amtlichkeit der Gedächtnisfeier und der erfahrbaren Gedächtnisgemeinschaft das Amt als apostolisches Zeugenamt seine mit-entscheidende Rolle spielen. Dort, wo Amt die eschatologische Ausrichtung der Feier abschwächt oder zerstört, wird es urchristlicher Eucharistieerfahrung nicht mehr gerecht. Hier liegen Aspekte für eine ökumenische Ämterdiskussion vor.

Die Texte der TA lassen sich im umgekehrten Sinn verwenden: Wenn dort die Mahlgaben das „Antitypon" des Leibes und Blutes Christi darstellen und diese Darstellung durch den Vorgang der „Eucharistierung" durch den Bischof geschieht, so zeigt sich daran, dass dieses Eucharistieren gedächtnishaft Leib und Blut Christi und damit seinen Tod und seine Auferstehung beinhaltet und selbst Gedächtnis und Gegenwart epikletisch bewirkt. Das wird noch deutlicher, hält man sich vor Augen, dass die das Heilswerk Christi erinnernden Eucharistie-Gebete mit dem Aufruf des Bischofs zur Danksagung beginnen sollen: „Er breitet die Hände über der Gabe (lat.: super oblationem, griech.: prosphora) aus, und dabei soll er zusammen mit dem gesamten Presbyterium das Dankgebet sprechen [...]. Lasst uns Danksagen dem Herrn (lat.: gratias agamus; griech.: eucharistesomen) [...] Und er soll so fortfahren: Wir sagen dir Dank, Gott, durch deinen geliebten Knecht Jesus Christus, den du uns in diesen letzten Zeiten als Retter, Erlöser und Boten deines Willens (vgl. Jes 9,5 LXX) gesandt hast. Er ist dein von dir untrennbares Wort, durch ihn hast du alles geschaffen zu deinem Wohlgefallen, ihn hast du vom Himmel gesandt in den Schoß einer Jungfrau. Im Leib getragen, wurde er Mensch und offenbarte sich als dein Sohn, geboren aus dem Heiligen Geist und der Jungfrau. Der deinen Willen erfüllen und dir ein heiliges Volk erwerben wollte, hat in seinem Leiden die Hände ausgebreitet, um die vom Leiden zu befreien, die an dich geglaubt haben. Als er sich freiwillig dem Leiden auslieferte, um den Tod aufzuheben, die Fesseln des Teufels zu zerreißen, die Unterwelt niederzutreten, die Gerechten zu erleuchten, eine Grenze zu ziehen und die Auferstehung kundzutun, nahm er Brot, sagte dir Dank und sprach: Nehmt, esst, dies ist mein Leib, der für euch zerbrochen wird (vgl. Lk 22,19; 1 Kor 11,24). Ebenso nahm er auch den Kelch und sprach: Dies ist mein Blut, das für euch vergossen wird. Wenn ihr dies tut, tut es zu meinem Gedächnis (vgl. Lk 22,20; 1 Kor 11,25). Seines Todes und seiner Auferstehung eingedenk bringen wir dir das Brot und den Kelch dar (memores ... offerimus). Wir sagen dir Dank, dass du uns für würdig erachtet hast, vor dir zu stehen und dir als Priester zu dienen. Auch bitten wir dich, deinen Heiligen Geist auf die Gabe (in oblationem) der heiligen Kirche herabzusenden. Du versammelst sie zur Einheit, so gibt allen Heiligen, die sie (sc. die Opfergabe) empfangen, Erfüllung mit Heiligem Geist zur Stärkung des Glaubens in der Wahrheit, dass wir dich loben und verherrlichen durch deinen Knecht Jesus Christus, durch den Herrlichkeit und Ehre ist dem Vater und dem Sohn mit dem Heiligen Geist in deiner Heiligen Kirche jetzt und von Ewigkeit zu Ewigkeit."[37]

Der hier zitierte Kanon des Hippolyt charakterisiert die Eucharistiefeier in vierfacher Weise als erfahrbare Gedächtnisfeier: Erstens bedeutet Eucharistiefeier Danksagung gegenüber Gott, dem Vater, durch und in Jesus, seinen Sohn. Die Feier ist also Gedächtnisfeier in und durch den Herrn, der vom Vater her Retter, Erlöser und Offenbarer des Vater-Willens ist, damit die Vater-unser-Bitte „Dein Wille geschehe" auch erfüllt werden kann. Zweitens bedeutet Eucharistiefeier den Vollzug des Gedächtnisses der Heilsgeschichte Gottes, der die Menschen immer wieder in seinem Wort zu seinem Volk sammelte, dies letztzeitlich in Christus, dem Mensch gewordenen Gottes-Wort getan hat und dies in und für alle Zukunft in der Kirche tun wird. Drittens: die Eucharistiefeier begeht das Gedächtnis der Heiligung des Volkes Gottes in Tod und Auferstehung Christi, wobei diese Heiligung durch Tod und Auferstehung Christi in besonderer Weise schon in der Abendmahlshandlung Christi eingeschlossen ist, die die Kirche in seinem Auftrag zu unserer Rettung gedächtnishaft dankend vollzieht. Dieses dankende Gedenken geschieht immer *in* Christus, nicht eigentlich gegenüber Christus. Viertens: Besonders durch die Wirksamkeit des Heiligen Geistes (Logos) wird der Gedächtnisinhalt der Gedächtnisfeier in den eucharistischen Gestalten realgegenwärtig, so dass wir auch hier und im Empfang in einer besonderen Weise vor Christus stehen und ihm dienen.

Der Hinweis, dass das ganze Presbyterium diesen Dank spricht[38], ist für mich kein Grund, die anamnetische Danksagung als eine vor allem amtspriesterliche Danksagung zu verstehen. Der Satz: „Seines Todes und seiner Auferstehung eingedenk bringen wir dir das Brot und den Kelch dar. Wir sagen dir Dank, dass du uns für würdig erachtet hast, vor dir zu stehen und dir als Priester zu dienen"[39] erwähnt in der Textbezeugung L die Priester nicht, während die Textbezeugung E sie nennt.[40] Es kann sich durchaus auch um das allgemeine Priestertum der Gläubigen handeln, das hier vor Gott steht und im kirchlichen Gedenken Gott lobend dient.

---

[37] Trad. apost. 4 (FC 1, 223–227); vgl. dazu auch Betz, Eucharistie, 41f.
[38] Trad. apost. 4 (FC 1, 223).
[39] Trad. apost. 4 (FC 1, 227).
[40] Vgl. Trad. apost. 4 (FC 1, 226).

Johannes Betz weist auf den Barnabasbrief hin und erklärt: „Die anamnetische Dimension des Dankes entspricht genau der Analyse des Begriffes und wird von den Vätern noch ausdrücklich gemacht. Nach dem Barnabasbrief soll ‚überströmender Dank' an den Herrn dafür geschehen, dass er uns das Vergangene kundgetan, über das Gegenwärtige uns belehrt hat und wir auch nicht ohne Einsicht in das Zukünftige sind."[41] Anamnese ist also nicht nur das Zurück, sondern im Zurück auch das Voraus, letztlich deshalb, weil der, dem wir erinnernd folgen, uns vorausgegangen ist. Der Anamnese kommt also auch eine eschatologische Dimension zu.

Dieses doppelte Gedächtnis, einmal im Blick auf den Tod Christi und zum anderen auf die Unsterblichkeit des Menschen, zeichnet in eucharistischem Kontext auch das „Martyrium des Polykarp", dessen Martertod „als Teilhabe am Kelch des Christus zur Auferstehung des Leibes und der Seele im ewigen Leben in der Unversehrtheit heiligen Pneumas"[42] gilt. Das Abendmahl und seine Feier werden in „Epistola Apostolorum" als „Gedächtnis des Todes und als Passa Christi" charakterisiert, ja Passa wird sogar zum Begriff für die Eucharistiefeier selbst.[43] Das lebendige Gedächtnis der Eucharistie ist zugleich also Passaerfahrung der Christen und prägt so ihre Erfahrungsgemeinschaft als Teilhabe am „triduum mortis".

Sehr schön bietet Hippolyt mit seinen Formulierungen in seinem Hochgebet den anamnetischen Charakter der Eucharistiefeier. Dieser Charakter findet im Dank gegenüber dem Vater für die Sendung seines Sohnes und Knechtes, der zugleich sein Welt-erschaffendes Wort ist, statt und bringt so die Rettung der Menschen zur gemeinschaftlich erfahrbaren Ausdrücklichkeit. Nach den Einsetzungworten fährt der Kanon anamnetisch fort: „Seines Todes und seiner Auferstehung eingedenk bringen wir dir das Brot und den Kelch dar. Wir sagen dir Dank, dass du uns für würdig erachtet hast, vor dir zu stehen und dir als Priester zu dienen."[44] Johannes Betz hat für den Anamnesis-Charakter des Hippolyt-Kanons betont, dass der erste Teil die Gleichung „Eucharistia – Anamnesis" herausstellt, während der zweite Teil zeigt, dass das Tun der Kirche als generelle Anamnese zugleich Darbringung ist.[45] „Die Kirche will aber mit ihrer Darbringung nicht ein neues und

---

[41] Betz, Eucharistie, 28, mit Zit. Barn. 5,3.
[42] Zit. aus „Martyrium Polycarpi 14,2 (Bihlmeyer-Schneemelcher, 128) bei Betz, Eucharistie, 38.
[43] Vgl. ebd., mit Hinweis auf noch weitere Stellen.
[44] Trad. apost. 4 (FC 1, 227).
[45] Betz, Eucharistie, 42: „Der zweite Teil knüpft an den Wiederholungsbefehl Jesu im Abendmahlsbericht an und beleuchtet das Tun der gläubigen Vollzieher, der Kirche. Er ist wesentlich reflexiv und theologisch. Das handelnde Subjekt in den Sätzen heißt ‚wir'. Das Tun der Kirche, das als responsorisches und geschöpfliches mit Recht erst

eigenes Opfer aufrichten, sondern das Opfer Jesu Christi erinnern und vergegenwärtigen. Die beiden Momente ‚memores' und ‚offerimus' stehen nicht nur äußerlich nebeneinander, sondern sind, in einen einzigen Satz zusammengefasst, miteinander verflochten und enthüllen in denkbar größter Prägnanz die Wesensseiten des Dankens, den Charakter der Eucharistie. Diese ist das Gedächtnis des Opfers Christi in Gestalt des kultischen Opferns von Brot und Wein. So bringt die Formel ‚memores offerimus' den Ertrag der eucharistischen Theologie der beiden ersten Jahrhunderte in die Liturgie ein. Sie ist ein Grosstat der Liturgie."[46] Es bleibt also Aufgabe einer auf ökumenisch und spirituell ausgerichtete Erfahrung, dieses „memores offerimus" existentiell einzuholen und von werkgerechtlicher Angst zu befreien.

3.2 Die Mahlelemente der Eucharistie als Gedächtnissymbole

Den Mahlelementen von Brot und Wein kommt seit dem Abendmahl Jesu eine entscheidende Bedeutung zu. Was die Feier dankend erinnert und festlich begeht, zeigt sich und „ist" in den Mahlelementen gegenwärtig. Eine Nähe des Gedächtnisinhaltes zu den Mahlelementen ist für die Eucharistieerfahrung konstitutiv.[47] Die Didache berichtet, dass die Mahl- und Erinnerungsgebete in engem Zusammenhang mit Brot und Wein gesprochen werden und so Brot und Wein „bedanken": Nicht umsonst beauftragt Did die Gemeinde zur Eucharistie(feier) mit „eucharistesate" und charakterisiert damit die Worte im Kontext (peri) des Weines und des Brotes (Did.

---

an zweiter Stelle steht, wird als Gedenken (memores) erkannt, dessen Gegenstand Jesu Tod und Auferstehung, also das Paschamysterium, ist. Die Memoria geschieht aber nicht erst in und mit diesen Worten, sondern von Anfang der Anaphora an. Daher ist die ganze Handlung Anamnesis, generelle Anamnesis, der Passus ‚memores igitur' dann spezielle Anamnese. Weiter wird das Danken der Gemeinde als offerre reflektiert, als Opfer oder Darbringung. Und wieder gilt, dass die Darbringung der Gaben an Gott nicht erst in diesem Moment geschieht, sondern von Anfang an, mit ihrer Bereitstellung auf dem Altar, durch Gemeinde und Diakone eingeleitet, durch das Danksagungsgebet des Bischofs voll verwirklicht wird. Die ganze Handlung ist also generelle Oblation."

[46] AaO. 42.
[47] Vgl. die missverständliche Formulierung „Die Konkordie Reformatorischer Kirche in Europa: Leuenberger Konkordie 1973, 19, in: DwÜ III, Paderborn 2003, 727: „Die Gemeinschaft mit Jesus Christus in seinem Leib und Blut können wir nicht vom Akt des Essens und Trinkens trennen. Ein Interesse an der Art der Gegenwart Christi im Abendmahl, das von dieser Handlung absieht, läuft Gefahr, das Abendmahl zu verdunkeln." Vgl. dazu auch Lothar Lies, Orientierungshilfe der EKD zum Abendmahl, in: ZKTh 125 (2003) 240–254.

9,1.2.3).[48] Brot und Wein nehmen, wie gesagt, auf, was die Feier „bedankend" erinnert und werden so auch „Eucharistie" genannt (Did 9,5): „Niemand soll essen und trinken von eurer Eucharistie außer denen, die auf den Namen des Herrn getauft sind. Denn auch darüber hat der Herr gesagt: ‚Gebt das Heilige nicht den Hunden'" (Did 9,5).[49] Man beachte also: Brot und Wein und Gott selbst können bedankt werden. Hier zeigt sich noch die Segensstruktur: Das Brot wird ebenso im Danken bedankt und gesegnet wie Gott (benedictus deus: eulogetos theos). Es gibt also nicht nur eine „Segnung" von Menschen, sondern auch von Gaben, die später Konsekration heißen wird! Hindernisse evangelischer Agenden wären also zu überwinden.

Mehreres ist hier im Blick auf das eucharistisch-eulogische Sinnelement des Gedächtnisses zu sagen: (a) Der Wein erinnert innerhalb der feiernden Gemeinde an den Heiligen Weinstock, das Neue Israel, das in Jesus Christus der Vater im Himmel gestiftet und errichtet hat (Did 9, 2) und das sie als Kirche ist. (b) Das gebrochene Brot erinnert an das neue Leben und die Erkenntnis, die der jungen Kirche in Jesus Christus erschlossen und mitgeteilt ist (Did 9,3). (c) Brot und Wein der Eucharistie erinnern die neue Heilsgemeinde an ihre Taufe auf den Namen des Herrn; nur die Getauften dürfen von der Eucharistie essen. Die Gabe, auf den Namen des Herrn getauft und die neue Heilsgemeinde zu sein, darf man nicht gering achten und nicht vor die Hunde werfen, bzw. gemein machen. Das wird in der Ehrfurcht gegenüber der Eucharistie erinnert. (d) Nach dem Sättigungsmahl, wieder im Blick auf die erinnernde Erfahrung der Heilsgemeinde, soll so „gedankt" werden: „Wir danken dir, heiliger Vater, für deinen Namen, den du in unseren Herzen hast Wohnung nehmen lassen, und für die Erkenntnis und den Glauben und die Unsterblichkeit, die du uns offenbar gemacht hast durch Jesus, deinen Knecht. Dir sei Herrlichkeit in Ewigkeit" (Did 10, 1.2).[50] – Wo lebt heute noch eine Gemeindefeier aus dem Grundverständnis „im Namen", d.h. aus der angerufenen und gegenwärtigen Wirklichkeit des Herrn in unseren Herzen vorgängig zur Feier?

Ganz unabhängig, ob nun die Didache eine sakramentale Eucharistie, eine Agape oder nur eine Mahlzeit im Auge hat: Die Gestalten erinnern und zeigen an, den Namen Gottes (Logos-Christus) im Herzen zu tragen, Gott so zu erkennen, an ihn und sein Heilswerk glauben zu können und die Unsterblichkeit schon jetzt zu besitzen – und dies alles „durch Christus, deinen

---

[48] FC 1, 121f.
[49] FC 1, 123.
[50] FC 1, 123.

Knecht." Damit ist ein Gedächtnisbezug von der Feier zu den Mahlgaben hergestellt, der in Jesus Christus als dem eigentlichen Offenbarungsträger begründet ist. Wenn auch nicht so deutlich, so leuchtet doch schon auf, dass die Eucharistie als Brot und Wein das Erinnerte ist. Die in Brot und Wein gebundene Eucharistie ist Leib und Blut Christi, weil das Brot in einer Eucharistierung (Bedankung und Segnung) das wird, was Eucharistie erinnernd besagt. Die eucharistischen Gestalten des Brotes und des Weines enthalten den Tod und die Auferstehung Christi.

Ganz ähnliche Vorstellungen finden wir bei Ignatius, wenn er gegen die Gnostiker sagt: „Von der Eucharistiefeier und vom Gebet bleiben sie fern, weil sie nicht bekennen, dass die Eucharistie das Fleisch unseres Erlösers Jesus Christus ist, das für unsere Sünden gelitten, das der Vater in seiner Güte auferweckt hat. Die nun der Gabe Gottes widersprechen, sterben an ihrem Streiten" (Sm 7,1).[51] Eucharistiefeier bedeutet nicht nur denTod Christi feiern, sondern im Tode Christi hinüberzuschreiten zu seinem Leben, bedeutet Passa.

Wenn wir in diesem Zusammenhang nochmals auf die TA zurückkommen, dann muss man auch folgern, dass dort, wo der Leib und das Blut Christi anwesend sind, natürlich dieser Christus als der Ewige Sohn Gottes, aber zugleich auch das Fleisch aus der Jungfrau gegenwärtig ist, also der Schöpfer und der, der für uns Mensch geworden ist: „Er ist dein von dir untrennbares Wort, durch ihn hast du alles geschaffen zu deinem Wohlgefallen, ihn hast du vom Himmel gesandt in den Schoss einer Jungfrau. Im Leib getragen, wurde er Mensch und offenbarte sich als dein Sohn, geboren aus dem Heiligen Geist und der Jungfrau."[52] Erlösung ist immer Erlösung der Schöpfung und nicht Erlösung aus der Schöpfung, wie dies Markion wollte.

Für Irenäus haben die Gaben von Brot und Wein nach der „Eucharistierung", d.h. nach dem Empfang des Logos einen besonderen Verkündigungscharakter; in diesem Zusammenhang heißt es von Gott: „Er umgibt tatsächlich das Sterbliche mit dem Unsterblichen[53] und schenkt dem Verweslichen gnädig die Unverweslichkeit, weil die Kraft Gottes in der Schwäche vollendet wird (vgl. 2 Kor 12,9), damit wir uns ja nicht auch nur je aufblähen und gegen Gott erheben, als hätten wir das Leben aus uns selbst, was bedeutet, eine undankbare Einstellung gegen Gott einzunehmen. Aus Erfahrung sollten wir vielmehr lernen, dass wir durch sein erhabenes

---

[51] Ignatius, Sm 7,1, in: Fischer, 209.
[52] Trad. apost. 4 (FC 1, 223-225).
[53] Mitzudenken ist von den vorausgehenden Überlegungen des Irenäus: „Wie Gott in der Eucharistie dem verderblichen Brot und dem verderblichen Wein seinen Logos einstiftet und diese Eucharistie, Leib und Blut des Sohnes Gottes werden, so ..."

Wesen und nicht durch unsere Natur die ewige Fortdauer genießen. Wir dürfen niemals die rechte Meinung über Gott verfehlen, wie er ist, noch unsere Natur verkennen, sondern sollten wissen, was Gott kann und was der Mensch an Gutem empfängt."[54] Die Abendmahlsgaben als Leib und Blut Christi zeigen in ihrem natürlichen „Entstehen" aus dem vorgängigen Logos und der vorgängigen Geschöpflichkeit das rechte Verständnis des Zueinanders von Gott und Welt und leiten den Menschen an, dieses Verhältnis in seinem Leben einzuhalten und zu vertiefen.[55] Auf die Feier der Eucharistie zurückgeschlossen, muss man sagen, dass sie im Blick auf die Eucharistierung diese Ordnung gedenkend und feiernd einhält. Die eucharistischen Gestalten und die Eucharistiefeier selbst sind nicht aus der Welt herausgenommen, sondern umfassen in Christus Welt und Mensch zu deren Erlösung.

Der Kanon des Hippolyt zeigt deutlich, dass die eucharistischen Gaben die eulogischen Elemente der Anamnese, der Epiklese, der Koinonia und der Prosphora aufnehmen und so gerade unter dem Gesichtspunkt des „Memores offerimus" zu dem werden, was die Feier begeht. Sie vergegenwärtigen das Opfer Christi, weil sie zum Leib und Blut Christi geworden sind. Sie werden integraler Bestandteil der Darbringung der Kirche, Opfergabe, weil die Gaben das werden, was die ganze Feier ist: Gedächtnis in Christus und daher Eucharistie in Christus.[56] Und: Die Gaben werden als Leib und Blut Christi näher charakterisiert. Beim Leib fügt das Hochgebet hinzu: „quod pro vobis confringetur", beim Blut „sanguis, qui pro vobis effunditur".[57] Dieser gegenwärtige Leib und dieses gegenwärtige Blut zeigen damit noch heute auf die Heilswirksamkeit der damaligen und einmaligen Tat und bringen sie zur Anwesenheit. Wer Eucharistie feiert, müsste etwas von „repraesentatio" erfahren können, wie dies die alte Kirche damals und die orthodoxen Kirchen noch heute wissen.

3.3 Die Eucharistie als Gedächtnisgemeinschaft

Wir haben oben verdeutlicht, dass die Eucharistie in ihrer Sinngestalt Segensgestalt ist und daher durch die Sinn-Elemente des Segens bestimmt ist. Hier betrachten wir zusammenfassend die eucharistische Gemeinschaft als Gedächtnisgemeinschaft.

---

[54] Irenäus, Adv. haer. 5,2,3 (FC 8/5, 37–39).
[55] Vgl. Betz, Eucharistie, 37.
[56] Vgl. aaO. 42.
[57] Trad. apost. 4 (FC 1, 227).

Aus den angeführten Stellen frühchristlicher Eucharistieauffassung geht hervor, dass die Eucharistiefeier als Gedächtnisfeier auch die Gaben zu Gedächtnisgaben bestimmt. Damit charakterisiert das Sinnelement Gedächtnis nicht nur die Eucharistie als Gedächtnisfeier und Gedächtnisgabe, sondern wird zugleich zu einem wesentliches Sinnelement der christlichen Gemeinde. Die christliche Gemeinde ist eucharistische Gedächtnisgemeinschaft. Das bedeutet aber auch, dass sie gerade in ihrem gedenkenden Danken das ins Wort und in die Feier hebt, was sie durch den Gedächtnisinhalt geworden ist: Sie bezieht sich als die in Christus Beschenkte auf dessen Vater als Geber dieses Geschenkes zurück. Sie verhält sich als im Herrn mit Segen Beschenkte, sie erfährt sich als Gesegnete. Denn Christus wurde ihr geschenkt und damit Gottes Leben und Licht. Sie ist gesegnet, weil sie die im ewigen Wort in Schöpfung und Erlösung Gerufene und so die in Christus gesammelte Gemeinschaft ist, auf dem Weg zum Reich Gottes. Sie selbst ist nicht das Reich Gottes. Am Herrentag drückt sie aus, was sie ist: „dem Herrn gehörende Ekklesia". In ihrer Christus-Verkündigung als Grundgedächtnis sind die Prophezeiungen des AT erfüllt. In der Verkündigung seines Todes und seiner Auferstehung hat die Gemeinde daran gläubig teil und findet ihr Heil, dem die Vielgestalt des sich nun ausbildenden Amtes nur dienen kann. Dieses Erinnern ist nicht ein Zurück, sondern ein Ergreifen der bleibenden Gegenwart Christi in der Kirche (Aktualpräsenz) und so auch ein klares Wissen um das Heilswerk Christi, um die Abgrenzung gegenüber dem Unheil. Die neue Gemeinde ist damit von einem konkreten Heilsereignis geprägt, nicht von einer Idee. Ihre Gründung als Gedächtnisgemeinschaft liegt dort, wo sie das Leben, Sterben und Auferstehen des konkreten Jesus von Nazareth als des Sohnes Gottes und des „Gott mit uns" in der Taufe annimmt und bewahrt. Diese Gemeinschaft vollzieht ihr Priestertum wesentlich in diesem Christusgedächtnis, das sie zugleich als Bekenntnis- und so Lobopfer-Gemeinschaft ausweist. Sie begeht ihr Priestertum in gemeinschaftlichem Vollzug, der Frucht jenes Geistes ist, den der von den Toten erstandene Christus und Gottessohn gesandt hat. Ihr geistgewirktes Gedächtnis bedeutet zugleich Vertiefung des Glaubens, der Einheit und der Heiligkeit dieser Gemeinschaft und ist immer eine Gemeinschaft in und durch Christus und so Nahekommen dessen, was in der Vater-unser-Bitte „Dein Wille geschehe" erfleht wird. Diese Gemeinschaft ist durch das Gedächtnis der Heilsgeschichte Gottes mit den Menschen zugleich selbst ein einziges Volk, in dem alle Völker „aufgehen", und birgt zugleich in sich den Anfang der Schöpfung und die endzeitliche Auferstehung aller Menschen in sich, wird zur kosmischen Dienstgemeinschaft in und durch die Gegenwart des Christus-Logos im Heiligen Geist. Das

Heil dieser Gemeinschaft ist nicht Befreiung aus der Schöpfung, sondern Befreiung der ganzen Schöpfung: Heil bedeutet Neuschöpfung, wie sie in Christus begonnen wurde, ihre Erfüllung finden und in der Eucharistiefeier begangen wird. Grund dieser Neuschöpfung ist immer der Mensch gewordene, gestorbene und auferstandene Christus, der als das ewige Wort der Retter ist, der für uns gelitten hat und in diesem Fleisch in den eucharistischen Gestalten gegenwärtig ist. Die Kirche als Schöpfungs- und Erlösungswirklichkeit ist also auf das Leiden des Schöpfungswortes im Fleisch gegründet und feiert dies in ihrem Dankopfer, aber auch in der Gegenwart von Brot und Wein zur immer tieferen Vereinigung. Nochmals anders: Die Kirche feiert in der Eucharistie und empfängt in und mit ihr die Vereinigung mit dem ewigen Wort, das aus der Jungfrau für die Menschen geboren und am Kreuz für sie gelitten hat. Die Kirche erreicht ihr Heil nicht dadurch, dass sie das Kreuz in einem falschen Osterverständnis zurücklässt, sondern sich diesem Kreuz immer mehr anschließt und so mit dem ewigen Sohn verbunden wird. So sind die Mitglieder gerade in ihrer Sterblichkeit zugleich von der Unsterblichkeit umkleidet. Die Gemeinschaft ist in Christus die Gemeinschaft der Unverweslichkeit in irdischer Verweslichkeit.

Diese Gemeinschaft von Gott her als Geschenk und darin sogar den eigenen Ursprung zu erkennen, macht Dank und Opfer aus, das selbst wiederum ganz von und in der Verherrlichung des Verherrlichungsopfers Christi lebt. Gegenüber einer solchen Sicht des Opfercharakters der Eucharistie haben heutige ökumenischen Gespräche über das Messopfer auf beiden Seiten manches vergessen.

4. Eucharistische Gemeinschaft als Flehgemeinschaft

4.1 Feier der Eucharistie als Epiklese

Aus dem Gedenken folgt die Danksagung und die Erkenntnis, dass wir unsere Erlösung und unser Heil nicht selbst machen können. So folgt organisch aus beidem die Epiklese, die Anrufung Gottes, uns auch heute seinen längst gesandten Sohn als Retter wirksam werden zu lassen.[58] Die Epiklese ist also eine Grunddimension der Eucharistiefeier und, wenngleich punktuell an bestimmten Stellen des Hochgebetes deutlich, dennoch dort nicht zu isolieren. Zugleich kommt dieser Grund-Epiklese auch eine konsekratorische Bedeutung zu, die das ganze Hochgebet durchzieht. Hier wäre auch

---

[58] Vgl. Betz, Eucharistie, 42.

das „solo verbo" (Wandlungswort) katholischerseits und evangelischerseits (Verheißungswort) zu präzisieren. Diese epikletische Dimension der Eucharistiefeier bringt sehr schön der Kanon des Hippolyt zum Ausdruck. Nach dem gedenkenden Dank für das Erlösungswerk in Tod und Auferstehung Christi, folgt die doppelte Epiklese, im Blick auf die Gaben und im Blick auf die Gemeinde: „Auch bitten wir dich, deinen Heiligen Geist auf die Gabe der heiligen Kirche herabzusenden. Du versammelst sie zur Einheit, so gib allen Heiligen, die sie [sc. die Opfergabe] empfangen, Erfüllung mit Heiligem Geist zur Stärkung des Glaubens in der Wahrheit, dass wir dich loben und verherrlichen durch deinen Knecht Jesus Christus., durch den Herrlichkeit und Ehre ist dem Vater und dem Sohn mit dem Heiligen Geist in deiner heiligen Kirche jetzt und von Ewigkeit zu Ewigkeit. Amen."[59] Die Eucharistie feiernde Gemeinde weiß sich um und so auch in Christus als der eigentlichen Verherrlichung Gottes versammelt. Was in der Feier – auch aus der Kraft des Heiligen Geistes – geschieht, wird in den Gaben durch diesen Geist präsent. Diese Gabe ist Zeichen und Grund der von Gott in Christus und im Heiligen Geist gestifteten Einheit der Kirche, Ort der Verherrlichung Gottes und Opfer geisterfüllter Darbringung des Dankes.

Wie wenig im eucharistischen Feiern die Sinnelemente von Epiklese und Prosphora zu trennen sind, zeigt Irenäus: „Wir opfern [offerimus] ihm [Gott] nämlich nicht, als ob er das brauchte, sondern um mit Hilfe seiner Gaben zu danken und um die Schöpfung zu heiligen [...] Es gibt also einen Altar im Himmel; dorthin richten sich unsere Gebete und Opfer; es gibt einen Tempel, wie Johannes in der Apokalypse sagt: ‚Und der Tempel Gottes wurde geöffnet' (Offb 11,19), und das Zelt; denn ‚siehe', sagt er, ‚das Zelt Gottes, in dem er bei den Menschen wohnen wird' (vgl. Offb 21,3)."[60] In der Eucharistiefeier ist Danken und Bitten, Darbringen und Heiligen eins. Diese Einheit gründet für Irenäus letztlich im Namen Christi, der angerufen ist in dieser Feier; dessen Name zugleich der Name ist, den der Vater gegeben hat und ihm so eigen ist zur Erlösung der Welt und in dem alle Gebete wie Weihrauch zu Gott als reines Opfer aufsteigen.[61] Der angerufene Name

---

[59] Trad. apost. 4 (FC 1, 227).
[60] Irenäus, Adv. haer. 4,18,6 (FC 8/4) 147–149.
[61] Irenäus, Adv. haer. 4, 18,5, aaO. 137: „Welcher Name ist das aber, der unter den Völkern verherrlicht wird, wenn nicht der unseres Herrn, durch den der Vater verherrlicht wird und der Mensch verherrlicht wird? Und weil es der [Name] seines eigenen Sohnes ist und auf ihn [sc. den Vater] zurückgeht (vgl. Mt 1,21; Lk 1,31; 2,21), nennt er [sc. der Vater] ihn [sc. den Sohn] sein eigen [...] So erklärt der Vater auch, dass der Name Jesus Christus, der über die ganze Welt hin in der Kirche gerühmt wird, der seine ist, weil das ja der Name seines Sohnes ist und weil der Vater selbst ihn nieder-

des Sohnes Gottes, Gottes Namen selbst ist der Raum, das Zelt des kirchlichen Opfers. Auch eine solche Deutung eucharistischen Feierns könnte heute ökumenisch, weil spirituell, in allen Kirchen fruchtbar sein.

4.2 Eucharistische Gestalten als epikletische Wirklichkeit

Irenäus betont in seiner antignostischen Eucharistietheologie die Epiklese (invocatio Dei), die die (materielle) Schöpfungswirklichkeit der Eucharistie nicht aufhebt, sondern in gewisser Weise in diese Schöpfungsgestalten von Brot und Wein eingeht und so wie beim Menschen auch bei Christus selbst die Einheit von Geist und Leib verdeutlicht: „Bei uns stimmt die Lehre mit der Eucharistie überein, und die Eucharistie bestätigt unsere Lehre. Wir bringen ihm [offerimus], was ihm gehört, wobei wir übereinstimmend die Gemeinschaft und Einheit von Fleisch und Geist predigen. Denn wie das von der Erde genommene Brot in dem Augenblick, da es die Anrufung (Epiklese) Gottes erfährt, kein gewöhnliches Brot mehr ist, sondern Eucharistie, die aus zwei Elementen besteht, einem irdischen und einem himmlischen, so sind auch unsere Leiber, wenn sie an der Eucharistie teilnehmen, nicht mehr verweslich, da sie die Hoffnung auf Auferstehung für immer haben."[62]

Die hier angesprochene Epiklese kennt vor Irenäus Justin im Zusammenhang der Eucharistie: „Nicht als gemeines Brot und gemeinen Trank nehmen wir sie. Vielmehr auf die gleiche Weise, wie der durch den Logos Gottes Fleisch gewordene Jesus Christus, unser Erlöser, um unserer Erlösung willen sowohl Fleisch als auch Blut [angenommen] hatte, so ist – wie wir belehrt sind – auch die Speise, die durch ein Gebet um den von ihm stammenden Logos zur Eucharistie geworden ist, eben jenes Fleisch gewordenen Jesus Fleisch und Blut, wie denn Fleisch und Blut [überhaupt] aus Speise auf Grund der [Nahrungs-]Umwandlung gebildet werden."[63] Es ist also letztlich der Logos selbst, der in einer analogen Inkarnation seine Gegenwart in den eucharistischen Gestalten schafft und Brot und Wein zum Leib und Blut Christi werden lässt. Betz nennt dieses Prinzip das „eucharis-

---

schrieb und zum Heil der Menschen gegeben hat (vgl. Apg 4,12). Weil der Name des Sohnes also dem Vater eigen ist und die Kirche dem allmächtigen Gott durch Jesus Christus ihre Opfer darbringt, heißt es [beim Propheten] in beiderlei Hinsicht treffend: ‚Und überall wird meinem Namen Weihrauch dargebracht und ein reines Opfer' (Mal 1,11). Räucherwerk, sagt Johannes aber in der Apokalypse, sind die Gebete der Heiligen (vgl. Offb 5,8)."

[62] Irenäus, Adv. haer. 4, 18,5 (FC 8/4) 147.
[63] Justin, Apol. I 66,2 (Goodspeed, 74), zit. Betz, Eucharistie, 33f.

tische Inkarnationsprinzip", das sich nun durch die ganze eucharistische Vätertheologie durchhalten wird.[64] Für Betz gilt daher mit Irenäus: „Die Elemente stehen schon als Schöpfungsgaben in einem (natürlichen) Bezug zum Logos, sie bekommen aber durch die Oblation einen neuen übernatürlichen Bezug zu ihm; sie ‚empfangen die Epiklese Gottes' (Adv. haer. 4,18,5), bzw. ‚Sie nehmen den Logos Gottes hinzu und werden Eucharistie, der Leib und das Blut Christi' (Adv. haer. 5,2,3)."[65] Auch an der Bildung der eucharistischen Gaben wird deutlich, dass der Vollzug der Erinnerung an den einen Logos, der Grund der Schöpfungstat und ihrer Ordnung und Grund der Erlösungstat und ihrer Ordnung ist, nicht zu trennen ist von dem Dank-Opfer-Vollzug, der in dem gleichen Logos geschieht, dessen Name in der Epiklese angerufen und so zum Ort der Verherrlichung des Vaters wird. Was haben wir in unseren ökumenischen Gesprächen auseinandergezupft!

Die Traditio apostolica kann die konsekratorische Bedeutung der Epiklese als konsekratorisches Danksagen charakterisieren. Anstelle der deutschen Übersetzung der FC wähle ich hier die weit deutlichere und richtigere von Betz: „Der Bischof eucharistiere das Brot zum Symbol (griechisch Antitypos) des Leibes Christi, den Kelch mit Mischwein zum Antitypos (griechisch Ähnlichkeit) des Blutes, das für alle an ihn Glaubenden vergossen wurde."[66] Wir erkennen, dass gerade auch die sakramentale Struktur der Eucharistie an der sakramental-inkarnatorischen Wirklichkeit des Logos in Christus Maß zu nehmen hat und von hier aus Konsekration verständlich werden könnte. Irdische Dinge sind nicht so weit vom Logos entfernt, als dass sie nicht in ihm gesegnet, d.h. letztlich eucharistiert, bedankt und konsekriert werden könnten.

4.3 Die Eucharistie als Flehgemeinschaft

Es dürfte deutlich geworden sein, dass die Eucharistiefeier als eine Feier des Gedächtnisses Christi und als Feier der Bitte um die neuerliche wirksame Gegenwart Christi in der kirchlichen Eucharistie nicht ein Bitten gegenüber Gott, sondern immer schon ein Bitten in Gott, in Christus, im

---

[64] Vgl. Betz, Eucharistie, 34.
[65] AaO. 35.
[66] Trad. apost. 21, bei Betz, Eucharistie, 43. Die gegenüber der lateinischen Tradition B (AE) anzutreffende Variante T lautet nach FC 1, 266: „Et tunc iam offeratur oblatio a diaconibus episcopo et gratias agat panem quidem in exe(m)plum, quod dicit gr<a>ecus antitypum, corporis Christi; calicem vinio mixtum propter antitypum, quod dicit graecum similitudinem, sanguinis quod effusum est pro omnibus qui crediderunt in eum [...]"

Heiligen Geist ist. Damit ist diese eucharistische Flehgemeinschaft auch schon die eschatologisch erhörte Gemeinschaft. Sie integriert sich, weil im Logos zusammengehalten, Schöpfungs- und Erlösungsgemeinschaft, und dies in alle Ewigkeit. Damit tendiert Epiklese schon in Richtung Prosphora.

5. Eucharistische Gemeinschaft aus der Gegenwart des Herrn

5.1 Feier der Eucharistie als Gegenwart des Herrn

Die Feier der kirchlichen Eucharistie ist Danksagung für die Schöpfung und die Erlösung. Das neue Opfer der Erlösung schließt den Dank für die Schöpfungswirklichkeit ebenso ein, wie die eucharistischen Gestalten Schöpfungswirklichkeit und Erlösungswirklichkeit einschließen.[67] Besonders im Kanon des Hippolyt wird deutlich, dass Epiklese bzw. Konsekration und damit der Grundzug der ganzen Eucharistie als Anamnese, Prosphora und Oblatio zugleich auch die Feier der Präsenz des erinnerten, erflehten und dargebrachten Christus-Logos im Heiligen Geist ist, der sich zur eucharistischen Inkarnation anschickt.[68]

5.2 Eucharistische Gestalten als Gegenwart des Herrn

Besonders die epikletische Dynamik der Eucharistie als Anrufungsfeier, wie Justin diese liturgische Feier sieht, betont den Blick auf die werdende Realpräsenz des Leibes und Blutes des Sohnes Gottes, so dass sie das sind,

---

[67] Irenäus, Adv. haer. 4, 18,5 (FC 8/4, 135): „Aber auch seinen Jüngern gab er den Rat, die Erstlingsfrüchte aus seinen Geschöpfen Gott zu opfern [offerre], nicht weil er darauf angewiesen gewesen wäre, sondern damit sie ihrerseits nicht unfruchtbar und undankbar seien. Er nahm das aus dieser Schöpfung stammende Brot, sagte Dank und sprach: ‚Das ist mein Leib' (Mt 26,26 par). Und genau so bekannte er den Kelch [confessus est], der aus der für uns eingerichteten Schöpfung kommt, als sein Blut und erklärte, dass es sich dabei um das neue Opfer des neuen Bundes handelt (vgl. Mt 26,28 par); die Kirche hat es von den Aposteln bekommen und bringt es auf der ganzen Welt Gott dar, ihm der uns ernährt die Erstlinge seiner Gaben im neuen Bund. Darüber hat unser den zwölf Propheten Maleachi folgende Anzeigen im Voraus gemacht: ‚Ich habe kein Gefallen an euch, spricht der Herr, der Allmächtige, und ich werde aus euren Händen kein Opfer annehmen. Denn vom Aufgang der Sonne bis zum Untergang wird mein Name bei den Völkern gerühmt, und überall wird meinem Namen Weihrauch dargebracht und ein reines Opfer. Denn groß ist mein Namen unter den Völkern, spricht der Herr, der Allmächtige' (Mal 1,10f). Damit zeigt er völlig deutlich, dass ihm dann aber überall ein Opfer dargebracht wird, und zwar ein reines, sein Namen dann unter den Völkern verherrlicht wird."

[68] Vgl. Trad. apost. 4 (FC 1, 221–227).

was das Flehgebet ersucht: „die Speise, die durch ein Gebet um den von ihm stammenden Logos zur Eucharistie geworden ist, eben jenes Fleisch gewordenen Jesus Fleisch und Blut".[69] Auch nach Irenäus ist das reine Opfer der Christen Danksagung in Gestalt des Gebetes im Namen des Herrn, setzt seine Gegenwart in göttlicher und menschlicher Wirklichkeit voraus und ist Widerlegung gnostischer Schöpfungs- und Erlösungslehre: „Wie könnte es für sie [sc. Gnostiker] gelten, dass das Brot, über dem der Dank gesagt ist [sc. das eucharistische Brot], der Leib des Herrn ist und der Kelch sein Blut, wenn sie ihn nicht für den Sohn des Weltschöpfers halten, das heißt für sein Wort, durch das das Holz ‚Frucht bringt', die Quellen fließen und ‚die Erde zuerst den Halm, dann die Ähre und schließlich den vollen Weizen in der Ähre bringt' (Mk 4,28)?"[70] Und nochmals deutlich die Gegenwart Christi in den eucharistischen Gestalten betonend, sagt der gleiche Irenäus gegen die Gnostiker: „Wenn nun sowohl der Mischbecher als auch das zubereitete Brot das Wort Gottes aufnehmen und zur Eucharistie, zum Blut und Leib Christi werden und wenn daraus die Substanz unseres Fleisches gestärkt wird und besteht, wie können sie dann bestreiten, dass das Fleisch aufnahmefähig ist für Gottes Geschenk, das das ewige Leben ist? Dabei wird es [sc. das Fleisch] doch vom Blut und Leib des Herrn ernährt und ist eines seiner Glieder. Das sagt auch der selige Apostel im Brief an die Epheser: ‚Glieder seines Leibes sind wir, aus seinem Fleisch und seinen Knochen' (Eph 5,30), wobei er das nicht von irgendeinem pneumatischen und unsichtbaren Menschen sagt – denn ein Geist hat weder Knochen noch Fleisch (vgl. Lk 24,39) –, sondern von der tatsächlichen Ausstattung des Menschen, die aus Fleisch, Nerven und Knochen besteht. Sie wird aus dem Kelch ernährt, der sein Blut ist, und von dem Brot gestärkt, das sein Leib ist. Und wie das Holz des Weinstocks (vgl. Ez 15,2.6) in der Erde verwurzelt ist und zur richtigen Zeit Frucht bringt und ‚das Weizenkorn in die Erde fällt' (Joh 12,24), sich auflöst und vervielfacht aufersteht durch den Geist Gottes, der alles zusammenhält (vgl. Weish 1,7), und diese Dinge dann durch [Gottes] Weisheit in den Gebrauch der Menschen kommen, das Wort Gottes in sich aufnehmen und Eucharistie werden, das heißt Leib und Blut Christi – so werden unsere Leiber aus ihr ernährt, sinken in die Erde, und in ihr aufgelöst, stehen sie zur rechten Zeit auf; denn das Wort Gottes gewährt ihnen die Auferweckung ‚zur Ehre Gottes des Vaters'."[71]

---

[69] Justin, Apol. I 66,2 (Goodspeed, 74) zit. Betz, Eucharistie, 33.
[70] Irenäus, Adv. haer. 4, 18, 4 (FC 8/4, 145).
[71] Irenäus, Adv. haer. 5,2,5 (FC 8/5, 36f).

Wenn für den Kanon des Hippolyt gilt, dass Brot und Wein in der Bedankung, d.h. in der Konsekration zu Antitypen des Leibes und Blutes werden, dann ist dies nicht eine Beeinträchtigung der Realpräsenz, sondern deren In-Erscheinung-Treten.[72] Denn wer den Kelch verschüttet, der ist „schuldig des Blutes, wie einer, der den Preis verachtet, mit dem er erworben wurde"[73]. Ganz im Sinne der Realpräsenz ist die Anweisung der Apostolischen Tradition zu verstehen: „Jeder trage Sorge, dass kein Ungläubiger die Eucharistie genießt, auch keine Maus oder anderes Tier, noch dass etwas auf den Boden herunterfällt und dort verdirbt. Denn der Leib Christi darf nur von den Gläubigen gegessen und nicht missachtet werden."[74]

5.3 Eucharistische Gemeinschaft aus der Gegenwart des Herrn

Die Anrufung des Herrn, in Herrlichkeit zu kommen, ist nicht eine Anrufung gegenüber einem Abwesenden. Sie geschieht aus der Erfahrung des Anwesenden. Der Ruf „maranatha" ist nicht ein Ruf in ein dunkles Nichts, sondern in eine verhüllt-wirkliche Gegenwart. Die Eucharistiefeier ist unter dieser Rücksicht Gemeinschaft im und aus dem Herrn, der noch verborgen, jedoch schon rettend anwesend ist. Ist er doch der Herr der Welt und der Herr der Erlösung und der Kirche. Ohne seine Gegenwart wären weder Anrufung noch Opfer noch Lobpreis möglich. Dies zeigt sogar die Logosorientierung der Schöpfungsordnung. Wir leben ganz im Segen der zu ihrer Erneuerung hinüberschreitenden Schöpfung. Eucharistie ist nicht sadistisch oder masochistisch auf das Kreuz orientiert, sondern österlich, weil das Kreuz vor allem lebensorientiert und „restitutiv" orientiert ist. Dieses Bewusstsein hat sich die Kirche in der Eucharistie als Feier der Gegenwart der Heilswirksamkeit Christi und als Feier des in der Taufe begründeten allgemeinen Priestertums bewahrt.

6. Eucharistische Gemeinschaft als Darbringungsgemeinschaft

6.1 Feier der Eucharistie als Darbringung des reinen Opfers

Besonders Irenäus verteidigt die Eucharistie als Opfer der Kirche, das Danken als Opfern, zunächst gegen die Gnosis als Dankopfer für die Gaben der

---

[72] Vgl. Betz, Eucharistie, 43 zu Trad. apost. 4 (FC 1, 226).
[73] Betz, Eucharistie, 43 zu Trad. apost. 38 (FC 1, 297).
[74] Trad. apost. 37 (FC 1, 295).

Schöpfung: „Weil die Kirche also in Einfalt opfert, so ist ihre Gabe mit Recht als heiliges Opfer bei Gott angesehen ... (Phil 4,18). Wir müssen nämlich Gott Dank abstatten und in allem dankbar gegen den Schöpfergott sein und ihn in reiner Gesinnung, ungeheucheltem Glauben, in fester Hoffnung und in glühender Liebe die Erstlinge seiner Schöpfung darbringen. Und dieses Opfer bringt ganz allein die Kirche dem Schöpfer rein dar, indem sie ihm unter Danksagung aus seiner Schöpfung opfert. Die Juden dagegen opfern nicht mehr, denn ihre Hände sind voll Blut (vgl. Jes 1,15); sie haben nämlich das Wort nicht angenommen, durch das Gott geopfert wird. Aber auch die Versammlungen der Häretiker opfern alle nicht. Die einen nennen nämlich einen anderen als den Schöpfer (Demiurgen) Vater, opfern ihm aus der Schöpfung, die für uns eingerichtet ist, und stellen ihn als einen hin, den es nach Fremdem gelüstet und der Fremdes begehrt. Andere sagen, die Schöpfung, die für uns eingerichtet ist, sei aus Fehltritt, Unwissenheit und Leidenschaft entstanden, sündigen gegen ihren Vater, indem sie ihm die Früchte von Unwissenheit, Leidenschaft und Fehltritt opfern, was wohl eher eine Verunglimpfung als Dank für ihn bedeutet. Wie könnte es für sie gelten, dass das Brot, über dem der Dank gesagt ist [sc. das eucharistische Brot], der Leib des Herrn ist und der Kelch sein Blut, wenn sie ihn nicht für den Sohn des Weltschöpfers halten, das heißt für sein Wort, durch das das Holz ‚Frucht bringt', die Quellen fließen und ‚die Erde zuerst den Halm, dann die Ähre und schließlich den vollen Weizen in der Ähre bringt' (Mk 4,28)?"[75]

Allein die Kirche feiert das wahre und einzig gültige Opfer. Die Opferfeier selbst muss vom Glauben an die Einheit von Geist und Leib in Christus, im Menschen und in der Eucharistie geleitet sein.[76] Die Feier selbst müssen Pneuma und Logos durchwirken; die jüdischen Opfer sind deshalb nicht heilswirksam, weil die Juden „das Wort nicht angenommen, durch das Gott geopfert wird."[77] Die Opferfeier geschieht also in dem von Gott angenommenen Jesus Christus, der der Logos und Gottes ewiges Wort und Schöpferwort ist. Denn durch dieses Wort ist nach Joh 1,2 „alles geworden". Betz kann deutlich machen, dass die Begriffe thysia und sacrificium einerseits und prosphora und oblatio andererseits synonym verwendet werden, indem prosphora den Ton angibt und die Sinn-Vorstellung trägt, während sacrificium/thysia nur Zitationen (Maleachi) sind.

---

[75] Irenäus, Adv. haer. 4, 18, 4 (FC 8/4, 145).
[76] Irenäus, Adv. haer. 4, 18, 5 (FC 8/4, 147).
[77] Irenäus, Adv. haer. 4, 18,4 (FC 8/4, 145).

Es lassen sich, wie Johannes Betz gezeigt hat[78], eine ganze Reihe Stellen bei den kleinasiatischen Schriftstellern der frühen Kirche beibringen, die die Eucharistiefeier auch mit dem Begriff Pascha benennen und so einen doppelten Aspekt des Eucharistieverständnisses zum Ausdruck bringen: Einerseits ist die Eucharistie Gedächtnis des Todes und der Auferstehung Christi, seines Pascha; andererseits ist die Eucharistiefeier als diese Gedächtnisfeier zugleich Darbringung und Opfer, Hingabe an Gott: Pascha. „O Pascha ... auf göttliche und pneumatische Weise wird in allen das Feuer der ‚charis' entzündet, das durch den Leib und den Geist und das Öl des Christus unterhalten wird."[79]

6.2 Eucharistische Gestalten als Darbringungsgestalten

Gerade die Gestalten von Brot und Wein als der Leib und das Blut Christi sind Opfergabe zunächst aus der Schöpfung und setzen alle gnostische Theologie ins Unrecht, zugleich aber auch der Leib und das Blut des Herrn. In den eucharistischen Gestalten als Leib und Blut des Herrn zeigt sich die gute Schöpfung, die dem Geist nicht feindlich ist.[80] Dort zeigt sich das Opfer Christi. Diese Gaben sind Gottes Verherrlichungsgaben.

6.3 Eucharistische Darbringungsgemeinschaft

Eines dürfte aus der Erfahrung der frühen Kirche und aus dem Verständnis ihrer eucharistischen Darbringung deutlich geworden sein: Die Ordnung der Schöpfung und die Ordnung der Erlösung sind unterschieden, aber nicht zu trennen. Das eucharistische Opfer ist Lobpreis für Schöpfung und Erlösung. Die im Logos-Christus versammelte und den Vater lobpreisende Gemeinde weiß sich als Schöpfungs- und Erlösungswirklichkeit; nie ist sie rein jenseitig und weltflüchtig, wohl ist sie adventlich und in dieser Welt für Gott offen. Sie weiß, dass die irdische Wirklichkeit die Epiklese annehmen kann und Gottes fähig ist. Christus ist in Feier und Gabe analog

---

[78] Vgl. Betz, Eucharistie, 38–40.
[79] Zitiert aus Pseudo-Hippolyt, In s. pascha 62,4 (SC 27,191), bei Betz, Eucharistie, 39f.
[80] Irenäus, Adv. haer. 4, 18, 5 (FC 8/4, 147): „Wie können sie [sc. Gnostiker] nur sagen, dass das Fleisch für die Verwesung bestimmt ist, und nicht am Leben teilhat, wo es doch durch Leib und Blut des Herrn ernährt wird? So sollen sie entweder ihre Lehre darüber ändern oder mit den erwähnten Opferungen aufhören. Bei uns stimmt die Lehre mit der Eucharistie überein, und die Eucharistie bestätigt unsere Lehre. Wir bringen ihm [offerimus ei], was ihm gehört, wobei wir übereinstimmend die Gemeinschaft und Einheit von Geist und Fleisch predigen."

seiner Inkarnation auch mit seinem Verherrlichungsopfer präsent. So durchzieht diese Gott lobende und in Christus Eucharistie feiernde Gemeinde ein Heilsoptimismus, der heute der Eucharistie abhanden gekommen ist. Ihr Passa beginnt am Schöpfungsmorgen und schließt Ostern und die Gegenwart des Eschaton ein.

7. Eucharistische Gemeinschaft in eulogischer Erfahrung

7.1 Eulogische Sinngestalt

Alle von uns angeführten Quellen zur frühkirchlichen Eucharistiefeier bestätigen entweder die Eulogie als umfassende Sinngestalt der Eucharistie in Feier und Mahlgabe oder verdeutlichen alle oder eines ihrer vier Sinnelemente: „In der Geschichte der Abendmahlslehre ist Irenäus insofern bedeutsam, als in ihm die verschiedenen Traditionen wie in einem Becken zusammenfließen, bevor sie sich wieder verzweigen. Er beleuchtet die Eucharistie allseitig, betont ihren Charakter als Opfer der Kirche und als erinnertes Opfer Christi, als Gedächtnis des Heilsereignisses Jesus. Dass er den Begriff Anamnesis nicht bringt, ist Zufall, denn die Sache hat er schon dadurch, dass er die Opfergabe als Schöpfung Gottes und dann als Leib und Blut Jesu ansieht."[81]

Aber auch der Kanon des Hippolyt zeigt die theologisch-eulogische Synthese der Eucharistie und bringt so das Grundverständnis der eucharistischen Gemeinschaft zum Ausdruck.[82] Die weiteren beigebrachten Texte erweisen die Eucharistiefeier und ihre Gemeinschaft als Segensfeier in vierfacher Sinndimension: Gedächtnis, Epiklese, Koinonia und Prosphora; und dies letztlich deshalb, weil Christus die Auto-Eulogia und damit das Gedächtnis und Flehen Gottes, seine Gegenwart in dieser Welt und seine Versöhnung und Gottes und unsere ermöglichte Hingabe bedeutet. Dieses im

---

[81] Betz, Eucharistie, 37f.
[82] AaO. 44: „Die Theologie des zweiten Jahrhunderts [...] bringt die verschiedenen Seiten der Eucharistie zum Bewusstsein, das Gedächtnis des Opfers Christi, das geistige Opfer der Kirche, die Realität des Leibes und Blutes Christi. Diese Aspekte werden im ‚memnenoi propheromen' – memores offerimus in der Liturgie bei Hippolyt zu einer Synthese verflochten: das Gedächtnis und damit die Gegenwart des Opfers Christi erfolgt durch das gedenkende und vergegenwärtigende Opfer der Kirche. Außerdem hat die frühe Zeit noch eine andere bemerkenswerte Leistung aufzuweisen: sie hat, ein johanneisches Theologumenon entfaltend, die Eucharistie als sakramentale Darstellung der Inkarnation betrachtet und damit die Christologie zum Verstehensmodell für erstere gemacht. Das eucharistische Inkarnationsprinzip ist der Schlüssel für das Verständnis der weiteren griechischen Abendmahlslehre."

Glauben gedeutete Christuserfahrung ist unabdingbar für die volle und tiefe Feier der Eucharistie als Eulogie, macht ihre christologische, d.h. Schöpfung und Erlösung umschließende Segenswirklichkeit aus.

7.2 Einzelne spirituelle Aspekte der Eucharistie als Eulogie

Die angeführten Texte der frühen Kirche geben die Möglichkeit, die Eucharistiefeier unter dem Stichwort „memores offerimus" als eucharistischen *Gedächtnisfeier* und so als Dank- und Darbringungsgemeinschaft zu verstehen, die aus der Gegenwart des erhöhten Herrn, also in Christus lebt und Gott dankt, die sichtbare Ankunft Christi erwartet, die Gaben mit dieser Gegenwart in Beziehung setzt und austeilt; diese Gemeinde nimmt in Feier und Mahl den eschatologischen Frieden auf, der Christus selbst ist. Alles, was mit diesem Heilsoptimismus, der schon mit der Schöpfungssicht nicht zusammengeht, wird zurückgewiesen, passt nicht zum Mensch gewordenen Schöpfungswort, das zugleich auch Erlösungswort ist. Dieser Eucharistie feiernden Gemeinde hat die Welt grundsätzlich überwunden.

Aus der tieferen Kenntnis der Epiklese, d.h. aus der Erkenntnis der vor Gott und seinem Segen leeren Hände der Menschen ist das helle Auge der Glaubenden innerhalb der eucharistischen Feier bittend auf die Treue des himmlischen Vaters gerichtet, der seinen Geist und in ihm seinen damals in dieser Zeit Mensch gewordenen Sohn in diesen Gaben von Brot und Wein gegenwärtig werden lasse. Die Gemeinde ist *Flehgemeinde* und sich bewusst, dass sie nur so zur Verherrlichung Gottes entstehen und sein kann. Die erflehte und allein von Gottes Geist im Logos erwirkte Realpräsenz Christi sagt es ihr: Die dem Menschen zur Verherrlichung des dreifaltigen Gottes von Gott selbst geschenkte Realpräsenz ist „sola gratia". Gott selbst umfängt den Menschen, nimmt ihn in seine Selbstverherrlichung durch und in Christus hinein und macht in seiner geschenkten Gabe, die Christus ist, den Menschen zur verherrlichenden Darbringung. In einer so bestimmten Epiklese, die damit selbst Gott verherrlichende Darbringung aus leeren Händen bedeutet, weiß die Gemeinde, dass die Schöpfung nur im Namen Christi, der der Logos ist, eucharistiert, konsekriert und geheiligt werden kann. So wird die Schöpfung mit allem, was aus der Hand des Logos hervorgegangen ist, in der Eucharistie zum Lobopfer.

Die feiernde Gemeinde weiß und bringt in der Eucharistiefeier zum Ausdruck, wie sehr sie schon allein durch die Schöpfungsgaben, die sie in der Eucharistie verwendet, vom Schöpfungslogos beschenkt und so gesegnet ist. Sie ist *Segensgemeinde*. Vom Logos her, der sich als Mensch gewordener, gestorbener und auferstandener Gottes-Sohn in der Eucharistie zur Speise gibt, ist die Eucharistie gerade insofern sie Logosspeise ist, nicht radikal (im dualistischen Sinn) etwas anderes, als was die Schöpfung schon ist. Als besondere Art der Logosgabe, der Gabe des Mensch gewordenen Logos, überhöht sie in neuer Beziehung die Schöpfung, negiert oder verteufelt sie aber nicht. Alle Deutungen im Zusammenhang der Wandlung der Gaben müssen dies beachten. Das „eucharistische Brot" als Antitypos des Leibes Christi macht den Leib Christi und unsere Leiber nicht zu etwas Niedrigem. Mensch und Welt bleiben entgegen aller gnostischen und markionitischen Deutung Segenswirklichkeiten.

Die gläubige Erfahrung der eucharistischen Gegenwart des Herrn in Feier und Gestalten ist von eschatologischer Dichte begleitet. Dies kommt einerseits durch den in der Eucharistiefeier beheimateten Ruf „Maranatha", andererseits durch die das Gericht schon hinter sich habende Gegenwart des Herrn, der sich zur Logosspeise gibt (Justin), zum Ausdruck. Dabei empfindet die christliche Gemeinde (Irenäus) es durchaus angebracht, gegen die Gnosis Schöpfungswort und Erlösungswort zu identifizieren und den personalen Logos als Sohn Gottes und einen aus der Dreifaltigkeit zu verteidigen: ein gläubiges Wissen, das gerade in der inkarnatorischen Annahme der Schöpfung und vor allem des Menschen so Welt und Mensch als bestätigte Logoswirklichkeit deuten kann. So werden Welt und Mensch in ihrer Segenswirklichkeit bestätigt und müssen nicht als total korrupt, gott- und logoslos zerstört werden. Der Leib Christi ist eucharistierte Schöpfungswirklichkeit und die Schöpfung bleibt trotz des Sündenfalles und ganz im Gegensatz zur Auffassung des Markion „materia consecrabilis". Der Adel der Schöpfung besteht darin, dass sie trotz des Sündenfalles „capax dei" ist (Irenäus). Vor der Alexandrinerschule und ihren spiritualisierenden Tendenzen z.B. bei Origenes[83] ist die leibhafte Wirklichkeit von Welt und Mensch Logos-Schöpfung und bleibt, da sie sozusagen nicht annihiliert wird, Logos-fähig und zur ewigen *Logosgemeinschaft* bestimmt. Daher bedeutet der Zugang zur Eucharistie zugleich das freudig-gläubige Wissen um die Gotteswirklichkeit, das kein Tier, nur der Mensch haben kann. Die eschatologische Gegenwart des Herrn ist also nicht gegen, sondern für die Welt.

Die Eucharistie atmet Opferhaltung, weit entfernt von Anselm und Vor-Reformation und ohne die mittelalterlich-nominalistische Sicht, indem sie die positive, eschatologisch siegreiche Freude „im Herrn" in Dank und

---

[83] Vgl. Lothar Lies, Wort und Eucharistie bei Origenes.

Lobpreis zum Ausdruck bringt, weil Welt und Gott durch den Logos in Schöpfung und Erlösung verbunden sind. Die Gemeinde versteht sich im Logos-Christus als *Darbringungsgemeinde*. Eucharistie entsteht aus der Erkenntnis, dass Gott keine Opfer braucht, dass die Kirche auch gar kein adäquates Opfer hätte. Und doch sind es die Erstlingsopfer der Schöpfung, die sich bis in die Eucharistiefeier als Erlösungsdank durchhalten (Irenäus). Die Erstlingsopfer der Schöpfung sind in der liebend-antwortende und dankenden Aufmerksamkeit gegenüber der schaffenden und erlösenden Liebe des Schöpfers im Opfer Christi aufbewahrt. Diese „Opfervorstellung" unterschied die Kirche von Juden und Heiden (Irenäus): Denn unserem Gott wird nur in seinem Wort, „in Christus" geopfert. Das „in Christus" ist die Verherrlichung Gottes, nicht in einer Thysia, sondern in einer Prosphora; nicht in einem Sacrificium, sondern in einer Oblatio. In wogend-begnadeter Freiheit, in Wertschätzung für die Taten Gottes (Anamnese), in Freude sogar über die eigenen leeren Hände. In Zweck- und Geschäftslosigkeit bringt man erinnernd das Lobopfer dar (memores offerimus), das Schöpfung und Erlösung einschließt. So vollzieht die Kirche in Freude die Logos-Ordnung, wie sie zwischen Schöpfer und Geschöpf, zwischen Erlöser und Erlöstem katabatisch und anabatisch besteht mit einem „dignum et iustum est". So spricht sie von der „logike prosphora".

Perspektiven im innerreformatorischen Abendmahlsstreit damals und heute

Friederike Nüssel

Die zentrale Bedeutung der Sakramente für evangelisches Denken in der Reformationszeit lässt sich nicht zuletzt daran ablesen, dass es Differenzen im Verständnis des Abendmahls waren, die unter den reformatorisch gesonnenen Theologen im 16. Jahrhundert zur Spaltung zwischen Lutheranern und Reformierten geführt haben. Schon im ersten Abendmahlsstreit zwischen Martin Luther und Huldrych Zwingli, der auf dem Marburger Religionsgespräch 1529 ausgetragen wurde, war dabei zu erkennen, dass mit dem jeweiligen Abendmahlsverständnis unterschiedliche christologische Voraussetzungen und soteriologische Implikationen verbunden waren[1]. Den Bemühungen um eine Einigung, wie sie die Wittenberger Konkordie von 1536 dokumentiert, folgten 1544/45 heftige Auseinandersetzungen zwischen Luther und den Schweizern und schließlich der zweite Abendmahlsstreit zwischen Johannes Calvin und Joachim Westphal im Anschluss an den Consensus Tigurinus von 1551. Dieser zweite Abendmahlsstreit wurde für die Bekenntnisbildung der reformatorischen Kirchen entscheidend und führte endgültig zur Kirchenspaltung: Während im Consensus Tigurinus und in anderen reformierten Bekenntnissen die reformierte Abendmahlslehre der Sache nach in Abgrenzung von der lutherischen Sicht entfaltet und bekannt wurde[2], verständigten sich die Lutheraner in der Konkordienformel von 1577[3] auf das lutherische Abendmahlsverständnis

---

[1] Vgl. dazu Ernst Bizer, Studien zur Geschichte des Abendmahlsstreites im 16. Jh., Darmstadt 1962 (Nachdruck der 1. Aufl. Gütersloh 1940); Walther Köhler, Zwingli und Luther. Ihr Streit um das Abendmahl nach seinen politischen und religiösen Beziehungen, Bd. I, Leipzig 1929, Bd. II, Gütersloh 1953.

[2] Vgl. dazu Jan Rohls, Theologie reformierter Bekenntnisschriften. Von Zürich bis Barmen, Göttingen 1987, 13–20 und 261–282.

[3] Vgl. Ernst Bizer/Walter Kreck, Die Abendmahlslehre in den reformatorischen Bekenntnisschriften, München 1955, darin bes.: Ernst Bizer, Die Abendmahlslehre in den lutherischen Bekenntnisschriften, 3–42. Zur lutherischen Bekenntnistradition siehe außerdem: Edmund Schlink, Theologie der lutherischen Bekenntnisschriften, München (1940) ³1948; Friedrich Brunstäd, Theologie der lutherischen Bekenntnisschriften, Gütersloh 1951; Holsten Fagerberg, Die Theologie der lutherischen Bekenntnisschriften von 1529 bis 1537, Göttingen 1965; Friedrich Mildenberger, Theologie der Lutherischen Bekenntnisschriften, Stuttgart–Berlin–Köln–Mainz 1983;

und verwarfen dabei ausdrücklich die reformierte Abendmahlslehre der sog. „Sakramentierer"[4]. Das kontroverstheologische Kernproblem wird im Abendmahlsartikel der Konkordienformel in der Frage zusammengefasst, ob „in dem heiligen Abendmahl der wahrhaftig Leib und Blut unsers Herren Jesu Christi wahrhaftig und wesentlich gegenwärtig sei, mit Brot und Wein ausgeteilet und mit dem Mund empfangen werde von allen denen, so sich dieses Sakraments gebrauchen, sie sein wirdig oder unwirdig, fromb oder unfromb, gläubig oder ungläubig? den Glaubigen zum Trost und Leben, den Unglaubigen zum Gericht?"[5] Es ging mithin um das rechte Verständnis der Gegenwart Jesu Christi im Abendmahl und damit verbunden um die Frage, ob alle, die das Abendmahl empfangen, Leib und Blut Christi empfangen, also auch diejenigen, die der Verheißung der Abendmahlsworte nicht glauben und insofern unwürdig sind.

Im Folgenden sollen in einem ersten Abschnitt zunächst die innerprotestantischen Differenzen im Verständnis des Abendmahls dargestellt werden, wie sie in der Lehrbildung vom Heiligen Abendmahl beider Konfessionen traktiert worden sind. Ein komplexes Bild von der Relevanz dieser Differenzen lässt sich jedoch erst gewinnen, wenn auch die christologischen Voraussetzungen und die soteriologischen Konsequenzen der abendmahlstheologischen Kontroverse beleuchtet werden. Darum wird es im zweiten und dritten Abschnitt dieses Beitrages gehen. Vorab lässt sich dabei festhalten, dass der Spielraum der Verstehens- und Auslegungsmöglichkeiten auf reformierter Seite im Rekurs auf die differierenden Modelle von Zwingli und Johannes Calvin größer war und blieb als auf lutherischer Seite. Dort etablierte sich nach Abschluss der Bekenntnisbildung mit dem Konkordienbuch von 1580 eine weitgehend einheitliche Lehre vom Abendmahl, die sich gleichermaßen von der reformierten wie von der römisch-katholischen Abendmahlslehre abzugrenzen suchte[6]. In den reformierten Bekenntnisschriften stand demgegenüber häufig die Abgrenzung von der römisch-katholischen Messopferlehre und der Transsubstantiationslehre im Vordergrund.

---

[4] Gunther Wenz, Theologie der Bekenntnisschriften der evangelisch-lutherischen Kirche, 2 Bände, Berlin–New York 1996/1998.
[5] FC VII Epitome (BSLK 800–803).
[6] FC VII Epitome (BSLK 796,18–27).
Einen zusammenfassenden Überblick über die lutherische Abendmahlslehre im konfessionellen Zeitalter gibt Heinrich Schmid, Die Dogmatik der Evangelisch-Lutherischen Kirche. Dargestellt und aus den Quellen belegt, neu herausgegeben von Horst Georg Pöhlmann, Gütersloh ^{12}1998, § 55.

1. Hermeneutische Entscheidungen

Trotz der inhaltlichen Differenzen in der Auslegung des Abendmahls dokumentieren die innerprotestantischen Abendmahlsstreitigkeiten die gemeinsame protestantische Überzeugung, dass allein die Schrift als das verbindliche Kriterium zur Klärung von Glaubens- und Lehrfragen zu gelten habe. So ist schon der erste Abendmahlsstreit zwischen Luther und Zwingli wesentlich eine Kontroverse über die adäquate Auslegung der Einsetzungsworte in den synoptischen Evangelien und bei Paulus. In entsprechender Weise wird auch in den theologischen Systemen, die zum Zwecke der theologischen Ausbildung und der kontroverstheologischen Verteidigung der evangelischen Lehre im 16. und 17. Jahrhundert entstehen, die Frage nach der Gegenwart Jesu Christi im Abendmahl zuerst exegetisch erörtert[7].

Die Entwicklung der exegetischen Debatte zwischen Lutheranern und Reformierten findet sich dabei besonders übersichtlich in der *Theologia didactico-polemica, sive Systema theologicum* des Lutheraners Johann Andreas Quenstedt von 1685[8] zusammengefasst. Quenstedt, dessen System in seiner didaktisch-polemischen Anlage zu den Höhepunkten lutherischer Kontroverstheologie im 17. Jahrhundert zählt, diskutiert im Anschluss an seine nach dem Kausalschema entwickelte didaktische Definition des Abendmahls[9] im polemischen Teil zuerst die Frage, ob die Einsetzungsworte des eucharistischen Sakraments wörtlich zu nehmen seien[10]. Nach seiner Analyse steht der lutherischen Überzeugung vom wörtlichen Sinn der verba

---

[7] Vgl. auf lutherischer Seite z. B. Johann Gerhard, Loci theologici, aus den Ausgaben von 1657 und 1776 zusammengestellt und hg. von Fr. Frank, Leipzig 1885; auf reformierter Seite z.B. Johann Heinrich Alsted, Theologia scholastica didactica exhibens locos communes theologicos methodo scholastica, Hannover 1618.

[8] Dieses Werk wird im Folgenden zitiert nach der Ausgabe: Johann Andreas Quenstedt, Theologia didactico-polemica, sive Systema theologicum in duas sectiones didacticam et polemicum divisum, Leipzig 1715. Die Abendmahlslehre findet sich im vierten Teil des Systems über „De mediis salutis", dort im Kapitel 6, Spalten 1181–1296.

[9] AaO. C. VI, Sectio I, These 19, Sp. 1194. „Sacra Coena est Sacramentum N. T. alterum, quo deus hodie manu Ministri Ecclesiae ordinarii, mediante pune benedicto verum atque substantialis suum corpus, ore corporis, modo tamen supernaturali manducandum; & mediante vino benedicto verum atque substantialem suum sanguinem ore corporis, modo tamen hyperphysico, nobisque incognito, bibendum communicantibus vere ac realiter exhibet, hocque ipso fidem illorum confirmat, & gratiam foederalem iisdem obsignat, in bonitatis & sapientiae suae laudem & participantium salutem".

[10] AaO. Sectio II, Quaestio I, Sp. 1195.

testamenti[11], die Quenstedt zu verteidigen sucht, auf reformierter Seite die tropische oder figurative Deutung der Einsetzungsworte in drei Versionen entgegen[12]. Es handelt sich nach Quenstedt zum einen um die tropische Deutung der Rede vom Leib Christi als dem Prädikat der Einsetzungsworte[13], zum zweiten um verschiedene tropische Deutungsmöglichkeiten des Subjekts „hoc"[14] und schließlich um die tropische Deutung der Kopula „est"[15].

Den Ausgangspunkt für die lutherische Widerlegung der tropischen Interpretation der Einsetzungsworte bildet die hermeneutische Regel, dass vom wörtlichen oder eigentlichen Sinn nur dann abzugehen sei, wenn das Verständnis des Textes dazu zwinge und die Schrift selbst an anderer Stelle eine Erklärung der figurativen Deutung biete[16]. Diese Kriterien sieht Quenstedt jedoch bei den Einsetzungsworten nicht erfüllt. Vielmehr sprächen eine Reihe exegetischer Beobachtungen dafür, dass sich im Falle der Einsetzungsworte eine Abweichung von der wörtlichen Deutung verbiete[17].

---

[11] Vgl. dazu FC VII Epitome (BSLK 797,36–798,3): „Wir glauben, lehren und bekennen, dass die Wort des Testaments Christi nicht anders zu verstehen sein, dann wie sie nach dem Buchstaben lauten, also dass nicht das Brot den abwesenden Leib, und der Wein das abwesend Blut bedeute, sondern dass es wahrhaftig umb sakramentlicher Einigkeit willen der Leib und Blut Christi sei".

[12] AaO. Sectio II, Quaestio I, Sp. 1196f. Vgl. zu der an Zwingli anschließenden bildlichen Interpretation der Einsetzungsworte in den reformierten Bekenntnisschriften Rohls, 274. Die tropische Deutung der Abendmahlsworte in reformierten Dogmatiken dokumentiert Heinrich Heppe, Die Dogmatik der evangelisch-lutherischen Kirche. Dargestellt und aus den Quellen belegt, neu durchgesehen und hg. von Ernst Bizer, Neukirchen 1935, 512–514.

[13] Als Vertreter dieser Deutungsversion nennt Quenstedt Calvin und Oekolampad, vgl. aaO. Sp. 1197.

[14] Hier nennt Quenstedt zum einen Karlstadt, zum anderen verweist er auf die deiktische Deutung des Demonstrativpronomens bei Marburger und Kasseler Calvinanhängern, ohne Namen zu nennen, vgl. aaO. Sp. 1197.

[15] Für diese Deutung verweist Quenstedt auf Zwingli, Polanus, Zancher, Beza, Bucanus, vgl. aaO. Sp. 1197.

[16] AaO. Sp. 1198, II: „Non discedendum, inquam, a litera vel sensu proprio, nisi vel textus evidentia cogat, vel alibi Scriptura seipsam (seu sensum figuratum) explicet".

[17] Quenstedt verweist auf den Sinn des Begriffs ‚Mysterium' mit Rekurs auf Cyrill (aaO. Sp. 1198, III), auf die Eigenart und Form testamentarischer Worte (ebd., V) und auf die Entsprechung zu der Bundesformel in Ex 24,8, die ebenfalls im eigentlichen Sinne gemeint sei (ebd., VI). Zudem widerlegt er im Einzelnen die tropische Deutung des Subjektes, des Prädikats und der Kopula in den Einsetzungsworten. Während das Subjekt „hoc" ein „syncategorema" sei und die Kopula „est" in ihrer Einfachheit keine tropische Deutung fassen könne, sei die tropische Deutung des Prädikats in den Einsetzungsworten deshalb ausgeschlossen, weil mit ‚Leib' und ‚Blut' das bezeichnet werde, „quod pro nobis in mortem est traditum, & in remissionem peccatorum pro nobis effusum est". Darum kommt Quenstedt zu dem Ergebnis: „Quae verba singula

259

Wie die weiteren Argumente und Überlegungen Quenstedts zeigen, steht für ihn mit der tropischen oder figurativen Deutung der Einsetzungsworte die Heilsgewissheit des Glaubens auf dem Spiel[18]. Denn der Glaube könne seine Gewissheit nur auf solche Glaubenssätze gründen, die ihrerseits auf Schriftaussagen im wörtlichen Sinne basierten[19]. Im Anschluss an Luther interpretiert Quenstedt die Aussage „hoc est corpus meum" synekdochisch und betont, das Demonstrativpronomen sei weder nur auf das Brot noch nur auf den Leib bezogen, sondern auf die sakramentale Vereinigung von Brot und Wein mit Leib und Blut Christi.

Die Argumentation, mit der Quenstedt im Einklang mit der lutherischen Tradition für die wörtliche Deutung der Einsetzungsworte eintritt, bildet so die Basis, auf der er im nächsten Schritt seiner polemischen Auseinandersetzung mit der reformierten Abendmahlslehre die Frage untersucht, ob Leib und Blut Jesu Christi im Abendmahl substantiell gegenwärtig seien[20]. Quenstedt verteidigt hier die lutherische These: „Corpus & sanguis Christi, in, sub, seu cum pane & vino benedictis & distributis, vere, realiter & secundum ipsam substantiam illocaliter in S. Coena praesens est, juxta divinam institutionem"[21]. Als Vertreter der Antithese nennt er zwar nicht nur die Calvinanhänger, sondern auch antike Häretiker, Sozinianer, Arminianer, Schwenckfeldianer und Anabaptisten[22], doch nimmt die Auseinandersetzung mit der reformierten Sicht den breitesten Raum ein. Diese interpretiert Quenstedt in Übereinstimmung mit dem Urteil, das schon die Konkordienformel gefällt hat, dahingehend, dass in der reformierten Lehre die reale Präsenz Jesu Christi im Abendmahl entweder offen oder verdeckt geleugnet werde[23]. Quenstedt weiß allerdings sehr

---

[18] ita determinantur, ut omnibus tropis rimas obstruant, ea non tropice, sed literaliter & proprie intelligenda sunt; Aequi Essentialia Coenae verba talia sunt, Ergo" (ebd.).
Neben den sprachlichen Überlegungen betont Quenstedt, dass im Falle einer tropischen Deutung der Geheimnischarakter und damit das Gewissheit stiftende Moment des Abendmahls verloren gehe (aaO. Sp. 1199, VIII). Außerdem gibt Quenstedt unter Verweis auf die Übereinstimmung des Zeugnisses der Evangelisten mit dem Zeugnis des Paulus zu bedenken, dass Christus nach seiner Auffahrt in den Himmel den Sinn der Worte offenbar in keiner Weise widerrufen, sondern erklärt und bestimmt habe (ebd., IX). Weiter sei auch die Majestät Jesu Christi in Betracht zu ziehen, dessen Verheißung nicht die eines Philanthropen, sondern die eines Gottmenschen sei (ebd., X). Und schließlich hebt er das Alter der These vom wörtlichen Sinn der Abendmahlsworte hervor (ebd., XI).
[19] AaO. Sp. 1198, III.
[20] AaO. Quaestio II, Sp. 1207–1222.
[21] AaO. Sp. 1207.
[22] AaO. Antithesis, Sp. 1208–1210.
[23] AaO. Antithesis, Sp. 1208, II.

wohl, dass diese Einschätzung eine Interpretation ist, die für die Deutung Zwinglis und seiner Anhänger zutreffen mag[24], der aber eine Reihe von reformierten Theologen calvinischer Prägung widersprochen hat[25]. Auch lässt sie sich nicht ohne weiteres den reformierten Bekenntnisschriften entnehmen. Im Unterschied zu den zwinglischen Bekenntnissen wird in den calvinischen Bekenntnissen nämlich durchaus bekannt, „daß der Leib Christi dem Genießenden realiter gegenwärtig"[26] sei. Entsprechend bestimmen auch reformierte Dogmatiker die Präsenz Jesu Christi im Abendmahl nicht als rein spirituelle oder imaginäre, sondern als reale Präsenz[27].

Die entscheidende Differenz zwischen der lutherischen Abendmahlslehre und der reformierten Abendmahlslehre calvinischer Prägung liegt mithin nicht in der Rede von der Realpräsenz, sondern in deren Auslegung. Während in der lutherischen Lehre im Anschluss an die Konkordienformel die Realpräsenz Jesu Christi im Abendmahl als leibliche Präsenz Christi „in, mit und unter" Brot und Wein bestimmt wird, lehnen die reformierte Bekenntnistradition[28] und die reformierte Theologie[29] die lutherische Rede

---

[24] Vgl. dazu Rohls, 272.
[25] Das zeigt Quenstedts Auseinandersetzung mit Markus F. Wendelin, vgl. aaO. Sectio II, Quaestio II, Sp. 1213.
[26] Rohls, aaO. 275. Rohls belegt dies im Rekurs auf die Confessio Scotica (aaO. 276) und die Confessio Gallicana, die sogar „explizit am Substanzbegriff festhält und ihn gegenüber der ramistischen Kritik an dieser aristotelischen Kategorie verteidigt" (aaO. 275).
[27] Vgl. z.B. Wilhelm Bucan, Institutiones theologicae, Genf 1609, XLVIII, 74: „Hoc, i.e. panis, – est ... mystice seu sacramentali promissione, non simplici et nuda significatione, sed etiam licet spirituali, tamen reali, i.e. vera et non imaginativa ... exhibitione ipsummet illud corpus meum". In ähnlicher Intention wird in einer Dissertation bei Polanus (vgl. Disputatio Theologica De sacra Domini nostri J.C. Coena, ... sub praesidio Reverendi ac clarissimi viri, Domini Amandi Polani a Polansdorf ... defendet M. Paulus Steinius, Sontranus Hassus, Basel 1609) die Präsenz Christi im Abendmahl als relative und als reale Präsenz gedeutet. In den Zeichen Brot und Wein sei Christus relativ präsent, insofern Brot und Wein auf Leib und Blut Christi verweisen (These 89). Brot und Wein werden dabei verstanden als „signa ... exhibitiva corporis & sanguinis Christi, itemque, media & instrumenta, per quae, tanquam visibile verbum, Christus non minus vere & efficaciter, ac per verbum audibile, in legitimo eorum usu praestat id, quod in annexa prommißione pollicetur" (These 84). Durch die Wirksamkeit des Heiligen Geistes werde in Verbindung mit den Zeichen Brot und Wein zugleich die reale Präsenz Christi konstituiert, in der er den Gläubigen in seiner Substanz gegenwärtig und mit ihnen vereint werde (Thesen 89 und 90). Die Gemeinschaft der Gläubigen mit Christus realisiere sich im Abendmahl „in conjuncta utriusque, signi & signati, in legitimo usu exhibitione & participatione" (These 84).
[28] Vgl. Rohls, 276f.
[29] Vgl. die Dissertation bei Polanus, These 62: „Nec mutationem efficiunt talem, qualem Lutherani somniant, qua panis cum corpore, & vinum cum sanguine Christi in unam

von der Realpräsenz Christi „in" Brot und Wein und die römisch-katholische Rede von der Gegenwart des Leibes und Blutes Christi „unter" Brot und Wein ab. Denn zum einen sei die Vorstellung absurd und für den Verstand unerträglich, dass Christus in den Abendmahlselementen eingeschlossen sei[30] und sein Leib und Blut mit dem Munde genossen würden. Zum anderen könne Christus gar nicht in den Elementen Brot und Wein leibhaftig und substantiell gegenwärtig sein, weil er nach seiner menschlichen Natur nur an einem Ort zu sein vermöge und nach der Auffahrt in den Himmel als Mensch zur Rechten Gottes sitze[31]. Aus diesen Gründen sehen sich die reformierten Theologen genötigt, die Einsetzungsworte im Unterschied zur lutherischen Tradition bildlich bzw. tropisch zu interpretieren. Dennoch gehen aber die Anhänger der calvinischen Richtung keineswegs davon aus, Christus sei im Abendmahl nicht leibhaftig gegenwärtig. Vielmehr wird auch auf reformierter Seite gelehrt, dass Christus den Glaubenden in der Feier des Abendmahls nicht nur nach seiner Gottheit, sondern auch nach seiner Menschheit präsent werde[32], allerdings nicht in der Substanz der Elemente des Brotes und des Weines, sondern auf spirituelle, sakramentale Weise in Relation zu den Elementen[33]. Die Elemente Brot und

---

[30] veluti massam coalescant, ita, ut haec substantialiter & corporaliter in, cum & sub illis dicantur praesentia."
So hält Markus F. Wendelin fest: „Localis et corporalis praesentia corporis et sanguinis Christi in pane et vino nulla est" (zitiert nach Heppe, 515f). Vgl. dazu auch Rohls, 274.

[31] Vgl. Rohls, 273f. Siehe zur lutherischen Widerlegung dieser These Quenstedt, aaO. Sectio II, Sp. 1219, XI.

[32] So lehrt z.B. Johannes Wolleb, Compendium theologiae christianae, Amsterdam 1655, 140, Nr. V: „Materia interna, est Christus cum tota satisfactione & merito suo." Vgl. auch Petrus van Mastricht, Theoretico-practica Theologia, Editio nova, Amsterdam 1715, Buch VII, Cap. 5, Nr. XI, 833: „Elementa, panis & vinum, repraesentant corpus & sanguinem Christi Matth. XXVI.26.28 hoc est totum Christum Cant. 11.16. quoad corpus pariter & animam; quoad divinam pariter & humanam naturam, imò & quoad omnes eJus opes & beneficia I Cor. 1.30. quatenus non tantum cibus est, &t potus spiritualis Joh. VI.41.50.53. – sed etiam sacrificium pro peccatis nostris I Cor. V.7.8."

[33] Vgl. z.B. Amandus Polanus: „Sic modus praesentiae corporis et sanguinis Christi in sacra coena est sadramentalis et spiritualis: sacramentalis, quia, ut fert natura sacramentorum, Christus cum signis simul exhibet communicantibus rem signatam; spirituale, quia corpus et sanguis Christi non simpliciter et quatenus sunt in sese res subsistentes, sed intellectualiter consideranda, ut res mysticae proponuntur, et menti, non corpori fidei, non sensibus, mente quoque et sola fide sumenda praebentur" (zitiert nach Heppe, 515). Wolleb differenziert die Präsenz Christi im Abendmahl wie folgt: „Aliud est dicere, Christum in pane praesentem esse; aliud, praesentiam eius in S. Coena asserere. Presens est Christus Deitate & Spiritu suo, praesentia sacramentali quae est. 1. Symboli non quòd pane tanquam symbolo repraesentetur. 2. Fidei, qua

Wein werden dabei als exhibitive Zeichen bzw. als Mittel verstanden, durch die die Glaubenden Leib und Blut empfangen[34]. Die unio sacramentalis, in der die äußeren Zeichen Brot und Wein wahrhaft Leib und Blut Jesu Christi bezeichnen und so die Gemeinschaft mit dem leibhaftigen Christus vermitteln, wird dabei auf die Wirksamkeit des Heiligen Geistes durch die verba promissionis zurückgeführt.

Auch in der lutherischen Tradition wird die unio sacramentalis, in der Christus beim Abendmahl im konsekrierten Brot und Wein leibhaftig gegenwärtig ist, als übernatürliche verstanden. Gegenüber der reformierten Kritik an der Vorstellung der Impanation bzw. dem räumlichen Eingeschlossensein Christi in den Elementen wird im Rekurs auf Luthers Unterscheidung der Gegenwartsweisen Jesu Christi[35] in der Konkordienformel und in der lutherischen Lehrtradition ausdrücklich geltend gemacht, die

---

[34] Christum cum eius merito nobis applicamus. 3. Virtutis & fructus." (Wolleb, 141, Nr. XIV) Heidegger unterscheidet zwischen relativer, symbolischer und sakramentaler Präsenz und einer geistigen Präsenz (vgl. Heppe, 516).
Vgl. etwa die o.g. Dissertation bei Polanus, wo die Elemente bestimmt werden als „signa ... exhibitiva corporis & sanguinis Christi, itemque, media & instrumenta, per quae, tanquam visibile verbum, Christus non minus vere & efficaciter, ac per verbum audibile, in legitimo eorum usu praestat id, quod in annexa prommißione pollicetur" (These 84).

[35] Siehe dazu FC VII Solida Declaratio (BSLK 1006,22–1008,16), wo Luthers Unterscheidung der leiblichen Präsenzweisen Jesu Christi zur Erläuterung der leiblichen Präsenz Jesu Christi im Abendmahl zitiert wird. Entscheidend für die Interpretation der Gegenwart Christi im Abendmahl ist dabei die zweite „unbegreifliche, geistliche Weise, da er keinen Raum nimpt noch gibt, sondern durch alle Kreatur fähret, wo er will, wie mein Gesichte (dass ich grobe Gleichnis gebe) durch Luft, Licht oder Wasser fähret und ist und nicht Raum nimpt noch gibt, wie ein Klang oder Ton durch Luft oder Wasser oder Brett und Wand fähret und ist und auch nicht Raum nimbt noch gibt. Item, wie Licht und Hitze durch Luft, Wasser, Glas, Kristallen und dergleichen fähret und ist und auch nicht Raum gibt noch nimpt, und der gleichen viel mehr. Solcher Weise hat er gebraucht, da er aus verschlossenem Grabe fuhr und durch verschlossene Tür kam und im Brot und Wein im Abendmahl und wie man gläubet, do er von seiner Mutter geboren ward etc." (AaO. 1007,1–18) Damit verbunden ist nach Luther die dritte „göttliche, himblische Weise, da er mit Gott eine Person ist, nach welcher freilich alle Kreaturen ihm gar viel durchläuftiger und gegenwärtiger sein müssen, dann sie sind nach der andern Weise. Dann so er nach derselben andern Weise kann also sein in und bei den Kreaturen, dass sie ihne nicht fühlen, riehren, messen noch begreifen: wieviel mehr wird er nach dieser hohen dritten Weise in allen Kreaturen wünderlicher sein, dass sie ihn nicht messen noch begreifen, sondern vielmehr, dass er sie für sich hat gegenwärtig, misset und begreifet. Denn du mußt dies Wesen Christi, so er mit Gott eine Person ist, gar weit, weit außer den Kreaturen setzen, so weit als Gott draußen ist, wiederumb so tief und nahe in alle Kreatur setzen als Gott darinnen ist; denn er ist ein unzertrennte Person mit Gott; wo Gott ist, da muß er auch sein, oder unser Glaub ist falsch." (AaO. 1007,26–1008,1)

Gegenwart Christi in den Elementen Brot und Wein sei „illocaliter"[36] und also nicht als eine räumliche Gegenwart gedacht. Aber im Unterschied zur reformierten Sicht sehen die Lutheraner die Bedingung der Möglichkeit für die sakramentale Gegenwart Christi in, mit und unter den Abendmahlselementen in dem durch die Inkarnation konstituierten, besonderen Personsein Jesu Christi gegeben.

2. Christologische Voraussetzungen

Wie aus der Darstellung der differierenden hermeneutischen Entscheidungen in der reformierten und lutherischen Tradition bereits ansatzweise erkennbar wurde, basiert die unterschiedliche Auslegung der Einsetzungsworte und der Präsenz Jesu Christi im Abendmahl auf einer Differenz im Verständnis des Personseins Jesu Christi, die bereits im ersten Abendmahlsstreit zwischen Luther und Zwingli hervortrat[37]. Während in der lutherischen Tradition im Anschluss an Luthers Christologie[38] alles darauf ankam, die in der Inkarnation begründete Gemeinschaft göttlicher und menschlicher Natur in der Person Jesu Christi als innigste und unauflösliche auszulegen[39], lag den Reformierten stärker daran, in der Interpretation der Inkarnation die kategoriale Unterschiedenheit der Gottheit Gottes und der Menschheit des Menschen zu wahren[40]. Beide christologischen Anliegen können sich dabei auf die Aussageintention der in Chalcedon 451 dogmatisierten Zwei-Naturen-Lehre berufen.

Im Gefolge Luthers wird in der lutherischen Lehrbildung allerdings die Gemeinschaft der göttlichen und der menschlichen Natur Jesu Christi im Rekurs auf die entsprechenden Schriftaussagen als wechselseitige commu-

---

[36] Vgl. FC VII Epitome (BSLK 799,11–14), und für die lutherische Lehrtradition exemplarisch Quenstedt, aaO. Sectio II, Quaestio II, These, Sp. 1207.

[37] So wird in FC VIII Epitome (BSLK 804,3–9) berichtet: „Aus dem Streit um das H. Abendmahl ist zwischen den reinen Theologen Augsburgischer Konfession und den Calvinisten (wölche auch etliche andere Theologen irrgemacht) ein Uneinigkeit entstanden von der Person Christi, von beiden Naturen in Christo und ihren Eigenschaften."

[38] Vgl. dazu den nach wie vor grundlegenden Beitrag von Reinhard Schwarz, Gott ist Mensch. Zur Lehre von der Person Christi bei den Ockhamisten und bei Luther, ZThK 63 (1966) 289–351.

[39] Vgl. die zusammenfassende Darstellung der lutherischen Lehre von der Person Christi im konfessionellen Zeitalter bei Schmid, §§ 32.33.

[40] Vgl. zur reformierten Christologie die Zusammenfassung bei Heppe, 323–329, und die nachfolgenden Belege 329–354.

nio naturarum und als reale communicatio idiomatum beschrieben[41]. Dies geschieht auf der Basis der These, dass die Gemeinschaft der Naturen, in der die Einheit der Person Jesu Christi bestehe, nur dann eine reale Gemeinschaft sei, wenn sie auch die wechselseitige Anteilgabe und Mitteilung der Eigenschaften impliziere[42]. Um diese Form der innigsten Gemeinschaft der Naturen auszusagen, wird die communicatio idiomatum in der Konkordienformel im Anschluss an Martin Chemnitz in drei genera entfaltet[43]. Von abendmahlstheologischer Bedeutung ist dabei vor allem das dritte ge-

---

[41] Entsprechend wird in FC VIII Epitome (BSLK 804,12–19) als Hauptfrage formuliert, „ob die göttliche und menschliche Natur umb der persönlichen Voreinigung willen realiter, das ist, mit Tat und Wahrheit, in der Person Christi wie auch derselben Eigenschaften miteinander Gemeinschaft haben, und wie weit sich solche Gemeinschaft erstrecke".

[42] Die Gemeinschaft der Naturen kann nach lutherischem Verständnis nicht nur darin gesehen werden, dass die Naturen gemeinsame Namen haben, „dass nämlich Gott Mensch und Mensch Gott genennet wird" (FC VIII Epitome [BSLK 804,30f]). Denn das würde bedeuten, „dass Gott nichts mit der Menschheit, und die Menschheit nichts mit der Gottheit, derselben Majestät und Eigenschaften realiter, das ist, mit der Tat und Wahrheit, gemein habe" (aaO. 804,31–805,2).

[43] Das erste genus besagt, dass das, „was gleich nur einer Natur Eigenschaft ist, nicht der Natur allein als abgesondert, sondern der ganzen Person, welche zugleich Gott und Mensch ist (sie werde genennet Gott oder Mensch), zugeschrieben." (FC VIII Solida Declaratio, [BSLK 1028,14–24]) Das zweite Genus, das genus apotelesmaticum, hält in Bezug auf „die Vorrichtung des Ambts Christi" fest: „do handelt und wirket die Person nicht in, mit, durch oder nach einer Natur allein, sondern in, nach, mit und durch beide Naturen" (aaO. 1031,32–39). Das dritte genus schließlich, das genus maiestaticum, besagt, „dass die menschliche Natur in Christo darumb und dahero, weil sie mit der göttlichen Natur in Christo persönlich voreiniget, als sie nach abgelegter knechtischer Gestalt und Erniedrigung glorificiert und zur Rechten der Maiestät und Kraft Gottes erhöhet, neben und über ihre natürliche, wesentliche, bleibende Eigenschaften auch sonderliche, hohe, große, übernatürliche, unerforschliche, unaussprechliche, himmlische praerogativas und Vorzüg an Majestät, Herligkeit, Kraft und Gewalt und alles, was genennet mag werden, nicht allein in dieser, sondern auch in der künftigen Welt empfangen habe, dass also die menschliche Natur in Christo zu den Wirkungen des Ambts Christi auf ihre Maß und Weise mit gebraucht werden und auch ihre efficaciam, das ist, Kraft und Wirkung habe, nicht allein aus und nach ihren natürlichen wesentlichen Eigenschaften oder allein soferne sich das Vormugen derselben erstrecket, sondern fürnehmblich aus und nach der Maiestät, Herrligkeit, Kraft und Gewalt, welche sie durch die persönlichen Voreinigung, Glorification und Erhöhung empfangen hat" (aaO. 1032, 32–1033,21). Zur Entstehung der Lehre von der communicatio idiomatum vgl. Theodor Mahlmann, Das neue Dogma der lutherischen Christologie. Problem und Geschichte seiner Begründung, Gütersloh 1969, sowie Walter Sparn, Die Wiederkehr der Metaphysik, Stuttgart 1976.

nus der Idiomenkommunikation, das sogenannte genus maiestaticum[44]. Denn es hält fest, dass in der durch die Inkarnation konstituierten innigsten Gemeinschaft der Naturen Jesu Christi seine menschliche Natur an bestimmten göttlichen Majestätseigenschaften Anteil gewonnen habe, ohne ihre Eigentümlichkeit einzubüßen. Zu diesen Eigenschaften zähle neben Allwissenheit und Allmacht auch die Allgegenwart, durch die Jesus Christus als der inkarnierte Gottessohn nicht nur nach seiner Gottheit, sondern auch nach seiner Menschheit omnipräsent zu sein vermöge. Die reale Mitteilung der göttlichen Allgegenwart an die menschliche Natur Jesu Christi gilt den Lutheranern sonach als Voraussetzung der leiblichen Präsenz Jesu Christi in den Abendmahlselementen.

Auch in der reformierten Tradition wird die durch die Inkarnation konstituierte Gemeinschaft der Naturen Jesu Christi als communicatio idiomatum[45] beschrieben. Doch im Unterschied zur lutherischen Tradition wird dabei zwischen einer realen und einer verbalen Mitteilung der Eigenschaften[46] unterschieden. Die reale Idiomenkommunikation besteht nach reformiertem Verständnis darin, dass Prädikate beider Naturen der einen Person Jesu Christi zukommen bzw. zugeschrieben werden können[47]. Eine reale Mitteilung der Eigenschaften einer Natur an die andere sei dagegen ausgeschlossen, weil auf diese Weise die Eigenart der jeweiligen Natur aufgelöst würde[48]. Entsprechende Aussagen in der Schrift werden darum im Sinne

---

[44] In der lutherischen Theologie des 17. Jahrhunderts wird das genus maiestaticum zumeist nicht mehr als das dritte, sondern als das zweite genus der Idiomenkommunikation gelehrt.

[45] Die Idiomenkommunikation wird als eine von drei Wirkungen der unio personalis bestimmt, vgl. Wolleb, 86, Nr. IV: „Unionis personalis tria sunt Effecta: Communicatio idiomatum; Excellentia naturae humanae, & utriusque naturae in operibus Theandricis cooperatio." Wolleb definiert die Idiomenkommunikation wie folgt: „Communicatio idiomatum est modus loquendi, quo de Christi persona, quocunque modo appelletur, praedicatur, quod est alterutrius naturae. Directius hoc fit, cum praedicantur de persona a divina natura denominata, quae naturae divinae; & ab humana denominata, quae humanae sunt naturae" (aaO. 86, Nr. V, mit Verweis auf Joh 1 und Lk 18,32). „Indirectius, verè tamen, hoc fit, quoties de Christo homine, quae divinitatis: & de Christo Deo, quae humanitatis sunt, enuntiantur" (ebd., mit Verweis auf Joh 3,13).

[46] Vgl. Wolleb, 86, Nr. VI: „Communicatio haec verbalis est & realis. Verbalis, ratione modi loquendi; realis verò, ratione fundamenti, personlis nimirum unionis. Ut enim vere utraque natura in persona Filii Die substitit, ita proprietates utriusque naturae ei communes sunt."

[47] Vgl. dazu die zusammenfassende Darstellung bei Heppe, 328f. Siehe außerdem Rohls, 127–133.

[48] So schreibt Polanus: „Etenim personae, quia relaiter utramque naturam complectitur, realiter et verissime competit quicquid sive utriusque sive alterutrius est naturae propter naturarum unionem hypostaticam. Ac quod uni naturae est proprium, alteri in ipsu

einer verbalen Idiomenkommunikation gedeutet. Wenngleich dabei ausdrücklich hervorgehoben wird, dass es sich dabei nicht um eine leere Redeweise, sondern um eine wahre, synekdochisch zu verstehende Aussage[49] handele, so geht es in der Differenzierung zwischen verbaler und realer Idiomenkommunikation doch letztlich darum, die Integrität der Naturen Christi zu wahren und die lutherische Vorstellung einer Mitteilung göttlicher Eigenschaften an die menschliche Natur auszuschließen[50]. Denn aus reformierter Sicht bedeutet die Vorstellung, dass die menschliche Natur Christi in der Gemeinschaft der Naturen des Erlösers Anteil an der Allgegenwart der göttlichen Natur gewinne, eine Auflösung dessen, was das Menschliche der menschlichen Natur ausmacht. Darüber hinaus sehen die Reformierten durch die lutherische Lehre von der Mitteilung der Allgegenwart an die menschliche Natur und durch die damit verbundene Vorstellung von Christi leibhaftiger Präsenz im Abendmahl aber vor allem das Verständnis der Gottheit Gottes gefährdet. Denn nach lutherischem Verständnis werde der Logos nicht mehr außerhalb der menschlichen Natur, sondern nur im Verein mit der menschlichen Natur und an deren Stelle präsent gedacht. Demgegenüber vertreten die reformierten Theologen die von den Lutheranern als „Extra-Calvinisticum" etikettierte These, der inkarnierte Logos existiere „als der ewige Sohn des Vaters in unendlicher Weise auch außerhalb der angenommenen Menschheit"[51]. Dabei wird zwar ausdrücklich geltend gemacht, dass der inkarnierte Logos nur im Fleisch zu erkennen sei. Aber das kontroverstheologische Ansinnen der reformierten Deutung der Inkarnation

---

[49] nequaquam est commune propter naturarum essentiale atque aeternum discrimen, etsi commune sit personae aut alteri naturae in persona" (zitiert nach Heppe, 348, Anm. 22).
So schreibt Piscator, Aphorismen, 54: „Est autem communicatio illa idiomatum nihil aliud quam synecdoche, qua quod unius in Christo naturae proprium est, attribuitur ipsi personae denominatae a natura altera" (zitiert nach Heppe, 350, Anm. 22).

[50] Vgl. dazu Rohls, 136f. Wolleb bringt in der Explikation der Idiomenkommunikation die Unterscheidung zwischen einer abstrakten und einer konkreten Rede von den Naturen zur Geltung. Daraus ergibt sich, dass zwar gesagt werden kann „totus Christus est ubique", doch gelte dies nicht in Bezug auf „totum Christi i.e. utraque natura" (Wolleb, 86f, Nr. VII einschließlich Erläuterung). Die unio personalis bewirke zwar eine Erhöhung der menschlichen Natur Christi, aber nicht im Sinne einer realen Mitteilung göttlicher Majestätseigenschaften (vgl. Wolleb, 87f).

[51] Heppe, 326. Vgl. auch Rohls, 138: „wenn nicht die göttliche Natur selbst aufgehoben werden soll, muß sie die Eigentümlichkeit der Endlichkeit und also auch der Allgegenwart ebenso behalten wie die menschliche Natur die Eigentümlichkeit der Endlichkeit und also auch beschränkten lokalen Gegenwart. Dass Gott in Christus ist, kann daher nicht bedeuten, dass Christus ebenso wie nach seiner menschlichen so auch nach seiner göttlichen Natur nur an einem bestimmten Ort existiert."

liegt doch darin, die Unendlichkeit und Majestät Gottes gegenüber der Endlichkeit des Menschen und allen irdischen Daseins zur Geltung zu bringen. Im Unterschied dazu geht es in der lutherischen Tradition darum, die Inkarnation des Logos als ein Geschehen zu begreifen, in dem der Logos in die menschliche Wirklichkeit eingeht und diese erhöht, ohne sich in seiner Gottheit selbst zu verlieren. Die Mitteilung der göttlichen Natur an die menschliche Natur, wie sie im genus maiestaticum der Idiomenkommunikation ausgesagt wird, bedeutet dabei nach lutherischem Verständnis gerade keine Beschränkung der Gottheit Gottes, sondern vielmehr die Bestimmung ihrer besonderen Majestät, die es erlaubt, sich in Christus der endlichen menschlichen Natur mitzuteilen und diese in bestimmter Hinsicht zu vervollkommnen[52]. Die Gefahr einer Auflösung der menschlichen Natur in ihrer Endlichkeit sieht die lutherische Tradition nicht gegeben, weil der menschlichen Natur nach dem genus maiestaticum keineswegs alle Majestätseigenschaften, sondern nur Allmacht, Allwissenheit und Allgegenwart mitgeteilt werden. Dabei stellt sich allerdings die Frage, in welcher Weise sich diese Mitteilung göttlicher Majestätseigenschaften auf im Blick auf den irdischen Christus im Stand der Erniedrigung aussagen lässt.

An dieser Frage entzündeten sich schon im Vorfeld der Konkordienformel, dann aber vor allem im sogenannten Kenosis-Krypsis-Streit zwischen Gießener und Tübinger Theologen zu Beginn des 17. Jahrhunderts innerlutherische Streitigkeiten[53], in denen offenkundig wurde, dass das genus maiestaticum innerlutherisch nicht einheitlich verstanden wurde. Im Hintergrund stand dabei eine unterschiedliche Deutung der Allgegenwart Jesu Christi. Die Johannes Brenz[54] folgenden Tübinger Theologen verstanden die Allgegenwart Jesu Christi als Ubiquität und damit als eine seiner menschlichen Natur in der personalen Vereinigung wesentlich gewordene Gegenwart bei allen Kreaturen, der sich Christus im Stande der Erniedrigung habe gar nicht entäußern können, weil es sich nicht um eine vom Willen abhängige Tätigkeit handele[55]. Demgegenüber deuteten die auf der Linie von Martin Chemnitz argumentierenden Gießener Theologen die All-

---

[52] Vgl. dazu im einzelnen Friederike Nüssel, Bund und Versöhnung. Zur Begründung der Dogmatik bei Johann Franz Buddeus, FSÖTh 77, Göttingen 1996, und speziell zur Entwicklung der Tübinger Christologie dies., Allein aus Glauben. Zur Entwicklung der Rechtfertigungslehre in der konkordistischen und frühen nachkonkordistischen Dogmatik, FSÖTh 95, Göttingen 2000, 207–234.
[53] Vgl. dazu Nüssel, Bund und Versöhnung, 106–108.
[54] Vgl. zu J. Brenz die wichtige Arbeit von Hans Christian Brandy, Die späte Christologie des Johannes Brenz, BHTh 80, Tübingen 1991. Siehe auch Nüssel, Allein aus Glauben, 61ff.
[55] Vgl. dazu Nüssel, Allein aus Glauben, 267ff.

gegenwart Fähigkeit, nach seinem Willen an allen Orten gegenwärtig zu werden, und interpretierten sie damit als tätige, aktuose Gegenwart[56]. Auf den Gebrauch der so verstandenen Allgegenwart habe Christus im Stande der Erniedrigung verzichtet. Wenngleich die im Kenosis-Krypsis-Streit manifesten innerlutherischen Deutungsdifferenzen mit einem sächsischen Gutachten von 1624 so geschlichtet wurden, dass es zu keiner weiteren Spaltung kam und auch das dogmatische Problem in den Hintergrund trat, wird man doch nachträglich feststellen müssen, dass die Differenz im Verständnis der Allgegenwart Jesu Christi nicht unerheblich war[57]. Denn sie hat neben inkarnationstheoretischen Implikationen vor allem Konsequenzen für das Verständnis der die Schöpfung begleitenden und bewahrenden Wirksamkeit des inkarnierten Gottessohnes. Während die Tübinger Theologie nämlich den Gedanken nahelegt, dass Christus die ganze Welt durchdringt und auch da noch präsent ist, wo sein Wort nicht laut und nicht gehört wird, unterstützt die Gießener Deutung der Allgegenwart die Vorstellung, dass Christus überall da präsent wird, wo er tätig ist. Gewissheit über seine Präsenz lässt sich von daher nur da gewinnen, wo sein Wort in der Verkündigung des Evangeliums laut und im Vertrauen des Glaubens angenommen wird. Somit realisiert sich die aktuose Allgegenwart spezifisch als Selbstvergegenwärtigung Jesu Christi in seinem Wort und Sakrament, die in der Annahme im Glauben zum Ziel kommt. Zwar sind sich die lutherischen Theologen darin einig, dass der Glaube die Folge und nicht die Bedingung der Gegenwart Christi ist. Doch impliziert die Gießener Deutung der Allgegenwart, dass von einer besonderen Nähe Christi beim einzelnen Menschen erst dann die Rede sein kann, wenn dieser der Verheißung des Evangeliums glaubt. Demgegenüber impliziert das Tübinger Verständnis der Ubiquität, dass der inkarnierte Gottessohn in und durch sein besonderes Personsein allen Kreaturen vor und unabhängig von ihrem Glaubensbewusstsein gegenwärtig ist[58]. Die mit dem Verständnis der Allgegenwart Jesu Christi verbundenen Konsequenzen für die Rolle des Glaubens im Zusammenhang der Heilsvermittlung[59] sind in der innerlutherischen Diskussion nicht ausgeleuchtet und diskutiert, möglicherweise auch nicht gesehen worden. Im kontroverstheologischen Ge-

---

[56] Vgl. dazu aaO. 254.
[57] Sie wurde auch von reformierter Seite wahrgenommen, wie z. B. Mastricht, Buch VII, Cap. 5, Nr. XXV, 841 dokumentiert.
[58] Siehe zu den Differenzen im Verständnis der Allgegenwart Christi und ihrer Bedeutung für die Vereinigung der Glaubenden mit Christus Nüssel, Allein aus Glauben, 252–278.
[59] Vgl. dazu Nüssel, aaO. 276–278.

spräch mit den Reformierten spielte die Frage nach dem Verhältnis von Christuspräsenz und Glaube dagegen eine zunehmend wichtige Rolle.

3. Soteriologische Konsequenzen

Aus der unterschiedlichen Interpretation der Abendmahlsworte in der lutherischen und reformierten Theologie und den zugrundeliegenden unterschiedlichen christologischen Voraussetzungen erklärt sich, warum auf lutherischer Seite die sogenannte manducatio impiorum gelehrt und warum sie auf reformierter Seite abgelehnt wird. Denn aus der wörtlichen Deutung der Einsetzungsworte in der lutherischen Tradition und dem entsprechenden Verständnis der Realpräsenz folgt, dass Leib und Blut Christi in, mit und unter den Elementen Brot und Wein mit dem Munde[60] genossen werden[61]. Um das Missverständnis eines kapernaitischen Essens zu vermeiden, wird zwar ausdrücklich betont, die manducatio oralis sei keine physische, sondern eine übernatürliche und sakramentale. Aber gleichzeitig wird darauf hingewiesen, dass es sich um ein wahres und reales Essen und Trinken handele. Weil Christus in, mit und unter Brot und Wein präsent gedacht wird, empfangen nach lutherischer Überzeugung dabei auch die Ungläubigen Christi Leib und Blut, allerdings nicht zum Heil[62], sondern zum Gericht[63].

---

[60] Quenstedt, aaO., Sectio I, 1191, These 15 Anm.: „I. Sacramentalis manducatio & bibitio fit ore corporeo, tanquam organo, unde dicitur quoque oralis, itemque corporalis, ad distinctionem spiritualis manducationis, quae fit per fidem, cujusque objectum est totus Christus, cum omnibus suis beneficiis. II. Sacramentalis manducatio & bibitio est una & indivisa actio, unius tamen illius & indivisae, ejusque proprie sic dictae manducationis & bibitionis duplex est modus, physicus & hyperphysicus. Physicus modus est, quo panis & vinum in os acceptum per deglutionem in ventriculum trajicitur, & conversus in chylum hic cibus ac potus mutatur in nutrimentum, & carni assimilatur. Hyperphysicus vero modus est, quo corpus Domini mediante pane, & sanguis ejus mediante vino, ore corporis accipitur a communicationis & in corpus eorums assumitur."

[61] Quenstedt, aaO., Sectio I, Sp. 1190, These 15: „Ex unione ista oritur sacramentalis rerum coelestium cum rebus terrenis manducatio & bibitio vera, realis & propria, proprietate non physica, sed significationis, seu Grammatica, opposita Tropis Rhetoricis."

[62] Quenstedt, aaO., Sectio II, Quaestio XI, Sp. 1289: „Hypocritae & indigni non nuda tantum Symbola in S. Coena participant, sed etiam mediante pane Corpus Domini manducant, & mediante vino sanguinem ejus bibunt, non tamen gratiae annexae & beneficiorum additorum, quae sola fide recipiuntur, fiunt participes." Wichtig ist in diesem Zusammenhang die Unterscheidung zwischen manducatio sacramentalis und manducatio spiritualis, die Quenstedt, aaO., Sectio II, Quaestio III, Sp. 1222f erläutert. Das Objekt der manducatio sacramentalis sei „panis & corpus Christi, quatenus

Demgegenüber wird in der reformierten Tradition in Entsprechung zur figurativen Deutung der Abendmahlsworte zwischen dem Genuss der äußeren Elemente im Sinne einer manducatio externa und dem Genuss der unsichtbaren Gnadengüter im Sinne einer manducatio spiritualis unterschieden, die als geistlicher Vorgang nur von den Glaubenden vollzogen würde[64]. Dabei wird ausdrücklich betont, dass es sich bei der manducatio externa nicht um ein Essen des Leibes handele[65]. Das Essen von Brot und Wein stehe aber dennoch in einem instrumentellen Zusammenhang mit der manducatio spiritualis des Leibes und Blutes Christi[66]. Dass durch das Essen des Brotes und das Trinken des Weines den Glaubenden wahrhaft Christi Leib und Blut zuteil werden, wird auf die Wirksamkeit des Heiligen Geistes zurückgeführt, der die unio sacramentalis konstituiere[67]. Wo allerdings der Verheißung des Geistes nicht geglaubt werde, da könne auch nicht mit einer manducatio spiritualis bzw. mit dem Empfang des leibhaftigen Christus und seiner Gnade gerechnet werden. Darum lehnen die Reformierten die von den Lutheranern vertretene Vorstellung einer manducatio impiorum strikt ab[68]. Der Glaube ist nach reformiertem Verständnis mithin nicht nur notwendig für den legitimen und würdigen Emp-

---

[63] sacramentaliter unita sunt, sive versatur manducatio & bibitio sacramentalis circa ipsum corpus & sanguinem Christi sub distinctis symbolis distributum. Spiritualis vero manducationis objectum est Christus cum omnibus suis beneficiis fide apprehendendus" (aaO. Sp. 1222). Im Blick auf das Subjekt der beiden Weisen der manducatio bringt Quenstedt den Unterschied zur Geltung: „Sacramentalis manducatio competit tam dignis, quam indignis, at spiritualis tantum dignis, ita tamen, ut conjunctam habeat etiam sacramentalem" (aaO. Sp. 1223).
So heißt es in der Konkordienformel FC VII Epitome (BSLK 799,36–43): „Wir glauben, lehren und bekennen, dass nicht allein die Rechtgläubigen und Wirdigen, sondern auch die Unwirdigen und Ungläubigen empfahen den wahrhaftigen Leib und Blut Christi, doch nicht zum Leben und Trost, sondern zum Gericht und Verdammnis, wann sie sich nicht bekehren und Buße tun."
[64] Vgl. dazu Heppe, 504 sowie die Belege aaO. 523.
[65] Das kontroverstheologische Problem der manducatio oralis wird von Quenstedt, aaO., Sectio II, Quaestio III, Sp. 1222–1233 eingehend erörtert.
[66] Vgl. dazu Rohls, 278: „Beide sind also nicht voneinander separiert, verlaufen auch nicht nur parallel als zwei gleichzeitige Vorgänge, sondern sind aufgrund der unio sacramentalis miteinander instrumentell verbunden."
[67] Vgl. Heppe, 503; Rohls, 278f.
[68] So erklärt der Polanus-Schüler Stein in der o.g. Dissertation die manducatio impiorum zu einem „purum putum figmentum" (These 99). Denn die Verheißung der Gnade gelte nicht den Ungläubigen: „Quicunque non fiunt participes beneficiorum Christi, illi multo minus ipsam corporis & sanguinis Christi substantiam accipiunt" (These 101).

fang des Abendmahls[69], sondern zugleich die notwendige Bedingung dafür, dass überhaupt Leib und Blut Christi im Abendmahl empfangen werden können[70]. Die Ablehnung der manducatio impiorum ist dabei insofern von konstruktiver Bedeutung, als sie die soteriologisch problematische lutherische Vorstellung von einem unwürdigen Empfang des Abendmahls zum Gericht abwendet. Dass die Lutheraner an dieser Vorstellung selbst kein gesteigertes Interesse hatten, lässt sich allerdings daran ablesen, dass Quenstedt gut hundert Jahre nach dem lutherischen Bekenntnis zur manducatio impiorum in der Konkordienformel die Folge des Gerichts nicht mehr nennt, sondern nur betont, dass die manducatio impiorum nicht heilsam sei[71]. An der Vorstellung von einem unwürdigen Essen zum Gericht wird man darum keine zentrale Differenz in der lutherischen und reformierten Abendmahlslehre festmachen können. Auch in der Frage nach dem soteriologischen Sinn des Abendmahls besteht keine solche Differenz, sondern vielmehr eine große Nähe. Zwar wirft eine an Zwingli orientierte Deutung des Abendmahls die Frage auf, wie die Heilsnotwendigkeit der Abendmahlsfeier begründet werden soll, wenn gleichzeitig gilt, dass die manducatio spiritualis im Glauben und damit auch außerhalb des Abendmahls stattfinde[72]. Doch diesem Problem begegnen die an Calvin orientierten Bekenntnisse und theologischen Erörterungen, indem sie auf den Gabecharakter des Abendmahls verweisen und von einer einfachen Gleichsetzung der manducatio spiritualis mit dem Glauben faktisch absehen[73]. Der soteriologische Sinn des Abendmahls wird dabei in der Bewahrung des Andenkens an den Tod Jesu Christi, in der Vergewisserung der inneren Lebens- und Bundesgemeinschaft mit Christus und in der Bekräftigung der Hoffnung auf die Auferstehung[74] gesehen. In

---

[69] In der genannten Dissertation wird in These 86 betont, der legitime Gebrauch des Abendmahls bestehe nicht einfach im äußerlichen Genuss, sondern vielmehr darin, dass „animus communicantis, externis ritibus commonefactus, recordatur mortis Dominicae, eiusque fides excitata externis signis, una cum ipsis apprehendit res promissas in verbo signis annexo".

[70] Vgl. Rohls, 280. Wie Stein in seiner Dissertation bei Polanus unter Berufung auf CA XIII gegenüber den ‚Pontifici' geltend macht, gehöre der Glaube zur Form des Abendmahls, „ut externi ritus sine fide usurpantis rationem sacramenti non habeant" (These 91).

[71] Siehe Quenstedt, aaO., Sectio I, These XVII, Sp. 1192, sowie Sectio II, Quaestio III, Sp. 1222f und Quaestio XI, Sp. 1289.

[72] Siehe dazu Rohls, 279.

[73] Vgl. dazu aaO. 279–282.

[74] Vgl. Heppe, 504. So betont Ludwig Crocius in seinem Syntagma sacrae theologiae von 1636: „Veri Christiani non pro more et propter consuetudinem usurpant sacram coenam, sed ex ardendi Christi desiderio alacriter ac religiose, ut praecepto ipsius sa-

der Bestimmung der soteriologischen Funktion besteht dabei durchaus Einigkeit mit den Lutheranern, auch wenn auf lutherischer Seite stärker hervorgehoben wird, dass die Teilnahme am Abendmahl die Gemeinschaft mit Christus wachsen lässt und in ihrer Intensität steigert[75]. Die wirklich entscheidende soteriologische Differenz im Verständnis des Abendmahls, wie sie in der unterschiedlichen Deutung der Realpräsenz und in der Frage der manducatio impiorum hervortritt, ist somit nicht in der Beschreibung der Folgen unwürdigen Essens und auch nicht im soteriologischen Sinn des Abendmahls zu sehen. Sie betrifft vielmehr das Verhältnis von Christuspräsenz und Glaube. Während die Lutheraner in ihrer Deutung des Abendmahls auf der Basis ihrer christologischen Voraussetzungen sicherstellen wollen, dass sich Christus als der inkarnierte Gottessohn vorbehaltlos und bedingungslos *allen* schenkt, die das Abendmahl empfangen, begreifen die Reformierten die Abendmahlsfeier stärker als eine geistgewirkte Vergegenwärtigung der Heilstat Christi, die auf den Glauben zielt und auch erst für den Glauben wirklich wird. Der Glaube erscheint in reformierter Sicht somit als Effekt derjenigen Wirksamkeit des Heiligen Geistes, durch die Christus den Glaubenden im Abendmahl mit Brot und Wein leibhaft gegenwärtig wird. Auch wenn von reformierter Seite betont wird, nicht der Glaube, sondern die Wirksamkeit des Geistes sei der Grund der wahrhaften Gegenwart des ganzen Christus im Abendmahl, so impliziert doch gerade die dem Heiligen Geist zugeschriebene Wirksamkeit im Abendmahl, dass Christus nur den Glaubenden gegenwärtig wird. Denn wie soll man sich denken, dass der Geist die unio sacramentalis der Abendmahlselemente Brot und Wein mit dem wahren Leib und Blut, also der Zei-

---

[75] tisfaciant dilectione, bonitate, et amplissimo illius thesauro fruantur; tum ob suam etiam necessitatem frequenter, ut infirmam fidem roborent et enutriant et in studio Christianae pietatis maiores subinde progressus faciant" (zitiert nach Heppe, 525).
Siehe auch die Zielbestimmung der Sakramente, die Mastricht, Buch VII, Cap. 5, Nr. III, 830 formuliert: „Prout ergo generationem spiritualem, quà in foedus gratiae, seu in regnum Christi, introducimur, Deus obsignat duplici Sacramento, Circumcisionis & Baptismi: ita nutritionem spiritualiter genitorum, duplici item Sacramento obsignat; Paschare sub Veteri & Coena dominica sub Nova oeconomia."
Vgl. dazu auch die sehr differenzierte Zielbestimmung, die Quenstedt auf lutherischer Seite formuliert, aaO. Sectio I, These XVIII, 1193: „Finis est vel ultimus, vel subordinatus; Ultimus est vel absolute talis, ut gloria divinae bonitatis & sapientiae, vel secundum quid talis, ut hominum salus. Subordinatus est vel primarius, vel secundarius. Primarius est nurtitio & augmentatio communicantium hyperphysica, fidei nostrae confirmatio, promissionis Evangelicae de remissione peccatorum obsignatio, continuatio & certioratio praesentiae Die gratiosae; arctior fidelium cum Christo unio. Secundarius est mortis Christi commemoratio, Christianorum a paganis & Judaeis separatio, arctior fidelium inter se unio."

chen mit dem Bezeichneten wirkt, ohne dass dies zu Bewusstsein kommt und geglaubt wird? So erscheint die Christuspräsenz, auch wenn sie nicht durch den Glauben konstituiert gedacht wird, in der reformierten Darstellung doch an den Glauben gebunden. Demgegenüber ist den Lutheranern alles daran gelegen zu betonen, dass die Präsenz Christi im Abendmahl in keiner Weise vom Glauben abhänge. Zwar wird auch nach lutherischem Verständnis die Gegenwart Christi im Abendmahl erst dann heilsam, wo sie geglaubt wird. Doch sei die leibhaftige Präsenz Christi in, mit und unter Brot und Wein im Abendmahl vorgängig zur Annahme im Glauben und auch unabhängig von dieser Annahme gegeben.

Der Differenz in der Beschreibung des Verhältnisses von Christuspräsenz und Glaube entspricht dabei ein unterschiedliches Verständnis des göttlichen Heilswillens und dessen Auslegung in der Prädestinationslehre. Die Frage nach der ewigen Vorsehung stellt dabei zwar schon im 16. Jahrhundert ein kontroverstheologisches Problem dar, doch wird dieses noch in keiner Weise als kirchentrennend empfunden[76]. Das ändert sich im Verlauf des 17. Jahrhunderts nicht zuletzt durch die innerreformierten Debatten zu dieser Thematik. So muss der lutherische Theologe Johann Georg Walch in seiner *Historischen und Theologischen Einleitung in die Religionsstreitigkeiten außer der Evangelisch-Lutherischen Kirche*[77] von 1736 feststellen, die markanteste Differenz zwischen Reformierten und Lutheranern bestehe in der Lehre von der Prädestination[78]. Damit stellt er eine Diagnose, die der Gewichtung der kontroverstheologischen Fragen in frühaufklärerischen Dogmatiken[79] durchaus entspricht. Auf die komplexen Differenzen in der

---

[76] Vgl. dazu den Artikel „Von der ewigen Vorsehung" in der Konkordienformel FC XI Epitome, (BSLK 816,34–41): „Von diesem Artikel ist kein öffentliche Zweispalt unter den Theologen Augsburgischer Confession eingefallen. Diemweil es aber ein tröstlicher Artikel, wann er recht gehandelt, und deshalben nicht künftiglich ärgerliche Disputationen eingeführt werden möchten, ist derselbige in dieser Schrift auch erkläret worden."

[77] J. G. Walch, Historische und Theologische Einleitung in die Religions-Streitigkeiten außer der Evangelisch-Lutherischen Kirche, Faksimile-Nachdruck der Ausgabe Jena 1733–1736, Band III.1, Stuttgart–Bad Cannstatt 1985. Walch betrachtet in diesem Band über die Religionsstreitigkeiten zwischen Reformierten und Lutheranern zunächst die historische Entwicklung der reformierten Kirche, stellt in einem zweiten Abschnitt sodann die eigentümlichen Lehren der reformierten Religion dar und überlegt schließlich in einem dritten Abschnitt, wie mit den Reformierten zu disputieren sei, vgl. dazu die Vorrede, aaO. ohne Seitenzählung.

[78] Vgl. Walch, § 27, 319 und § 29, 344f.

[79] Vgl. zur Entwicklung der lutherischen Prädestinationslehre zur Zeit der Frühaufklärung exemplarisch Johann Franz Buddeus, Institutiones theologiae dogmaticae, Leipzig 1723, und dazu Nüssel, Bund und Versöhnung, 175–226. Zur reformierten Prädestinationslehre vgl. Heppe, 120–150.

Lehre von der Prädestination und ihrer unterschiedlichen Verortung, die eng mit der unterschiedlichen christologischen Lehrbildung und dem Verständnis der Gottheit Gottes zusammenhängen, kann im Rahmen dieses Beitrages jedoch nicht näher eingegangen werden. Nur so viel lässt sich sagen: auf der Basis des gemeinsamen Bemühens um eine stringente Verteidigung der Rechtfertigung allein aus Glauben ohne alle Werke spiegelt sich in den lutherischen Konzepten der Prädestinationslehre, die mit der Erwählungslehre gleichgesetzt wird, das Interesse, die Universalität des göttlichen Heilswillens zur Geltung zu bringen. Demgegenüber lässt sich in den stark differierenden reformierten Entwürfen das vorrangige Anliegen erkennen, die Majestät und Souveränität Gottes gegenüber der Welt und dem Menschen angemessen zu betonen.

Schon im konfessionellen Zeitalter und in der Aufklärungszeit gab es vereinzelte theologische Versuche, auf der Basis eines gemeinsamen Fundamentes in der Lehre die konfessionellen Grenzen zu überwinden. Diese Versuche waren jedoch höchst umstritten und blieben wirkungslos. Mit den philosophischen Umbrüchen im 18. Jahrhundert, der Entwicklung der historisch-kritischen Exegese und der neuzeitlichen Umformung der altprotestantischen Theologie entstanden jedoch neue Voraussetzungen für den Versuch, die kirchentrennenden Differenzen in der Lehre vom Abendmahl in neuer Weise zu diskutieren und einer Klärung zuzuführen. Dieser Versuch wurde nach dem zweiten Weltkrieg von der EKD unternommen und führte zur Veröffentlichung der Arnoldshainer Thesen 1957[80], die wiederum eine wichtige Grundlage für die Begründung der Kirchengemeinschaft mit der Leuenberger Konkordie 1973[81] bildeten. In der Konkordie ist es gelungen, die christologischen und abendmahlstheologischen Differenzen zwischen der lutherischen und reformierten Tradition durch gemeinsame Grundaussagen so zu überwinden, dass von einem gemeinsamen Verständnis des Evangeliums gesprochen werden kann.

So heißt es im Artikel 15 mit Blick auf die strittigen Fragen der Realpräsenz und der manducatio impiorum: „Im Abendmahl schenkt sich der auferstandene Jesus Christus in seinem für alle dahingegebenen Leib und Blut durch sein verheißendes Wort mit Brot und Wein. Er gewährt uns dadurch Vergebung der Sünden und befreit uns zu einem neuen Leben aus Glauben. Er lässt uns neu erfahren, dass wir Glieder an seinem Leibe sind.

---

[80] Vgl. dazu Ulrich Kühn, Art. ‚Abendmahl IV. Das Abendmahlsgespräch in der ökumenischen Theologie der Gegenwart', TRE I, 146–157.
[81] Der Text findet sich in: Dokumente wachsender Übereinstimmung, Bd. III, 1990–2001, hg. und eingeleitet von Harding Meyer, Damaskinos Papandreou, Hans Jörg Urban und Lukas Vischer, Paderborn–Frankfurt am Main 2003, 724–731.

Er stärkt uns zum Dienst am Menschen."[82] Damit wird einerseits die reformierte Präposition „mit", auf die sich schon Luther in der Wittenberger Konkordie zu verständigen bereit war, gewählt, andererseits aber im lutherischen Sinne die Universalität der Heilsgabe in Leib und Blut Christi betont. Eine wichtige Voraussetzung dafür ist eine neue Beurteilung der alten christologischen Differenzen. So kann als gemeinsame Überzeugung formuliert werden: „In dem wahren Menschen Jesus Christus hat sich der ewige Sohn und damit Gott selbst zum Heil in die verlorene Menschheit hineinbegeben. Im Verheißungswort und Sakrament macht der Heilige Geist und damit Gott selbst uns Jesus als Gekreuzigten und Auferstandenen gegenwärtig."[83] Auf der Basis dieses gemeinsamen Glaubens an diese Selbsthingabe Gottes in seinem Sohn und im Bewusstsein „der geschichtlichen Bedingtheit überkommener Denkformen" sieht die Konkordie die Theologie „vor die Aufgabe gestellt, neu zur Geltung zu bringen, was die reformierte Tradition in ihrem besonderen Interesse an der Unversehrtheit von Gottheit und Menschheit Jesu und was die lutherische Tradition in ihrem besonderen Interesse an seiner völligen Personeinheit geleitet"[84] habe.

Angesichts der im 17. Jahrhundert hervortretenden massiven Differenzen in der Prädestinationslehre sind schließlich die Aussagen zur Prädestination in der Leuenberger Konkordie von besonderer Bedeutung. Denn hier wird nicht nur die Möglichkeit der Lehre einer doppelten Prädestination ausgeschlossen, weil das Christuszeugnis der Schrift es verwehre, „einen ewigen Ratschluss Gottes zur definitiven Verwerfung gewisser Personen oder eines Volkes anzunehmen"[85]. Es wird auch die Verheißung der „bedingungslose[n] Annahme des sündigen Menschen durch Gott"[86] und die Universalität des göttlichen Heilswillens[87] betont und in diesem Sinne gesagt, von der Erwählung sei „nur im Blick auf die Berufung zum Heil in Christus"[88] zu sprechen. So dürfe der, der glaubt, des Heils gewiss sein[89]. Die Aussagen über die Prädestination entsprechen dabei nicht nur dem lutherischen Interesse an der Universalität des Heils, sie schließen auch an moderne reformierte Konzeptionen der Prädestinationslehre an, wie sie auf

---

[82] AaO. 727, Nr. 15, vgl. Nr. 18.
[83] AaO. 728, Nr. 21.
[84] AaO. 728, Nr. 22f.
[85] AaO. 728, Nr. 26.
[86] AaO. 728, Nr. 24.
[87] AaO. 728, Nr. 25.
[88] Ebd.
[89] AaO. 728, Nr. 24 heißt es im Anschluss an die Aussage über die bedingungslose Annahme des sündigen Menschen: „Wer darauf vertraut, darf des Heils gewiß sein und Gottes Erwählung preisen."

unterschiedliche Weise etwa von Friedrich Schleiermacher[90] und Karl Barth[91] entwickelt worden sind. Die Leuenberger Konkordie überwindet auf diese Weise die Differenzen in der Abendmahlslehre gerade im Blick auf die soteriologischen Konsequenzen. Die gemeinsamen Grundaussagen sind dabei so gehalten, dass die alten und auch gegenwärtig noch bestehende Differenzen in der dogmatischen Entfaltung des Sakramentsverständnisses und der Christologie nicht einfach aufgelöst, sondern unter das Vorzeichen einer gemeinsamen Grundüberzeugung gestellt werden. Damit wird es möglich zu sagen, dass die alten Verwerfungen nicht mehr treffen. Sicherlich könnte man dieses Verfahren als dogmatisch unzureichend beurteilen und die Tragweite des erreichten Konsenses kritisch hinterfragen. Man kann darin ebenso aber auch eine Form der Auslegung des Evangeliums entdecken, die gerade darum als Basis lutherisch-reformierter Kirchengemeinschaft fungiert, weil sie der evangelischen Freiheit dient, indem sie die konfessionellen Prägungen nicht einzuebnen sucht, sondern der individuellen Auslegung des Evangeliums Spielraum lässt.

---

[90] Friedrich Schleiermacher, Der christliche Glaube nach den Grundsätzen der evangelischen Kirche im Zusammenhange dargestellt, 2. Ausgabe 1830/31, neu hg. von Martin Redeker, Berlin 1960, Bd. II, §§ 117–120.

[91] Siehe Karl Barth, Kirchliche Dogmatik, Bd. II/2, Zürich 1959, siebentes Kapitel, §§ 32–35.

Eucharistische Gastfreundschaft – eine ekklesiologische Unmöglichkeit?

Bernd Jochen Hilberath

1.

Christenmenschen, die in ökumenischen Verhältnissen leben, wünschen sich sehnlich eine Kirchengemeinschaft, die in der Abendmahlsgemeinschaft ihren Ausdruck findet. Diese Sehnsucht teilen sie mit all denen, die das Gespaltensein der einen Kirche Jesu Christi in Konfessionskirchen als Skandal wahrnehmen und sich von den „ernsten und dringenden Notwendigkeiten"[1], die daraus für Einzelne, Paare, Familien, Gruppen, Gemeinschaften und Gemeinden resultieren, selbst betreffen lassen. In einer zumindest partiell gewährten und praktizierten eucharistischen Gastfreundschaft sehen sie eine Möglichkeit, dem „schwerwiegenden geistlichen Bedürfnis"[2] nach dem (gemeinsamen) Empfang, der gemeinsamen Feier des Sakraments zu entsprechen. In der römisch-katholischen Weltkirche finden sie jedoch Mitchristen, die jegliche Kommuniongemeinschaft mit protestantischen Christen für ausgeschlossen halten. Für ihre Position berufen sie sich einerseits auf das Kirchenrecht, das sie in einem engen Sinn auslegen bzw. dessen enge Auslegung sie für sich übernehmen. Andererseits rekurrieren sie auf die Lehre der Kirche, so wie sie ihnen „seit alters her" vorgetragen wurde. Danach wird die Feier des Abendmahls in den evangelischen Kirchen als nicht sakramental angesehen, weil ja die Protestanten nicht an die Realpräsenz glauben und keine sakramental geweihten, zur Wandlung bevollmächtigten Priester haben. Diese Grundeinstellung kann in verschiedenen Varianten begegnen, deren gemeinsamer Nenner eine wenig ausgeprägte Lernbereitschaft im Glauben und speziell in der ökumenischen Bewegung zu sein scheint. Schon vor Jahrzehnten klagte Theodor Schneider darüber, wie wenig von der theologischen Erneuerung, die ja nicht Anbiederung ist, sondern in der Perspektive des Zweiten Vatikanischen Konzils erfolgt, wirklich „ankommt". Liturgische Formen und Formeln, überlieferte Frömmigkeitsformen haben eine weitaus stärkere Prägekraft als theologische Vorlesungen und Vorträge. Ziel meines Beitrags ist es nicht,

---

[1] Ökumenisches Direktorium, Verlautbarungen des Apostolischen Stuhls 130, Bonn 1993, Nr. 130.
[2] Papst Johannes Paul II., Enzyklika Ecclesia de Eucharistia, Verlautbarungen des Apostolischen Stuhls 159, Bonn 2003, Nr. 36.

diese Klage fortzusetzen oder gar in eine Anklage zu verwandeln. Mir geht es in meinem theologischen Bemühen nicht um ein „Gegen", sondern um ein „Für", d.h. ich sehe Theologie im Dienst an den Menschen, die sich darum mühen, den „alten" Glauben „heute" zu leben. Dem entspricht ja auch der Auftrag, den Papst Johannes XXIII. in seiner Eröffnungsansprache dem Konzil gegeben hatte. So geht es hier nur um eine grobe Skizzierung des Kontextes, in dem heute – jeweils im Dienst am Glauben der Kirche – Theologie zu treiben ist und lehramtliche Entscheidungen getroffen werden müssen.

Zu dieser Situationsskizze in groben Strichen gehört auch die Wahrnehmung der Mitchristen, die sich um Theologie und Lehramt nicht (mehr) kümmern und ihren Weg gehen. Dieser ist durchaus verschieden: Die einen sehen sich auf Grund ihrer Erfahrungen berechtigt und gedrängt, eine ökumenische Gemeinsamkeit zu praktizieren, die nach der offiziellen Lehre und dem Recht der Kirche noch nicht möglich ist. Wer zur älteren Generation gehört und unter der konfessionellen Trennung selbst zu leiden hatte, zeigt sich oft informiert über die theologische Entwicklung und fragt, auch angesichts der eigenen Lebenszeit, wie lange er/sie noch auf die „Wiedervereinigung der Kirchen" warten müsse. Jüngere dagegen wissen häufig nicht mehr, worum es z.b. bei den Lehrverurteilungen ging und heute noch gehen soll; sie wollen zur Kirche gehören, Konfession sagt ihnen nichts. Selbstverständlich gibt es auch unter der jungen Generation dezidiert konfessionell gebundene Christen, so dass sich auch in dieser Hinsicht jede Schwarz-Weiß-Malerei verbietet und die notwendige Differenzierung hier nur angezeigt, aber nicht geleistet werden kann.

Vergessen werden dürfen auf keinen Fall die Mitmenschen in unserer Gesellschaft, denen die Kirchen als überlieferte Ausprägungen des Christentums nichts (mehr) sagen oder noch nie etwas bedeuteten. Auch hier sind Differenzierungen vorzunehmen. Vor allem aber gilt im Blick auf diesen Ausschnitt der groben Situationsskizze, dass diese Einstellung(en) nicht unbesehen zum theologischen Maßstab genommen werden dürfen. Aber zu denken geben sollte uns auch diese Einstellung, und zwar in wachsendem Maße. Karl Rahner hat sich in seinem letzten Lebensjahrzehnt[3] zunehmend von den Bewegungen im Kirchenvolk und außerhalb desselben bewegen lassen. Seitdem haben wir auf Grund der Entwicklung in unserem eigenen Land wie der Weltgesellschaft insgesamt noch mehr Anlass zu fragen, was

---

[3] Zur diesbezüglichen Entwicklung Rahners vgl. den von Karl Kardinal Lehmann und Albert Raffelt bearbeiteten Band 27 der Sämtlichen Werke: Einheit in Vielfalt. Schriften zur Ökumenischen Theologie, Freiburg 2002; Editionsbericht: IX–XXV.

der Geist heute den Gemeinden sagen will (vgl. Apk 2,7 u.ö.). Konkret heißt das auch zu fragen, welche Bedeutung angesichts der gemeinsamen Herausforderung der Christenheit den traditionellen Kontroversen und aktuell bestehenden Differenzen zukommt. Noch konkreter: Welche Relevanz hat die konkrete Form der apostolischen Sukzession angesichts der Bedrohung der nackten Existenz und Menschenwürde von Millionen Mitmenschen?

Noch einmal sei gesagt, dass ich auch aus diesem Hinweis, der zunächst in der Form eines argumentum ad hominem erscheint, nicht schnurstracks ein theologisches Argument gewinnen will. Auf der anderen Seite genügt es m.E. nicht, sich für einen Augenblick die Situation vor Augen zu führen, um sich dann wieder in der gewohnten Weise theologisch abzuplagen. Die Mühe darf nicht gescheut werden, sie wird vermutlich drückender! Stärker als es vielleicht (auch hier soll nicht pauschal geurteilt werden) in der jüngeren Vergangenheit geschehen ist, haben Theologinnen und Theologen nicht nur zu fragen, wie das, dem sie nachgedacht und was sie ausgearbeitet haben, den Menschen nahe gebracht werden kann. Methodologisch ist auch – nicht alternativ, sondern ergänzend – die andere Richtung einzuschlagen: Welche theologischen Implikationen stecken in den Einstellungen von Menschen? Wozu provoziert die „Ökumene des Lebens"?

Nochmals: Es geht nicht um eine Sanktionierung des Faktischen. Es geht vielmehr um zweierlei: erstens um eine Herausforderungen herkömmlicher Selbstverständlichkeiten, und zweitens um eine differenzierte theologische wie lehramtlich-kirchenrechtlich-pastorale Antwort auf die facettenreiche, ja zuweilen widersprüchliche aktuelle Situation. Angesagt ist weder ein Plädoyer für die Normativität des Faktischen noch das immobile Festhalten des Gewordenen, was Gefahr läuft, stets nur die Nöte eines Teils der Gläubigen wahrzunehmen, bei anderen aber die Zumutungen zu erhöhen. Erforderlich sind Regelungen, die der Vielfalt gerecht werden, ohne die Einheit zu gefährden. Das ist auch eine psychologische, ja eine spirituelle Herausforderung, wenn denn Gläubige und Gemeinschaften von Gläubigen nicht nur faktisch ungleichzeitig auf dem Pilgerweg des Glaubens unterwegs sind, sondern dies auch sein dürfen. Nicht alle Katholiken in unserer Weltkirche erfahren ökumenische Situationen als „schwere Notlage"[4], die ein „schwerwiegendes geistliches Bedürfnis" wecken.

---

[4] Vgl. can. 844 § 4/CIC 1983.

2.

In diese Situation hinein wurden die „Thesen zur Eucharistischen Gastfreundschaft" der drei Ökumenischen Institute in Bensheim, Straßburg und Tübingen geschrieben.[5] Zugegeben, das Cover des Büchleins konnte die Assoziation hervorrufen, hier werde Interzelebration, also die Feier der Eucharistie/des Abendmahls unter der gemeinsamen Leitung eines protestantischen und katholischen Vorstehers gefordert. Und wer in einer bestimmten Richtung sensibilisiert ist, könnte den Haupttitel „Abendmahlsgemeinschaft ist möglich" als Aufruf zur generellen Interkommunion, also einer zwischen den Kirchen vereinbarten Kommuniongemeinschaft, interpretieren. Der Untertitel spricht allerdings von „Eucharistischer Gastfreundschaft". Damit ist, ungeachtet aller noch möglichen Differenzierungen, jedenfalls eine entweder generell oder fallweise, von einer Seite oder beiden Seiten ausgesprochene Einladung zur Teilnahme an Abendmahl/Eucharistie gemeint. Unsere Thesen können also auch auf katholischer Seite an schon Gegebenem ansetzen. Deshalb lautet die dritte These: „In zahlreichen Ausnahmefällen wird einzelnen schon heute Abendmahlsgemeinschaft gestattet." Während die im Gefolge des Ökumenismusdekrets[6] formulierten Vorschriften des Ökumenischen Direktoriums und des Codex Iuris Canonici[7] – vom Verhältnis zu den orthodoxen Kirchen abgesehen – nur eine einseitige Zulassung nichtkatholischer Christen in nicht näher spezifizierten, sondern dem Urteil des Bischofs bzw. der Bischofskonferenz anvertrauten Notfällen vorsehen, fassen regionale Regelungen von Bischöfen und Bischofskonferenzen auch die Wechselseitigkeit ins Auge. Erstes nachkonziliares und prominentestes Beispiel sind die Weisungen, die Bischof Elchinger für konfessionsverschiedene Ehepaare in seiner Diözese im Elsass 1972 erlassen hatte.[8] Durch sie ist auch der Ausdruck „Eucharistische Gastfreundschaft" bekannt geworden. Das Plädoyer der drei Ökumene-Institute zielt also auf eine wechselseitig gewährte und als solche ausgesprochene Gastfreundschaft in bestimmten Fällen. Diese werden nicht mehr nur im Bereich einzelner Notsituationen gesehen, sondern als dauerhaft er-

---

[5] Vgl. Centre d'Études Œcuméniques (Strasbourg)/Institut für Ökumenische Forschung (Tübingen)/Konfessionskundliches Institut (Bensheim), Abendmahlsgemeinschaft ist möglich. Thesen zur Eucharistischen Gastfreundschaft, Frankfurt a.M. 2003.

[6] Vgl. Unitatis redintegratio 8; s. dazu meinen Kommentar in: Peter Hünermann/Bernd Jochen Hilberath (Hgg.), Theologischer Kommentar zum Zweiten Vatikanischen Konzil III, Freiburg i.Br. 2005 (im Erscheinen).

[7] S.o. Anm. 1 und 4.

[8] Vgl. Centre d'Études Œcuméniques (Strasbourg), 25–27. Eine ähnliche Regelung traf im gleichen Jahr die Synode der Diözese Basel (vgl. 27f).

fahrene geistliche Not und anhaltendes spirituelles Bedürfnis „im Leben von Menschen, die in intensiver ökumenischer Gemeinschaft miteinander leben"[9]. Was dieses Plädoyer von bischöflichen Weisungen unterscheidet, ist das Überschreiten „einer reinen ‚Notstandsseelsorge'"[10] und der Wunsch nach einer offiziellen Praxis. Mancherorts würde dadurch nur sanktioniert, was de facto und häufig nicht ohne Billigung bzw. Tolerierung geschieht. Die Thesen stellen also keineswegs einen Bruch mit der Tradition, auch nicht der römisch-katholischen Lehrüberlieferung dar. Vielmehr gehen sie davon aus, dass den Ausnahmeregelungen theologische Einsichten zu Grunde liegen. Diese zu erheben und in dieser Perspektive weiter zu fragen, war der Impuls zur Verfassung des Plädoyers. Im Blick auf die pastorale Situation in Südwestdeutschland und im Elsass (die so differenziert ist, wie oben in groben Strichen gezeichnet[11]) wollen die Thesen „Menschen, die in intensiver ökumenischer Gemeinschaft miteinander leben", eine theologische Hilfestellung zur Urteilsbildung geben und den in den Kirchen Verantwortlichen die Bitte um entsprechende Regelungen vortragen.

3.

Methodologisch gesehen sind die Thesen der Versuch, ihr Plädoyer vor dem Hintergrund der ökumenischen Diskussion und des in ihr Erreichten zu begründen, Position zu beziehen und Perspektiven für die weitere Entwicklung zu formulieren. Deshalb sind folgende Hinweise zwar wichtig, wenn es um die Vergewisserung der Situation und um die Beurteilung der möglichen Akzeptanz geht, sie stellen aber kein theologisches Gegenargument dar: (a) der Hinweis auf Gegenbeispiele aus einer Praxis, die nicht mit der in den Thesen formulierten Theologie übereinstimmt, also z.B. die Tatsache, dass nicht überall in evangelischen Gemeinden das Abendmahl, jedenfalls in der Regel, nur durch Ordinierte geleitet wird[12], oder ein Umgang mit der Eucharistie, der von dem abweicht, was im Rahmen des dem Ökumenischen Arbeitskreis, dessen Wissenschaftlicher Leiter auf katholischer Seite nach Karl Lehmann Theodor Schneider wurde, aufgetragenen Projekts „Lehrverurteilungen – kirchentrennend?"[13] erarbeitet wurde. (b) Die Behauptung, es handele sich um schlechte Theologie, aus dem Munde de-

---

[9] AaO. 10 (im Rahmen des einleitenden „Plädoyers" 9f).
[10] Ebd.
[11] Was aaO. 73f in den „Konsequenzen" auch berücksichtigt wird.
[12] Vgl. aaO. 64f.
[13] Vgl. Karl Lehmann/Wolfhart Pannenberg (Hgg.), Lehrverurteilungen – kirchentrennend? I, Freiburg–Göttingen 1986, hier zit. im Rahmen der These 7.2 (56–60).

rer, die nur die gewohnte Theologie oder gar nur lehramtliche Äußerungen als „gute Theologie" ansehen. Oder wie soll man den Einwand eines katholischen Ökumenereferenten verstehen, die evangelische Position sei völlig richtig, die katholische völlig falsch dargestellt worden? Ist denn auch falsch, was in den zitierten Ausnahmeregelungen steht? Und seit wann ersetzt eine solche in der antiken Rhetorik übliche Vorverurteilung, die auch die evangelischen Verfasser der Thesen strikt zurückweisen, die theologische Auseinandersetzung?

4.

Ernst zu nehmen ist dagegen ein theologischer Einwand, der zudem den Schlüsselbegriff der Thesen betrifft: „Eucharistische Gastfreundschaft" sei eine ethische Kategorie und deshalb zur theologischen Problemlösung nicht geeignet. Mit diesem Argument möchte ich mich im Folgenden auseinandersetzen. Dass ich dies in der Festschrift für Theodor Schneider tun kann, hat für mich eine besondere Bewandtnis. Ich habe meinen Lehrer, meinen „Chef" und Freund immer als einen äußerst gastfreundlichen Menschen erfahren. Gemeinsames Essen, nicht nur funktionalisiert zum Arbeitsessen, viel eher erwünscht als Phase der Erholung und der unverzweckten Gemeinschaft, war ein konstitutiver Bestandteil unseres Miteinanderseins. Dass die Festschrift zum 65. Geburtstag mit „Vorgeschmack" betitelt wurde, hat auch diesen Hintergrund. Und damit ist zugleich etwas ausgesagt, was die These von der (bloß) ethischen Kategorie widerlegt, wenn auch zunächst nur in diesem lebensweltlichen Zusammenhang. Zum Essen einzuladen, war für Theodor Schneider nie nur ein ethisches Gebot; ich würde sogar behaupten, es war (und ist) für ihn überhaupt keine Angelegenheit der Ethik. Es war vielmehr nach meiner Wahrnehmung ein menschlich-geistliches Bedürfnis, indem Theo nicht nur der Schenkende, sondern durchaus auch der Beschenkte sein wollte. Ja, rückblickend erscheinen mir die gemeinsamen Essen wie die Konzentration dessen, was Theodor Schneider unter Theologie verstand: Nach-Denken über die Einladung Gottes zum Leben und Ausdruck unserer Dankbarkeit als Eingeladene. Deswegen konnte und kann er Theologie nur treiben, wenn er die existentielle und damit zugleich spirituelle Betroffenheit mit ausspricht, am liebsten in Zitaten, Gedichten und biographischen Notizen, oder Bildern. Ja, da bin ich mir sicher: Für Theodor Schneider geht der Weg nicht von der Theologie der Gastfreundschaft zur Ethik der Gastfreundschaft, hier ist zunächst überhaupt kein Weg. Vielmehr wird in unserer Gastfreundschaft Gottes Gastfreundlichkeit (in einem weiten wie in einem spezifischen Sinn) sakramental gegenwärtig. Und das erfahren wir, indem wir auf dem Weg sind – zu ihm und zu den Menschen, wie die Emmausjünger unterwegs Gottes Präsenz erfahrend. Rubeljews Ikone, welche Abrahams Gastfreundschaft für die drei Männer/den einen Herrn trinitätstheologisch deutet bzw. als Bild der Trinität verehrt wird, hat nicht zuletzt oder vor allem deshalb eine solche Bedeutung, auf die auch Theodor Schneider regelmäßig hinweisen konnte.

5.

Gastfreundschaft ist ein herausragendes Kulturphänomen der Menschheit. Von daher verwundert es, dass die einschlägige Forschungsliteratur bisher noch einen bescheidenen Umfang hat. Die in der Monographie von Hans Haberer „Gastfreundschaft – ein Menschheitsproblem"[14] aufgeführte Literatur widmet sich überwiegend dem ethischen Aspekt; Schwerpunkte sind Migration und Fremdheit. Man muss also die Reichweite des Untertitels „Überlegungen zu einer ‚Theologie der Gastfreundschaft'" sehr großzügig bemessen. Im engeren Sinn theo-logisch, d.h. mit der theologischen Begründung der Gastfreundschaft beschäftigen sich nur das vierte und sechste Kapitel, wobei nur das letztgenannte ganz einschlägig der „Biblisch theologische[n] Begründung einer ‚Theologie der Gastfreundschaft'"[15] gewidmet ist. Gastfreundschaft – also doch ein ethisches Phänomen? Sehen wir genauer hin und nehmen zunächst die Ausführungen Haberers ein wenig unter die Lupe!

Dass Christen Mitchristen anderer Konfession als Gäste einladen, ja sie zu Freunden haben, ist eine Selbstverständlichkeit geworden. Auch (oder gerade?) in den Ursprungsländern der Reformation sind die Zeiten geschlossener konfessioneller Milieus vorbei, bedeutet es kein Unglück mehr, einen Menschen anderer Konfession zu heiraten. Im bürgerlichen Leben ist also – trotz gelegentlich anzutreffender emotionaler Reserven, die in der Regel personengebunden sind und biographisch bedingt sein können – Gastlichkeit, ja Gastfreundschaft eine Selbstverständlichkeit. Von daher erwächst der Wunsch, auch „am Tisch des Herrn" miteinander Gäste sein zu dürfen. Da dieser Tisch des Herrn jeweils in Konfessionskirchen bereitet wird, heißt dies, in gastfreundlicher Haltung Gäste einladen zu dürfen. Da-

---

[14] Hans Haberer, Gastfreundschaft – ein Menschheitsproblem. Überlegungen zu einer „Theologie der Gastfreundschaft", Aachen 1997.
[15] S. dazu jetzt aktuell das Heft 4/2004 der Zeitschrift „Bibel heute".

bei wird eine einseitige Gastfreundschaft in der Regel als dem Charakter des eucharistischen Mahles unangemessen empfunden. Von der „bürgerlichen Gastfreundschaft" zur „eucharistischen Gastfreundschaft" lässt sich dieser Trend schlagwortartig charakterisieren. Ein zwingendes theologisches Argument stellt das freilich noch nicht da. Schauen wir weiter!

Auch in Israel gehören „bürgerliche" und „gottesdienstliche" Gastfreundschaft zusammen, und zwar offenbar auf fundamentale Weise und in einem umgekehrten Begründungsverhältnis als gerade in den Blick genommen. „Im alttestamentlichen (und später auch im neutestamentlichen) Gottesvolk gilt also die de-facto-Gleichberechtigung des Ausländers dann, wenn er, und dies ist fundamental wichtig, am gottesdienstlichen Leben teilnimmt und in der Glaubensausübung zu Israel (zur Kirche) hält."[16] Hier ruft also nicht die gesellschaftlich selbstverständlich geübte Gastlichkeit nach einer auch gottesdienstlichen Gastfreundschaft, vielmehr begründet erst letztere die erste. Sind wir da nicht „fortschrittlicher", indem wir zwar keine Gastfreundschaft im (zentralen) Gottesdienst gewähren, aber davon abgesehen die von unserer Eucharistie Getrennten als Brüdern und Schwestern behandeln? Es gibt eben einen intimen Bereich, in den nicht jeder, auch nicht jeder Blutsverwandte zugelassen werden kann. Was ist aber das Kriterium für den Ausschluss? Dass es sich in dem einen Fall um eine ethische, im anderen aber um eine religiöse Frage handelt? Gewiss ist Religion „mehr als Ethik"[17], aber gibt es eine Ethik, die nicht letztlich – zumindest in einem weiten Sinn – religiös begründet ist?

Gastlichkeit gehört zur Kultur der Nomaden. In ihr sind Fremde in besonderer Weise auf Gastfreundschaft angewiesen. Auch Israel hat dies in seiner Geschichte erfahren müssen und dürfen. „Die ‚Mahlgemeinschaft' war (und ist) im orientalisch-hellenistischen Umfeld die intimste Gemeinschaft, die Menschen eingehen können. Diese Einheit im gemeinsamen Mahl kann noch über der ehelichen und der familiär bedingten Gemeinschaft stehen."[18] Nicht nur Israel, sondern „die gesamte Antike hat in [der Gastfreundschaft] ein Element des Religiösen gesehen"[19]. Von der Verkündigung Jesu kann sogar behauptet werden, dass in ihr „die Gastfreundschaft [...] ein Grundbild der sich herabneigenden Güte Gottes [wird]"[20]. Im Blick auf das Verhältnis von Ethik und Religion präsentiert sich uns im Neuen Testament folgender Befund: „In der Mehrzahl der Fälle erscheint die ‚phi-

---

[16] Haberer, 101.
[17] Vgl. Albert Biesinger, Gott – mehr als Ethik?, Freiburg i.Br. 1997.
[18] Haberer, 190.
[19] Adalbert Hamann, Die ersten Christen, Stuttgart 1985, 39 (zit. bei Haberer, 114).
[20] Haberer, 121.

loxenia' [...] bei den so genannten ‚Tugendkatalogen', also als eine Art Imperativ. Bei Jesus ist die ‚philoxenia' aber eine einfache Tatsache im Leben der Seinen [...]"²¹ Gastfreundschaft zu üben, ist grundsätzlich Vollzug der christlichen Liebe, der agape. Sie scheint freilich mehr zu sein als nur eine urchristliche Tugend. Zum einen steht sie im Dienst am Evangelium, wenn dessen Boten aufgenommen und zur Reise ausgerüstet werden (vgl. 3 Joh 5–8). Zum anderen ergeht die Ermahnung: „Vergesst die Gastfreundschaft nicht; denn durch sie haben einige, ohne es zu ahnen, Engel beherbergt" (Hebr 13,2). Der Hebräerbrief spielt an dieser Stelle auf Gen 18 an, auf Abrahams Gastfreundschaft gegenüber den drei Männern (Engeln), in denen der Herr selbst bei ihm (und Sara) zu Gast ist. Schließlich wird nach Mt 25,38 im Fremden Jesus Christus selbst aufgenommen. Deshalb formuliert die Regel des heiligen Benedikt in Kapitel 53: „Alle Gäste, die [zum Kloster] kommen, sollen wie Christus aufgenommen werden; denn er wird einmal sagen: Ich war Gast, und ihr habt mich aufgenommen. Allen soll man die Ehre erweisen, die ihnen zukommt, besonders denen, die mit uns im Glauben verbunden sind, und den Pilgern."²²

6.

Erstaunlicherweise ist auch innerhalb der Theologie, selbst im Kontext der Debatte um Abendmahls-/Eucharistiegemeinschaft, zum Phänomen der Gastfreundschaft wenig publiziert worden.²³ Aus systematisch-theologischer Sicht hat sich Margit Eckholt dem Thema gestellt und dabei Anregungen Derridas, Camus' und Ricœurs aufgegriffen. Ihren Beitrag stellt sie im Anschluss an Romano Guardini unter das Motto „Der Gast bringt Gott herein".²⁴ Ziel des Beitrags ist es, das kulturphilosophisch beleuchtete Phä-

---

[21] Ebd.
[22] Zit. nach: Die Regel des hl. Benedikt, eingeleitet und übersetzt von P. Basilius Steidle OSB, Beuron ¹²1980, 9.
[23] Außer den Thesen der drei Ökumenischen Institute erschienen im Kontext des ersten Ökumenischen Kirchentages die Sammelbände: Joachim Hake (Hg.), Der Gast bringt Gott herein, Stuttgart 2003; Johannes Brosseder/Hans-Georg Link (Hgg.), Eucharistische Gastfreundschaft, Neukirchen-Vluyn 2003; Silvia Hell/Lothar Lies (Hgg.), Amt und Eucharistiegemeinschaft, Innsbruck 2004.
[24] Margit Eckholt, „Der Gast bringt Gott herein" (R. Guardini). Kulturphilosophische und hermeneutisch-theologische Überlegungen zur eucharistischen Gastfreundschaft, in: Hake, 11–30. Die Seitenangaben im Text beziehen sich auf diesen Beitrag. Das Zitat stammt aus Romano Guardini, Briefe über Selbstbildung, Mainz ¹³1978, 37. – In ihrem Beitrag für das in Anm. 15 erwähnte Themenheft verweist Maria Klasková auf

nomen der Gastfreundschaft „in einem hermeneutisch-theologischen Zugang zur Eucharistie" zu verankern, damit die „ekklesiologische[.] und ökumenische[.] Relevanz" sichtbar wird, zumal die Autorin vermutet, dass „genau das Fehlen eines eucharistietheologischen Fundaments [...] zur mangelnden ökumenischen Breitenwirkung [...] in den 70er Jahren des vergangenen Jahrhunderts beigetragen haben [kann]"(15). Gastfreundschaft, „in allen Kulturen [...] ein ungeschriebenes Gesetz"(16), ist ein komplexes Phänomen. Zu ihm gehört die Ambivalenz, die sich im Stamm des lateinischen Wortes anzeigt: hos-tis – der Fremde als der Feind, hos-pes – der Gast (auch als der Fremde) oder der Gastgeber. Nach Derrida[25] nun ist Gastfreundschaft zunächst „Teil des Ethos", sie setzt „den sozialen und familiären Status der Vertragspartner voraus" (18). Dann aber gibt es „auch die, die nicht mit dem Namen genannt werden können, und gerade diesen ‚Fremden' – den ‚absolut anderen' – gegenüber wird deutlich, dass Gastfreundschaft als Ethos in der Tiefe auf eine ‚absolute und unbedingte Gastfreundschaft' bezogen ist, die Gastfreundschaft erst zur Gastfreundschaft macht" (ebd.). Vom Standpunkt des Rechts aus betrachtet, bleibt der Gast ein Fremder, jedoch „[gebietet] das Gesetz der absoluten Gastfreundschaft [...], mit der rechtlich geregelten Gastfreundschaft, mit dem Gesetz oder der Gerechtigkeit als Recht, zu brechen" (19). In der Perspektive der absoluten Gastfreundschaft vollzieht sich eine Umkehrung der Verhältnisse: „Der Gast wird zum Gastgeber des Gastgebers" (ebd.), „der ‚Hausherr' bzw. die ‚Hausfrau' gewinnt sich – sein/ihr Verhältnis zum anderen, zur Welt – neu in der Begegnung mit dem Fremden. Gastfreundschaft, in ihrer absoluten Form, lässt Miteinander als ‚verdankt', als gegenseitiges Geben und Empfangen erleben" (21).

Welche ekklesiologischen und ökumenischen Konsequenzen ergeben sich im Blick auf die Eucharistie als „Sakrament der absoluten Gastfreundschaft" (22)? „Gastfreundschaft in ihrer absoluten Form [...] erinnert an die Gabe Gottes, an das Geschenk seiner Liebe, an die Verwandlung jeden Miteinanders. Eine Nähe ist möglich, ein neues Miteinander, ein Verwandeltwerden und Sich-Empfangen durch den anderen. Eucharistie in Gestalt der Gastfreundschaft erinnert daran, dass Leben Gabe ist, dass Gemeinschaft sich in der Dynamik des Gebens und Nehmens ausgestaltet" (ebd.). Als alttestamentliches Beispiel wird – wie könnte es anders sein! – Gen 18 aufgerufen. Neutestamentlicher Bezug ist Mt 8,8 („Herr, ich bin nicht wür-

---

[25] ein ähnlich lautendes Sprichwort ihrer Heimat: „Einen Gast ins Haus zu nehmen, bedeutet Gott anzunehmen."
Eckholt bezieht sich auf die einschlägige Veröffentlichung: Jacques Derrida, Von der Gastfreundschaft, Wien 2001.

dig..."), und es zeigt sich: „Die absolute Gastfreundschaft, die im Leben Jesu aufleuchtet, indem er Gast und Gastgeber ist, die Sünde der Welt auf sich nehmend sich ganz gibt, ist [...] von [...] einer Tragik durchzogen. In den Grenzen von Kultur und Geschichte scheitert absolute Gastfreundschaft, sie führt ans Kreuz [...] Aber dass sich gerade darin die ‚Absolutheit' der Gastfreundschaft bewahrheitet, [...] wird zum Glauben und zur Praxis der ersten Jünger und Jüngerinnen" (23f.).

Dafür steht, auch ohne ausdrücklich (so) genannt zu werden, die Feier der Eucharistie. Nach Eckholt folgt daraus, dass „dann ‚Wechselseitig zu Gast sein' in der Feier der Eucharistie und der Feier des Abendmahls nicht allein aus einem ‚persönlichen Gewissensspruch' erwachsen [kann], sondern [...] eine ekklesiale Notwendigkeit"(27) darstellt. Diese wird zwar vorläufig nur in Ausnahmefällen Wirklichkeit werden. Wie die Vertreter der drei Ökumene-Institute meint jedoch die Autorin: „[N]ur bedeutet dies nicht, dass im Blick auf die eucharistische Gastfreundschaft grundsätzlich von einer Ausnahmeregelung gesprochen werden kann" (ebd.). Gerade weil sich die absolute Gastfreundschaft in einer konkreten Sozialgestalt vollzieht, gilt: „Die Logik der ‚Gerechtigkeit' hat sich je an der ‚Ökonomie der Gabe' – der absoluten Gastfreundschaft – zu orientieren. Wenn wir so ‚wechselseitig zu Gast' sind in der Feier der Eucharistie und der Feier des Abendmahls, wächst Kirche in die ihr von Gott zugesagte Verheißungsgestalt hinein" (28). Schließlich gibt Eckholt noch einen aus meiner Sicht entscheidenden Hinweis: „In Zeichen der Globalisierung und der gebrochenen Moderne ist Gastfreundschaft ein wichtiges Zeichen einer glaubwürdigen Kirche", wobei insbesondere „der Aspekt der Versöhnung, der die Tiefendimension jedes wahren Vollzugs des Sakraments der Eucharistie ausmacht und der sich im Geschehen der Gastfreundschaft bewahrheitet" (ebd.), beachtet sein will. Statt mit der These „Volle Eucharistiegemeinschaft ist nur möglich bei voller Kirchengemeinschaft" im Grunde „alle Bemühungen um eucharistische Gemeinschaft wieder im Keim [zu ersticken]", sollte mit Bischof Elchinger gefragt werden: „Müssen denn bestimmte Gesten der Einheit, ohne Zweifel Wagnisse, aber doch eingebunden in die ‚Dynamik des Provisorischen', immer und überall verboten sein im Namen der Verschiedenheiten, die zwischen unseren Kirchen weiter bestehen?" (29)

7.

Seit Jahrzehnten behaupten Vertreter der getrennten christlichen Kirchen: „Das, was uns gemeinsam ist, ist größer als das, was uns trennt." Was trennt Christen, die verschiedenen Kirchen angehören, voneinander, wenn sie aus einem besonderen Anlass oder in einer spezifischen Situation des christlichen Lebens, die freilich auch (z.b. in der Ehe) eine dauerhafte sein kann, an der Mahlfeier der je anderen Kirche teilnehmen? Nicht was sie theologisch trennen könnte, ist hier aufzuzählen. Entscheidend ist, was sie theologisch nach Jahrzehnten des ökumenischen Dialogs nicht mehr trennen muss. Der Hinweis darauf, dass ja Christus der Gastgeber ist, der einlädt, genügt nicht. Das formuliert auch die fünfte These der Ökumene-Institute: „Jesus Christus lädt zum Abendmahl ein. Er ist Geber und Gabe. Allein in seinem Namen spricht die Kirche die Einladung aus. Dies kann nicht unterschiedslos geschehen, sondern muss dem Willen Jesu Christi entsprechen."[26] Es stimmt, die Kirche(n) sprechen die Einladung Jesu Christi aus. Die Kriterien bestimmt er. Ist sein Hauptkriterium das, dass durch die Feier der Eucharistie/des Abendmahls bestehende Kirchengemeinschaft ausgedrückt wird? Oder geht es nicht primär und fundamental darum, dass in der Feier die Gemeinschaft der Glaubenden jeweils neu konstituiert wird? Soll davon ein (z.B.) evangelischer Christ ausgeschlossen sein, so wie ja etwa ein Muslim ausgeschlossen wäre, weil seine Teilnahme weder für ihn noch für die Kirche Sinn macht? Behandelten wir dann einen nichtkatholischen Christen heute hinsichtlich der Eucharistie so, wie er/sie nach einer vor dem Zweiten Vatikanischen Konzil vorherrschenden Theorie hinsichtlich der Kirchenzugehörigkeit eingestuft wurde, nämlich dem „Heiden" näher als dem Katholiken?[27] Kann Kirche einem Christen verwehren, durch den Mahlherrn als Glied am Leib Christi aufgebaut zu werden? Reformatorischerseits gilt eher die Taufe als konstitutiv für die Gemeinschaft der Glaubenden, und das Abendmahl kann als zusätzliche Gnadengabe für die Einzelnen betrachtet werden. Das relativiert, sofern es vertreten wird, die Bedeutung der Eucharistie. Katholischerseits erklärt man sich von daher die „Großzügigkeit" evangelischer Gastfreundschaft. Sollten Katholiken darauf nicht einmal so reagieren, dass sie sich fragen, ob das, was über die Taufe hinaus Gliedschaft am Leib Christi konstituiert, verwehrt werden kann? Ganz abgesehen davon, dass das in schweren Notsituationen als

---

[26] Centre d'Études Œcuméniques (Strasbourg), 40.
[27] Dies war die Konsequenz einer Ekklesiologie, welche sich an den sichtbaren Elementen von Kirche als einer societas perfecta orientierte. Kanonisten wie Mörsdorf konnten zu anderen Folgerungen kommen, weil sie die sakramentale Taufe zum fundamentalen Kriterium machten. Vgl. den Kommentar von Aloys Grillmeier zu LG 14 in LThK.E I, hier: 194–198, sowie den Exkurs von Peter Hünermann, in: Peter Hünermann/Bernd Jochen Hilberath (Hgg.), Theologischer Kommentar zum Zweiten Vatikanischen Konzil II, Freiburg i.Br. 2004, 389–393.

Gnadenmittel für den Einzelnen ausnahmsweise zulässige Sakrament auch und gerade ein Gnadenmittel für die ganze Gemeinschaft ist! Die Darstellung (nicht die Konstituierung!) der vollen Kirchengemeinschaft ist nicht das primäre Ziel. Sie kann im Sinne einer Theo-logie der Eucharistie auch nicht als gleichwertig mit dem Ziel der Gnadenverleihung angesehen werden. Vielmehr gilt: Weil der Gastgeber sich als Gabe gibt und alle geladenen Gäste sind, kann Kirche aufgebaut werden und sich mit Hilfe seiner Gnade als Kirchengemeinschaft darstellen. Auch dann, wenn sie noch auf dem Weg zur vollen Kirchengemeinschaft ist! Müsste also nicht das in Artikel 8 des Ökumenismusdekrets formulierte Doppelprinzip umgekehrt werden, so dass es hieße „Die Sorge um die Gnade empfiehlt meistens eine Gemeinschaft. Die Bezeichnung der Einheit verbietet sie bisweilen"? Gelegentlich wird in diesem Zusammenhang vor einem „Dammbruch" gewarnt. Ich halte diesen für unwahrscheinlich. Die Regel ist ja nicht, dass Christenmenschen am Sonntagmorgen überlegen: „In welche Kirche gehen wir denn heute?" Konfessionsverschiedene Ehepaare und Familien, sofern sie ein christliches Leben miteinander praktizieren (und allein das sollte uns wie jede gelebte „konfessionelle" Ehe in der heutigen gesellschaftlichen Situation mit Dankbarkeit erfüllen), haben dafür ihre Regel gefunden. Entweder sind sie alle in einer Gemeinde beheimatet oder in beiden Gemeinden und gehen abwechselnd zum Abendmahl. Immer noch gibt es auch Mitchristen, die aus Rücksicht auf den Partner nicht am Abendmahl bzw. der Eucharistie teilnehmen. Nach Bischof Elchinger verlangt die Logik der Liebe wie der Eucharistie Gemeinsamkeit und Wechselseitigkeit. Sollten wir dem von dem Gedanken der Eucharistie als „Sakrament der absoluten Gastfreundschaft" her nicht voll zustimmen?

Mit Kranken das eucharistische Mahl feiern
Eine ökumenische Perspektive

Dorothea Sattler

1. Themenwahl und Begrenzungen

Mit Theodor Schneider verbindet mich die Freude an literarischen Zeugnissen – gewiss nicht nur dies, dies jedoch nicht ohne Belang. Dichter und Dichterinnen weisen Wege in die offenen Fragen menschlicher Existenz. In Wiedererkenntnis dieser gemeinsamen Aufmerksamkeit haben wir lange Zeiten des Austauschs gestaltet. Wenige Worte der jüdischen deutschen Dichterin Hilde Domin mit dem Titel „Nicht müde werden" möchte ich daher zu Beginn aufnehmen. Sie lauten:

> „Nicht müde werden
> sondern dem Wunder
> wie einem Vogel
> die Hand hinhalten."[1]

In der gegenwärtigen ökumenischen Bewegung – so meine Wahrnehmung – gibt es vielfältigen Anlass, der naheliegenden Versuchung zur Ermüdung wehren zu müssen. Auf Wunder zu hoffen, erscheint derzeit kaum angezeigt. Auch davon wird in diesem Beitrag die Rede sein. Wunder sind so wenig zu erzwingen, wie es das Ruhen eines Vogels ist. Mit Körnern in der hingehaltenen Hand mag es leichter gelingen. Ein Korn der Erkenntnis ökumenischer Bemühungen möchte ich an dieser Stelle einer möglichen Rezeption hinhalten: Gemeinsam konnte die Einsicht errungen werden, dass die stiftungsgemäße Ausdrucksweise der wahrhaften Gegenwart des gekreuzigten und auferweckten Christus Jesus in der eucharistischen Gedächtnisfeier das Gemeinschaftsmahl mit gebrochenem Brot und geteiltem Wein ist. Sinngehalt und Feiergestalt sollen einander entsprechen.[2]

Die gläubige Gemeinde von Lebenden und Verstorbenen, Gesunden und Kranken hält nach gemeinsamer christlicher Überzeugung das eucha-

---

[1] Hilde Domin, Nicht müde werden, in: dies., Gesammelte Gedichte, Frankfurt ⁷1999, 294.
[2] Vgl. zu dieser Begrifflichkeit: Joseph Ratzinger, Gestalt und Gehalt der eucharistischen Feier, in: ders., Das Fest des Glaubens. Versuche zur Theologie des Gottesdienstes, Einsiedeln 1981, 31–54.

ristische Mahl miteinander. Weder räumliche noch zeitliche Distanzen schließen es aus, sich zu einem gemeinsamen Gedächtnismahl zu versammeln. Das Überbringen der eucharistischen Mahlgaben nach der Abendmahlsliturgie zu denen, die ihrer Intention nach an dieser Feier Anteil haben möchten, daran aber durch Gebrechen oder Gefangenschaft gehindert sind, ist eine gemeinschaftsstiftende Zeichenhandlung. Das Gedächtnis (memoria), die Vergegenwärtigung (repraesentatio) und die Wirksamkeit (applicatio) des Versöhnungshandelns Gottes durch Jesus Christus im Heiligen Geist[3] geschehen auch in dieser Gestalt der eucharistischen Mahlgemeinschaft – so die These, die ich in ihren ökumenischen Implikationen hier erweisen möchte.

In der langen, konfessionell geprägten Traditionsgeschichte haben sich im Umgang mit den eucharistischen Mahlgaben liturgische und theologische Traditionen herausgebildet, die eine ökumenische Verständigung nicht leicht erscheinen lassen. Ich möchte mich an dieser Stelle bewusst auf die Frage der Teilhabe von Kranken an der eucharistischen Gemeinschaft beschränken und an diesem Beispiel aufzeigen, wie weitreichend die ökumenische Konvergenz in dieser Frage bereits ist, und wie wenig an Rezeption dieser Übereinkünfte sowohl in kirchlichen Lehrschreiben als auch in der Gemeindepraxis geschieht. Die mit der Thematik der Aufbewahrung der eucharistischen Mahlgaben verbundenen hintergründigen Fragenbereiche werde ich ansprechen und mich weitgehend darauf begrenzen, auf Literatur hinzuweisen. Konkret werde ich die konfessionellen Traditionen im Blick auf die Teilhabe von Kranken an Abendmahl und Eucharistie vorstellen (2.), den Stand der ökumenischen Gespräche in dieser Thematik zusammenfassend erinnern und dabei offen gebliebene Fragen benennen (3.), eine knappe Übersicht über die Hintergründe mancher, in den Konfessionen unterschiedlicher Entwicklungen präsentieren (4.), einen – soweit ich sehe – in diesem Bereich noch nicht unternommenen Versuch einer biblischen Rückbindung einer kirchlichen Praxis wagen (5.), einige Vorschläge für eine praktisch-liturgische Aufnahme der ausgeführten Gedanken unterbreiten, die erweisen könnten, welche Bedeutung solche vermeintlich kleinen Schritte auf dem wohl noch langen Weg bis zur eucharistischen Gemeinschaft aller Getauften haben (6.).

---

[3] Vgl. zu diesen drei Dimensionen der wahren Gegenwart Jesu Christi im eucharistischen Mahlgeschehen, die den drei Zeitweisen Erinnerung, Vergegenwärtigung und Erwartung entsprechen, die Ausführungen des Trienter Konzils, Lehre und Canones über das Meßopfer (1562), DH 1740.

2. Liturgische Traditionen

2.1 Im evangelischen Raum

Vielfach unvertraut ist römisch-katholischen Getauften noch immer, dass es auch nach evangelischer Tradition die Möglichkeit einer Überbringung der Abendmahlsgaben zu den Kranken in der theologischen Reflexion und in der pastoralen Praxis gibt. So führt die im Nachgang zu auch innerevangelischen Kontroversen anlässlich des Feierabendmahls beim Evangelischen Kirchentags 2001 in Frankfurt sowie des Ökumenischen Kirchentags in Berlin 2003 erschienene Orientierungshilfe der Evangelischen Kirche in Deutschland zum Thema „Das Abendmahl" zu der Frage „Was geschieht mit den Elementen nach dem Gottesdienst?" aus: „Empfohlen wird der theologisch unbedenkliche unmittelbare Verzehr. Da der erwähnte ‚Gebrauch im Gottesdienst' es einschließt, Kranken die Abendmahlsgaben in zeitlicher Nähe zur gottesdienstlichen Feier zu bringen, wenn diese selbst nicht teilnehmen konnten, bestehen keinerlei Bedenken gegen eine solche Praxis der Krankenkommunion. Andernfalls ist ein eigenständiges Krankenabendmahl angemessen."[4] Zwei Kriterien für ein Krankenabendmahl im Anschluss an eine Gemeindefeier werden in diesen kurzen Bemerkungen angesprochen: die zeitliche Nähe zum Abendmahlsgottesdienst und die Not der Kranken, an der Teilnahme an diesem ungewollt und unverschuldet gehindert zu sein. Die Formulierung bleibt erkennbar zurückhaltend im Blick auf eine mögliche Intensivierung dieser zwar als „unbedenklich" bezeichneten Handlungsweise, die aber zugleich auch weithin unvertraut in evangelischen Gemeinden ist und Rückfragen provozieren könnte.

Ein Beispiel[5] für die liturgische Praxis in lutherischer Tradition geschieht in der VELKD-Agende „Dienst an Kranken" unter der Überschrift „Einbeziehung Kranker in den Gottesdienst der Gemeinde".[6] Der Abschnitt beginnt mit dem Hinweis: „Gemeindemitgliedern, die wegen Krankheit

---

[4] Das Abendmahl. Eine Orientierungshilfe zu Verständnis und Praxis des Abendmahls in der evangelischen Kirche. Vorgelegt vom Rat der Evangelischen Kirche in Deutschland, Gütersloh 2003, 51.

[5] Der Lutherische Weltbund hat 1998 eine Erklärung verabschiedet, in der den Mitgliedskirchen nahegelegt wird, in der liturgischen Praxis die gesegneten Abendmahlsgaben aus dem Sonntagsgottesdienst heraus denen zu bringen, die wegen Krankheit oder Behinderung am Gottesdienst nicht teilnehmen können: vgl. The Lutheran World Federation, Worship Net. Beilage: Erklärung von Chicago über Gottesdienst und Kultur, Taufe und Passageriten, Genf 1998, 4.

[6] Vgl. Kirchenleitung der VELKD (Hg.), Agende für evangelisch-lutherische Kirchen und Gemeinden, Bd. III: Die Amtshandlungen, Teil 4: Dienst an Kranken, Hannover 1994, 76–83.

oder aus anderen Gründen ans Haus gebunden sind, kann aus dem Gottesdienst das heilige Abendmahl gebracht werden. Auf diese Weise werden sie in die gottesdienstliche Feier der Gemeinde einbezogen. Der Zusammenhang mit dem Gemeindegottesdienst muss bei dieser Form der Austeilung deutlich erkennbar sein."[7] Dem letztgenannten Anliegen dienen die in der Agende gegebenen Hinweise auf eine erforderliche Unterrichtung der Gemeinde über das Geschehen, bei der auch die Namen der entsprechenden Gemeindemitglieder genannt werden können und ein Gebet für sie vorzusehen ist.[8] Die Abendmahlsgaben werden von der Pfarrerin oder dem Pfarrer oder auch von anderen Helferinnen und Helfern, die für diesen Dienst vorzubereiten sind, überbracht. Die Ordnung der Liturgie unterscheidet sodann zwei Situationen: Wenn die Kranken oder andere Menschen in vergleichbarer Lage die Möglichkeit hatten, die Abendmahlsliturgie durch Medien vermittelt hörend zu verfolgen, ist ein Austeilungsritus mit „Spendeformel" vorgesehen.[9] Diese lautet: „Nimm hin und iss: Das ist der wahre Leib unseres Herrn Jesus Christus, für dich dahingegeben in den Tod. Das stärke und bewahre dich im Glauben zum ewigen Leben. Nimm hin und trink: Das ist das wahre Blut des Neuen Testaments, für dich vergossen zur Vergebung der Sünden. Das stärke und bewahre dich im Glauben zum ewigen Leben."[10] Falls jedoch die Möglichkeit einer hörenden Teilhabe an der Gemeindefeier nicht bestand, ist in der liturgischen Ordnung eine „Vergegenwärtigung des Gottesdienstes der Gemeinde" vorgesehen[11]: Diejenigen, die die Mahlgaben austeilen, erinnern an den Gemeindegottesdienst (mit freien Worten), können die Schriftlesungen und eine persönliche Zusprache vortragen, und sie müssen verbindlich die Einsetzungsworte, das Vaterunser und die in der Gemeinde üblichen Austeilungsworte sprechen. Die Feier schließt mit Dankgebet und Segen.

In ökumenisch-theologischer Hinsicht ist die geschilderte liturgische Ordnung in mehrfacher Hinsicht bedenkenswert: Ihr Grundanliegen ist die Wahrung der erfahrbaren Verbundenheit zwischen Gemeindeversammlung und Krankenliturgie. Die in den beiden Feierformen unterschiedlichen Weisen der Deutung der Mahlgaben im Austeilungsritus bzw. der Rezitation der Einsetzungsworte lässt erkennen, wie eng der Zusammenhang zwischen der Anamnese des biblisch überlieferten Abendmahlsgeschehens und der gläubigen Gewissheit der Gegenwart Jesu Christi im Mahlgeschehen aus

---

[7] AaO. 76.
[8] Ebd.
[9] AaO. 79.
[10] Ebd.
[11] Vgl. aaO. 80–83.

reformatorischer Sicht ist. Ökumenische Fragen eröffnen sich an dieser Stelle auch im Hinblick auf die amtliche Berufung zur Abendmahlsausteilung durch Helferinnen und Helfer. Die Agende behält auch die zweite Feierform mit den Einsetzungsworten nicht Pfarrerinnen und Pfarrern vor.

In dem 2004 erschienenen „Evangelischen Zeremoniale", in dem unter Leitung von Ottfried Jordahn eine Kommission in Rückbindung an die lutherische Tradition und in Offenheit für ökumenische Einsichten sowie zeitgeschichtliche Herausforderungen Anregungen für die „Ars celebrandi" in reformatorischer Tradition zusammengetragen hat, heißt es: „Nach dem Ende des Gottesdienstes stellt sich die Frage, wie mit den nicht verzehrten konsekrierten Abendmahlsgaben (Reliqua sacramenti) umgegangen werden soll. Je nach Standpunkt wird sich ein respektvoller Umgang mit den übrig gebliebenen Gaben in jedem Fall nahe legen – sei es aus Achtung vor der Gegenwart Christi in Brot und Wein, sei es aus Respekt und Rücksichtnahme gegenüber den in der Ökumene häufigen Auffassungen von Realpräsenz. Unabhängig davon ist es ein guter Brauch, konsekrierte Abendmahlsgaben im Anschluss an den Gottesdienst zu kranken Gemeindemitgliedern nach Hause oder ins Krankenhaus zu bringen. Damit wird deutlich, dass die Kranken zu dem einen Gottesdienst der Kirche dazugehören und auch an dieser einen Abendmahlsfeier teilhaben können."[12]

Während in der Regel in evangelischen Überlegungen zur Frage der Krankenkommunion allenfalls die Möglichkeit einer Überbringung der Mahlgaben im unmittelbaren Anschluss an den Abendmahlsgottesdienst nahegelegt wird, gab und gibt es einzelne evangelische Stimmen – vorwiegend aus den Reihen der geistlichen Gemeinschaften –, die an die altkirchliche Tradition der Aufbewahrung der Mahlgaben für die Kranken erinnern und auch die reformatorischen Positionen im 16. Jahrhundert diesbezüglich differenziert betrachten.[13] In Aufnahme reformationsgeschichtlicher Erkenntnisse von Jürgen Diestelmann[14] merkt Volkmar Walther an: „Der einzige Fall, die konsekrierten Elemente über das Ende des Gottesdienstes aufzubewahren, ist der der Krankenkommunion. Dies ist nach der Lehre der actio sacramentalis möglich. Schon Luther hat es ausdrücklich gutgeheißen,

---

[12] Zeremoniale-Ausschuss der Liturgischen Konferenz (Hg.), Ein Evangelisches Zeremoniale. Liturgie vorbereiten – Liturgie gestalten – Liturgie verantworten, Gütersloh 2004, 36.

[13] Vgl. Volkmar Walther, Zur Dauer der Realpräsenz in evangelisch-lutherischer Sicht, in: Heiliger Dienst 53 (1999) 265–279. Vgl. auch Jürgen Boeckh, „Sehet, das Lamm Gottes ...", in: Quatember 46 (1982) 219–227.

[14] Vgl. Jürgen Diestelmann, Actio Sacramentalis. Die Verwaltung des Heiligen Abendmahles nach den Prinzipien Martin Luthers in der Zeit bis zur Konkordienformel, Groß Oesingen 1996.

das Sakrament zu den Kranken zu tragen. Es handelt sich ja hier nicht um einen Missbrauch, da die Elemente auch hier für die Kommunion konsekriert werden, und dass der sakramentale usus oder die actio eine größere zeitliche und räumliche Reichweite erlangt, macht keinen Unterschied."[15] In einzelnen nordeuropäischen lutherischen Gemeinden und auch in der anglikanischen Tradition gibt es bis heute die Praxis der Aufbewahrung der Mahlgaben für die Krankenkommunion.

2.2 In der römisch-katholischen Kirche

In der mit Datum vom 25. März 2004 veröffentlichten Instruktion „Redemptionis Sacramentum"[16] der Kongregation für den Gottesdienst und die Sakramentenordnung, die „über einige Dinge bezüglich der heiligsten Eucharistie, die einzuhalten und zu vermeiden sind", handelt, beginnt Kapitel VI zum Thema „Die Aufbewahrung der heiligsten Eucharistie und ihre Verehrung außerhalb der Messe" mit einer wörtlichen Erinnerung an das Dekret „Eucharistiae Sacramentum"[17], das die damalige Kongregation für den Gottesdienst 1973 veröffentlichte. Demnach gilt als römisch-katholische Lehrmeinung: „Die Feier der Eucharistie im Messopfer ist in Wahrheit Ursprung und Ziel der Verehrung, die dem Altarsakrament außerhalb der Messe erwiesen wird. Die eucharistischen Gestalten werden nach der Messe vor allem deshalb aufbewahrt, damit die Gläubigen, die der Messe nicht beiwohnen können, besonders die Kranken und die Betagten, durch die sakramentale Kommunion mit Christus und seinem Opfer, das in der Messe dargebracht wird, vereinigt werden."[18] Die Herkünftigkeit der eu-

---

[15] Walther, 272.

[16] Vgl. Kongregation für den Gottesdienst und die Sakramentenordnung, Instruktion Redemptionis Sacramentum über einige Dinge bezüglich der heiligsten Eucharistie, die einzuhalten und zu vermeiden sind, 25. März 2004, Verlautbarungen des Apostolischen Stuhls 164, Bonn 2004.

[17] Vgl. Redemptionis Sacramentum, Nr. 129, in Zitation von: Kongregation für den Gottesdienst, De Sacra Communione et de Cultu Mysterii Eucharistici extra Missam, 21. Juni 1973, Dekret zur Eröffnung des Dokuments. Die deutsche Übersetzung liegt als Studienausgabe vor: vgl. Liturgische Institute Salzburg, Trier und Zürich (Hg.), Kommunionspendung und Eucharistieverehrung außerhalb der Messe. Studienausgabe, Einsiedeln–Zürich–Freiburg–Wien 1976.

[18] Kommunionspendung und Eucharistieverehrung außerhalb der Messe, Dekret, 7. Ausdrücklich heißt es anderer Stelle: „Der erste und ursprüngliche Zweck der Aufbewahrung der Eucharistie außerhalb der Messe ist die Spendung der Wegzehrung; die Aufbewahrung dient in zweiter Linie der Kommunionspendung außerhalb der Messe und der Anbetung unseres Herrn Jesus Christus, der im Sakrament gegenwärtig ist. Denn die Aufbewahrung der heiligen Gestalten für die Kranken führte zu dem löbli-

charistischen Mahlgaben aus der gemeindlichen Feier wird in diesem kurzen Text ebenso betont wie ihre primäre Hinordnung auf diejenigen Menschen, die ungeschuldet der Gemeindefeier fernbleiben mussten. Zugleich erstaunt, dass im Fortgang der Ausführungen in der Instruktion von 2004 das Augenmerk nahezu ausschließlich auf einzelne Formen der Verehrung der eucharistischen Mahlgaben (eucharistische Anbetung, Prozessionen und Segen) und nicht auf deren Empfang im Anschluss an die gottesdienstliche Feier gerichtet wird. Lediglich ein Hinweis findet sich noch in diesem Dokument: die Weisung an Priester, Diakone und andere „Spender" der Krankenkommunion, möglichst auf direktem Weg zu den Kranken zu gehen, damit jede Gefahr der „Profanisierung" des Geschehens durch zwischenzeitliche Kontaktnahmen mit den Lebenswelten der Überbringer der Mahlgaben vermieden wird.[19] Diese Weisung kann als Bekräftigung der inneren Zusammengehörigkeit von der eucharistischen Feier in der Gemeinde und der Teilhabe der Kranken an dieser gelten. Gleichwohl wird diese theologische Gedankenverbindung im Dokument nicht ausdrücklich angemerkt.

Ökumenische Aufmerksamkeit hat in Deutschland die im April 2003 im Vorfeld des Ökumenischen Kirchentags in Berlin erschienene Enzyklika „Ecclesia de Eucharistia" von Johannes Paul II. erregt.[20] Ihre theologischen Anliegen sind dabei gewiss losgelöst von der aktuellen Zeitsituation zu verstehen. Zugleich fällt auf, dass dieses Lehrschreiben zwar in allgemeiner Form anmerkt, es gebe Fortschritte in den ökumenischen Gesprächen über Fragen der Eucharistie[21], diese jedoch nicht detailliert in die eigenen Überlegungen einbezogen werden. Dialogdokumente werden an keiner Stelle erwähnt oder gar thematisch rezipiert. Die Frage der Aufbewahrung der Mahlgaben wird einzig unter dem Aspekt der Verehrung der Mahlgaben angesprochen.[22] Dabei lässt die wiederholte Rede vom „eucharistischen

---

chen Brauch, die himmlische, in den Kirchen aufbewahrte Speise zu verehren" (aaO. Nr. 5).

[19] Vgl. Redemptionis Sacramentum, Nr. 133.

[20] Vgl. Johannes Paul II., Enzyklika „Ecclesia de Eucharistia" über die Eucharistie in ihrer Beziehung zur Kirche, 17. April 2003, Verlautbarungen des Apostolischen Stuhls 159, Bonn 2003.

[21] Vgl. aaO. Nr. 30, 43f, 46.

[22] Die entsprechende Passage lautet: „Der Kult, welcher der Eucharistie außerhalb der Messe erwiesen wird, hat einen unschätzbaren Wert im Leben der Kirche. Dieser Kult ist eng mit der Feier des eucharistischen Opfers verbunden. Die Gegenwart Christi unter den heiligen Gestalten, die nach der Messe aufbewahrt werden – eine Gegenwart, die so lange andauert, wie die Gestalten von Brot und Wein Bestand haben –, kommt von der Feier des Opfers her und bereitet auf die sakramentale und die geistliche Kommunion vor. Es obliegt den Hirten, zur Pflege des eucharistischen Kultes zu ermutigen, auch durch ihr persönliches Zeugnis, insbesondere zur Aussetzung des Al-

Kult außerhalb der Messe" kaum erkennen, dass die Bereitschaft zu ökumenischer Sensibilität besteht.[23] Die Verbindung zwischen der Aufbewahrung der Mahlgaben und der Teilhabe kranker Menschen an der eucharistischen Mahlfeier wird nicht besprochen. Otto Hermann Pesch fragt daher: „Kann es genügen, allgemein auf den Zusammenhang zwischen Eucharistiefeier und eucharistischem Kult hinzuweisen (Nr. 25: ‚eng mit der Eucharistiefeier verbunden'), anschließend aber den eucharistischen Kult aufs nachdrücklichste zu betonen – von der persönlichen Anbetung bis zur Fronleichnamsprozession –, ohne ein Wort darüber zu verlieren, dass der Zusammenhang mit der Eucharistiefeier dann auch optisch durch die Formen des Kultes deutlich gemacht werden muss, wenn dieser nicht berechtigten Anstoß bei evangelischen und orthodoxen Christen erregen soll?"[24].

Der gesamte Themenbereich des stiftungsgemäßen Umgangs mit den eucharistischen Mahlgaben, der in ökumenischen Gesprächen intensiv beraten worden ist, findet keine Aufnahme in dieses Lehrschreiben. Ebenso verhält es sich in dem Apostolischen Schreiben „Mane Nobiscum Domine" von Johannes Paul II. zum Jahr der Eucharistie Oktober 2004 bis Oktober 2005.[25] Der Aufbewahrungsort der eucharistischen Mahlgaben wird

---

[23] lerheiligsten sowie zum anbetenden Verweilen vor Christus, der unter den eucharistischen Gestalten gegenwärtig ist" (aaO. Nr. 25).
In seinem kurzen Kommentar zur Enzyklika „Ecclesia de Eucharistia" macht Michael Welker insbesondere auf diese Thematik aufmerksam: „Die Enzyklika Ecclesia de Eucharistia fällt hinter diesen ökumenischen Erkenntnisstand zurück, indem sie die Tabernakelfrömmigkeit ausdrücklich wieder zu fördern sucht [...] und die Feier der Eucharistie ohne Gemeinde gutheißt [...]. Zwar bestätigt der Papst, dass die ‚Communio-Ekklesiologie die zentrale und grundlegende Idee der Dokumente des Zweiten Vatikanischen Konzils' gewesen sei und dass das Sakrament treffend ‚Kommunion' genannt werde [...] Doch diese ‚Idee' wird dem Anliegen nachgeordnet, jede gültige Spendung des Sakraments strikt an das geweihte Priestertum zu binden" (Michael Welker, Was geht vor beim Abendmahl?, Gütersloh ²2004, 184). Deutlich gibt Welker auch seinem Unverständnis darüber Ausdruck, dass in den jüngeren Dokumenten der römisch-katholischen Kirche keine Rezeption der ökumenischen Dialoge geschieht: „Es kann nicht angehen, dass bestimmte Kirchen und kirchliche Gemeinschaften, wie alt und wie groß sie auch sein mögen, wie beachtlich auch ihre monetäre und institutionelle Macht, sich aufgrund von theologischen und religiösen Präferenzen ihrer Führer oder führenden Gruppen über Wahrheitserkenntnisse, die in langen weltweiten seriösen Verständigungsprozessen gewonnen worden sind, einfach hinwegsetzen" (aaO. 186). Zugleich stimmt Welker einer Äußerung von Kardinal Karl Lehmann im Anschluss an die Enzyklika zu, der zufolge das ökumenische Gespräch trotz allem nun weitergehen müsse (vgl. aaO. 185).
[24] Otto Hermann Pesch, Die Enzyklika „Ecclesia de Eucharistia". Gesichtspunkte zur Lektüre und Beurteilung, in: StZ 221 (2003) 507–522.
[25] Vgl. Johannes Paul II., Apostolisches Schreiben „Mane Nobiscum Domine" zum Jahr der Eucharistie Oktober 2004–Oktober 2005, 7. Oktober 2004, Verlautbarungen des

einzig unter dem Aspekt der Ermöglichung von Verehrungs- und Betrachtungsformen besprochen.[26] Gerade die vielen in jüngerer Zeit erschienenen römisch-katholischen Beiträge zu eucharistischen Fragen hätten durch die Rezeption ökumenischer Einsichten das diesbezüglich unbestrittene Grundanliegen von Johannes Paul II. deutlicher erweisen können. Es hätte vernehmlicher zu Wort kommen können, was die Kongregation für den Gottesdienst 1973 im Blick auf die „verschiedenen Formen der Verehrung des Allerheiligsten" anmahnte, nämlich: „In der äußeren Form der Aussetzung vermeide man [...] deshalb sorgfältig alles, was irgendwie die Tatsache verdunkeln könnte, dass es der vornehmliche Wunsch Christi bei der Einsetzung der heiligen Eucharistie war, sie uns als Speise, Heilmittel und Stärkung anzubieten."[27] Der stiftungsgemäße Gebrauch (usus) der eucharistischen Mahlgaben steht im Zentrum der ökumenischen Bemühungen um Konvergenzen in der Frage nach deren Aufbewahrung.

3. Ökumenische Annäherungen

Im multilateralen ökumenischen Gespräch zeigt sich, dass nicht nur die römisch-katholische, sondern auch die orthodoxe, die alt-katholische, die anglikanische und die alt-lutherische Tradition eine liturgische Praxis der Aufbewahrung der eucharistischen Mahlgaben für die Krankenkommunion vorsieht. Schlicht und eindrücklich belegt dies etwa eine Befragung zu den mit der Feier des Abendmahls verbundenen Themenaspekten im Kreis der Arbeitsgemeinschaft Christlicher Kirchen in Nordrhein-Westfalen.[28] Ein respektvoller Umgang mit den nach der eucharistischen Feier verbliebenen Mahlgaben wird von allen Glaubensgemeinschaften gewünscht. Deutlich wird, dass in den freikirchlichen Traditionen die Vorstellung einer Überbringung der Mahlgaben an Kranke fremd ist. In den unierten Landeskir-

---

[26] Apostolischen Stuhls 167, Bonn 2004.
„Die eucharistische Anbetung außerhalb der heiligen Messe soll während dieses Jahres zu einer besonderen Aufgabe für die einzelnen Pfarrgemeinden und Ordensgemeinschaften werden. Verweilen wir lange auf den Knien vor dem in der Eucharistie gegenwärtigen Herrn, indem wir mit unserem Glauben und unserer Liebe die Nachlässigkeit, die Vergessenheit und sogar die Beleidigungen wiedergutmachen, die unser Erlöser in vielen Teilen der Welt erleiden muss" (aaO. Nr. 18). Als eine Möglichkeit der Vertiefung des eucharistischen Glaubens wird im Fortgang des Textes auf das Rosenkranzgebet vor dem Tabernakel verwiesen.
[27] Liturgische Institute Salzburg, Trier und Zürich (Hg.), Kommunionspendung und Eucharistieverehrung, Nr. 82.
[28] Vgl. Norbert Beer (Hg.), Christliche Kirchen feiern das Abendmahl. Eine vergleichende Darstellung, Kevelaer–Bielefeld 1993, bes. 42–45, 90–93.

chen im Rheinland und in Westfalen wird offenkundig unterschieden zwischen Situationen, in denen Kranke akustisch am Abendmahlsgottesdienst teilnehmen konnten, und anderen, in denen dies nicht möglich war. Im erstgenannten Fall können die Mahlgaben im Anschluss an die Feier zu den Kranken gebracht werden.

Der soeben mit Blick auf eine Region in Deutschland erhobene ökumenische Befund bestätigt exemplarisch, was bereits in der Konvergenzerklärung von Lima 1982 zu lesen ist: „Einige Kirchen betonen, dass die Gegenwart Christi in den geweihten Elementen auch nach der Feier fortdauert. Andere Kirchen legen das Hauptgewicht auf die Feier selbst und den Verzehr der Elemente bei der Austeilung. Die Art und Weise, wie die Elemente behandelt werden, bedarf besonderer Aufmerksamkeit. Hinsichtlich der Praxis der Aufbewahrung der Elemente sollte jede Kirche die Praxis und Frömmigkeit der anderen respektieren. Angesichts der unterschiedlichen Praxis der Kirchen und gleichzeitig unter Berücksichtigung der gegenwärtigen Situation im Konvergenzprozess scheint es wünschenswert:

– dass auf der einen Seite daran erinnert wird, besonders in Predigten und Unterweisung, dass die primäre Intention der Aufbewahrung der Elemente deren Austeilung an Kranke und bei der Feier Abwesenden ist; und

– dass auf der anderen Seite anerkannt wird, dass man die Achtung für die in der Eucharistie verwandten Elemente am besten dadurch zum Ausdruck bringt, dass man sie verzehrt, ohne dabei ihren Gebrauch für das Krankenabendmahl auszuschließen."[29] Wie auch bei anderen Themenbereichen votiert die Lima-Erklärung für eine ökumenische Annäherung auf dem Weg der liturgischen Reform in ökumenischer Sensibilität: „Der beste Weg zur Einheit in der eucharistischen Feier und Gemeinschaft ist die Erneuerung der Eucharistie selbst in bezug auf Lehre und Liturgie in den verschiedenen Kirchen."[30] Die Brücke zum wechselseitigen Verstehen der unterschiedlichen liturgischen Praktiken im Umgang mit den Mahlgaben ist die Erinnerung an die zur Gemeinde gehörenden, in ihrer Mobilität begrenzten Gläubigen.

Das von der internationalen römisch-katholischen evangelisch-lutherischen Kommission erarbeitete Dokument „Das Herrenmahl" belegt im Rückgriff auf ältere Dokumente bereits die auch später in der Lima-Erklärung zu findende Hoffnung auf eine ökumenische Annäherung auf

---

[29] Kommission für Glauben und Kirchenverfassung des Ökumenischen Rates der Kirchen, Taufe, Eucharistie und Amt (Lima-Dokument), in: DwÜ I, Frankfurt–Paderborn 1983, 566, Nr. 32.
[30] AaO. 565, Nr. 28.

dem Weg liturgischer Erneuerungen.[31] Diese Grundeinstellung ist auch bei den näheren Ausführungen zur Frage der Dauer der eucharistischen Gegenwart spürbar.[32] Aussichtsreich erschien damals die Verständigung darauf, die primäre Intention bei der Aufbewahrung der Mahlgaben sei die intendierte Teilhabe kranker oder aus anderen Gründen unverschuldet abwesender Menschen. Die Basis für diese Verständigung war die theologische Erkenntnis der stiftungsgemäßen Hinordnung der eucharistischen Anamnese auf das Mahlgeschehen: „Gemeinsam bekennen katholische und lutherische Christen, dass die eucharistische Gegenwart des Herrn Jesus Christus auf den gläubigen Empfang ausgerichtet ist, dass sie gleichwohl nicht nur auf den Augenblick des Empfanges beschränkt ist und dass sie ebenso nicht vom Glauben des Empfangenden abhängt, so sehr sie auf diesen hingeordnet ist."[33] Mit Blick auf diese Konvergenz zeigen sich auch Harding Meyer und Vinzenz Pfnür in dem gemeinsam verfassten und im Dokument „Das Herrenmahl" gedruckten Exkurs über die „Gegenwart Christi in der Eucharistie" zuversichtlich, auf dem Weg der Einsicht in die ursprüngliche Sinngebung der Aufbewahrung der Mahlgaben zumindest zu einer respektvollen Tolerierung der unterschiedlichen Gewohnheiten zu finden.[34] Mit Bezug auf das Dokument „Herrenmahl" betrachtet auch der evangelische Liturgiewissenschaftler Hans-Christoph Schmidt-Lauber eine Annäherung der Positionen als aussichtsreich: „Für Lutheraner ist die Aufbewahrung der konsekrierten Elemente zum Zweck der späteren Krankenkommunion – eine ganz alte kirchliche Sitte – durchaus denkbar, zumal hierin die Einheit der feiernden Gemeinde durch den sich ihr schenkenden Christus deutlicher zum Ausdruck kommt als in der Veranstaltung unzählig vieler Privatfeiern an den Krankenbetten: Unsere Kranken begegnen nicht nur individuell ihrem Heiland, sie gehören auch zur Gemeinde, deren Feier die Mauern ihrer Isolation durchstößt. Die Krankenkommunion gehört zur Distribution im Rahmen der Gemeindeeucharistie."[35]

Recht ausführlich hat sich der Ökumenische Arbeitskreis evangelischer und katholischer Theologen in der Studie „Lehrverurteilungen – kirchentrennend?" mit der Frage der Krankenkommunion befasst.[36] Unter dem

---

[31] Vgl. Gemeinsame römisch-katholische evangelisch-lutherische Kommission, Das Herrenmahl, Frankfurt–Paderborn 1978, 44f, Nr. 75.
[32] Vgl. aaO. 33f, Nr. 52–54.
[33] AaO. 33, Nr. 52.
[34] Vgl. Harding Meyer/Vinzenz Pfnür, Die Gegenwart Christi in der Eucharistie, aaO. 85–90, bes. 89f.
[35] Hans-Christoph Schmidt-Lauber, Die Zukunft des Gottesdienstes. Von der Notwendigkeit lebendiger Liturgie, Stuttgart 1990, 224.
[36] Vgl. Karl Lehmann/Wolfhart Pannenberg (Hgg.), Lehrverurteilungen – kirchentren-

Leitgedanken des stiftungsgemäßen „usus" des Sakraments wird die Hinordnung der eucharistischen Feier auf das Mahl als gemeinsame Position bekräftigt. Zugleich wird deutlich, dass auch von evangelischer Seite die Offenheit besteht, eine intendierte Teilhabe etwa von kranken Menschen in räumlicher und zeitlicher Distanz (später) feiern zu können. Die Wahrung der Communio-Struktur der mahlhaltenden Gemeinde gilt als der verbindende Gedanke aller weitergehenden Überlegungen. Hilfreich sind auch die Ausführungen zur Zusammengehörigkeit von Wortverkündigung und Mahlfeier, die beim Krankenabendmahl nicht aus dem Blick geraten darf. Diesem Anliegen entsprechen römisch-katholische Dokumente im Umfeld des Zweiten Vatikanischen Konzils, die eine Eucharistiefeier am Krankenbett für möglich und in Einzelsituationen auch für angemessen erachten.[37] Insbesondere in der Situation des nahenden Todes wird eine eucharistische Feier mit dem Sterbenden empfohlen, um ihm die Teilhabe am Mahl gegebenenfalls nur mit dem Wein zu ermöglichen.[38] Diese Überlegungen erweisen zum einen die Rücksichtnahme auf die Lebenssituation der Kranken. Zum anderen lassen sie sich als eine theologisch begründete Wertschätzung der eucharistischen Mahlfeier in Verbundenheit mit der Wortgottesfeier verstehen. Die Sterbenden werden genährt vom Tisch des Wortes und vom Tisch des Brotes und Weines.

Zurückschauend lässt sich festhalten, dass eine solide ökumenische Konvergenz in der gemeinsamen Anerkenntnis des von Jesus Christus intendierten Zusammenhangs zwischen der Deutung der Mahlgaben als Zeichen der Vergegenwärtigung seines gebrochenen und vergossenen Lebens und der Feier des Mahles besteht, in dem ein wirksames Gedächtnis der Versöhnungswilligkeit und Bundestreue Gottes geschieht. Die eucharistische Mahlgemeinschaft ist eine Zeichenhandlung, in der das von Gott auch in Sünde und Tod bewahrte Leben sinnenfällig vergegenwärtigt wird. Diesen Gedanken bringt das Trienter Konzil in folgender Weise zum Ausdruck: „Er [der Erlöser, Jesus Christus] wollte [...], dass dieses Sakrament genossen werde als geistliche Speise der Seelen [...], mit der die Lebenden durch das Leben desjenigen genährt und gestärkt werden sollen [...], der gesagt hat: ‚Wer mich ißt, wird auch selbst leben durch mich' [...], und als

---

[37] nend? Rechtfertigung, Sakramente und Amt im Zeitalter der Reformation und heute, Freiburg–Göttingen 1986, 108–113.
Vgl. dazu die Belege aaO. 111, Anm. 55.
[38] Auch die lutherische Agende „Dienst an Kranken" sieht die Möglichkeit einer situationsgerechten Mahlgestalt vor: „Kann der Kranke aus bestimmten Gründen nicht beide Gestalten des Abendmahls empfangen, so wird es ihm nur in einer Gestalt gereicht" (Kirchenleitung der VELKD [Hg.], Dienst an Kranken, 76).

Gegenmittel, durch das wir von der täglichen Schuld befreit und vor Todsünden bewahrt werden sollen."[39] Der Beginn des lateinischen Textes mit „sumi autem voluit" stimmt mit der reformatorischen Anschauung des „usus", des „Gebrauchs", der stiftungsgemäßen Sinngebung der Abendmahlsfeier überein.[40] Auch nach reformatorischer Lehre gilt es, den Gesamtzusammenhang der eucharistischen Mahlfeier in den Blick zu nehmen, wenn angemessen über die Dauer der Präsenz Jesu Christi gesprochen werden soll. Gewiss ist dabei zu beachten, dass im inner-evangelischen Gespräch zwischen den lutherischen und den reformierten Lehrtraditionen die Frage nach der Bindung der Gegenwart des erhöhten Christus an die Gestalt der der Glaubensgemeinschaft gereichten Mahlgaben noch immer Gegenstand der Beratung ist.[41] Zugleich wird evangelischerseits als „gemeinsame Überzeugung" bezeichnet: „Jesus Christus ist als der Gastgeber des Abendmahls zugleich auch die Gabe, die im Abendmahl unter Brot und Wein gegeben wird und so den Gästen gegenwärtig wird. Der ganze Christus ist mit Brot und Wein gegenwärtig."[42]

4. Zeugnisse aus der Geschichte der Konfessionsgemeinschaften

4.1 Forschungsgeschichtliche Aspekte

In den ökumenischen Gesprächen zur Frage des Umgangs mit den nach der eucharistischen Feier verbliebenen Mahlgaben ist der Hinweis auf die „ursprüngliche" Praxis zumeist mit der Intention verbunden, durch historische Forschungen mehr Verständnis für nachneutestamentliche Entwicklungen zu erreichen. Dabei ist gewiss mit der Nachzeichnung der Genese einer kirchlichen Handlungsweise noch nicht deren verbindliche Geltung erwiesen. Gleichwohl kann die Einsicht in die Motivationen zu der in früher Zeit beginnenden Aufbewahrung der Mahlgaben bei der Formierung gegenwärtiger Argumentationen eine Hilfe sein.

Forschungsgeschichtlich betrachtet, haben die seit Mitte des 20. Jahrhunderts in der römisch-katholischen Theologie in wachsender Zahl vorgelegten Beiträge zur Frage der Anfänge der Aufbewahrung der eucharistischen Mahlgaben ihren Ort in dem Ringen um die Liturgiereform, die das Zweite Vatikanische Konzil in zustimmender Anerkenntnis vorkonzili-

---

[39] Konzil von Trient, Dekret über das Sakrament der Eucharistie (1551), DH 1638.
[40] Vgl. Lehmann/Pannenberg (Hgg.), bes. 108f.
[41] Vgl. als Überblick über gegenwärtig vertretene Positionen: Lothar Lies, Realpräsenz bei Luther und den Lutheranern heute, in: ZKTh 119 (1997) 1–26; 181–219.
[42] Vgl. Das Abendmahl, 27.

arer Entwicklungen vollzogen hat.[43] Die viel besprochene Thematik des theologisch angemessenen Standorts des Tabernakels im Kirchenraum kann dabei als eine Prüffrage für das Verständnis der eucharistischen Liturgie insgesamt gelten.[44] Wenn diese grundlegend als Feier der gesamten Gemeinde betrachtet wird, die in einem epikletisch-anamnetischen Geschehen die Großtaten Gottes in Jesus Christus vergegenwärtigt, dann richtet sich das Augenmerk vorrangig auf die Versammlung der Gemeinde sowie auf die Ereignisse in dieser Stunde des gottesdienstlichen Gedenkens und der Begegnung. Die konziliare Rede von den vielfältigen Weisen der Gegenwart Jesu Christi in der Eucharistie hat zudem die Gesamtfeier stärker in den Blickpunkt gerückt und der Verkündigung der Heiligen Schriften eine angemessene Bedeutung bei der Vergegenwärtigung der Wege Gottes mit der Schöpfung gegeben. Dem entspricht, wenn in nachkonziliaren Dokumenten als Ort der Aufbewahrung der eucharistischen Mahlgaben nach Möglichkeit ein Tabernakel vorzusehen ist, der sich „in einer vom Kirchenraum getrennten Kapelle"[45] befindet. Die Orte der Schriftverkündigung (Ambo) und der Mahlbereitung (Altar) sollen nach den liturgischen Richtlinien als die wesentlichen Handlungsorte im Kirchenraum deutlich zu erkennen sein und keineswegs durch den Tabernakel in ihrer Bedeutung beeinträchtigt werden.[46] Hintergründig wird durch diese Überlegungen das

---

[43] Vgl. die vielfältigen forschungsgeschichtlichen Hinweise in jener Monographie, die bis heute als Standardwerk zu betrachten ist: Otto Nußbaum, Die Aufbewahrung der Eucharistie, Bonn 1979. Sehr hilfreich ist zudem die Sammlung und Herausgabe der zahlreichen Beiträge von Peter Browe in: Hubertus Lutterbach/Thomas Flammer (Hgg.), Peter Browe, Die Eucharistie im Mittelalter. Liturgiehistorische Forschungen in kulturwissenschaftlicher Absicht, Münster 2003. – Soweit ich sehen kann, sind Forschungen im evangelischen Schrifttum zur Frage der Aufbewahrung der Mahlgaben zumeist der Thematik der Dauer der Realpräsenz zugeordnet und stehen somit im Kontext des innerreformatorischen Gesprächs. Dem entspricht ein deutlich historisches Interesse insbesondere im Blick auf die Position Martin Luthers: vgl. Diestelmann, bes. 22f.

[44] Vgl. als Zeitzeugnis für die Bemühungen um eine Rezeption der Anliegen des Zweiten Vatikanischen Konzils: Emil J. Lengeling, Die Bedeutung des Tabernakels im katholischen Kirchenraum, in: LJ 16 (1966) 156–186.

[45] Allgemeine Einführung in das Römische Messbuch (1975), Nr. 276, in: Die Messfeier – Dokumentensammlung. Auswahl für die Praxis, Arbeitshilfen der Deutschen Bischöfe 77, 71. Diese Empfehlung erscheint in zweifacher Weise begründet: Die Gläubigen sollen einen stillen Ort für die Verehrung des in den Mahlgaben gegenwärtigen Jesus Christus antreffen, und die eucharistische Feier in der Gemeinde soll ihren Eigenwert behalten.

[46] Vgl. die konzentrierte Übersicht über die entsprechenden römisch-katholischen Dokumente bei Klemens Richter, Die Kommunion. Gottesdienstliche Erneuerung zwischen Wirklichkeit und Anspruch, Münster 2002, 83–86.

auch in der römisch-katholischen Tradition bewahrte Wissen um die Eigenbedeutung des eucharistischen Gedächtnisses in der feiernden Gemeinschaft offenkundig. In ökumenischer Perspektive wäre es sehr wichtig, diese theologische Grundeinsicht auch in den neueren Lehrdokumenten in Rückbindung an die ökumenischen Dialoge zu bekräftigen.

4.2 Einblicke in die geschichtlichen Entwicklungen

Aus meiner Sicht legt die Traditionsgeschichte offen, dass zwei ganz unterschiedliche, in der Intention und auch in den Folgefragen deutlich zu unterscheidende Anliegen im Blick auf die Aufbewahrung der eucharistischen Mahlgaben belegt sind: die Bereitstellung der Gaben für unverschuldet der Feier Fernbleibende auf der einen Seite und die Bereitung eines Ortes der Verehrung des gegenwärtigen Jesus Christus auf der anderen Seite. Die Gewährleistung einer späteren Mahlfeier oder die Situierung eines Ortes der Anbetung stehen in unterschiedlichen theologischen Kontexten, bei denen zwar die Erfüllung der ersten Intention eine Voraussetzung für die Ermöglichung der zweiten war, beide Formen jedoch in einer gewissen Eigenständigkeit Fortentwicklungen erlebt haben.

Die Kenntnis der Geschichte der Aufbewahrung der eucharistischen Mahlgaben ist nicht nur in ökumenischer Hinsicht höchst aufschlussreich.[47] Offenkundig war es in einzelnen Kirchen des Ostens in Erinnerung an die biblische Weisung, das Manna – außer am Sabbat – nicht vorsorglich zu lagern, zunächst umstritten, ob mit dem eucharistischen Brot anders verfahren werden sollte. Gottes Sorge um das ausreichende Brot für jeden Tag sollte durch eine dem widersprechende liturgische Praxis nicht in Zweifel gezogen werden. Auch in den Kirchen des Westens war zunächst das Bestreben deutlich, eine angemessene Relation zwischen der Zahl der Kommunikanten und der Zahl der gewandelten Mahlgaben herzustellen. In Fortführung der neutestamentlich bezeugten Praxis der Hausliturgien mit täglichem abendlichem Brotbrechen lag es dann in späterer Zeit nahe, Vorsorge zu treffen für Zeiten, in denen eine regelmäßige eucharistische Liturgie in bewältigbaren räumlichen Distanzen nicht mehr möglich erschien. Offenkundig war es in den ersten Jahrhunderten nachchristlicher Zeit keineswegs ein Sonderfall, dass Menschen das eucharistische Brot aus der Gemeindeversammlung heraus mitnahmen, um es in der häuslichen Gemeinschaft aufzubewahren und anfangs auch täglich zu verzehren. Als es nach den Zeiten der Christenverfolgung möglich wurde, die christlichen

---

[47] Ich greife im Fortgang Ausführungen in der Studie von Nussbaum auf.

Gemeinden auch gesellschaftlich zu etablieren, verlor die Hauskommunion ihre Dringlichkeit. So kam es – provoziert auch durch entsprechende Missbräuche – zu einem Verbot der Aufbewahrung der Mahlgaben im häuslichen Bereich und zu einer Konzentration der Aufbewahrungsstätten in Klöstern und Klerikerwohnungen.[48] Nachdenkenswert ist meines Erachtens die historische Erkenntnis, dass die Mitnahme der eucharistischen Mahlgaben zunächst im Wunsch nach einer täglichen eucharistischen Mahlfeier begründet war, zunehmend jedoch Krisensituationen im Leben der Hausgemeinschaften in den Mittelpunkt der Betrachtung gerückt wurden. Das eucharistische Brot konnte in schwierigen Zeiten knapp werden. Vorsorglich sollte daher die gewandelte Mahlgabe für Kranke, Sterbende und für Menschen in bevorstehenden Gefahren bereitet sein. Von dort aus ist der Weg nicht weit zu der Einsicht, dass die christlichen Hausgemeinden im Altertum die zunächst nicht-christliche Tradition der Mahlfeier mit den Sterbenden (Ephodion/ Viaticum) rezipierten und mit der eigenen Tradition in einen theologisch stimmigen Zusammenhang brachten: „Die Vorsorge für den Empfang des Viaticum war jedoch zu keiner Zeit ausschließlich Sache der Gläubigen selbst. Mit dem Ende der privathäuslichen Aufbewahrung fiel diese Vorsorge dann ausschließlich den Priestern zu. Zwar konnte das Viaticum auch weiterhin innerhalb einer Messfeier im Hause des Kranken gespendet werden [...], oder das Viaticum wurde in unmittelbarem Anschluss an einen Gemeindegottesdienst dem Kranken überbracht [...], oder man trug den Kranken in eine Kirche oder in ein Oratorium, um ihm dort – oft wohl innerhalb einer eigenen Messfeier – das Viaticum zu reichen [...], aber die Norm war dies sicher nicht. Vielmehr wird nun – spätestens seit dem Beginn des 9. Jahrhunderts – der Priester ausdrücklich angewiesen, die Eucharistie zur Spendung des Viaticum ständig bereit zu halten [...]. Es entwickelt sich der Versehgang mit einer aufbewahrten Hostie ohne zeitliche Bindung an eine Messfeier."[49] Wenig vertraut auch in ökumenischen Dialogen scheint mir die Kenntnis der Praxis der Aufbewahrung der Brotgabe im frühen Mittelalter zu sein: Sowohl die Zahl der aufbewahrten Hostien (zunächst nur eine, später so viele, wie es Kranke gab) als auch die Zeitspanne (zunehmend erweitert von einem auf drei, dann auf sieben und vierzehn Tage) für die Verwahrung wurden restriktiv gehandhabt, wobei gewiss auch Fragen der Haltbarkeit der Brotsubstanz auf die Richtlinien einwirkten.[50] Der regelmäßige Austausch der Hostien und die Sumierung

---

[48] Vgl. aaO. 266–291.
[49] AaO. 466f.
[50] Vgl. aaO. 470f.

zunächst durch die Priester, später auch durch Laien, setzte sich durch. Auf diese Weise blieb eine enge Verbindung zwischen den bereits gewandelten Mahlgaben und der gottesdienstlichen Feier bestehen.

Die Aufbewahrung der eucharistischen Mahlgaben für Menschen in kritischen Krankheitsphasen unter der Aufsicht der Priester kennt somit einen langen Traditionszusammenhang und lässt sich in ihrer Bedeutung nicht ohne religionsgeschichtlichen Vergleich angemessen bewerten. Vorrangig war bei diesem Geschehen das Empfinden, ein gemeinschaftsstiftendes Zeichen auch in Notzeiten zu setzen.[51] Andere historische Spuren sind meines Erachtens bei der Frage der mittelalterlichen Schaufrömmigkeit zu beachten, bei der die Annahme der bleibenden Präsenz Jesu Christi in den Mahlgaben vorausgesetzt ist und zugleich der Bezug zur Mahlhandlung zunehmend verloren ging.[52] Die Geste der Elevation trat in Konkurrenz zur Zeichenhandlung der eucharistischen Mahlgemeinschaft. Schau und Betrachtung der Brothostie waren mentalitätsgeschichtlich durch eine Scheu vor der Geste der Näherung oder gar der Teilhabe am Mahl begründet.[53] Solche Beobachtungen können die These bestärken, dass die Aufbewahrung der eucharistischen Mahlgaben für die Hauskommunion vorweg mit Kranken eine andere Traditionslinie begründet als die Präsentation der Mahlgaben im Zusammenhang der Verehrung des gegenwärtigen Jesus Christus. Es erschiene mir hilfreich, im ökumenischen Gespräch zwischen diesen beiden Traditionsströmen und ihren jeweiligen Intentionen sowie theologischen Voraussetzungen streng zu unterscheiden.[54] In die Mitte seiner Überlegungen hat auch Nussbaum die Situation der gemeinschaftlichen gottesdienstlichen Feier gestellt und die Frage der Aufbewahrung der Mahlgaben dieser Thematik zugeordnet. Die Unterscheidung der ersten und

---

[51] In diese Richtung weist auch die zu belegende Praxis, die in der Feier der Bischofsordination gewandelten Gaben aufzubewahren, um sie den Ortsgemeinden als Zeichen der Gemeinschaft zukommen zu lassen: vgl. aaO. 468.

[52] Vgl. Peter Browe, Die Verehrung der Eucharistie im Mittelalter, München 1933, bes. 141–185; Thomas Lentes, Inneres Auge, äußerer Blick und heilige Schau. Ein Diskussionsbeitrag zur visuellen Praxis in Frömmigkeit und Moraldidaxe des späten Mittelalters, in: Klaus Schreiner (Hg.), Frömmigkeit im Mittelalter. Politisch-soziale Kontexte, visuelle Praxis, körperliche Ausdrucksformen, München 2002, 179–220.

[53] Vgl. zusammenfassend: Nussbaum, 467f.

[54] Otto Nussbaum unterscheidet drei Aspekte der Aufbewahrung der Eucharistie: „1. die Ehrfurcht gegenüber der Eucharistie bei deren Empfang und ihre Verehrung bei ihrer Aufbewahrung, 2. die Betonung des eucharistischen Opfers und Mahles der heiligen Messe als Ursprung der eucharistischen Aufbewahrung und als Quelle und Ziel ihrer Verehrung, wie auch als der genuine Ort des Kommunionempfanges, und 3. die Ermöglichung eines Empfanges der Eucharistie auch außerhalb der Messfeier, insbesondere als Viaticum in schwerer Krankheit oder in der Sterbestunde" (aaO. 475).

der dritten Motivation entspricht den von mir formulierten Überlegungen, wobei ich meine, die Reihenfolge in ihrer chronologischen Folge angemessener wiederzugeben: Vor den Formen der Verehrung gab es Formen der Verwahrung der eucharistischen Mahlgaben.

4.3 Reformatorische Anliegen und offene Fragen der liturgischen Praxis

Die mir vorliegenden reformationsgeschichtlichen Studien zur Argumentation Martin Luthers in der Frage der Aufbewahrung der Mahlgaben und deren Überbringung an die Kranken belegen, dass er weder die Möglichkeit der Verehrung Jesu Christi in den Mahlgaben ausschließen wollte noch die Weisung erteilte, den Kranken die eucharistischen Gaben nicht mehr zu überbringen.[55] Vorrangig lag ihm an einer stiftungsgemäßen Gestalt der gesamten Feier des Abendmahls.[56] Jenseits aller bereits innerreformatorischen Differenzen im 16. Jahrhundert, die sich vor allem auf die Frage bezogen, ab wann genau und für wie lange in der liturgischen Feier von einer Gegenwart Jesu Christi im Blick auf die Mahlgaben auszugehen sei, argumentierte Luther wie in anderen Situationen auch im Blick auf die Überbringung der Mahlgaben an Kranke in der Frühzeit seiner Schriften zunächst konservativ und mit pastoralem Gespür: „Ich lass es bleyben, das man das sacrament fur die Krancken ynn monstranzen behalte."[57] Luther blieb in späterer Zeit aufmerksam auf die theologischen Schwierigkeiten, die sich aus der Tatsache der übrigbleibenden Mahlgaben ergeben können. Er empfahl in der Regel die Speisung der Vorsteher im Anschluss an die eucharistische Feier oder die Wiederverwendung bei der nächsten Feier.

Zwei Argumentationslinien führten in den reformatorischen Traditionen zunehmend zu einer Zurücknahme der Gepflogenheit der Aufbewahrung der Mahlgaben für die Kranken: zum einen die Ungewissheit, ob diese Praxis stiftungsgemäß sei, zum anderen die Schwierigkeit einer Teilhabe der Kranken an beiden Gestalten des eucharistischen Mahls: „Im Ganzen ist festzustellen, dass die Polemik gegen die Sakramentsreservation – gemessen an der reformatorischen Polemik gegen die Opfer- bzw. Privatmesse – wesentlich geringeren Raum einnimmt. Dies hat seinen Grund darin, dass

---

[55] Vgl. Diestelmann, bes. 22f; Lies, bes. 209–218; Walther, bes. 266–274.
[56] Vgl. Reinhard Messner, Die Messreform Martin Luthers und die Eucharistie der Alten Kirche. Ein Beitrag zu einer systematischen Liturgiewissenschaft, Innsbruck–Wien 1989.
[57] Martin Luther, Von beider Gestalt des Sakraments zu nehmen (1522), in: WA 10/2; 31f.

in vortridentinischer Zeit die Sakramentsreservation allgemein vordringlich zum Zweck der Krankenkommunion geschah, wogegen sich keine reformatorische Kritik erhob. Auch Luther kannte zunächst keine Bedenken, dass etwa durch das Tragen des Sakramentes über die Straße etwas gegen die Einsetzung Jesu geschehe, selbst wenn darüber ein oder zwei Stunden vergingen. Der Grund, warum sich dieser Brauch im lutherischen Brauch nicht hielt, war ein anderer: Die Kommunion sollte auch am Krankenbett unter beiden Gestalten geschehen [...]. Aber das Sakrament ließ sich praktisch nur in der Brotsgestalt zu den Kranken tragen. Daher konnte es sich allmählich durchsetzen, die Konsekration in der Regel am Krankenbett zu vollziehen."[58] Die andere lutherische Argumentationslinie, der gemäß eine liturgische Praxis, über die die Heiligen Schriften schweigen, nicht fortgesetzt werden solle,[59] bedarf meines Erachtens einer weitergehenden Prüfung: Ist es wirklich so, dass auf die Frage der Speisung der Kranken die Heilige Schrift keine Antwort geben kann? Oder ließen sich nicht doch Gesichtspunkte zusammentragen, die ein gesamtbiblisches Votum für eine Speisung der Kranken mit Brot und Wein als Hoffnungsbild für die sich erfüllen könnende Lebensverheißung Gottes begründen?

5. Biblische Hintergründe

In der ökumenischen Sakramententheologie ist inzwischen konvergenzfähig, dass der Begriff der Einsetzung (institutio) der Sakramente differenzierter zu betrachten ist, als dies im Reformationszeitalter möglich war.[60] Bibelexegetische Studien haben erwiesen, dass die Vorstellung, Jesus habe eine bestimmte Feiergestalt der Sakramente für die nachösterliche Zeit der Kirche vorgesehen, der theologischen Eigenart der Schriftzeugnisse nicht entspricht. Vielmehr gilt es, die sakramentalen Zeichenhandlungen als Vergegenwärtigungen des gesamten Christusereignisses in besonderen Situationen seiner Nachfolgegemeinschaft (deren Konstitution in der Taufe und deren Regeneration in der Eucharistie) oder in wichtigen Zeiten einzelner Glaubenden (Schuldverstrickung, Verantwortungsübernahme, Treueversprechen in der Partnerschaft, Krankheit und Todesbedrohung) zu betrachten. Ein solches Grundverständnis der biblischen Begründung

---

[58] Diestelmann, 18f.
[59] Vgl. Walther, 271f.
[60] Vgl. Dorothea Sattler/Theodor Schneider, „Einsetzung" der Sakramente durch Jesus Christus. Eine Zwischenbilanz im ökumenischen Gespräch, in: Bernhard Fraling/Helmut Hoping/Juan Carlos Scannone (Hgg.), Kirche und Theologie im kulturellen Dialog (FS Peter Hünermann), Freiburg–Basel–Wien 1994, 392–415.

sakramentaler Feiern eröffnet die Möglichkeit, über die christologischsoteriologische Dimension der Teilhabe der Kranken an der eucharistischen Mahlgemeinschaft auf der Grundlage der alt- und neutestamentlichen Zeugnisse neu nachzudenken.

Zu allen Zeiten der Menschheitsgeschichte wird die Bereitschaft zur Nahrungsaufnahme ein Anzeichen beginnender Genesung in bedrohlicher Krankheit gewesen sein. In kulturgeschichtlicher und religionswissenschaftlicher Perspektive ließen sich zahlreiche Hinweise auf die innere Verbindung von Mahlgemeinschaft und Lebensgewinn aufzeigen. Lebensmittel sind als Grabbeigaben oft belegt. Die Erfahrung, aus Krankheit und Todesnot errettet zu sein und dies im Mahl erfahren zu können, ist auch in den biblischen Schriften vielfach bedacht (vgl. 1 Kön 17,8–16; Ijob 42,11). In einzelnen neutestamentlichen Erzählungen von Totenerweckungen (vgl. Mk 5,43; Lk 8,55) ist die Möglichkeit der Menschen, wieder essen zu können, der Erweis für ihre wiedergewonnene Lebendigkeit. Auch die Erzählungen von den österlichen Mahlgemeinschaften mit dem auferweckten Jesus Christus (vgl. Lk 24,30; Joh 21,13) sind in diesen Kontext einzuordnen: Wer essen kann, der lebt. Auch in Zeiten der Lebensmüdigkeit und des daher selbst gewünschten Todes angesichts erfahrener Feindschaft bereitet die Zustimmung zum Mahl eine Wende der Not, wie etwa bei Elija (vgl. 1 Kön 19,1–8). Im Mahl wird die Erfahrung des wiedergewonnenen Lebens sinnenfällig wahrgenommen. In Israel wird das Schlachtopfer mit sich anschließendem Gemeinschaftsmahl als Dankopfer (Todah) für die Errettung aus Feindschaft, Einsamkeit, Gefahren und Todesnot verstanden (vgl. Ps 22,27; Ps 23,5; Ps 116,13). Die Mahlgemeinschaft ist in biblischer Zeit ein Bild für die Erfüllung der Lebensverheißungen Gottes (vgl. Jes 25,6–8; Ps 81,17; Ps 104,27f; Ps 145,15f; Ps 147,14). Umsonst, ohne Bezahlung bietet Gott den Geschöpfen das Leben an: Er ist wie ein Marktschreier, doch erwartet er kein Entgelt: „Auf, ihr Durstigen, kommt alle zum Wasser! Auch wer kein Geld hat, soll kommen. Kauft Getreide und esst, kommt und kauft ohne Geld, kauft Wein und Milch ohne Bezahlung! Warum bezahlt ihr mit Geld, was euch nicht nährt, und mit dem Lohn eurer Mühen, was euch nicht satt macht? Hört auf mich, dann bekommt ihr das Beste zu essen und könnt euch laben an fetten Speisen. Neigt euer Ohr mir zu, und kommt zu mir, hört, dann werdet ihr leben" (Jes 55,1–3a).

Neben der Erinnerung an die im biblischen Schrifttum in zahlreichen Variationen bezeugten Beziehung zwischen der Wirklichkeit des Mahles und dem Geschenk von Leben und Gemeinschaft erscheint es mir hilfreich, einen weiteren Aspekt zu bedenken: An Festtagen, die die Glaubensgemeinschaft feiert, gilt Gottes Sorge auch denen, die aus unterschiedlichen

Gründen an den Feierlichkeiten nicht teilnehmen können. So geben Esra und Nehemia nach der Verlesung der Tora die Weisung: „Heute ist ein heiliger Tag zu Ehren des Herrn, eures Gottes. Seid nicht traurig und weint nicht! Alle Leute weinten nämlich, als sie die Worte des Gesetzes hörten. Dann sagte Esra zu ihnen: Nun geht, haltet ein festliches Mahl und trinkt süßen Wein! Schickt auch denen etwas, die selbst nichts haben; denn heute ist ein heiliger Tag zur Ehre des Herrn" (Neh 8,10). Das „solidarische Teilen"[61] ist in Israel ein wichtiges Moment der Feier im Sinne Gottes (vgl. Dtn 16,10–11.14; Est 9,19.22). Sowohl die ältere Spruchweisheit (vgl. Spr 22,9; 28,27; Sir 43,25) als auch die jüngere Weisheitsliteratur ermahnt im Sinne Gottes zu der Bereitschaft, die Armen mit Brot zu speisen und zumindest an Festtagen die ansonsten aus der Gemeinschaft ausgeschlossenen Menschen in das Mahlgeschehen hineinzuholen (vgl. Spr 9,1–6; Mt 22,1–10; Lk 14,16–24).

Noch eine weitere Verbindung zwischen liturgischer Praxis und biblischer Überlieferung bezüglich des hier verhandelten Themas möchte ich versuchen – eine möglicherweise sehr gewagt erscheinende, zumindest eine unvertraute: Das Gottesvolk Israel kennt die Verwahrung von (seit der Übersetzung durch Martin Luther) sogenannten „Schaubroten" im Heiligtum (vgl. Ex 25,23–30; Lev 24,5–9).[62] Der hebräische Begriff „lächäm happanim" (Brot des Angesichts) legt offen, welche Bedeutung diese Brote haben, die an jedem Sabbat von den Priestern gegessen und dann erneuert wurden: Es handelt sich um Brote, die an die Zeit der Wüstenspeisungen Israels erinnern sollen; sie vergegenwärtigen die Bundestreue Gottes (vgl. Ex 16,33–35); sie sind Gedächtniszeichen. In einer Notzeit hat sich David die Schaubrote vom Priester Ahimelech geben lassen, um seinen Hunger zu stillen (vgl. 1 Sam 21,1–7). An diese Erzählüberlieferung knüpft Jesus nach den synoptischen Evangelien an, um seine Nahrungssuche auch am Sabbat zu rechtfertigen (vgl. Mk 2,23–28; Mt 12,1–8; Lk 6,1–5). In Rückbindung an das Prophetenwort, Barmherzigkeit will ich, nicht Opfer (vgl. Hos 6,6), deutet Jesus nach Matthäus das heilige Brot als Schöpfungsgabe Gottes, das Menschen in Not gereicht werden kann. Die Tora dient im Sinne Gottes der Lebensbewahrung der Menschen. In dieser Weise erfüllt, ist sie zur Ehre Gottes. Die Brotspeisung – hier verstanden als Beispiel für das vielfältige Phänomen des Mahlhaltens – hat somit nach den biblischen Zeugnissen ei-

---

[61] Thomas Hieke/Tobias Nicklas, Das Buch Nehemia, in: Erich Zenger (Hg.), Stuttgarter Altes Testament. Einheitsübersetzung mit Kommentar und Lexikon, Stuttgart 2004, 805.
[62] Vgl. Manfred Görg, Art. Schaubrot, in: Neues Bibellexikon III, Düsseldorf–Zürich 2001, 467.

nen Symbolwert, der unter dem Aspekt der Nahrungsaufnahme nicht annähernd hinreichend erkannt wäre. Sie ist wirksames Gedächtnis der Taten Gottes, die in den jeweiligen Lebenssituationen der Menschen je neu erfasst sein wollen – und sei es um den Preis der Neuinterpretation der Tora, wenn nur auf diese Weise Lebenserhalt und Lebensgewinn zu erreichen sind.

6. Anregungen für eine liturgische Praxis in ökumenischer Sensibilität

Alle christlichen Glaubensgemeinschaften möchten in ihren liturgischen Feiern der Weisung Jesu folgen, zu seinem Gedächtnis Mahl zu feiern. Die Deutung, die Jesus Christus selbst diesem Geschehen vor seinem Leiden und Sterben gegeben hat und die in der apostolischen Überlieferungsgemeinschaft im lebendigen Gedächtnis bewahrt worden ist, bildet die verbindliche Richtschnur bei der Ausbildung liturgischer Traditionen in der Geschichte der Christenheit. Das Christusgedächtnis in der eucharistischen Feier bezieht sich dabei auch auf den mit Sünderinnen und Sündern mahlfeiernden Jesus sowie auf den auferweckten Christus, den die Jünger in seiner österlichen Lebendigkeit beim Brotbrechen wiedererkannten. Zu seinem Gedächtnis feiern Christinnen und Christen das Sakrament des Herrenmahls.

Dem Gedächtnis Jesu Christi dient es, wenn die Getauften, die im Geist Gottes seinen einen Leib bilden, die Mahlfeier ursprungsgetreu und stiftungsgemäß gestalten. In der Geschichte der christlichen Glaubensgemeinschaft gab es immer wieder Anlässe, einzelne Gruppen an die neutestamentliche apostolische Überlieferung mahnend zu erinnern und eine Reform der sakramentalen Mahlpraxis zu fordern. Auch wenn es bisher noch nicht gelungen ist, eine ökumenische Verständigung in allen Fragen der Abendmahlslehre zu erreichen, so ist doch die Bereitschaft groß, aufmerksam auf die Begründungen zu hören, die einzelne Traditionen für ihre Gestalt des Gedächtnisses Jesu Christi im eucharistischen Mahl vortragen.

Es gibt Bereiche der eucharistischen Praxis, in denen durch eine Veränderung von konfessionell geprägten Gewohnheiten weitreichende ökumenische Annäherungen erreicht werden könnten. Die auf der Basis der eigenen Lehrtradition möglichen Schritte auf dem Weg zu einer gemeinsamen eucharistischen Praxis sind Menschen in der Nachfolge Jesu Christi einander schuldig – zu seinem Gedächtnis.

Im Blick auf die hier thematisierte Fragestellung liegt es nun nahe, in Aufnahme biblischer und reformationsgeschichtlicher Einsichten in den konfessionellen Feiern dafür Sorge zu tragen, dass der stiftungsgemäße

Mahlzusammenhang im Umgang mit den Mahlgaben deutlich(er) erfahrbar wird. Diesbezüglich möchte ich einige Anregungen geben. Im Anschluss an die sich aus liturgiehistorischer Sicht ergebende Unterscheidung zwischen den beiden Intentionen für eine Aufbewahrung der eucharistischen Mahlgaben (spätere Speisung der gottesdienstlichen Feier Ferngebliebener und Verehrung des Lebensgeschicks Jesu, durch das uns Gottes Tat der Erlösung kund wird) unterscheide ich dabei zwischen Überlegungen, deren Berücksichtigung die in den ökumenischen Gesprächen weithin konvergenzfähige Überzeugung von der Möglichkeit des Einbezugs unverschuldet an der Mitfeier gehinderter Menschen in das Mahlgeschehen belegen und bestärken können, und anderen Überlegungen, die ganz grundlegend auf eine klarere Erkenntnis des Zusammenhangs zwischen gemeindlicher Feier der Eucharistie und Teilhabe am Mahl hinzielen. Erforderlich erscheint mir in beiden Fragekreisen eine Anstrengung in den Ortskirchen, in der Homilie oder in katechetischen Zusammenhängen in ökumenischer Offenheit über mögliche Veränderungen der Gemeindeliturgie zu sprechen.

6.1 Teilhabe von Kranken, Alten oder
Gefangenen am eucharistischen Mahl der Gemeinde

Das Bewusstsein der versammelten Gemeinde, Menschen in ihrer Runde zu vermissen, die nicht aus eigenem Entschluss, sondern aufgrund ihrer aktuellen und spezifischen Lebenssituation fehlen, könnte auf verschiedene Weise gefördert werden. Einzelne, in der Abfolge der Gottesdienste ohnehin vorgesehene Strukturelemente (Kyrie-Rufe, Fürbitten, Gemeinde-Epiklese im Eucharistiegebet, Entlassung und Segen) bieten die Möglichkeit, an Menschen in Not, Einsamkeit und Trauer zu erinnern. Dabei könnten auch – sofern bekannt – die Namen von Getauften anderer Konfessionsgemeinschaften genannt werden. Das Wissen um die alle Getauften verbindende österliche Hoffnung auf Erlösung aus Schuldverstrickungen und Todesnöten könnte durch diese wechselseitige Aufmerksamkeit füreinander gefestigt werden. Eine entsprechende Bitte und Einladung an die Gemeindemitglieder, dem/der Vorsteher/in des Gottesdienstes betroffene Menschen zu benennen, könnte dem gegenwärtig vielfach ergehenden Ruf nach einer stärkeren Aufnahme biographischer Aspekte in der Gemeindeliturgie entsprechen.

Die Verbindung zwischen Gemeindeliturgie und Anteilgabe auch der Ferngebliebenen an der eucharistischen Mahlfeier könnte durch eine Aussendung derer, die die Mahlgaben überbringen, im Anschluss an das eigene eucharistische Mahl (vor allem in Kranken- und Altenheimen) oder am Ende des Gottesdienstes vor dem Segen (in einer Gemeindesituation) bezeugt werden. Auf diese Weise wäre ersichtlich, dass zeitliche und räumliche Distanzen nicht verhindern können, in intentionaler Gemeinschaft miteinander zu leben. Zudem wäre so auch gewährleistet, die eucharistische Gemeinschaft am ersten Tag der Woche in österlicher Freude zu feiern. Möglicherweise ist nicht völlig ausgeschlossen, sich in den anderskonfessionellen Gemeinden zu erkundigen, welche kranke, alte oder gefangene Menschen besucht und gespeist werden und auch sie in den Segen Gottes einzubeziehen.

Die Ökumene der Getauften hat für viele Menschen eine auch örtliche Dimension. Der Lebensraum der Menschen ist heute gewiss nicht allein geographisch zu bestimmen, gerade ältere oder behinderte Menschen sind jedoch stark angewiesen auf die Solidarität von Menschen, die in ihrer Nähe wohnen. Wenn es Stätten gibt, die im Blickpunkt von mehreren Konfessionsgemeinschaften vor Ort sind (vor allem Krankenhäuser, Altenheime, Behindertenwohnungen oder Gefängnisse), wäre vorstellbar, dass sich aus Mitgliedern der Gemeinden ein ökumenischer Kreis bildet, der die Überbringer der Mahlgaben begleitet. Die gemeinsamen Wegstrecken könnten die Verbundenheit vertiefen. Die gemeinsame Feier etwa am Krankenbett könnte die Gewissheit der bereits bestehenden Gemeinschaft im österlichen Glauben bestärken. Vorausgesetzt ist bei diesen Praktiken gewiss eine Gestalt der Vertrautheit der christlichen Gemeinden miteinander, wie sie vielerorts erst noch erreicht werden müsste.

Je nach Lebenssituation derer, denen die Mahlgaben überbracht werden, ist zu ermessen, in welcher Weise die Gemeindefeier präsent werden kann. Wenn die der Gemeindefeier Ferngebliebenen die Schrifttexte zuvor nicht gehört haben, sollten die biblischen Lesungen verlesen werden und Worte der Deutung folgen. In der Frage der Verkündigung der Einsetzungsworte besteht noch keine Konvergenz zwischen den Konfessionen. Möglicherweise lassen sich Formulierungen finden, die nicht den Eindruck erwecken, erst im Angesicht der Kranken wandelten sich aufgrund einer Worthandlung der Überbringer die Mahlgaben, und zugleich gewährleisten, dass die Mahlfeier als Fortführung des eucharistischen Gedächtnisses des Handelns Gottes durch Jesus Christus im Heiligen Geist in der Liturgie der Ortsgemeinde erkannt werden kann.

6.2 Eucharistisches Gedächtnis Jesu Christi im Mahl der Gemeinde

Die Zusammengehörigkeit zwischen der liturgischen Vergegenwärtigung des versöhnenden Handelns Gottes in Jesus Christus und der eucharistischen Mahlfeier könnte im römisch-katholischen Raum durch eine konsequentere Befolgung der Weisungen etwa in der „Allgemeinen Einführung in das Römische Messbuch" verdeutlicht werden: Demnach ist es angemessen, die in der Feier der Eucharistie gewandelten Mahlgaben als Speise und Trank zu reichen: „Es ist wünschenswert, dass für die Kommunion der Gläubigen die Hostien möglichst in jeder Messe konsekriert werden"[63]. Die in vielen Gemeinden übliche Praxis, unabhängig von der Frage, ob die Mahlgaben für die Versammlung ausreichen, zum Tabernakel zu gehen und die Brotschale auf den Altartisch zu stellen, entspricht weder theologischen Einsichten noch den liturgischen Instruktionen. Der Gang zum Tabernakel ist allein für die Situation der überraschenden Knappheit der Mahlgaben vorgesehen und keineswegs ein Regelfall. Eine Veränderung dieser Situation setzt eine wachsame Beobachtung der Zahl der Kommunikanten voraus, damit nicht aus nachgeordneten Gründen (wie etwa jener der Dauer der Aufbewahrungsmöglichkeit) sachlich nicht einsichtige Gewohnheiten entstehen.

Weitere Möglichkeiten für eine ökumenisch sich öffnende Praxis im Umgang mit den eucharistischen Mahlgaben sehe ich in der Überlegung, die eucharistische Verehrung der Lebenspreisgabe Jesu Christi mit einer Betrachtung des gebrochenen Brotes zu verbinden. Auf diese Weise könnte sinnenfällig werden, dass Jesus Christus das eine Brot in gebrochener Gestalt in die Mahlrunde reichte, um auf diese Weise ein Zeichen für den gottgeschenkten Bund in aller Zerrissenheit der Sünde zu stiften. Wenn zudem die Teilhabe an dem einen Becher Wein auch in römisch-katholischen Gemeinden zur Regelgestalt der stiftungsgemäß gefeierten Eucharistie werden könnte, verstärkten sich beide Zeichenhandlungen in einmütigem Sinn: Durch die Teilhabe an den eucharistischen Mahlgaben wird versammelt und versöhnt, was zerstreut und zerstritten ist. Ich schließe mit einem ernsten Hoffnungsgedicht:

---

[63] Allgemeine Einführung in das Römische Messbuch (1975), Nr. 56h. In ökumenischer Perspektive ist auch die Fortführung des Satzes hilfreich, wenn es heißt, dass „bei den vorgesehenen Gelegenheiten [...] die Gläubigen nach Möglichkeit die Kelchkommunion empfangen [sollen]. Dadurch wird die Teilnahme am Opfer, das gefeiert wird, auch im Zeichen besser sichtbar" (ebd.).

„Taube,
ich suchte einen Tisch
da fand ich
dich,
Taube,
auf dem Rücken liegend
die rosa Füße an den hellen Leib gepresst
abgestürzt
aus dem Licht,
Botin,
in einen Trödelladen.

Taube,
wenn mein Haus verbrennt
wenn ich wieder verstoßen werde
wenn ich alles verliere
dich nehme ich mit,
Taube aus wurmstichigem Holz,
wegen des sanften Schwungs
deines einzigen
ungebrochenen Flügels."[64]

In allen Abstürzen in die Trödelläden kirchlicher Gemeinschaften bleibt im Anblick der Taube die Hoffnung auf Gottes Geist bewahrt. Sie hat als Gottes Botin bei aller Anfälligkeit für Zeiteinflüsse und Wurmstichigkeiten einen ungebrochenen Flügel.

---

[64] Hilde Domin, Versprechen an eine Taube, in: dies., Gesammelte Gedichte, Frankfurt [7]1999, 245.

FEIERN DER VERSÖHNUNG

Erfahrungen mit dem Sakrament der Versöhnung
Unterwegs zu ökumenischen Horizonten

Paul Deselaers

1. Hinführung zum Themenkomplex

An einen Beichtvater

Höre die Beicht nicht nur in der Kirche,
nein, auch unter der Rathausuhr,
  die wie ein Ferkel grunzt,
in den überfüllten Eisenbahnwagen,
  in denen die magern
  und die dicken Sünden reisen,
auf dem Friedhof, wo sie mit den Kränzen
  und Topfblumen den Tod verdecken,
wo sie durch die Photographien der Verstorbenen
  einen Blick ins Jenseits stehlen,
am Strand,
überall!
Klage nicht, sie würden ja doch nichts gestehen;
Wisse: nur am Anfang dauert ihr Schweigen so lange.[1]

Ihren Reiz haben die Verse schon in der formalen Anordnung und erst recht in der Verdichtung der Lebensfragen, die rund um das Sakrament der Versöhnung angesiedelt sind. Das Gedicht ist einer priesterlichen Amtsgestalt gewidmet, der der besondere Dienst der Versöhnung anvertraut ist. Der einleitende Imperativ „Höre" lehnt sich zwar an die umgangssprachlich traditionelle Wendung „die Beichte hören" an, nimmt jedoch darin hintersinnig ein Grundwort jüdisch-christlichen Glaubens auf. Es ist nicht nur das akustische Wahrnehmen gemeint, sondern immer auch das Beherzigen des Gehörten. Das ist mit dem Geheimnis verbunden, wie aus der Außenseite eine Innenseite erkennbar wird, wie ein akustisches Geschehen zum Innenerlebnis wird. Wenn es ein Hören von außen und von innen gibt, wächst daraus auch eine Antwort nach außen und innen. Ein solches Geschehen setzt Ver-

---

[1] Jan Twardowski, Ich bitte um Prosa. Langzeilen, Einsiedeln 1973, 27.

trauen voraus. Deswegen kann „am Anfang" das Schweigen so lange dauern, wie die letzte Zeile in Korrespondenz zur ersten vermittelt.

Diese Zeilen, die der Priester und Dichter Jan Twardowski im Jahre 1970 zuerst in Polen veröffentlicht hat, stammen aus einer Zeit, in der die Beichte dort noch selbstverständlich war und in festen Rhythmen zum christlichen Leben gehörte. Doch wird hier das Hören zudem mitten in die unterschiedlichen Lebensvollzüge hinein gewiesen, auch in die verschiedenen Lebenswelten. Hören ist ein Widerstand gegen die drohende Banalisierung des Lebens, die bloß die Oberfläche des Lebens berührt. Hören ist im Kirchenraum genauso erforderlich wie in der Stadt auf dem Rathausplatz, in dessen Trubel die lüstern gefräßige Zeit im Bild des grunzenden Ferkels unter der Rathausuhr den Ton angibt. Menschen sind zu Hause und in der Eisenbahn unterwegs, sie treffen mit Menschen zusammen und erleben, wie jede und jeder in unterschiedlichen Verstrickungen lebt. Vielleicht wird manches an Lebenslast und Orientierungsnot erst zugelassen, wenn im Unterwegssein die Wege selbst als Erfahrung einer unübersehbaren Zukunft zuteil werden. Zu den besonderen Ereignissen im Leben gehört die unmittelbare Erfahrung des Todes, die schnell überdeckt wird. In den aufgestellten Photographien manifestiert sich die Ungewissheit gegenüber dem Unsichtbaren. Das Gewesene soll zumindest im Bild festgehalten sein. Kontrastreich kommt ein neues Bild in den Blick: der Strand als Ort der Erholung und Zerstreuung, als Hinweis auf alle erdenklichen Lebensorte und Lebenswelten von Menschen. Es kann der Eindruck entstehen, dass die Verworrenheit und das Durcheinander des gelebten Lebens in sich verknotet und verschlossen bleiben. Die Verse riskieren jedoch eine diskrete Ruhestörung: „Klage nicht" und dann das „Wisse": Nein, das Gestehen, das Geständnis ist nicht das, worauf sich das Hören richten soll; Gestehen zu erreichen, ist nicht die wahre Aufgabe des Hörenden. Denn Verhöre und Geständnisse fördern nicht den Zugang zu einem verworrenen oder verwirrten Herzen und zur Lebenswahrhaftigkeit. Sie wird erst aus einem Schweigen geboren, in dem das Vertrauen wächst.

Unausgesprochen berühren diese Zeilen viele der Auseinandersetzungen und Fragen, die seit der Reformationszeit durchgearbeitet werden. Gemeinsames Anliegen aller christlichen Kirchen ist gewiss, dass die Praxis der Sündenerkenntnis und des Sündenbekenntnisses nicht verloren geht.[2] Was wäre die Verkündigung des Evangeliums, wenn es keine Hinkehr zu

---

[2] S. dazu: Lehrverurteilungen – kirchentrennend?, Bd. I: Rechtfertigung, Sakramente und Amt im Zeitalter der Reformation und heute, hrsg. von Karl Lehmann und Wolfhart Pannenberg, Freiburg–Göttingen ³1988, 63–74 und passim.

einem aus dem Evangelium erneuerten Leben gäbe? Unterschiedlich hat sich die jeweilige Praxis entwickelt.³ Aus dieser geschichtlichen Entwicklung resultiert auch die ökumenische Einigkeit in dem Punkt, dass zwischen dem theologischen Anspruch von der grundlegenden Bedeutung von Buße und Beichte und der Praxis in den vielgestaltigen Feierformen von Buße und Beichte in den Kirchen eine schmerzliche Kluft besteht. Von da aus führen Entdeckungen die Kirchen näher zusammen. In den Kirchen der Reformation blieb der Zuspruch der Sündenvergebung in der Buße zwar die konkreteste Gestalt der Evangeliumsverkündigung im Sinne der Rechtfertigung aus Glauben allein, doch verlor sie in der Herausbildung der „Offenen Schuld" die in der Einzelbeichte mögliche individuelle Dimension.⁴ Die Verbindung zwischen dem Schuldbekenntnis und der Erfragung des Abendmahlsverständnisses belastete zudem dieses Geschehen. Die katechetischen Intentionen dienende Befragung wurde als „Verhör" empfunden, das Menschen nicht mehr ertragen wollten, sobald sie die Freiheit dazu hatten. In den evangelischen Reformbewegungen im 19. und 20. Jahrhundert ist neben der „Feier der Gemeinsamen Beichte" auch die „Einzelbeichte" wiederentdeckt worden.⁵ Nahezu umgekehrt ist die Entwicklung in der römisch-katholischen Kirche verlaufen. Erst im 20. Jahrhundert wurde die ekklesiale Dimension der Buße nach der fast ausschließlich gültigen Form der Einzelbeichte seit dem Tridentinum wiederentdeckt. Ihren Niederschlag fand diese Entwicklung in der Arbeit des Zweiten Vatikanischen Konzils.

Die Einstimmung von Jan Twardowski vermittelt die Überzeugung, dass das Bekenntnis der Schuld zutiefst mit dem Leben der Einzelnen verwoben ist. Eine Antwort müsste so beschaffen sein, dass aus ihr eine Hilfe erwächst, neu mit der Schuld leben zu lernen. Das wird am ehesten in einer Begegnung geschehen. Deshalb sollen in dem folgenden Schritt die Aufgaben der Personen bedacht werden, denen der Dienst der Versöhnung anver-

---

³ Vgl. dazu: Dorothea Sattler, Gelebte Buße. Das menschliche Bußwerk (satisfactio) im ökumenischen Gespräch, Mainz 1992, 184–231.
⁴ S. dazu: Wolfgang Ratzmann, „… dass das ganze Leben der Gläubigen Buße sei" – Evangelisch-lutherisches Buß- und Beichtverständnis zwischen theologischem Anspruch und kirchlicher Wirklichkeit, in: Karl Schlemmer (Hg.), Krise der Beichte – Krise des Menschen? Ökumenische Beiträge zur Feier der Versöhnung, Würzburg 1998, 12–30.
⁵ S. Agende für Evangelisch-Lutherische Kirchen und Gemeinden, Bd. III: Die Amtshandlungen, Teil 3: Die Beichte, Hannover 1993; vgl. ebenfalls: Hildegar Höfliger, Die Erneuerung der evangelischen Einzelbeichte. Pastoraltheologische Dokumentation zur evangelischen Beichtbewegung seit Beginn des 20. Jahrhunderts, ÖB 6, Freiburg–Schweiz 1971.

traut wird (2). Von da aus können Gesichtspunkte zur Sprache kommen, die die Situation von Menschen bedenken, die mit ihrer Schulderfahrung einen Zugang zur Versöhnung suchen (3). Dass sich hierin eine neue Nähe zu biblischen Erfahrungen auftut, zeigt ein weiterer Schritt (4), der zugleich zu heute angemessenen Formen der Feier der Versöhnung hinüberleitet (5).

2. Konturen des Dienstes der Versöhnung

Als die sog. „Beichtkrise" zwischen 1965 und 1970 sich in der römisch-katholischen Kirche zeigte, ist sie längst in literarischer Gestalt erkennbar gewesen.[6] Dem Trend, der sich in einer lautlosen „Abstimmung mit Füßen" ausdrückte, suchte man durch Hirtenbriefe, durch die Einrichtung von Beichtzimmern und sorgsam gestalteten gemeinsamen Bußfeiern zu wehren. Unterstützt wurde das Bemühen durch die neue Bußordnung[7], die die Anliegen des Zweiten Vatikanischen Konzils umgesetzt hat. Doch war der rapide Rückgang der bis dahin gewohnten Beichtpraxis gerade bei römisch-katholischen Gläubigen, die ansonsten aktiv am Gemeindeleben teilhatten, nicht mehr aufzuhalten. Eine empirische Durchleuchtung der Beichtkrise im Vorfeld der Gemeinsamen Synode der Bistümer in der Bundesrepublik Deutschland und vor allem die verdienstvolle Untersuchung von Konrad Baumgartner, die sich vor allem durch den Respekt vor den Erfahrungen der Betroffenen auszeichnet[8], lenken den Blick auf Faktoren, die da von Belang sind, wo es um die Aufgabe des „Spenders des Bußsakramentes" geht. Sein Dienst bedarf offenbar einer gründlichen Besinnung, um Voraussetzungen zuzubereiten, die es den Menschen ermöglichen, die Beichte wieder als ein das Leben stützendes und formendes Sakrament erfahren zu können. In einer grundlegenden Perspektive wird in der Studie herausgefiltert, dass das Bußsakrament für viele Menschen verfremdet und als ausgesprochen niederdrückend erfahren wurde: „Es ist zum ‚Sakrament der Befreiung von der Angst' vor der Beichte geworden statt ‚Sakrament der Befreiung von Schuld' in der durch den Priester vermittelten Begegnung

---

[6] Vgl. dazu den zuerst 1959 erschienenen Roman von Günter Grass, Die Blechtrommel, Frankfurt am Main und Hamburg 1963, sowie Hans Bemmann (Hg.), Der klerikale Witz, Olten und Freiburg i.Br. 1970 mit 27 Seiten voller Beichtwitzen, die viele neuralgische Punkte thematisieren.
[7] Die Feier der Buße nach dem Neuen Rituale Romanum, hrsg. von den Liturgischen Instituten Salzburg – Trier – Zürich, Einsiedeln–Zürich–Freiburg–Wien 1974.
[8] Konrad Baumgartner, Erfahrungen mit dem Bußsakrament, Bd. I: Berichte – Analysen – Probleme, München 1978; ders., Erfahrungen mit dem Bußsakrament (Hg.), Bd. II: Theologische Beiträge zu Einzelfragen, München 1979.

mit Christus zu sein. [...] Der theologische Vorgang ist überformt durch den psychologischen."[9] Im breiten Spektrum der die Menschen belastenden Überformungsfaktoren spiegeln sich in den Wünschen an den Beichtvater, die vor allem im „Zuhören, Verstehen und Annehmen" liegen, die Negativfaktoren. Das Fazit besagt, dass die alte Beichtpraxis nicht deswegen gescheitert ist, weil die Christen das Sündenbewusstsein verloren haben, sondern weil die, denen dieser Dienst anvertraut war, offenbar mit dieser ohnehin schwer zu ertragenden Schmerzzone „Schuld und Sünde" der Gläubigen nicht so umzugehen vermochten, wie das die Menschen für sich selber als hilfreich und weiterführend suchen. So ruhen vor allem auf den Erlebnissen von Routine, Hast, Formeln, Legalismus u.a.m. die negativen Erfahrungen auf, die in allen Altersgruppen genannt werden.[10]

Bei aller Einsicht in die konkreten Unzulänglichkeiten hat die römisch-katholische Tradition an dieser Feierform der Einzelbeichte festgehalten. Unter den vielseitig zu erwägenden Bedingungen einer Reform der Beichte möchte ich fragen, ob in den Vorgaben, die in der römisch-katholischen Kirche für diesen Dienst gemacht werden, sich nicht ein bislang unentdecktes Bild verbirgt, das im Spiegel heutiger Wünsche freigelegt werden und manche Hilfe geben könnte. In der römisch-katholischen Tradition ist nämlich eine vierfache Aufgabe des Spenders des Bußsakramentes festgehalten worden, und zwar als „Vater, Arzt, Lehrer, Richter". Diese Aufgabenbündelung begegnet sowohl in der „Pastoralen Einführung" zur nachkonziliaren Ordnung der Feier der Buße[11] als auch etwa im Schreiben der Deutschen Bischöfe an die Priester im Jahre 1977.[12] Versucht man nun, diese Aufgaben von ihrer inneren Wertigkeit her zu gruppieren und mit weiterführenden Hinweisen auszuloten, ließe sich eine Zweiteilung probieren. In der ersten Gruppe stünde als Beschreibung der „Vater"[13] neben dem „Arzt" (6b. 10a); es kämen hinzu der „Hirte" (10c), der, der sich in allem auf den Beichtenden einstellt (44), der gütig empfängt und freundlich begrüßt (41), der ermuntert (42), Rat anbietet und vorschlägt (44), der Bereitschaft und Fähigkeit hat, dem anderen geduldig und liebevoll zuzuhören, der in der Wahrung des Beichtgeheimnisses unbedingte Vertrauensperson ist (10d), der als Bruder (16) und Helfer (18) begegnet. In einer zweiten

---

[9] Baumgartner, Erfahrungen I, 119.
[10] AaO. 234–254.
[11] Die Feier der Buße, 9–29.
[12] Die Deutschen Bischöfe an die Priester: Der Priester im Dienst der Versöhnung, 14. November 1977, Die Deutschen Bischöfe 14 , 14.
[13] Die Feier der Buße, Pastorale Einführung 10c (Nummernangabe im Text in Klammern).

Gruppe lassen sich die Aufgabenbeschreibungen „Lehrer" (18), „Richter" (6b.10a), „Ermahner" (18), „Diener der Kirche" (10c) sowie der, der zur Auflage eines Bußwerkes verpflichtet ist (18. 20), zusammenfassen.

Bei allem Erschließungsbedarf im Einzelnen lässt sich folgendes daraus erkennen:

(1) Beide Gruppierungen stehen in einem Wechselspiel und in einer Wechselspannung zueinander. Jede Gruppe von Begriffen hat dabei Anteil an den inhaltlichen Akzenten der jeweils anderen. Dabei geht es freilich um mehr als um Begriffe. Es sind Faktoren, die das Leben und eben in diesem konkreten Fall den Dienst der Versöhnung lebendig halten. Die Aufgabe ist von der Notwendigkeit geprägt, *Nähe und Distanz* bzw. Übersicht zu wahren. Das wäre ein erstes Spannungspaar zur Beschreibung dessen, was dieser spezielle Dienst leisten soll. Es ist die uralte Erkenntnis, dass jedes Leben im Entstehen Nähe braucht. In der Ausprägung einer Beziehung bedarf es auch der Distanz bzw. der Übersicht des einen Partners, damit der Raum der Freiheit für den anderen bewohnbar wird, damit er seinen eigenen Weg sehen lernen kann, damit Freiheit in der eigenen Entwicklung möglich wird. *An der Seite von jemandem sein* und zugleich sein *Gegenüber*, das Halt und Widerstand gibt, damit jemand auf die eigenen Füße kommt, diese Skizze fängt auch diesen beziehungsreichen Dienst ein.

Das Ineinander von *Person und Rolle* könnte eine andere Beschreibung sein, ebenso wie die Spannung von *Charisma und Amt*, von *Sorge um die Person* und *Sorge um die Sache (des Evangeliums)*. In der Haltung dessen, der diesen Dienst der Versöhnung übernimmt, wären – als Kennzeichnung der Grundhaltung der Liebe – *Weite und Güte* auf der einen Seite und *Genauigkeit und Klarheit* auf der anderen Seite zu nennen. Von daher bekäme auch die Spannung *Vertrauen zu dem Gegenüber* und *Dienst an dem Gegenüber* ihr Profil im Wechselspiel und nicht im Ausspielen gegeneinander. Unter inhaltlichem Gesichtspunkt wäre auch das Zueinander von *Vergebung und Sünde* aufgebaut, und zwar in der Weise, dass von Sünde christlich sinnvoll gesprochen wird, wenn zuvor von Vergebung gesprochen und gehandelt ist. Von Vergebung kann aber glaubend nur sprechen, wer sich auf Gottes schlechterdings zuvorkommende Güte verlassen hat. Ohne Glaube an die Vergebung gibt es keine Sündenerkenntnis und kein Sündenbekenntnis. Hierin läge das Schwergewicht dieses Wechsel- und Spannungsspiels.

(2) In einer nochmaligen Bündelung könnte die geometrische Figur der Ellipse als Bild herangezogen werden. Bei ihr ist von jedem Punkte auf der elliptischen Linie aus die Summe der Abstände zu den zwei gegebenen Brennpunkten konstant. Das könnte in der Übertragung auf den Dienst der

Versöhnung bedeuten, dass alle begegnenden Situationen mehr dem einen Brennpunkt (z.b. der Nähe) oder mehr dem anderen (der Distanz) angenähert sein könnten, ohne dass die Konstanz in der Spannung verloren ginge. Dazu bedarf es einer großen Achtsamkeit und Festigkeit.

(3) Vorbereitungen dafür werden immer auch in der Hinführung zu diesem Dienst angesprochen und mehr und mehr ausgestaltet. So wird sowohl auf die persönliche Vorbereitung dieses Dienstes hingewiesen, die im Studium, im persönlichen Gebet und auch in der eigenen Praxis der Bereitschaft zur Sündenerkenntnis und zum Sündenbekenntnis bestehen soll. Vor allem in der Ausbildung selbst gibt es verlässliche Hilfestellungen, die die kommunikative Kompetenz eines Menschen fördern können. Hier ist jedenfalls das persönliche Engagement eines Menschen unabdingbar gefragt, eben im Blick auf alles, was dem eigenen geistlichen Weg und der geistlich-kommunikativen Kompetenz aufhelfen kann. Es gibt jedoch auch eine Entlastung gerade in der besonderen Übertragung des Dienstes. Mit der Beauftragung zum Dienst der Versöhnung wird jedem einzelnen auch das Vertrauen entgegengebracht, dass er diesen Dienst verantwortlich und dem Evangelium entsprechend ausüben kann, dass er sich nicht jedes Mal neu legitimieren muss in diesem Tun. Freilich bleibt auch hier das Spannungsspiel zwischen persönlicher und amtlicher Dimension.

(4) Die Aufgabenbeschreibung dessen, der den Dienst der Versöhnung übernimmt, ist in den biblisch geprägten Metaphern von Vater, Hirt, Arzt, Lehrer gefasst. Das bedeutet einerseits, dass sie viele einzelne Facetten in sich aufnehmen können. Andererseits wird gerade darin ersichtlich, dass sie, insofern sie immer auch auf den Gott des Lebens angewendet werden[14], gerade die Differenz zu den Menschen, die in diesem Dienst stehen, verdeutlichen. Denn Gott selbst ist noch viel verlässlicher als selbst beste menschliche Eigenschaften vermitteln können, das eben, wovon die Metaphern sprechen. Sie können nicht anders als analog verstanden werden.

(5) Diese kleine Skizze will helfen, einen ungehobenen Schatz der Tradition anzuschauen, in dem sich viel an Wissen vom Menschen und dem, was ihm aufhelfen kann, versammelt. Aufgrund der vielfältig reflektierten Arbeitsweisen psychotherapeutischer Arbeit[15] ist auch deutlich geworden, welche Besonderheit und welche Grundanforderung von dem erwartet wird,

---

[14] Zu Vater s. z.B. Dtn 32,6; Tob 13,4; Ps 103,13; Sir 23,1.4; Jes 63,19; Jer 3,19: 31,9; zu Hirt s. z.B. Gen 48,15; Ps 23,1; Jes 40,11; Ez 34,11–12; zu Arzt s. z.B. Ex 15,26; Jes 57,19; Hos 5,13; Jer 30,12–14; zu Lehrer s. z.B. Ps 25,4.5; Jes 28,26; 48,17; Jer 32,33.

[15] Vgl. dazu: Helga Lemke, Personzentrierte Beratung in der Seelsorge, Stuttgart–Berlin–Köln 1995.

der im Dienst der Versöhnung steht. Es gibt ein Tiefenwissen um diesen Dienst, der mit neuen Begriffen zum Leuchten gebracht werden kann. Es bedarf zunächst der grundlegenden *Akzeptanz* des Gegenübers in seinem Gelingen und in seinem Scheitern, im Guten und im Bösen, im Schönen und im Hässlichen, im Geordneten und im Durcheinander. Diese Haltung der Akzeptanz lebt vom Glauben an die unbedingte Würde und die originale Geschichte jedes Menschen, unabhängig von seinen Taten und Untaten, vorgängig zu seinen Leistungen und Fehlleistungen. Wohl aus diesem Hintergrund kann jene *Empathie* erwachsen, die im Zuhören Zeugnis gibt, es mit einer unverwechselbaren Person zu tun zu haben. Hören und Zuhörenkönnen besagen zunächst, den anderen ernst zu nehmen und die unterschiedlichen Töne wahrzunehmen versuchen, in denen der andere Mensch spricht. Einer der besten Wege in jeder Art Orientierungssuche ist es, sprechen zu können. Dafür braucht es ein Gegenüber, das sich dem Sprechenden als „Enklave der Verschwiegenheit" (Manès Sperber) zusichert, eine Enklave, die selbst noch einmal aus einem Raum der Stille geboren wird. Sich einzulassen auf jemanden, der spricht und sich aus-spricht, kostet für den Hörenden Zurücknahme seiner selbst, ist schöpferische Selbstbegrenzung, braucht die Widerstandskraft, sich nicht einfach nur von dem Gehörten zur emotional ungesteuerten Stellungnahme mitreißen zu lassen. Aus dieser Art von Gegenübersein erst wächst das Verstehen, das den anderen zu sich selbst, zu seiner Lebenswahrheit und damit auch vor den lebendigen Gott kommen lassen kann. Aus solchem Hören wächst die Kraft, Menschenwege zu begleiten. In solchem Hören kann für Menschen, die Orientierung suchen, ein Neuaufbau der Person und des Lebens geschehen, ermutigt und herausgefordert von einem zugewandt hörenden Gegenüber. Es wird in dem Maße hilfreich, als jemand um dieses Gegenübersein in *Echtheit* ringt und es lebt und so auch erlebt werden kann. Zur Echtheit gehört vor allem die Gabe der Freiheit, die daran hindert, in diesem sensiblen Bereich jemandem zu Gefallen zu handeln oder bestimmte Normen durchsetzen zu wollen. Zugleich braucht es die Freiheit, das Evangelium mit dem konkreten Leben ins Gespräch zu bringen. Zum Schutz dieser Freiheit gibt es die weise kirchliche Unterscheidung von forum externum und forum internum. Sie soll helfen, dass das Wohl des Einzelnen auf jeden Fall berücksichtigt wird. Dadurch soll ein Raum entstehen, der von außen unantastbar ist. Nach innen in diesem Raum gibt es die Aufgabe der „Unterscheidung der Geister"¹⁶. Sie rüstet dazu, dass jemand auf den Weg der Nachfolge gelangen kann. Eine erste, in der Bibel bezeugte Regel, ist: „Daran erkennt ihr den Geist Gottes: Jeder Geist, der bekennt, Jesus Christus sei im Fleisch gekommen, ist aus Gott" (1 Joh 4,2). Die Inkarnation ernst zu nehmen, wird hier zum Kriterium für die Echtheit eines Impulses bzw. einer Lebensbewegung. Eine zweite Unterscheidungsregel findet sich in der Bergpredigt: „An ihren Früchten werdet ihr sie erkennen" (Mt 7,16). Auch hier geht es um die Auswirkungen eines Impulses oder einer Lebensbewegung, die Paulus positiv dann als die „Frucht des Heiligen Geistes" (Gal 5,22) bezeichnet.

Für solche, denen der Dienst der Versöhnung anvertraut ist, geht es um die Kontinuität der Vertiefung und darin um die Auswirkung auf die eigene Lebensgestalt. Es braucht den echten, den hörenden Menschen, der die existentielle Situation eines Menschen aus der eigenen Suche nach Lebenswahrhaftigkeit mit dem kirchlichen Handeln vereint, der nicht die Erwartung eines bloßen Gestehens verkörpert, wie Jan Twardowski andeutet. Dann, wenn das Schweigen vorbei ist und Vertrauen sich anbahnt, wird es eine sprechende Suche nach sich neu ausrichtendem Leben geben, die sich durch die ins Wort gebrachte ungezähmte oder in Verstrickung geratene Lebenswirklichkeit nahe legt. Dieses Sprechen, das im Licht des Evangeliums zu einer orientierten Suche wird, weist auf sich selbst, auf den Nächsten, den anderen hin und in alldem auf den Grund des Lebens, den Gott des Lebens.

3. Auf der Suche nach Versöhnung

Häufig wird in literarischen Zeugnissen biographischer Erinnerungen, zumal der Kindheit, die Beichte thematisiert.¹⁷ In der Regel bleibt am Ende das Resümee, dass die Beichte damals kaum erleichtert hat, und vor allem, dass sie wenig geholfen hat, der Gnade einer eigenen Biographie inne zu werden. Mehr fühlen sich Menschen im Zusammenhang des Sakramentes der Versöhnung an bestimmte Inhalte bzw. an bestimmte Normen gebunden, ja sie empfinden sogar, auf die Schattenseiten des Lebens fixiert wor-

---

[16] S. dazu die grundlegende Studie von Michael Schneider, „Unterscheidung der Geister". Die ignatianischen Exerzitien in der Deutung von E. Przywara, K. Rahner und G. Fessard, IST 11, Innsbruck–Wien 1983.

[17] S. etwa: Katholische Kindheit. Literarische Zeugnisse, hrsg. von Erich Jooß und Werner Ross, Freiburg–Basel–Wien 1988; Rupert Maria Scheule (Hg.), Beichten. Autobiographische Zeugnisse zur katholischen Bußpraxis im 20. Jahrhundert, Wien–Köln–Weimar 2001.

den zu sein. Entsprechend ist ein Abstand zum Sakrament und auch zur Rede von der Sünde entstanden. Sie musste im Gefolge geradezu verflachen. Ihr religiöser, theodramatischer Zusammenhang ist weithin verloren gegangen. An seine Stelle sind zwei Reaktionsweisen getreten: einerseits der Unschuldswahn[18] und andererseits ein lebensfeindlicher Moralismus bzw. Rigorismus. Beide Weisen haben eine nachhaltige Wirkungsgeschichte.

Vielen Menschen ist das Leben in seiner ganzen Ambivalenz nahe gekommen: Menschwerdung gelingt immer auch durch Wahl und Entscheidung vor dem Horizont des Unendlichen. Schon in Sir 33,15 wird das festgehalten, zunächst im Blick auf die Weltordnung, in der der Mensch seinen Platz hat: „Schau hin auf alle Werke des Höchsten, je zwei und zwei, eines im Gegenüber zum anderen." Je mehr Bipolaritäten und Wahlmöglichkeiten also, desto mehr Freiheit.[19] Je mehr Freiheit, desto mehr Wahlmöglichkeiten – und desto mehr sind Möglichkeiten für Fehler und Schuld gegeben. Wie kann dann jemand leben im Angesicht dessen, dass ich „Gutes unterlassen und Böses getan habe"? Die aus den genannten Untersuchungen sich ergebende Frage ist, ob die tiefen existentiellen Nöte und Fragen so aufgenommen werden konnten, dass Menschen damit gestärkt leben gelernt haben.

Es gibt im Leben Augenblicke der Einsicht, in denen Menschen in ganz konkreten Ereignissen sich selbst in ihrer Lebensgestalt und in Beziehung zu anderen Menschen neu und in unvermuteter Tiefe wahrnehmen. Das sind Zeiten, in denen viele ein Gegenüber suchen, mit dem dieses Neue angeschaut und ins Wort gebracht werden kann. Leidvoll sind diese Situationen oft, weil sich in ihnen die Spannung von Sein und Sollen auftut. Vor allem Selbsturteil ist eine Ahnung da, dass Gott seine Frage wiederholt: „Adam-Mensch, wo bist du" (Gen 3,9)? Diese Frage meint, dass Gott den Menschen nicht als Sünder allein ruft, sondern als den, als den er ihn geschaffen hat (s. Gen 2,7). Gott reduziert den Menschen nicht und fixiert ihn nicht auf den Punkt, den er verfehlt hat, auch nicht auf den Punkt, auf dem er jetzt gelandet ist. Vielmehr stellt die Frage Gottes den Menschen auf die Füße und ruft ihn weg von da, wo er jetzt ist, ruft ihn auf einen Weg. Der Raum zur Wahrnehmung seiner selbst eröffnet sich da, wo jemandem nahe kommen kann, dass das ganze Leben im Licht der Liebe des Gottes der Bibel aufleuchtet. Je heller, klarer und wärmer dieses Licht zum Leuchten kommt, desto klarer wird auch, was der Ruf und der Weg eines Menschen

---

[18] Karl Lehmann, Die verlorene Fähigkeit zur Umkehr, in: IKaZ 7 (1978) 385–390.
[19] S. dazu: Werner Fuchs-Heinritz, Biographische Forschung. Eine Einführung in Praxis und Methoden, Wiesbaden ²2000; Wolfgang Drechsel, Lebensgeschichte und Lebens-Geschichten. Zugänge zur Seelsorge aus biographischer Perspektive, Gütersloh 2002.

ist, freilich auch, wie „ab-wegig" viele Schritte sind, wie viel Energie ungenutzt bleibt, wie viel Lebenszeit unwiederbringlich vertan ist. Im Licht dessen, was an Liebe geschenkt ist, lässt sich die eigene mangelnde Aufmerksamkeit für Gottes Sinnen den Menschen gegenüber entdecken. Das kann bis zu Tränen führen: Diese „Träne gibt die falsche Hoffnung auf, wir seien Meister unseres Geschicks. Sie eröffnet den Weg zur wachen Hoffnung auf das, was nicht in unserer Macht steht"[20]. Damit ist auch die Reue umschrieben, die als geistliche Trauerarbeit sich nach der Umkehr ausstreckt.

Sich über die Lebensgeschichte, die in den glückenden wie auch leidvollen Zusammenhängen geworden ist, Einsicht zu verschaffen, dazu können die Psalmen eine Hilfe sein. Sie sind es zuallererst darin, dass diese Vergewisserung unter den Augen Gottes geschieht und der Mensch sich nicht immer ausschließlich nur sich selbst begegnet. In der Erfahrung von Sünde und Tod gerät der Mensch am ehesten an die Einsicht, dass sein Leben nicht selbstverständlich ist. Hier tun sich ihm die tiefsten Einschnitte auf. Sie werden in den Psalmen nicht formelhaft zu Bewusstsein gebracht, sondern in verdichteten Bildern. In ihren Metaphern öffnen die Psalmen Durchblicke auf Lebenslandschaften und rufen so eigene Anschlussgeschichten wach. Der erste Einschnitt „Sünde" hängt damit zusammen, dass die Grundgabe Gottes, nämlich das geschenkte einzelne und gemeinschaftliche Leben, tief gefährdet erscheint, und zwar durch menschliches Verhalten, das sich einmal als „Abirren vom Weg, als Irregehen" und zum anderen als Bruch der Verbindung zu Menschen durch Gewalttat in vielen Formen zeigt. Dringen sie mit dem Hintergrund, dass Menschen auf sich selbst und ihre Stärke setzen, in das Leben ein, wird die gute Schöpfung Gottes auf den Kopf gestellt und hinterlässt Angst und Chaos. Leben im Bann der Sünde und Leben im Bann der Gottlosigkeit ist tief beschädigtes Leben in Trostlosigkeit.[21]

Im Licht des Glaubens an den Gott Israels und Jesu Christi erst lässt sich erfahren, was Geschöpflichkeit heißt, ohne verzweifeln oder ins Nichts zurückfallen zu müssen. Angesichts seiner Nichtigkeit kann der glaubende

---

[20] Carl Friedrich von Weizsäcker, Die Zeit drängt. Eine Weltversammlung der Christen für Gerechtigkeit, Frieden und die Bewahrung der Schöpfung, München 1986, 116f.

[21] Vgl. dazu: Paul Deselaers, Psalmen predigen. Ermutigung aus der neuen Psalmenforschung, in: Frank-Lothar Hossfeld/Ludger Schwienhorst-Schönberger (Hgg.), Das Manna fällt auch heute noch. Beiträge zur Geschichte und Theologie des Alten, Ersten Testaments (FS Erich Zenger), HBS 44, Freiburg–Basel–Wien 2004, 158–173, 166–169.

Mensch die Einmaligkeit und Wichtigkeit seines Daseins erfahren, weil es von Gott gewollt und getragen ist. Erst im Zentrum der Gottesliebe taucht das Schwergewicht des Unglücks und der Ausweglosigkeit auf. Darin eingeborgen, so wird vielfach bezeugt, lässt es sich tragen. Entsprechend ist das Bekenntnis der Sünde, im Wissen um das Entsetzliche seines Inhalts, ein österliches Wunder und das entscheidende Tun des Glaubens. Dem Menschen, der dieses Wagnis eingeht, gilt die Zusage der Vergebung.

Möglicherweise ist die Tiefe von Sünde und Vergebung in einem leicht-fertigen Humanismus teilweise verloren gegangen und will wieder gewonnen werden. Betrachtungen aus der Soziologie zu institutionalisierten Bekenntnissen etwa zeigen, dass einerseits Menschen, die sich einer großen Gruppe – wie einer Kirche – zugehörig fühlen und deren Regeln übernehmen – wie etwa die regelmäßige Beichte –, in einem lebenslangen Prozess eine unvergleichliche Introspektionsfähigkeit erlernen können. Sie kann helfen, sich selbst immer besser wahrzunehmen und die Fähigkeit zur Subjektivität auszubilden.[22] Damit könnte sich auch das Wissen um die Gnade einer eigenen Biographie ausbilden. Andererseits müssen sich solche Formen eines institutionalisierten Bekenntnisses als Vehikel erweisen, die nicht zu fremderzeugter Anpassung drängen, sondern „im Dienst der Dynamisierung des Selbst"[23] stehen, das Freiheit findet und gestaltet. Damit sind sowohl Form (Hilfen zur Introspektion, Lebensgestaltung, Begleitung) als auch Inhalt der Beichte (Gottesbild, Selbstbild, Glaubensgestalt) angesprochen. Von hier aus käme m.E. auch die ekklesiale Dimension des Sakramentes der Versöhnung neu in den Blick. Sie könnte sich im diakonisch-missionarischen Dienst an der unverwechselbaren Lebensgestalt des einzelnen Menschen bewahrheiten und zugleich überzeugend und gewinnend wirken.

4. Zur Verkündigung biblisch bezeugter Schuld- und Versöhnungserfahrungen

Der Zusammenhang von Sündenbekenntnis und Vergebungszusage legt den verletzlichsten Punkt im jüdisch-christlichen Glauben frei, weil hier in besonderer Dichte die gebrochene menschliche Existenz und die Verkündi-

---

[22] S. dazu Alois Hahn, Identität und Selbstthematisierung, in: ders./Volker Kapp (Hgg.), Selbstthematisierung und Selbstzeugnis. Bekenntnis und Geständnis, Frankfurt a.M. 1987, 9–24, 11.

[23] Alois Hahn, Zur Soziologie der Beichte und anderer Formen institutionalisierter Bekenntnisse: Selbstthematisierung und Zivilisationsprozess, in: Kölner Zeitschrift für Soziologie und Sozialpsychologie 34 (1982) 407–434, 430.

gung des Evangeliums konkret aufeinander bezogen werden. Deshalb ist und bleibt die Verkündigung des Evangeliums die Grundaufgabe der Kirchen. Wo der Glaube an die zuvorkommende und mitleidende Liebe Gottes konkret zwischen Menschen praktiziert und erlebt wird, und zwar aus dem Hören des Wortes der Schrift heraus, da kann auch erfahren werden, was Schuld und Sünde wirklich sind – nämlich Unglaube, dass Gott selbst die Vergebung der Sünden und die Bejahung des sterblichen menschlichen Leben ist.

Einen Einblick in die biblische Rede von Schuld und Sünde wie auch von Versöhnung kann die biblische Erzählung von Josef (Gen 37–50) geben.[24] Zwischen Schuldfixierung und schönfärberischer Verdrängung, zwischen Rache und Verharmlosung nähert sie sich dem Ereignis der Versöhnung. Wo von Versöhnung gesprochen oder erzählt wird, ist immer die Erfahrung von nichtheiler Welt, von „kaputten" Beziehungen im Spiel. Die Frage steht auf: Wie kann es befriedete, versöhnte Verhältnisse im Kleinen und im Großen geben? Welche Voraussetzungen braucht es dafür? Welche Grundhaltung wäre notwendig? Wie können Schritte zum Ziel aussehen? Die biblische Josefserzählung erzählt von einer zerbrochenen Familiengemeinschaft und auch von ihrem schrittweisen Zusammenwachsen. Nicht isoliert steht sie. Sie wächst heraus aus der Familiengeschichte Jakobs, denn es heißt gleich zu Beginn, es handle sich um die „Geschlechterfolge nach Jakob", um seine „Zeugungen" (Gen 37,2). Zugleich steht sie in der biblischen Abfolge vor der Geschichte des Volkes Israel, das durch Mose einen neuen Weg geführt wird. Deshalb geht es, geradezu an dieser Nahtstelle im Aufbau der Bibel, einmal um die innerfamiliäre Problematik der Jakobsfamilie, aber auch um die Generationen übergreifende Dimension der Aufarbeitung unbewältigter Fragen, die sich auf dem langen Weg der von Gott Herausgerufenen bisher angesammelt haben. Josef stellt sich selbst vor: „Meine Brüder suche ich" (Gen 37,16a). Damit zeigt er sein Thema an, das ihn sein Leben lang begleiten wird: die Suche nach den Brüdern, die Suche nach Versöhnung mit den Geschwistern. Dieses Wort Josefs ist in eine vielschichtige und komplizierte Ausgangssituation

---

[24] Vgl. dazu: Rüdiger Lux, Josef. Der Auserwählte unter seinen Brüdern, BG 1, Leipzig 2001; Peter Weimar, „Fürchte dich nicht, nach Ägypten hinabzuziehen!" (Gen 46,3). Funktion und Bedeutung von Gen 46,1–7 im Rahmen der Josefsgeschichte, in: BN 119/129 (2003) 164–205; ders., Eine bewegende Rede. Komposition und Theologie der Rede Judas in Gen 44,18–34, in: Hossfeld/Schwienhorst-Schönberger (Hgg.), Das Manna fällt auch heute noch, 638–659; ders., Die Josefsgeschichte als theologische Komposition. Zu Aufbau und Struktur von Gen 37, in: BZNF 48 (2004) 179–212; Paul Deselaers, Wie Leben miteinander wieder heil wird. Die Josefsgeschichte in der Basilika von Kevelaer, Kevelaer 2003, 11–47.

eingewoben: Der Schalom, der Friede, das Heilsein einer Gemeinschaft, dieser großen Familie, ist zerbrochen. Jeder hat daran Anteil. Die Brüder können sich „kein Schalom sagen" (Gen 37,4). Der Vater selbst, Jakob, trägt eigene Verstrickungen, in die hinein seine Kinder geboren sind. Das Schuldpaket des Vaters hat in den Söhnen sichtlich Spuren hinterlassen. Am Ende ist es so, dass alle einander viel schuldig bleiben. Wie wird es schließlich enden?

Auf den langen Wegen der Brüder gibt es unterschiedliche Phasen der Einsicht. Für Josef beginnt sie in der Geburt seiner Kinder Manasse und Efraim (Gen 41,50–52). Er kann, so der Name des ersten Kindes „Manasse", die bitteren Erfahrungen sinken lassen, so dass Bitternis und Vorwurfsvolles aus dem Schmerz der Vergangenheit nicht mehr lebensbestimmend werden. Das schreibt er Gott zu, ebenso wie seine Fruchtbarkeit im fremden Land, die sich im Namen des zweiten Kindes, Efraim, spiegelt.[25] Positive Erfahrungen bereiten im letzten in Josef den Boden für die Einsicht, und er wird fähig zur Versöhnung. Die Brüder kommen eher über notvolle Erfahrungen zur Einsicht, als sie nämlich mit dem Vorwurf, Spione zu sein, konfrontiert werden, und sie einen Bruder als Gewähr der Beglaubigung ihrer Versprechen bei dem von ihnen noch nicht erkannten Josef lassen müssen. Erinnerungen an Josef werden wach. Die Einsicht in ihre Vergangenheit bringt sie an die Wurzel ihrer Existenz, nämlich Söhne ihres Vaters und untereinander Brüder sein zu wollen (Gen 42,32).

Von der Einsicht aus wächst der Prozess der Versöhnung. Das Ende der Erzählung zeigt, wie er lange in der Schwebe bleibt. Erst nach dem Tod des Vaters wird ein weiteres Element der Versöhnung offen gelegt, das schon in Anfängen gegeben ist: Es braucht konkretes Tun der Versöhnung. Die Brüder haben in Ägypten das Gegenteil von dem getan, was sie zuvor an Josef getan hatten. Sie sind unter größter Bedrohung füreinander eingestanden (s. Gen 44,18–34). Doch es bleibt die Lücke im Verhalten gegenüber Josef. Die Erzählung beschreibt einen Weg, den sie gehen. Zunächst lassen sie Josef ein Wort ihres Vaters übermitteln. Sie greifen damit auf das Erbe ihres Vaters zurück: „Dein Vater hat uns, bevor er starb, aufgetragen: So sagt zu Josef: Trage du doch die Vergehen deiner Brüder und ihren Gemeinschaftsbruch, denn Böses haben sie dir bereitet" (Gen 50,16.17a). Von Vergeben ist nicht ausdrücklich die Rede. Doch wird ein inneres Moment der Vergebung freigelegt: die Bereitschaft, gerade im klaren Blick auf die Vergangenheit, die Folgen zu tragen, die aus dem schuldhaften Tun ent-

---

[25] Vgl. Paul Deselaers, Josefsgeschichte, 30–34.

standen sind. Vergeben hat nichts damit zu tun, die Vergangenheit zu verwischen. Der Vater hat den Söhnen in Anerkenntnis dessen, was geschehen ist, einen Weg geebnet, er hat ihnen die Sprache gegeben. Manchmal gibt es Augenblicke im Leben, wo es die größte Gabe ist, Worte geliehen zu bekommen. Die Brüder lassen dieses Wort Josef übermitteln. Von hier her bewahrheitet sich auch noch einmal das fragile Gefüge von Sünde und Bekenntnis, in dem die feinfühlig gesuchte Sprache und das wachsam gesuchte Wort von tragender und leitender Bedeutung sind. Noch wagen die Brüder es nicht, diese Botschaft selber Josef vorzutragen. Für das vermittelte Wort an ihn holen sie sich geradezu noch diesen dreifachen Schutz: Sie verweisen auf den unantastbaren „letzten Willen" ihres Vaters (Gen 50,16). Sie beziehen sich sodann auf zwei über Josef stehende Autoritäten – auf „deinen Vater", und auf den lebendigen Gott, indem sie sich als „Diener des Gottes deines Vaters" (Gen 50,17) bezeichnen. Auf der Grundlage des ererbten Wortes des Vaters und mit diesem Schutz wagen sie es, ein eigenes Wort anzufügen und zum ersten Mal unmittelbar ihre Schuld auszusprechen, auch diesmal noch von anderen übermittelt: „Nun, trage doch die Vergehen der Diener des Gottes deines Vaters" (Gen 50,17b). Welch ein Weg zum persönlichen Schuldeingeständnis wird hier beschrieben! Wie viel Vermittlungen und Stützen sind hier hilfreich und notwendig!

Josefs unmittelbare Reaktion ist sein siebtes Weinen (Gen 42,24; 43,30; 45,14f; 46,29; 50,1.17; vgl. noch 45,2). Erst daraufhin kommen die Brüder zu Josef. Zwar sind sie sich schon längst von Angesicht zu Angesicht begegnet. Mit dem Schuldeingeständnis bekommt dieses Sehen noch einmal eine neue Dimension, in der die ganze Abgründigkeit der Vergangenheit ohne irgendeine Verwischung anwesend ist. Die Brüder fallen vor Josef auf die Knie mit dem Angebot: „Siehe, wir sind dir zu Sklaven geworden" (Gen 50,18). Sie erklären sich zum ersten Mal bereit, selbst das Schicksal zu tragen, an das sie Josef damals ausgeliefert haben, wohl wissend, dass sie sein Geschick und seine Leidensgeschichte nicht mehr rückgängig machen können. Hier vollendet sich ihr Weg der Bekehrung mit dem Bekenntnis der eigenen Schuld, der Bitte um die Annahme der Schuldfolgen ohne Vergeltung und diesem Angebot, das zu tragen, was sie Josef zugefügt haben. So stehen sie selbst vor Josef.

Und Josef? Er antwortet: „Fürchtet euch nicht! Stehe ich denn an Gottes Stelle" (Gen 50,19)? Im weiteren Verlauf bekennt Josef die notwendige Kraft Gottes, die er in seinem Leben erfahren hat, die allem menschlichen Planen, auch dem Bösen, überlegen ist. So stehen alle Brüder miteinander unter dem Angesicht Gottes und sehen ihre Verwiesenheit auf diesen Gott. Nur von daher kann eine Gemeinschaft in Wahrheit leben. Sie reicht bis zur letzten möglichen Sorge umeinander im Begräbnis (Gen 50,22–26), so dass alle versöhnt in der Fremde sterben können. Das sind die Folgen dieses Trostes der Versöhnung. Denn es heißt: „So tröstete Josef sie und redete zu ihrem Herzen" (Gen 50,21). Er macht sie stark zu einem neu gestalteten Leben, der Grundlage des werdenden Gottesvolkes.

Biblische Erzählungen wie die Josefsgeschichte können in die Tiefe existentieller Erschütterung, die aus der Schuldentdeckung und -erfahrung erwächst, führen. Sie lassen die morali(sti)sche Engführung des Evangeliums, die lange Zeit dominant war, deutlich hinter sich und helfen, zur Geltung zu bringen, wie sehr der christliche Glaube eine ermutigende und erlösende Botschaft ist. Das Erlösende darin ist wesentlich, mit dem ganzen Gewicht der Heiligen Schrift hinter sich, ein Perspektivenwechsel, in dem mitten in menschlicher Not eine andere Not in den Blick kommt: die Not Gottes mit uns Menschen und, durch Menschen verursacht, mit seiner bedrohten Schöpfung. Je tiefer der Glaube an Gottes Liebe ist, die sich in der tiefsten Not mit uns neu manifestiert, die in der Gestalt Jesu, in seinem Leben, in seinem Wort und Tun ausgelegt wird (s. Joh 1,18b), desto deutlicher kann werden, wie abgründig, egoistisch, böse und gewalttätig Menschen sein können, wie ungeheuerlich eine Schuldverdrängung sein kann.

Deshalb ist für den Zusammenhang von Sünde, Bekenntnis und Vergebung eine Atmosphäre von voraussetzungsloser Annahme und Empathie vonnöten, in der eine fraglose Solidarität aus dem Bewusstsein umfassender Schuldverstrickung sich ausdrückt. Hier wäre der Boden für die Empfindsamkeit bereitet, Leiden zu erspüren, auszuhalten und mit zu tragen. Solche Lebenszuneigung ermöglicht aus der Bindung an den, der selbst als Gescheiterter beseitigt wurde, der unschuldig schuldig gemacht wurde, Christus Jesus, einen neuen Anfang mit, im Vertrauen eben auf den, der „der Anfang" (Kol 1,18) ist. Gerade deswegen kann das Leben Zerstörende der Sünde neu zur Sprache gebracht werden, auch, um im Spiegel solchen Verhaltens Wege der Umkehr entdecken und erproben zu können. Schließlich müsste hier auch der Zusammenhang und Unterschied zwischen Schuld und Schuldgefühl, zwischen Beichte und Therapie bedacht werden.[26] Kann der in der Bibel bewahrte Gesamtzusammenhang sich glaubwürdig vermitteln, dann wird sich immer auch das ereignen, was im Exsultet der Osternacht besungen wird: jene „glückliche Schuld" (felix culpa), die ihren Erlöser gefunden hat, zu bekennen.

---

[26] Vgl. einführend: Michael Klessmann, Pastoralpsychologie. Ein Lehrbuch, Neukirchen-Vluyn 2004.

5. Feierformen der Versöhnung

In der nachkonziliaren Zeit ist im Raum der römisch-katholischen Kirche eine Pluralität von Bußformen, die aus der Geschichte der Kirche bekannt war, auch für die Gegenwart wiederentdeckt worden. Dabei lag der Akzent eindeutig auf der sakramentalen Versöhnung. Ihre Praxis soll immer neu vertieft und vor allem auch von der Heiligen Schrift her belebt werden. In der Neuordnung bekommt „Die Feier der Versöhnung für einen einzelnen" (Rituale 15–21) den Vorrang. Die „Gemeinschaftliche Feier der Versöhnung mit Bekenntnis und Lossprechung des einzelnen" (Rituale 22–30) als zweite Form setzt voraus, dass eine größere Zahl von Gläubigen versammelt ist, um die sakramentale Versöhnung zu empfangen. Für sie wird der Wortgottesdienst dabei zur gemeinsamen Vorbereitung. Eine dritte Form setzt besondere Umstände voraus, die eine „Gemeinschaftliche Feier der Versöhnung mit allgemeinem Bekenntnis und Generalabsolution" (Rituale 31–35) nahe legen. Diese Grundformen der Feier der Versöhnung lassen sich der jeweiligen Situation der umkehrwilligen Menschen zuordnen. Auffällig ist, dass in der Folgezeit durch die Grundimpulse Wirkungen erzielt wurden. Es sind Verzweigungen gewachsen sind, die unterschiedlichen menschlichen Situationen hilfreich entsprechen.

Ausdrücklich im Blick auf die sozial-ekklesiale Dimension haben sich neben den beiden kommunialen Grundformen die schon im Rituale genannten (36–37) gemeindlichen Bußgottesdienste bewährt und etabliert. Vielfältige Modelle und Anregungen für die Praxis sind vorgelegt worden. Oft werden in Zeichenhandlungen und Symbolen die Umkehrbereitschaft der Gemeinde und die neue Wirklichkeit eines versöhnten Miteinanders dargestellt. Über längere Zeiten hinweg machen sich die an einem Ort lebenden Christen auf den Weg zu einem dem Evangelium entsprechenden Miteinander. Dabei sind Gestaltungselemente, in denen die sozial-ekklesiale Dimension der Buße in Erscheinung tritt, von vorrangiger Bedeutung. Immer häufiger suchen kirchliche Gruppen für sich geistliche Begleitung, manchmal auch Pfarrgemeinden. Ein freimütiges Wort über belastende Selbst- und Fremderfahrungen vor anderen Menschen, die sich als Ordensgemeinschaft, als geistliche Gemeinschaft oder Bewegung zusammengeschlossen haben, braucht einen Schutzraum, vor allem den Raum des gemeinsamen Gebetes füreinander. Die offen eingestandenen Grenzen der menschlichen Möglichkeiten zum Guten weiten sich durch den tröstenden Zuspruch der im Geist Jesu Christi Versammelten. Von solchen Erfahrungen in der Kirche aus könnte die altkirchliche Rekonziliationsbuße erneuert werden und die ekklesiale Dimension der Buße wieder neu nahe kommen. Wichtig dafür wäre, im Wissen um die rückhaltlose Zugehörigkeit etwa zu Familienkonstellationen, zu Wohn- und Arbeitsgemeinschaften, Gremien der Kirche, Räten und Synoden einen Raum angstfreien Sprechens über erinnerte belastende Vorgänge zu finden, um so das Aufgerichtetwerden, den ermutigenden Neubeginn evangeliumsgemäßen Lebens zu erfahren. Die Erneuerung dieser weithin verloren gegangenen Dimension und der damit verbundenen mystagogischen Praxis wird in den Lehrschreiben der römisch-katholischen Kirche auch in jüngster Zeit kaum aufgenommen.

In der Feier der Versöhnung für einzelne hat sich ebenfalls manche Veränderung ergeben. Oftmals ist die Feier der Versöhnung mit der „Geistlichen Begleitung" verbunden. Mit diesem Begriff werden vielfältige Formen der Gesprächspastoral zusammengefasst, deren gemeinsames Kennzeichen die Bereitschaft von Menschen ist, in eine über einen längeren Zeitraum andauernde vertrauensvolle Beziehung zu einem Seelsorger zu treten. Ihr Anliegen ist es, Lebenswege und Glaubenswege in der Gewissheit der Gegenwart Gottes miteinander zu verbinden und so eine Umkehr zur Mitte des Evangeliums ermöglichen zu helfen. Viele in der Kirche engagierte Menschen suchen zudem nach einem geistlich kompetenten Gegenüber, in dessen Gegenwart sie die Freuden und Nöte ihres alltäglichen Lebens ansprechen können und im Licht des Evangeliums deuten lernen. In Exerzitien bringt sich Gottes Wort in der Stille vernehmbar zu Gehör. Es ruft zu einer Erneuerung des Lebens. Das geschieht auch in den vielfältigen Weisen geistlichen Austausches, nicht zuletzt in Gestalt der Exerzitien im Alltag, die besonders in geprägten Zeiten des Kirchenjahres in vielen Gemeinden üblich geworden sind.

Eine wache und feinfühlige Betrachtung der eigenen Lebenswirklichkeit lässt entdecken, dass das Zusammensein mit anderen Menschen immer auch durch Formen der Unversöhntheit, des Neides etwa und der Missgunst, der Verdächtigung und der Drohung, der Nachrede und des Argwohns, des Misstrauens und der Abwertung belastet sein kann. Was viele Menschen als tiefe Trostlosigkeit ihres Daseins erleiden, hat nicht selten ihre Wurzel in gestörten Beziehungen zu Menschen, die im engsten Umkreis leben und arbeiten. Wenn in der geistlichen Begleitung ein Raum entsteht, in dem die Belastungen des alltäglichen Lebens ernst genommen werden, dann kann die Bereitschaft wachsen, sich neu auf Gott hin zu öffnen, der in Jesus Christus Wege zu einem versöhnlichen Leben geoffenbart und verbürgt hat. Gott antwortet in die tiefste Tiefe der Feindschaft der von ihm erschaffenen Menschen, die sich im Töten seines Gesandten erweist, mit seinem unverbrüchlichen Willen zur Leben erhaltenden Barmherzigkeit. Sich mit den Augen Gottes und der Mitlebenden sehen zu lernen, dazu braucht es oft Zeit und begleitete Wege. Übersicht über die bisherigen Lebenszusammenhänge zu gewinnen, durch das Eingehen auf konkrete Herausforderungen einen Menschen in seinem Erneuerungswillen zu unterstützen und lebbare Schritte auf dem weiteren Lebens- und Glaubensweg anzubieten, um ihm vom Heute ins Morgen zu helfen, ist Aufgabe des Begleitenden. Manchmal wird das Gespräch den Charakter eines Beratungsgesprächs haben, manchmal den eines Begleitungsgesprächs. Im Beichtgespräch können die schuldhaften Verstrickungen ausgesprochen, in den Gesamtzusammenhang des Lebens und Glaubens gestellt und die Bedeutung biblischer Wegweisung tiefer erfasst werden. Raum- und Zeitgestaltung können die innere Ausrichtung auf den gekreuzigten Auferweckten Jesus Christus fördern, der allein Gewissheit schenkt, dass Gottes letztes Wort ein Wort der Gnade ist. Das Wort der Vergebung Gottes kann die Erfahrung vermitteln, dass mit der bedingungslosen Annahme des eigenen gebrochenen Lebens sich untrennbar die Weisung verbindet, das gottgeschenkte Leben zu schützen. Der Zuspruch des Erbarmens Gottes und die Mahnung zu einem Leben nach dem Evangelium verbinden sich im sakramentalen Geschehen. Nähe und Übersicht dessen, dem der Dienst der Versöhnung anvertraut ist, als Ausdruck wacher Liebe helfen dabei zum gemeinsamen Offenwerden für Gott, in dessen Lobpreis das Beichtgespräch mündet. Auch im Rahmen mancher Projekte einer Cityseelsorge ist die Präsenz von Menschen wichtig, die einerseits kundig sind in unterschiedlichen Weisen des Gesprächs und andererseits den Dienst der Versöhnung tun können.

Unterschiedlich sind die Aufgaben im Dienst der Versöhnung, je nachdem, ob jemand in der Aufgabe als Gemeindeleiter der Gemeinde oder einer Gruppe der Gemeinde begleitend an die Seite und zugleich gegenüber tritt, oder ob jemand in der Begleitung einzelner in seinem Charisma beansprucht wird, oder ob jemand in einer Gruppe seine eigene kommuniale Achtsamkeit einbringt.

Immer ist das Versöhnungshandeln ein Angebot. Nie kann es erzwungen werden. Auch kann es nicht als pure Amtshandlung vollzogen werden. Der Dienst der Versöhnung will in seiner Form von seinem Inhalt durchwirkt und beseelt sein. Vielleicht könnte dafür die Orientierung an Paulus helfen. Einsichtig sind die Untersuchungen[27], dass der Apostel die Versöhnungstheologie in seinen Briefen aus einer ursprünglich diplomatischen Vorstellung auf das Verhältnis Gott-Mensch bzw. Gott-Apostel übertragen

---

[27] Der folgende Gedanke ist entwickelt bei: Cilliers Breytenbach, Versöhnung. Eine Studie zur paulinischen Soteriologie, WMANT 60, Neukirchen-Vluyn 1989.

hat. Der Apostel wäre dann der Legat (presbéus, 2 Kor 5,20), der das Angebot der Versöhnung aufgrund der Versöhnungstat durch Gott (s. 2 Kor 5, 19a; Röm 5,10) an die Menschen vermittelt, der die Annahme der Versöhnung durch die Menschen (s. Röm 5,11) ermöglicht und schließlich die neue Beziehung des Friedens und der Freundschaft verkündet und feiert (s. Röm 5,10). Paulus, der selbst dieses Geschenk der Versöhnung erfahren hat, sieht seinen Dienst als Vermittlung, die er zwischen Gott und Mensch ausrichtet. Die Versöhnung ist Tat Gottes, und zwar „in Christus Jesus", in seiner im Leben und im Sterben offenbaren Liebe zu den Sünderinnen und Sündern, die im Heiligen Geist vergegenwärtigt wird im Dienst der Kirche.

Reformatorische Anliegen beim Bußsakrament

Ulrich Kühn

Wenn man in der Sakramententheologie von Theodor Schneider nachschaut, welche Position die Reformation zur Frage des Bußsakraments eingenommen hat, so findet man in der ersten Auflage einen Abschnitt innerhalb des 5. Kapitels mit der Überschrift „Der reformatorische Angriff"[1]. Dort ist zu lesen, dass bei Luther „der sakramentale Ritus der priesterlichen Lossprechung [...] abgewertet" werde, stattdessen Sündenvergebung und Buße, die für Luther wichtig sind, fast ausschließlich als „lebenslanger Vorgang" des Glaubens an das Evangelium verstanden werden. Dennoch sei es erstaunlich zu sehen, dass „Luther mit zunehmendem Alter die Wichtigkeit und Notwendigkeit eines privaten Sündenbekenntnisses vor dem Pfarrer betont" habe, obwohl er die Bezeichnung „Sakrament" vermieden habe. Calvin und Melanchthon hätten demgegenüber die Privatbeichte „unter Berufung auf die Schrift" weithin abgeschafft[2].

In der 7. Auflage des gleichen, weithin bekannten und beliebten Standardwerkes[3] erscheint der gleiche Abschnitt unter der Überschrift „Das reformatorische Anliegen", und man kann nun lesen, dass für Luther die (priesterliche) Absolution das Evangelium schlechthin gewesen sei. Kritik habe er an der damaligen Ablaßpraxis sowie an der Forderung, alle Sünden aufzuzählen, sowie an der Betonung der Genugtuungswerke geübt. Auch habe er die Buße als Sakrament verstanden.[4]

Eine solche Beobachtung an ein und demselben Werk ist bewegend: zeigt sich in ihr doch sehr plastisch die Vertiefung des ökumenischen Verstehens, ja schon der wechselseitigen Kenntnis voneinander, der sich Theodor Schneider in seinem Lebenswerk zunehmend verschrieben hat. Es mag nicht zuletzt die gemeinsame Arbeit innerhalb des Ökumenischen Arbeitskreises evangelischer und katholischer Theologen gewesen sein, die diesen Prozess gefördert hat.[5] Es kann im Folgenden nicht viel Neues über das

---

[1] Theodor Schneider, Zeichen der Nähe Gottes, Mainz 1979, 204ff.
[2] AaO. 204.
[3] ders., Zeichen der Nähe Gottes, überarbeitet und ergänzt zusammen mit Dorothea Sattler, Mainz ⁷1998.
[4] AaO. 200f.
[5] Das Abschlussdokument Lehrverurteilungen – kirchentrennend? I, hg. von Karl Lehmann und Wolfhart Pannenberg, Freiburg–Göttingen 1986, an dem unser Jubilar selbst mitgearbeitet hat, nimmt allerdings nur en passant Bezug auf das Bußsakra-

339

hinaus gesagt werden, was dem Jubilar längst geläufig ist. Aber auch eine nochmalige Zusammenfassung der reformatorischen Anliegen beim Bußsakrament mag in einem Rahmen, der einen Rundumblick über alle Sakramente versucht, einen Sinn haben und von Theodor Schneider freundlich entgegengenommen werden.

1. Luthers zentrale Anliegen

Die Erfahrung des Ungenügens der damaligen kirchlichen Bußpraxis und der daraus entspringende Protest gegen die offizielle Kirche unter dem Papst verband sich für den frühen Luther mit einem Ringen um ein sachgerechtes Verständnis der Buße und des Bußsakraments.[6] Man wird geradezu sagen können, dass sich die reformatorische Theologie Luthers im Zusammenhang des Bußsakraments formierte und spätestens 1520 in der Schrift über die babylonische Gefangenschaft der Kirche sich zu einer umfassenden Kritik und einem Neuverständnis aller sieben Sakramente ausweitete. Einer der entscheidenden Anlässe dazu war Luthers Protest gegen das Ablasswesen, der sich verband mit der radikalen Suche nach Gewißheit und Trost angesichts der eigenen Sündenerfahrung. Der frühe Luther hatte hier einen Erkenntnisweg zurückzulegen. Am Anfang stand ein Verständnis der Rechtfertigung und der göttlichen Vergebung, wonach im Spiegel des Kreuzes Christi der Mensch zur Demut und Selbstanklage geführt wird, was unmittelbar die göttliche Vergebung und Rechtfertigung mit sich bringt. Am Ende dieses Erkenntnis- und Erfahrungsprozesses stand für Luther die Einsicht, dass es das vom Priester gesprochene Wort der Absolution ist, das, im Glauben aufgenommen, Vergebung und Frieden schenkt.[7] Im Ergebnis wird man drei wesentliche Anliegen Luthers festzuhalten haben, die sein Verständnis der Buße kennzeichnen.

(1) Grundlegend ist zunächst die zu Beginn der Ablaßthesen von 1517 ausgesprochene Einsicht, dass Buße nicht primär ein punktuelles Ereignis

---

ment; vgl. aber immerhin den Beitrag von Bernhard Lohse: Beichte und Buße in der lutherischen Reformation, in: Lehrverurteilungen – kirchentrennend? II, hg. von Karl Lehmann, Freiburg–Göttingen 1989, 283–295. – Hingewiesen werden muss aber natürlich auch darauf, dass Theodor Schneider die fulminante bußgeschichtliche und - theologische Dissertation seiner Schülerin und jetzigen Münsteraner Dogmatikerin Dorothea Sattler, Gelebte Buße, Mainz 1992, betreut hat.

[6] Das hat die Münchner katholische Dissertation von Wolfgang Schwab, Entwicklung und Gestalt der Sakramententheologie bei Martin Luther, Frankfurt–Bern 1977, überzeugend dargestellt.

[7] Vgl. dazu Schwab, Kap. 2 (77–144): Die Entdeckung des Bußsakraments.

ist, sondern eine Lebenshaltung, die für den Christen grundlegend ist. „Da unser Herr und Meister Jesus Christus spricht: Tut Buße etc., hat er gewollt, dass alles Leben der Gläubigen Buße sein soll."[8] Auf dieses erste wesentliche Anliegen Luthers hat Theodor Schneider in der 1. Auflage seines Buches zu Recht hingewiesen. Es bleibt der Rahmen für die beiden anderen von Luther betonten Anliegen.

(2) Als zweites Anliegen ist für Luther zunehmend – und schließlich endgültig[9] – das konkrete Wort der Vergebung und Absolution entscheidend gewesen, wie es im Vorgang der persönlichen Beichte als Gottes Wort zugesprochen wird und für den Glauben Gewißheit und Tröstung bringt. Nicht Demut und Reue als solche, sondern das zugesprochene, im Glauben ergriffene Wort Gottes ist für Luther das entscheidende gewissmachende Geschehen. Das Zueinander von Wort und Glaube, wie es in der Beichte zum Vollzug kommt, ist für Luther 1520 dann auch der Kernvorgang bei den anderen Sakramenten, der durch die äußeren Zeichen (Wasser, Brot und Wein) lediglich unterstrichen wird. Von hier aus kritisiert Luther bereits 1520 die damals gängige (und später im Tridentinum wieder festgeschriebene) Dreigliederung der Buße in contritio, confessio und satisfactio als eine solche, welche das Wesentliche – den Glauben an das Wort der Absolution – nicht oder nicht zureichend berücksichtigt.

(3) Als drittes Anliegen der Bußtheologie vor allem des früheren Luther wird man die Befreiung des Bußvorgangs und auch des Absolutionswortes aus der Verfügungsgewalt der Kirche anzusehen haben. Beim Ablassstreit und in seiner Folge richtete sich dieses Anliegen Luthers vor allem gegen die Befugnisse des Papstes in diesem Zusammenhang[10], was in der Leipziger Disputation 1519 dann zu einer grundsätzlichen Kontroverse über die päpstliche Vollmacht führte.[11] Es ging Luther darüber hinaus darum, dass es ein Bruder (oder auch eine Schwester) ist – und nicht primär ein kirchlicher Amtsträger –, der dem Bereuenden und Angefochtenen das Wort der Absolution sagen darf und soll. 1520 beklagt Luther die kirchliche

---

[8] „Dominus et magister noster Jesus Christus dicendo: Penitentiam agite etc. omnem vitam fidelium penitentiam esse voluit." (Disp. pro declaratione virtutis indulgentiarum, 1517, Th. 1: Cl 1, 3.17).

[9] Für den späteren Luther vgl. Jos E. Vercruysse, Schlüsselgewalt und Beichte bei Luther, in: Helmar Junghans (Hg.), Leben und Werk Martin Luthers von 1526 bis 1546, Berlin 1983, 331–346 u. 775–781. Vercruysse bestätigt, dass – nach dem Urteil der Forschung – Luthers Auffassung von Schlüsselgewalt und Beichte vor 1525 ihre endgültige Ausprägung erhalten hat.

[10] Bereits die fünfte der 95 Thesen hat die Befugnis des Papstes zum Thema.

[11] Hier vor allem in der letzten These (These 13) mit ihren Erläuterungen (WA 2, 161.35 sowie 183ff).

Tyrannei, in die das Bußsakrament geraten ist, wenn nicht nur die Vergebung bestimmter schwerer Sünden den Bischöfen und eigens von ihnen Beauftragten vorbehalten ist[12], sondern wenn die Absolution überhaupt dem Priesteramt vorbehalten ist. Was Christus Mt 18,18 den Jüngern sagt, „das ist allen und jedem einzelnen Christen gesagt". Und er setzt im Blick Mt 18,19 fort: „Wenn ein Bruder dem andern seine heimlichen Sünden offenbart und Vergebung begehrt, dann wird er sicherlich mit seinem Bruder eins auf Erden in der Wahrheit, die Christus selbst ist". Daher soll man „allen Brüdern und Schwestern ganz freie Befugnis gewähren [...], die Beichte heimlicher Sünden anzuhören, damit ein Sünder seine Sünde anvertrauen kann, wem er will".[13]

Das Wort der Absolution hat Luther für das Entscheidende im Bußvorgang gehalten. Und er hat zeitlebens den Wert und den Trost der Privatbeichte unterstrichen. Das kommt auch später, etwa in den Abschnitten zur Beichte in den beiden Katechismen, zum Ausdruck. Andererseits räumte Luther ein, dass die Privatbeichte als solche nicht von Gott geboten sei; in den betreffenden biblischen Aussagen gehe es zunächst einmal um die Bereinigung öffentlicher Sünden.[14] Darauf wird zurückzukommen sein.

2. Das Bußsakrament in den lutherischen Bekenntnisschriften

Neben den Katechismen Luthers und einem Abschnitt im III. Teil der Schmalkaldischen Artikel sind es vor allem die Artikel XI und XII (sowie Artikel XXV) der Confessio Augustana und der XII. Artikel der Apologie, in denen Beichte und Bußsakrament verhandelt werden.[15] In diesen Artikeln wird deutlich für die Beibehaltung der Privatbeichte und für das Angebot des Bußsakraments für alle, die nach der Taufe gesündigt haben,

---

[12] Sog. „Reservatfälle": casus episcopales bzw. papales.
[13] „Hoc enim omnibus et singulis Christianis dictum est." „At frater fratri occulta sua pandens et veniam petens, certe cum fratre super terram consentit, in veritate, quae Christus est." (Cl 1, 483, 6. 10). „Deinde, de occultis audiendae confessionis facultatem permittant (sc. Fürsten und Bischöfe) liberrimam omnibus fratribus et sororibus, ut peccator, cui voluerit, suum peccatum revelet" (aaO. 29). Auch später hat Luther die Vollmacht zur Vergebung der Sünden auch Nichtordinierten zuerkannt. Allerdings ist der ordinierte Geistliche derjenige, zu dessen besonderem Auftrag auch das Amt der Schlüssel gehört (vgl. Vercruysse, 163).
[14] So in der achten sog. Invocavitpredigt von 1522 (Cl 7, 385ff), aber auch schon in De captivitate (Cl 1, 482, 3).
[15] Zum Ganzen der Aussagen in den lutherischen Bekenntnisschriften vgl. Lohse, Beichte und Buße; Gunther Wenz, Theologie der Bekenntnisschriften der evangelisch-lutherischen Kirche, Bd. I, Berlin 1996, 670ff.

plädiert. Hier gibt es noch keine Kontroverse.[16] Dabei wird die Notwendigkeit der Beichte – entsprechend mittelalterlichem Vorbild – auch als Vorbereitung für den Empfang des Altarsakraments betont[17]. Dieser Zusammenhang, der bei Luther selbst noch nicht im Vordergrund steht, bestimmt in der Folge die evangelische Praxis in den Gemeinden. An dem Gebrauch der Beichte und dem damit verbundenen Abendmahlsempfang entscheidet sich geradezu das Christsein eines Menschen.[18] Allerdings verbindet sich in der Gemeindepraxis die Beichte mit dem als notwendig erachteten Glaubensverhör vor dem Abendmahlsgang, wozu bald auch so etwas wie eine Sittenprüfung gehörte.[19] Dennoch bleibt es bei der Freiwilligkeit der eigentlichen Beichte – entgegen jenem gesetzlichen Zwang, den die Reformatoren an der herrschenden Praxis kritisierten. Damit wird auch der Empfang des Altarsakraments stärker in den Bereich der Freiwilligkeit gerückt, wobei jedoch die Zunahme der (freiwilligen) Teilnahme am Sakrament in den evangelischen Gemeinden nicht ohne Stolz betont wird.[20] Es ist dennoch offensichtlich, dass sich das Prinzip solcher Freiwilligkeit ein wenig reibt mit der Notwendigkeit der von den Reformatoren eingeleiteten Gemeindereform und den entsprechenden Maßgaben zum Gebrauch der Sakramente.

Der eigentliche Streit besteht in der Frage der sog. „Teile" (partes) der Buße, wobei hierbei an die Akte gedacht ist, die auf Seiten des Büßenden zu fordern sind (unbeschadet der unbestrittenen Gemeinsamkeit im Blick auf die Absolution als das eigentliche Zentrum des Bußsakraments). An dieser Stelle stellt sich für die Reformatoren die Grundfrage der Rechtfertigung, wie insbesondere der ausführliche Artikel XII der Apologie zeigt.[21] Denn es geht um die Frage, in welchem Sinne die geforderten inneren und äußeren Bußwerke den Sinn der Absolution als einem rein aus Gnade zukommenden göttlichen Geschenk beeinträchtigen.[22]

Die Confessio Augustana spricht von zwei wesentlichen Stücken der Buße auf Seiten des Poenitenten: von der Reue (contritio als Erschütterung des Gewissens) und vom Glauben, der die Absolution empfängt und damit

---

[16] So ausdrücklich die Confutatio in ihrer Antwort zu CA XI.
[17] CA XXV,1; vgl. Apol. XI, 3f.
[18] Wenz, 675, 679.
[19] Dazu vgl. Ernst Bezzel, Frei zum Eingeständnis. Geschichte und Praxis der evangelischen Einzelbeichte, Stuttgart 1982, 12–15.
[20] Apol. XI.
[21] Ausdrücklich etwa § 59, wo die doctrina poenitentiae und die doctrina iustificationis als eng zusammenhängend erscheinen und auch Formulierungen begegnen, die deutlich an CA IV erinnern.
[22] Im Großen Katechismus unterscheidet Luther besonders pointiert zwischen Gottes und des Menschen Werk in der Beichte (BSLK 729ff).

das Gewissen tröstet und von Schecken befreit. Die altgläubige Seite hingegen besteht auf den überkommenen drei Teilen der Buße: der Reue, dem Bekenntnis in der Beichte und der Genugtuung. Hierin sehen die Reformatoren Formen von verderblicher Werkgerechtigkeit. Das betrifft besonders die im Zusammenhang des Bußsakraments geforderten Werke der Genugtuung.[23] Dass es Früchte der Buße geben muß, räumen die Reformatoren ein, zumal es hier um ein Grunddatum reformatorischen Rechtfertigungsverständnisses geht.[24] Jedoch wird ein Verständnis solcher Früchte energisch bestritten, demzufolge durch sie die Gültigkeit und Wirksamkeit der Absolution bedingt ist. Die Sachlage ist dadurch kompliziert, dass die altgläubige Seite zwischen der durch die Absolution erteilten Vergebung der Schuld und den abzubüßenden zeitlichen Sündenstrafen unterscheidet.[25] Nicht nur die in der Praxis auftauchende Bezugnahme der geforderten Bußwerke auch auf die Vergebung der Sünden erregte den Widerspruch, sondern auch die Möglichkeit der Abbüßung von Strafen durch besondere Werke überhaupt und darüber hinaus eine mögliche Anrechnung „überschüssiger" guter Werke anderer (wie sie etwa in der Ablasspraxis eine Rolle spielte). Schließlich kam auch noch das ekklesiologische Problem der von der Kirche verhängten Strafen ins Spiel.[26] Der zwölfte Artikel der Apologie setzt sich in großer Ausführlichkeit gerade mit diesem Problem der genugtuenden Werke auseinander.[27] Ein wesentliches Anliegen ist dabei, dass die aus der Buße entspringende Erneuerung Werke ermöglicht, die vom göttlichen Gebot als notwendig gefordert sind, andererseits die Reinhaltung der Einsicht, dass solche „Werke der Buße Sündenvergebung und Aufhebung der Schuld nicht – und zwar weder im voraus noch nachträglich – zu bewirken vermögen"[28]. Als Sündenstrafen sehen die Reformatoren u.a. die schlimmen Folgen von Sünden an, wozu auch die mit Qualen verbundene Reue zu zählen ist.[29]

Die Kritik betrifft ferner die Forderung, bei der Beichte ausnahmslos alle Sünden vollzählig zu bekennen. Dass ein Bekenntnis der Sünden wesentlich zum Vorgang der Beichte gehört, ist den Reformatoren selbstver-

---

[23] Vgl. speziell hierzu die oben genannte Arbeit Sattler, Gelebte Buße, bes. 10–21, sowie 134–176.
[24] Wie es in Art. VI und Art. XX der CA ausführlich expliziert ist; vgl. auch Wenz, 703.
[25] Dies war der Punkt, an dem die Verständigungsbemühungen des sog. 14er-Ausschuss auf dem Augsburger Reichstag scheiterten (Sattler, 19, 22–26.; zur Herkunft der hier zugrundeliegenden Unterscheidung vgl. aaO. 180).
[26] Wenz, 715.
[27] Apol. XII, 13ff, 113ff.
[28] Wenz, 712.
[29] AaO. 706.

ständlich[30]. Solches Bekenntnis ist – wenn von zwei „Teilen" der Buße gesprochen wird – ein Element der Reue. Dass jedoch eine lückenlose Aufzählung aller Sünden notwendig sei, ist nicht nur eine unerfüllbare Forderung[31], sondern macht das Bekenntnis der Sünden seinerseits zu einem zu leistenden Werk.

Schließlich betrifft die reformatorische Kritik auch die Vorstellung von der Reue, und zwar in doppelter Hinsicht: einmal sofern die Reue als solche als Grund für die Vergebung Gottes angesehen wird; und zum anderen, sofern auch eine mildere Form der Reue – eine sog. attritio („Galgenreue") – als ausreichend erachtet wird.[32] Die Reue (contritio im Sinne der „Erschütterung des Gewissens über die erkannte Sünde"[33]) kommt nach lutherischem Verständnis durch das Gesetz zustande, dem das Evangelium als Zuspruch des Evangeliums (in der Absolution) korrespondiert. Die in den Bekenntnisschriften verteidigten „zwei Teile" der Buße entsprechen demnach der Zweiheit Gesetz und Evangelium im lutherischen Verständnis.[34] Die Apologie sieht in dem allen Formen der Werkgerechtigkeit, die gegen das Evangelium von Christus und die göttlichen Verheißungen gerichtet sind. Luther selbst hatte sich bereits in der Schrift von der babylonischen Gefangenschaft 1520 im gleichen Sinne mit der Doktrin von den drei Teilen der Buße auseinandergesetzt.[35]

Das Anliegen der Reformatoren hinter diesen Lehrauseinandersetzungen ist stets ein und dasselbe: Sie wollen im Bußsakrament den Trost der Gewissen durch das zugesprochene Evangelium festhalten und protestieren dagegen, dass dieser Trost und dies Befreiung durch die Fülle kirchlicher Auflagen und Regelungen und damit durch vom Menschen zu leistende Bedingungen („Werke") zunichte gemacht wird. Das Bußsakrament erweist sich in besonderem Maße als konkreter Vollzug der Rechtfertigung des Sünders um Christi willen aus Gnaden durch den Glauben und wird in diesem Sinne von den Reformatoren verteidigt.

3. Buße als von Christus eingesetztes Sakrament

Haben wir es beim Vorgang von Buße und ausdrücklich zugesprochener Absolution mit einem Sakrament zu tun? Luther antwortet hierauf in „De

---

[30] Vgl. den Abschnitt über die Beichte in Luthers Kleinem Katechismus; Wenz, 677.
[31] Apol. XII, 111.
[32] AaO. 7ff.
[33] CA XII, 3.
[34] Vgl. Wenz, 689.
[35] Vgl. Cl 1, 480ff.

captivitate babylonica" zweifach. Zunächst rechnet er die Buße als drittes Sakrament zu Taufe und Herrenmahl hinzu[36]. Gegen Ende indessen will er von einem Sakrament nur dort sprechen, wo zum Wort ein sichtbares Zeichen hinzutritt, und dies sei nur bei Taufe und Herrenmahl der Fall, weshalb er nun die Buße nicht mehr als Sakrament zählen will.[37] Später kann Luther indessen wieder unbefangen von der Buße als Sakrament sprechen.[38].

In den lutherischen Bekenntnisschriften, insbesondere in der CA, zählt die Buße indessen eindeutig zu den Sakramenten. Das ergibt sich nicht nur aus der systematischen Zuordnung der beiden sie betreffenden Artikel zu denen über Taufe (Art. IX) und Abendmahl (Art. X) vor dem Artikel über den Gebrauch der Sakramente (Art. XIII). Es zeigt sich noch deutlicher in den Ausführungen von Apol.XIII, wo ein Sakramentsbegriff zugrundegelegt wird, der nicht ein sichtbares Zeichen, sondern einen „Ritus" als Kennzeichen eines Sakraments benennt.[39] Hier wird dann sogar nicht ausgeschlossen, außer der Buße auch die Ordination zu den Sakramenten zu rechnen, und es wird betont, dass die Frage der Zahl der Sakramente letztlich eine Ermessensfrage sei.[40]

An einem anderen Punkt könnte dann allerdings der Status der Buße als Sakrament doch noch einmal in Frage stehen. Inwieweit kann man beim Bußsakrament von einer Einsetzung durch Christus sprechen, die – als ausdrückliches mandatum Dei – für reformatorisches Verständnis in jedem Falle für den Begriff eines Sakraments grundlegend ist?[41] Die Frage bricht auf angesichts der von den Reformatoren verschiedentlich erwähnten Einsicht, dass die Privatbeichte, für deren Aufrechterhaltung eingetreten wird, als solche nicht auf den Befehl Christi zurückzuführen ist, sondern einer Anordnung der Kirche entstammt.[42] In der letzten seiner Invokavitpredigten

---

[36] Cl 1, 431,35
[37] AaO. 510, 30ff.
[38] So in einer Antwort auf die Thesen von 32 Löwener Theologen (1545): WA 54, 427, 26–28. Vgl. bei Sattler die umfangreiche Anm. 461 (152f).
[39] „Sacramenta vocamus ritus, qui habent mandatum Dei, et quibus addita est promissio gratiae" (Apol. XIII, 3). Dazu Ulrich Kühn, Sakramente, HST 11, Gütersloh ²1990, 305f; vgl. 77f.
[40] Apol. XIII, 11.17.
[41] So auch die zitierte Definition von Apol. XIII, 3. Ebenso schon Luther in De captivitate, Cl 1, 482, 4. – Für die Reformatoren steht natürlich nicht die moderne Frage nach der Historizität der Einsetzung durch Christus zur Diskussion, wie sie für eine gegenwärtigen Theologie der Sakramente unausweichlich ist (dazu Kühn, Sakramente, 309f)
[42] CA XXV, 12; vgl. Lohse, 288, der dies eine „sehr wichtige Feststellung" nennt, aber keine Aussagen über mögliche Konsequenzen dieser Feststellung macht.

von 1522[43] geht Luther ausführlicher auf dieses Problem ein. Er unterscheidet hier dreierlei Arten von Beichte, wobei er nur die beiden ersten als von Gott (in der hl. Schrift) geboten qualifiziert. Als erstes nennt er die öffentliche Buße, von der Mt 18 die Rede ist, und die ein durch ein Gemeindeglied verursachtes öffentliches Ärgernis betrifft. Wenn das nicht unter vier Augen zu regeln ist und auch nicht im kleinen Kreis geklärt werden kann, muß es in die Gemeindeversammlung geschehen, und es kommt im Grenzfall ein öffentlicher Bann und eine evtl. darauf folgende Wiederversöhnung in Frage. Die zweite von Luther genannte (von Gott gebotene) Form der Beichte ist das persönliche Sündenbekenntnis vor Gott und die persönliche Bitte um Vergebung im Sinne von Ps 32,5 – ohne dass hier eine kirchliche Vermittlung stattfindet. Erst die dritte Form der Beichte, die Luther erwähnt, ist die Form der Privatbeichte vor einem anderen Menschen, die „heimliche Beichte". Sie ist als solche nicht von Gott geboten, deshalb kann sie auch von kirchlichen Autoritäten nicht erzwungen werden, sondern bleibt ein freies Angebot. Jedoch schätzt Luther gerade diese Form besonders hoch: „Dennoch will ich mir die heimliche Beichte von niemand nehmen lassen, und wollte sie nicht um der ganzen Welt Schatz aufgeben, denn ich weiß, welchen Trost und Stärke sie mir gegeben hat."[44] Und Luther betont gerade hier, wie sehr in dieser Beichtform die göttliche Absolution Trost und Frieden gewährt.[45] Inwiefern kann aber – so wird man fragen müssen – diese dritte Form der Beichte als von Christus eingesetztes Sakrament gelten? Luther votiert, dass die Einzelbeichte nicht von Gott geboten sei. Auch die Confessio Augustana räumt ein, dass „die Beicht nicht durch die Schrift geboten, sondern durch die Kirchen eingesetzt sei"[46]. Dass es in ihr dennoch um ein „mandatum Dei" geht, wird man dann auf die von Gott gestiftete Vollmacht der Absolution zu beziehen haben.

Bemerkenswert ist in diesem Zusammenhang, dass Luther 1522 die öffentliche Kirchenbuße (sogar als mandatum Dei) erwähnt, auf die die neuere Bußtheologie erneut ihr Augenmerk gerichtet hat (worauf zurückzukommen ist).[47]

---

[43] Cl 7, 385ff.
[44] AaO. 386, 13 (in modernes Deutsch übertragen vom Vf.).
[45] Später vertritt Luther die dreifache Weise der Beichte in modifizierter Form: als Beichte vor Gott allein, als „Liebesbeichte" vor dem Nächsten (als Frucht des Glaubens) und als „heimliche Beichte" (Sündenbekenntnis und Absolution) vor einem andere Menschen; vgl. Vercruysse, 159f. Hier entfällt also die Erinnerung an die im Neuen Testament bezeugte und in der alten Kirche praktizierte öffentliche Kirchenbuße.
[46] CA 25, 12. Der lateinische Text sagt, dass die Privatbeichte „humani iuris" sei; vgl. dazu auch Wenz, 679f.
[47] Vgl. besonders die Arbeiten von Karl und Hugo Rahner sowie die entsprechenden

4. Das Bußsakrament bei Calvin

Der zuletzt genannte Aspekt verweist uns gleichzeitig auf Calvin. Dieser handelt vom Bußsakrament in der Institutio in einem kurzen Abschnitt der Lehre von den Sakramenten, wo er ebenfalls auf die altkirchliche Bußpraxis zu sprechen kommt (IV, 19,14–17). Zuvor entfaltet er eine umfangreiche Bußtheologie im Zusammenhang der Lehre von der Aneignung des in Christus gewirkten Heils, also der Soteriologie (III, 3 und 4), wo er ausführlich auch auf die Beichte eingeht und sich hier mit der katholischen Lehre auseinandersetzt (III, 4,4–24).[48]

In seinen Überlegungen zur Buße als Lebensvorgang betont Calvin, dass die Buße eine Folge des Glaubens ist und wesentlich in der „Hinkehr unseres Lebens zu Gott" besteht, „wie sie aus echter und ernster Gottesfurcht entsteht; sie umfaßt einerseits das Absterben unseres Fleisches und des alten Menschen, andererseits die Lebendigmachung im Geist." (III, 3, 5). Die Akzente liegen hier insofern anders als in der lutherischen Tradition, als es nicht das Gesetz ist, das die Buße bewirkt und zum Evangelium der Vergebung treibt, sondern das Evangelium am Anfang der Umkehr steht (so wie es der frühe Luther gesagt hatte). Damit hängt zusammen, dass es für Calvin in der Buße wesentlich um die Umkehr zu einem Leben der Erneuerung aus dem Geist geht. Das Motiv der Tröstung des angefochtenen Gewissens hat nicht die zentrale Bedeutung wie bei Luther, vielmehr ist hier eine größere Nähe zum katholischen Konzept der Rechtfertigung *als Heiligung* wahrzunehmen.[49]

Im Blick auf die Beichte ist Calvin der überkommenen Praxis gegenüber besonders kritisch. Er bestreitet vehement jegliche Nötigung zur Beichte. Die Ohrenbeichte nennt er eine „verderbenbringende Pestilenz", die auch nicht durch das Mandat der Schlüsselgewalt gerechtfertigt werden kann (III, 4,19–20). Er lehnt den Zwang zu vollständiger Aufzählung der Sünden als „maßlose Quälerei" (III, 4,17) ab und kritisiert die römische Lehre von der Genugtuung (III, 4,25 ff.), die fälschlicherweise dabei auch einen Unterschied zwischen Schuld und Strafe mache (III, 4,30). Positiv beschreibt er die Beichte „nach der Heiligen Schrift" in dreierlei Weise (III,

---

Ausführungen und Hinweise (auch zur Literatur) bei Schneider, Zeichen der Nähe Gottes, Mainz [7]1998. Aus evangelischer Sicht vgl. Ulrich Kühn, Versöhnung feiern, in: ThLZ 108 (1983) 1ff.

[48] Vgl. dazu: Hermann Strathmann, Calvins Lehre von der Buße in ihrer späteren Gestalt, in: Theol. Studien u. Kritiken 82 (1909) 402–447, ferner: Harald Schützeichel, Die Glaubenstheologie Calvins, München 1972, Kap. III. 7: Glaube und Buße. – Die Zitate im Folgenden nach der deutschen Übersetzung von Otto Weber.

[49] Das unterstreicht auch Schützeichel, 196f.

4,9ff): als Bekenntnis und Gebet vor Gott allein; als gemeinsames Sündenbekenntnis im Gottesdienst, wobei hier nicht nur die Sünden der einzelnen, sondern auch die Sünde des Gottesvolkes als ganzen vor Gott gebracht wird[50]; schließlich als Einzelbeichte vor einem anderen Menschen. Sie ist u.a. nach Jak 5,16 „allen Christenmenschen aufgetragen", freilich ist sie „den Dienern am Wort [...] in besonderer Weise befohlen" (III, 4,12), was für Calvin (im Unterschied zu Luther 1520) in Mt 16,19; 18,18 sowie Joh 20,23 angezeigt ist. Die Einzelbeichte, die auch den Sinn der Versöhnung mit dem Nächsten haben kann, ist kein unbedingtes Gebot, sondern ist ein freies Angebot und soll wahrgenommen werden, „um eine vollkommene Frucht des Trostes zu empfangen" (ebd.). Hier klingt neben aller Kritik an der römischen Handhabung der persönlichen Beichte eine positive Wertschätzung derselben an, wie wir sie noch intensiver bei Luther fanden.

Im Zusammenhang der späteren Erörterung des Bußsakraments verweist Calvin nun ausdrücklich auf das Bußverfahren der alten Kirche, wo durch feierliche Handauflegung und nach Ableistung genugtuender Werke öffentliche Sünder mit der Kirche versöhnt wurden. Von diesem Brauch der alten Kirche wünschte Calvin, dass er wiederhergestellt würde (IV, 19,14). Das entspricht dem Kirchenverständnis Calvins und der Rolle, die er der Kirchenzucht zumisst.[51] Offenbar wäre für ihn hier ein Ansatz, von der Buße auch als Sakrament zu sprechen, während er den Sakramentscharakter der Privatbeichte dezidiert bestreitet (IV, 19,15 ff). Die vom Priester in der Beichte erteilte Absolution muss theologisch als eine Art Rückkehr zur Taufe verstanden werden, die Calvin für das eigentliche Sakrament der Buße hält und die durch die Sünde keinesfalls hinfällig geworden ist und keiner „zweiten Planke nach dem Schiffbruch" bedarf (IV, 19,17).

Es ist bemerkenswert, das Luther wie Calvin auf die neuerdings wieder stärker beachtete altkirchliche Kirchenbuße verweisen, die nach Luther sogar einer ausdrücklichen neutestamentlichen Anordnung, also einem Gebot Gottes entspricht. Gleichzeitig wird von beiden die Freiheit der Privatbeichte gefordert, deren seelsorgerlicher Wert aber besonders von Luther unterstrichen wird. Interessant ist es, dass Calvin an dieser Stelle die Beauftragung des Amtsträgers stärker als Luther hervorhebt, obwohl beide grundsätzlich jedem Christen die Vollmacht zur Vergebung zusprechen. Auch dieser amtstheologische Akzent mag mit dem Kirchenbegriff Calvins zusammenhängen.

---

[50] Das entspricht der sog. „offenen Schuld" in der späteren lutherischen gottesdienstlichen Tradition.

[51] Vgl. Ulrich Kühn, Kirche, HST 10, Gütersloh ²1990, 68ff.

5. Das Bußsakrament als Gegenstand des ökumenischen Gesprächs

Das Konzil von Trient hat in der 124. Sitzung (1551) ein eigenes Dekret über das Sakrament der Buße mit Canones, die sich gegen die Lehren der Refomatoren richten, verabschiedet. Damit gehört auch die Buße zu den zwischen den Kirchen stehenden Gegensätzen, deren Aufarbeitung geboten ist.[52] Dies kann hier natürlich nicht in der erforderlichen Gründlichkeit geschehen. Es seien aber wenigstens drei Aspekte aufgegriffen, mit denen auch die gegenwärtige Diskussion um das Bußsakrament berührt wird.

(1) Was zunächst die Einsetzung dieses Sakraments durch Christus betrifft, so behauptet der Canon 6 (DH 1706), die Kirche habe „von Anfang an" auch die Praxis des geheimen Sündenbekenntnisses allein vor dem Priester gekannt und geübt. Abgelehnt wird anschließend die Meinung, dies „sei der Einsetzung und dem Auftrag Christi nicht entsprechend und menschliche Erfindung". Möglicherweise will diese Formulierung nicht einfach die direkte Einsetzung der Privatbeichte durch Christus lehren, sondern jene Differenz berücksichtigen, die bei Luther und in der CA deutlich ausgesprochen ist.[53] Jene Differenzierung bei Luther kommt neueren Einsichten entgegen. Die Forschungen zur Geschichte des Bußsakraments haben die Praxis der kirchenöffentlichen Buße und Wiederversöhnung als die Praxis der ersten Jahrhunderte nachgewiesen, während die Privatbeichte erst vom 7. Jahrhundert an üblich geworden ist.

(2) Die historische Differenz zwischen der im NT bezeugten gemeindeöffentlichen Buße und der späteren Privatbeichte gestaltet sich bei Luther zugleich zu einem inhaltlichen Unterschied, der jedoch nicht ausschließt, dass auch die Privatbeichte letztlich der Einsetzung Christi „entspricht", wie es das Tridentinum ausdrückt. Die persönliche Beichte hat bei Luther den Charakter der Tröstung des Gewissens durch den Zuspruch der Sündenvergebung, der im Glauben empfangen wird. Darin unterscheidet sie sich von der in Mt 18 geschilderten Buße in der Gemeindeöffentlichkeit, die viel eher den Charakter der öffentlichen Anklage und Versöhnung hat, der der persönlichen Beichte gerade nicht zukommt. Eine solche Differenzierung kennt das Tridentinum nicht. Vielmehr wird hier auch die Privatbeichte als ein Gerichtsgeschehen aufgefaßt, „in der der Priester als Richter

---

[52] In dem Projekt „Lehrverurteilungen – kirchentrennend?" ist diese Aufarbeitung nicht erfolgt, vielmehr ist nur en passant auf diesen Gegenstand verwiesen worden.
[53] So auch Schneider, Zeichen der Nähe Gottes, Mainz [7]1998, 203. Die Trienter Formulierung „von Anfang an" im Blick auf die Privatbeichte hält Schneider für „aus heutiger Sicht [...] nicht haltbar".

den Richterspruch fällt"[54], wo also offenbar das Modell jener gemeindeöffentlichen Handlung leitend ist.[55] Wenn demgegenüber ein Verständnis der Beichthandlung als bloßer Verkündigungs- und Deklarationsvorgang abgelehnt wird (DH 1685, 1703), dann bleibt unberücksichtigt, dass der frühe Luther sehr bald über ein solches deklaratorisches Verständnis der Absolution zu einem Verständnis als effektives Vergebungs- und Lösungswort weitergeschritten war. Die eigentlich für Luthers Auffassung sachgemäße Kategorie, die *zwischen* einem öffentlichen Gerichtsvorgang und einer bloßen nachträglichen Deklaration liegt, wird nicht getroffen.

Damit mag es auch zusammenhängen, dass nach tridentinischer Festlegung – im Unterschied zu Luther – allein der ordinierte Priester die Vollmacht hat, die Absolution in der Privatbeichte zu vollziehen. Das Votum Luthers[56] ist insofern bemerkenswert, als er in anderen Zusammenhängen größten Wert darauf legt, dass gemeindeöffentliche geistliche Handlungen – wie der Vorsitz beim Herrenmahl – ausschließlich von einem dazu ordinierten Amtsträger vorgenommen werden.[57] Dass dies bei der Privatbeichte für ihn nicht in dieser Strenge gilt, hat zweifellos mit dem nichtöffentlichen Charakter dieses Geschehens zu tun. Allerdings hat der spätere Luther wie auch Calvin das Amt der Schlüssel als speziellen Auftrag des ordinierten Amtsträgers aufgefaßt.

(3) Bei der Auseinandersetzung um die sog. drei „Teile" (partes) des Bußsakraments, die von den Trienter Canones noch einmal eingeschärft und festgeschrieben werden (can. 4: DH 1704), sind wiederum Missverständnisse im Spiel gewesen. Dass die Reue beim Beichtenden als notwendig vorauszusetzen ist, ist zwischen den damaligen Parteien im Grunde nicht strittig. Weil sie für Luther so grundlegend war, wandte er sich gegen

---

[54] DH 1685: „actus iudicialis, quo ab ipsp (sc. sacerdos) velut a iudice sententia pronuntiatur" – mit Hinweis auf can. 9, in dem die sakramentale Absolution als „actus iudicialis" qualifiziert wird (DH 1709).

[55] Dieser implizite Rückgriff auf das altkirchliche Modell ist insofern charakteristisch, als auch im Rechtfertigungsdekret die altkirchliche Praxis der Erwachsenentaufe (mit entsprechender katechetischer Vorbereitung) als Modell im Blick war (vgl. dazu: Ulrich Kühn, Die Taufe heute, in: Gerecht und Sünder zugleich? hg. von Theodor Schneider und Gunther Wenz, Freiburg–Göttingen 2001, 357f). Die Reformation geht demgegenüber direkter von der im 16. Jahrhundert gegebenen Situation (Kindertaufe, Einzelbeichte) aus.

[56] Vgl. oben Abschnitt 1 (3); Vercruysse, 163.

[57] Vgl. Kühn, Sakramente, 65–67. Der Gesichtspunkt der „Öffentlichkeit" markiert nach reformatorischer Auffassung den Unterschied zwischen dem Auftrag des geistlichen Amtes und dem allen Christen aufgetragenen Dienst (vgl. zu Luther auch Paul Althaus, Die Theologie Martin Luthers, Gütersloh 1962, 282: vgl. ferner das berühmte „publice" in CA XIV).

eine Abschwächung dieser Forderung, die er in der sog. „attritio" (unvollkommene Reue) wahrzunehmen glaubte. Das entsprechende Trienter Kapitel (bes. DH 1677f) macht allerdings einleuchtende psychologische Faktoren für eine hier nötige Differenzierung geltend, die in der eher das Grundsätzliche betreffenden reformatorischen Sicht keinen Raum hatten.[58] Das Bekenntnis der Sünden im Bußsakrament ist, wie nicht zuletzt Luthers Kleiner Katechismus zeigt, auch für die reformatorische Sicht eine Selbstverständlichkeit. Es ist ein offensichtliches Missverständnis, sie bei der Nennung von zwei Teilen der Buße, Reue und Glaube, ausgeschlossen zu wähnen. Vielmehr ist das Bekenntnis ganz eindeutig ein organischer Teil der Reue, die an dieser Stelle verbalisiert wird. Lediglich die Frage, inwieweit eine vollständige Aufzählung der Sünden nötig und möglich sei, war Anlass zur Kritik Luthers. Hier zeigt der Trienter Beschluss bereits durch die Unterscheidung von Todsünden und läßlichen Sünden die Bereitschaft zur Differenzierung, und ebenso durch die Einschränkung, dass die Sünden zu bekennen sind, „deren man sich nach sorgfältiger Selbsterforschung bewußt ist" (DH 1680).[59] – Was schließlich die Genugtuung als dritter „Teil" der Buße betrifft, so war es für die Reformatoren völlig klar, dass es Buße und Vergebung ohne eine Besserung des Lebens sinnvollerweise nicht geben kann. Wogegen sie sich wehrten, ist eine Bedeutung guter Werke als bedingende Voraussetzung für die Kraft und Wirksamkeit der Absolution. Genau dieselbe Frage stellt sich ja bei der Rechtfertigung des Sünders überhaupt. Es war die Sorge der altgläubigen Seite (und zugleich ihr Missverständnis), dass das reformatorische Rechtfertigungsverständnis zu ethischer Laxheit führen und die Erneuerung des Menschen durch den Geist Gottes unbeachtet lassen könnte. Gegen ein solches Missverständnis haben sich die Reformatoren ständig zur Wehr gesetzt. Bei Calvin liegt hier geradezu der Skopus der Buße. In Trient hat die altgläubige Seite im Blick auf die genugtuenden Werke immerhin von „würdigen Früchten der Buße" gesprochen und diese Früchte betont nicht als eigene Leistungen, sondern Wir-

---

[58] Wolfhart Pannenberg hat (wohl mit Recht) vermutet, dass CA XII mit dem Votum für nur „zwei Teile" der Buße „gar nicht von der institutionellen Ordnung der Sakraments, sondern von dem theologischen Gehalt der Buße spricht" (Die Augsburgische Konfession als katholisches Bekenntnis und Grundlage für die Einheit der Kirche, in: Harding Meyer/Heinz Schütte (Hgg.), Katholische Anerkennung des Augsburgischen Bekenntnisses?, Frankfurt a.M. 1977, 33 ; zit. bei Sattler, 45, sowie bei Wenz, 695).
[59] Hans-Peter Arendt, Bußsakrament und Einzelbeichte, Freiburg 1981, 130, kommentiert: „Entscheidend für die Vergebung ist die Abkehr des Sünders von allen Sünden (DS 1705), aussprechen soll er seine Schuld nach seinen Kräften, wie es ihm eine sorgfältige Gewissenserforschung ermöglicht. Doch hängt die Wirksamkeit der Versöhnung nicht von der objektiv vollständigen Aufzählung aller schweren Sünden ab."

kungen Christi in uns qualifiziert (DH 1690). Offenbar nehmen diese Formulierungen reformatorische Anliegen auf. Dennoch bleibt es für reformatorisches Denken ein schwer nachzuvollziehender Gedanke, dass „genugtuende Werke" eine Art Abbüßung von zeitlichen göttlichen Strafen sind, die gewissermaßen neben der Schuld noch abgetragen werden müssen (DH 1712) oder gar durch die Erlangung eines Ablasses gemildert werden können. Sollte allerdings der Gedanke von Dorothea Sattler als sachgerechte Interpretation der Rede von den Sündenstrafen gelten können, dass man nämlich hier eigentlich mit Thomas von Aquin von „reliquiae peccati" im Sinne des „Leidens an den Folgen der eigenen Tat" sprechen und eben dieses Leiden als eine Art „Strafe Gottes" begreifen müsse, die nur durch ein „neues Leben" überwunden werden können, dann wäre hier eine Brücke auch für ein evangelisches Verständnis dieses auch für die geistliche Praxis sperrigen Theologumenons sichtbar.[60] Ein von der Kirche zu verhängendes Strafmaß wäre dann aber durchaus unangemessen.[61]

Insgesamt hängt die Kontroverse um die genugtuenden Werke mit der reformatorischen Grundoption zusammen, der zufolge Beichte und Absolution primär und eigentlich ein Vorgang der Tröstung und Befriedung angefochtener Gewissen sind und nicht ein Vorgang eines Gerichts, das eine gestörte moralische Ordnung wieder in Ordnung bringt. Man gewinnt den Eindruck, dass die altgläubige Seite diese im Ansatz andere Konzeption von Buße und Beichte (wie schon die entsprechende andere Konzeption von Rechtfertigung) damals letztlich nicht verstanden hat. Die ökumenischen Gespräche haben solches Verstehen ermöglicht, stehen allerdings zugleich im Schatten einer Krise der persönlichen Beichte, weshalb gegenwärtige gemeinsame Überlegungen den Blick auf Buße und Absolution als gemeindeöffentlichen Vorgang richten, wie er in der Praxis der alten Kirche sichtbar geworden ist, und wie er – in ganz anderer Weise – die praktische Entwicklung im evangelischen Raum kennzeichnet.

6. Der ökumenische Ertrag

Wenn wir abschließend versuchen, so etwas wie einen ökumenischen Ertrag des im Voranstehenden Berichteten zusammenfassend zu formulieren, so dürften sich drei Gesichtspunkte herausschälen.

(1) Die ausdrücklich im 16. Jahrhundert verhandelten Kontroversen im Blick auf das Sakrament der Buße dürfen nach genauer erneuter Betrach-

---

[60] Sattler, 182, 373, 375.
[61] So auch aaO. 375.

tung der jeweiligen Motive und der Kontexte sowie im Lichte neuer sorgfältiger inhaltlicher Interpretationen als zufriedenstellend gelöst angesehen werden. Das betrifft den effektiv-sakramentalen Charakter der Buße, sofern er im Vorgang der Absolution gesehen wird. Das betrifft aber auch die Frage, ob wir es bei der für das Bußsakrament wesentlichen Haltung des Buße Tuenden mit zwei oder mit drei „Teilen" zu tun haben. Die direkte Verurteilung der reformatorischen Position, wie sie in can. 4 von Trient erfolgte, konnte nicht berücksichtigen, dass es bei den zwei „Teilen" Reue und Glaube um die theologischen Grunddimensionen des Bußgeschehens ging, während die (katholischen) drei „Teile" den institutionellen und auch psychologisch-praktischen Vollzug beschreiben, der durchaus kompatibel mit jenen beiden Grunddimensionen ist. Das trifft auch für das Problem der Genugtuung zu, sofern es Konsens ist, dass (a) Früchte der Buße zum Wesentlichen des Bußgeschehens gehören, (b) diese Früchte keine ursächliche (etwa verdienstliche) Bedeutung für die zugesprochene Vergebung haben, und sofern (c) die sog. Straffolgen der Sünde deren „konnaturale" Folgen sind, die dem, der die Vergebung erlangt hat, noch zu schaffen machen, die aber nicht durch dekretierte kirchliche Strafen, sondern nur und allein durch eine Auseinandersetzung im eigenen (und evtl. gemeinschaftlichen) Lebensvollzug sinnvoll angegangen werden können. Was die der Absolution vorangehende Reue und das Bekenntnis betrifft, so ist die Einsicht entscheidend, dass es sich hierbei nicht um ein eigenmächtiges Vorhaben handelt, sondern selbst um ein vom Geist und der Gnade Gottes (gewissermaßen „in Christus") erfolgendes Umkehren, das eine Art vorangehenden Glauben voraussetzt. Dass nach lutherischem Verständnis solche Reue die Wirkung des dem Evangelium vorangehenden Gesetzes Gottes ist, muss notwendig ein Gesetzesverständnis voraussetzen, das dieses bereits von Christus und der in ihm erfolgten Versöhnung her erhellt.

(2) Dass die Form der Privatbeichte nicht direkt auf die Einsetzung Christi zurückzuführen ist, sondern erst Ergebnis einer kirchlichen Entwicklung ist, trifft heute mit der Erfahrung der Krise dieser Einrichtung zusammen. Die historischen Hinweise auf die altkirchliche Gemeindebuße bei Luther und Calvin und dessen Wunsch nach einer Erneuerung dieser Bußform treffen zusammen mit den gegenwärtigen Bemühungen um die Wiedergewinnung einer Gemeindebuße im katholischen Raum und die diese Bemühungen begleitenden historischen Arbeiten. Eine Kopie der altkirchlichen Praxis erweist sich allerdings in dem Maße als fraglich, als altkirchliche Formen der öffentlichen Exkommunikation und der Wiederversöhnung mit der Kirche im gegenwärtigen Selbstverständnis von Kirche und Ortsgemeinde kaum einen Raum haben. Auch Calvins diesbezüglicher Wunsch

dürfte seinem Gemeindeverständnis mit den dazugehörenden kirchenzuchtlichen Maßnahmen geschuldet sein. Die gegenwärtigen Versuche einer gemeindlichen Bußfeier suchen denn auch nach Möglichkeiten, das jeweils eigene, verborgene Bekenntnis des Einzelnen vor Gott (und allenfalls vor einem einzelnen Seelsorger) mit einer gemeinsamen Bußfeier zu verbinden.[62] An dieser Stelle kommt das evangelische Modell der „offenen Schuld" – eines allgemeinen Schuldbekenntnisses im Gottesdienst – in den Blick mit der Frage, ob und in welchem Maße dies als Voraussetzung einer zu erteilenden Absolution ausreicht. Diese Form der allgemeinen Beichte, wie sie in einigen deutschen Landeskirchen geübt und auch betont bewahrt wird, hat zu kritischen Rückfragen Anlaß gegeben.[63] An dieser Stelle liegen gemeinsame Aufgaben vor uns.

(3) Eine bleibend offene Frage dürfte die Bindung der Absolutionsvollmacht an den ordinierten Geistlichen sein. Diese Bindung (in einem absoluten Sinne) ist zumindest von Luther in Frage gestellt worden. Sie hängt zusammen mit einem (mehr oder weniger latenten) Verständnis des Vorgangs von Beichte und Absolution als eines vom Priester zu vollziehenden Gerichtsaktes, wie ihn das Tridentinum festhält. Dieses Verständnis bindet auch die private Absolution zurück an die kirchliche Öffentlichkeit, in deren Namen allein der Priester (der ordinierte Amtsträger) zu handeln befugt ist. Eine solche Rückbindung und der damit verbundene Gerichtscharakter der Absolution (und des Handelns des Priesters überhaupt) dürfte aber dem Charakter der Einzelbeichte kaum entsprechen, vielmehr legt sich hier bereits vom Vollzug her das Verständnis eines seelsorgerlichen freisprechenden und tröstenden Handelns nahe, sozusagen diesseits aller kirchlichen Öffentlichkeit. Genau dies aber war das entscheidende Grundanliegen Luthers (und der lutherischen Reformation) im Blick auf die Beichte. Von daher wäre Luthers Hinweis auf das „mutuum colloquium et consolationem

---

[62] Vgl. die bei Schneider aufgezählten und erörterten, vom „Ordo paenitentiae" (1973) an die Hand gegebenen Modelle A, B, C. Die Frage einer sakramentalen Absolution bei einem lediglich allgemeinen Sündenbekenntnis ist dabei ein entscheidendes Problem. Dass „gegen die Möglichkeit einer sakramentalen Aufwertung gemeinsamer Bußfeiern von den meisten Dogmatikern keine grundsätzlichen Einwände vorgebracht" werden (214), ist dabei eine gegenüber der tridentinischen Forderung eines konkreten persönlichen Bekenntnisses mindestens aller Todsünden relativ weitgehende Option, die der Praxis und dem Verständnis der „offenen Schuld" mit zugesprochener ausdrücklicher Absolution im evangelischen Raum sehr nahe kommt.

[63] Sie betreffen die mangelnde Konkretheit des Bekenntnisses auf Seiten der Feiernden und die Möglichkeit einer effektiven Absolution. Als Alternative bietet sich ein gemeinsames Sündenbekenntnis ohne direkte Absolution an, wie es im Eingangsteil (Rüstgebet) des Gottesdienstes möglich ist.

fratrum", die er als Weise der Mitteilung des Evangeliums versteht[64], Recht zu geben. Freilich wäre zugleich zu klären, wie sich diese jedem Christen gegeben Vollmacht der Sündenvergebung zum besonderen Auftrag des „Amtes der Schlüssel" verhält.[65] Hier dürfte weiterer Klärungsbedarf auch im ökumenischen Dialog bestehen, so dass wir auch im Kontext des Bußsakraments auf die Frage des Amtes zurückgeworfen werden, die sich als das sperrigste ökumenische Problem erwiesen hat und an dem wir hoffentlich noch in lange währender Gemeinsamkeit mit Theodor Schneider, dem Kollegen und Freund, arbeiten und Lösungen sichten können.

---

[64] AS III, Kap. 4 (BSLK 449, 13).
[65] Luther nennt dieses Amt neben dem erwähnten „mutuum colloquium ...".

VERSTÄNDNISSE DER EHE.

Der sakramental-ekklesiale Charakter der ehelichen Gemeinschaft

Peter Neuner

1. Eheschließung vor und in der Kirche

Die Feststellung, dass sich die Sakramentenlehre vornehmlich erst im zweiten Jahrtausend entwickelt hat, findet in der Lehre von der Ehe eine besonders deutliche Bestätigung. Nicht nur dass unterschiedliche gesellschaftliche Gegebenheiten und Gepflogenheiten auf die kirchliche Gestaltung der Ehe eingewirkt und überkommene Lehraussagen immer wieder in Frage gestellt hätten, dass kulturelle Differenzen auf die Vorstellung rechten Zusammenlebens von Mann und Frau und Familie eingewirkt hätten, auch im innerchristlichen Bereich war die Vorstellung von der Ehe einer breiten pastoralen und dogmatischen Entwicklung unterworfen[1]. Doch über die vielfältigen Differenzen hinweg lässt sich feststellen, dass nirgendwo die Ehe ein rein „weltlich Ding" ist. In allen Religionen wird in der ehelichen Gemeinschaft, in der Liebe zwischen Frau und Mann, in Zeugung und Geburt und im Zusammenleben von Menschen in der Familie eine Wirklichkeit erkannt, die über den rein irdischen Bereich hinausreicht. Hier erfährt sich der Mensch von einer ihn schlechthin verpflichtenden, ihn in Besitz nehmenden, ihn gleichsam überfallenden und übermächtigen Kraft angesprochen und erfasst. Hier erschließen sich Kräfte, die in allen Kulturen auf überirdische, göttliche oder dämonische Mächte, auf Liebes- oder Fruchtbarkeitsgötter zurückgeführt werden.

In diesem weitesten Rahmen war zunächst auch die christliche Vorstellung von der Ehe angesiedelt. Auch die Christen erfuhren in Liebe, Ehe und Fruchtbarkeit eine göttliche Macht, führten diese allerdings nicht auf Göttergestalten zurück, sondern erkannten darin den Schöpfungsauftrag Gottes, der den ersten Menschen im Paradies geboten hatte: „Seid fruchtbar und mehret euch" (Gen 1,28). In der Konsequenz wurde die Ehe in der Alten Kirche als heilig erachtet. Dazu bedurfte es keiner besonderen Gestalt und keiner eigenen kirchlichen Eheschließung. Die Hochzeit war ein Familienfest, es wurde nicht in der Kirche gefeiert. Vielleicht kamen kirchliche

---

[1] Die Überlegungen wissen sich verdankt Theodor Schneider, Zeichen der Nähe Gottes, Mainz ⁴1984, 270–303. Siehe hierzu auch Hans-Günter Gruber, Christliche Ehe in moderner Gesellschaft, Freiburg–Basel–Wien 1993.

Amtsträger als Gratulanten und sprachen einen Segen. Heilig aber war die Ehe unter Christen deswegen, weil die Partner durch die Taufe geheiligt waren. Erst im 4. und 5. Jahrhundert sind erstmals in Rom Hochzeitsmessen bezeugt; sie waren jedoch nur für die Ehen von Klerikern vorgesehen. Darüber hinaus gab es für die Eheschließungen keine liturgische Form, Christen heirateten wie alle anderen Bürger auch.

Es war ein langer und weiter Weg, der bis zur kirchlichen Eheschließungsform führte, und konkrete Anlässe und Missstände forderten diesen Prozess heraus. In der zweiten Hälfte des ersten Jahrtausends setzte sich in Italien der Brauch durch, die Heirat aus dem häuslich-familiären Bereich in die Öffentlichkeit vor der Kirche zu verlegen. Der Brautvater übergab vor dem Kirchenportal die Braut an den Bräutigam und der Priester segnete das Brautpaar. Zur Gültigkeit der Ehe war dieser Segen aber nicht notwendig. Die Ehe kam nach römischem Recht, das auch in der Kirche galt, durch den Konsens der Brautleute zustande, nicht durch den kirchlichen Segen. Es galt auch weiterhin der Grundsatz: *consensus facit nuptias*. Nach gallischem und spanischem Rechtsempfinden kam die Ehe jedoch durch den geschlechtlichen Vollzug zustande. Hier entwickelte sich folglich als kirchlicher Ritus die Segnung des Ehebetts. Die jeweiligen gesellschaftlichen Bräuche wurden von der Kirche als ehestiftend angesehen.

Im Frankenreich und in der mittelalterlichen Kirche entstanden erste Anstöße für eine Verkirchlichung der Ehe. Karl der Große verfügte 802, dass vor jeder Heirat festgestellt werden sollte, ob Ehehindernisse vorlagen, ob etwa einer der Partner bereits verheiratet war oder ob eine nahe Verwandtschaft zwischen den Brautleuten bestand. Die Priester wurden beauftragt, diese Prüfung vorzunehmen, eine Vorschrift, die sich schon deswegen als undurchführbar erwies, weil niemand verpflichtet war, seine Ehe kirchlich segnen zu lassen. Doch damit war eine Dynamik freigesetzt, die weiterwirken sollte. Die Kirche wurde mehr und mehr für die öffentliche und rechtliche Gestaltung der Ehe zuständig. In der Folge übergab nicht mehr der Brautvater, sondern der Priester die Braut an den Bräutigam mit den Worten „*Deus vos coniugat*", seit dem 14. Jahrhundert lautete die Formel „*Ego vos coniugo*". In der recht zögerlichen Umsetzung eines Beschlusses des IV. Laterankonzils (1215), der seinerseits auf die *pseudoisidorischen Dekretalien* und auf das *Decretum Gratiani* zurückgeht, wurde etwa vom 15. Jahrhundert an ein öffentliches Aufgebot vorgenommen sowie die Trauung in das Kircheninnere verlegt. Sie sollte nicht mehr „*in facie ecclesiae*", also vor dem Kirchentor stattfinden, sondern in der Kirche und in einer gottesdienstlichen Feier.

Doch nach wie vor war es selbstverständlich: Nicht das Wort des Priesters, sondern allein der Konsens der Ehepartner stiftet die Ehe. Es gab folglich in breitem Umfang Ehen, die ohne kirchliche Mitwirkung und selbst ohne Wissen der Kirche zustande kamen. Es war nach wie vor nicht unüblich, dass sich die Brautleute gegenseitig ihren Ehewillen erklärten oder zusammenzogen und die geschlechtliche Gemeinschaft aufnahmen und ihn so zum Ausdruck brachten. Diese Verbindungen erfüllten die Bedingungen, die man an eine Ehe stellte, sie wurden als gültige Ehen anerkannt. So gab es eine Vielzahl von „klandestinen" Ehen. Diese mussten keineswegs vor der Öffentlichkeit geheim sein, sie waren lediglich nicht „amtsbekannt". Wahrscheinlich hat man sich in vielen Fällen auch nur den Aufwand und die Kosten für eine öffentliche und feierliche Hochzeit ersparen wollen. Obwohl dies gegen die Vorschriften des IV. Lateranense verstieß, dachte niemand daran, diese Ehen als ungültig zu erachten. Die Folge war eine große Unsicherheit in den familiären Strukturen und den eherechtlichen Verhältnissen. Es ließ sich in vielen Fällen kaum noch ausmachen, wer mit wem verheiratet war. Willkürliche Eheauflösungen, Wiederverheiratungen und Doppelehen waren die unvermeidliche Folge.

Um diesem Missstand zu wehren, stellte das Konzil von Trient 1563 in dem Dekret *Tametsi* die „Formpflicht" auf, von deren Einhaltung künftig die Gültigkeit einer Eheschließung abhängig sein sollte. Diese Form bestand im Austausch der Ehewillenserklärung vor dem eigenen Pfarrer in Gegenwart von mindestens zwei Zeugen. Damit wurden nicht die schon bestehenden Ehen in ihrer Gültigkeit angetastet. Aber von nun an sollte gelten: „Diejenigen, die versuchen werden, eine Ehe anders zu schließen als in Gegenwart des Pfarrers oder – mit Erlaubnis des Pfarrers bzw. des Ordinarius – eines anderen Priesters und zweier oder dreier Zeugen: die erklärt das heilige Konzil für völlig unfähig, auf diese Weise eine Ehe zu schließen, und es erklärt, dass solche Eheschlüsse ungültig und nichtig sind"[2]. Ziel dieser Bestimmung war es, Rechtssicherheit herzustellen und vor allem, die schwächeren Partner in diesen unklaren Familienangelegenheiten, und das waren in aller Regel die Frauen und die Kinder, zu schützen. Darum sollte die Öffentlichkeit hergestellt werden. Eine Verkirchlichung der Ehe war nicht das erste Ziel. So lautete der Vorschlag beim Konzil zunächst, die Gültigkeit einer Eheschließung solle an der Anwesenheit von drei Zeugen hängen, dadurch würde die Öffentlichkeit hergestellt. Im Laufe der Diskussion hat sich die Forderung durchgesetzt, einer dieser Zeugen solle der Pfarrer sein und die priesterliche Benediktion sei für die Eheschließung

---

[2] DH 1816.

notwendig. „Da selbst bei den Häretikern die Ehen von den Dienern ihrer Kirchen gesegnet werden, so gezieme sich dieses um so mehr in der römisch-katholischen Kirche, welche allein die wahren Diener Gottes und das wahre Priestertum habe"[3].

Die Umsetzung von *Tametsi* machte nun allerdings erhebliche Schwierigkeiten. Das Konzil war zusammengetreten unter dem Eindruck der Reformation und der drohenden Kirchenspaltung. Es war abzusehen, dass sich die Forderungen bezüglich der Formpflicht in den Ländern, die sich der Reformation angeschlossen hatte, nicht würden durchsetzen lassen. Dies hätte zur Folge gehabt, dass alle dort geschlossenen Ehen als ungültig erachtet worden wären, und das konnte im Ernst niemand wollen. Selbst wenn sich Trient im Kampf gegen die klandestinen Ehen mit Luther einig wusste, die Formpflicht als Bedingung der Gültigkeit konnte für die Länder der Reformation sinnvoller Weise nicht aufgestellt werden. Wegen dieser unerwünschten Konsequenzen haben in der Schlussabstimmung des Konzils nur 133 Konzilsväter für und 56 gegen *Tametsi* gestimmt. Damit überhaupt eine Mehrheit zustande kam, hat man dem Dekret eine einschränkende Klausel beigegeben. Sie besagte, „dass dieses Dekret in jeder Pfarrei nach dreißig Tagen in Kraft trete, gerechnet vom Tag der ersten Verkündigung in der betreffenden Pfarrei"[4]. Damit war gewährleistet, dass überall dort, wo diese amtliche Verkündigung nicht erfolgte, und hier dachte man vor allem an die Gebiete, die sich der Reformation angeschlossen hatten, die Gültigkeit einer Eheschließung nicht an der Einhaltung der Bestimmungen von *Tametsi* gebunden war. An die Problematik von konfessionsverschiedenen Ehen scheint man in *Tametsi* noch nicht gedacht zu haben. Doch gerade hier entzündeten sich in der Folge schwere Konflikte zwischen den Kirchen und es kam zu massiven Belastungen in zahlreichen Familien, sehr häufig mit einer Entfremdung von der Kirche, die ihnen mit der vollen Härte des Gesetzes begegnete.[5] Doch es dauerte noch bis zum Kodex von 1917, dass *Tametsi* allgemein verbindlich wurde und die „nicht-tridentinischen" Gebiete, in denen *Tametsi* nicht in Kraft gesetzt worden war, abgeschafft wurden. Seither war für jeden Katholiken, der eine Ehe eingehen wollte, die Erfüllung der von Trient verlangten Form für die Gültigkeit seiner Ehe un-

---

[3] Zitiert nach Peter Neuner, Geeint im Leben – getrennt im Bekenntnis? Die konfessionsverschiedene Ehe, Düsseldorf 1989.
[4] Das Dekret Tametsi ist zusammen mit anderen wichtigen Dekreten zum Mischehenrecht dokumentiert in: Wolfgang Sucker/Joachim Lell/Kurt Nitzschke, Die Mischehe, Göttingen 1959, 289–292.
[5] Zu den Wirkungen der Formpflicht auf die konfessionsverschiedenen Ehen siehe Neuner, Geeint im Leben.

abdingbar. Erst mit dem Motu proprio *Matrimonia mixta* (1970) wurde die Möglichkeit eröffnet, unter bestimmten Bedingungen von der Formpflicht zu dispensieren.

Es war also bis zum Konzil von Trient allgemein und es ist seither zumindest unter bestimmten Bedingungen möglich, ohne kirchliche Form eine gültige Ehe einzugehen. Und diese Ehe wird in der katholischen Kirche als Sakrament erachtet. Die Sakramentalität der Ehe hängt also nicht an der kirchlichen Form, an der Mitwirkung des Priesters und an seinem Segen. Selbstverständlich ist die Einhaltung der Form, also der Austausch des Ehekonsenses in der Öffentlichkeit der Gemeinde, ein sprechendes Zeichen für die Kirchlichkeit der Ehe. Dennoch ist der sakramental-kirchliche Charakter von Eheabschluss und Ehebund nicht allein von dieser Form abhängig. Vielmehr ist jede gültige Ehe unter Christen sakramental und damit kirchlicher Vollzug. Christen können unter einander nur eine sakramental gültige Ehe eingehen – jede nicht sakramentale Ehe wäre ungültig. Damit stellt sich die Frage, woran die Sakramentalität hängt und was sie ausmacht, wenn sie nicht durch den kirchlichen Ritus konstituiert wird.

2. Kontroversen um die Sakramentalität der Ehe

Während es in der Alten Kirche in Auseinandersetzung mit manichäischen Strömungen darum ging, die Ehe moralisch zu rechtfertigen oder auch nur zu entschuldigen, wurde sie in der mittelalterlichen Scholastik unter die sieben Sakramente subsumiert. Allerdings war umstritten, wie die für das Sakrament vorausgesetzte Einsetzung durch Jesus Christus zu verstehen sei und ob die Ehe spezifische Gnadenwirkungen zeitige. Während allgemein für die Sakramente gilt, dass sie bewirken, was sie bezeichnen, bezeichnet die Ehe zwar den Bund Gottes mit der Menschheit, ohne aber diese Gemeinschaft mit Gewissheit (*ex opero operato*) zu bewirken. Wirksames Zeichen für die symbolisierte Gnade sei sie jedenfalls nicht so, wie die anderen Sakramente das sind. Dass die Ehe unter die Sakramente gezählt wird, gründet bei Thomas nicht zuletzt darin, dass sie zu den „Knotenpunkten menschlicher Existenz" zählt, „in denen sich gleichsam das Ganze des Menschseins verdichtet und in denen das Ganze des Menschseins jeweils auf dem Spiel steht"[6].

Unmittelbare Brücke für die Wertung der Ehe als Sakrament war die Aussage in Eph 5,23, wo von der Ehe gesagt wird, sie sei „ein tiefes myste-

---

[6] Walter Kasper, Die Verwirklichung der Kirche in Ehe und Familie, in: ders., Glaube und Geschichte, Mainz 1970, 335.

rion". Dieser Begriff *mysterion*, der im NT rund 25-mal begegnet, wurde in der Vulgata unterschiedlich übersetzt: zumeist in der latinisierten Form *mysterium*, an einigen Stellen jedoch wird er mit *sacramentum* wiedergegeben. Gründe für diese unterschiedliche Übersetzung sind nicht erkennbar. In Eph 5,23 gibt die Vulgata das *mysterion* mit *sacramentum* wieder, wobei selbstverständlich dieser Begriff nicht mit dem Sakramentenbegriff der scholastischen Theologie identifiziert werden darf, und das *mysterion* in Eph 5,23 sich zunächst nicht auf die Ehe, sondern auf das Verhältnis der Kirche zu Christus bezieht. Dennoch wurde diese Übersetzung zur Brücke für die Wertung der Ehe als Sakrament, obwohl für sie keine direkte Einsetzung durch Jesus nachgewiesen werden und die Definition des Sakraments aus der allgemeinen Sakramentenlehre auf die Ehe nur mit Einschränkungen angewandt werden konnte. So haben die Konzilien von Lyon (1274)[7] und Florenz (1439)[8] sowie das Konzil von Trient[9] die Ehe unter die Sakramente gezählt und die Bestreitung ihrer Sakramentalität mit dem Anathem verbunden.

Im Konzil von Trient richtete sich dieses Anathem gegen die Reformatoren, die die Ehe nicht als Sakrament, sondern nach einem Wort Luthers als „weltlich Ding" verstanden. Doch damit war nicht gesagt, dass die Ehe ohne religiöse und kirchliche Qualität sei. Zur Zeit der Reformation war die Lehre über die christliche Ehe noch weithin im Fluss, entscheidende Klarstellungen sollten erst im Konzil von Trient getroffen werden. Und vor allem war die Ehepraxis weithin höchst verworren. Geheimehen mit mehr oder weniger willkürlicher Auflösung und Doppelehen waren keine Ausnahme. Es hatte sich eine allgemeine Stimmung der Ehemüdigkeit durchgesetzt, und sie war Ausdruck einer verbreiteten Abwertung und Geringschätzung der Ehe. Im ausgehenden 15. Jahrhundert findet sich, geprägt von einem grassierenden Grobianismus, eine oft rohe Ehesatire und, damit verbunden, eine Geringachtung der Frau. Dies führte auf der einen Seite zu sexuellem Laxismus, zu einer Verachtung alles Geschlechtlichen und der ehelichen Bindung, auf der anderen Seite erwuchs aus dieser Haltung innerkirchlich eine Überbewertung des Ordensstandes und des Ideals der Jungfräulichkeit. Praktische Missstände forderten konkrete Antworten heraus, die dann den Rahmen bildeten für die theologischen Kontroversen.

Luther hat sich verhältnismäßig häufig zur Thematik der Ehe geäußert, nach eigenem Bekunden eher widerwillig. „Aber angesichts der Not hilft

---

[7] DH 860.
[8] DH 1310, 1327.
[9] DH 1601.

kein Scheuen, ich muß hier heran, um die elenden verwirrten Gewissen zu unterrichten"[10]. Die wichtigsten Texte aus der Frühzeit der Reformation sind der „Sermon vom ehelichen Stande" (1519) und „De captivitate Babylonica" (1520), in der der Reformator zum Sakramentenverständnis der Ehe Stellung nahm. Aus den Jahren nach dem Bruch mit den Altgläubigen stammen die Schriften „Vom ehelichen Leben" (1522) sowie „Eine Predigt vom Ehestand" (1525). Größte Wirkung durch die Aufnahme in die lutherischen Bekenntnisschriften erreichten der „Große Katechismus" (1529) mit der Auslegung des sechsten Gebots sowie das dem Kleinen Katechismus beigefügte „Traubüchlein für die einfältigen Pfarrherrn" (1529), wo Luther eine Trauordnung und Trauliturgie vorlegt. Zusammenhängend äußert er sich aufgrund von Anfragen zu seiner Ehelehre nochmals in der Schrift „Von Ehesachen" (1530).

Ausgangspunkt von Luthers Ehelehre ist seine Kritik an der einseitigen Betonung von Zölibat und Jungfräulichkeit. In der spätmittelalterlichen Kirche wurde die Ehelosigkeit weithin als die eigentliche Lebensform für Christen gewertet. Sie wurde mit hohen Worten gepriesen und als der christliche Stand schlechthin verstanden, der allein jedenfalls dem Klerus angemessen sei. Er allein vermöge Tugend und Zucht christlichen Lebens auszudrücken. Für die Seligkeit sei es auf alle Fälle besser, Mönch, Nonne oder Priester zu werden, als zu heiraten. Es gebe zwar respektable Gründe dafür, dass nicht alle Menschen ehelos leben können, aber die wahre christliche Lebensführung sei im Grunde doch die zölibatäre. Sie wurde als Stand der Vollkommenheit bezeichnet, die Ehe dagegen als Stand der Unvollkommenheit. Diese Geringachtung der Ehe ging oft Hand in Hand mit einer Geringschätzung der Frau. Auch der Katechismus von Trient hat den Stand der „Jungfräulichkeit aufs höchste empfohlen und einem jeden […] geraten, weil sie vortrefflicher ist als der Ehestand und größere Vollkommenheit und Heiligkeit in sich schließt"[11].

Im Gegensatz dazu war es nach Luthers Auffassung Unrecht, von jemandem den Verzicht auf die Ehe zu verlangen, weil diese von Gott für gut geheißen und allen Menschen aufgetragen ist. Der Ehestand ist von Gott geheiligt und geboten, der Zölibat dagegen nicht, der überdies, wie Luther urteilte, durchwegs schlechte Früchte zeitigte. Die Ehe ist für Luther ein Heilmittel gegen die Begehrlichkeit und als solches erschien sie ihm für jedermann – mit nur wenigen Ausnahmen – als unverzichtbar und notwendig. Und schließlich wandte sich Luther gegen das Unrecht, das angesichts der

---

[10] WA 10 II, 275.
[11] So der römische Katechismus nach den Beschlüssen des Konzils von Trient, II, 8, 12.

verbreiteten Übertretungen der Zölibatsvorschriften den Frauen der Priester, die man am Eingehen einer legitimen Ehe hinderte, und ihren Kindern angetan wurde. Den entscheidenden Grund für Luthers Kritik an den Ordensgelübden bildete jedoch die Botschaft von der Rechtfertigung allein durch den Glauben. Auf diesem Hintergrund erschien ihm die Zölibatsforderung als Werkerei, und damit als Absage an den Glauben, an Christus und sein Kreuz.

Im Gegensatz zu allen Tendenzen, die Ehelosigkeit als die eigentlich christliche Lebensform zu propagieren, wird Luther nicht müde, die Ehe als den allgemeinen, den rechten und heiligen Stand der Christen zu preisen. Es ist die Natur des Menschen und damit der Schöpfungswille Gottes, die den Ehestand als nahezu zwingend für alle Menschen vorschreiben. Die Ehe wurde von Gott mit der Erschaffung des Menschen zugleich eingesetzt. Es ist sein Wille, dass es kein Menschsein an und für sich gibt, sondern allein als Mann- und Frausein in Zuordnung zueinander. Gott hat gewollt, dass Frau und Mann in der Ehe zusammenkommen, und diesem in der Schöpfung gegebenen Auftrag darf sich der Mensch in aller Regel nicht entziehen. Das Gebot der Fruchtbarkeit ist das erste und älteste Gebot, das Gott den Menschen gab, es ist grundlegend und niemand kann es ungestraft missachten. Die Ehe ist göttliches Gebot, nicht die Ehelosigkeit.

Darum ist der Ehestand für Luther der höchste und der eigentlich gottgefällige Christenstand. Gott will ihn „geehret, gehalten und geführet haben als einen göttlichen, seligen Stand, weil er ihn erstlich vor allen andern eingesetzt hat, und darum unterschiedlich Mann und Weib geschaffen, [...] daß sie zusammenhalten, fruchtbar seien, Kindern zeugen, nähren und aufziehen zu Gottes Ehren. Darum ihn auch Gott vor allen Ständen aufs reichlichste gesegnet hat"[12]. Als von Gott eingesetzter Stand übertrifft die Ehe den geistlichen Stand und seine Ehelosigkeit. „Zum ersten sollst du wohl fassen und merken, wie Gott diesen Stand so herrlich ehret und preiset [...] Darum habe ich immerdar gelehret, daß man diesen Stand nicht verachte noch schimpflich halte, wie die blinde Welt und unsere falschen ‚Geistlichen' tun, sondern nach Gottes Wort ansehe, damit er geschmückt und geheiligt ist, also daß er nicht allein andern Ständen gleich gesetzt ist, sondern vor und über sie alle geht"[13].

Der Ehestand ist zufolge Luther von Gott für den Menschen gestiftet, er ist für den Menschen, nicht von den Menschen geschaffen. Die Ehe ist durch Gottes Schöpfungswort und Auftrag begründet, nicht von Menschen

---

[12] WA 30 I, 161.
[13] WA 10 I, 161f.

eingeführt, sie ist nicht ein Vertrag zwischen den Eheleuten, sie gründet nicht in ihrem Willen oder in ihrer Liebe, sondern in Gottes Gebot. Nicht der gemeinsame und fortdauernde Wille von Mann und Frau trägt die Ehe, sondern Gottes Schöpfung und Gebot. In unserer Zeit hat Dietrich Bonhoeffer in einer aus dem Gefängnis geschriebenen Traupredigt diesen Gedanken so formuliert: „Nicht eure Liebe trägt die Ehe, sondern von nun an trägt die Ehe eure Liebe"[14]. Ehe ist keine private Angelegenheit. Luther weiß sich mit der katholischen Kirche seiner Zeit einig im Kampf gegen die klandestinen Ehen und gegen die heimlichen Verlöbnisse. Wegen mangelnder Öffentlichkeit, die sich im Fehlen der Zustimmung der Eltern zeigt, erachtete er die klandestinen Ehen sogar für ungültig. Ein individualistisch-personalistisches Verständnis der Ehe kann sich nicht auf Luther berufen. Ein glückseliger Stand ist die Ehe nach Luther nicht wegen der in ihr erfahrbaren Freuden der Liebe und des Familienglücks, sondern weil sie von Gott eingesetzt ist. Auf der Ebene des menschlichen Zusammenlebens zeichnet Luther die Ehe in vorwiegend düsteren Farben. „Daß aber die Eheleute das mehrere Teil eitel Unlust und Jammer haben, ist nicht wunder; denn sie haben von Gottes Wort und Willen über ihren Stand kein Wissen [...] Wenn sie inwendig ihren Stand nicht erkennen, daß er Gott gefällt, so ist die Unlust schon da. Wenn sie dann äußerlich Lust darin suchen, so fehlt es ihnen. Und schlägt also Unlust mit Unlust zusammen, daher denn muss kommen das Zetergeschrei und Schreiben über Weiber und ehelichen Stand [...] Rechte Lust darinnen haben kann niemand, der nicht solchen Stand im Glauben festiglich erkennen, daß er Gott gefalle und vor Ihm teuer geachtet sei mit allen seinen Werken"[15]. Glückselig ist der Ehestand als Gehorsam gegenüber dem göttlichen Gebot, nicht als Erfüllung des eigenen Verlangens. Die Ehe ist für Luther vielmehr eher ein Kreuztragen und damit ein Gottesdienst auf Erden. Insbesondere wird der göttliche Auftrag erfüllt im Elternamt, in dem Menschen durch Gott bestellt werden, ihren Kindern körperliches und geistig-religiöses Leben zu schenken. „Das Allerbeste aber im ehelichen Leben, um welches willen auch alles zu leiden und zu tun wäre, ist, daß Gott Frucht gibt und befiehlt aufzuziehen zu Gottes Dienst. Das ist auf Erden des alleredelst, teuerste Werk, weil Gott nichts Lieberes geschehen mag denn Seelen zu erlösen [...] So siehest du, wie reich der eheliche Stand ist von guten Werken, dem Gott die Seelen in den Schoß gibt vom eigenen Leib erzeugt, an welchen sie können alle christlichen

---

[14] Dietrich Bonhoeffer, Widerstand und Ergebung, München–Hamburg 1951, 33.
[15] WA 10 II, 298f.

Werke üben. Denn gewißlich ist Vater und Mutter der Kinder Apostel, Bischof, Pfarrer, indem sie das Evangelium ihnen kundmachen"[16].

Trotz dieser Wertung der Ehe als heiliger Stand ist sie für Luther, wie es in der bekannten Formulierung aus seinem „Traubüchlein" heißt, „ein weltlich Geschäft"[17]. Weltlich ist dabei nicht zu verwechseln mit säkular, so als ob Gott und sein Wort im Zusammenhang mit der Ehe nichts zu bedeuten hätten und die Eheleute ihre Ehe autonom begründen und gestalten könnten und sollten. Weltlich im Sinne eines neuzeitlichen Individualismus und seiner Freiheitsbestrebungen ist die Ehe bei Luther keineswegs. „Denn ob's wohl ein weltlicher Stand ist, so hat er dennoch Gottes Wort für sich und ist nicht von Menschen erdichtet oder gestiftet"[18]. Weil die Ehe in der Schöpfungsordnung gründet, weil sie Gottes Wille für alle Menschen ist, und nicht allein für die Christen, darum ist sie nach Luther ein „weltlich Ding". Weltlich besagt dabei zunächst, dass die Ehe nicht in der Erlösung gestiftet ist, sondern in der Schöpfung, in der Erschaffung der Welt. Sie ist darum kein Gnadenmittel, vermittelt nicht Sündenvergebung, wie das Evangelium und die sakramentalen Zeichen von Taufe und Herrenmahl. Ehe dient der Erhaltung der Welt, nicht ihrer Erlösung. „Weltlich" besagt daneben, dass es Ehe weltweit gibt, nicht allein bei den Christen. Sie ist nicht durch Christus eingesetzt und auch die Nichtchristen können eine gültige Ehe eingehen. Ehe ist ein universal menschheitliches Phänomen. Und in einem dritten Sinn bedeutet „weltlich", dass die Eheschließung ein weltlicher Rechtsakt ist, keine kirchliche Handlung. Es „gebührt uns Geistlichen oder Kirchendienern nicht, darin zu ordnen oder regieren, sondern lassen einer jeglichen Stadt und Land hierin ihren Brauch und Gewohnheit"[19]. Die rechtliche Ordnung ist Sache der weltlichen Obrigkeit. Schließlich wurde die Formpflicht auch katholischerseits erst im Konzil von Trient aufgestellt, und dies, um die öffentliche Ordnung und Eindeutigkeit der ehelichen Bindung deutlich zu machen. Luther schien diese Öffentlichkeit am besten gewährleistet zu sein durch die Einbeziehung der Ehe in die Familien der Brautleute. Vor allem den Konsens der Eltern erachtete er für konstitutiv. Aber wie die Öffentlichkeit hergestellt werden soll, schien ihm nicht eine Sache der Kirche, sondern Aufgabe und Entscheidung der Gesellschaft zu sein. Dies und nicht eine Entsakralisierung der Ehe ist der Kern von Luthers Wort von der Ehe als „weltlich Ding".

---

[16] WA 10 II, 301.
[17] BSLK 528 1.
[18] BSLK 529 3.
[19] BSLK 528 1.

In der Konsequenz lehnte Luther die Lehre von der Ehe als Sakrament ab, obwohl er sie nach Gottes Gebot für den eigentlich seligen Stand der Christen hielt. Aber entscheidende Aspekte des Sakramentenbegriffs, insbesondere die Einsetzung durch Jesus Christus und die Vermittlung von Heil und Gnade konnte er in der Ehe nicht erkennen. Allerdings wollte die Reformation in Übereinstimmung mit der Tradition der Alten Kirche die Zahl der Sakramente nicht festschreiben und damit keinen eindeutigen Sakramentenbegriff definieren. „Doch wird kein verständiger Mann großen Zank darüber machen, ob sieben oder mehr Sakrament gezählet werden"[20]. Und über die Ehe sagt Melanchthon in der Apologie, sie sei nicht erst im Neuen Testament eingesetzt, die göttliche Zusage, die sie hat, gelte mehr dem leiblichen als dem geistlichen Leben. Doch „so es jemands will ein Sakrament nennen, fechten wir nicht hoch an. Es soll aber gleichwohl abgesondert werden von den vorigen zweien" (d.h. von Taufe und Abendmahl)[21].

3. Eine ökumenische Annäherung

Auf der Basis der Unterscheidung zwischen einem weiteren und einem engeren Sakramentenbegriff konnten diese Kontroversen um das Sakramentenverständnis weithin überwunden werden. So kam etwa die Lehrverwerfungsstudie in der Untersuchung der Ehelehre der evangelischen Bekenntnisschriften zu dem Urteil: „Ob die so skizzierte evangelische Ehelehre von der tridentinischen Verwerfung getroffen wird, hängt von der Bedeutung ab, die man dem Begriff ‚Sakrament' beimißt. In der Sache sind jedenfalls deutliche Übereinstimmungen vorhanden"[22]. Was aber ist die Sache, in der Übereinstimmung zwischen den Konfessionen konstatiert wird und die in katholischer Tradition mit dem Begriff „Sakrament" umschrieben wird? Sowohl in der Frage nach der Einsetzung als auch der Gnadenvermittlung wurde in der katholischen Theologie immer betont, dass die Ehe einen Sonderstatus unter den Sakramenten einnehme. Worin gründet ihre Sakramentalität?[23]

Auch wenn die Christen der ersten Jahrhunderte keine eigene kirchliche Feier der Eheschließung kannten, wussten sie sich sehr wohl in den Ereig-

---

[20] Apol. XIII, BSLK 294 45.
[21] Apol. XIII, BSLK 294 20.
[22] Karl Lehmann/Wolfhart Pannenberg (Hgg.), Lehrverurteilungen – kirchentrennend?, Freiburg–Göttingen 1986, 147.
[23] Vgl. hierzu Otto H. Pesch, Ehe, in CGG 7, 17–24; vgl. auch Urs Baumann, Die Ehe – ein Sakrament?, Zürich 1988.

nissen um Liebe, Zeugung und Geburt mit einer höheren Macht verbunden, die über sie herrscht, sie führt und bestimmt. Als die Liebesgötter der hellenistischen Kulte abtraten, wurde diese Macht keineswegs anonymisiert, die Christen erfuhren und sahen sie als ein Geschenk des Gottes, der als der liebende Gott definiert wurde. Schon in der Schöpfung sind nach biblischer Überzeugung Liebe und Ehe angelegt. Der jahwistische Schöpfungstext stellt dar, wie die Frau aus der Rippe des Mannes geworden ist. Damit ist keineswegs eine Minderstellung der Frau und ihre Erschaffung um des Mannes willen ausgesagt – selbst wenn sich eine solche Deutung in der Geschichte der christlichen Kirchen immer wieder breit gemacht hat –, sondern die Gleich-Ursprünglichkeit, die Wesens- und Wertidentität von Mann und Frau. In der Konsequenz dieser von Gott geschaffenen Zweigeschlechtlichkeit des Menschen „verlässt der Mann Vater und Mutter und bindet sich an seine Frau, und sie werden ein Fleisch" (Gen 2,24). Liebe, Ehe und Fruchtbarkeit sind im Schöpfungswerk Jahwes begründet. Noch deutlicher wird diese Aussage im priesterschriftlichen Schöpfungsmythos, dem Sieben-Tage-Werk. Hier wird der Mensch von vornherein „als Mann und Frau" geschaffen (Gen 1,27), beide sind gleich ursprünglich und unmittelbar zu Gott. Und Gott gibt ihnen einen Fruchtbarkeitssegen: Sie sollen sich mehren und die Erde bevölkern und sie wie ein Gärtner seinen Garten bebauen, wie ein Hirt seine Tiere hegen. In diesem Fruchtbarkeitssegen gründet ihre Gottebenbildlichkeit. So wie Gott alles ins Sein gerufen und gut geordnet hat, so sollen die Menschen ihm ähnlich werden durch Fruchtbarkeit und rechte Gestaltung dieser Welt. Im Frühjudentum erkannte man im Schöpfungsauftrag das erste Gebot Gottes, früher gegeben und umfassender als die Zehn Gebote vom Sinai, durch das der Mensch zu seiner vollen Menschheit geführt wird. Der Talmud bringt es in die Worte: „Ein Mann, der keine Frau hat, ist kein Mensch"[24].

Auch in der Zeit, als es noch keine kirchliche Feier der Eheschließung gab, war es für die Christen klar, dass sie in ihrer Ehe dem Schöpfergott begegneten, ihm ähnlich wurden und sein Gebot erfüllten. Nicht primär der Eheabschluss, ihre Lebens- und Liebesgemeinschaft als Ganze stand im Lichte der göttlichen Zuwendung zum Menschen, in ihr wurde Gottes Liebe sichtbar und erfahrbar. Die Dankbarkeit gegenüber dem liebenden Gott ist der Horizont, innerhalb dessen sie ihre Ehe zu gestalten suchten, selbst wenn keine spezielle Ehelehre verkündet und keine Hochzeit in der Kirche

---

[24] Zitiert nach Johannes B. Bauer, BthW, [4]1994, 111.

gefeiert wurde. „Die Ehe ist also gleichsam die Grammatik, mit deren Hilfe Gottes Liebe und Treue zur Sprache kommt"[25].

Mittels dieses Ansatzes wird im Alten Testament in breitem Umfang das Verhältnis Gottes zu seinem Volk zum Ausdruck gebracht, es wird als Liebesverhältnis verstanden. Bei Hosea wird der Bund Jahwes mit Israel mit dem Ehebund verglichen, folglich erscheint der Abfall Israels als Ehebruch, der eigentlich Untergang und Tod des sündigen Volkes nach sich ziehen müsste. In drastischen Bildern wird dieser Treuebruch Israels gebrandmarkt, aber es wird auch verheißen, in Zukunft wird Israel als reine Braut seinem Gott Jahwe wieder „bereitwillig folgen wie in den Tagen ihrer Jugend, wie damals, als ich sie aus Ägypten heraufzog" (Hos 2,17). Jeremia ruft Israel zur Umkehr: „Du hast mit vielen Freunden gebuhlt [...] Mit deiner Unzucht und Verkommenheit hast du das Land entweiht [...] Erkenne deine Schuld: Dem Herrn, deinem Gott, hast du die Treue gebrochen" (Jer 3,1f.13). Und bei Ezechiel spricht Jahwe zu seinem Volk: „Da kam ich an dir vorüber und sah dich, und siehe deine Zeit war gekommen, die Zeit der Liebe. Ich breitete meinen Mantel über dich und bedeckte deine Nacktheit. Ich leistete dir den Eid und ging mit dir einen Bund ein [...] Doch dann hast du dich auf deine Schönheit verlassen, du hast deinen Ruhm missbraucht und dich zur Dirne gemacht. Jedem, der vorbeiging, hast du dich angeboten, jedem bist du zu Willen gewesen" (Ez 16,8.15).

Die Ehe wird zum Bild, mit dem der Bund Gottes mit seinem Volk dargestellt und erfahrbar gemacht wird. Das hat zunächst paränetischen Charakter. Doch darin wird die Ehe zum Zeichen, zum Symbol für Gottes Huld und Treue, zum Zeichen auch für seine Bereitschaft, Sünde und Untreue zu vergeben und einen Neuen Bund mit seinem Volk zu schließen. Die Ehe wird transparent für die Heilszusage in Erwählung und Vergebung.

Diese Vorstellung wird im Neuen Testament aufgegriffen. Offensichtlich hat schon der historische Jesus in seiner Botschaft vom Reich Gottes dieses mit einem Hochzeitsmahl verglichen. In diesem Bild wird das Reich Gottes als Inbegriff aller Heilshoffnung illustriert und in metaphorischer Sprechweise als im Wirken Jesu schon gegenwärtig gezeigt. Am Bild vom Hochzeitsmahl wird illustriert, dass die Gäste nicht fasten und trauern können, wenn der Messias bei ihnen ist (Mt 9,15), dass die Geladenen jederzeit bereit sein müssen wie die klugen Jungfrauen (Mt 25,1ff.), dass Jesus guten Wein gibt in reicher Fülle und ihn über jedes Maß hinaus gewährt (Joh 2,1–12). In der Apokalypse wird die Hochzeit zum Bild für die eschatologische

---

[25] Walter Kasper, Zur Theologie der christlichen Ehe, Mainz 1977, 36; vgl. ders., Die Verwirklichung der Kirche in Ehe und Familie, 343f.

Gemeinschaft zwischen dem geschlachteten Lamm und der Braut. Die alttestamentliche Vorstellung von der Ehe wird in ihrer Bildhaftigkeit im Neuen Testament aufgegriffen und konkretisiert: Christus erscheint als der Bräutigam, der sein Volk heimführt, weil er es liebt. Die auch in den Religionen immer wieder auffindbare Aussage, Gott sei liebender Vater, wird im Neuen Testament gleichsam auf den Gipfel gebracht: Liebe ist nicht nur eine Eigenschaft Gottes, sondern sie nimmt definitorische Bedeutung an: Gott ist Liebe (1 Joh 4,8).

Kein anderes Bild ist so sprechend, wie das von Liebe und Ehe, um diese Wesensaussage über Gott anschaulich und plausibel, gleichsam sinnlich erfahrbar zu machen. Die Ehe in den Eigenschaften ihrer Ausschließlichkeit, ihrer Treue, ihrer Selbsthingabe, aber auch in ihrer Erfüllung, ihrer Fruchtbarkeit und ihrem Glück wird zum Symbol für den Gott, der Liebe ist und der sich als der liebende Gott definiert. In diesen biblischen Aussagen ist die Ehe in ihrem Symbolcharakter einbezogen in ein sakramentales Verständnis: Sie ist in neutestamentlicher Sicht Zeichen für die Liebe Gottes zum Menschen. Ist sie aber auch wirkmächtiges Zeichen, also Sakrament im engeren Sinn des Begriffs, wie er sich im 12. Jahrhundert durchgesetzt hat? An dieser Stelle hatte ja bereits die mittelalterliche Sakramentenlehre ihre Probleme.

4. Ehe und Familie als „Hauskirche"

In den verschiedenen „Haustafeln" im Neuen Testament erscheint das Leben in Ehe und Familie als Ort besonderer christlicher Bewährung. Gerade der Alltag und die Gewöhnung an das Normale, wie sie menschliches Zusammenleben nun einmal prägen, werden zum Zeichen, an dem die Treue zu Gott in einer fortwährenden Geschichte lebendig und sichtbar werden kann. Die wichtigste dieser Haustafeln ist im Neuen Testament in diesem Zusammenhang Eph 5,21ff., wo der Ehebund als Abbild des Bundes zwischen Christus und der Kirche dargestellt wird. Über diese Textpassage erfolgte in der mittelalterlichen Scholastik die Einbeziehung der Ehe unter die Sakramente. Der Verfasser des Epheserbriefs beruft sich dabei auf die Schöpfungsordnung, die zum Abbild des Verhältnisses von Christus und seiner Kirche wird. Und diesen Bund bezeichnet er als ein tiefes *mysterion*. Im Schöpfungsgeheimnis der Liebe von Mann und Frau wird das Bundesgeheimnis von Christus und seiner Kirche präsent. In der Tradition der mittelalterlichen Mystik wurde insbesondere das Hohelied zur biblischen

Quelle für die Darlegung der Kirche.[26] Ihre Einheit mit dem Bräutigam Christus sah man in der üppigen Erotik des Hohenlieds versinnbildet, ihre Gefährdung und Sündigkeit entdeckte die Allegorese vor allem in dem Satz: „Schwarz bin ich, aber schön" (Hld 1,5). Sicher ist das Hohelied im Alten Testament zunächst nichts anderes als orientalische Liebeslyrik. Dennoch wurde es in den Kanon der Heiligen Schriften aufgenommen und zur bevorzugten Quelle, aus der die Mystiker die Gemeinschaft Gottes mit seinem Volk und die Einheit von Christus und Kirche darstellten.

In dieser Deutung bekommt Ehe ekklesiale Bedeutung, denn sie wird einbezogen in die Zusage und die Vermittlung des Heils und wird so zur sakramentalen Wirklichkeit. „Die Schöpfungsgröße Ehe wird auf neue Weise zur Heilsgröße"[27], zum Zeichen der Treue und Liebe Christi zu seiner Kirche. Nicht dass die Kirche die Sakramente einsetzen oder gar stiften würde[28], viel eher erweist sich die Kirche als Frucht christlich gelebter Ehe. Denn in ihr ereignet sich die Nähe Christi zu den Menschen, der überall dort gegenwärtig ist, wo zwei oder drei in seinem Namen versammelt sind. In der Ehe und ihrer Fruchtbarkeit wächst die Kirche und gewinnt sie in der Taufe neue Glieder, die zu Verkündern der frohen Botschaft werden sollen. In der Familie erfolgt die grundlegende und prägende Einführung in den Glauben; Eltern nehmen ihren Kindern gegenüber eine Mittlerrolle für ihr Leben in der Kirche ein.[29] Ehepartner bezeugen einander den Glauben und feiern ihn gemeinsam in Gebet und Gottesdienst. Und in der Familie ereignen sich auch die Vergebung von Schuld und die Versöhnung untereinander, nach herkömmlicher Sakramentenlehre wirksames Zeichen für die Versöhnung mit Gott. All das sind Ereignisse, in denen Kirche Gestalt gewinnt und sich als Zeichen und Werkzeug für die Gemeinschaft der Menschen untereinander und mit Gott erweist. Diese Vorstellung ist auch der

---

[26] Dies greift zurück auf die Vätertheologie, in der die Kirche verbreitet erscheint als casta meretrix, als keusche Dirne, ein Paradox, das die Heiligkeit der aus Sündern bestehenden Kirche ausdrücken will. Im Weg der Rahab im Alten Testament von der Dirne zur Prophetin wird der Weg der Kirche von ihrer Herkunft aus Judentum und Heidentum zu ihrer Bestimmung im kommenden Reich Gottes vorgedeutet gesehen.

[27] Schneider, 285.

[28] Diese Vorstellung wird in der evangelischen Theologie häufig mit dem Wort von der Sakramentalität der Kirche verbunden und in der Konsequenz dieser Interpretation dann zumeist zurückgewiesen.

[29] Dieser Aspekt wird im II. Vatikanum eindringlich hervorgehoben, z.B.: „Die christlichen Eheleute sind füreinander, für ihre Kinder und die übrigen Familienangehörigen Mitarbeiter der Gnade und Zeugen des Glaubens. Ihren Kindern sind sie die ersten Künder und Erzieher des Glaubens". In gemeinsamem Gebet in der Feier des Gottesdienstes erweist sich die Familie „vor Gott als häusliches Heiligtum der Kirche" (AA 11).

lutherischen Theologie geläufig, wo die Familie als kleinste Zelle der Kirche verstanden wird, in der die Grundzüge christlicher Existenz verwirklicht werden und die Eltern ihren Kindern gegenüber gleichsam das Amt des Apostels, Bischofs und Pfarrers ausüben, indem sie ihnen das Evangelium kundmachen.[30] In diesen Vollzügen wird Kirche, die zufolge des II. Vatikanums in den Sakramenten ihre Existenz gewinnt und so befähigt wird, selbst zum Zeichen und Werkzeug des Heils zu werden. Folglich werden im Konzil Ehe und Familie als „Hauskirche" verstanden, und zwar mit der Begründung der Sakramentalität der Ehe.[31] Kirche wird in den Sakramenten und sie feiert die Sakramente; im Vollzug des Sakraments gewinnt Kirche ihre Existenz.

Mit diesen Aussagen zur sakramentalen und ekklesialen Qualität der Ehe wird der Bereich der menschlichen Liebe nicht verkürzt und verunstaltet, so als ginge es gar nicht um sie, sondern um etwas Anderes und Abgehobenes. Es geht sehr wohl um die Liebe zwischen Mann und Frau. Aber diese Liebe erschöpft sich eben nicht in dem, was der junge Mann im Hohenlied seiner Geliebten singt, sie bekommt einen Aspekt des Unbedingten und Absoluten. Das Hohelied wurde als Liebeslyrik in den Kanon der Heiligen Schrift aufgenommen, weil es gerade als Liebeslyrik etwas über Gott zu erkennen gibt. So ist die Ehe Gemeinschaft zwischen Mann und Frau und gerade als diese ist sie Sakrament und verwirklicht als solche Kirche. „Sakrament ist nicht etwas über, neben oder an der Ehe, sondern gerade die Ehe selbst, und als solche ist sie für den, der im Glauben lebt, das Sakrament. Je mehr es ihm gelingt, die Ehe aus dem Glauben zu leben und zu gestalten, desto mehr ist sie ‚Sakrament'"[32]. Nicht etwas an der Ehe, etwa ihr ritueller Abschluss ist Sakrament, nicht etwas an ihr hat kirchliche Qualität, sondern als Sakrament ist sie Kirche in nuce, Hauskirche.

Ausblick

Der Gedanke von Ehe und Familie als Hauskirche birgt ökumenische Implikationen, die bisher noch nicht hinreichend ausgeschöpft sind. Für die evangelische Theologie könnte er eine Brücke bilden, die die Lehre von der Sakramentalität der Kirche als nicht mehr kirchentrennend erscheinen lässt.

---

[30] Bereits 1976 hat eine katholisch/lutherisch/reformierte Kommission zur Theologie der Ehe formuliert, „daß diese Beziehung Christi zur ehelichen Existenz nichts anderes ist, als was wir alle gemeinhin Gnade nennen" (DwÜ I, 366).
[31] LG 11.
[32] Joseph Ratzinger, Zur Theologie der Ehe, in: Gerhard Krems/Reinhard Mumm (Hgg.), Theologie der Ehe, Regensburg–Göttingen ²1972, 92.

Für die katholische Kirche könnte dieser Gedanke dadurch fruchtbar werden, dass nach ihrer Lehre auch konfessionsverschiedene christliche Ehen als sakramental gewertet werden. Auch Christen unterschiedlicher Konfessionszugehörigkeit können nach katholischem Verständnis nur eine sakramentale Ehe eingehen. In ihr werden folglich noch getrennte Konfessionen in einem sakramentalen Band zusammengefasst, so dass die konfessionsverschiedene Ehe Kirche, nicht Kirchenspaltung, verwirklicht. Weil aber die Kirche, wie insbesondere Papst Johannes Paul II. in größter Eindringlichkeit betont, ohne Herrenmahl nicht sein und Kirchengemeinschaft von der Gemeinschaft im Herrenmahl nicht getrennt werden kann, scheint die konfessionsverschiedene Ehe eine ekklesiale Basis zu bilden, die eine Verweigerung der Gemeinschaft im Herrenmahl eigentlich ausschließen sollte. Wo in Lehre und Praxis mit der Sakramentalität und dem ekklesialen Charakter der Ehe Ernst gemacht wird, müsste die Trennung im Herrenmahl überwindbar sein.[33]

---

[33] Siehe hierzu Peter Neuner, Chancen und Perspektiven der Abendmahlsgemeinschaft zwischen den Konfessionen, in: Thomas Söding (Hg.), Eucharistie. Positionen katholischer Theologie, Regensburg 2002, 204–228.

Sakrament oder Segen?
Zur ökumenischen Verständigung über die Ehe

Ulrike Link-Wieczorek / Ralf Miggelbrink

Gemeinsames Vorwort

Gerade Zeiten, in denen die kirchliche, mit dem Trausegen verbundene Eheschließung nicht mehr selbstverständlich ist, fordern auf zur erneuten Besinnung über ihre Bedeutung. Nicht zuletzt im Hinblick auf konfessionsverschiedene bzw. -konfessionsverbindende Ehen stellt sich die Frage, ob die Kirchen nicht doch zu einem so weitgehenden Konsens in ihrem Eheverständnis finden könnten, dass den Eheleuten in der Seelsorge und in der Gemeindekatechese *ein tragendes gemeinsames Verständnis ehelicher Lebensgemeinschaft angeboten werden könnte*. Für das evangelische und römisch-katholische Eheverständnis bedeutet das konkret: Wie trennend ist hier die Differenz zu bewerten, dass die reformatorischen Kirchen die Ehe nicht als ein Sakrament verstehen? Implizit ist damit auch die Frage, was der Unterschied im Eheverständnis der beiden Konfessionen sachlich austrägt für das Verständnis ihrer Unauflöslichkeit. Ist das gängige Verständnis zutreffend, dass Katholikinnen und Katholiken schon allein deshalb kompromissloser an das Versprechen der Unauflöslichkeit der Ehe gebunden seien als Protestantinnen und Protestanten, weil sie dies in einem sakramentalen Rahmen als eine „heilige Verpflichtung" verstehen, mit der nicht weniger auf dem Spiel steht als die Realisierung der Christusgemeinschaft selbst? Um diesen Fragen nachzugehen, wird im Folgenden ein evangelisches Verständnis des Trausegens einschließlich des Treuegelöbnisses im Diskurs mit einer römisch-katholischen Interpretation des sakramentalen Eheverständnisses entwickelt werden. Somit teilt sich dieser Beitrag in zwei Hauptteile: In Teil A (Treuegelöbnis, Trauung und das Leben der Ehe) entwirft Ulrike Link-Wieczorek ein *schöpfungstheologisches Eheverständnis in evangelischer Sicht*, in dem gerade im Trausegen eine tragende Funktion gesehen wird. In Teil B (Auf dem Weg zum Verständnis der Sakramentalität der Ehe) begründet Ralf Miggelbrink ein *sakramententheologisches Verständnis der Ehe*. Zum einen sollen dabei römisch-katholische Defizite in der Wahrnehmung der Ehe als Sakrament überwunden werden. Zum anderen soll auf der Basis eines erweiterten und vertieften Begriffs der Sakramentalität der Ehe das ökumenische Gespräch über die geistlichgnadenhafte Dimension des Ehestandes und Ehelebens belebt werden.

Beide Teile sind im Diskurs entstanden, so dass in entsprechenden sachlichen Zusammenhängen in ihnen auch jeweils aufeinander verwiesen werden konnte und Leserinnen und Lesern stellenweise eine „ökumenische Synopse" der theologischen Problematik ermöglicht wird. Ein kurzer Schlussabschnitt fasst die hierbei entwickelten Konvergenzen zusammen. Letztlich kann, so viel sei vorweggenommen, bei bleibenden Unterschieden auch eine erstaunliche Nähe beider Konzepte wahrgenommen werden. Sie kommt nicht zuletzt durch die Ermutigung zu einem lebensnahen Sakramentsverständnis zustande, wie sie dem theologischen Wirken Theodor Schneiders zu verdanken ist.

Teil A: Treuegelöbnis, Trauung und das Leben der Ehe

Ulrike Link-Wieczorek

Einleitung

Das Verständnis der Ehe hat sich in den zurückliegenden Jahrtausenden christlicher Existenz durchaus gewandelt.[1] Generell kann man sagen, dass es sich wandelte vom Modell des Zweckbündnisses zur Organisation häuslicher Wirtschaft (oder gar politischer Verhältnisse) und Kinderaufzucht hin zur immer stärkeren Betonung der personalen Liebespartnerschaft. Zweifellos kann diese Entwicklung in ihren Wurzeln schon bis ins Mittelalter zurückverfolgt werden – die Troubadour-Literatur oder auch die Briefwechsel zwischen Heloisa und Petrus Abälard mögen dafür Beispiele sein. So kann man darüber streiten, ob die gängige These berechtigt ist, der zufolge man erst mit dem ausgehenden 18. Jahrhundert sagen könne, dass die Ehe als eine Gemeinschaft verstanden wurde, die auf Gefühlen beruht und mit einer „Liebesheirat" beginnt. Mindestens jedoch ist das ab diesem Zeitpunkt ausdrücklich der Fall. Und war die Ehe auch dann zunächst noch gleichzeitig mit ihrer Funktion als hauswirtschaftliche Einheit ein „Liebesbund", so emanzipiert sie sich bis zu unserer Gegenwart hin immer mehr davon in die Sphäre des Privaten und Persönlichen. Der Trauakt wird – zumindest im westlichen Abendland – „öffentliche Darstellung von Intimität".[2]

---

[1] Hermann Ringeling, Art. Ehe/Eherecht/Ehescheidung VIII. Ethisch, TRE IX, 346–355.
[2] Vgl. dazu Kristian Fechtner, Kirche von Fall zu Fall. Kasualpraxis in der Gegenwart –

Ohne diese Entwicklung generell kritisieren zu wollen, scheinen die christlichen Kirchen freilich unverhohlene Reserven gegenüber einer alleinigen Bestimmung der Ehe als Liebesbeziehung von Mann und Frau zu hegen. Vor allem gegenüber der Gefahr einer Überbetonung und -erwartung von „Faszination und Gefühl", wie es eher einem romantischen Liebesideal entspräche, wird gewarnt. Das Ja-Wort bei der Eheschließung werde „über die unmittelbaren Empfindungen" der Eheleute hinaus gesprochen und statt vom Liebesbund spricht die Gemeinsame Erklärung von EKD und katholischer Bischofskonferenz „Ja zur Ehe" 1981 lieber davon, dass sich in der Ehe „Menschen einander endgültig und vorbehaltlos anvertrauen".[3] Gerade in den spezifischen Bezügen der Ehe zur Liebe Gottes schließlich werde dies an sich Unmögliche im christlichen Verständnis der Ehe für möglich gehalten.

Interessanterweise weisen, wie Walter Schöpsdau herausarbeitet, sowohl evangelische wie auch römisch-katholische Ehekonzepte in ihren Begründungsmodellen eine große Gemeinsamkeit auf: Beide lassen die Ehe auf drei ähnlichen Pfeilern ruhen, nämlich einem eher *institutionellen* Verständnis der Ehe als göttliche Stiftung, in römisch-katholischer Tradition vertragstheoretische Elemente einschließend, einem *theologischen* Verständnis von Ehe als Abbild bzw. Realsymbol des Bundes Gottes sowie einem *anthropologischen* Verständnis der Ehe als Lebensgemeinschaft in freier Übereinkunft der Partner, in der diese in römisch-katholischer Sicht zu einer besonders qualifizierten Form von Selbsttranszendenz gelangen.[4] Zweifellos erlaubt vor allem der dritte Pfeiler, das anthropologische Verständnis, Bezüge zur oben geschilderten Entwicklung zum immer persönlicheren Eheverständnis. Es wird in den folgenden Überlegungen jedoch deutlich werden, dass sich auch in evangelischer Sicht dieser dritte Pfeiler nicht ohne mindestens den zweiten realisieren lässt. Der zweite Pfeiler, das theologische Eheverständnis, umfasst in sich die Differenz von römisch-katholischem sakramentalen Eheverständnis und dem evangelischen Verständnis der Trauung als eines Segensgottesdienstes. Für die ökumenische Diskussion wird hier zu fragen sein, inwiefern auch im Verständnis des Segens Intentionen aufgehoben sein können, die mit dem Begriff des Sakraments verbunden sind.

---

[3] eine Orientierung, Gütersloh 2003, 121–142; 126.
„Ja zur Ehe". Erklärung der Gemeinsamen Ökumenischen Kommission aus Vertretern der EKD und der Deutschen Bischofskonferenz 1981; Text abgedruckt in: Walter Schöpsdau, Konfessionsverschiedene Ehe. Ein Handbuch, Bensheimer Hefte 61, Göttingen 1984, 3. völlig neu bearbeitete Auflage 1995, 175–179, 176f.

[4] Vgl. die Zusammenstellung der Begründungsmodelle bei Schöpsdau, 13 (evangelisch) und 39f (römisch-katholisch).

1. Ehe in der Krise?

Wer über das Thema „Ehe" reden möchte, wird dies heute tun müssen, indem auch das Thema „Ehescheidung" mit im Blick ist – ganz unabhängig von der konfessionellen Perspektive, in der dies geschehen mag. Fast jede dritte Ehe wird geschieden.[5] (Allerdings bleibt bei der Bewertung dieser Zahl häufig unberücksichtigt, dass sich die Dauer der nichtgeschiedenen Ehen seit dem Ende des Zweiten Weltkrieges stetig erhöht hat und Ehen, käme es nur auf die Lebenserwartung der Menschen an, leicht wesentlich länger als drei Jahrzehnte und damit fast doppelt so lange wie im Durchschnitt vor diesem Zeitpunkt währen können.) Soziologen haben eine „sichel-" bzw. „umgekehrt U-förmige" Kurve der „Scheidungsanfälligkeit" der Ehephasen festgestellt: überraschenderweise steigt sie innerhalb der ersten fünf Ehejahre am steilsten an, während sie in den folgenden zehn Jahren von dem hohen Niveau stark abfällt und erst dann über Jahre und Jahrzehnte zwar stabil niedriger, aber doch dauerhaft vorhanden bleibt, um schließlich nach 15 bis 20 Ehejahren sogar noch wieder anzusteigen.[6] Man weiß auch recht viel über die Gründe, die in der Ehe zu den schwierigen Zeiten führen, die sich in dieser Kurve widerspiegeln, um nur einige zu nennen: die (noch?) verunsichernde Veränderung der Rollenvorstellungen von Mann und Frau; ein dadurch steigender Stressfaktor in Partnerschaft und Familie; eine eventuell „scheidungsaufschiebende" Funktion der ehelichen Verantwortung für Kinder oder überhaupt die Schwierigkeit für viele Menschen, feste Bindungen einzugehen, weil sie selbst Kinder geschiedener Eltern, sog. „Scheidungswaisen" sind – letzteres wirkt sich, so die Sozialwissenschaften, bei Männern stärker aus als bei Frauen.[7] Man muss auch sehen, dass viele Gründe gesellschaftliche Rahmenbedingungen der Ehe betreffen.[8] Kann man wirklich mit Sicherheit sagen, dass es die Erwartung

---

[5] Vgl. Henriette Engelhardt, Zur Dynamik von Ehescheidungen. Theoretische und empirische Analysen, Berlin 2002, 17–23. Die Autorin hält die gängige Angabe der Scheidungsziffer von 30 Prozent für zu hoch: „Entgegen der landläufigen Meinung gibt es zumindest Ende der 90er Jahre in Westdeutschland noch keinen Eheschließungsjahrgang, der zu 30 Prozent geschieden wurde", aaO. 18.

[6] Vgl. dazu aaO. 64 und passim; zur steigenden Scheidungsziffer in Langzeitehen vgl. Ulrich Beck/Elisabeth Beck-Gernsheim, Das ganz normale Chaos der Liebe, Frankfurt 1990, 25, inklusive Anm. 5.

[7] Engelhardt, 129ff.

[8] Aus der Fülle der Literatur vgl. dazu: Brigitte Böttner, Die Paar-Probleme, in: Herder-Korrespondenz 55 (2001) 379ff; Kathrin Jütte/Helmut Kremers, Schluss mit der Mutterideologie. Gespräch mit Prof. Wassilios E. Fthenakis über die Motivation für Eltern, Kinder zu bekommen, in: Zeitzeichen 5 (2004) 37–40; Elisabeth Beck-Gernsheim, Alles aus Liebe zum Kind, in: Beck/Beck-Gernsheim, 135–183.

einer bleibenden emotionalen Erfüllung sei, die die Ehe in die Krise bringe?[9] Müssen wir für ein realistisches Eheverständnis von der Erwartung emotionaler Erfüllung wirklich Abschied nehmen? Sicher wird man Wolfhart Pannenberg unmittelbar zustimmen, wenn er rät, nicht die „momentane Gewalt der Leidenschaft" als Basis der Dauerhaftigkeit der Ehe zu sehen, „die eheliche Verbundenheit nie als etwas Selbstverständliches" zu betrachten, „sondern der ständigen Aufmerksamkeit und Pflege" bedürfend. Was aber heißt, dass nur ein „Bewußtsein der Zusammengehörigkeit" tragend werden könne, „das in den Tiefen personaler Existenz begründet ist und in der Ehe unter Christen seine Basis im gemeinsamen Glauben an Gott hat"?[10] Schließt die Basis des gemeinsamen Gottesglaubens aus, dass Eheleute für ihr Miteinander auch bleibende emotionale Nähe erhoffen dürfen?

Trotz skeptischer Grundhaltung sieht auch Wolfhart Pannenberg im historischen Wandel hin zum Modell der Liebesheirat durchaus christliche Beteiligung.[11] Nicht zuletzt kann das unter Bezugnahme auf ein biblisch begründbares Menschenbild verteidigt werden, in dem der Mensch als der von Gott geliebte Bundespartner in seiner personalen Unverwechselbarkeit als Gottes „Ebenbild" charakterisiert wird. Gerade die evangelische theologische Sicht der Ehe betont dies in ihrem bevorzugt schöpfungstheologischen Zugang.[12] In die Erzählung von der Erschaffung des Menschen wird durchaus eine elementare, geradezu jubelnde Freude von Mann und Frau übereinander eingezeichnet (Gen 2,23 und 24; freilich in androzentrischer Perspektive geschildert). In der Exegese des Hohen Liedes wird dieses inzwischen nicht mehr ausschließlich allegorisch auf die Kirche bezogen, sondern als ein Zeugnis personaler leiblicher Freude von Mann und Frau aneinander verstanden, als eine Liebesgeschichte also.[13] Wenn auch die

---

[9] So im Bereich der Sozialwissenschaften Ulrich Beck und Elisabeth Beck-Gernsheim, die diese Erwartung als eine „Religion nach der Religion" interpretieren und dies als eine Reaktion auf gesellschaftliche Wandlungen und zunehmenden Individualisierungsdruck verstehen; Beck/Beck-Gernsheim, 37, 237 und passim.

[10] Wolfhart Pannenberg, Grundlagen der Ethik. Philosophisch-theologische Perspektiven, 128.

[11] Pannenberg, 127. Mindestens im „Erfordernis des Ehekonsenses" seit der Kirche des Mittelalters, das gegen den durch Dritte (Eltern, Sippenhäupter) geschlossenen Ehebund gerichtet ist, lassen sich Tendenzen zur Höherbewertung der Liebesheirat erkennen.

[12] So auch Oswald Bayer, Evangelisches Ehe- und Familienverständnis, in: EKD-Kammer für Ehe und Familie (Hg.): Gottes Gabe und persönliche Verantwortung. Zur ethischen Orientierung für das Zusammenleben in Ehe und Familie. Eine Stellungnahme, Gütersloh 1998, 68–80.

[13] Ernst Würthwein, Art. Hohes Lied, in: EKL[3] II, 551–552; Günther Krinetzki, Kommentar zum Hohenlied, Bildsprache und theologische Botschaft, 1981; David Lerch,

neutestamentlichen Texte nicht gerade eine Ehelehre enthalten, so kann man doch sagen, dass sie mit ihrem Interesse an der Unverbrüchlichkeit der Ehe auch die Betonung ihres Beziehungsaspekts verbinden, der eben nicht einem spezifischen „Ehezweck" untergeordnet wird, sondern seinen Sinn primär in einer prinzipiellen Gleichwertigkeit, wechselseitigen Anerkennung und Würdigung der Eheleute als Personen hat (1 Kor 7,1–9).[14] Gerade diese Zweckfreiheit wird als korrigierender Kommentar einer hierarchisierenden Auslegung der Analogie des Verhältnisses der Eheleute zu Christus als Haupt der Gemeinde entgegengehalten werden können, zusätzlich zu dem Hinweis, dass das Hauptsein Christi sich in Jesu Hingabe in den Tod realisiert (Eph 5,22–33). Die folgenden Überlegungen konzentrieren sich auf das Ziel, ein theologisches Verständnis der Ehe als anthropologisch fundierte „Lebensgemeinschaft von Liebenden" zu entwickeln, in der eine dauerhafte gemeinsame Lebensgeschichte von Mann und Frau in ihrer ganzheitlichen, also ihre Leiblichkeit einschließenden Personhaftigkeit gegen die unvermeidlich erfahrene Brüchigkeit des Lebens zu stellen versucht wird. Paradoxerweise erscheint also gerade in der Erfahrung der Brüchigkeit des Lebens der Sinn der Vision der Lebenslänge der Ehe und damit verbunden auch der des Treueversprechens. Es wird zu zeigen sein, in welcher Weise es die Bedeutung des Trausegens sein kann, diese Vision in den größeren Zusammenhang der Gottesbeziehung einzustellen und damit als realistisch zu erweisen. Hier liegt die Basis für ein ökumenisches Eheverständnis.

2. *Ehe als Liebesbund: Gefühl, Sexualität und Dauerhaftigkeit*

Woher rühren die oben erwähnten Reserven der Kirchen gegenüber der alleinigen Bestimmung der Ehe als Liebesbeziehung? Doch offensichtlich nicht darin, dass die Basis der Liebe für die Ehe abgelehnt würde. Vielmehr scheint es die Erfahrung der Gebrochenheit menschlicher Liebesfähigkeit zu sein, die misstrauisch machen lässt, zu viel von ihr zu erwarten. Dieses Misstrauen wird gegenwärtig nicht zuletzt durch die Sozialwissenschaften genährt, die zu zeigen versuchen, dass Liebe in der Situation zunehmender

---

[14] Zur Geschichte der Auslegung des Hohenliedes, in: ZThK 54 (1957) 257–277. Vgl. dazu Fechtner, 130–132. Aus exegetischer Sicht Wolfgang Schrage, Ehe als ganzheitliche Bindung, in: Erhard S. Gerstenberger/Wolfgang Schrage, Frau und Mann, Stuttgart u.a. 1980, 150–156; Wolfgang Weiß, Verwicklungen und Entwicklungen: Das neutestamentliche Bild von Mann und Frau als Spiegel der Geschichte der frühen Christenheit, in: Ulrike Link-Wieczorek/Wolfgang Weiß (Hgg.), In dubio pro deo? Anfragen an das Christentum, Münster 2004, 45–67, 54.

gesellschaftlicher Verunsicherung verwechselt werden mag mit dem Zustand eines emotionalen, im Grundzug hedonistischen Rauschzustandes. Mit kritischen Bemerkungen zum romantischen Liebesideal wird häufig ganz Gegenwärtiges – häufig der Jugendkultur zu Entnehmendes – angesprochen: Der Verdacht, Liebe werde verwechselt mit narzistisch-egozentrischer Selbstverwirklichung; das eheliche Zusammensein werde als eine Art Glücks-Fabrik verstanden; Sexualität werde in einer gesamtgesellschaftlich geformten Klischee-Bildung eingeschränkt auf eine Art „Orgasmuszwang" sowie: Liebe werde versucht, in einem Konsumverhalten zu leben, in der die Partnerwahl nach wohlüberlegten Kriterien und dann nicht selten auf eine begrenzte Zeit erfolge. Dies, so Bernd Wannenwetsch zu Recht, kann nicht anders als eine neue Verzwecklichung der Ehe betrachtet werden.[15] Mit Ehe als Liebesbund hingegen ist eigentlich gemeint, dass sich zwei Menschen zusammenfinden, die sich radikal in ihrem bisherigen Gewordensein einander öffnen wollen, einen Raum von unbedingter Intimität einschließlich geschlechtlicher Gemeinschaft gestalten und darin einem auf Lebenserfüllung drängenden Wunsch nachkommen, gemeinsame dauerhafte Erlebnisgegenwart zu formen.[16] Liebe wäre also zu verstehen als drängendes Engagement auf eine gemeinsame Lebensgeschichte hin, die sich allein im liebenden Bezogensein auf *einen bestimmten* anderen Menschen in seiner Einzigartigkeit und Unverwechselbarkeit gründet. Die damit verbundene Sehnsucht nach Dauerhaftigkeit, die meist als Implikat der Liebe beschrieben wird, lässt sich auch als eine Sehnsucht nach Gewissheit verstehen, dass die Unverwechselbarkeit des Menschen wahr sein möge, und sie hätte darin ein unverkennbar christliches Gesicht. Für das Verständnis der Ehe als Liebesbund ist es nun unabdinglich, die erotische Seite der Liebe in diesem Sinne nicht als ein bereits von der concupiscientia gänzlich verdorbenes Drängen wahrzunehmen, sondern als einen durchaus vitalen Grundzug geschöpflicher Lebensermöglichung, in dem Menschen ihre Personwürde entwickeln und entfalten. Damit sind die Voraussetzungen für eine theologische Würdigung der Ehe als Liebesbund umrissen.

---

[15] Auch die genannten Beispiele sind angeregt von: Bernd Wannenwetsch, Die Freiheit der Ehe. Das Zusammenleben von Frau und Mann in der Wahrnehmung evangelischer Ethik, Evangelium und Ethik 2, Neukirchen 1993, 143–166.

[16] Anregungen für eine fundamentalanthropologische Würdigung der Liebe geben: Eilert Herms, Liebe, Sexualität, Ehe. Unerledigte Themen der Theologie und der christlichen Kultur, in: ZThK 96 (1999) 94–135, sowie Konrad Stock, Die Liebe und ihr Zeichen, in: Wilfried Härle/Reiner Preul (Hgg.), Sexualität, Lebensformen, Liebe, Marburger Jahrbuch Theologie 7, Marburg 1995, 61–82. Nicht in allem würde ich mich freilich den Autoren anschließen.

In einer solchen Sicht von Ehe als Liebesbund wären nun auch die emotionalen Anteile in dieser Lebensgeschichte zweier Menschen in all ihrer Leiblichkeit und Unverwechselbarkeit zu würdigen. Man kann in der reformatorischen Ablehnung der Verrechtlichung des Sakramentalen eine erste zarte Bewegung in diese Richtung wahrnehmen, aber noch nicht mehr. In der Tat kommt es entscheidend erst in der Romantik mit großer Wucht dazu, die emotionalen Gehalte des ehelichen Lebens stärker in seiner lebensfördernden Kraft zu würdigen.[17] „Gefühl" in der Ehe wäre als eine zum Menschsein gehörige emotionale Grundstimmung des Erfülltseins durch die Person des/der anderen zu verstehen. Fasst man sie als Basis einer intersubjektiven *Kultur* der Achtung und Freude an der anderen Person, die auch durch die unvermeidlich erfahrbaren Konflikte nicht ausgelöscht zu werden erhofft wird, so verliert sie den Anschein, lediglich punktuell und „mere passive" erfahrbar zu sein. Vielmehr wird die Bildung einer emotionalen Kultur gerade in der auf Dauerhaftigkeit angelegten Ehe ein unverzichtbarer Ort der „Menschen-Bildung", auch wenn sie kinderlos bleibt.[18]

Nimmt man dies ernst, so dürfen in der Tat Anteile des „romantischen Gefühls" nicht schlicht diskriminiert werden. Vielmehr sollten die Eheleute bestärkt und ermutigt werden, es in aller Sensibilität der „zweiten Naivität", wie sie gerade Gläubigen zur Verfügung stehen kann, in ihrem Zusammenleben in der Gestaltung eigener Rituale weiter zu „inszenieren", es damit wach zu halten und durch die Veränderungen ihres Beziehungslebens hindurch zu erhalten. Einen Versuch, in diesem Sinne Liebe als „subsoziale" Sphäre des Lebens in der „Perspektive geschöpflicher Intersubjektivität" zu rezipieren, findet sich bei Konrad Stock.[19] Er versteht zwischenmenschliche Liebes"geschichte" als eine auf Dauerhaftigkeit hindrängende Beziehungsgestaltung, die nicht zuletzt davon lebt, auf *allen* Ebenen der leiblich-seelischen Existenz eine *Kultur der Erinnerung* (U.L.-W) zu entwickeln, in der die „ursprüngliche Impression durch die Erscheinung des Anderen (…) willentliche und gestaltungskräftige Bejahung" erfährt.[20] Es ist freilich

---

[17] Ringeling, 348f.
[18] Es ist bekanntlich in der evangelischen Theologie strittig, in welcher Weise die Ehe in ihrem lebensfördernden Wesen auf die Aufzucht von Kindern bezogen gedacht werden könne. Die Hauptlinie der Argumentation wehrt sich gegen die Sicht von Kindern als „Ehezweck", sieht sie aber doch als deren Segen, als „Früchte am guten Baum" – entsprechend der reformatorischen Abfolge von Rechtfertigungsgewissheit im Glauben und daraus erwachsender Sozialethik auch als Ausdruck der Dankbarkeit gegenüber Gott; vgl. Wannenwetsch, 167f sowie Pannenberg, 127, gegen eine Instrumentalisierung der Ehe.
[19] Vgl. zum Folgenden Stock.
[20] Stock, 75

nicht ausgemacht, dass die Liebe ausschließlich auf einer augenblickshaften Ursprungsimpression beruht. Möglicherweise gibt es dafür eher ästhetische als empirische Anhaltspunkte. [21] Die Kultur der Erinnerung lässt sich aber auch breiter vorstellen als *Vergewisserung bisheriger gemeinsamer Lebensgeschichte,* die stets mit der Ausrichtung auf die weitere gemeinsame Zukunft hin geschieht. Auf jeden Fall wird man hier die emotionalen Anteile der Beziehung mitwirken sehen und dadurch zu einer weniger abstrakten Sicht der Veränderlichkeit und Prozesshaftigkeit der Gestalt der Liebe auch im ehelichen Leben gelangen können.

Das Konzept einer leib-seelischen Kultur der Erinnerung erlaubt es auch, die Rolle von Sexualität differenzierter zu bestimmen – gerade in einer Zeit, in der uns ihre gewaltsame Seite in so unübersehbarer Weise zu Gesicht gebracht wird. In der traditionellen Sicht, der auch die Reformatoren deutlich folgen, wird von der Ehe erwartet, sexuelle Triebhaftigkeit kanalisiert zu leben. Im Konzept der Kultur der leib-seelischen Erinnerung nun wird Sexualität als eine menschliche Sprache relevant, die durchaus nicht ausschließlich triebgesteuert sein muss. Sie erscheint auf unterschiedliche Weise als Ausdrucksmittel vergewissernder Erinnerung gemeinsamer Lebensgeschichte: etwa als spielerisches „Zitieren" von gemeinsam Erlebtem oder auch als dynamische und geradezu anarchische, übermütige Feier von Vitalität – stets jeweils gleichzeitig eine Erneuerung des Versprechens gemeinsamer Zukunft.[22] Auch sexualwissenschaftlich gewonnene Kenntnisse wären hier zu berücksichtigen. Sie betreffen vornehmlich die Entdeckung altersspezifischer Formen von Sexualität, Kenntnisse über ihre Bedeutung für die emotionale Sicherheit des Beziehungslebens und damit den Erhalt der Partnerschaftsidentität sowie Kenntnisse über psychologisch

---

[21] Es ist durchaus fraglich, ob man sich Liebe ausschließlich dem Augenblick entspringend vorstellen darf und ihre Dauerhaftigkeit nur besteht, „solange dieser Augenblick die Erinnerung prägt" (ebd.). Warum sollen nicht im Laufe eines partnerschaftlichen Lebens auch neue solche Augenblicke entstehen können? Hier scheint es mir nötig, die belletristischen literarischen Bezüge, aus denen Stocks Darstellung lebt, zu ergänzen durch Erfahrungen aus der Paartherapie und die Literatur damit deutlicher in ihrer spezifischen ästhetisierenden Gestalt wahrzunehmen.

[22] AaO. 72f – Stocks Ausführungen zum Sonderstatus des Sexualtriebs als Ermöglichung von Außer-sich-Sein „in einer außerhalb aller Regeln sozialer Interaktion spielenden, also anarchischen Szene" erinnert an den kreativen Unterbrechungscharakter von Festen. Freilich wäre diese Sicht deutlich von allen Formen sexuellen Missbrauchs abzugrenzen und somit in eminentem Maße auf echte Gegenseitigkeit und wirkliches Miteinandersein angewiesen. Allein durch die Verbindung mit dem generativen Aspekt einer ursprünglichen Sexualität ist das noch nicht getan. Vgl. auch Michael Haspel, Art. „Sexualität, Sexualethik", in: Evangelisches Soziallexikon, Stuttgart 2001, Sp. 1393–1402.

und immer auch soziologisch beschreibbare Möglichkeiten ihrer Entwicklung und Erhaltung.[23] Sie lehren auch, die Sexualität als erlernbare Sprache in einer intersubjektiven Kultur der Zärtlichkeit zu verstehen, die zum Menschsein und seinem zwischenmenschlichen Beziehungsleben generell gehören.[24] Hier scheint vor allem der Begriff der „intelligenten Zärtlichkeit" interessant. Mit ihm soll ein Bewusstsein darüber bezeichnet werden, dass Gesten der Zärtlichkeit immer auch von einer Ungewissheit begleitet sein müssen, ob sie in diesem Augenblick vom anderen überhaupt angenommen werden. Dieses Bewusstsein „erinnert" an die elementare Begleiterin der Liebe überhaupt, nämlich die stets gegenwärtige Angst vor ihrem Ende, die nicht zuletzt aus der Spannung aus Fremdheit und Nähe resultiert, in der zwischenmenschliche Beziehungen immer bestehen. „Intelligente Zärtlichkeit" inszeniert diese Bedrohlichkeit – die letztlich für die Zerbrechlichkeit des Lebens überhaupt zu stehen kommt – immer wieder neu, um sie in der damit auch inszenierten Vergewisserung von erinnerter Lebensgeschichte und ihrer Dauerhaftigkeit immer wieder neu zu überwinden.[25]

In der so skizzierten leib-seelischen Kultur der Vergewisserung gemeinsamer Lebensgeschichte in der Ehe ermöglicht gerade die damit festgehaltene Dauerhaftigkeit den Eheleuten einen gemeinsamen Bildungsprozess, in dem Personalität als geschöpfliche Intersubjektivität unter Berücksichtigung der Unverwechselbarkeit des Menschen wachsen kann.[26] Nicht notwendig ist ihre Feindin die Sinnlichkeit, sondern im Gegenteil: gerade sie kann sie sich zur Verbündeten machen. Auf Dauerhaftigkeit zu setzen, erscheint dennoch durchaus wagemutig, erfordert Intelligenz und Sensibilität und ist auch denkbar mit Zügen einer Inszenierung von Ewigkeit. Sie findet ihren letzten Sinn freilich nicht schon in der normativen Erfüllung eines göttlichen Gesetzes, sondern dient der Erfüllung des Mensch-

---

[23] Aus der Fülle der Literatur sei hingewiesen auf: Partnerberatung. Zeitschrift für Ehe-, Familien- und Sexualtherapie, Tübingen 1964ff; Ulrich Clement, Systemische Sexualtherapie, Stuttgart 2004; Hans-Jürgen Schumann, Erotik und Sexualität in der zweiten Lebenshälfte, Stuttgart 1980; Hermann Berberich (Hg.), Sexualität und Partnerschaft in der zweiten Lebenshälfte, Gießen 2001; Igot S. Kon, Einführung in die Sexologie, Köln 1985.

[24] Vgl. für das Folgende: Kurt Lüthi, Christliche Sexualethik. Traditionen, Optionen, Alternativen, Wien u.a. 2001, 294–299. Lüthi bezieht sich für diesen Themenbereich u.a. auf: Kurt Marti, Zärtlichkeit und Schmerz. Notizen, Hamburg–Zürich 1981, und auf Dietmar Mieth, Die Kunst, zärtlich zu sein. Wege zur Sensibilität, Freiburg ^{6}1982.

[25] Kurt Lüthi weist darauf hin, dass das romantische Liebesideal durchaus noch den „tragischen Aspekt" der Liebe kannte und würdigte (Lüthi, 230 und passim).

[26] Vgl. Stock, 75.

seins als intersubjektives Aufeinanderbezogensein. Schon die Denkschrift der EKD zu Fragen der Sexualethik 1971 sah in diesem Sinne die Dauerhaftigkeit der Ehe darin begründet, dass die Verbindung von Mann und Frau in ganzheitlicher, leiblich-seelischer Einheit „zu einem Stück unverlierbarer Lebensgeschichte der beiden Ehepartner wird."[27] Der innerprotestantische Streit um die Funktion des Gesetzes kann hier getrost relativiert werden: Wenn Dauerhaftigkeit der Ehe durch göttliches Gesetz gefordert scheint, dann um der Menschen willen. Sie hat ihr *Ziel* in der Verwirklichung geschöpflichen Menschseins, wenn sie auch ihre Realisierung nicht allein aus menschenmöglichen Kräften nehmen können mag. Hier setzen die theologischen Implikationen der Ehe als „weltlich Ding" in evangelischer Sicht an, auf die im folgenden Abschnitt einzugehen ist. Zunächst gilt es festzuhalten, dass vom Sinn der Dauerhaftigkeit der Liebe nicht erst in Ableitung der Liebe der Eheleute aus der Liebe Gottes zu den Menschen bzw. der Kirche (Eph 5) gesprochen werden muss. Eine solche anthropologische Einschätzung des Strebens nach Dauerhaftigkeit liegt schon der standesamtlichen Eheschließung zugrunde.[28] Und auch als „weltlich Ding" bietet die Institution der Ehe den Eheleuten Hilfen an, die notwendig erachtete Dauerhaftigkeit zu realisieren. Nicht zuletzt wird der Öffentlichkeitscharakter der Trauung mit dem öffentlichen Treueversprechen von vielen als eine solche Hilfe verstanden.

3. Die Liebe der Menschen und die Liebe Gottes: Ehe in evangelischer Sicht

In reformatorischer Sicht ist die Ehe zunächst eine Sozialform, die in geschöpflicher Verantwortung eingegangen wird und deren notwendige rechtliche Regelungen dem Staat überlassen werden. Dies geschieht mitten in den Stürmen und Anfechtungen des Lebens und wird auch im Akt der Eheschließung nicht aus dieser Zerbrechlichkeit herausgenommen gedacht. In Reaktion auf ein Überhandnehmen eines Sakramentsverständnisses, das einen kirchlich verwalteten Gnadenautomatismus vorstellbar machte und damit auch in der Gefahr stand, die geschöpfliche Spannung, in der das

---

[27] Kirchenkanzlei der EKD (Hg), Denkschrift zu Fragen der Sexualethik, Gütersloh 1971, III,20.

[28] Vgl. Fechtner, 129 (mit Verweis auf Rosemarie Nave-Herz, Die Hochzeit: ihre heutige Sinnzuschreibung seitens der Eheschließenden. Eine empirisch-soziologische Studie, Würzburg 1997, 16ff): „Mehr als 80 Prozent eines Geburtsjahrganges gehen in ihrem Leben eine Ehe ein."

Eheleben zu verorten ist, zu übergehen, wurde bekanntlich in der Reformation u. a. die Ehe bewusst nicht als ein Sakrament verstanden.[29] Dennoch sind auch in reformatorischer Sicht Eheschließung und Eheleben nicht religiös oder theologisch gleichgültig. In der erwähnten Vorsicht gegenüber einer inflationären Verwendung des Sakramentsverständnisses erscheint die Ehe zwar nicht ausdrücklich als ein „Gnadenmittel", jedoch hat sie – sei sie als eine „Schöpfungsordnung" oder als Entsprechung des Bundes Gottes mit den Menschen verstanden – durchaus die Funktion, Gottes Verheißung von Lebensfülle allen einschlägigen widersächlichen Erfahrungen zum Trotz repräsentiert zu sehen. Sogar als eine Grundtendenz der biblischen Schriften meint Johannes von Lüpke bestimmen zu können: „Das Ineineinander von menschlichem und göttlichem Handeln bei der Verbindung von Mann und Frau zur ehelichen Gemeinschaft ist derart eng, dass die gottesdienstliche Gestaltung der Eheschließung aus inneren Gründen ebenso geboten erscheint wie die Wahrnehmung der Lebensform der Ehe als eines Raumes der Heiligung."[30] Es kann keine Frage sein, dass diese Perspektive große ökumenische Chancen der Verständigung in sich birgt, ohne dass eine evangelische Sicht auf ihren schöpfungstheologischen Schwerpunkt verzichten müsste. Welche Modelle theologischer Bezugnahme auf die hier dargelegten fundamentalanthropologischen Überlegungen lassen sich zum weiteren Erweis dieser These heranziehen?

Letztlich fußt ein theologisches Verständnis der Ehe auf einer großen Skepsis: Klingt das, was bisher zur Ehe als Liebesbund gesagt worden ist, nicht viel zu schön um wahr zu sein? Gleichwertigkeit der Partner, Möglichkeit der Pflege auch der Liebesbeziehung, Bewältigung anstehender

---

[29] Vgl. dazu Karl Lehmann/Wolfhart Pannenberg (Hgg.), Lehrverurteilungen – kirchentrennend? I: Rechtfertigung, Sakramente und Amt im Zeitalter der Reformation und heute, Göttingen–Freiburg u.a. 1986, 143–151. Die römisch-katholische Theologin Gabriele Lachner sieht das treibende anti-sakramentale Motiv der Reformatoren in deren „handfeste(m) Interesse, die Ehe aus der übermächtigen Eingriffsmöglichkeit der kirchlichen Rechtsprechung zu befreien", vgl. Gabriele Lachner, Die Kirchen und die Wiederheirat Geschiedener, Beiträge zur ökumenischen Theologie 21, Paderborn u.a. 1991, 75, s. auch 80.

[30] Von Johannes Lüpke, Lebensverheißung und Lebensformen. Systematisch-theologische Bemerkungen zum Diskussionspapier „Sexualität und Lebensformen" sowie „Trauung und Segen", in: Hellmut Zschoch (Hg.), Lieben – Leben – Kirchenlehre. Beiträge zur Diskussion um Sexualität und Lebensformen, Trauung und Segnung, Wuppertal–Neukirchen 1998, 144–165, 149. Diese „Grundtendenz" ist freilich kaum mit einzelnen Schriftzitaten zu „belegen", sondern nur durch „biblisch gegründete theologische Reflexion"; vgl. Dietrich Ritschl, Art. Ehe/Ehescheidung. 3. Dogmatisch-ethisch, in: EKL³ I, 974–983, 975.

Konflikte aus der Gewissheit gegenseitiger Anerkennung heraus, einfühlsame und gewaltfreie Sexualität und noch dazu das tägliche Ringen mit der Möglichkeit der Endlichkeit der Liebe und des Misslingens des Bemühens um gegenseitige Anerkennung – in welcher Welt findet diese Beziehung statt, dass sie sogar im Bewusstsein der Unverzichtbarkeit auf Dauerhaftigkeit inmitten der gefallenen Schöpfung und der Endlichkeit der Welt gelebt und dies gar versprochen werden könnte? An der Nahtstelle der Erfahrung, dass Natur noch nicht „die gute" Schöpfung ist, sowie bei der Realität lebensfeindlicher Mächte setzt die theologische Sicht der Ehe an. Letztlich lebt sie aus der Gewissheit der Auferstehungsbotschaft, die sie in die Erfahrung der Realität des Scheiterns hereingesprochen weiß. Insofern könnte man sagen, dass in evangelischer Sicht, in der die bleibende Realität der Sünde stets präsent gehalten wird, eigentlich die Erfahrung des Scheiterns der Ehe das „Normale" sein müsste, eine erfüllte Ehe hingegen als ein weiteres Stück gelungenen Lebens in der Gegenwart des schöpferischen, heilenden und erneuernden, also trinitarischen Wirkens Gottes zu verstehen ist. Eine allein im engeren Sinn schöpfungstheologische Sicht der Ehe missachtete die tägliche Angewiesenheit des Lebens der Eheleute aus der vorauslaufenden Vergebung – dies ist eine der Verengungen, der sich eine lutherische Lehre von den Schöpfungsordnungen aussetzte. Aber auch eine primär aus der Ableitung aus dem Bund Gottes mit der Menschheit bzw. der Christusgemeinschaft gewonnenes Verständnis muss sich fragen lassen, wie sie der Gefahr entgehen will, die konkrete Liebe der Eheleute und ihre Entwicklung in einer Verwirrung der Kategorien von Gott und Mensch in eine leere Abstraktion zu führen.[31] Das ist in drei Punkten auszuführen:

1. Zum einen ist davon die Frage der Unverbrüchlichkeit der Ehe betroffen, die in ihrer Notwendigkeit aus der anthropologischen Funktion der Dauerhaftigkeit und insofern schöpfungstheologisch verstanden und nicht sozusagen „in höherer Ordnung" ihren eigentlich Sinn aus dem Gebot der Achtung der Liebe zu Gott nehmen dürfe.[32] Für den ökumenischen Dialog

---

[31] Christine Janowski hat eine solche Kategorienverwirrung dafür verantwortlich gemacht, dass auch im christlichen Eheverständnis eine kulturell begründete Konzeption der Unsymmetrie im Verhältnis von Mann und Frau bis in die jüngste Gegenwart hinein unbeschadet überleben konnte; vgl. J. Christine Janowski, Zur paradigmatischen Bedeutung der Geschlechterdifferenz in Karl Barths „Kirchlicher Dogmatik", in: Härle/Preul (Hgg.), 13–60.

[32] In dieser Gefahr steht die Definition in der EKD-Stellungnahme „Gottes Gabe und persönliche Verantwortung" (s.o., Anm. 12): Ehe sei „eine vorbehaltlose Lebensgemeinschaft in der Gegenseitigkeit von Frau und Mann, die in der nie versiegenden, jeder und jedem jederzeit offenstehenden Liebe Gottes gründet und die darum unverbrüchlich ist." (27/28; Hervorhebung U.L.-W.).

wäre zu überlegen, ob die Vermutung Dietrich Ritschls hier Frucht bringen könnte, dass die Differenz evangelischer und katholischer Ehelehre weniger in der „Verneinung des Sakramentalen [...] als vielmehr überhaupt in seiner [d.h. Luthers, U.L.-W.] Schöpfungslehre" bestehe, „die die scholastische Lehre von der Überhöhung der Natur durch die Gnade nicht mehr akzeptiert".[33] Nicht überhöhend in dem Sinne jedenfalls darf die Liebe Gottes scheinen, dass sie aus den geschöpflichen Bedingungen herauszöge, sondern andersherum so, dass sie das menschliche Leben in seiner Ganzheitlichkeit umfasst und es insofern aus den verzerrten Bezügen seiner *gefallenen* Geschöpflichkeit hinausweist. Hierzu wäre auch zu rezipieren, was im folgenden Beitrag von Ralf Miggelbrink zum römisch-katholischen sakramentalen Eheverständnis über eine notwendige Korrektur am klassischen römisch-katholischen Verständnis von der Effizienz des Sakraments gesagt wird.[34]

2. Daraus folgt zum andern, dass ein Konzept der Entsprechung oder gar einer Analogie von Ehebund und Gottes Bund deutlich pneumatologisch gegründet sein muss als eine erneuernde Perspektive der Selbstwahrnehmung der Eheleute im Lebensraum der Liebe Gottes, die der Geschöpflichkeit zugute kommen will. Man kann sagen, dass die reformatorische Theologie die Ehe darum als „weltlich Ding" versteht, weil sie sie vor einer abstrahierenden Sicht bewahren will, die sie sowohl im Konzept einer sakramentalen Überhöhung als auch in dem einer transzendentalen Vertiefung fürchtet.[35] Es ist darum eine in diesem Sinne pneumatologische Sicht, wenn die lutherische Theologie von der Wahrnehmung „im Glauben" spricht, in der die schöpferische Qualität der Ehe erst erkannt wird und sich die Ehepartner als Geschenk Gottes verstehen können, sich gegenseitig zur Aufgabe gemacht.[36] Solchermaßen „durch die Augen Gottes" sich selbst betrachtend, können sie sich gegenseitig paradigmatisch als den bedürftigen Menschen an sich, als den „Nächsten" wahrnehmen. Durchaus ist dies eine Perspektive, in der die Ausstrahlung der Eheleute als Individuen transzendiert wird.[37] Alles kommt hier freilich darauf an, dass nicht das Kind mit

---

[33] Ritschl, 978.
[34] Vgl. unten Teil B, 2.1.
[35] Oswald Bayer, Die Ehe zwischen Evangelium und Gesetz, in: ZEE 25 (1981) 164–180, 179f.; vgl. auch Wannenwetsch, 89–91.
[36] Vgl. dazu Wannenwetsch, 42–52, über die Ehe im „Blickwinkel des Glaubens – eine Lutherinterpretation".
[37] Johannes Fischer, Hat die Ehe ein Primat gegenüber der nichtehelichen Lebensgemeinschaft?, in: ZThK 101 (2004) 346–357, 351. Vgl. dazu auch Eberhard Jüngels Betonung, dass gerade in lutherischer Theologie gegen ein neuzeitliches Selbstverständnis die Personwürde nicht im Selbstbesitz gesehen wird, sondern der Mensch –

dem Bade ausgeschüttet wird und für eine abstrahierende Polarität von sinnlicher und geistlicher Liebe (Fischer) die konkrete persönliche Ebene der Verbindung der Ehepartner gegenüber ihrer transzendierenden Dimension abgewertet wird. Die geistliche Liebe müsste daher verstanden werden als eine aus dem Gottesbezug erwachsende lebensformende Deutung der konkreten, ganzheitlichen Liebesgeschichte der Eheleute. Ähnliches gilt für Versuche, aus dem Entsprechungsmodell – evangelisch wie römisch-katholisch –, die Liebe der Eheleute aus der Analogie zu Christus (Eph 5) zu qualifizieren als eine nicht-egozentrische, gegenseitige Hingabe. Auch dies muss in stärkerer pneumatologischer Akzentuierung auf die konkrete Ebene der Geschöpflichkeit zurückgespiegelt werden, um sich nicht in antimodernistischer Polemik zu erschöpfen. Mindestens muss man wohl, wie hier im Teil B – ebenfalls mit der Intention, eine abstrahierende Ableitung aus der Trinitätslehre zu vermeiden – vorgeschlagen wird, Differenzierungen einführen: z.b. eine Unterscheidung zwischen der Charakterisierung der Grundhaltung der Eheleute als gegenseitige Hingabe in christologischer Entsprechung und einzelnen konkreten Handlungskonstellationen im Miteinander der Eheleute, zu denen auch gegenseitig gewährte Selbstbehauptung und Abgrenzung gehören müssen.[38] Auch in der Vorstellung, wie sie lutherischer Ehelehre entnommen werden kann, in der Glaubensperspektive nähmen sich die Eheleute gegenseitig als Repräsentanten der ganzen Menschheit wahr, lässt sich durchaus ein Korrektiv gegen eine abstrahierende Ableitung aus dem Konzept des Bundes Gottes sehen.[39]

3. Absolut notwendig scheint es, durch eine pneumatologische Korrektur des Modells der Analogie der Ehe zur Christusgemeinschaft die doppelte ekklesiale Dimension des Ehelebens zu erschließen. Die Gemeinschaft der Gläubigen wird damit als der Lebensraum der Ehe verstanden. Damit wird deutlich, dass die Ehe auch im Verständnis als Liebesbund nicht nur in der Verantwortung und der Gestaltungskraft zweier Menschen allein liegt. Gleichzeitig können die Eheleute in ihrem Ringen um eine gemeinsame

---

sich der Gott geschenkten Freiheit verdankend – seine Identität eher in der „Selbstentfernung" ausbildet (Eberhard Jüngel, Der menschliche Mensch. Die Bedeutung der reformatorischen Unterscheidung der Person von ihren Werken für das Selbstverständnis des neuzeitlichen Menschen, in: ders., Wertlose Wahrheit. Zur Identität und Relevanz des christlichen Glaubens. Theologische Erörterungen III, München 1990, 194–213, 208f).

[38] Vgl. Teil B, 2, 2.

[39] Johannes Fischer weist darauf hin, dass Luthers plastische Beschreibung dieser pneumatologischen Perspektivenverschiebung keineswegs von der konkreten Ebene des ehelichen Lebens wegführe; vgl. dazu das Zitat aus Luthers „Vom ehelichen Leben" hier in Teil B dieses Beitrages.

Lebensgeschichte in Wahrung gegenseitiger Unverwechselbarkeit zu einem Zeichen werden für das, aus dem sie selbst bekennen, zu leben: zum Zeichen für die Liebe Gottes, in der allein Geschöpflichkeit gelingen kann. Damit werden sie in besonderer Weise zum Zeugnis für Gottes Gegenwart – in der römisch-katholischen Terminologie Theodor Schneiders zum „Zeichen der Nähe Gottes", zum Sakrament.[40]

4. Konsequenzen für das Verständnis des Treuegelöbnisses

„Die Welt sagt von der Ehe: Eine kurze Freude und eine lange Unlust" (Martin Luther).[41] Als wichtigste Konsequenz dieses anthropologischen Eheverständnisses wäre zunächst eine Selbstverständlichkeit ins Zentrum der Überlegungen zu rücken, die beim Nachdenken über Sinn und Begründung der Aufgabe der Unauflöslichkeit der Ehe dennoch häufig eher in den Hintergrund tritt: Das Treuegelöbnis gilt dem Menschen, der Ehefrau bzw. dem Ehemann, nicht der Institution der Ehe als solcher oder in seiner Eigentlichkeit der Qualität, die die Ehe aus der Ableitung aus der Christusgemeinschaft habe. Treue wird dem Menschen als Person versprochen, wie auch das Ringen um die lebenslange Dauer der Ehe um der Eheleute als Personen willen zu verstehen ist. Ein christliches Verständnis der Ehe freilich muss dieser zunächst anthropologischen Argumentation nicht widersprechen. So formuliert Walter Schöpsdau als eine interkonfessionelle Gemeinsamkeit im Eheverständnis: „Weil das Ja, das zwei Menschen in der Ehe zueinander sprechen, sich nicht auf irgendwelche Zwecke bezieht, die einer mittels des anderen zu erreichen sucht, sondern vorbehaltlos der Partnerin oder dem Partner selbst als Person gilt, ist nach christlichem Verständnis für die Ehe in allem geschichtlichen Wandel konstitutiv, dass sie als Einehe auf Lebensdauer geschlossen wird."[42]

---

[40] Vgl. Teil B, 1.
[41] Martin Luther, Vom ehelichen Leben, Textfassung nach Oswald Bayer, in: Martin Luther, Ausgewählte Schriften III, hg. von Karin Bornkamm und Gerhard Ebeling, Frankfurt 1982, 165–199, 188.
[42] Schöpsdau, 12. In der Diskussion um die Akzeptanz der Polygamie in nichtabendländischen Kirchen taucht freilich die Frage nach der Kulturgebundenheit der Erfahrung von gelingender Persönlichkeitsbildung in lebenslanger Bindung, der „Einehe" also, auf. Hier wird auch das Kriterium entscheidend werden, inwieweit in einem der Einehe alternativen Lebensformen-Modell eine Gleichwertigkeit der Partner und Zuschreibung ihrer Unverwechselbarkeit garantiert werden kann. Vgl. Jean Masamba ma Mpolo, Polygamie und Familie. Identität und Seelsorgeprobleme der afrikanischen Kirchen, in: Hanns Engelhardt (Hg.), Die Kirchen und die Ehe, 76–90.

Gerade die traditionelle Sichtweise der Ehe als Schöpfungsordnung mag in der Gefahr gestanden haben, die Einsicht zu verstellen, dass das Treueversprechen der Person gilt. Mit dazu beitragen kann ein Treueverständnis, dass in germanischer Tradition als Element eines Rechtsverhältnisses verstanden wird und in unserer heutigen Alltagssprache wohl eher mit Worten wie Loyalität oder sogar Gehorsam ausgedrückt wird. Betrachtet man das Schema des Bundes Gottes mit den Menschen als Entsprechungspol der Ehe, so sollte zunächst auffallen, dass hier mehr von der Treue Gottes als von der der Menschen die Rede ist. Treue kommt damit vornehmlich als die gewährte Treue Gottes, weniger als die erwartete Treue der Menschen Gott gegenüber in den Blick. Zweifellos liegen hier die stärksten Wurzeln der reformatorischen Skepsis gegenüber einem sakramentalen Eheverständnis, das die Treue der Ehepartner als *geforderte* Widerspiegelung oder gar Verwirklichung der menschlichen Bundestreue Gott gegenüber zu verstehen scheint.[43] Wäre damit nicht nur zu viel auf menschliche Schultern geladen, letztlich sogar das Heilswirken Gottes abhängig gesehen von menschlicher Kooperation? Vor allem aber liegt in einem solchen zweistöckigen Verständnis von ehelicher Treue, das den eigentlichen Sinn der Treue in der Verwirklichung der Verheißung Gottes sieht, die Gefahr einer Entleerung der ehelichen Beziehung, die lediglich zum „Vorspiel" wird für die Gottesgemeinschaft. Dies heißt freilich nicht, dass sie sich für Gläubige nicht erst in der Wahrnehmung realisieren lässt, selbst umfasst von der Treue Gottes zu leben. Insofern wird im christlichen Eheverständnis Treue möglich im Bewusstsein, selbst bereits mit Treue be-

---

[43] Vgl. in diesem Zusammenhang auch Ralf Miggelbrinks Kritik an entsprechenden römisch-katholischen Tendenzen, dass die Wirksamkeit der Gnade der Sakramente nicht an den „Imperativ an die Gläubigen" gebunden werden dürfe, ihre Effizienz zu erweisen (Teil B, 1). Insofern wäre Vorsicht angebracht gegenüber der Formulierung im Dialog-Dokument 1976: „Gewiß sehen sie [d.h. die reformatorischen Kirchen, U.L.-W.] sie nicht als ein Sakrament im strengen Sinne des Wortes. Gewiß sehen sie in der Gemeinschaft Christi mit der Kirche das Vorbild der christlichen Ehe. Gemäß Eph 5 bemühen auch sie sich, einer solchen Ehe mit allen Mitteln die Treue zu sichern, die Christus von ihr erwartet. Doch aus dieser Beziehung zu Christus ergibt sich nicht, daß die Ehegatten, die in dieser Beziehung stehen, die Möglichkeit, sich im Fall eines totalen Scheiterns scheiden zu lassen, als mit dem Mysterium Christi unvereinbar ansehen" (Die Theologie der Ehe und das Problem der Mischehe. Schlussbericht der römisch-katholisch/lutherisch/reformierten Studienkommission, Mai 1976, in: Joachim Lell/Harding Meyer (Hgg.), Ehe und Mischehe im ökumenischen Dialog; Schlussberichte des anglikanisch/katholischen Dialogs, des katholisch/lutherisch/reformierten Dialogs und des katholisch/lutherischen Dialogs in Schweden, Frankfurt 1979, 71f).

schenkt zu sein[44] – ein Bewusstsein, das im kirchlichen und gemeindlichen Leben stets erneuert zu werden erhofft wird.

Das Bewusstsein, in Gottes Treue zu leben und daraus selbst Treue zu realisieren, kann in katholischer Theologie als durch Gottes wirksame Gegenwart ermöglichte „Mitwirkung" verstanden werden.[45] In einer evangelischen Perspektive schlägt Konrad Stock eine weisheitliche Verbindung der Ebenen von Gottes Treue und in dieser realisierten menschlichen Treue vor[46]: Die Eheleute bieten in ihrer einander treuen Verbundenheit eine schöpfungsmäßige „Spur" zur Treue Gottes, ähnlich den von Israel weisheitlich gelobten Regelmäßigkeiten in der Lebensbewahrung. Die Treue der Menschen macht Gottes Treue in einer Weise gewiss, dass sie als wirksame Gegenwart Gottes erspürt wird. Zweifellos kann Gottes Treue dadurch an ihr Ziel kommen gesehen werden – durchaus also kann man dies als die vorsichtige Form eines Konzeptes verstehen, nach dem sich in ehelicher Treue in ihrem Gerichtetsein auf die Person des Menschen als Geschöpf Gottes gerade auch göttliche Treue realisiert. Generell gilt wohl: Je nach dem, wie sehr das gläubige Zeugnis als erst durch Gottes Gegenwart ermöglicht gedacht wird, wird in der evangelischen Position eine Nähe zu Intentionen sakramentalen Denkens erkennbar.

Treue lässt sich nach den bisherigen Überlegungen zur Begründung der Dauerhaftigkeit der Liebe als deren praktische Außenseite verstehen. Wie die Dauerhaftigkeit überhaupt als *die* Möglichkeit erscheint, mit der Erfahrung der Bedrohtheit der Liebe zurechtzukommen, so müsste auch die Treue als Möglichkeit, diese Einsicht zu realisieren, in der Erfahrung von Bedrohtheit verankert gesehen werden. Ganz ohne sie auf das eheliche Leben zu beziehen sieht Klaus Demmer in ihr eine „Gegenbewegung zur leidvollen Erfahrung von Vergänglichkeit und Gebrechlichkeit" und versteht Treue daher als „Basis aller Kultur".[47] Das Leben von Eheleuten nun ist – vor allem, wenn es auf einer Liebesbeziehung aufbaut – in spezifischer Weise von der „leidvollen Erfahrung der Gebrechlichkeit" bedroht. Schließlich beruht es darauf, dass sich die Eheleute voreinander verletzlich machen.

Friedrich Diedrich weist darauf hin, dass im Alten Testament gerade die Erfahrung der Zerbrechlichkeit des Lebens „Erfahrungsräume der Treue Gottes" seien.[48] Man kann seine Beispiele (z.B. Erfahrungen persönlichen Leids oder des Exils) auch beschreiben als Erfahrungen der drohenden Enttäuschung zugesagten Heils. Gerade aus dieser Zusage, aus

---

[44] Wannenwetsch, 182f.
[45] S. unten Teil B, 3.
[46] Stock, 80f.
[47] Klaus Demmer, Art. Treue. I. Theologisch-ethisch, LThK³ X, 212f, 212.
[48] Friedrich Diedrich, Art. Treue Gottes. I. Biblisch-theologisch, LThK³ X, 213f.

der Zuwendung Gottes erwächst für die, die sich auf sie einlassen, auch die stetige Gefahr von Enttäuschung und schließlich Verstockung, Beziehungsverweigerung. Treue Gottes wird hier zunächst wirksam als Vergewisserung seiner bleibenden Gegenwart, seiner Nähe, seines Mit-Seins, kurz: als Dabeibleiben. In ihrer eigenen Verletzlichkeit können Eheleute sich als Abbilder der Treue des Bundesgottes sehen, der sich in der Menschwerdung selbst aus Liebe verletzlich macht und in dieser Verletzlichkeit zur Treue einlädt. Die Erfahrung von liebender Zuwendung jedenfalls macht nicht nur stark, sondern auch verletzlich – im Neuen Testament in besonders komplexer Weise in der Kreuzestheologie zum Ausdruck gebracht.

Die Haltung der Treue hält fest an der Grundintention der Liebes-Beziehung, mit dem eigenen Leben auf das Wohlsein des anderen Menschen ausgerichtet zu bleiben, der sich in seiner ganzen Verletzlichkeit und Verwundbarkeit ausgeliefert hat. Das gegenseitige Treuegelöbnis der Eheleute sichert zu, dass diese gegenseitige Auslieferung dem jeweils anderen keinen Schaden zufügen soll, sondern dass in ihm vielmehr Freiheit und Entfaltung der einander „anderen" möglich wird. Insofern ist Treue der Schutzraum der Liebe und der Entfaltung menschlichen Lebens überhaupt. Sie ist dies nicht nur in der Ehe, sondern in jedem Geflecht von menschlicher Nähe – ja, Menschen scheinen sie sogar in nahen Beziehungen zu Tieren sowohl aktiv als auch passiv zu benötigen. Es ist anzunehmen, dass konkrete Formen des Treuseins kulturell unterschiedlich geprägt sind. Jedenfalls wird man wohl nicht sagen können, dass sie ausschließlich bezüglich monogamer Beziehungen denkbar sei. Aber man wird sagen dürfen, dass Treue hier wegen des erhöhten Grades an Intimität und Verletzlichkeit im wahrsten Sinne des Wortes lebensnotwendig ist. Die monogame Ehe ist ein radikales Wagnis, das Verletzlichkeit in höchstem Maße riskiert. In der gegenseitigen Zusicherung von Treue ließen sich drei Momente des Schutzes von Verletzlichkeit wahrnehmen:[49] (1) Die Eheleute nehmen sich gegenseitig aus der Konkurrenz mit Dritten heraus, durchaus nicht nur in Form von sexueller Treue. (2) Sie stellen durch das Treuegelöbnis bei der Eheschließung einen Öffentlichkeitsaspekt her, durch den sie sich auch später gegenseitig und auch anderen nach außen hin an dieses Versprechen erinnern. (3) Im Vollzug des Gegenseitig-treu-Seins entwerfen sie eine auf Zukunft hin ausgerichtete gemeinsame geschichtlich-biographische Dimension ihres Lebens. Eheleute üben auch Treue aus, wenn sie auf diese Dimension setzen, während sie Krisen und Konflikte erleben und diesen nicht ausweichen.

Betont man die Personenbezogenheit des Treueversprechens in diesem Sinne, zeigt sich von einer anderen Seite her, dass Treueversprechen und Vision der Lebenslänge der Ehe eng miteinander zusammenhängen. Denn

---

[49] Vgl. zum Folgenden Wannenwetsch, 182.

die Verletzlichkeit, die durch die Treue des Partners oder der Partnerin zu schützen ist, hält ein Leben lang an und hat Schutz nötig bis zum Tod des sich einmal radikal in die Verletzlichkeit hineingegeben habenden Menschen. Insofern ist Unveränderlichkeit ein Attribut der Treue. Auch hier gilt: Das Versprechen gilt dem Menschen und nicht der Institution der Ehe, auch wenn es vor dem Traualtar abgelegt wird. Paradoxerweise lassen sich aus dieser Differenzierung Konsequenzen für den Fall des Scheiterns der Ehe ableiten: Vom Treuegelöbnis in diesem Sinne können sich Ehepartner auch dann nicht entbunden fühlen, wenn sie ihre Ehe auflösen mussten.

So gesehen, könnte es durchaus als ein Zeichen dafür gemeint sein, dass die nun Geschiedenen sich weiterhin sichtbar an ihr Treuegelöbnis gebunden fühlen, wenn sie ein kirchliches oder, wie Martin Luther es sich zu seiner Zeit wünschte, ein staatliches Verbot der Wiederverheiratung nach einer Ehescheidung einhalten.[50] Gabriele Lachner weist darauf hin, dass nicht wenige evangelische Landeskirchen eine kirchliche Wiederheirat erschweren, wenn nicht sogar ausschließen.[51] Freilich wäre zu fragen, ob der Sinn des Gelöbnisses, den durch die Liebesbeziehung verletzbar gewordenen Menschen zu schützen, damit wirklich in optimaler Weise erfüllt werden kann oder ob hier nicht die Gefahr groß ist, dass anstelle oder gar auf Kosten der Menschen doch die Institution der Ehe geschützt wird.

Es kann auch gerade in der Intention des Gegenseitig-treu-Seins geschehen, dass sich die Eheleute zu einer Ehescheidung entschließen, wenn sie einsehen müssen, dass die Wahrung vor Verletzung in ihrem Zusammensein nicht mehr gelingt.[52] Auf jeden Fall impliziert das Treuegelöbnis, dass sich die Eheleute im Traugottesdienst versprechen, dass sie sich auch im tragischen Fall der Ehescheidung bemühen wollen, Formen der Trennung und des Getrenntseins auszuschließen, in denen die ehemaligen Eheleute sich keinen gegenseitigen Schutz ihrer Verletzbarkeit mehr zukommen lassen. So gesehen geschehen wirkliche Brüche von Treuegelöbnissen auch schon dann, wenn die Eheleute gegenseitige Verletzung leichtfertig riskieren. Dass sie in ihrer Verbindung darauf angewiesen sind, dass sie aus der vorlaufenden Vergebung Gottes heraus ihr Leben gestalten können, wird mit dieser Einsicht besonders eindrücklich.

---

[50] Luther, Vom ehelichen Leben, Ausg. Luther deutsch, 243.
[51] Lachner, 47f, 135f, 148f.
[52] Vgl. EKD-Kammer, Gottes Gabe, 27: „Trennung und Ehescheidung zu erwägen, kann auch verstanden werden als Ausdruck von Wahrhaftigkeit und des respektablen Wunsches, trotz des Scheiterns noch eine Chance guten, erfreulichen Lebens für beide zu haben."

5. Konsequenzen für das Verständnis des Trausegens

Je stärker die Bedeutung auch der emotionalen Aspekte des ehelichen Lebens gesehen wird, desto wagemutiger wird es, es als dauerhaft zu planen. Auch die Einsicht in die personenbezogene Funktion des Treuegelöbnisses macht es nicht eben leichter, es auszusprechen. Ja, man muss sogar sagen: Hier ist Unsicherheit sachgemäßer als Sicherheit. Die Eheleute legen ein Versprechen ab über in der Regel Jahrzehnte ihrer Zukunft, die sie zum Zeitpunkt des Versprechens überhaupt nicht übersehen können. Das gilt auch dann, wie die Eheleute zum Zeitpunkt des Gelöbnisses sehr wohl wissen, wenn sie sich zur Eheschließung erst nach einer Zeit des „prüfenden" Zusammenlebens ohne Trauschein entschließen. Die Dauerhaftigkeit der Liebe hat niemand im Griff, wenn sie auch, wie oben erläutert wurde, nicht ganz und gar unbeeinflussbar zu sein scheint durch die Intentionen der Partner. Das ist der Zipfel, an dem sich das Treuegelöbnis festhalten kann, aber angesichts menschlicher Unvollkommenheit ist dieser Hinweis doch nicht mehr als ein Zipfel.

Im Bewusstsein dieser „unmöglichen Möglichkeit"[53] treten die Eheleute vor den Traualtar und erbitten Gottes Segen. Sie bitten um den Segen als die Ermöglichung, dass ihr unmögliches Versprechen in die Wirklichkeit Gottes hineingestellt werde und dass ihnen in der gemeinsamen Ausrichtung auf die Segensverheißung Gottes die unmögliche Möglichkeit gelingen möge. Sie unterstellen sich und ihr gemeinsames Lebensprojekt Gottes schöpferischer Kreativität. Der Bitte um Segen liegt ja ähnlich wie dem Bittgebet die Intention zugrunde, das eigene Sorgen und Mühen, das mit dem Treueversprechen impliziert ist, in Gottes Hände zu geben und dabei in den weiteren Zusammenhang seiner Sorge um die Schöpfung zu stellen.

Kann man also sagen, die Eheleute bitten darum, dass ihnen ihre Ehe als ein Projekt der *Realisierung des Willens Gottes* gelänge, als die sie dann doch als ein „Gnadenmittel" verstanden werden könnte? Viel hängt daran, das mit „Willen Gottes" Gemeinte nicht als ein weiteres Objekt des Liebeswirkens der Eheleute zu missbrauchen, möglicherweise gar als das eigentliche und – je später, je mehr – als das einzige. Richtiger wäre es auch im Sinne der Rechtfertigungslehre zu sagen: Nicht eigentlich doch, um den Willen Gottes zu erfüllen, dienen sich die Ehepartner gegenseitig, sondern sie tun dies *im Willen Gottes*, von diesem gnadenhaft umfangen.[54] Erst in

---

[53] Fechtner, 128.
[54] Formulierungen, in denen Gott selbst als Objekt der Liebesbemühungen erscheint, wären freilich sinnvoll, wenn sie als Repräsentations-Stellvertretungs-Aussagen verstanden würden, in denen das Bekenntnis zum Ausdruck kommt, dass sich Gott selbst

diesem Lebensraum können sie ihre gegenseitige Zuwendung als eine Konsequenz der Wahrnehmung ihrer gegenseitigen Geschöpflichkeit realisieren – eine zu ihrer persönlichen Beziehung *hinzukommende* Dimension, in die sie mit ihrem Bekenntnis vor dem Traualtar eintauchen.

Somit gilt es auch hier, nicht in einen Dualismus zu verfallen, der zwischen der „Verzauberung" durch die Individualität des anderen und dem/der anderen als „zu achtenden, zu schützenden, angewiesenen und bedürftigen Menschen" trennen zu müssen glaubt.[55] Beides, gegenseitige Sorge um den Erhalt der Freude an der Einzigartigkeit der Individualität wie die Erkenntnis, dass auch dieser anvertraute Mensch schutzbedürftig ist, bilden ein Leben in Freude und Achtung der Geschöpflichkeit der Kinder Gottes, das – bescheiden gesagt – seine Ausstrahlung haben wird auch auf die Mitgeschöpfe, zunächst auf die Kinder, aber nicht notwendig nur auf sie und darum auch in seiner lebensfördernden Kraft nicht auf diese zu beschränken. Wäre es vermessen, hierin die heilsschaffende gnadenhafte Wirkung zu sehen, die der Ehe im römisch-katholischen sakramentalen Eheverständnis zugesprochen wird?[56]

Von dieser Bedeutung des Zuwachses an Lebensdimension herkommend, lässt sich noch einmal über die Bedeutung des Trausegens nachdenken. Reformatorische Theologie legt Wert darauf, dass die Segen zusprechenden Menschen – so auch die Pfarrerin oder der Pfarrer im Traugottesdienst – nicht im Besitz des Segens sind und auch nicht den Besitz des Segens Gottes vermitteln. Dennoch geht man auch hier davon aus, dass in der Segenshandlung göttlicher Segen erfahrbar werden kann und in der Regel wird, vornehmlich als das, was das menschliche Segnen transzendiert.[57] Vor allen ein pneumatologischer Rahmen scheint für ein Verständnis von Segenshandlung notwendig, um die oben entwickelten Implikationen theologisch fassen zu können. Ein „komplementäres" Segensverständnis bezieht Interaktionen und Deutungen der Beteiligten ein[58] – hier wäre sicher die dichteste Berührung mit einem römisch-

---

mit den von Menschen Geliebten und zu Liebenden identifizierend solidarisiert; vgl. dazu Ulrike Link-Wieczorek, Die Verantwortung der Nachgeborenen. Überlegungen zur Soteriologie im Umgang mit historischer Schuld, in: Britta Konz/Ulrike Link-Wieczorek (Hgg.), Vision und Verantwortung (FS für Ilse Meseberg-Haubold) Münster u.a. 2004, 121–138, 136ff.

55 Fischer, 353f.
56 Vgl. Teil B, 2. 2.
57 Vgl. dazu Christoph Barben–Müller, Segenshandlungen als Herausforderung für Kirchen und Theologen, in: EvTh 58 (1998) 351–370, 356.
58 Barben-Müller, ebd.

katholischen Verständnis von der Ehe als Sakrament sogar einschließlich der Vorstellung, dass es sich die Eheleute gegenseitig spenden. Auf zwei neuere systematisch-theologische Arbeiten zum Segen sei abschließend eingegangen: Magdalene L. Frettlöh (reformiert) und Dorothea Greiner (lutherisch) legten im selben Jahr ihre theologischen Konzeptionen zum Segensthema vor, die durchaus ihre konfessionsspezifischen Gesichter nicht verhüllen.[59] Ich werde die bisherigen Überlegungen zum Trausegen zunächst mit Magdalene Frettlöhs Anwendung Bonhoefferscher Segenstheologie verbinden, ohne dabei auf deren näheren Kontext, die Frage der Segnung gleichgeschlechtlicher Paare, einzugehen.[60] Die Autorin versteht den Segen Gottes als Bejahung der Geschöpflichkeit des Menschen, auch seiner Leiblichkeit und Sinnlichkeit, die das Leben nicht nur in einem biologischen Verständnis fruchtbar macht und insofern „Wirklichkeit setzt". Vor allem aber betont sie, dass mit dem Segen auch eine Aufgabe verbunden ist: Segen ist „die Inanspruchnahme des irdischen Lebens für Gott" (Bonhoeffer). Vielleicht nicht allen Eheleuten mag der herrschaftskritische Aspekt des Trausegens eine Selbstverständlichkeit sein: „Wo Menschen für ihre Partnerschaft um den Segen Gottes bitten, anerkennen sie damit die Herrschaft des *einen* Herrn über ihr Leben und verzichten zugleich darauf, übereinander verfügen und einander beherrschen zu wollen."[61] Das ist aber bei weitem nicht alles: Mit der Bitte um *göttlichen* Segen bitten sie auch um Zuspruch einer „Identität [...], wie wir sie von uns aus nicht haben", die aber der von Gott in seiner Schöpfung zum Ziel gesetzt wurde. Kurzum: Mit der Bitte um den Zuspruch göttlichen Segens ordnen sich die Eheleute ein in den Strom des Ringens um den Schalom Gottes, „finden sich nicht ab mit dem beschädigten Leben [...], sondern setzen auf die schöpferische und heilende Macht Gottes".[62] Das Wesentliche an diesem Segensverständnis ist seine Verzahnung von In-Anspruch-Nehmen Gottes in der Bitte und sich selbst beanspruchen zu lassen. Die Selbstbeanspruchung reicht in ihrem Engagement für das Reich Gottes über den Raum der Paarbeziehung hinaus (auch hier wäre von „Fruchtbarkeit" zu reden), aber nicht, ohne zu einem *„unverschämten Genießen* unseres Lebensglücks" einzuladen – Glück, Stärke und Erfolg sowie erfüllte Sexualität anderen nicht neidend und sich

---

[59] Magdalene L. Frettlöh, Theologie des Segens. Biblische und dogmatische Wahrnehmungen, Gütersloh 1998; Dorothea Greiner, Segen und Segnen. Eine systematisch-theologische Grundlegung, Stuttgart 1998.
[60] Im Folgenden beziehe ich mich auf den Aufsatz von Magdalene L. Frettlöh, Segen setzt Wirklichkeit, in: Zschoch (Hg.), 77–101.
[61] AaO. 99.
[62] AaO. 100.

selbst nicht vorenthaltend. Zu ergänzen wäre hier, dass die Einladung zum Genießen auch als eine Einladung zu verstehen wäre, sich gegenseitig darum zu bemühen, dass sie auch angenommen werden kann. Gleichzeitig impliziert die Selbstbeanspruchung die Haltung des Protestes gegen Erscheinungen der Unerlöstheit der Welt in der „Macht des Fluches".[63] In der Dimension des Zeugnisses erscheint hier, was in der römisch-katholischen Ehelehre im Grunde auch in die sakramentale Dimension, nämlich als heilsschaffende Wirklichkeit der Ehe, hineingehören müsste. Die Ehe ist so gesehen auch im personalen Verständnis nicht als ein Selbstzweck für zwei Menschen zu verstehen. Hier wäre aber wohl auch die Erfahrung des Scheiterns einer Ehe zu verorten. Sie kann in einem Verständnis der Ehe im Segen Gottes als Erfahrung der Unvollendetheit der Schöpfung erlebt, erlitten und vielleicht auch einmal verstanden werden. Es ist schwer zu sagen, wer im Falle des Scheiterns einer Ehe theologisch gesehen scheitert – möglicherweise Gott und Menschen gemeinsam. Im Modell des Segens wäre es möglich, das zu denken, zumal die Beanspruchung der Gesegneten hier ausdrücklich als Selbstbeanspruchung im Zeugnis verstanden wird.

Aus der Sorge heraus, eine starke Konzentration auf den Anspruch-Charakter des Segens könne zu einer verzerrten Sicht der menschlichen Möglichkeiten sowie zu überhöhten Erwartungen an kirchliche Segenshandlungen als solche kommen, betont Dorothea Greiner in lutherischer Sicht die Vorordnung des Segens als Gabe vor der Beanspruchung.[64] Vor allem möchte sie sicherstellen, dass der Anspruch des Segens sich nicht auf das Funktionieren in dem spezifischen Aufgabenfeld bezieht, in dem der Segen erbeten wird – etwa bezüglich der Ordination im Pfarramt. Für die Ehe hieße das: Nicht für das Funktionieren in ihrer Rolle als Ehepartner werden die Eheleute gesegnet, sondern als Menschen, die eine Ehe eingehen wollen und aus diesem Anlass mit dem Segensakt einen „Akt der Befähigung, der Stärkung, des Schutzes, der Zueignung des Beistandes des Heiligen Geistes" erfahren. Wie das im Einzelnen der Ehe nützen mag, soll offen bleiben und dem Geist allein überlassen werden.[65] Vermieden werden soll mit diesem Einspruch, dass die Segenshandlung als solche als eine Installation der Ehe bzw. einer anderen kirchlichen Aufgabe verstanden werde. Man mag diesen Einspruch als Zeichen der Hermeneutik eines „Eselsohrs" verstehen, das erinnert an schnell Übersehenes. In unserem Zu-

---

[63] AaO. 100f.
[64] Greiner, 342–355, 343.
[65] Dass dies freilich nicht gemein-lutherische Ansicht ist, zeigt Johannes von Lüpke, der den Traugottesdienst durchaus als konstitutiv für die Stiftung der Ehegemeinschaft sieht, die sich an das Wort Gottes gebunden fühlt; vgl. von Lüpke, 156f.

sammenhang wäre das zweierlei: (1) Dass sehr wahrscheinlich zum Gelingen der Ehe mehr und anderes nötig sein wird als es sich die Eheleute vorstellen, wenn sie dafür um den Segen Gottes bitten. Das heißt auch, dass sich im Laufe der Ehe auch andere Beanspruchungen zeigen mögen als zu Beginn erwartet. Auch, vielleicht sogar besonders für diese wird um Gottes Segen gebeten. In diesem Hinweis liegt zweifellos eine starke antinormative Skepsis. (2) Das Eselsohr weist weiterhin darauf hin, dass nicht die Trauung die Aufgabe der Eheleute zu schöpfungsgemäßem Handeln setzt, sondern dies schon vor jedem einzelnen kirchlichen Akt aus dem Wirken Jesu Christi im Glauben zu entnehmen ist.[66] Der kirchliche Segensakt als solcher wird so in seinem Verständnis ausdrücklich in die Priorität des Handelns Gottes in Jesus Christus eingebunden, um nicht als davon losgelöst „relativ selbständig" verstanden zu werden. Dorothea Greiner entwickelt ihre Segenstheologie nicht spezifisch in Bezug auf den Trausegen und bezieht daher die Konsequenzen ihres „Eselsohrs" auch nicht darauf. Man könnte aber die Konsequenz ziehen, dass es im Einzelfall zur Folge haben mag, dass eine eheliche Verbindung auch ohne Trauschein als im Segen Gottes stehend verstanden werden kann, wenn die Eheleute sich auf andere Weise in den Strom der schöpferischen Kreativität Gottes eingebunden wissen dürfen.[67] Den konkreten Segensakt im Gottesdienst freilich will auch Dorothea Greiner in der Dialektik von Gabe und Aufgabe wahrnehmen. In beiden vorstellbaren Fällen jedenfalls wird die Ehe verstanden als angewiesen auf die vorauslaufende erneuernde und vergebende Gabe Gottes. Dies trifft sich wiederum mit der Intention solcher, die davor warnen, die Formel vom „Gottesdienst anlässlich einer Eheschließung" lediglich wie eine Bekräftigung einer menschlichen Verabredung zu verstehen.[68]

Versteht man im Sinn der bisherigen Überlegungen die Bitte um Segen auch als dessen Beanspruchung, so könnte man durchaus sagen, dass die Eheleute bei der Trauung Gottes segnender Macht teilhaftig werden wollen – so wie Geschöpfe göttlicher Macht eben teilhaftig werden können. Die Frage, ob dies wirklich so weit von einem sakramentalen Verständnis der Ehe entfernt ist, dass Menschen es ermessen könnten, wird im Zentrum des folgenden Teils dieses Beitrages stehen.

---

[66] Gerhard Sauter, Die Rechtfertigungslehre als theologische Dialogregel, in: ÖR 48 (1999) 275–295, bes. 292f.
[67] Gabriele Lachner hält diese Verortung zwischen sakramentaler und staatlicher Ehe für typisch reformatorisch (vgl. Lachner, 75).
[68] Von Lüpke, 157.

Teil B: Auf dem Weg zum Verständnis der Sakramentalität der Ehe

Ralf Miggelbrink

1. Das Problem: Was ist überhaupt eine christliche Ehe?

"Verstehst du auch, was du [tust]?", so müsste frei nach Apg 8,30 die angemessene Frage lauten, die wir uns im kirchlichen Leben im Hinblick auf die Ehe heute zu stellen haben. Eine wohlfeile, kanonistische Antwort würde lauten: Das brauchen weder die Eheleute noch der bei der Eheschließung assistierende Amtsträger.[69] Das sei ja gerade die Pointe eines sakramentalen Verständnisses der durch die Ehe vermittelten göttlichen Gnade, dass sie auch wirke, wo das Verstehen und Kooperieren aller Beteiligten wegen Unverständnisses ausfällt.[70] Diese wohlfeile Antwort reicht allerdings aufgrund eines theologischen (1.) und eines historisch-soziologischen (2.) Ursachenzusammenhanges nicht aus:

1. Die Sakramententheologie weist heute *eine ausschließlich juridisch-institutionalistisch-effizienzorientierte Vorstellung der Sakramente* insgesamt zurück. Sie definiert das Sakrament wieder von den Begriffen des Zeichens und des Symbols her und fordert damit für die sakramentalen

---

[69] Die bekannte tridentinische Formel, nach der derjenige, der ein Sakrament feiert, wenigstens die Absicht haben muss, zu tun, was die Kirche tut, [wenn sie dieses Sakrament feiert] (requiri intentionem salten faciendi quod facit ecclesia [DH 1611], Can. 11 des Dekrets über die Sakramente) wehrt die Vorstellung einer magischen Kausalität ab, bleibt jedoch hinsichtlich der rechten inneren Haltung der feiernden Gemeinde sehr bescheiden.

[70] Es ist sicherlich gerade auch aufgrund von Can. 11 eine grundfalsche Interpretation der Lehre von der Wirksamkeit der Sakramente „ex opere operato" (Can. 8 des tridentinischen Dekrets über die Sakramente, DH 1608), die völlige Irrelevanz der inneren Haltung zu behaupten. In der Praxis verleitet jedoch die Lehre von den unsichtbaren Sakramentswirkungen (character indelebilis bei Taufe, Firmung und Ordination [DH 9] und Eheband (vinculum matrimonii), die ja erhebliche kanonistische Auswirkungen implizieren, in Verbindung mit Can. 8 zu einer verkürzenden und banalisierenden Auffassung über die entscheidende (rechtlich bindende Wirkung) eines Sakramentes. In der Lehrbuchliteratur arbeitete man noch bis Mitte des 20. Jahrhunderts mit der Vorstellung eines durch den korrekten Vollzug des Sakramentes begründeten Rechtsanspruchs auf die durch das Sakrament bezeichneten helfenden Gnaden (vgl. Franz Diekamp, Katholische Dogmatik nach den Grundzügen des heiligen Thomas, Bd. 3, Münster [12]1954, 387. Gegen die juridisch-effizienzfixiert verkürzte Sicht sakramentalen Geschehens bei der Eheschließung: Sabine Demel, Der Empfang des Ehesakramentes – bewusster Glaubensakt oder automatische Folge der Taufe?, in: INTAMS 5 (1999) 36–51.

Vollzüge eine diesen Vollzügen selbst wesensnotwendige Intelligibilität als Moment ihrer Wirksamkeit.[71]

2. Mit den Sphären des Erotischen, des Privaten und der Religion verbinden Menschen in den durch die anonymen Gestaltungsmächte von Technik und Ökonomie zunehmend undurchschaubar determinierten Lebenswelten die Hoffnung auf *Räume der freien Selbstbestimmung*, in denen sie ahnungsvoll und symbolisch zu realisieren wünschen, was sie jenseits ihrer ökonomisch, juristisch und politisch organisierten Effizienz als die Bestimmung ihres transzendentalen Anrufes, Freie zu sein, ahnen.[72] Ein Übermaß an institutionsfixierter Interpretation religiöser Vollzüge blockiert das sich hier im religiösen Subjekt vermeldende Gefühl des Aufgerufenseins zur freien Selbstbestimmung im Angesicht Gottes als eines wesentlichen Moments der individuellen Heilsgeschichte.

In den *Reservaten der freien Selbstbestimmung*, in den Zweierbeziehungen, Familien und Freundschaftskreisen, verlieren Rollenvorbilder und tradierte Institutionen ihren suggestiven Charme: Wie soll ich mein Leben gestalten, dass es erfüllt, schön, sinnvoll und befriedigend sei?[73] Erfahrungsberichte sind für die Beantwortung dieser Frage so interessant, dass zur Kompensation ihres Fehlens in der je persönlichen Lebenswelt der boomende Markt literarischer Biographie nicht ausreicht. Ein Jahrhunderthochwasser biographischer Erzählwut flutet via TV in die Wohnungen.

Der Erzählwut im medialen Sektor entspricht in den Reservaten der freien Selbstbestimmung selber ein Schweigen aus *Verlegenheit und Diskretion*. *Diskretion* resultiert daraus, dass kaum noch jemand sich traut, das eigene Lebensmodell, das von Eltern und Großeltern übernommene oder gar das Modell des eigenen Milieus, dem anderen als Ideal anzubieten. *Ver-*

---

[71] Franz Josef Nocke, Wort und Geste. Zum Verständnis der Sakramente, München 1985; Theodor Schneider, Zeichen der Nähe Gottes. Grundriß der Sakramententheologie, Mainz [7]1998, 38–53; Herbert Vorgrimler, Sakramententheologie, Düsseldorf 1987, 86–120.

[72] Regina Ammicht-Quinn beschreibt zwei zueinander gegenläufige Trends der gesellschaftlichen Entwicklung seit dem Ende der sechziger Jahre: Mit der Zunahme sexueller Praxis und sexueller Diskurse in der gesellschaftlichen Öffentlichkeit wurden die sexualmoralischen Diskurse zunehmend marginalisiert. Dies betrifft a forteriori die kirchliche Sexualmoral, die Ammicht Quinn als im affirmativen Sinne tendenziell „gesellschaftlich faktisch irrelevant" einstuft (Regina Ammicht Quinn, Körper – Religion – Sexualität. Theologische Reflexionen zur Ethik der Geschlechter, Mainz 1999, 24f).

[73] Keith J. Edwards spricht hier von einer „biogenetic revolution": „Having children without marriage and without a partner is now both biologically possible and morally acceptable." (Keith J. Edwards, It takes a village to save a marriage, in: Journal for Psychology and Theology 31 [2003] 188–195, 189)

legenheit resultiert daraus, dass in den Reservaten der freien Selbstbestimmung Ratlosigkeit herrscht und eine latente Traurigkeit angesichts der Frage, ob denn das eigene Leben so, wie es gelebt wird, wohl wirklich jenes Lebensglück bedeutet, das als Zielpunkt und Verheißung über dem neuzeitlichen Streben nach der menschgemäßen Gestaltung aller Verhältnisse schwebt: War es wirklich richtig, die eigene Berufstätigkeit in der Jugend zugunsten der Kinder zurückzustellen und will ich meinen Töchtern den damit verbundenen Karriereverzicht für ihr Leben empfehlen? Ist es wirklich ein Weg zum Glück, die verschiedenen Stationen der Biographie mit ihren stets neuen großartig-belebenden Herausforderungen an der Seite des immer gleichen Menschen zu verbringen? Blockiert ein solches Ideal nicht gerade diesen Menschen in seiner eigenen vitalen, intellektuellen und sozialen Gestaltungspotenz? Handelt es sich bei der vermeintlichen Treue womöglich nur um eine Form der Feigheit und der Lebensangst?

Dass die wohlfeile Antwort von der juridisch garantierten Wirksamkeit der Ehestandsgnade nicht mehr reicht, kann man daran erkennen, dass immer weniger Getaufte das Ehesakrament für sich begehren. Zwar kann man hinter dieser statischen Entwicklung viele Gründe vermuten: Längere Ausbildungszeiten, der Anspruch der Frauen auf eigene Berufskarrieren, die allgemein gesteigerte Mobilität der Menschen, ihre längere Lebenserwartung sowie das Zurücktreten des Kinderwunsches und dessen außereheliche Realisierbarkeit haben den traditionellen Lebenslauf mit der Hochzeit als *Hoch*-zeit abgelöst. Die sexuelle Revolution hat die Erwartungen an die Sexualität erheblich vermehrt und erhöht, außereheliche Realisationsformen von Sexualität populärer gemacht.[74] Die Einsicht, dass die christliche *Ehe als Normbiographie*[75] schwieriger und mithin seltener geworden ist, kann die Einsicht nicht verdrängen, dass die theologische Begründung von Wesen, Wert und Sinn der Ehe selbst sich als so schwächlich darstellt, dass sie den vielfältigen Infragestellungen der Ehe kaum etwas entgegen zu setzen vermag.

Vermögen wir den geistlichen Wert der Ehe theologisch transparent zu machen? – Die traditionellen Wege der katholischen wie der reformatorischen Tradition begründen hier nicht allzu viel Hoffnung auf ein glückliches Erreichen dieses Ziels. Die Theologie scheint ihre Aufgabe eher darin zu sehen, auf die faktisch zweifelsfrei vorhandene Institution der Ehe zu re-

---

[74] „Ehe, Familie und faktische Lebensgemeinschaften", herausgegeben vom Päpstlichen Rat für die Familie, Vatikanstadt 2000, Nr. 7f.
[75] Der Soziologe Ulrich Beck beschreibt die gegenwärtige Situation der gesellschaftlichen Organisation von Sexualität und Partnerschaft als Wechsel von der Normbiographie hin zum Paradigma der „Wahlbiographie" (Beck/Beck-Gernsheim, 13).

agieren, statt die Ehe als spezifisch christliche Lebensform zu begründen.[76] Es scheint so, als bräuchte hier theologisch gar nicht viel begründet zu werden: „Geheiratet wird sowieso."[77] Die bekannten Ätiologien aus Gen 1,27f und 2,19–24 wirken in ihrer suggestiven Kraft bis in die Gegenwart hinein ungebrochen. In der scholastischen Sprache kann diese Überzeugung artikuliert werden mit dem Begriff der *„Naturehe"*: Die Ehe ist eine mit der Schöpfung gesetzte und mit ihr fortdauernd bestehende Institution.

Die reformatorische Tradition radikalisiert die Überzeugung von der naturhaften Gegebenheit der Ehe: Die Ehe ist ganz und gar „äußerliches, leibliches Ding wie andere weltliche Hantierung", weshalb der Christ die Ehe auch mit „Heiden, Türken oder Ketzern" eingehen könne, eben gerade so, wie er mit all jenen ja auch andere Geschäfte und Verrichtungen treibt.[78] Dieses Urteil Martin Luthers, das in der Ehe ein „weltliches Geschäft"[79] sieht, hat seine Vorläufer in einer langen abendländischen Geschichte der Verdunklung des Sakramentscharakters der Ehe: Während die ostkirchliche Theologie in Johannes Chrysostomos einen engagierten Verteidiger des Mysteriencharakters der Ehe im Anschluss an Eph 5,32 gefunden hat[80], bleibt der lateinischen Theologie die Erotik als Dimension der geschöpflichen Offenheit für Gottes Beziehungsgeschichte mit den Menschen *(potentia oboedientialis)* verborgen. Das erotische Begehren wird als bräutliches Begehren nicht in seiner biographisch-inaugurierenden, weckenden und mobilisierenden Dimension gewürdigt, sondern aus der Perspektive des Zölibatären als belästigende *Irritation des geistlich orientierten Strebevermögens (concupiscentia)* diffamiert[81]. Für Tertullian ist jedes geschlechtliche

---

[76] Michael Haspel, Die Liebe Gottes und die Liebe der Menschen. Ehe, Lebensformen und Sexualität, in: Ulrike Link-Wieczorek u.a., Nach Gott im Leben fragen. Ökumenische Einführung in das Christentum, Gütersloh–Freiburg 2004, 71–94, 73f.

[77] 1956 wies Konrad Adenauer mit dem Diktum „Kinder kriegen die Leute sowieso" den sogenannten Schreiber-Plan zurück, der darauf abzielte, Bevölkerungspolitik und Politik der Altersversorgung miteinander zu verknüpfen. Heute erweist sich Adenauers Einschätzung als so falsch, wie sich abzeichnet, dass auch die Einschätzung unzutreffend ist, geheiratet werde sowieso. Zum Heiraten bedarf es wie zum Zeugen und Gebären zunehmend einsehbarer Gründe.

[78] Martin Luther, Ein Sermon von dem ehelichen Stand, 1519, in: WA 2, 166–171, 167.

[79] Ders., Ein Traubüchlein für den einfältigen Pfarrherrn (1529), in: WA 30, III,74–80, aufgenommen in den „Kleinen Katechismus" und mit diesem in die BSLK (Nr. 544–564, 544).

[80] Johannes Chrysostomos, Kommentar zum Kolosserbrief, 9. Homilie.

[81] In einer eigenartigen Traditionsgeschichte wirken hier Ideale des Mönchischen bis in die Exegese der Gegenwart fort: Es ist schon erstaunlich, wie flugs aus der der Lebensform des Wandercharismatikers geschuldeten Familienferne Jesu bei Gerd Theißen „ein afamiliärer Zug" wird, der nicht etwa allein die faktische Lebensform betreffen soll, sondern das „Ethos urchristlicher Wandercharismatiker" (Gerd Thei-

Begehren an sich schlecht, wenn auch zum Zwecke der Fortpflanzung in der Ehe erlaubt.[82] Zum *finis primarius* der Ehe wird konsequenterweise, was alleine sie als Geschlechtergemeinschaft legitimiert: Zeugung, Geburt, Aufzucht der Kinder.[83]

Die darin beschlossene Bestimmung des Wesens der Ehe von ihrem sozialethischen Zweck her kennzeichnet auch die primäre Ehewahrnehmung Martin Luthers. Damit aber gehört die Ehe der Ordnung der Natur, der Schöpfungsordnung, der äußeren Welt und dem über sie waltenden Gesetz des Schöpfers an.[84] Aus diesem Grunde kann sie *an sich* nicht Heilszeichen und Sakrament sein. Allerdings nicht die *concupiscentia carnalis* verstellt die Heilsperspektive, sondern vielmehr die Mühe des in sittlich guten und vom Schöpfergott gewollten Ehealltags, den der Familienvater Luther realistisch wahrnimmt in seiner Mühsalgeprägtheit.[85] Erst in einem zweiten

---

ßen, Die Jesusbewegung. Sozialgeschichte einer Revolution der Werte, Gütersloh 2004, 67f.). Bei Klaus Berger wird der Verbalradikalismus vom „familienfeindliche[n] Ethos der Wanderapostel" gar benutzt zur Deutung der existentiellen Grundlagen für die theologische Entdeckung des „frühneutestamentlichen Verständnisses von Vaterschaft" (Klaus Berger, Theologiegeschichte des Urchristentums. Theologie des Neuen Testaments, Tübingen–Basel ²1995, 28). Hier wird also eine theologische Kernintuition des Neuen Testaments zurückgeführt auf eine vermeintliche Ethik, deren Kern nicht in der Bejahung eines Gutes, sondern in der Abneigung gegen eine Lebensform, also in einem Ressentiment bestehen soll. Dass in derart absurden rhetorischen Operationen die Ehelosigkeit zum Offenbarungsmedium aufgewertet werden kann, ist auch vor dem Hintergrund von Mt 19,6 schwerlich anders deutbar denn als Ausdruck einer unreflektierten Ehe- und Familienferne.

[82] Tertullian, De exortatione castitatis, 9. Dieser Grundlinie folgen Ambrosius von Mailand und Augustinus, wenn sie die Legitimität der geschlechtlichen Betätigung an den aktuellen Fortpflanzungswunsch binden (Augustinus, Enchiridion, 21; Ambrosius, Lukaskommentar, I, 44).

[83] Thomas von Aquin, Summa theologiae, Supplementum, q. 44, a. 2, aufgenommen in: Can. 1031, § 1 des alten Corpus Iuris Canonici.

[84] Vgl. Teil A, 3: Ulrike Link-Wieczorek deutet m.E. absolut zutreffend im Anschluss an Dietrich Ritschl Luthers verändertes Verständnis des Verhältnisses von Natur- und Schöpfungsordnung zur Ordnung von Gnade- und Rechtfertigung als den organisierenden Differenzpunkt zwischen dem reformatorischen und dem katholischen Eheverständnis. Sie deutet allerdings auch einen Lösungsweg an: Wo das Schöpfungshandeln nicht primär und exklusiv als gesetzgeberisches Handeln Gottes gedeutet wird, sondern als bereits von Anfang an geprägt durch den göttlichen Heils-, Lebens- und Mitteilungswillen, da muss die Spannung zwischen dem geschöpflichen Leben und der Gnade Gottes nicht immer auf einen Gegensatz hin interpretiert werden.

[85] „Ach soll ich das Kind wiegen, die Windeln waschen, Betten machen, Gestank riechen, die Nacht wachen, beim Schreien für es sorgen, seinen Ausschlag und Geschwüre heilen, danach das Weib pflegen, die ernähren, arbeiten, hier sorgen, da sorgen, hier tun, da tun, das leiden und dies leiden und was denn mehr an Unlust der Ehestand lehrt. Ei sollt ich so gefangen sein? O du elender armer Mann, hast du ein

Schritt, wenn die äußere Welt der Pflichten und Lasten innerlich und im Lichte der göttlichen Heilszusage wahrgenommen wird im Glauben, wandelt sich für den Gläubigen das Wesen der Ehe: Aus dem an sich unlustigen Werk der Ehe wird ein solches, das „geschmückt ist mit dem köstlichsten Gold und Edelsteinen"[86].

Auch Luther ordnet das weltliche Geschäft und die Mühen von Ehe und Familie wie die Patristik in einer dem geistlichen Stand entgegengesetzten Sphäre ein, wenn auch mit einem sarkastischen Unterton gegen den zölibatären Stand: Sich den Mühen der Familie zu entziehen, ist für Luther eben nicht geistliche Auszeichnung, sondern deutet eher auf Pflichtvergessenheit hin. Die polemische Spitze dieses sarkastischen Untertons wird erkauft mit einer *Emphase des Heroischen*, das bei dem Familienvater aber eben kein geistlicher Heroismus der Askese des Zölibatären ist, sondern tätiger Heroismus der Unterordnung unter die Natur und die *sozialethischen Debita des Geschöpfes in der gefallenen Welt.*[87] Aber dieses Erleben ist ganz und gar Erleben im und aus Glauben gegen den Schein und das heißt ja wohl: gegen die unmittelbare Lebenserfahrung.

Nun böte gerade die katholische Emphase der Ehe als einer sakramentalen Wirklichkeit ja die Möglichkeit der (sozial-)ethischen Fixierung der Ehetheologie zu entkommen und nach geistlichen Formen des Eheerlebens

---

[86] Weib genommen, pfui, pfui des Jammers und der Unlust. Es ist besser, frei bleiben ohne Sorge ein ruhiges Leben geführt. Ich will ein Pfaff oder Nonne werden, meine Kinder auch dazu anhalten." (Martin Luther, Vom ehelichen Leben, III, in: WA 10, II, 275–304, 298; Der Text hier folgt der von Oswald Bayer besorgten modernisierten Textfassung aus Bornkamm/Ebeling, Bd. II, 165–199, hier: 189.).
„Was sagt aber der christliche Glaube hierzu? Er tut seine Augen auf und siehet alle diese geringen, unangenehmen und verachteten Werke im Geist an und wird gewahr, dass sie alle mit göttlichem Wohlgefallen wie mit dem kostbaren Gold und Edelsteinen geziert sind und spricht: Ach Gott, weil ich gewiß bin, dass Du mich als einen Mann geschaffen und von meinem Leib das Kind gezeugt hast, so weiß ich das gewiß, dass es dir aufs allerbeste gefällt, und bekenne dir, dass ich nicht würdig bin, dass Kindlein zu wiegen, seine Windeln zu waschen und für seine Mutter zu sorgen. Wie bin ich ohne Verdienst in die Würdigkeit ohne Verdienst gekommen, dass ich deiner Kreatur und deinem liebsten Willen zu dienen gewiss geworden bin? Ach wie gerne will ich solches tun, und wenn's noch geringer und verachteter wäre […] Gott lacht und freut sich mit allen Engeln und Kreaturen nicht darüber, daß er die Windeln wäscht, sondern darüber daß er's im Glauben tut" (WA 10/II, 295,16–296,9; Textfassung nach Bayer, 190).

[87] An dieser Stelle wäre auch die sozialethische Engführung des Zeugens, Gebärens und Erziehens der Kinder in Frage zu stellen, so als handele es sich bei diesen Aufgaben nicht auch um geistliche Vollzüge, um gottesdienstliches Tun, sondern lediglich um pflichtschuldige, durch die geschaffene Natur in ihrer infralapsarischen Beschädigtheit auferlegte Plackerei.

und Ehegestaltens zu fragen, denn ansonsten wäre ja mit Recht zu fragen, wie eine institutionelle Verpflichtung geglaubt werden kann als göttliches Gnaden- und Heiligungshandeln am Menschen. Genau damit aber tut sich die traditionelle katholische Sakramententheologie schwer: Thomas von Aquin muss sich ausdrücklich mit der Frage auseinandersetzen, ob die Ehe überhaupt Gnade vermittle.[88] Seine Antwort mag aus protestantischer Sicht tautologisch erscheinen: Die Ehe muss Gnade vermitteln, weil sie ansonsten die Sakramente des Alten Bundes an Gnade nicht überträfe.[89] Ausführlicher erklärt Thomas seine Auffassung hierzu in der Summa contra gentiles, indem er die *natürlichen Zwecke der schöpfungsgemäßen Institution der Ehe*, also insbesondere das *finis primarius* der Nachkommenschaft für Volk und Glaubensgemeinschaft sowie die wechselseitige Treue der Ehegatten, unterscheidet von der auf *das übernatürliche Ziel der Ehe als Sakrament finalisierten Zweckbestimmung der Ehe*: Als Sakrament bewirkt die Ehe, was sie bildlich repräsentiert, nämlich die Einheit von Christus und Kirche.[90] Viel bescheidener nimmt sich dagegen die Beschreibung der Gnadenwirksamkeit des Ehesakramentes in der Summa theologica aus: Zwar weist Thomas auch hier die Auffassung von Albertus Magnus zurück, die Ehe vermittle nur eine negative Gnade der Bewahrung vor Sünde.[91] Dagegen erklärt Thomas: Verhielte es sich so, überträfe die Ehe nicht die Sakramente des Alten Bundes. Wo Thomas aber benennt, worin die größere Wirkung der Ehestandsgnade bestehe, erklärt er, die Ehestandsgnade sei eben jene, ohne die die Gatten unfähig seien, die Zeugung von Kindern in angemessener Weise zu vollbringen (*convenienter facere*).[92] Was meint aber „*convenienter facere*" anderes als den Vollzug der *copula carnalis* „in der rechten, durch die Natur vorgegebenen, die sündhafte Entartung vermeidenden Weise"? Auf diese Frage ist eine theologische Antwort zu geben. – *Zwei Spuren weisen der Ehetheologie eine andere Richtung als diejenige einer Ableitung des Hauptehezweckes und mithin des schöpfungsgemäßen Wesens der Ehe als einer natürlichen Institution aus (sozial-) ethischen Erfordernissen:*

1. Die frühscholastische Theologie beschäftigte sich ausgiebig mit der Ehe. Ihr wurde größte Wertschätzung entgegengebracht, ja sie zählte gar zu

---

[88] Thomas v. Aquin, S. th., suppl., q. 42, a. 3.
[89] Ders., S. th. III, q. 42, a. 2.
[90] Ders., Summa contra gentiles, IV, 64.
[91] Ders., S. th. III, q. 42, a. 1.
[92] Ders., S. th. III, q. 42, a. 3. (Der Belegtext bei Albertus Magnus: Sentenzenkommentar, IV, 26).

den *sacramenta maiora*.[93] Dieser theologischen Hochschätzung entspricht jedoch eine anthropologische Differenzierung: Die Institution, die ihre sakramentale Würde aus der paradiesischen Stiftung (Gen 2,23f) herleitet, wird als Paradiesehe (*prima institutio matrimonii*) unterschieden von der infralapsarischen Ehe, der Ehe unter den Bedingungen nach dem Sündenfall (*secunda institutio matrimonii*). War im Paradies die Gemeinschaft von Mann und Frau einschließlich der leiblichen Vereinigung (*copula carnalis*) Gottesdienst (*officium*), der bei Gott und Mensch Wohlgefallen (*dilectio*) erzeugt angesichts des Schönen (*pulchrum*) der von Gott gewollten (und Gott innerlich entsprechenden) Liebesgemeinschaft, so steht sie in der gegenwärtigen Welt unter dem Schatten der Begierde (*libido*).[94] Die theologische Deutung der Ehe konzentriert sich nun nicht mehr darauf, in der geschöpflichen Geschlechtlichkeit *das verwirklichende Bild (Realsymbol)*[95] der liebenden Zuwendung Gottes zur Menschheit zu sehen. Vielmehr überwiegt der medizinale Aspekt, dem gemäß im Sakrament der Ehe das *Remedium* dargereicht wird gegen die im Sündenfall zur Begierde verdorbene dilectio. Als Institution ist die Ehe dem Geschöpf von Gott aufgegebener Dienst, dessen erstes Gut (*bonum*) in der als Treue (*fidelitas*) verstandenen *fides* besteht.[96] Trotz der Betonung des tiefen Einschnitts zwi-

---

[93] Wendelin Knoch, Die scholastischen Bona „Fides – Proles – Sacramentum". Fundament und befreiender Impuls für die Auslotung der Sakramentalität der Ehe, in: DPM 9 (2002) 55–79, 65ff.

[94] Petrus Lombardus, Liber 4 Sententiarum, IV, dist. 26, 2: „Conjugii autem institutio duplex est. Una ante peccatum ad officium facta est in paradiso, ubi esset thorus immaculatus, et nuptiae honorabiles, ex quibus sine ardore conciperent, sine dolore parerent; altera post peccatum ad remedium facta extra paradisum, propter illicitum motum devitandum. [...] Quod vero ante peccatum institutum fuerit conjugium ad officium, post peccatum vero remedium concessum [...]. Quod sanis est ad officium, ægrotis est ad remedium. Infirmitatis enim incontinentiae, quae est in carne per peccatum mortua, ne cadat in ruinam flagitorum, excipitur honorestae nuptiarum. "

[95] Karl Rahner wendet den von ihm kreierten Begriff des Realsymbols als des realisierenden Zeichens (im Unterschied zum repräsentierenden Zeichen) in diesem Sinne auf die Ehe an (Karl Rahner, Die Ehe als Sakrament, in: ders., Schriften zur Theologie 8, Einsiedeln 1967, 519–540, 529) und bemerkt, dass der Ehe wie der Kirche „dieselbe Zeichenfunktion" (ebd., 530) zukommt.

[96] Die bekannte Reihenfolge der Zweckgüter der Ehe bei Thomas von Aquin (proles-fides-sacramentum: S. th., Supplementum, q. 65, a. 1) ist naturrechtlich, also anthropologisch-sozialethisch motiviert: Das erste Ehegut ist das anthropologisch Naheliegendste, dem der Mensch als naturhaftes Lebewesen (animal) unterworfen ist, das letzte Ehegut allerdings ist das Würdigste. Noch Petrus Lombardus gibt ganz selbstverständlich eine Aufzählung, bei der die Treue (fides) der Ehepartner den Anfang der Eheguter macht („Nuptiae bonorum tripartitum est, scilicet fides, proles, sacramentum" (Liber 4 Sententiarum, IV, dist. 31, 1). Wendelin Knoch erklärt, dass die Viktoriner die bona matrimonii unter Berufung auf Augustinus anders gewichteten: Nicht

schen paradiesischer Schöpfung und infralapsarischer Gegenwart sieht Wendelin Koch mit Recht in der Wahrnehmung eines zwar beschädigten und verschütteten natürlichen Schöpfungsgutes der geschlechtlichen Gemeinschaft einen „befreiende[n] Impuls für die Auslotung der Sakramentalität der Ehe"[97]. Er deutet nämlich an, dass es auch im lateinischen Westen ein Wissen darum gab, dass die Ehe von ihrem Ursprung her und mithin ihrem Wesen nach mehr ist als ein rechtliches Regelsystem zur Bändigung der erbsündig in ihrem Begehren entarteten menschlichen Natur.

(2) Eine ähnliche Korrektur des rein medizinalen Verständnisses der Ehestandsgnade lässt sich auch aus dem orthodoxen Eheschließungsritual entnehmen: Die orthodoxe Liturgie trennt die Vollzüge (a) der ehestiftenden Erklärung des Ehekonsenses durch die Brautleute und (b) der „*Ehekrönung*" als des eigentlichen liturgisch-sakramentalen Aktes, der durch den Priester vorgenommen wird.[98] Die Dimension des moralisch determinierten Handelns in der Ehe als Institution ist das eine. Das andere ist Gottes segnendes und heilstiftendes Handeln an den Eheleuten. Beide Dimensionen werden auf diese Weise in ihrem Zueinander, aber auch in ihrer *Unterschiedenheit* sinnenfällig. Die katholische Lehre von der Spendung des Ehesakramentes durch die Erklärung des Ehekonsenses schwebt immer in der Gefahr, das wirksame Sakrament der göttlichen Handlungszusage im Sog des moralischen Handlungsappells verschwinden zu lassen. Ein protestantisches Verständnis der kirchlichen Eheschließung als Segnung, wie es Ulrike Link-Wieczorek entwickelt, birgt dagegen die Chance, in einer gewissen Nähe zur Ehekrönungstheologie die Aspekte der dankbaren Schöpfungsfreudigkeit und der gnadenhaft von Gott erhofften Heiligung des Lebens zu betonen.

Worin liegt der besondere Wert der frühscholastischen und orthodoxen Ehetheologie? In beiden Ansätzen wird die funktionale Perspektive der Ehe als eines ethisch-sozialethischen Leistungsträgers in der *Sphäre des uti* durchbrochen und ein ursprüngliches *frui* der Ehe erahnbar. In der Terminologie der Reformation könnte man sagen: In beiden Fällen wird die *äußere Ordnung des Gesetzes* nicht als der entscheidende Haftpunkt einer

---

das Naturwesen mit seinen natürlichen Pflichten, sondern das paradiesische Gut der Liebestreue leitet den ersten Zugriff zur Beantwortung der Frage: Wozu dient sie? (vgl. Knoch, 67.)

[97] Knoch, 55.

[98] Sergius Heitz (Hg.), Christus in euch: Hoffnung auf Herrlichkeit. Orthodoxes Glaubensbuch für erwachsene und heranwachsende Gläubige, Göttingen 1994, 140. Anasthasios Kallis, „Kröne sie mit Herrlichkeit und Ehre". Zur Ekklesiologie der orthodoxen Trauung, in: Klemens Richter (Hg.), Eheschließung mehr als ein rechtlich Ding, Freiburg 1989, 133–140.

Ehedefinition wahrgenommen, sondern stattdessen *das innere Erleben des Gläubigen*. In der orthodoxen Eheschließungszeremonie rückt darüber hinaus die *Selbsterfahrung des Christen als des Adressaten der vollmächtigen göttlichen Heiligungszusage an den Menschen* in den Vordergrund. Damit aber ist ein Ausgangspunkt erreicht, der zumindest auf der Basis eines erweiterten Sakramentsbegriffes eine evangelische Annäherung an die katholische Rede vom Ehesakrament möglich erscheinen lässt. Zugleich aber ist der erreichte Ausgangspunkt wichtig, um ein katholisches Verständnis vom Ehesakrament zu begründen, das geeignet ist, die anfangs geschilderte Ratlosigkeit angesichts der Frage, was denn eine Ehe sei, zu überwinden.

2. *Ein sakramentales Eheverständnis als Lösung?*

2.1 Zum Begriff des Sakraments

Die Siebenzahl der Sakramente darf nach dem Konzil von Trient nicht zu einem Positivismus verleiten, der über jedes Sakrament sagt, „ita sit paria ut nulla ratione aliud sit aliud dignius"[99]. Im Gegensatz zu einem solchen Positivismus versucht Thomas von Aquin eine heilsgeschichtlich-dynamische Sicht der verschiedenen Sakramente untereinander: Das Sakrament der Eucharistie gilt ihm als das bedeutendste (*potissimus*). Auf die Eucharistie als den wirksamen symbolischen Vollzug der Gegenwart des menschgewordenen Gottes in seiner Gemeinde zum Heil der ganzen Welt sind die anderen sakramentalen Vollzüge *dienend* hingeordnet.[100] Unter den auf die Eucharistie hingeordneten Sakramenten hebt Thomas die Taufe besonders hervor, weil sie „*in via necessitatis*", also als *Bedingung* der Eucharistiegemeinschaft, einen besonderen Rang einnimmt.[101] Die Sakramententheologie nimmt den Gedanken der unterschiedlichen Bedeutung der Sakramente auf, indem sie Taufe und Eucharistie als „*sacramenta maiora*" von den übrigen fünf „*sacramenta minora*" unterscheidet.[102] Der Gedanke einer gradhaft unterschiedlichen Anteilhabe der Sakramente an dem, was wesenhaft Sakramentalität bedeutet, erleichtert das ökumenische Gespräch über die Sakramentalität der Ehe.[103]

---

[99] DH 1603.
[100] Thomas v. Aquin, S. th., suppl., q. 65, a. 3.
[101] AaO.
[102] Eva Maria Faber, Einführung in die katholische Sakramentenlehre, Darmstadt 2002, 69f.
[103] Lehmann/Pannenberg (Hgg.), 147.

Eine Theologie der gradhaft unterschiedlichen Anteilhabe der Einzelsakramente am Wesen des Sakramentalen muss sich über den Begriff des Sakramentalen Rechenschaft geben können. Auf dieser Ebene des allgemeinen und strukturierenden Verständnisses der Sakramente wird die Fixierung auf die Frage der Siebenzahl überwindbar. Martin Luther argumentiert in der Sakramententheologie in zwei gegenläufige Richtungen. Einerseits engt er den qualifizierten Sakramentenbegriff stark ein. Nur Abendmahl und Taufe weisen ihm als kirchliche Rituale die zwei wesentlichen Merkmale echter Sakramentalität auf: zeichenhafte Vermittlung des göttlichen Heils und neutestamentliche Stiftung. Andererseits realisiert Martin Luther deutlich, dass Jesus Christus selbst das leiblich-geschichtliche Zeichen des göttlichen Heils in der Welt ist und somit das eine „*signum res sacrae*", das in den drei sakramentalen Zeichen von Taufe, Eucharistie und Buße entfaltet wird.[104] Die neuere katholische Theologie versucht den Zusammenhang zwischen der sakramentalen Tiefenstruktur der Heilsgeschichte selbst und den Einzelsakramenten mit dem Deutungsbegriff des „*Ursakramentes*" zu thematisieren: *Jesus Christus ist das vollmächtig in der Geschichte zugesagte, wirkende Heilswort Gottes, das in der Zeichenhaftigkeit seiner leiblichen Existenz die innergeschichtliche Präsenz und Wirksamkeit Gottes vergegenwärtigt und so Sakrament ist.* Ursakrament ist Jesus Christus, insofern alle Sakramente auf ihn hin verweisen und von der im Leben und Sterben Jesu verwirklichten Heilszuwendung Gottes her stammen.[105]

Als von ihm herkommend bleiben alle Sakramente *werkzeughaft* auf den im Symbol seines geschichtlich-menschlichen Leibes gegenwärtigen Christus bezogen. Der Werkzeugbegriff ist ein Zentralbegriff der thomasischen Christologie: Jesus Christus ist dem Thomas von Aquin der Mensch, der sich so uneingeschränkt vom göttlichen Willen gegenüber der Welt bestimmen lässt, dass er zum Werkzeug Gottes wird, ausgezeichnet gleichermaßen durch *Freiwilligkeit und Effizienz*.[106] Das Motiv des Werkzeu-

---

[104] Martin Luther, De captivitate Babylonica ecclesiae praeludium (1520), in: WA 6, 497–573.501, 33–38. Gerhard Ebeling, Zur Problematik des Sakramentsbegriffs in reformatorischer Sicht, in: ders., Dogmatik des christlichen Glaubens, Bd. 3, Tübingen 1993, 305–307.

[105] Vorgrimler, 41–57.

[106] „Und dennoch bedient sich die göttliche Natur des Wirkens der menschlichen [Natur Christi] wie der Tätigkeit eines Werkzeuges. Ebenso nimmt die menschliche Natur an der göttlichen teil, wie ein Werkzeug teilnimmt an dem Wirken des Hauptwirkenden. Das ist es auch, was Papst Leo sagt: ‚Jede der beiden Formen', die göttliche wie die menschliche Natur in Christus, ‚wirkt im Verein mit der anderen das, was ihr eigen ist'. Das Wort wirkt, was des Wortes ist, und das Fleisch tut, was des Fleisches ist" (S. th. III, q. 19, a. 1, corp., Übersetzung: DThA 26, 92).

ges nimmt das II. Vatikanum auf, wo es den Sakramentenbegriff auf die Kirche ausweitet. Insofern die Kirche teilhat an der Sendung Christi, die das ihr gemäße Ziel darin findet, Gottes Heil für die Menschen leiblich und geschichtlich zur Erscheinung zu bringen, ist sie selbst wirksame und zeichenhafte Gegenwart Jesu Christi in Zeit und Geschichte und in diesem Sinne Sakrament: „Die Kirche [...] ist ja Zeichen und Werkzeug für die innigste Vereinigung mit Gott wie für die Einheit der Menschen untereinander." [107]

Der reformatorische Protest gegen diese Weitung des Sakramentsbegriffs muss sich entzünden an dem mit ihm verbundenen Optimismus einerseits und der dem Optimismus spiegelbildlich entsprechenden Notwendigkeit moralisch-juridischen Rigorismus andererseits.[108] Die Ekklesiologie des Epheserbriefs legt ja sehr wohl nahe, den Leib Christi nicht als Kompositum aus monadisch vereinzelten Individuen in der Rolle der Gliedmaßen zu imaginieren, sondern als strukturierte Einheit aus Ehen und Familien. Der Ehe wird dadurch ekklesiologische Qualität zugesprochen. Darin liegt ja die Pointe dieser eigenartigen Verwebung der Metapher vom Sozialverband der Kirche als Leib Christi einerseits mit der anderen alttestamentlichen Metapher von der Ehe als Leibeinheit von Mann und Frau, mit deren Hilfe der Verfasser des Epheserbriefes seine Eheparänese entfaltet (Eph 5,25–6,33). Aber wenn schon schwer vorstellbar ist, dass die Kirche als ganze die Klarheit und Unzweideutigkeit der zeichenhaften Heilszusage Gottes erreicht, so wird dieser Anspruch vollends zweifelhaft, wo die Kirche verstanden wird als ein Sozialkörper, der seinerseits nicht aus religiösen Monaden aufgebaut ist, sondern aus Ehen und Familien: Wie sollen denn diese von Eifersucht und Alltagssorgen, von materiellen Lasten, von Leiden an der eigenen Unvollkommenheit und den Schwächen des Partners gequälten Menschen, deren Kinder noch einmal die ganze unabsehbare Schuld- und Depravationsgeschichte der Vorväter aufleben lassen in ihrer Mitte, ihr oft scheiterndes Ringen um gelingende und heilende Gemeinschaft für einander begreifen können als zeichenhaftes Werkzeug der innigsten Vereinigung mit Gott und der Menschheit untereinander? Wie soll dieser kleine Versuch rettender Gemeinschaft letztlich nicht scheitern an dem Alp dieses

---

[107] LG 1; DH 4101.
[108] Urs Baumann, Die Ehe – ein Sakrament?, Zürich 1988, 40. Als „skandalös" wird in diesem Zusammenhang von evangelischer Seite die Einrichtung des Eherechts wahrgenommen. Sie verletze die Privatsphäre der Eheleute und füge den drei alleine rechtfertigenden Wirklichkeiten Christus, der Gnade und dem Glauben eine Instanz der Selbstrechtfertigung durch Gesetzestreue hinzu (Hans Jörg Urban, Der reformatorische Protest gegen das katholische Eherecht, in: DPM 9 (2002) 127–137, 131f).

Anspruches, ohne dass der Anspruch hypokrit zurechtgeschustert würde auf das Maß des Leistbaren und Verträglichen? Drohen nicht Verzweiflung und Heuchelei, wo Ehen darauf verpflichtet werden, sakramentale Zeichen der effizienten und freiwilligen Wirksamkeit Gottes zum Heil der Welt zu sein? Diese Zurückweisung des sakramentalen Eheverständnisses erscheint als unwiderstehlich realistisch, allerdings nur, wenn der Sakramentsbegriff ausschließlich vom *Effizienzbegriff* her beleuchtet wird. Sakramente erscheinen dann als unfehlbar wirkende göttliche Zeichen. Aber auch bei den Sakramenten, bei denen der Glaube an ihre unfehlbare Effizienz unstrittig ist, muss ein genauerer Blick auf diese Effizienz doch beunruhigen. Zwar lehrt die katholische Sakramentenlehre, die Sakramente bewirkten die durch sie zeichenhaft vergegenwärtigte Gnade *durch ihren Vollzug (ex opere operato)*[109]. Das Konzil von Trient weist mit dieser Formulierung die Vorstellung zurück, „zur Erlangung der Gnade genüge allein der Glaube"[110]. Das Konzil konnte damit aber schwerlich meinen, die Sakramente wirkten *vollkommen ohne Glauben*. Vielmehr sieht das Konzil zwischen dem Glauben und dem Vollzug der Sakramente ein wechselseitiges Bedingungsverhältnis: Es gilt für alle Sakramente, dass sie das Wachstum der heiligmachenden Gnade bewirken, durch das die Gläubigen immer mehr gerechtfertigt werden. Aber genau dieses Wachstum der Gnade ist ein Prozess, der innere Umkehr und gläubigen Vollzug einschließt. Auf die gläubige Biographie als ganze gesehen, entwickelt sich die Effizienz des sakramentalen Zeichens in dem offenen Prozess der individuellen Glaubensgeschichte. Gerade dieser offene Prozess wird im Rechtfertigungsdekret des Konzils von Trient als fortschreitende Rechtfertigung[111] beschrieben, womit das Konzil ein gewisses katholisches Anerkenntnis der religiösen Wahrheit des *simul iustus et peccator* impliziert: In der Länge ihres Lebens erfahren katholische Christen sich nicht als solche, die immer nur „von Tugend zu Tugend voranschreiten"[112]. Sie erfahren sich mit wachsendem Glauben oft eben im Glauben gerade erst recht als unvollkommen und der Erneuerung bedürftig. Auf die Länge der Biographie gesehen, erscheint somit sakramentale Effizienz auch bei den eindeutigen Sakramenten als eine Wirklichkeit, sie sich aus der Zweideutigkeit und Entwicklungsoffenheit der Biographie herausschält. Es würde nun aber der Grundüberzeugung widersprechen, dass Sakramente Zeichen der Zuwendung Gottes als Gnade und Vergebung sind, wollte man die Effizienzzusage der Sakramen-

---

[109] DH 1608.
[110] Ebd.
[111] DH 1535.
[112] Ebd.

te an einen Imperativ binden, mit ihrem Tun die Effizienz der Sakramente zu erweisen. Vielmehr entspricht es dem performativen sakramentalen Heilswort, dass dieses Wort Gottes seine Effizienz erweisen wird, nicht aus menschlichem Elan und menschlichem Schwung, sondern aus der in ihm wirksamen Kraft des göttlichen Wortes.

Wenn nun aber schon so eindeutige Sakramente wie die Eucharistie und die Taufe in der Länge der Lebenstage eines Menschen erst erweisen werden, wie sehr sie diesen Menschen zu rechtfertigen, zu heiligen, ja zu vollenden vermochten, um wie viel mehr ist dieselbe anthropologische Gelassenheit hinsichtlich der Wirksamkeit der Sakramente im Hinblick auf den einzelnen mit Bezug auf die Ehe anzuwenden. Zu dieser anthropologischen Gelassenheit darf aber ein zweites hinzutreten: die gläubige Zuversicht. Die Sakramente sind Wirken des Heiligen Geistes und als solches von der dem Heiligen Geist eigenen Freiheit und Unberechenbarkeit. Diese theologische Einsicht, die sich aus dem pneumatischen Ursprung und Wesen der die Sakramentes feiernden Kirche ergibt und die an zentraler Stelle im gottesdienstlichen Vollzug der Sakramente in den Epiklesen und Orationen ihren Ausdruck findet, schwebt in der katholischen Sakramententheologie des Alltags in der Gefahr, nur ungenügend wahrgenommen zu werden.[113] Die Effizienzfixierung der Sakramententheologie verleitet immer wieder dazu, nicht die unsicher-pneumatische Finalisierung der Sakramente zu thematisieren, sondern ihren vermeintlich sicheren inkarnationstheologischen Ursprung, aus dem mit Rechtskategorien (Einsetzung, stiftungsgemäßer Gebrauch) liturgische und juridische Gewissheiten deduziert werden. *Dieses Verfahren aber impliziert ein reichlich halbiertes Inkarnationsverständnis, so als bedeute Inkarnation den glorreichen Machtantritt des iure divino kultische Rechtssetzungen vollziehenden ewigen Weltenherrschers.* In Wirklichkeit paraphrasiert die christliche Wortschöpfung von der *sárkosis,* der Fleischwerdung des Ewigen, dem Ins-Fleisch-Kommen, der *Inkarnation*, mit der Irenäus von Lyon im Ausgang des 2. Jahrhunderts das Kerygma aus Joh 1,14 zusammenfasste[114], eine für jüdische und heidnische Ohren gleichermaßen groteske Zumutung. Mit dieser Zumutung des „und das Wort ist Fleisch geworden" (Joh 1,14) allerdings steht und fällt der christliche Glaube. Der Begriff der Inkarnation betont die Diskrepanz zwischen göttlichem Rechtfertigungs- und Heiligungswirken

---

[113] Thomas Freyer (Sakrament – Transitus – Zeit – Transzendenz. Überlegungen im Vorfeld einer liturgisch-ästhetischen Grundlegung der Sakramente [Würzburg 1995]) hat hier im Anschluss an Lévinas vor der Gefahr der Idolatrie in der Sakramentenlehre gewarnt.

[114] Irenäus von Lyon, Adversus haereses, III, 18, 2.

einerseits und der Widerständigkeit der menschlichen Natur. Diese Betonung aber bleibt nicht skeptisch und pessimistisch, sondern ist gläubiges Bekenntnis zu der *im Fleisch machtvollen Wirklichkeit Gottes.* Schon allein, um sich nicht anmaßend göttlicher Wirklichkeit zu bemächtigen, wird man sich freilich diese Wirksamkeit Gottes wohl eher *als verborgenes, stetes, hocheffizientes und dennoch prekäres Wirken* vorstellen. Die inkarnationstheologische Begründung der Sakramente birgt gerade die Chance, das *Prekäre ihrer Wirksamkeit* ernst zu nehmen.

Das Pneumatisch-Unberechenbare und inkarnationstheologisch Prekäre der Effizienz der Sakramente könnte auch noch ekklesiologisch beleuchtet werden: Wenn die Kirche, wie der Epheserbrief zu denken nahe legt, aufgebaut ist aus Ehen und Familien, so leidet nicht nur die Kirche unter der Uneindeutigkeit des Glaubens und der christlichen Lebensführung der Eheleute, auch die Ehen leiden umgekehrt unter einer mangelhaft entwickelten Kultur der Lebensförderung in der Kirche. Wo wir die Eindeutigkeit göttlicher Effizienz in der Welt betonen wollen, rückt das theologische Sprechen gerne von den konkreten Menschen, ihrer Lebensgeschichte und ihrer leiblichen Verfasstheit ab. Den Lebenshunger der Menschen in seiner Korrumpierbarkeit und die Zweideutigkeit ihrer Sehnsucht lenken Theologen gerne auf die Eindeutigkeit des Himmels, auf den Geist, die Wahrheit, das Gute und Schöne in seiner absoluten Eindeutigkeit und Unbedrohtheit. Die Predigt Jesu hatte allerdings eine umgekehrte Richtung: Jesus hat die Wahrheit Gottes in die Konkretheit der leiblichen Existenz übersetzt und den Menschen darin nicht alleine als das zur Wahrheit, zur Schönheit und zum Guten berufene Geistwesen angesprochen, sondern dieses Geistwesen als *Lebewesen, zu dessen schöpfungsgemäßem Sein die Existenz im Leib* gehört.[115] Durch diese Existenz im Leib wird der Mensch überhaupt erst zum sakramentalen Wesen, das der leiblichen, geschichtlichen und zeitlichen

---

[115] Hans Jonas (Das Prinzip Leben. Ansätze zu einer philosophischen Biologie [Frankfurt 1994]) diagnostiziert Idealismus und Materialismus als „Zerfallsprodukte" einer missglückten Integration des menschlichen Leibes (37–39), durch die das abendländische Denken in den Sog einer „Ontologie des Todes" (41) geraten sei, zu dessen Überwindung die Wiederentdeckung der Leiblichkeit des Lebens geboten scheint. Zu einer solchen Wiederentdeckung der Leiblichkeit fordert gerade die Sakramenten- und Ehetheologie in ihrer ursprünglichen Frontstellung gegen den Gnostizismus auf und entspricht damit der jüdisch-christlichen Grundintuition der Schöpfungslehre und der christlichen Grundintuition der Inkarnation des erlösenden Gottes. Eine Theologie des Lebens, der Lebendigkeit, der Leiblichkeit und der mit diesen Größen beschlossenen Verbundenheit alles Leibhaftigen unter- und miteinander erscheint als zeitgemäßes Desiderat, mit dem die alte christliche Verweigerung gegen die naheliegende Versuchung des reinen Gnostizismus aktualisiert werden kann.

Zeichen bedarf. Auch die eschatologische Verheißung erkauft die Eindeutigkeit des Himmels nicht um den Verrat des Leibes. Wohl aber besteht in der Kirche die Gefahr, die Eindeutigkeit der sakramentalen Zeichen durch eine möglichst große Abrückung dieser Zeichen von ihrem eigentlichen kommunikativen Gegenüber, dem menschlichen Leib, zu sichern: *Je unsinnlicher das Zeichen wird, umso weniger wird seine Wirksamkeit überprüfbar und mit der Überprüfbarkeit verschwindet paradoxerweise auch der Zweifel an der Wirksamkeit.* In Wirklichkeit aber droht eine Kirche, die den Zeichencharakter ihrer leiblichen Heilszusage an den Menschen verstellt, die Menschen in der Konkretheit ihrer leiblichen Existenz nicht mehr, sondern weniger zu erreichen und so eben weniger effizient zu sein. Die nicht-erlebte Effizienz des Sakramentes wird dann zum Gegenstand eines abstrakten Fürwahrhaltens, das aber eben nicht leiblich-biographischer Glaube ist und deshalb der Zeichen eigentlich gar nicht bedürftig und so eben nicht sakramental.

Ein Verständnis der Sakramente als *untereinander in strukturierter Weise verbundener heilsgeschichtlich-gnadenhaft-werkzeuglicher Gestalten der Heilszuwendung Gottes* überwindet eine positivistische Interpretation der Sakramente, die ausschließlich den Gesichtspunkten der Einsetzung und der Effizienz folgt. Wo Sakramente begriffen werden unter dem Prius des göttlichen Handelns als Rechtfertigungs- und Gnadenhandeln, kann eine ängstliche Vollkommenheitsfixierung weichen zugunsten einer gelassenzuversichtlichen Annahme des im sakramentalen Zeichen bezeugten, in seiner Wirksamkeit jedoch nicht einfach verfügbaren Handelns Gottes zum Heil des einzelnen, der ganzen Gemeinde, der Menschheit und der Welt als ganzer.

Selbst wenn die Deutung der Ehe als sakramentale Wirklichkeit so als eine theologische Möglichkeit erscheinen sollte, bleibt die Frage, warum ein solcher Erweis der Möglichkeit einer sakramentalen Deutung der Ehe hinreichen sollte, den zweiten Schritt auch zu vollziehen hin zur faktischen Deutung der Ehe als Sakrament, die sich als die doppelte Frage entfalten lässt: (1) Warum soll der breite Begriff der sakramentalen Wirklichkeit, wenn er denn auf die Ehe anwendbar erscheint, auf den engeren, qualifizierten Begriff eines der sieben Sakramente zugespitzt werden? (2) Warum könnte man, wenn man denn ein solches Verfahren anwenden will, es nicht mit gleichem Recht auch auf andere sakramentale Wirklichkeiten anwenden und neue Sakramente kreieren? – Auf beide Fragen gibt die dogmengeschichtliche Entwicklung der Sakramententheologie Hinweise zu einer Antwort: Sie kennt kirchengeschichtliche Phasen, in denen die Konkretion der sakramentalen Heilszuwendung Gottes in sehr viel mehr als den sieben

Einzelsakramenten gesehen wurde.[116] Wenn man diese Phasen nicht einfach als Zeiten des Irrtums und des Zerfalls denunzieren will, muss man anerkennen, dass Christen in der Geschichte der Kirche sich legitimiert sahen, in wichtigen rituellen Vollzügen ihres Gemeinschafts- und Glaubenslebens wirksame Zeichen der im Glauben empfangenen Heilszuwendung Gottes zu erblicken und diesen Einzelvollzügen eine Würde zuzusprechen, die sie in ihrer Vollgestalt realisiert sahen in der Taufe und der Eucharistie und die sie als auf diese beiden Hauptsakramente finalisiert interpretierten. Dass Christen aber einer solchen prinzipiellen Möglichkeit, die Ehe als Sakrament zu deuten, faktisch sich veranlasst sahen, kann auch mit diesem Hinweis nicht hinreichend erklärt werden. Dazu ist es notwendig, dass die Deutung der Ehe als Sakrament sich unter bestimmten Umständen als gebotene Notwendigkeit darstellte, die christliche Identität gegenüber drohenden Fehldeutungen zu bewahren. Ein Hinweis auf ein solches Zusammenspiel zwischen Prinzipiellem und Historisch-Kontingentem ergibt sich aus dem Blick auf die erste lehramtliche Erwähnung der Ehe als Einzelsakrament: Erstmals Anfang des 12. Jahrhunderts findet diese Erwähnung statt in einem kirchenlehramtlichen Dokument[117], das historisch in den Kontext der Auseinandersetzung mit der südfranzösischen Katharerbewegung gehört. Die Betonung der sakramentalen Würde lebenslänglich treuer geschlechtlicher Gemeinschaft durch Auflistung der Ehe unter die Sakramente verteidigt die urchristliche Intuition der rechtfertigenden und heiligenden *Fleischwerdung des Logos* gegen einen *Geist-Materie-Dualismus* mit der ihm notwendig immanenten Verachtung des Geschlechtlichen. An dieser Abwehrfunktion der Lehre vom Ehesakrament gegenüber der Gefahr des Leib-Geist-Dualismus hat sich bis heute weniger verändert, als die sexuelle Libertinage der Spätmoderne vermuten lassen sollte. Denn gerade die Freizügigkeit der Handhabe sexueller Vollzüge impliziert deren anthropologische Marginalisierung in einen zwar viel thematisierten, aber in seiner Isoliertheit häufig wenig geachteten Separatbereich. *Die Deutung der geschlechtlichen Gemeinschaft als Sakrament beinhaltet demgegenüber den*

---

[116] Bis zu Beginn des 12. Jahrhunderts werden eine Vielzahl von Segnungen, Weihungen und Exorzismen mit dem Begriff des „Sakraments" bezeichnet. Mit Hugo von Sankt Viktor setzt sich eine strukturierende Sicht dieser Riten als Werkzeuge der Heilsvermittlung durch, die zu der Unterscheidung führt zwischen den sacramenta salutis und den dienend und deutend auf diese bezogenen „sacramenta administrationis" bzw. „exercitationis". Bis in den CIC von 1983 werden letztere unter der Bezeichnung „sacramentalia" als wirksam „ex Ecclesiae impetratione" (CIC 1166), also opere operantis (Ecclesiae), unterschieden von den „ex opere operato" wirkenden Sieben Sakramenten.

[117] Synode von Verona 1181, DH 761.

korrigierenden Impuls der vollkommenen Integration der Geschlechtlichkeit und mithin des erlösungsbedürftigen menschlichen Fleisches in die Heilsgeschichte der rechtfertigenden und heiligenden Hinordnung aller Lebensvollzüge auf Gott.

2.2 Die Ehe, gedeutet als Sakrament

Der wichtigste korrigierende Impuls, der nach dem vorausgehenden Kapitel bei der Deutung der Ehe als Sakrament zu berücksichtigen ist, ist die Vermeidung der Umdeutung eines Imperativs der (Sozial-) Ethik in einen göttlichen Indikativ sakramentaler Heilszusage. Die sakramententheologischen, sakramentenrechtlichen und liturgischen Fragen nach Bedeutung, Folgen und Formen der Feier des Ehesakramentes müssen systematisch streng unterschieden werden von den normativen Fragen der sittlich gebotenen Gestaltung von Sexualität, Ehe und Familie.

Diese sich theologisch gerade von der Intuition der Reformation her ergebende Maxime korreliert dem Bedürfnis der Zeitgenossen: Sexualität wird allgemein als freie Gestaltungsaufgabe erlebt. Normative Argumentationen, die darauf abzielen, die Ehe als einzig legitime Realisationsform von Sexualität zu begründen, verfangen nur noch wenig. In dieser Situation bedarf es einer spezifisch theologischen Argumentation, die den sakramentalen Wert der Ehe zu erhellen vermag, indem sie aufzeigt, inwiefern die Lebensform christlich gelebter Ehe eine probate Gestalt sein kann, in der Menschen die Entfaltung ihrer rechtfertigenden und heiligenden Beziehung zu Gott erleben dürfen.

In einer gesellschaftlichen Situation, in der das Lebensmodell der Ehe kein fragloses Ideal mehr darstellt und in der die christlich gelebte Ehe keineswegs mehr so selbstverständlich ist, dass die Frage nach ihr einfach unter Verweis auf eine lückenlos bestehende kirchliche Praxis beantwortet werden könnte, muss konsequent unterschieden werden zwischen Vorformen ehelicher Gemeinschaft, der Ehe als natürlicher Institution und der Ehe als sakramentaler Wirklichkeit.[118] Im Felde einer großen Gestaltungsfreiheit von Beziehungsgeschichten und jenseits fest verbürgter Biographieabläufe in zyklischen Gesellschaften muss bei der Eheschließung thematisch werden, was die Brautleute zu tun beabsichtigen und ob sie wirklich beab-

---

[118] In diese Richtung zielt auch der Vorschlag von Sabine Demel, die zivil geschlossene Ehe zwischen Getauften unabhängig von deren Konfession als Naturehe anzuerkennen und von einer bewusst als solche geschlossenen sakramentalen Ehe zu unterscheiden, den die Autorin als „Entwurf eines gestuften Ehesakramentes" bezeichnet (Demel, 41f).

sichtigen, *zu tun, was die Kirche tut, wenn sie eine sakramentale Ehe begründet.*

In dieser Situation muss die Frage nach dem *discretum specificum* der sakramentalen Ehe gestellt werden. Es besteht gegenüber einer Naturehe zunächst sicher darin, dass die Eheleute ihre dauerhafte, lebenslängliche Treue füreinander empfangen und gestalten wollen als ein realisierendes Zeichen der heilbegründenden göttlichen Liebe zu Menschen und Welt. Sie erleben sich dabei zunächst als von Gott Erwählte und Beschenkte und dann auch als durch Gottes Gnade an seinem Heilswerk gegenüber Menschen und Welt aktiv Teilnehmende. Um im Vollsinn Wirksamkeit zu entfalten, sollten diese beiden Wesensmerkmale sakramentaler Ehe bewusst werden und thematisiert werden.

Das Konzil von Trient erklärt über die Sakramentalität der Ehe: „Die Gnade, die jene natürliche Liebe [zwischen Mann und Frau] vervollkommnet, die Unauflöslichkeit festigen und die Gatten heiligen sollte, hat Christus selber, der Stifter und Vollender der ehrwürdigen Sakramente, durch sein Leiden für uns verdient"[119]. Zum einen sieht das Konzil die spezifische Gnade des Ehesakramentes darin, dass Gott *Gnadenhilfen (auxilia)* gewährt, die der Erfüllung der sittlichen Institution der Ehe als lebenslangem Bund entsprechen. Zum anderen spricht es jedoch davon, die Ehe entspreche dem Zweck, *die Gatten zu heiligen.* Dieser eigentlich religiöse Zweck der Ehe überbietet den sittlichen Zweck. Anders als in der Theologie der geschaffenen Gnadenhilfen, die durchaus auch im institutionellen Regelwerk kirchlich-sakramentaler Institutionsstiftung erblickt werden können, weil es sich ja um geschaffene Realitäten *(gratiae creatae)* handelt, ist der Heiligungszweck Wirkung der *grata increata*, der heiligmachenden Gnade Gottes selber, mit der die scholastische Theologie nichts anderes bezeichnete als *die rettende und heiligende Anwesenheit Gottes als Beziehungsgegenüber in der Glaubens- und Lebensgeschichte eines Menschen.*[120] Die Ehe ist also Sakrament, insofern sich Gott in ihr als Beziehungsgegenüber des entwicklungsoffenen Selbstvollzuges eines Menschen in der Länge seiner Tage anbietet mit dem Ziel, als dieses Gegenüber der Adressat der in den vielen Akten des Lebens verborgenen rechtfertigenden und heiligenden Selbstverwirklichung des Menschen zu werden und diese heilschaffende Selbstaussage des Menschen Gott gegenüber als ihr Zielgrund ermöglichend zu tragen.

---

[119] Sessio 24 (11. November 1563), DH 1799.
[120] Karl Rahner, Zur scholastischen Begrifflichkeit der ungeschaffenen Gnade, in: ders., Schriften zur Theologie 1, Einsiedeln 1954, 347–376.

Diesem sakramentalen Zweck der Ehe entspricht in der Lebenserfahrung der Zeitgenossen zunächst *die wesentliche Eheeigenschaft der Einmaligkeit*. Als *discretum specificum* insbesondere der sakramentalen Ehe wird die wesentliche Eheeigenschaft der lebenslänglichen Bindung als einer im zeitgenössischen Kontext extremen Form des partnerschaftlichen commitments[121] wahrgenommen. Die Bindung auf Lebenszeit kann angesichts verlängerter Lebenszeiten und zunehmend kinderloser Ehen nicht mehr allein moraltheologisch als Verpflichtung aus der Kinderaufzucht abgeleitet werden. Auch die Eheeigenschaft der Treue (*fides/fidelitas*) führt nicht notwendig zur Idee der lebenslänglichen Unauflöslichkeit der Ehe. Angesichts der veränderten gesellschaftlichen Selbstverständlichkeiten[122] wird die christliche Ehe wegen ihrer Betonung der lebenslänglichen Bindung zur spezifischen Herausforderung, deren geistliche Dimension zu ergründen ist. Der Akt, über das Leben als ganzes zu verfügen, erscheint einer postchristlichen Kultur mit Recht als sinnlose Anstrengung. Mit der im Gebet angesprochenen Bezugsgröße des ewigen Gottes verliert jeder Akt, der sich auf das Leben als ganzes bezieht, seinen Sinn und mithin seine Berechtigung. Im Wandel der Zustände und Beziehungen realisiert sich das Leben als undurchschaubare, im günstigen Fall erfreulich abwechslungsreiche Aneinanderreihung, vielleicht auch phasenweise Stabilität gewährende Abfolge von Beziehungen von unterschiedlicher Dauer und Intensität. Darunter können

---

[121] Keith J. Edwards bewertet aufgrund seiner therapeutischen Erfahrung „each partner's lasting commitment" als die wichtigste Ressource einer Ehe. Die Erosion der Bereitschaft zur treuen Selbstverpflichtung (lasting commitment) sei die größte Herausforderung für die Einrichtung der Ehe in der gesellschaftlichen Gegenwart (Edwards, 188f).

[122] Josef Römelt stellt seine Analyse des Dokumentes „Ehe, Familie und faktische Lebensgemeinschaften" unter den leitenden Gegensatz der Ehe „als einer natürlichen und geistlichen Institution" einerseits und andererseits dem Modell der Ehe als „reflektierte Liebe und Lebensmanagement" (Josef Römelt, Eheliche Liebe als reflektierte Liebe und Lebensmanagement oder Teilhabe an einer natürlichen und geistlichen Institution?, in: DPM 9 [2002] 281–292). Bei letzterem Modell sei der „Zielpunkt der Liebe nicht auf das Ende des Lebens bezogen, sondern letztlich auf das immer mögliche Ende der Gefühle" (283). Der päpstliche Rat stelle dem Lebensmanagement-Modell die Emphase der Ehe als Institution, als „Grundzelle der Gesellschaft […] im Sinne einer Humanökologie" entgegen (291). So zustimmungswürdig Römelt diesen Ansatz findet, so sehr muss er konstatieren, dass der Ton des Dokumentes durch Enttäuschung, Anklage und kämpferischen Appell gekennzeichnet sei (281 und 290f). Appelle auf der Basis von Anklage und Enttäuschung pflegen in der Tat nicht zu fruchten, und so endet Römelts Würdigung mit dem Appell zum Realismus: Es erscheint als höchst unwahrscheinlich, so der Autor, dass „die Vielfalt der Interessen, existentiellen Bedürfnisse und Lebensstile auf die volle Form ehelicher Partnerschaft und familiären Lebens im Sinne der Kirche ausgelegt werden können." (292).

auch lebenslang gelingende Beziehungen sein. Als eine Ganzheit kann das Leben aber eigentlich nur in den Blick geraten, wo es eine Perspektive von außen gibt, die nicht nur einen Ausschnitt des Lebens, sondern dessen komplexe und strukturierte Ganzheit anerkennt.[123] Die christliche Tradition meint diese Realität des ganzen Lebens, wo sie vom *Herzen* spricht. In bildhafter Rede spricht sie dann davon, Gott verstehe das Herz eines Menschen und sei diesem Herzen zu jeder Zeit innerlicher als der dem Strudel der Zeiten und Leidenschaften ausgelieferte Mensch.[124]

Wo sich ein Mensch auf die Wirklichkeit Gottes bezieht, gewinnt sein Leben an Ernst und Kontinuität. Es kommt überhaupt erst als gestaltbare Einheit in den Blick. Wo Menschen heute die Ehe schließen, werden sie vor allem dies wahrnehmen, *dass sie den kühnen Versuch unternehmen, das Ganze ihres Lebens, das sich nur vor dem Gegenüber Gottes überhaupt erahnen lässt, zu gestalten.* In der bildhaften Sprache der christlichen Frömmigkeit gesprochen heißt das: Sie nehmen ihr Herz in die Hand, nicht, um es, wie das sentimentale Geschwätz des Alltags meint, dem Geliebten zu schenken, sondern um auf Gott hin mit diesem kleinen Menschenleben in Glaube, Hoffnung und Liebe den eigentlich vom Menschen alleine her unmöglichen Akt zu wagen, über dieses Herz auf Gott hin zu verfügen, indem sie es einem Zweck *weihen*, den Gott will.[125] Auch Christen fällt dieser Akt nicht leicht. Es gibt Hunderte guter Zwecke; und, wenn man schon meint, heiraten zu sollen, so ist jedenfalls vielen nicht klar, warum es ausgerechnet dieser oder jene sein muss, mit dem oder der man den Rest seiner Tage sich mühen will. Diese Kontingenzerfahrung gehört auf eigenartige Weise zum christlichen Heiligungsprojekt. Durch sie wird der Sinn und Zweck des ganzen Projektes dem verfügenden Menschen entzogen. Er wird sich auch in der Ehe nicht als der großartige Architekt und Veranstalter des eigenen Heiles erleben. Den Anfang der Ehe macht eine mutige Entscheidung, erleichtert vielleicht durch eine Reihe ermutigender oder auch nur erfreulicher Erfahrungen mit dem geliebten anderen Menschen. Was daraus wird, wird nicht anders erscheinen denn in einer lebenslänglichen *Auszeitigung*.

---

[123] Thomas Nagel, Der Sinn des Lebens, in: ders., Was bedeutet das alles? Eine ganz kurze Einführung in die Philosophie, Stuttgart 1990, 80–84.

[124] Karl Rahner, Herz-Jesu-Verehrung, in: ders., Schriften zur Theologie 3, Einsiedeln 1956, 379–418.

[125] Im deutschen Sprachraum erfreut sich die Übersetzung des Begriffs der „ordinatio" mit „Weihe" großer Beliebtheit. „Weihe" bringt den Charakter der lebenslangen Hingabe an Gottes Werk treffend zum Ausdruck. So verstanden ist aber natürlich auch eine Eheschließung eine Weihe der eigenen Person. Zum Weiheverständnis: Karl Rahner, Weihe im Leben und in der Reflexion der Kirche, in: ders., Schriften zur Theologie 4, Einsiedeln 1980, 113–131.

Wo Menschen das Gute des guten Zwecks der lebenslangen Bindung heute ins Wort bringen, sagen sie nicht selten: Es gehe darum, miteinander alt zu werden. Vordergründig mag man darin nur eine Übersetzung der *fidelitas* im Sinne der Goldenen Regel (Mt 7,12) erkennen, derart dass man dem anderen schenken möchte, was man sich selber wünscht, im Alter nämlich nicht alleine sein zu müssen. Der Wunsch, gemeinsam alt zu werden, hat jedoch auch eine spezifisch theologische Tiefenstruktur. Er nimmt das eigene und das Leben des anderen in seinem *Werdecharakter* und in seiner *Sterblichkeit* in den Blick, um es in diesem doppelten Horizont symbolisch und tätig zu bejahen. *Darin aber ahmen die Eheleute an sich und an einander Gottes Handeln am Menschen nach, der Raum gibt, begleitet, wahrnimmt, bejaht und die Zusage von Sinn und Zukunft auch angesichts des Todes aufrechterhält.* Sie werden füreinander zu Bürgen dieses von Gott her vollmächtig zugesagten und im Glauben angenommenen Sinns.

Die treue und liebevolle Bejahung des anderen die Länge seiner Tage hindurch bleibt von ihrem Gegenstand her betrachtet kontingent. Sie lässt sich nicht ableiten aus der empirischen Einmaligkeit und Besonderheit des anderen. Sie wird aber als gelingendes Beziehungsgeschehen selber zur Mitursache (auxilium) der sich entwickelnden und sich entfaltenden Einmaligkeit und Besonderheit des einzelnen. Die treue und verlässliche Bejahung des anderen befördert so das empirisch-biographische In-Erscheinung-Treten dessen, was Gott mit der Geschichte eines jeden Menschen beabsichtigt: Ein unverwechselbares Gegenüber Gottes realisiert in der Endlichkeit seiner Biographie symbolisch am zeichenhaften Material seines endlichen Lebens den definitiven Akt einer absoluten, liebenden Bejahung der Wirklichkeit Gottes und findet im Vollzug dieser ekstatischen Liebe im tätigen Bezug zur Welt die heilvolle Verwirklichung der eigenen Einmaligkeit und Besonderheit.

Wo ein Mensch in der Ehe durch liebende Bejahung und verlässliche Treue mitwirkt, dass ein Mensch Zuversicht, Mut und Energie entwickelt, in Akten der liebenden Bejahung zu vollziehen, was sich im Bewusstsein der eigenen Besonderheit und Freiheit an Herausforderung vermeldet, wird dieser Mensch zum Vermittler helfender göttlicher Gnadenzuwendung und göttlicher Lebenskraft.

Als Zeichen der Treue Gottes, die Lebensplanung ermöglicht, Zuversicht begründet und Hoffnung im Angesicht des Todes aufstrahlen lässt, sind die Eheleute Zeichen der Hoffnung für die gesamte, sie umgebende soziale Mitwelt. Sie verbürgen mit ihrem als Ganzes in die Hand genommenen Leben die Verlässlichkeit der göttlichen Zusage, dass die Lebenszeit in ihrem Ende nicht ihre Widerlegung finden wird. Die Eheleute mögen deutlich die Verantwortung spüren, die in ihre Hände gelegt ist: Mit ihrem Zeugnis von der Sinnhaftigkeit einer Gestaltung des Lebens als Ganzem werden sie zu *Bürgen jenes Sinns*, den viele für sich erhoffen. Mit dem Scheitern und Absterben einer Beziehungsgeschichte drohen sie zu Gegenzeugen zu werden, die das Gemurre derer verstärken, die jeden Akt menschlicher Sinnstiftung im Leben als naiv und letztlich aussichtslos diffamieren.

Warum soll es gut sein, über das eigene Leben als Zusage lebenslänglicher Treue zu einem anderen Menschen zu verfügen? – Diese Frage kann moraltheologisch beantwortet werden, indem man auf die guten Folgen einer solchen Bindung abhebt. Eine Theologie aber, die die Realität des Sakramentalen erfassen will, darf nicht alleine und primär ethischen Kategorien verhaftet bleiben, sondern bedarf der Begründung in Kategorien der rettenden und heiligenden Gnadenzuwendung Gottes. Sie muss deshalb nach den *theo*-logischen Wurzeln einer solchen lebenslänglichen Treue fragen. Insbesondere in der sich wieder belebenden Trinitätstheologie unserer Tage[126] erblicken viele diese Wurzeln in der Weisheit des christlichen Gottesbegriffes: Christen erkennen nicht nur Gott als das eine Gegenüber der Welt und ihres Lebens, auf den hin eine lebenslängliche Verfügung über sich selbst Sinn machen kann. Die lange Reflexionsgeschichte über die Menschwerdung Gottes hat zu jenen überaus kühnen Aussagen geführt, Gott selber sei in der absoluten Jenseitigkeit und Unzugänglichkeit seines Lebens eine Wirklichkeit, die nicht in Analogie zum absoluten Subjekt oder zum Sein schlechthin alleine zu verstehen sei. In seiner Menschwerdung offenbart sich Gott als in sich radikal beziehungswillig und beziehungsermöglichend.[127] Weil Gott in sich selber Liebe ist, wollte er aus Liebe andere schaffen, die mit ihm lieben können.[128] Die Gefahr des „sozialen Trinitätsdenkens" ist in ehespiritueller Hinsicht eine zu statisch-platonische Vorstellung von göttlichem Urbild und menschlichem Abbild: In der ästhetischen

---

[126] Vor allem Bernd Jochen Hilberath hat von katholischer Seite in der neueren Trinitätstheologie das Bewusstsein dafür geschärft, dass der dreieinige Gott als der Ursprung allen Seins diesem Sein von seinem geschöpflichen Anfang an die eigene Beziehungshaftigkeit eingestiftet hat: Bernd Jochen Hilberath, Der dreieinige Gott und die Gemeinschaft der Menschen. Orientierungen zur christlichen Lehre von Gott, Mainz 1990, 90ff.

[127] Dorothea Sattler deutet die biblische Heilsgeschichte als „erlösende Beziehungssuche" Gottes (Dorothea Sattler, Beziehungsdenken in der Erlösungslehre. Bedeutung und Grenzen, Freiburg 1997, 362–426), in der sich Gottes unbedingte Beziehungswilligkeit und Beziehungstreue manifestieren.

[128] Johannes Duns Scotus, Ordinatio, IV, 46; Richard von Sankt Viktor, De trinitate, III, 11.

Theologie etwa Hans Urs von Balthasars wird die Schönheit der innergöttlichen Liebe auf den Begriff der absoluten Hingabe hin ausgelegt.[129] Dieser Begriff aber lässt sich nur in analoger Weise auf die eheliche Gemeinschaft anwenden. Zwar ist die Weihe zur lebenslänglichen Bindung, wo sie im ganzen frei bejaht und aus dieser freien Bejahung heraus gestaltet wird, Hingabe. Die einzelnen Akte des gemeinsamen Lebens sind möglicherweise gerade nicht Hingabe, sondern legitime und unvermeidliche Selbstbehauptung und Abgrenzung gegenüber dem anderen. Menschliches Beziehungsleben ist eben auch darin als endliches qualifiziert, dass es sich in der Zeit und damit im Wechsel der Konstellationen realisiert und dass die an ihm Beteiligten nie die ganze Länge und Tiefe der Lebenssumme durchschauen, sondern immer nur Ausschnitte, in denen sie sich immer neu auslegen und gestalten. Der göttliche Zielgrund dieses Sich-miteinander-Bewegens ist dabei oft vollkommen verhüllt. Das Bekenntnis zu Gott als dem Ursprung nicht alleine des erkennenden und denkenden In-der-Welt-Seins, sondern als des Ursprunges der Sehnsucht von Menschen nach einander und der Suche nach den Gestalten und Möglichkeiten des Miteinanders, ist das Bekenntnis dazu, dass dieses Aufeinanderhinsein keine absurde Laune der Natur ist, sondern schöpfungsursprüngliche Bestimmung des Menschen, der er vertrauensvoll folgen darf.

Das oft verworrene Suchen und Streben Liebe suchender Menschen nach Gemeinschaft, sein Scheitern in Verrat und Missbrauch, sein Wiederaufleben in Verstehen und Teilhabe mag manchem im Vergleich zu der ästhetischen Klarheit eines abstrakten Hingabebegriffs theologisch defizitär erscheinen, so als eigne es sich nicht recht für die theologische Logik. Dagegen steht die Logik der Menschwerdung selber, in der Gott sich auf den Menschen gerade in der Endlichkeit und Unübersichtlichkeit seines Glücksstrebens, seiner mehr geahnten als gewussten Liebe zum anderen, auf sein Scheitern und seine Umkehr einlässt. Inkarnation heißt Eingang Gottes in das andere von sich selbst: wo die göttliche Klarheit und Entschiedenheit nur in der prismischen Gebrochenheit der sich zeitlich und endlich entfaltenden Biographie übersetzt werden kann. Wo Menschen in der Unübersichtlichkeit ihres Lebens dennoch wagen, sich verlässlich einem anderen zuzusagen und darum beten und ringen, dass diese Zusage für sie selbst, den anderen und alle Menschen zum Ereignis des Heils werden möge, da vollziehen sie in der Tat die Hingabe an den Gott, der sich definiert hat als Wille zur heilvollen Gemeinschaft für alle. Sie buchstabieren dieses Geheimnis der Welt bis zum Ende durch. Sie erfahren seine Bitterkeit, die aus

---

[129] Hans Urs von Balthasar, Herrlichkeit. Eine theologische Ästhetik III/2-2, 249–251.

der Widerständigkeit der Gemeinschaftswege Gottes zu den Selbstverabsolutierungswegen einer sündhaften Welt resultiert. Sie erfahren aber auch die Süße jenes Trostes, mit dem die erfüllt werden, die sich von der Beziehungssuche Gottes berühren lassen, eines Trostes, der aus der Übereinstimmung mit dem verborgenen Grund des Seins selbst erwächst und der sich immer wieder neu im Sinne der neutestamentlichen Reich-Gottes-Botschaft manifestiert als die die Lebenswirklichkeit heilende und wandelnde *Lebensfülle Gottes selber*. Diese Kraft Gottes wirkt sich durch die Menschen seiner Wahl in Welt und Zeit aus.

Die 1999 unterzeichnete Gemeinsame Erklärung zu Rechtfertigungslehre mahnt die katholischen Christen, für das eigene Glaubensleben den Wahrheitsschatz zu heben, der in der sogenannten „reformatorischen Entdeckung" von der Rechtfertigung des Menschen aus Gnade durch Glauben verborgen ist. Die verhängnisvolle, nun aber an ihre Grenzen stoßende Exklusivbestimmung der Ehe von Moral und Sozialethik her blockiert die Einsicht, dass natürlich auch das Eheleben als sakramentales Heiligungsgeschehen aus der göttlichen Aktivität[130] heraus gelingt und damit aus einer Dimension heraus, auf die sich der Gläubige hoffend beziehen kann, über die er aber nicht verfügt. Die heilschaffende Entspannung der Ehesituation, die als Aufgabe immer auch alltägliches Scheitern ist[131], hängt sehr davon ab, dass eine *gnadentheologische Gelassenheit das Eheleben* durchwaltet.

---

[130] Die protestantische Tradition betont mit der Formel, die Rechtfertigung geschehe „mere passive" (Gemeinsame Erklärung zur Rechtfertigungslehre, Nr. 21) und immer wieder neu (Nr. 29). Da die Ehe unter ethischen und sozialethischen Gesichtspunkten Aufgabe ist, fällt die Übertragung des „mere passive" auf diesen Bereich göttlichen Wirkens besonders schwer. Wo aber die Ethik und Sozialethik geradlinig auf die von der katholischen Tradition betonte „personale Mitwirkung" an der Rechtfertigung und Heiligung hin ausgelegt wird, droht der passive Aspekt der Gnade völlig eingeebnet zu werden und drohen Eheleute in moralischer Überanstrengung der heilenden Wirkung der Rechtfertigungsbotschaft verlustig zu gehen.

[131] Die evangelische Tradition hat die Erfahrung des Scheiterns im Rechtfertigungs- und Heiligungsprozess auf die Formel vom „simul iustus et peccator" zugespitzt: Der Mensch ist als von Gott gerecht Gesprochener bleibend immer zugleich auch Sünder. Die dieser Formel bei Luther sicher auch zugrundeliegende Vorstellung einer rein „imputativen" Gerechtsprechung des an sich ungerechten Menschen lehnt die katholische Kirche auch in der Gemeinsamen Erklärung zur Rechtfertigungslehre weiterhin ab (Nr. 30). In der katholischen Glaubenswelt sieht man die Chance des Christen, im Voranschreiten „von Tugend zu Tugend" „noch mehr gerechtfertigt zu werden" (DH 1535). Rechtfertigung wird hier nicht nur juridisch-imputativ, sondern ontologisch-existentiell als „Heiligung" verstanden. Gerade ein existentielles Verständnis von Heiligung muss die geistliche Selbsterfahrung des Geheiligten als eines Sünders beachten: Gerade in dem Maße des Voranschreitens von Tugend zu Tugend wächst die Sensibilität für das eigene Versagen und die eigene Unzulänglichkeit und die Sehn-

Dies ist umso unausweichlicher, als sich Eheleute in der engen Bindung ihrer Leben aneinander der Werdegeschichte des anderen ausgeliefert erfahren. Der andere ist ja von seinem genetischen und familiären Werden her ebenso wie durch seine personale Freiheitsgeschichte beglückendes Geschenk, aber eben auch Zumutung. Wir erblicken in den anderen ja mit Recht nicht immer nur die guten Gaben der Schöpfung, sondern auch die Schäden einer lange vererbten Schuldgeschichte. Teilhabe am Erlösungswerk besteht auch in der Kultivierung der Haltung, den anderen und auch sich selbst in der eigenen mehr oder weniger schuldhaften Unvollkommenheit und Beschädigtheit liebend zu bejahen und darin alleine Anteil zu nehmen an jener göttlichen *paideia*, die auch nicht anders als auf dem Wege der liebenden Bejahung den Menschen zu größerer Vollkommenheit führt.

Diese Dimension verschärft sich noch einmal, wo sich die Ehe zur Familie weitet und mit den Kindern nicht nur die eigene Vergangenheit wieder in die Lebensgegenwart tritt, sondern immer auch die Vergangenheit der eigenen und fremden Herkunftsfamilie. In der Gemeinschaft von Mann und Frau versammelt sich plötzlich ein bunter Ausschnitt der Menschheit in freundlicher Vertrautheit, unbegriffener Fremdheit und biographisch belasteter und belastender Vorprägung. Nicht nur Neues wird hier geschenkt und jubelnd dankbar entgegen genommen, längst verdrängtes Altes tritt wieder in die Gegenwart, will angenommen und versöhnt sein. Die Gelassenheit zu solchem höchst konkreten Heiligungshandeln an der Menschheit findet ihre Kraft nicht in der realistischen Erreichbarkeit hochgesteckter Ziele einer Ehe- und Familienprogrammatik, sondern bedarf des kühnen Mutes angesichts zu befürchtender Vergeblichkeiten. Woraus schöpft ein solcher Mut seine Kraft, wenn nicht aus der Einstimmung auf die Wege Gottes mit den Menschen und aus dem mühsamen, aber im Glauben getrösteten Sicheinfügen in die *cooperatio cum salvatore*. Steckt hier vielleicht doch ein ganz wichtiger geistlicher Hinweis, wenn der Familienvater und Theologe Luther sagt, in der Ehe werde der Mensch „Liebes und Leides gewohnt" und hinzufügt: „das könnte er außerhalb dieses Standes nicht so gut"[132]. Nur liegt es in der Konsequenz des lutherischen Denkens, gerade

---

sucht danach, die Welt und das eigene Leben mögen so werden, wie sie im Lichte der von Gott her ausgehenden Erlösungsbemühung erscheinen. So wächst im Gerechtfertigten eher der Wunsch der Vergebungsbitte des Vaterunsers herzlich zuzustimmen, darin auf einer existentiell-spirituellen Ebene, die eigene Gerechtigkeit auch als Sündenbewusstsein erlebend.

[132] Martin Luther, Sermon vom heiligen Sakrament der Taufe, 1519, in: WA 2, 727–737, 736.

diese *perfectio per passionem* nicht als heroische Leistung des Menschen, sondern als Gottes wirkende Gnade zu bezeugen, die demnach in der Ehe einen privilegierten Ort ihres leibhaft-geschichtlichen Erscheinens unter den Menschen hat. In der katholischen Tradition sprechen wir von einer solchen Wirklichkeit des privilegierten In-Erscheinung-Tretens der heiligenden und rechtfertigenden Wirklichkeit Gottes als einem Sakrament.

Gerade vor dem Hintergrund der strengen reformatorischen Unterscheidung zwischen der Schöpfungs- und Rechtsordnung einerseits und der Ordnung von Gnade und Rechtfertigung, die in den Sakramenten vergegenwärtigt wird, andererseits ergibt sich, dass eine sakramententheologische Deutung der Ehe nicht überzeugen kann, die die Wesensbeschreibung der Ehe nicht aus der Ordnung von Gnade und Rechtfertigung, sondern aus der als Rechtsordnung vorgestellten Schöpfungsordnung des Naturrechts abzuleiten versucht. Wenn in den traditionellen Ehedefinitionen die Ehe als Mittel zur Erreichung sozialethischer Ziele (uti) *fokussiert wurde, so hat die Sakramententheologie die Eheleute selber als Zwecke ihres religiösen Handelns* (frui) *zu thematisieren.*

3. Schluss

Die Deutung der Ehe als Sakrament ergibt sich als *Möglichkeit* auf der Grundlage eines geweiteten Verständnisses der Einzelsakramente als leiblich-symbolischer Gestalten der Heilszuwendung Gottes in Jesus Christus, in dem die Engführung der Fragestellungen nach Einsetzung und stiftungsgemäßer Realisation überwunden wird.

Die Deutung der Ehe als Sakrament erhielt und erhält darüber hinaus eine gewisse *Notwendigkeit*, wo es galt und gilt, die in der Liturgie besungene *Erlösung des Fleisches im Fleische*[133] als Pointe der christlichen Erlösungsbotschaft zu bewahren vor einer gnostisierenden-dualistischen Anthropologie. Es erweist sich also gerade als Intention der Sakramententheologie der Ehe, Gottes Heilswirken als Heilswirken *im Fleisch* zu verdeutlichen und der dualistischen Abstraktion von Leiblichkeit und Geschichte entgegenzuwirken. Damit ist die Affirmation der schöpfungstheo-

---

[133] Im Weihnachtshymnus „A solis ortus cardine" des Sedulius Coelius (gest. nach 450) besingt die römisch-katholische Liturgie in kraftvoller Sprache die Inkarnation als Erlösung des Fleisches im Fleisch: „Beatus auctor sæculi, / servile corpus induit, / ut carne carnem liberans / non perderet quod condidit" (Die Feier des Stundengebetes, Stundenbuch I, Advent und Weihnachtszeit, Einsiedeln 1978, 407).

logisch-weisheitlichen Konzeption impliziert, die Ulrike Link-Wieczorek in Teil A dieses Beitrages entwirft.

Die Deutung der Ehe als Sakrament setzt eine Sakramententheologie voraus, die abgeleitet sein muss aus den Prinzipien der Rechtfertigungs- und Heiligungslehre: Unter der sozialethischen Definitionsperspektive hat sich in der westlich lateinischen Kirchentradition eine funktionalistische Sicht der Ehe durchgesetzt. Als *finis primarius* der Ehe erschien, was sie beiträgt zum Wohl des übergeordneten Sozial- und Kultverbandes. Demgegenüber hat eine sakramententheologische Sichtweise der Ehe die Frage zu stellen nach der in der Ehe *mitbeschlossenen religiösen Dimension der Daseinsentfaltung*. Die Korrelation von institutionellem und religiösem Daseinsvollzug wurde hier bevorzugt wahrgenommen in der *Realisation der lebenslänglichen Treuezusage*, die gedeutet wurde als heilshaft menschliche Nachahmung der göttlichen Entschiedenheit für den einzelnen Menschen als *realisierendes Bild der Beziehungswilligkeit und Beziehungsproduktivität Gottes*, durch die Gott rechtfertigend und heiligend am Menschen handelt und sich darin selber erweist als die Gnade, die er in seinem eigenen Leben ist *(gratia increata)*. Wo auf diese Weise die gnadentheologische Tiefenstruktur der Sakramente gegenüber der institutionellen und ekklesiologischen Dimension betont wird, erscheinen die Gefahren einer sakramententheologischen Effizienzfixierung, die die Reformation in den Fokus ihrer Kritik an der sakramentalen Deutung der Ehe rückt, überwindbar.

Gerade die sakramententheologische Reflexion auf die Ehe, so wurde gezeigt, kann in korrigierender Weise den christlichen Zentralbegriff der *Inkarnation* des göttlichen Wortes in das menschliche Fleisch zur Geltung bringen. In der Wahrnehmung des Wagnishaften und Prekären der Inkarnation liegt die Chance der Korrektur für die Sakramententheologie insgesamt, zu der wiederum die Deutung der Ehe als Sakrament anregt. *Unter einer rechtfertigungstheologisch konzentrierten Deutung des pneumatisch-sakramentalen Charakters der Ehe erscheint die juridisch-institutionsorientierte Praxis des Ehesakramentes als korrekturbedürftig, ja, es wird erahnbar, dass gerade ein sakramentales Eheverständnis die Entwicklungen vermeiden bzw. korrigieren können müsste, die die Reformation als unausweichliche Konsequenzen der sakramentalen Sichtweise der Ehe ablehnte.* Gerade ein sakramentales Verständnis der Ehe hätte ja die Lebensgeschichte des einzelnen vor Gott als Heiligungshandeln Gottes am Menschen zu bedenken. In einer sakramentalen Sicht der Ehe wäre ja gerade die geistliche Glaubensbiographie des einzelnen sowohl theologisch als auch pastoral und liturgisch zu thematisieren. In der Tat wäre vom kriteriologischen Rang der Rechtfertigungslehre her zu erwarten, dass bei der Thematisierung der Glaubensbiographie des einzelnen der erste Akzent niemals auf dem zu erfüllenden Gesetz liegt, sondern immer auf der Zusage göttlicher Heilseffizienz vor und in allem menschlichen Handeln, aber eben auch nach allem menschlichen Versagen.

Aus diesen Überlegungen ergibt sich für Eherecht, Ehepastoral und Ehespiritualität das Postulat der Individualisierung. Dieses Postulat korreliert der gesellschaftlichen Entwicklung und den Erwartungen und Wünschen der Menschen. Individualisierung aber muss in einer geistlich-theologischen Perspektive nicht den Zerfall und Zusammenbruch von Ordnungsstrukturen bedeuten. Im Gegenteil: Eine theologisch-spirituell und pastoral verantwortete Individualisierung leitet dazu an, das Leben aus der Perspektive des Glaubens zu deuten als symbolischen Vollzug der Liebe zu Gott, als das biographische Gestaltwerden einer absoluten Selbstsetzung am endlichen Material der Welt, mit der der unendliche Gott zum Heil der Menschen verherrlicht wird. Eine theologisch-spirituell und pastoral verantwortete Individualisierung leitet dazu an, die Einzelfragen des Lebens konsequent und verantwortlich im Zielhorizont des Lebens zu betrachten und zu deuten. Sie gewinnen dadurch an Ernst und Schwere. Weil aber der Zielhorizont des Lebens Gott selber ist, haben dieser Ernst und diese Schwere eine letzte Leichtigkeit, die sich aus der Gnaden-, Heils- und Beziehungswilligkeit Gottes speist.

Vor diesem Hintergrund kann auch neu nachgedacht werden über die Frage, wie die kirchliche Gemeinschaft mit Menschen umgeht, deren lebenslängliche Treuezusage nicht realisiert wurde.

Gemeinsame Schlussfolgerungen

Die vorgestellten Entwürfe gehen aus von der Situation des gesellschaftlichen Infragegestelltseins von Ehe und Familie. Beide folgern daraus einen theologischen *Begründungsbedarf für die Ehe als kirchliche Lebensform*. Wenn die Ehe weder selbstverständliche gesellschaftliche Praxis ist noch fraglos in ihrer sozialethischen Relevanz, dann darf die faktische Wertschätzung der Ehe in den Kirchen zum Anlass genommen werden, nach der *theologischen Dignität dieser Lebensform* als einer besonderen zu fragen. Daraus könnten sich dann pastoral und praktisch auch Perspektiven für eine Stärkung dieser Lebensform ergeben.

Beide Entwürfe wenden sich jeweils aus unterschiedlichen Gründen und anhand unterschiedlicher Bezugsgrößen gegen eine von ihnen in ihrer jeweiligen Kirche wahrgenommene theologische Skepsis gegenüber der *Ehe als Liebesbund zweier Menschen*. Für Ulrike Link-Wieczorek ist die reformatorische Kritik gegen das Verständnis der Ehe als Sakrament motiviert durch ein erwachendes Bewusstsein der Reformatoren für den Liebesbund in seiner in Leiblichkeit und Emotion gründenden Fragilität und Verletzlichkeit. Die nüchterne Wahrnehmung der menschlichen Grenzen da, wo Menschen ihren emotionalen Bindungen mit dem drängenden Engagement für eine gemeinsame Lebensgeschichte begegnen, steht im schneidenden Gegensatz zu dem sakramental verbürgten Anspruch auf Dauerhaftigkeit. Andererseits birgt gerade die Nüchternheit des reformatorischen Eheverständnisses selber wieder die Gefahr, dass die emotionale Dimension der Liebesbeziehung abgewertet wird zugunsten einer ebenso skeptischen wie funktionalen Sicht der Ehe.

Ralf Miggelbrink verfolgt eine sehr verwandte Intuition in der zunächst genau entgegengesetzten Perspektive: Gerade die Deutung der Ehe als Sakrament sieht er als Chance, einer rein ethisch/sozialethisch-funktionalen Deutung der Ehe zu entkommen. Voraussetzung dafür ist allerdings ein Sakramentenverständnis, das nicht fixiert ist auf die Frage der Effizienz des sakramentalen Zeichens. Löst man das Sakramentenverständnis von seiner primären Effizienzfixierung und betont mit der pneumatologischen und gnadentheologischen Tiefenstruktur der Sakramente vielmehr deren inkarnatorischen Charakter im Sinne einer lebensgeschichtlich offenen Wirksamkeit Gottes im Leben der Christen, die immer auch gefährdet ist und Umkehr, erneute Rechtfertigung und progressive Heiligung einschließt, dann muss die Deutung des Liebesbundes in seiner Fragilität und Verletzlichkeit als Sakrament nicht dessen Überforderung bedeuten. Dann bietet die Rede von der Zweierbeziehung als einem Heilszeichen Gottes vielmehr die Chance, Gottes unverfügbares Heiligungshandeln gerade in der Wagnishaftigkeit der Beziehungsgeschichte wahr- und anzunehmen. Die sakramententheologische Deutung von Ralf Miggelbrink mahnt eine entsprechende Existenzialisierung des Sakramentenverständnisses für die katholische Lehrauffassung von der Ehe als Sakrament an. In dieser erblickt er dann allerdings einen Widerstandsfaktor gegen ein ethisch verkürztes Eheverständnis und ein Korrektiv gegen die Prädominanz der juridischen Behandlungsweise von Ehefragen in der Kirche.

Ulrike Link-Wieczorek spricht ihrerseits von der absoluten Notwendigkeit einer pneumatologischen Erschließung des Eheverständnisses, in dem auch seine ekklesialen Bezüge deutlich würden. Damit nimmt auch sie die Ehe nicht primär in der gesetzlichen Ordnung der Natur wahr, sondern in ihrer Wirksamkeit im Heiligungsprozess, wie man aus einer katholischen

Perspektive heraus sagen würde. Aus ihrer Analyse entwickelt Ulrike Link-Wieczorek ein *Verständnis des Trausegens*, das die Unterschiedenheit des Trausegens von dem juridischen Akt der Ehekonsenserklärung betont. Anders als beim Konsens steht beim Segen die „Gabe vor der Beanspruchung" im Vordergrund. Der Segen soll aber nicht nur Zusage göttlicher Gabe sein. Er ist die *Inanspruchnahme Gottes durch die Menschen* in ihrer Geschöpflichkeit, Leiblichkeit, Sinnlichkeit und auf Dauer zielenden Beziehungswilligkeit. Er ist aber auch der Akt, mit dem die Gottes Leben für sich Beanspruchenden sich öffnen dafür, Medien der sich durchsetzenden, heilenden und heiligenden pneumatischen Lebenskraft Gottes zu werden. Für Ralf Miggelbrink führen seine Überlegungen zum Sakramentsbegriff zur Betonung des pneumatischen Berufenseins der Eheleute dazu, in der treuen Bindung zueinander Gottes Bejahung des einzelnen nachzuahmen und einander zu Helfern zu werden auf dem Weg ihrer biographischen und geistlichen Entwicklung. Die Lebensgeschichte der Eheleute miteinander wird von ihm gedeutet als Moment an der Heilwerdung des Menschen in der lebenslangen Beziehungsgeschichte mit Gott.

Das von Ulrike Link-Wieczorek entwickelte Verständnis des Trau-Segens als ein sowohl Gott als auch die Eheleute beanspruchendes Geschehen lässt durchaus eine vergleichbare Intention erkennen mit der Perspektive, die nach biographisch-extensionaler sakramentaler Effizienz der Lebensfülle Gottes fragt, die sich auch im Liebesbund der Ehe durchsetzen will.

Im Ergebnis des Dialogs stellt sich die Aufgabe, der theologischen und spirituellen Ausgestaltung der im Glauben eingegangenen und gesegneten Ehe nachzufragen. Die Ehe wird von beiden Seiten als eine geistliche Lebensform erkannt. Den Erfahrungen der Menschen wird nachzudenken sein, die sie mit Gott machen auf ihren gemeinsamen Lebenswegen mit dem Fleisch ihrer geschöpflichen Herkunft und der Verheißung, um Gottes Willen in diesem Fleisch realisierende Zeichen sein zu dürfen *der göttlichen Lebensfülle*, seines *Schaloms* füreinander und für die Welt.

Vor dem Hintergrund der Unterscheidung *sacramenta maiora* von den *sacramenta minora* kann die vorgeschlagene Theologie der Ehe einladen zu der Frage, ob ein Sakramentenverständnis, das juridisch-institutionalistische Engführungen überwindet, *late sensu* auch auf die Ehe angewandt werden kann. Die katholische Seite muss wahrnehmen, dass sie einer inhaltlichen Füllung dessen bedarf, was sie unter der Wirkung eines Sakramentes versteht. Damit steht sie vor der Notwendigkeit, sich würdigend mit Sprechangeboten auseinander zu setzen, wie sie im evangelischen Bereich für den Trausegen entwickelt wurden.

Segensbitte für die Gemeinschaft von Mann und Frau in ökumenischer Feier

Reinhard Hauke

1. Ein Vorwort: Die Fähigkeit zur Gemeinschaft als Lernprozess

Ein Schulkind steht allein auf dem Schulhof. „Mit mir will niemand spielen", sagt es der Lehrerin, die nach der Ursache für das Alleinsein forscht. Das Schulkind sucht den Grund bei den anderen. Das ist möglich, aber nicht die alleinige Möglichkeit. Es kann sein, dass es das Kind nie gelernt hat, Freunde zu finden und Freundschaft zu pflegen. Vielleicht wurde es zu oft von ängstlichen und wohlmeinenden Eltern vor Kindern gewarnt, die unordentlich sind oder aus schlechten Lebensverhältnissen kommen. Die Geschichte von Pippi Langstrumpf findet wohl deshalb bei Kindern und Erwachsenen großen Anklang, weil hier die Ängste vor dem Mädchen genommen werden, das so sonderbar denkt und handelt. Die Fähigkeit zur Gemeinschaft bedarf eines langen Lernprozesses, der von weitsichtigen Pädagogen – den Eltern und Erziehern – begleitet werden soll.

Wenn wir über die Gemeinschaft von Mann und Frau nachdenken und die ökumenische Dimension ausloten wollen, dann ist zunächst zu fragen, ob Gemeinschaft mit Gott zu tun hat. Diese Frage erscheint sehr simpel und ist doch von so großer Bedeutung. Der Christ gibt im Glaubensbekenntnis darauf eine Antwort, wenn er sagt: „Ich glaube an Gott – den Vater, den Sohn und den Heiligen Geist". Der christliche Glaube wird in der Gemeinschaft der Kirche gelebt und es gibt diese kirchliche Gemeinschaft im Himmel, auf der Erde und unter der Erde. Alle „Schichten" der Kirche sind in Freundschaft und Liebe miteinander verbunden und füreinander verantwortlich. Gemeinschaft suchen und finden ist deshalb ein Proprium christlicher Existenz. Damit ist es eine vornehmliche Aufgabe der Kirche, sich um Freundschaft und Partnerschaft zu sorgen und die göttliche Dimension der zwischenmenschlichen Beziehung in den Blick zu nehmen, die sich besonders in der sakramentalen Gemeinschaft von Mann und Frau ausdrückt. Diese Gemeinschaft wird von den „Betroffenen" mehrheitlich als Erfahrung bezeichnet, die alles Bisherige – wie z.B. eine Freundschaft – übersteigt. So ist es auch nicht verwunderlich, dass innerhalb der evangelischen Theologie, die bisher in der Ehe kein Sakrament sieht, über die sakramentale Dimension der Ehe nachgedacht wird.

Es soll jedoch auch nicht verschwiegen werden, dass innerhalb eines Lern- und Entwicklungsprozesses Enttäuschungen und das Zerbrechen möglich sind. Hier gilt es, pastoral klug zu entscheiden und Lösungs- und Erlösungsmöglichkeiten im Kontext der kirchlichen Lehre zu suchen. Dieser Prozess braucht Geduld und Sensibilität.

Nachfolgend wird von einem Projekt die Rede sein, dass auf dem Hintergrund der oben genannten Erfahrungen basiert. Seelsorger der katholischen und evangelischen Kirche haben – besonders durch die Arbeit in Schule und Gemeinde – die Problematik und Chance der Freundschaft, Partnerschaft und Liebe erkannt und nach Lebenshilfen gesucht. Als besondere Chance wurde dabei der bisher kommerziell geprägte Valentinstag (14. Februar) angesehen. Weitere pastorale Hilfen sind darüber hinaus zu überlegen.

2. Der Valentinsgottesdienst – Ökumenischer Segnungsgottesdienst für alle, die partnerschaftlich unterwegs sind

„Wo Menschen sich vergessen, die Wege verlassen, und neu beginnen, ganz neu, da berühren sich Himmel und Erde, dass Friede werde unter uns" – so lautet der Refrain eines Liedes, das beim Ökumenischen Segnungsgottesdienst am Gedenktag des heiligen Valentin in jedem Jahr gesungen wird. Der Text sagt es auf neue Weise, was wir im Epheserbrief beim Apostel Paulus lesen: „Darum wird der Mann Vater und Mutter verlassen und sich an seine Frau binden, und die zwei werden ein Fleisch sein. Dies ist ein tiefes Geheimnis; ich beziehe es auf Christus und die Kirche" (Eph 5,31f.). Aus der selbstvergessenen Hingabe an den Partner ergibt sich die Erfahrung eines neuen Himmels – manche sagen „des 7. Himmels". Zu dieser Hingabe müssen junge Menschen heute ermutigt werden, denn sie erleben kaum noch, dass ihnen gesagt und bezeugt wird: Liebe, Hingabe, Aufopferung für den Nächsten sind möglich – auch auf Lebenszeit. Gemeinschaft in der Familie mit Kindern ist möglich – auch auf Lebenszeit. Die Tagespresse und die „bunten Zeitungen" vermitteln leider nur das Bild der „Traumhochzeit" und der prominenten „Seitensprünge" und des Ehebruchs. Treue der Partner erscheint als etwas Außergewöhnliches, das im eigenen Lebensumfeld und auch in der Öffentlichkeit kaum erlebt und kaum hochgeschätzt wird. Und wenn es diese Treue dennoch gibt, dann erfährt sie – auch kirchlicherseits – zu wenig Beachtung. Allein zum 25. und 50. Hochzeitstag wird in die Kirche eingeladen und der Brautsegen erneuert. Braucht es nicht öfter eine Ermutigung, eine Würdigung und ein neues Bedenken der Partnerschaft und Liebe? Brauchen junge Menschen nicht viel öfter die lebendigen Hinweise auf gelebte Hingabe in guten und bösen Tagen? Das Angebot des Segens am jährlichen Valentinstag möchte hier ein Zeichen setzen, dass der Kirche die Partnerschaft von Mann und Frau ein Anliegen und ein kostbarer Schatz ist, den es sich wenigstens einmal im Jahr zu zeigen lohnt und der durch Meditation im Bild und Lied zum Glänzen kommt.

2.1 Der Ablauf des Gottesdienstes

Einzug: Ruhige Orgelmusik

Liturgische Begrüßung und Statio

„Am Abend eines Tages und am Ende einer Arbeitswoche haben wir uns in einer Kirche versammelt. Dazu wurden Sie durch die Medien und die Pfarrgemeinden eingeladen. Wir – die Vorbereitungsgruppe des heutigen Segnungsgottesdienstes am Valentinstag – heißen Sie herzlich willkommen.

Wir haben Sie in eine Kirche eingeladen, da wir der Meinung sind, dass die Liebe mit Gott zu tun hat – ob man es weiß oder nicht. Darum möchte ich Sie einladen, den Gottesdienst zu feiern im Namen des Vaters + und des Sohnes und des Heiligen Geistes. Amen.

Der heilige Valentin wird als Priester verehrt, der in Rom im 3. Jahrhundert lebte und als Martyrer, d.h. als christlicher Zeuge für den Glauben, starb. Seit 350 wird sein Fest am 14. Februar gefeiert. Zum Patron der Verliebten ist er geworden, weil er nach der Legende einem Paar gegen den Willen der Eltern zur Ehe und dann auch zur Flucht vor den erzürnten Eltern geholfen hat. Zum Patron der Befreundeten ist er geworden, weil er nach einer anderen Legende einer Schiffsmannschaft während eines Sturmes den nötigen Mut und Zusammenhalt gegeben hat. Wo Güte und Liebe ist, da ist Gott – so singen wir in einem Lied. Wo Menschen sich ganz auf den anderen verlassen, ist Gott mit im Bund, der zur Gemeinschaft stärkt und auch ermutigt.

Wir feiern heute einen Heiligen, dem nachgesagt wird, dass er im Namen Gottes die Liebe der Menschen unterstützt hat. Die Feier dieses Christen soll auch für uns eine Ermutigung dazu sein, Helfer zur Partnerschaft und zur Liebe zu werden – zur Liebe zwischen Mann und Frau und zur Nächstenliebe. In Wochen, wo von Krieg und Hass gesprochen wird und Regierungen um den Frieden und die Entspannung ringen, ist es gut, die Liebe und das gegenseitige Vertrauen auf den Thron zu heben. Wenn wir auch um die Problematik der Liebe und um deren leichte Zerbrechlichkeit wissen, so glauben wir doch an Gott, der überall da zu finden ist, wo Menschen sich um die Liebe bemühen, um sie ringen und sich an ihr freuen. Zum Gebet um die Liebe, zur Dankbarkeit für die erfahrene Liebe und zur Erweiterung des Horizontes der menschlichen Liebe auf Gott hin möchte ich alle herzlich einladen."

Gebet

„Guter Vater im Himmel, Schöpfer des Lebens und der zwischenmenschlichen Liebe, heute haben sich hier in der Lorenzkirche Menschen versammelt, denen das Thema ‚Liebe' und ‚Partnerschaft' wichtig ist.

Mancher kommt mit einem Hochgefühl und mancher auch mit Zweifeln und Enttäuschungen.
In allen Menschen lebt der Glaube an dauerhafte und beständige Liebe und Treue. Dieser Glaube lässt die Menschen auch nach Enttäuschung wieder beginnen. Und das ist gut so!
Wir danken dir heute besonders für die menschliche Fähigkeit, lieben zu können und auf den Mitmenschen zuzugehen. Im Schöpfungsgedicht wird dein Wort überliefert: ‚Es ist nicht gut, wenn der Mensch allein ist.'
Wir bitten dich aber auch für alle, die partnerschaftlich unterwegs sind, verheiratet oder nichtverheiratet, jung oder alt: Stärke sie im guten Willen, füreinander da zu sein. Richte alle Enttäuschten auf und schenke die nötige Kraft zur Versöhnung und zum Neuanfang.
Dich wollen wir in deinen Werken loben, deine Nähe suchen und dich in der Schöpfung erspüren.
Dich, den dreifaltigen Gott loben wir, der uns als gute und bleibende Gemeinschaft begegnet, als Vater, Sohn und Heiliger Geist.
Dir danken wir für die Kraft der Liebe alle Tage bis in Ewigkeit. Amen."

Betrachtung

2000: Bildbetrachtung: Marc Chagall „Liebepaar auf grünem Grund; dazu Musik mit Cello und Flöte
2001: Bildbetrachtung: Jan van Eyck „Hochzeitsbild des Giovanni Arnolfini", dazu: ruhige Musik mit Klavier
2002: Bildbetrachtung: Sieger Köder „Unter dem Apfelbaum habe ich dich geweckt (Hld 8)"; dazu: ruhige Musik
2003: Bildbetrachtung: Auguste Renoir „Das Ehepaar Sisley"; dazu ruhige Musik.
Danach wird ein Betrachtungstext gesprochen.

Z.B. *2001:* „Wir sehen das ‚Hochzeitsbild des Giovanni Arnolfini'. Ein Hochzeitsbild von früher. Es wirkt vielleicht auf den ersten Blick befremdlich. Manches Paar würde sagen: So würden wir uns niemals aufstellen, wenn ein Hochzeitsbild gemacht werden soll. Dennoch hat es offensichtlich oder auch verborgen Hinweise, die uns heute zu Denken geben können.
Das Zeitalter der Renaissance möchte den Menschen in seiner Individualität zeigen. Der Mensch soll wiedererkennbar sein. Der Mensch sucht sich als eigene, von anderen unterschiedene Persönlichkeit zu begreifen. Wohl nicht zufällig entstehen in dieser Zeit die ersten Selbstbildnisse. Zu den frühen Portraits gehört das ‚Hochzeitsbild des Giovanni Arnolfini'. Der niederländische Maler Jan van Eyck hat das Gemälde im Jahr 1434 geschaffen. Ein seltsam feierliches Paar gibt sich vor zwei Zeugen, die im Spiegel an der Rückwand des Zimmers sichtbar werden, das Heiratsversprechen. Der Maler erscheint als einer der Trauzeugen im Spiegel und konnte das Gemälde wie eine Trauungsurkunde und ein Zeugnis über das Verständnis der Ehe übergeben. Heute wird der Betrachter des Bildes ebenfalls zum Trauzeugen.
Das Paar steht in einem Raum, der mit kostbaren Möbeln ausgestattet ist. Auch das Paar selbst trägt prächtige Gewänder – vermutlich ist er der Sonntagsstaat. Die Frau im grünen Kleid, der Farbe der Hoffnung. Der Bräutigam hält mit der linken Hand voller Liebe die Hand seiner Frau. Er nimmt sie bei der Hand und will sie auf sicheren Wegen führen. Mit der rechten Hand macht er eine Handbewegung, die wie ein Segen aussieht. Vielleicht will er sagen: Weil ich von Gott mit einer guten Frau gesegnet bin, kann und

will auch ich Segen weitergeben. Die Braut schaut voller Liebe und Vertrauen ihren Mann an. Sie gibt sich in seine Hand. Die linke Hand liegt auf ihrem Schoß. Es kann vermutet werden, dass sie schwanger ist, d.h. gesegnet und in froher Erwartung eines Kindes, das Ausdruck ihrer Liebe sein soll.

Die Szene ist voller symbolischer Andeutungen, die als alltäglich Gegenstände ‚verkleidet' sind: Auf dem Leuchter brennt nur eine Kerze, obwohl vier Halterungen für Kerzen da sind. Ich möchte sie deuten auf die besondere Bedeutung der Nacht für das junge Brautpaar, aber auch dahingehend, dass durch ihre Liebe der Raum im hellen Licht erstrahlen kann. Ihre Gesichter sind auffällig hell und leuchtend. Weitere Hinweise symbolischer Art finden sich beim Ehebett im Hintergrund der Braut, in dem die Partnerschaft von Mann und Frau besonders deutlich wird; bei den Holzschuhen, die der Bräutigam abgestreift hat, weil er auf geheiligtem Boden steht, dem gemeinsamen neuen Fundament der Ehe; und die Treue soll sich im Hund darstellen, der zu Füßen des Paares steht.

Um den Spiegel im Hintergrund ranken sich Darstellungen aus der Passionsgeschichte. Erkennbar ist die Verurteilung, die Geißelung, die Kreuzigungsszene, die Grablegung und die Auferstehung Jesu. Im Hintergrund der ehelichen Partnerschaft steht die Erfahrung von Leid und Tod, aber auch die Erfahrung von Auferstehung und Leben. Wer in die Partnerschaft geht, ohne mit der Möglichkeit von Leid zu rechnen und die Möglichkeit der Erlösung zu sehen, die durch Schuldvergebung erfolgt, hat etwas Wichtiges im Hintergrund der Partnerschaft übersehen. Das offene Fenster zeigt die innere Gesinnung des Paares. In ihrer Partnerschaft wollen sie sich nicht verschließen und nur für sich sein. Was ihnen wichtig ist, sollen alle erfahren und an ihrer Liebe Anteil nehmen.

567 Jahre trennen uns von diesem Brautpaar und dennoch ist die Erfahrung gleich: Zwei Menschen trauen einander und erhoffen sich und dem Betrachter Segen und Glück durch die Treue, die möglich ist trotz der Erfahrung von Leid, weil es Erlösung durch Vergebung gibt.

Oder z.B. 2003: „Das Ehepaar Sisley" von Pierre-August Renoir
„Wir haben vor uns eine Postkarte mit einer Reproduktion des Gemäldes von Pierre-August Renoir: Das Ehepaar Sisley. Pierre-August Renoir lebte von 1841 bis 1919 und zählt mit zu den Begründern des Impressionismus. Um 1870 erreicht die künstlerische Qualität von Renoir ihren Höhepunkt. Unser Bild wurde 1868 gemalt, d.h. am Höhepunkt des künstlerischen Schaffens. Der Impressionist versucht, Augenblicke festzuhalten – Augenblicke der Bewegung oder des Lichtes – Augenblicke im Leben der Menschen. Das dargestellte Ehepaar Sisley scheint sich einen Ausflug im Sonnenschein zu gönnen. Die hellen Farben und der Schattenwurf weisen auf das gute Wetter hin. Die Bäume im Hintergrund stehen in Blüte. Die sommerliche Kleidung von Madame Sisley deutet auf frühlingshafte Temperaturen. Monsieur Sisley hat seinen Hut in der Hand und hat vermutlich auch seine Handschuhe ausgezogen – ihm ist sommerlich warm zumute auf dem gemeinsamen Weg. Beide legen eine Pause ein. Die Pause gehört ganz dem Paar. Monsieur Sisley hat nichts anderes im Blick als seine Frau. Er reicht ihr den linken Arm, damit sie sich auf ihn stützen kann. Wenn auch seine Kleidung die Pracht der Kleidung seiner Frau nicht erreichen kann, so ist er doch sonntäglich, festlich ausgestattet und ihr ebenbürtig.

Madame Sisley hat sich bei ihrem Mann untergehakt. Mit der linken Hand berührt sie behutsam und zartfühlend die Linke ihres Mannes. Sich einhenkeln, anlehnen und behutsam streicheln – das scheint ihr Verhältnis zu Monsieur Sisley auszumachen. Sie hat sich für den Spaziergang prächtig herausgeputzt. Das lange Kleid mit zahlreichen Spitzen, Ringe an jeder Hand, eine aufwendige Frisur mit Blume zieren Madame Sisley bei ihrem Spaziergang. Sie schaut nachsinnend auf den Weg, auf den Betrachter oder ins Leere.

Vielleicht möchte sie sagen: Ich kann mein Glück nicht fassen, ich kann mich daran anlehnen, ich kann mein Glück streicheln.

Sich füreinander interessieren, sich aufeinander stützen und das gegenseitige Interesse durch Zuneigung, gepflegte Kleidung, durch Pflege des Äußeren und der Gedanken zum Ausdruck bringen – das scheint mir das Thema des Bildes zu sein. Vielleicht hat Monsieur Sisley seinen Hut auch vor dem großen Geschenk seiner Liebe gezogen. Er scheint davon ganz in Anspruch genommen zu sein. Er kann sich nicht satt sehen daran. Seine Frau geht mit dem Geschenk der Liebe anders um: Sie fasst es an, sie lehnt sich daran. Sie möchte es spüren – handfest sucht sie nach dem Glück und hält es fest.

Als Paar unterwegs zu sein auf dem Lebensweg, kann sich in unterschiedlicher Weise gestalten. Vielleicht sind hier auch Phasen der Partnerbeziehung dargestellt: Zuerst das Gebanntsein von der Anmut und Schönheit des Partners. Dann auch der Blick nach vorn in Gemeinsamkeit, in Anlehnung an den Partner. Der gezeigte Gestus jedes der Partner *ohne* den anderen Partner wäre sinnlos. Es wäre ein Starren ins Leere oder die Suche nach Halt im leeren Raum. Interesse aneinander haben und den anderen zur Stütze nehmen, damit das Leben gelingt: Jedem Menschen ist ein solches Glück zu wünschen. Und wer es erfahren hat, sollte in Dankbarkeit leben – vor diesem Menschen und vielleicht auch vor Gott, wenn er kann. Der heutige Valentinstag könnte eine Gelegenheit sein, zu sagen vor Gott:
Ich danke dir für meinen Partner, der so schön ist für mich.
Ich danke dir, dass mir zum rechten Augenblick die Augen aufgegangen sind und ich ihn in seiner Liebenswürdigkeit erkannt habe.
Ich danke dir, dass ich mich anlehnen kann und wir gemeinsam unterwegs sein können.
Ich danke dir, dass es unser Glück gibt. Amen."

Lied: Wo Menschen sich vergessen (von allen gesungen)

Zeugnisse von zwei bis drei Partnern

Die Paare berichten kurz über ihre partnerschaftliche Situation und erklären, warum ihnen Partnerschaft wichtig ist.

Auslegung / Predigt:

Davor: Gesang der Dombergkantorei zu 1 Kor 13 oder Lesung von 1 Kor 13
Auslegung: Die Liebe Gottes ist in der konkreten Gestalt der Partnerschaft von Menschen erfahrbar. In 1 Kor 13 hören wir von der Bedeutung der Liebe für das Tun der Menschen.

Musikstück (z.B. Improvisation zu einem modernen Liebeslied etc)

Fürbitten (Pastor und Ehepaare)

Kyrie-Rufe (Chor) *(seit 2001)*

Allgemeiner Segen

„Der Herr segne dich und behüte dich;
der Herr lasse sein Angesicht über dir leuchten und sei dir gnädig;
der Herr erhebe sein Angesicht auf dich und schenke dir Frieden. Amen."

Einladung zur Segnung

„Die Liebe Gottes ist in der Bibel immer dort erkennbar, wo vom Segen Gottes die Rede ist. Wer die Liebe weitergeben soll, muss sie selbst erspürt haben. Darum sind jetzt alle Paare eingeladen, hier vorn durch die anwesenden Pfarrer und Ehepaare den Segen persönlich zu empfangen. Er soll eine Bitte an Gott um das Gelingen der Partnerschaft sein."
Bei der Segnung ruhiges Orgelspiel. Die Paare erhalten das Bild von Marc Chagall *(in 2000)* als Postkarte: „Vielleicht schreiben Sie sich darauf einen Liebesbrief in Erinnerung an Ihre Liebe zueinander und in Erinnerung an diesen Segnungsgottesdienst." – Mit der Segnung endet der Gottesdienst.

2.2 Reaktionen und Erfahrungen

Den Gottesdienst feiern seit 2000 jährlich ca. 130 bis 160 Personen mit. Etwa 40 Paare lassen sich jährlich am Ende des Gottesdienstes segnen. Die Atmosphäre ist besinnlich und von großer Freude über das Geschenk der Liebe zwischen Menschen geprägt. Von den Mitfeiernden wurden in jedem Jahr besonders die persönlichen Zeugnisse der Paare als ermutigend und bereichernd empfunden. Wenn dabei ein Seniorenehepaar davon spricht, dass es sich nun dafür entschieden hat, gemeinsam alt zu werden, dann ist das eine positive Annahme dieses Lebensabschnitts und eine Ermutigung für alle, die sich davor fürchten. Wenn ein jungverheiratetes Paar mit dabei anwesenden Drillingen von der großen Überraschung berichtet, die mit der Ankündigung dieser Mehrlingsgeburt selbstverständlich verbunden war, aber auch davon, dass ihnen Gott die Kraft gegeben hat, dazu Ja zu sagen und es dadurch besser geht, als man gedachte hatte, dann ist die Aussage verständlich, die ein Mitfeiernder machte: „Da hat man richtig Lust zum Heiraten und Kinderkriegen bekommen". Auch das Zeugnis der Eltern mit Kindern im Pubertätsalter war ermutigend für alle, die in dieser Lebensphase stehen, wo es um Geduld und gegenseitige Ermutigung der Eltern geht.

Das Thema „Partnerschaft, Liebe und Valentin" wurde 2001 im Vorfeld des Gottesdienstes durch Schülerinnen und Schüler der katholischen Edith-Stein-Schule in Erfurt bei Projekttagen besprochen und passende Lieder zum Thema ausgesucht. Es erscheint sinnvoll und möglich, auch junge Menschen mit diesem Thema frühzeitig zu konfrontieren, um sich bei aller Problematik über den Wert der Partnerschaft bewusst zu werden.

Christen und Nichtchristen haben sich gewünscht, dass diese Gottesdienstform fortgeführt wird. Es war eindeutig ein Gottesdienst, der jedoch auch Nichtchristen die Möglichkeit eröffnete, daran aktiv teilzunehmen.

2.3 Diskussionen und Einwände

a) In der Ökumene

Die Möglichkeit der konfessionsverschiedenen oder konfessionsverbindenden Eheschließung gilt als Frucht des Zweiten Vatikanischen Konzils. Die Suche nach Gemeinsamkeiten im Bekenntnis ermöglichte seitdem eine Praxis, die bisher undenkbar möglich war: Zwei Geistliche unterschiedlicher christlicher Konfession sind als Zelebranten bei der kirchlichen Trauung eines konfessionsverschiedenen Paaren anwesend. Sie agieren nach einer festgelegten Ordnung, die auf das theologische Denken beider Konfessionen Rücksicht nimmt und jeden Geistlichen das tun lässt, was ihm nach dem Verständnis seiner Kirche wichtig ist. Wohlwollende und offene Ökumene ermöglich hiermit eine pastoral kluge Form, die von den Brautpaaren als hilfreich empfunden wird. Natürlich regen sich auch Fragen und Anfragen betreffs der Unterschiedlichkeiten beider Kirchen im Umgang mit Geschieden-Wiederverheirateten. Darüber sollten die Kirchen im Gespräch bleiben und pastorale Lösungen suchen, die theologisch verantwortbar sind. Das Projekt des Valentinsgottesdienstes ist in diesem Kontext der pastoralen Arbeit zu sehen.

b) In der katholischen Kirche

Anfragen an diese Gottesdienstform kamen innerhalb der katholischen Kirche, da der Eindruck entstanden war, es würde damit eine Form geschaffen, die der Eheschließung gleichwertig sein soll oder den Eindruck erweckt, es würde hier eine kirchenrechtlich gültige Eheschließung vollzogen. Um diese Bedenken auszuschließen, erscheint es wichtig, die dabei verwendeten Riten und Symbole zu bedenken, mit denen der Unterschied zur kirchlichen Eheschließung deutlich werden kann. Darum wurde recht bald in der Erarbeitung des Valentinsgottesdienstes an Ritus festgelegt: Zunächst streckt der Zelebrant die Hände über diejenigen aus, die um den Segen bitten. Danach werden ihnen die Hände einzeln aufgelegt. Diese Form macht es möglich, dass auch mehrere Jugendliche gesegnet werden können, die sich als Freunde verstehen und ihre Freundschaft unter Gottes Segen stellen wollen. Diese Form ermöglicht auch den Segen für Einzelne, die – obwohl in der Partnerschaft lebend – am Gottesdienst nur allein teilnehmen können. Diese Form ermöglicht sogar den Segen für Ordensleute, die an diesem Tag – wie 2004 geschehen – um den Segen für ihre Brautschaft mit Christus bitten wollen.

Der Anfrage, ob damit nicht auch die Möglichkeit für eine kirchliche Sanktionierung der gleichgeschlechtlichen Partnerschaft gegeben sei, soll mit der Gegenfrage geantwortet werden: Wer sagt, dass es sich bei Freunden, die zum Segen vortreten, um eine eheähnliche Partnerschaft handelt und um die Sanktionierung gebeten wird? Solange nicht etwas anderes offensichtlich ist, sollten die um den Segen Bittenden als Freunde betrachtet werden. Andernfalls sollte darauf hingewiesen werden, dass der Valentinsgottesdienst nicht der Ort ist, um etwas zu erreichen, was nicht möglich ist. Jedoch soll die Möglichkeit eines Missbrauchs solange nicht daran hindern, diese Gottesdienstform einzuführen, bis es sich als pastoral unklug erweist.

2.4 Ausblick

Es ist zu erwarten gewesen, dass im Zusammenhang mit einem solchen Projekt und Versuch auch viele Diskussionen aufkommen. U.a. war es die Diskussion um die Möglichkeit, Segnungen dort vorzunehmen, wo kirchenrechtliche Bedenken angemeldet werden und auch berechtigt sind. Hierzu ist zu sagen, dass die Kirche immer schon zwischen Pastoral und Recht unterschieden und beide Bereiche der Seelsorge miteinander in Beziehung gebracht hat. Es ist wichtig, die Ordnung der Gemeinde aufrecht zu erhalten und Normen zu nennen, die dem Evangelium erwachsen. Es ist aber zugleich auch wichtig, nach Möglichkeiten Ausschau zu halten, wie Christen in „ungeordneter Beziehung" in der Gemeinde eine Integration erfahren. Das Christentum wurde in dieser Frage oftmals schon vor eine Zerreißprobe gestellt, aber hat sich auch immer in dieser Spannung bewähren können.

In einem Schreiben an die Initiatoren wurde gefragt, im Namen welchen Gottes die Segnung der Nichtglaubenden erfolgte. Dahinter verbirgt sich mit Sicherheit die Frage, ob sich der christliche Gott auch denjenigen zuwendet, die nicht an ihn glauben oder glauben können. Schon in anderem Zusammenhang wurde die Frage aufgeworfen, ob Gott sich auch demjenigen wirksam zuwenden kann, der nicht an ihn glaubt. Hierzu sind jedoch viele Beispiele der Heiligen Schrift anzuführen, die von Bekehrung derjenigen berichten, die sich zunächst in unentschiedener Weise gläubig verhalten haben und dann durch die Begegnung mit Glaubenszeugen in ihrem Glauben eindeutig wurden – nicht zuletzt ist an die Berufung des Apostels Paulus zu denken.

Für viele wurde durch dieses Projekt bewusst, dass die christliche Partnerschaft und auch die Partnerschaft der Nichtchristen eigentlich oftmals nur im Zusammenhang mit Trauungen und Ehejubiläen eine Rolle spielt.

Über das Thema „Familie" wird wesentlich öfter nachgedacht. Dass jedoch diese Phase der Partnerschaft zeitlich begrenzt ist und die Phase der Gemeinsamkeit von Mann und Frau einen zumindest ebenso großen Zeitraum einnimmt, ist oft aus dem Blick geraten. Es könnte durch eine solche Segnungsfeier im Umfeld des Sakraments der Ehe eine positive Gestimmtheit für das Sakrament bewirkt werden.

Nicht zuletzt soll auch auf Reaktionen von Ungetauften hingewiesen werden, die an der Segnungsfeier teilgenommen haben. Frau K. aus Erfurt – ungetaufte Mutter eines Mädchens, die 1998 an der ersten Feier der Lebenswende teilgenommen hatte – sagte: „Wir haben uns segnen lassen, weil ich es als etwas Feierliches für diesen Tag empfunden habe. Sich segnen lassen hat etwas Verbindliches, Bleibendes. Mir hat die recht weltliche Gestaltung gefallen und dass wir als Teilnehmer nicht mitbeten mussten. Ich habe zum Beten keinen Zugang. Schön war auch, dass jedes Paar eine Karte mit dem Bild von Chagall (in 2000) mitgegeben wurde." Mit „weltlicher Gestaltung" ist vermutlich die Art gemeint, mit der das Thema „Liebe und Partnerschaft" betrachtet wurde. Es waren „weltliche" Erfahrungen, die z.B. durch die drei beim Gottesdienst mitwirkenden Ehepaare mitgeteilt und dann auf Gott hin gedeutet wurden. Es waren die Elemente der Musik und des Bildes, die leicht verständlich sind. Wichtig scheint auch zu sein, eine Erinnerung an den Gottesdienst mitzubekommen. Die Postkarte löste eine „Langzeitwirkung" an den Gottesdienst aus. „Memoria", Gedächtnis, ist für den Menschen wichtig

2.5 Ermutigung aus christlichen Quellen

Der Valentinsgottesdienst gilt als eine Form der Pastoral für Freunde, Verliebte, Verlobte und Verheiratete. Er soll dazu ermutigen, Feierformen zu finden, die den Wert der Partnerschaft in den Blick nehmen und die Göttlichkeit der Liebe erkennen lassen. Inmitten einer Zeit, in der Treue und Verantwortung auf Lebenszeit und das Aushalten von Konflikten kaum ein Thema sind, ist der Christ herausgefordert, seine Quellen zu zeigen, die ihn zu Treue, Verantwortung und Konfliktbewältigung befähigen. Dieses Aufzeigen kann rational und liturgisch erfolgen, d.h. über das Denken und über die Feier, in der mit mehr oder weniger vielen Worten der Blick auf Gott deutlich wird. Angesichts der ca. 30 Prozent Ungetauften, die am Valentinsgottesdienst Jahr für Jahr teilnehmen, ist dieser Blick auf Gott eine Chance der Verkündigung, d.h. eine Chance zur Deutung dessen, was die Menschen schon erfahren haben: In der Liebe berühren sich Himmel und Erde. Was können wir dem Menschen an Erfahrung noch besseres gönnen?

KRANKENSALBUNG UND KRANKENSEGNUNG

Erneuerung der Feier der Krankensegnung und Krankensalbung in ökumenischer Perspektive

Ottfried Jordahn

Es hätte alles so gut gehen können – jedenfalls im Hinblick auf die Krankensalbung. Luther hat in seinem Sermon von der Bereitung zum Sterben 1519[1] ein Schulbeispiel dafür geliefert, wie die Rechtfertigungslehre als Kriterium des Glaubens geradezu die Möglichkeit erschließt, die katholische Tradition zwar kritisch zu sichten, dann aber nicht zu verwerfen, sondern positiv zu rezipieren. Fast möchte man darin eine Vorwegnahme der Gemeinsamen Erklärung von Augsburg 1999 erblicken!

1519 empfiehlt Luther für die Bereitung zum Sterben „zum ersten, das mann sich mit lauterer beycht (ßonderlich der großisten stuck vnd die zur zeyt ym gedechtniß muglichs vleyß erfunden werden) vnd d'heyligen Christenlichen sacrament des heyligen waren leychnams Christi vnd d'ölung vorsorge, die selben andechtig begere vnd mit großer zuvorsich empfahe, ßo man sie haben mag. Wo aber nit, soll nit deste weniger das vorlangen vnd begere der selben trostlich seyn vnd nit darob zu seher erschrecken"[2]. Und weiter: „Wilchem nu die gnade vnd tzeyt vorlihen ist, das er beycht, absoluirt, bericht vnd beolet wirt, der hatt wol groß vrsach Gott zu lieben, loben vnd dancken, vnd frolich zu sterben."[3]

Luther fügt sich mit seinen Ratschlägen ein in die überkommene Trias von Beichte, Kommunion und Salbung. Bemerkenswerterweise spricht er nur von Ölung, nicht „letzter Ölung" – vielleicht schon ein reformatorischer Akzent gegen die mittelalterliche Verengung.

---

[1] WA 2, 685–697, abgedruckt bei Ottfried Jordahn, in: Liturgie im Angesicht des Todes Teil I, herausgegeben von Hansjakob Becker, Dominik Fugger, Joachim Pritzkat und Katja Süß, Tübingen und Basel 2004, 2–13; in hochdeutscher Version in: Martin Luther, Ausgewählte Schriften, hg. von Karin Bornkamm und Gerhard Ebeling, Bd. II, Frankfurt a.M. 1982, 16–34, ebd. 26 wird Luthers Originaltext „beolet" bezeichnenderweise übersetzt in: „mit ... der letzten Ölung versehen wird".

[2] WA 2, 686, s. Jordahn, 3.

[3] WA 2, 692, s. Jordahn, 8.

1. Der mittelalterliche Kontext

Erste Spuren einer Erwähnung der Krankensalbung in nachbiblischer Zeit finden sich im 3. Jahrhundert in den Gebeten zur Ölweihe.[4] Das vom Bischof geweihte Öl darf von allen Christen für sich selbst und ihre Angehörigen in ihren Nöten zur Salbung verwendet werden. Aus diesem breiten Spektrum als Hilfsmittel für leibliche und seelische Krankheiten sowie zur Sündenvergebung erwächst im 9. Jahrhundert durch unterschiedliche soziologische und theologische Entwicklungen eine Fixierung auf die Spendung exklusiv durch den Priester und eine Verlagerung ihres Vollzugs auf das Lebensende. Die Salbung wurde nach der Buße und vor der Eucharistie gespendet. Seit Ende des 12. Jahrhunderts setzt sich die Bezeichnung extrema unctio durch.

So vielfältig die theologischen Deutungen besonders seit der Scholastik waren, so unterschiedlich gestaltete sich die Praxis in den verschiedenen Teilen der Christenheit bis hin zur faktischen Aufgabe der Salbung bei Armeniern und Nestorianern[5].

Mit dem Aufkommen der Siebenzahl der Sakramente wird die Salbung zu diesen gerechnet. Ab dem 13. Jahrhundert trat sie hinter Beichte und Kommunion an die letzte Stelle der Krankensakramente. In dieser Tradition steht Luther.

2. Der biblische Befund

Die wohltätige, reinigende, bekömmliche und heilende Kraft des Olivenöls bildet als menschheitlicher Erfahrungswert den Hintergrund auch der biblischen Aussagen. Im Alten Testament kulminieren sie in der bekennenden Heilsaussage Ps 23,5: Du salbest mein Haupt mit Öl und schenkest mir voll ein. Gott als der gütige Gastgeber deckt einem Verfolgten den Tisch und salbt dem Gast das Haupt mit Öl.[6] Diese Salbung als Zeichen der Gastfreundschaft findet sich im Neuen Testament reflektiert bei der Salbung Jesu durch die Sünderin (Lk 7,36–50, bes. 7,46). Die reinigende, pflegende Kraft des Öls (Ruth 3,3) erfährt eine Ausweitung im Hinblick auf die Salbung von Gegenständen zum kultischen Gebrauch (Ex 30,22–38) und von Personen zum kultischen Dienst (Ex 28, 41; 29,7). Die Salbung der Könige

---

[4] Herbert Vorgrimler, Art. Krankensalbung, TRE XIX, 664–669, ebd. 665. Vgl. Andreas Wollbold, Handbuch der Gemeindepastoral, Regensburg 2004, 405f.
[5] Vorgrimler, 666f. und Christian Grethlein, Benediktionen und Krankensalbung, in: Handbuch der Liturgik, Göttingen ³2003, 551–574, 567f.
[6] Vgl. Hans-Joachim Kraus, Psalmen I, BKAT 15/1, Neukirchen-Vlyn ³1966, 190.

Israels (1 Sam 16,13) als Zeichen der Einsetzung durch Gott verleiht dem so Gesalbten geradezu den Würdetitel Messias/Christos. Der Dritte Jesaja bekennt: Der Geist Gottes des Herrn ist auf mir, weil der Herr mich gesalbt hat (Jes 61,1). Öl zum Zweck der Heilung von Wunden und Krankheit nennt z.b. Jes 1,6. Aber auch der barmherzige Samariter gießt im Gleichnis Lk 10,25–37 dem unter die Räuber Gefallenen Öl und Wein auf seine Wunden (Lk 10,34).

Buße, Exorzismus und Salbung vieler Kranker mit Öl kommen zusammen bei der Aussendung der Zwölf (Mk 6,12f). Ziel ist die Gesundung. Die Heilungen, die Jesus selbst vollzieht, bezeugen die anbrechende Gottesherrschaft, in der dämonische Mächte besiegt und Sünden vergeben werden. Salbungen mit Öl sind von Jesus nicht überliefert, wohl aber seine liebende, auch real berührende Zuwendung zu den Kranken und seine Kritik an der damals verbreiteten Anschauung, dass Krankheit Zeichen konkret begangener Sünde ist (Joh 9,1–41)[7]. Bemerkenswert scheint, dass Jesus sich bei der Heilung auch äußerer Zeichen bedient: Brei aus Speichel und Lehm (Joh 9,6.15)[8] oder (Mk 7,31–36): Handauflegung, Berühren der Ohren mit den Fingern, der Zunge mit Speichel.[9]

Auf diesem verzweigten Bedeutungsgeflecht ist schließlich Jak 5,14f zu betrachten. Es geht um schwere Erkrankung. Der Kranke kann nicht selber kommen, sondern muss die Presbyter der Gemeinde rufen, die zur Zeit des Jakobus „beamtete Älteste der Gemeinde" sind; „und gerade mit ihrem Beamtencharakter muß ihre Heilkraft zusammenhängen"[10]. Das Öl ist nicht medizinisches Therapeutikum, sondern „Vermittler einer durch den Namen beschworenen göttlichen Kraft", die Heilung und Sündenvergebung wirkt. Diese Praxis wird zur Zeit des Jakobus geübt. Sie gründet ursprünglich auf dem Charisma der Krankenheilung, ist nun aber auf das Amt übergegangen.[11] Der Name Christi ist die heilende und sündenvergebende Kraft. Das Gebet des Glaubens scheint auf eine Vorstufe der Entwicklung zu verweisen, in der die charismatische Glaubenskraft (1 Kor 12,9; 13,2) noch nicht den Amtsträgern vorbehalten war.[12] Jedenfalls ist die Fürbitte füreinander und besonders für die Kranken um Genesung das Vorrecht aller Christen.

Schließlich muss die Salbung der Toten mit wohlriechenden Ölen Erwähnung finden. Mk 16,1 im Zusammenhang mit Mk 14,3–9 sowie

---

[7] Vgl. Ulrich Wilckens, Das Evangelium nach Johannes, NTD 4, Göttingen 1998, 156.
[8] AaO. 157: „auch hier eine symbolische Bedeutung".
[9] Zum ganzen vgl. Grethlein, 565f.
[10] Martin Dibelius, Der Brief des Jakobus (Meyer 15), Göttingen ^{9}1957, 233.
[11] Vgl. aaO. 234.
[12] AaO. 234f.

Lk 23,56; 24,1 und Joh 19,29f setzt die jüdische Begräbnissitte der Totensalbung in Beziehung zur Grablegung Jesu und vertieft theologisch tiefgründig die Bedeutung als Zeichen der Beziehung zu Gott, die auch durch den Tod nicht zerstört wird; so wird sie zur Salbung zum ewigen Leben.[13]

3. Luther und die Folgen

Luther setzt bei seinen späteren Überlegungen zur Salbung ab 1520 bei Jak 5,14f und Mk 6,13 ein und deutet diese Stellen als Bekundung urchristlicher Wunderheilungen. Sein Hauptargument gegen die Gestaltung der Salbung in seiner Zeit ist, dass die Theologen daraus ein Sakrament gemacht und es darüber hinaus zur „letzten Ölung" verfälscht haben.[14]

Sein Sakramentsbegriff verlangt die ausdrückliche Stiftung durch Christus und die daran geknüpfte Verheißung der Gnade. Lediglich als Zeichen, das dem Glaubenden Sündenvergebung und Frieden vermitteln möchte, kann er die Salbung von Kranken verstehen.[15] Die Salbungen bei der Taufe, die Luther im ersten Taufbüchlein von 1523 beibehalten hatte, gibt er in der Neufassung von 1526 ersatzlos auf.[16] Man muss ihm dabei zugute halten, dass für das ganze späte Mittelalter gilt: Die „Fülle symbolischer Handlungen" hatte „weitschweifig und unproportioniert" die Feier „eher überwuchert als sinnvoll entfaltet".[17] Unter diesem Aspekt klingt Luthers Stellungnahme zur „ölunge" in seiner bedeutenden Schrift „Vom Abendmahl Christi. Bekenntnis", 1528[18], in deren drittem Teil er seinen „glauben von stück zu stück bekennen [will], darauff ich gedencke zu bleiben bis ynn den tod"[19], erstaunlich katholisch-konservativ: „Die ölunge, so man sie nach dem Euangelic hielte Marci.6. und Jacobi.5. liesse ich gehen. Aber das ein sacrament draus zu machen sey, ist nichts [...] also were es auch wol feyn, das man zum krancken gienge, bettet und vermanet, und so man daneben mit Öle wolt yhn bestreichen, solt frey sein ym namen Gottes."[20] Dies gan-

---

[13] Vgl. Wilckens, 303.
[14] De captivitate Babylonica 1520, WA 6, 567–573; ebd. 567.
[15] AaO. 570f.
[16] Albrecht Peters, Kommentar zu Luthers Katechismen, Bd. 5: Die Beichte. Die Haustafel. Das Traubüchlein. Das Taufbüchlein, herausgegeben von Gottfried Seebaß, Göttingen 1994, 157–160.
[17] AaO. 159.
[18] WA 26, 261–509
[19] AaO. 507.
[20] AaO. 514. In der hochdeutschen Fassung heißt der letzte Satz: „Und wenn man daneben ihn im Namen Gottes mit Öl salben will, soll das frei sein", Martin Luther, Ausgewählte Schriften, 262.

ze Bekenntnis betont das Gemeinsame des Glaubens: „Das ist mein glaube, denn also gleuben alle rechte Christen. Vnd also leret vns die heilige schrift."[21] Zu beachten ist hier die Öffnung zur Krankensalbung hin, die mit dem Gebet und der Wortverkündigung zusammen den Kranken, nicht den Sterbenden im Auge hat und somit seine Aufrichtung und Heilung.

In der von Melanchthon verfassten Apologie der Augsburgischen Konfession werden Konfirmation und „letzte Ölung" zusammengenommen als „Ceremonien, welche von den alten Vätern herkommen, welche auch die Kirche nie als für nötig zur Seligkeit geachtet hat. Denn sie haben nicht Gottes Befehl noch Gebot"[22]. Sakramente hingegen – so heißt es unmittelbar davor – heißen „die äußerlichen Zeichen und Ceremonien, die da haben Gottes Befehl und haben ein angehefte göttliche Zusage der Gnaden". Dann aber fährt Melanchthon viel weiterfassend fort: „Denn dazu sind die äußerlichen Zeichen eingesetzt, dass dadurch beweget werden die Herzen, nämlich durchs Wort und äußerliche Zeichen zugleich ...Wie aber das Wort in die Ohren gehet, also ist das äußerliche Zeichen für die Augen gestellet, als inwendig das Herz zu reizen und zu bewegen zum Glauben. Denn das Wort und äußerliche Zeichenwirken einerlei im Herzen."[23] Unter diese Sicht ließe sich auch das „äußerliche Zeichen" der Salbung einordnen.

In den Loci praecipui theologici von 1559 stellt Melanchthon in einem Abschnitt „De unctione" die biblische Bezeugung des Öls als medizinisches Mittel bei der Ausübung der Gabe zu heilen heraus, ohne sie auf die Zeit der Bibel zu begrenzen. „Hoc donum mansit in Ecclesia etiam postea, et certum est adhuc multos precibus Ecclesiae sanari." Scharf weist er hingegen den jetzigen Ritus der Letzten Ölung als superstitiosa ceremonia, also als abergläubisch zurück.[24]

Johannes Calvin begrenzte die Heilungsgabe auf die Zeit der Apostel und kam von daher zur völligen Ablehnung der Salbung.[25] Ihm folgen die reformierten Kirchenordnungen, z.B. das Zweite Helvetische Bekenntnis 1566, das Krankenbesuch der Pastoren schon nach wenigen Tagen vorschreibt. Aufgabe ist das Trösten und die Stärkung des Glaubens, auch häusliche und öffentliche Gebete in diesem Zusammenhang. „Doch den papistischen Krankenbesuch mit seiner letzten Ölung können wir [...] nicht gutheißen, weil er viel Abgeschmacktes an sich hat und von der Heiligen

---

21 WA 26, 509.
22 BSLK 293, 9–14.
23 AaO. 292, 33–36 und 292, 41–293, 5.
24 Melanchthons Werke in Auswahl, herausgegeben von Robert Stupperich, II, 2, Gütersloh 1953, 507f.
25 Institutio IV, 19.

Schrift nicht gebilligt und nicht überliefert wird."[26] Hauskommunion mit Sündenbekenntnis und Absolution werden hingegen positiv geordnet.[27] Ähnlich fällt in den lutherischen Kirchenordnungen, die in der Regel den Krankenbesuch wenn überhaupt, nur äußerst knapp erwähnen, die Krankensalbung zugunsten von Beichte, Krankenkommunion, Gebet und Segen fort.[28] Aufgrund des Augsburger Interim vom Mai 1548 befanden die lutherischen Gebiete sich in der Zwangslage, fast alle römisch-katholischen Bräuche wieder einzuführen. Die Wittenberger Theologen erstellten unter Anleitung von Melanchthon ein Gegengutachten, das in Lehrfragen nicht nachgab – besonders im Hinblick auf die Rechtfertigungslehre –, wohl aber Kompromissbereitschaft im Hinblick auf die Praxis zeigte.[29] So sollte „die letzte Ölung nach dem Vorbild der apostolischen Krankensalbung gehalten" werden[30]. In der Praxis blieb dieses Zugeständnis jedoch folgenlos.

In der anglikanischen Tradition ging die Salbung trotz ihrer Gestaltung in der ersten Auflage des Book of Common Prayer 1549 und Versuchen einer Neubelebung im 18. und 19. Jahrhundert ebenfalls weitgehend verloren.

Die römisch-katholische Kirche hatte als Antwort auf die reformatorische Kritik ihre aus dem Mittelalter überkommene Auffassung der Salbung als Sakrament der Letzten Ölung auf dem Konzil von Trient 1547 verteidigt und im November 1551 lehrmäßig entfaltet. Allerdings findet sich neben extrema unctio auch der Begriff unctio infirmorum.[31] Damit war jedoch eine weiterführende Interpretation zunächst nicht intendiert und möglicherweise auch deswegen eine Neuordnung der Salbung in den evangelischen Kirchen für lange Zeit aus der Diskussion genommen. Allerdings beginnt in der römisch-katholischen Kirche dann schon in der Aufklärung eine Bedeutungswandlung Raum zu greifen. Es kommt nun durchaus auch die leibliche Heilung als mögliche Wirkung der „heiligen Oelung" in den Blick[32].

---

[26] Vgl. Bruno Bürki, in: Liturgie im Angesicht des Todes I, 281–335; ebd. 293 (deutsche Übersetzung); vgl. ebd. 299.
[27] AaO. 297.
[28] Vgl. Jordahn, in: Liturgie im Angesicht des Todes I, 23f u. 36–40.
[29] Vgl. Joachim Mehlhausen, Art. Interim, TRE XVI, 230–237, ebd. 234f.
[30] Albrecht Peters, Art. Adiaphoristische Streitigkeiten, EKL I, 42f, ebd. 42.
[31] Vgl. Vorgrimler, 668.
[32] Vgl. z.B. Benedikt Kranemann/Manfred Probst, Die katholischen Riten zur Sterbebegleitung und zur Beerdigung im Zeitalter der Aufklärung, in: Liturgie im Angesicht des Todes. Neuzeit II: Katholische Traditionen, Tübingen–Basel 2004, 767–986, z.B. 806f, 889.

4. Wilhelm Löhe

Neuartige Erfahrungen ganzheitlicher Leib-Seelsorge prägen die Situation im 19. Jahrhundert. Heilungswunder werden in pietistischen Kreisen durch Gebete und Handauflegungen erfahren[33] oder auch im Horizont der Anwendungen von Magnetismus bewirkt[34].

Vor allem Johann Christoph Blumhardt hat als großartiger Seelsorger die Auswirkungen geistlicher Praxis auf die Heilung körperlicher Leiden entdeckt. Dabei hat er ganz neuartige Methoden angewendet, mit denen er „aus den Denkgewohnheiten bisher praktizierten kirchlichen Handelns auszubrechen" vermochte[35]. Die Handauflegung spielt auch bei ihm eine große Rolle.[36] Und auch die biblische Krankensalbung tritt wieder ins Blickfeld. Hier ist exemplarisch Wilhelm Löhe zu nennen.[37] Im September 1856 vollzog er eine Krankensalbung im Neuendettelsauer Diakonissenhaus. 1857 veröffentlichte er das dabei verwendete, auf biblischer und altkirchlicher Grundlage gestaltete Ritual unter dem Titel „Der apostolische Krankenbesuch. Ein liturgischer Versuch"[38].

Nach Kyrie-Rufen, Vaterunser und Preces sowie Kollekte folgen Sündenbekenntnis und Absolution, dann Anrede mit Lesung von Jak 5,14f, fortführend: „Weil denn der allmächtige Gott nach seinem verborgenen Rate diesen unsern Bruder auf das Krankenbett gelegt hat, und er uns hieher berufen hat, für ihn zu beten, auch seine Sünden bekannt und Vergebung empfangen hat: so wollen wir, dem apostolischen Befehl gehorsam, aufheben heilige Hände sonder Zorn und Zweifel und für diesen unsern Bruder von ganzem Herzen beten, ihn auch salben mit Öl, und festiglich glauben, dass diese Krankheit zur Ehre Gottes und zum Heile des Kranken sich wenden werde." Es folgen zwei kurze Gebete um Genesung des Leibes und Erquickung der Seele. Darauf Salbung mit Öl „am leidenden Teil" oder an Stirn, Händen und Füßen oder „statt der Füße auf der Brust" mit den Wor-

---

[33] Barbara Juliane von Krüdener spielt hier eine durchaus auch dubiose Rolle; vgl. Veronika Beci, Eduard Mörike. Die gestörte Idylle. Biographie, Düsseldorf–Zürich 2004, 43.
[34] Der Dichter-Arzt Justinus Kerner ist hier zu nennen, der u.a. die Handauflegung medizinisch anwendet; aaO. 173; vgl. 180f.
[35] Joachim Scharfenberg, Art. Johann Christoph Blumhardt, TRE VIII, 721–727, 723; s. auch Hans-Jörg Reese, in: Bernd Jaspert (Hg.), Ökumenische Kirchengeschichte, Paderborn–Frankfurt a.M. 1998, 133.
[36] Vgl. Beci, 244, übrigens unter strenger Geheimhaltung!
[37] Wolfhart Schlichting, Art. Löhe, Johann Konrad Wilhelm (1808–1872), TRE XXI, 410–414.
[38] Wilhelm Löhe, Gesammelte Werke, herausgegeben von Klaus Ganzert, Bd. VII/2, Neuendettelsau 1960, 539–542.

ten: „Gehorsam heiligem Befehle salbe ich dich hiemit im Namen des Herrn, des Vaters +, des Sohnes +, des heiligen Geistes +. Ihm, dem dreieinigen ewigen Gott, sei Dank und Ehre! Dir aber geschehe Heilung und Friede, wenn es sein heiliger Wille ist." Es folgt ein Gebet: „Herr, wende Dein Angesicht in Gnaden zu diesem Deinem Knecht und verleihe ihm Hilfe auf seinem Schmerzensbette, lege Deine Hände auf unsere Hilfe, gebeut der Krankheit, dass sie unserer Schwachheit nicht spotte, sondern auf Anrufung Deines heiligen Namens fliehe, auf dass dieser Dein Knecht, wenn es anders seiner Seele nützt, hergestellt werde zur vorigen Gesundheit, aufgerichtet vom Lager, und Deiner heiligen Kirche unverletzt vor Augen trete. Durch Christum, unsern Herrn." Dem nun folgenden trinitarischen Segen wird zugefügt: „Der Herr Jesus Christus sei bei dir, dich zu beschützen und zu verteidigen +, in dir, dich zu erquicken +, um dich, dass er dich bewahre +, hinter dir, dich zu stärken +, über dir, dich um und um zu schützen und zu segnen +. Der heilige Geist komm über dich und bleibe über dir +." Mehrere Versikel und der Friedenswunsch beschließen die Handlung, die knapp und eindringlich gestaltet ist, allerdings mit insgesamt neun Kreuzeszeichen wohl doch etwas zu reich bestückt, abgesehen von der nicht erörterten Frage, ob die einzelnen Salbungsvollzüge nochmals in Kreuzesform geschehen sollen.[39]

Die Veröffentlichung im Korrespondenzblatt Dezember 1857 ist mit einer redaktionellen Anmerkung begleitet, die Löhes Tun als biblisch bezeichnet und „auf uralte Formen der christlichen Kirche, mit Beseitigung jedes unevangelischen und schriftwidrigen Zusatzes, gegründet" darstellt und ausdrücklich bemerkt, es solle damit kein Sakrament, „am Ende gar im Sinne der römischen Kirche", etabliert werden. Vielmehr habe Löhe sich im Sinne Luthers nur eines unveräußerlichen Rechtes der christlichen Freiheit bedient.[40]

Mit seinem Versuch hatte Löhe eine Mine losgetreten.[41] Das Konsistorium in Ansbach forderte im Februar 1858 das zuständige Dekanat Windsheim auf, einen Bericht Löhes und ein eigenes Gutachten zum Vorgang einzusenden.[42] Das Gutachten des Dekans stellt fest, dass Zeremonien an sich frei seien, aber nicht für den einzelnen, sondern für die Kirche (mit Bezug auf Artikel 10 der Konkordienformel). Trotz mancher Bedenken schließt es positiv: „gegen den ‚liturgischen Versuch' läßt sich, abgesehen

---

[39] Löhe hat sie allerdings in dieser Weise vollzogen; vgl. seinen Brief vom 15.2. 1858, in: Gesammelte Werke V, Neuendettelsau 1956, 721f.
[40] AaO. Bd. VII/2, 730f.
[41] AaO. Bd. V/2, 1317, Anm. 633.
[42] Vgl. die Darstellung aaO. V/2, 1048f.

von dem Zwecke, dem er dienen soll, im allgemeinen nichts einwenden, er ist seinem sonstigen Gehalte nach schriftgemäß und anziehend und erbaulich, wie alles, was Löhe schreibt."[43] Das Oberkonsistorium in München hingegen sah den Fall als äußerst bedenklich an. Ein Reskript erteilt dem Ansbacher Konsistorium den Auftrag, Löhe „die Vornahme dieser Handlung in irgendwelcher Form, schlechthin und für alle Fälle" zu untersagen und „sich allen willkürlichen Vorgehens in solchen Dingen fortan zu enthalten".

An alle Geistlichen erging die Bekanntgabe der vorgenommenen Krankenölung und ihres erfolgten Verbotes.[44] Eigentlicher Beweggrund war die konfessionalistische Angst vor katholisierenden Tendenzen, da der „Versuch" teilweise wörtliche Übersetzung des römisch-katholischen Rituals der Letzten Ölung sei.[45] Damit war das Bemühen um eine Revitalisierung der Krankensalbung für die lutherische Kirche vorerst gescheitert. Die Zeit war noch nicht reif.

5. Neue Ansätze

Schon als Gegengewicht zur „Technisierung der Medizin" mit ihrem „objektivierenden, reduzierten Verständnis von Krankheit als vorübergehendem Funktionsausfall eines Körperteils" hat die Krankenseelsorge heute die Ganzheitlichkeit des Menschen und damit den Zusammenhang von Krankheit und Leben zu verteidigen und zu betonen.[46] Gerade aber als „Teil ganzheitlicher Sorge und Therapie" ist sie offen für die sensible Wahrnehmung emotionaler Dimensionen. „Sie sollte [...] Teil der gemeinsamen Suche nach dem sein, was die Situation des Kranken erhellt, aus ihr herausführt oder sie anzunehmen hilft."[47]

In diesem Zusammenhang gewinnen Berührungen, Riten und Vollzüge, die über das rein worthafte Geschehen hinausgehen, neue Bedeutung und Belebung. Dazu gehören das Heilige Abendmahl, die Handauflegung und eben auch die Krankensalbung. Diesen Aspekten kommt die theologisch-ökumenische Neuorientierung in den Kirchen mit ihrer Überwindung herkömmlicher Grenzziehungen und konfessioneller Tabuzonen wie auch die

---

[43] AaO. 1318.
[44] AaO. 1049.
[45] AaO. 1048.
[46] Michael Klessmann, Art. Krankenseelsorge, TRE XIX, 669–675, 673.
[47] AaO. 674.

Freiheit zu unbefangener Kenntnisnahme religiöser Praktiken, Wurzeln und Überlieferungen im außerchristlichen Bereich entgegen.

Eine gewichtige Rolle für die Krankensalbung spielt die Neubesinnung des Zweiten Vatikanischen Konzils im Hinblick auf das römisch-katholische Verständnis. Vorausgegangen war 1950 die Approbation der Sterbe- und Begräbnisriten der Collectio Rituum pro omnibus Germaniae dioecesibus. Hier schon wurde weitgehend die deutsche Sprache erlaubt und die Krankensalbung (so nun die durchgängige Bezeichnung) vor die Kommunionspendung gesetzt, die als „das Viaticum als das eigentliche und einzige Sterbesakrament den krönenden Abschluß bildet"[48]. Das Konzil gab dann in SC 81 die Anweisung zur Neuordnung der Sterbe- und Begräbnisliturgie im Sinne österlicher Todesüberwindung.[49] Die daraus erwachsene Feier der Krankensakramente von 1975 führt zu folgender Gewichtung[50]: Die Wegzehrung des Leibes und Blutes Christi als Unterpfand der Auferstehung ist das eigentliche „Viaticum" und soll vom Kranken möglichst in einer Messfeier unter beiden Gestalten empfangen werden (1107; vgl. 1109). Dabei wird eine Tauferinnerung empfohlen (1108). In Todesgefahr soll zuerst die Möglichkeit zur Beichte gegeben und die Wegzehrung gereicht werden. „Danach erst soll, wenn die Zeit noch reicht, die Krankensalbung gespendet werden" (1108) – eine deutliche Nachordnung der Salbung (vgl. 1115).[51]

Die Salbung bittet um „Linderung seiner (ihrer) Schmerzen [...] und Stärkung in seinen (ihren) Krankheiten" (1119). Die Salbungsformel zielt darauf ab, dass „der Herr [...] dich von Sünden befreit, dich rette und dich, weil er dir gewogen ist, aufrichte" (1119). Die Krankensalbung kann auch ohne Wegzehrung gespendet werden (1120). Sie wird eingeleitet mit der Lesung von Jak 5,14 mit der Ankündigung: „der Herr Jesus Christus hat uns durch den Apostel Jakobus aufgetragen" (1120).

Auch in den Kirchen der Reformation hat sich unterdessen Erstaunliches ereignet. In der anglikanischen Kirche wird die Salbung wieder als Möglichkeit praktiziert.[52] Sogar die reformierten Kirchen entdecken behut-

---

[48] Balthasar Fischer, Sterbe- und Begräbnisriten der Collectio Rituum pro omnibus Germaniae dioecesibus 1950, in: Liturgie im Angesicht des Todes II, 987–1053, 1035.

[49] Matthias Kliegel und Patrick Schödl, Sterbebegleitung und Begräbnis nach dem Zweiten Vaticanum, in: Liturgie im Angesicht des Todes II, 1087–1196, 1087.

[50] Lateinische Originalausgabe von 1972, aaO. 1090–1107; deutsche Ausgabe aaO. 1107–1127.

[51] Vgl. aber die Kritik aaO.1128: „Durch die hier propagierte Stellung der Salbung erscheint diese (wieder) als letzte Ölung; ein theologischer Rückschritt".

[52] Vgl. Paul P.J. Sheppy, Sterbebegleitung und Begräbnis in der anglikanischen Tradition, in: Liturgie im Angesicht des Todes I, 337–548, z.B. für die Kirche der Provinz

sam die Krankensalbung neu. Impulse von der Communauté de Taizé mit Max Thurian haben das Terrain besonders in der französisch-reformierten Kirche enorm geweitet. In Lausanne hat ein Kreis von Pfarrerinnen und Pfarrern eine Kranken- und Sterbeliturgie erarbeitet und 1967 herausgebracht unter Benutzung der 2. Auflage des Sonderbandes der Agende für evangelisch-lutherische Kirchen und Gemeinden in Deutschland, herausgegeben von der Lutherischen Liturgischen Konferenz Deutschlands, „Handreichung für den seelsorgerlichen Dienst", Berlin 1966[53]. Daraus wie aus anderen Vorarbeiten entstand 1991 ein Livret pour l'Accompagnement des Malades[54], in dem auch die Handauflegung und die Salbung der Kranken als seelsorgerliche Möglichkeit vorgesehen sind mit dem Angebot liturgischer Gestaltungselemente hierfür[55].

In den evangelischen Kirchen Deutschlands gab es immer wieder einzelne Stimmen, die für die Praktizierung der biblischen Krankensalbung plädierten, z.B. innerhalb der Hochkirchlichen Vereinigung Friedrich Heilers[56], ferner Heinz Doebert[57] sowie – innerhalb der Evangelischen Michaelsbruderschaft – Walter Lotz mit dem konkreten Vorschlag für eine Ordnung der Krankensalbung[58]. Überhaupt sind es die Kommunitäten mit unterschiedlichen Akzentuierungen in der Bandbreite von pietistisch-charismatisch bis hochkirchlich-liturgisch, die hier eine Vorreiterrolle übernommen haben.[59]

Diese neuen Ansätze und Erfahrungen führten bei der Erarbeitung einer Handreichung für den seelsorgerlichen Dienst in der Lutherischen Liturgischen Konferenz Deutschlands zu einem Formular auch für die Krankensalbung. Dieses erschien dann allerdings 1958 nicht innerhalb des Bandes, sondern nur als eigens anzufordernde Beilage, weil die Lutherische Bischofskonferenz votiert hatte, dass liturgisch nur zu ordnen sei, was auch

---

von Neuseeland, aaO. 501. Der Sterbende „kann [...] die Heilige Kommunion oder die Salbung empfangen". Es schließen sich die Commendatio und der Valetsegen an (501f.). S. auch die Episcopal Church in USA, The Book of Common Prayer, New York 1979, 453–461.
[53] Bürki, 304 u. Anm. 35.
[54] AaO. 304f u. Anm. 36.
[55] AaO. 312.
[56] Friedrich Heiler, Evangelische Katholizität, München 1926, 232. Vgl. den instruktiven Bericht von Volkmar Walther, Salbung der Kranken in der evangelischen Kirche, in: Anzeiger 6 (1995), 310 und 314.
[57] Heinz Doebert, Das Charisma der Krankenheilung. Eine biblisch-theologische Untersuchung über eine vergessene Grundfunktion der Kirche, Hamburg 1960.
[58] Walter Lotz, Agende für die Seelsorge an Kranken und Sterbenden, Kassel 1949, 165–169.
[59] Vgl. Walther, 310.

tatsächlich praktiziert wird. Und soweit war es faktisch noch nicht![60] Immerhin stellt das Begleitwort fest: „in den protestantischen Kirchen wird gegenüber der Vielfalt und Bedeutung dieses Dienstes [an Kranken und Sterbenden] in der Urchristenheit eine Verarmung deutlich spürbar."[61] Und weiter: „Die Letzte Ölung wurde als Sakrament mit Recht verworfen; aber da eine neue, schriftgemäße Anknüpfung an Jakobus 5 nicht erfolgte, ging man der neutestamentlichen Realität der Krankensalbung und Handauflegung verlustig."[62]

Die Ordnung der Krankensalbung von 1958 beginnt mit Rubriken: weiß gedeckter Tisch mit Kreuz und zwei brennenden Kerzen im Blickfeld des Kranken, reines Olivenöl in einem kleinen Silber- oder Zinngefäß vom Pfarrer mitzubringen. „Nach geschehener Salbung wischt der Pfarrer das Öl von der Stirn des Kranken und von seiner Hand mit einem Wattebausch ab" (1). Beginn der Feier entweder mit dem „Krankenbesuch" oder der „Beichte am Krankenbett" nach den entsprechenden Ordnungen des Bandes oder Beginn nach Ankunft des Pfarrers „(mit den Helfern zusammen)" – das Eingeklammerte ist fakultativ: Friede sei mit diesem Hause und mit allen, die darin wohnen; Unsere Hilfe, Psalm 23 mit Gloria patri, Salutatio, Oremus, Kollekte – differenziert nach Salbung eines Kranken bzw. eines Sterbenden. Im ersten Fall: Bitte um den Glauben, der nicht zweifelt, und um Gewissheit, „du kannst diese Krankheit zum Heile wenden. Vollende du selbst in göttlicher Kraft das Werk, das wir im Gehorsam gegen dein Wort in menschlicher Schwachheit verrichten" (2). Im zweiten Fall: Bezug auf das Kreuzesopfer Christi, „führe diesen unsern kranken Bruder [...] durch dein Auferstehen zum ewigen Leben" (3). Möglichkeit, jetzt erst die Beichte einzufügen. Lesung Mk 6,7.12.13 und Jak 5,14–16. Litanei in Anlehnung an Wilhelm Löhe (falls möglich, kniend) – wieder differenziert in Bitten bei einem Kranken (Zeit seiner Heimsuchung recht erkennen lassen, helfen, „diese Züchtigung in Geduld zu tragen", Schmerzen lindern, im Glauben an deine Barmherzigkeit erhalten, stärken in allen Anfechtungen, erlösen von seinen Sünden und von allem Übel) und Bitten bei einem Sterbenden (auf das Ende seines Lebens recht bereiten, nahe sein in seiner letzten Stunde, gnädiges Ende bescheren, des Todes Qual verkürzen, durch des Todes Pforten zum ewigen Leben führen) (5f). Nun folgt die Salbung der Stirn „in der Form des Kreuzes", „Im Namen des Vaters und des + Sohnes und des Heiligen Geistes. Der allmächtige und barmherzige Gott stehe dir

---

[60] Handreichung für den seelsorgerlichen Dienst, herausgegeben von der Lutherischen Liturgischen Konferenz Deutschlands, Berlin 1958, „zunächst zur Erprobung" (7).
[61] AaO. 282.
[62] AaO. 283.

bei in deiner Not. Er vergebe dir alle deine Sünden und schenke dir das ewige Heil. Amen" (6). Danach Handauflegung (zusammen mit den Helfern), dabei wird gesagt: „Der Gott aller Gnade, der dich berufen hat zu seiner ewigen Herrlichkeit in Christo Jesu, der wolle dich, der du eine kleine Zeit leidest, vollbereiten, stärken, kräftigen, gründen. Ihm sei Ehre und Macht von Ewigkeit zu Ewigkeit. Der Friede des + Herrn sei mit dir. Amen" (6). Nun schließt sich die Kommunion an, beginnend mit der Präfation bzw. den Einsetzungsworten, oder der Pfarrer spricht den Friedenswunsch zu allen Anwesenden und verlässt (mit den Helfern) das Haus (7).

Als 1966 die zweite Auflage des Seelsorgerlichen Dienstes erschien, war die Krankensalbung noch immer nicht aufgenommen worden. Im „Anhang 1" wird jedoch „Der Krankensegen (Sterbesegen)" mit einer Einleitung eröffnet, in der es heißt: „Der Krankensegen ist in seiner Gestaltung altes Gut der christlichen Kirche, meist verbunden mit der Krankensalbung"[63]. Daraus wird aber keine weitere Konsequenz gezogen. Lediglich Eingangsgruß, Psalm 23, Lesungen – um weitere ergänzt – sowie unter verschiedenen Fürbittgebeten an dritter Stelle die Litanei nach Wilhelm Löhe und nach Stillem Gebet die beiden Kollekten aus dem Eingangsteil, schließlich auch die Salbungsformel und die Segensformel nach 1 Petr 5,10f sind übernommen, letztere alternativ für die Handauflegung des Krankensegens.[64]

Bahnbrechend war der Schritt der amerikanischen und kanadischen Lutheraner, in den Begleitband ihres großartigen Gottesdienstwerkes von 1978, der unter dem Titel Occasional Services 1982 erschien, ganz selbstverständlich eine Ordnung „Laying on of Hands and Anointing the Sick"[65] aufzunehmen. In den „Notes" wird angemerkt: „In recent decades, many have rediscovered the value of the laying on of hands and anointing with oil, both in the visitation of the sick and in public services of healing" (101). Das Öl wird in seiner Zusammensetzung beschrieben, und es werden Anregungen für das Gefäß und seine Ausstattung gegeben. Ein fakultatives Segensgebet ist beigefügt: „May your blessings come upon all who are anointed with this oil, that they may be freed from pain and illness and be made whole" (102). Die Ordnung ist knapp: Liturgischer Gruß, Anrede, Beichte und Absolution (fakultativ), 1–3 Lesungen, Handauflegung, kurze Stille, Votum: „I lay my hands upon you in the name of our Lord and Sav-

---

[63] Agende für evangelisch-lutherische Kirchen und Gemeinden. Erster Sonderband. Handreichung für den seelsorgerlichen Dienst, Berlin ²1966, 74.
[64] AaO. 75–77; 81–84.
[65] Occasional Services. A Compagnion to Lutheran Book of Worship, Minneapolis and Philadelphia 1982, 99–102.

ior Jesus Christ, beseeching him to uphold you and fill you with grace, that you may know the healing power of his love." (100); wenn die Salbung folgt, taucht der Diener den Daumen in das Öl und zeichnet das Kreuz auf die Stirn der kranken Person, indem er sagt: Name, „I anoint you with oil in the name of the Father, and of the Son, and of the Holy Spirit" (101). Ein kurzes Gebet und der Segen beschließen den Gottesdienst. Falls die Kommunion (häufig mit den direkt aus dem Gottesdienst der Gemeinde überbrachten konsekrierten Gaben) folgt, entfällt der Segen. Bemerkenswert erscheint die Rubrik: „Anointing normally is done by a pastor" (99).

Es ist durchaus möglich, Beichte, Salbung und Kommunion auf verschiedene Besuche zu verteilen (ebd.). Es fehlt jede Spezifizierung auf die Sterbesituation. Hier ist die eindeutige Absage an das Verständnis der Salbung als „Letzte Ölung" vollzogen zugunsten der heilenden Dimension. Für die Sterbenden ist eine gesonderte Ordnung der Commendatio vorgesehen, in der vor allem der Taufbezug akzentuiert wird. Unter Handauflegung wird der Valetsegen gespendet, dem sich das Nunc dimittis anschließen kann.[66] In den achtziger Jahren des vergangenen Jahrhunderts wurde die Salbung dann auch in Deutschland breiter thematisiert, z.B. auf der bayerischen Landessynode 1985[67].

Im Februar 1987 erschien eine Handreichung des Gottesdienstausschusses der Kirchenleitung der Nordelbischen Evangelisch-Lutherischen Kirche. Unter meinem Vorsitz war sie im Jahr zuvor erarbeitet worden.[68] Das Nordelbische Kirchenamt äußerte sich durch den zuständigen Dezernenten Oberkirchenrat Gerd Heinrich in einem vorangestellten Wort. Darin heißt es: Die Kirchenleitung hat die Handreichung „als eine hilfreiche Anregung für die Seelsorge an Kranken und Sterbenden gewertet". Sie war jedoch „nicht der Meinung, dass durch eine solche Handreichung die Krankensalbung schon zu einer neuen Ordnung der Kirche werden könne. Eine Handreichung, welche die Krankensalbung in der lutherischen Kirche nach Jahrhunderten wieder in Erinnerung ruft, kann gute biblische Gründe anführen und auf gute Beispiele in der weltweiten Christenheit verweisen. Sie regt dennoch etwas an, das bei Pastoren und vor allem Gemeindegliedern weithin noch fremd erscheint. Deshalb schien es noch nicht an der

---

[66] AaO. 103–107; vgl. die englische Textedition und deutsche Übersetzung bei Jordahn, Liturgie im Angesicht des Todes I, 150–157 sowie den Kommentar aaO. 161f.
[67] Vgl. Walther, 310 und 314 Anm. 20.
[68] Krankensegen und Krankensalbung. Eine Handreichung des Ausschusses der Kirchenleitung für Fragen des gottesdienstlichen Lebens in der Nordelbischen Evangelisch-Lutherischen Kirche, herausgegeben von Ottfried Jordahn, Kiel 1987 (maschinenschriftlich vervielfältigt).

Zeit, hier etwas zu ordnen, wohl aber eine wertvolle Anregung zu fördern." Die Handreichung solle deshalb zunächst interessierten Pastoren und Seelsorgern zugänglich gemacht werden und den Pröpsten für die Besprechung in den Pastorenkonventen dienen. „Um die Handreichung auch der gesamtkirchlichen Diskussion und Praxis zur Verfügung zu stellen, ist die Lutherische Liturgische Konferenz gebeten worden, die Anregungen auch im Rahmen ihrer Arbeit aufzunehmen" (2).

Der Entwurf mahnt sensible Variabilität im Hinblick auf den Kranken an. Sie unterscheidet zwischen der Situation von Kranken und Sterbenden. Die Salbung geschieht mit der rechten Daumenkuppe in Form des Kreuzeszeichens auf die Stirn, „(unter Umständen auch auf beide Handflächen oder Handrücken)", während der begleitenden Segensworte. „Die Salbstellen werden belassen" (4). Für den sichtbaren Gemeindebezug ist die Teilnahme von Angehörigen bzw. anderen Gemeindegliedern erwünscht.

Die Ordnung besteht aus dem liturgischen Gruß, kurzer Einführung, Psalm 23 mit Gloria Patri, Gebet mit eingefügter Zitation von Jak 5,14 („Herr Jesus Christus, du hast uns durch deinen Apostel Jakobus aufgetragen [...]") mit Bitte spezifiziert auf Kranke (Erwecke in ihm den Glauben, der nicht zweifelt, Gewissheit, du wendest diese Krankheit zum Heil) und auf Sterbende („führe unsern kranken Bruder [...] durch dein Auferstehen zum ewigen Leben"), fakultativ Beichte und Absolution, kurze Schriftlesung (drei Beispiele), sieben Gebete unterschiedlicher Intention, bevorzugt Bitte um Gesundheit, an vierter Stelle die Litanei mit Spezifizierung Kranke/Sterbende, aber auch Bonhoeffers „Von guten Mächten" oder „Gebet eines Menschen, der sterben möchte", Gebet über dem Salböl (10), Salbung: „N.N., ich salbe + dich im Namen des Herrn" (10), Handauflegung mit Segen: „Der allmächtige Gott helfe dir in seinem reichen Erbarmen. Er stehe dir bei mit der Kraft des Heiligen Geistes. Er richte dich auf in seiner Gnade". In eckigen Klammern zugefügt: „Der Engel des Herrn geleite dich auf deinem Wege und bringe dich an den Ort, den er für dich bestimmt hat", Friedensgruß (11). Es kann sich nun die Kommunion anschließen. Lobpsalm oder Dankkollekte („Wir danken dir für deine Gaben, die uns Kraft zum Leben schenken"), Vaterunser (falls nicht schon bei der Kommunion gebetet), trinitarischer Schlusssegen (11) oder bei einem Sterbenden Valetsegen in drei Varianten, falls der Tod eingetreten ist: „Der Herr schenke ihm [...] die ewige Ruhe, und das ewige Licht leuchte ihm" (11).

Ein Mitglied des Ausschusses hat einen Aufsatz zum Thema geschrieben, aus dem Folgendes zitiert sei: „Die Krankensalbung ist die sichtbare und konkrete Seite der Fürbitte. Sie könnte besonders angewendet werden bei Menschen, die nicht in der Lage sind, mit dem Mund etwas aufzunehmen oder zu schlucken, bei denen also keine Krankenkommunion möglich ist (Krebs im Speiseröhren- oder Mundbereich!). Sinnvoll ist die Krankensalbung jedoch auch als Konkretion der Fürbitte und des Segens, denn sie haftet an der Stirn oder an den Händen und erinnert den Menschen eine längere Zeit an das Gebet und erhält es im Gedächtnis lebendig. Der Geschenkcharakter des Gebetes wird für den Betroffenen leibhaftig. Krankensalbung bedeutet eindrücklich die Stärkung von Leib und Seele. Der Aufruf zur Fürbitte und Krankensalbung aus Jak 5,13ff wird ernst genommen und umgesetzt, und es wird ein weiterer Schritt zur Ökumene getan und der Dialog mit der röm.-kath. Kirche belebt"[69]. Die Erfahrung konnte inzwischen von nicht wenigen Geistlichen in privatem Umfeld und in Krankenhäusern gemacht werden, wie tröstlich das äußerlich länger bleibende Zeichen des Salböls für den Kranken, aber auch für die Angehörigen (z.b. bei Bewusstlosigkeit des Kranken, Komapatienten u.Ä.) ist – wie eine liebende, zärtliche Berührung durch Gott.

Viele haben unterdessen weitere Erfahrungen gesammelt; in Kommunitäten, Liturgischen Arbeitskreisen, landeskirchlichen Gottesdienststellen usw. wurden inzwischen Ordnungen für Salbungsgottesdienste für Gemeinden und Gruppen erarbeitet und in mannigfaltiger Praxis erprobt.

6. Die gegenwärtige agendarische Ordnung

Die zahlreichen Bemühungen mündeten in die offizielle Agende für Evangelisch-Lutherische Kirchen und Gemeinden, Band III, Die Amtshandlungen, Teil 4: Dienst an Kranken, 1994[70].

Der Vorentwurf dazu erschien schon 1990[71]. Es fehlt der Begriff Krankensalbung zwar noch in der Überschrift, die Sache jedoch ist voll aufgenommen, und zwar weitgehend auf der Basis der Handreichung von 1987

---

[69] Gabriele Lademann-Priemer, „ ... und so existieren beide, der Leib und die Seele als eine einzige Wirklichkeit" (Hildegard von Bingen) – Gedanken über Heil und Heilung, Krankensalbung, Sakrament und Segen, o.J. – Das Typoskript war seinerzeit über das Nordelbische Kirchenamt auf Anforderung zu beziehen (aaO. 3); zitiert auch bei Walther, 310f.

[70] Agende für Evangelisch-Lutherische Kirchen und Gemeinden, Band III, Die Amtshandlungen, Teil 4, Dienst an Kranken, herausgegeben von der Vereinigten Evangelisch-Lutherischen Kirche Deutschlands, Hannover 1994; ^{2}1995; ^{3}1996.

[71] Dienst an Kranken: Entwurf der Agende für evangelisch-lutherische Kirchen und Gemeinden, Band III, Teil: Dienst an Kranken, erarbeitet vom Liturgischen Ausssschuß der Vereinigten Evangelisch-Lutherische Kirche Deutschlands, (reihe gottesdienst 17, hrsg. von der Lutherischen Liturgischen Konferenz Deutschlands), Hannover 1990.

und bereits kirchenoffizieller vom Liturgischen Ausschuss der Vereinigten Evangelisch-Lutherischen Kirche Deutschlands (VELKD) erarbeitet. Einige kleinere Änderungen sind festzuhalten. Die Zitation von Jak 5 ist in die hinführenden Worte als Lesung eingefügt, somit entfällt das diesbezügliche Gebet nach Psalm 23. Zugefügt ist alternativ Psalm 73 in Auswahl. Die Lesungen wurden z.t. ausgewechselt sowie durch zwei alttestamentliche ergänzt (79f), die Gebete teilweise ausgetauscht, die Litanei in den Gebetsanhang verwiesen (156–158).

Die Handauflegung erfolgt in der Stille mit beiden Händen (83), danach in deklaratorischer Form: „N.N., du wirst gesegnet [und gesalbt mit Öl] im Namen unseres Herrn Jesus Christus. Er richte dich auf durch die heilende Macht seiner Liebe" (83). Neben dieser und der Handauflegungsformel der Handreichung sind zusätzlich die Konfirmationsformel und der aaronitische Segen als Alternativen angefügt (83).

Bemerkenswert ist die generelle Aufteilung der ganzen Ordnung im Anschluss an die Lesungen in A „Bei einem Kranken" (81ff) und B „Bei einem Sterbenden" (85ff). Bei Letzterem ist zunächst das Abendmahl eingefügt (85), dann folgen die besser zu dieser Situation passenden Gebete (86f) und nun erst als letztes Glied die Salbung: „N.N., du wirst gesegnet [und gesalbt mit Öl] im Namen unseres Herrn Jesus Christus. Er erbarme sich deiner. Er sei dir gnädig und nehme dich auf in sein ewiges Reich" (88). Es kann auch stattdessen (!) der Valetsegen gesprochen werden (88f). Die vorerst endgültige agendarische Fassung stimmt im wesentlichen – mit Ausnahme geringfügiger, meist redaktioneller Änderungen – mit dem Entwurf überein. Die Salbung Sterbender mit Salbungsvotum verbleibt an letzter Stelle. Nun aber heißt es: „Es kann sich der Valetsegen anschließen"[72].

Weggefallen ist leider das Gebet über dem Öl – nach Auskunft des Lutherischen Kirchenamtes in Hannover „aus Versehen". In den Gesangbüchern von Bayern, Thüringen und Mecklenburg hingegen steht es. Hier ist die ganze Ordnung abgedruckt unter der Rubrik „Kranke besuchen" als Möglichkeit für alle: „Christen und Christinnen können Kranke auf diese Weise segnen". In der Ordnung folgen Friedensgruß, Hinführung, Psalm, Lesung, Gebet, dann „Salbung" mit der Rubrik: „Die Krankensegnung kann mit einer Krankensalbung verbunden werden. Das Gefäß mit dem Salböl wird mit folgenden Worten zur Hand genommen: Gott, du nimmst deine Schöpfung in den Dienst deines Erbarmens. Wir bitten dich: Laß dieses Öl zum Zeichen deiner heilenden und rettenden Kraft an dieser/diesem Kran-

---

[72] Agende III/4, 101; vgl. den Text bei Jordahn, Liturgie im Angesicht des Todes I, 143.

ken werden. Amen."[73] Nun erfolgt die Segnung unter Auflegen beider Hände auf den Kopf; dabei wird das Votum (ohne „und gesalbt mit Öl") aus der Agende gesprochen. Eine Rubrik erläutert: „Bei einer Salbung taucht die oder der Segnende einen Finger in das Öl und macht das Zeichen des Kreuzes auf die Stirn oder auch auf die beiden Hände der/des Kranken. Ein gemeinsames Vaterunser kann sich anschließen."[74] Anders als in der Agende scheint also die Salbung in der Stille zu geschehen. Beim Segensvotum fehlt das Kreuzeszeichen.

Das Bedürfnis nach Salbung als Zeichen der zärtlichen Zuwendung Gottes zu seinen Menschen scheint weit verbreitet zu sein. Der Dienst an Kranken erreichte im Verlauf von drei Jahren drei Auflagen. Eigene Praxiserfahrungen zeigen die wachsende Bereitschaft einzelner Christen zum Empfang der Krankensalbung. Für Angehörige ist es oft ein großer Trost, den leidenden oder sterbenden geliebten Menschen dies verbleibende Zeichen tragen zu sehen, manchmal das einzige, das noch „ankommt". Aber auch das Bedürfnis nach allgemeinen Gottesdiensten mit Salbung innerhalb einer Eucharistiefeier oder als eigen gestaltete Form findet zunehmend Anklang und Verbreitung, keineswegs nur bei Kirchentagen oder in charismatisch-pfingstlerisch geprägten Gemeinden. So hält auch die Agende zwar keine vollständige Ordnung bereit wegen der sehr unterschiedlichen Anlässe und Situationen, wohl aber Texte und Hinweise zur Durchführung. „Bei solchen Gottesdiensten kann deutlich werden, daß Krankheit nicht nur den einzelnen Menschen, sondern auch die Gemeinschaft betrifft."[75] Der Wunsch, „auch Ängste, Aggressionen und Zweifel zu Wort kommen zu lassen", kann in einem Klagepsalm oder in einer Kyrie-Litanei aufgegriffen werden. Ein sehr gelungenes Fürbittgebet, vorgetragen von verschiedenen Sprechern und aufgenommen mit dem Gemeinderuf „Wir bitten dich, erhöre uns", betet für alle, die leiden, für alle, die krank sind, für alle, die niedergeschlagen sind, für alle, die im Dienst an Kranken stehen, für die Familien und Freunde unserer Kranken, für alle, die unser Gebet erbitten, für alle, die Entscheidungen (über medizinische Maßnahmen) zu treffen haben (104–106). Ein trinitarisch entfalteter Lobpreis, aufgenommen von dem Gemeinderuf „Gepriesen sei Gott" (106f) und ein Schlussgebet mit der Möglichkeit namentlicher Fürbitte schließt diesen Teil ab (107). Es folgt die Einladung an alle, „die den Segen Gottes unter Handauflegung empfangen möchten" (108), wenn sie gehen können, zum Altar

---

[73] Übrigens wieder genau im Wortlaut der Handreichung von 1987.
[74] Z.B. Evangelisches Gesangbuch. Ausgabe für die Evangelisch-Lutherische Landeskirche Mecklenburgs, Berlin–Leipzig o.J., Nr. 873, 1483–1485.
[75] Agende Dienst an Kranken, 103.

zu treten; die andern werden um ein Zeichen gebeten, damit der Pfarrer/die Pfarrerin zu ihnen kommt. Danach empfängt jeder einzelne – wenn möglich, kniend – Handauflegung und Salbung im agendarischen Wortlaut der Einzelsalbung (108f.). Bemerkenswert erscheint, dass die Salbung in der Agende im Regelfall dem ordinierten Amt vorbehalten ist. So ordnet es auch das Zeremoniale unter differenzierenden Rubriken für die Möglichkeiten der praktischen Durchführung: Jeder soll möglichst am Beginn seiner Segnung und Salbung seinen Taufnamen nennen, den der Liturg/die Liturgin dann wiederholt.[76]

7. Weitere Entwicklung

Einen ganz neuen Weg beschreitet eine in Kassettenform gestaltete Veröffentlichung des Amtes für Öffentlichkeitsdienst zusammen mit dem Kirchenamt und dem Gottesdienstinstitut der Nordelbischen Evangelisch-Lutherischen Kirche seit 2004: „Salbung in der Evangelischen Kirche"[77]. Die Kassette enthält neben einer Handreichung in Leporelloform mit einführenden Sachinformationen, biblischen Texten, praktischen Anleitungen und Bildern auch ein Schraubfläschchen mit biblischem Salböl, dessen Rezept nach Ex 30,23–25 detailliert mitgeteilt wird.

Unter der Devise: „Die Evangelische Kirche entdeckt einen alten biblischen Brauch wieder. Die Salbung mit Öl" wird das Thema in aller Unbefangenheit und unbelastet von konfessioneller Enge in einen weiten Horizont gestellt: von der Salbung im Taufgottesdienst über die Salbung eines kranken oder sterbenden Menschen („Sie kann helfen, Gebrechlichkeit und Krankheit, Siechtum und Sterben als Teile des eigenen Lebens anzunehmen") bis zur Salbung eines gestorbenen Menschen (u.U. außer Stirn und Händen auch Füße, Mund, Ohren und Augen. „So kommt zeichenhaft auch für Angehörige zum Ausdruck, dass der ganze Mensch sicher in die andere Welt Gottes geleitet wird, mit dem Glanz und Elend, Gelingen und Scheitern seiner und ihrer Lebensgeschichte"). Neue Salbungsformeln werden angeboten: „N. nimm hin das Zeichen deines Erlösers, Jesus Christus [Salbung] zum Zeichen, dass du gesegnet bist von deinem Gott. Fürchte dich nicht. Geh hin in seinem Frieden. Gott ist mit dir". Oder: „N., ich salbe

---

[76] Ein Evangelisches Zeremoniale, Liturgie vorbereiten. Liturgie gestalten. Liturgie verantworten, herausgegeben vom Zeremonialeausschuß der Liturgischen Konferenz, Gütersloh 2004, 175f.
[77] Salbung in der Evangelischen Kirche. Eine Handreichung, herausgegeben vom Amt für Öffentlichkeitsdienst zusammen mit dem Kirchenamt und dem Gottesdienstinstitut der Nordelbischen Evangelisch-Lutherischen Kirche, Hamburg o.J.

dich im Namen des Dreieinigen Gottes [Salbung]. Dein Leib, deine Seele und dein Geist haben Gutes und Böses empfangen, sie haben Gutes und Böses bewirkt. Gott aber spricht: ‚Das Alte ist vergangen. Siehe, ich mache alles neu!' So geh nun hin (und führe dein Leben) als Gesalbte(r) Gottes" (B). Oder: „N., ich salbe dich im Namen des Dreieinigen Gottes." [Salbung] Es folgt die Konfirmationsformel – wie in der Agende Dienst an Kranken (C). Oder: „N. [Salbung], ich segne und salbe dich im Namen Gottes, des Vaters, des Sohnes Jesus Christus und des Heiligen Geistes. Fürchte dich nicht. Geh hin im Frieden Gottes; er ist mit dir" (D).

Es kann sich ein Bibelwort anschließen. Bei der Anleitung zur Salbung wird darauf hingewiesen, dass sie „zu einem intensiveren Körperkontakt als etwa eine Handauflegung [führt; O.J.]. Besonders am Krankenbett braucht der Salbende deshalb ein besonderes Gespür für die Situation. Die Salbung soll entschieden und zugleich respektvoll gegenüber den Grenzen der Empfangenden gespendet werden [...] Eine Salbung wirkt umso überzeugender, je weniger die Handlung selbst während des Salbens erläutert wird." Eine deutliche Öffnung vollzieht die Kassette auch im Hinblick auf den Spender der Salbung – darin ähnlich den Gesangbuchbeigaben: „Nach protestantischem Verständnis ist die Salbung kein Sakrament, so dass nicht nur Geistliche, sondern auch Laien eine Salbung mit Öl feiern können. Das neu erwachende Interesse für Salbungen verdankt sich besonders dem Dialog mit den Kirchen des Südens, in denen nichtmedizinische, rituell unterstützte Heilungsaktivitäten traditionell eine große Rolle spielen. Weltweit wächst in der Kirche das Bewusstsein für die Bedeutung des Leib und Seele ansprechenden christlichen Heilungsdienstes. Angesichts von Krieg, Gewalt und Ungerechtigkeit in der Welt, die Menschen körperlich und seelisch krank machen, ist die Kirche zur ‚Heilung der Völker' (Offenbarung 22,2) berufen. Dies findet in der Salbung mit Öl einen liturgischen Ausdruck."

8. Ökumenische Konsequenzen

Die Geschichte der Salbung in der evangelischen Kirche, speziell im Hinblick auf Krankensegnung und Krankensalbung, zeichnet die vielfältigen Aspekte und Facetten der Tradition nach, einschließlich ihrer Unsicherheiten z.B. hinsichtlich ihrer Sakramentalität und damit des berufenen Spenders.

Während die agendarischen Ordnungen zwar nicht grundsätzlich, wohl aber faktisch die Spendung im Regelfall dem ordinierten Amt zuweisen (bei der Begleitung Sterbender als Aufgabe jedes Christen findet die Salbung keine Erwähnung, während für die Feier des Heiligen Mahles „der nächste erreichbare Pfarrer, die nächste erreichbare Pfarrerin" zu benachrichtigen ist[78]), verfahren hier andre Angebote anders (grundsätzlich kann jeder Christ die Salbung spenden). Darin schottet sich die ursprünglich allen offene Möglichkeit zur Salbung und die spätere Entwicklung der Reservierung für die Ordinierten ab. Es dürfte im Bewusstsein auch der evangelischen Christen heute verankert sein, dass als der natürliche Spender der Ordinierte erwartet wird. Gerade die sinnliche Zeichenhaftigkeit der Salbung rückt sie faktisch doch in die Nähe sakramentaler Vollzüge, ähnlich wie die Einsegnung bei der Konfirmation.

Die lange so bekämpfte „Letzte Ölung" stellt heute m.E. kein ernsthaftes Problem mehr dar, da es wohl als gemeinsame Überzeugung der Kirchen gelten kann, dass es grundsätzlich um die Genesung des Kranken geht.[79] Das aber führt dann andrerseits wieder zum unbefangenen Umgang mit der Salbung auch für Sterbende, die in der lutherischen Agende sogar vor der Commendatio und nach der Kommunion ihren Platz hat, zumal selbst die Salbung des Leichnams in die heutigen Überlegungen einbezogen werden kann. Insofern wird die „Todessalbung" durchaus wieder sinnvoll, ohne dass sie einer biblisch verstandenen Krankensalbung Konkurrenz machen müsste. So wäre wahrhaft Ökumenisch zu sagen: „Es könnte eine Form der Salbung als Stärkung zum irdischen Leben bei leiblicher Bedrohung und eine andere als christliche Gestaltung des Sterbens geben. Das einigende Band beider wäre die ‚gefährliche Erkrankung', d.h. die Bedrohung des Todes als eigenes Geschick"[80].

Die Ordnung für die Krankensalbung ist in beiden Kirchen heute ähnlich bis hin zur Identität. So kann Communio Sanctorum mit Recht bekunden: „Die lutherische Kirche bejaht und vollzieht [den römisch-katholischen Sakramenten; O.J.] entsprechende Handlungen in bestimmten Lebenssituationen" und nennt hier ausdrücklich die „Krankensegnung (mit Krankensalbung)". „Sie versteht diese als Segenshandlungen. Sie unterscheidet sie von Taufe und Abendmahl und sieht sie zugleich auf Taufe und Abendmahl hingeordnet. Sie hält es für angemessen, die grundlegende Bedeutung von Taufe und Abendmahl durch den Begriff ‚Sakrament' hervorzuheben", ohne ihn grundsätzlich darauf einzuschränken. „So hat die lutherische Kirche weder den eigenen Sakramentsbegriff abschließend definiert noch andere Auffassungen mit Verwerfungen belegt [unter Hinweis auf

---

[78] Agende Dienst an Kranken, 114.
[79] Vgl. Kliegel/Schödl, 1134 Anm. 34.
[80] Wollbold, 409; s. auch Gunther Wenz, Theologie der Bekenntnisschriften der evangelisch-lutherischen Kirche Bd. 1, Berlin–New York 1996, 611 Anm. 80.

Apologie 13,17]. Sie sieht es deshalb auch nicht als kirchentrennend an, wenn andere Kirchen die Bezeichnung ‚Sakrament' in einem weiter gefaßten Sinn anwenden"[81]. Die Frage, welches Gewicht der unterschiedliche Gebrauch der Bezeichnung „Sakrament" und „Segenshandlung" hat, bedarf weiterer Klärung auf Grund der historischen Entwicklung, der liturgischen Gestalt und des theologischen Verständnisses der einzelnen Handlungen. „Auf diesem Wege könnte es zu einem differenzierten Sakramentsbegriff kommen, der konsensfähig ist"[82].

Ein deutliches und nachahmungswürdiges Zeichen der schon erreichten Ökumenischen Gemeinschaft erscheint der mancherorts bereits Tradition gewordene Brauch, dass der römisch-katholische Priester seinem evangelischen Kollegen als österliches Geschenk ein Fläschchen des in der Ölweihemesse geweihten Öls für die Krankensalbung überreicht.

---

[81] Communio Sanctorum. Die Kirche als Gemeinschaft der Heiligen. Bilaterale Arbeitsgruppe der Deutschen Bischofskonferenz und der Kirchenleitung der Vereinigten Evangelisch-Lutherischen Kirche Deutschlands, Paderborn–Frankfurt a.M. ²2000, 48f, Nr. 83.

[82] AaO. 49f, Nr. 85.

„Mein Los ist Tod, hast du nicht andern Segen?"
Sakramentale Feiern im Umfeld von Sterben und Tod – ökumenisch betrachtet

Albert Gerhards

1. Die Rahmenbedingungen christlicher Liturgie

Der gesellschaftliche Wandel im Umgang mit Sterben, Tod und Trauer ist ein seit Jahrzehnten diskutiertes Thema. Die Kirchen haben versucht, auf unterschiedlichste Weise darauf zu reagieren: in gemeinsamen ökumenischen Erklärungen, mit pastoralen Hilfen und durch die Revision der liturgischen Ordnungen. Dennoch scheint die Diskrepanz zwischen den kirchlichen Angeboten und den Anfragen der Menschen immer noch gewachsen zu sein.[1] Das Lied „Ich steh vor dir mit leeren Händen, Herr" von Huub Oosterhuis, dem die Titelzeile dieses Beitrags entstammt, gibt der Aporie deutlichen Ausdruck. Statt Ergebung in den Willen Gottes und Hoffnung auf ewiges Leben, statt Weltverachtung und Jenseitsvertröstung gilt für viele Mitmenschen die radikale Diesseitsorientierung. Selbst für viele Christen ist Auferstehung ein fremder Begriff. Die häufig verwendete Bezeichnung „Wiederauferstehung" für das Ostermysterium verrät auch bei ihnen eine Distanz zum biblisch-geschichtlichen Danken und eine bewusste oder unbewusste Übernahme gängiger Reinkarnationsvorstellungen.[2] Diese sind freilich auch in ihren problematischen Erscheinungsformen Ausdruck einer Unsterblichkeitssehnsucht, die sich ansonsten heute vor allem in einer hemmungslosen Wissenschaftsgläubigkeit äußert, die bekanntlich von manchen Genforschern oder Neurologen eifrig geschürt wird. Die Fragwürdigkeit solcher Wissenschaftsutopien sowie ihrer medialen Aufbereitung tritt jedoch erbarmungsloser Regelmäßigkeit dann zutage, wenn – wiederum mit medialer Inszenierung – Katastrophenerfahrungen kollektive Traumata hervorrufen. Hier sind plötzlich wieder die Kirchen mit ihrer seelsorgerlichen Kompetenz gefragt, und dann findet auch ein ökumenischer Gottesdienst

---

[1] Vgl. Klemens Richter, Christliche Begräbnisliturgie in nachchristlicher Zeit, in: Albert Gerhards/Benedikt Kranemann (Hgg.), Christliche Begräbnisliturgie und säkulare Gesellschaft, EthSt 30, Leipzig 2002, 298–319.

[2] Vgl. Albert Gerhards (Hg.), Die größere Hoffnung der Christen. Eschatologische Vorstellungen im Wandel, QD 127, Freiburg–Basel–Wien 1990.

breite Akzeptanz selbst bei kirchlich Distanzierten, um über die Sprachlosigkeit hinwegzukommen. Die diversen Erfahrungen der vergangenen Jahre haben hier bei manchem Politiker zu einem Umdenken geführt.

Offensichtlich traut man den Kirchen im Umfeld von Sterben und Tod immer noch eine Schlüsselkompetenz zu, wie empirische Untersuchungen belegen.[3] Diese bezieht sich insbesondere auf die seelsorgerliche Begleitung und rituelle Ausgestaltung der existentiellen Situationen. Allerdings ist das Eis dünner geworden. Erfahrungen mit überlasteten Seelsorgern, einer unpersönlichen Bürokratie und lieblos persolvierten Gottesdiensten lassen viele enttäuschte Hinterbliebene – und zwar nicht nur die kirchlich Distanzierten – zu freien Seelsorgern, Ritenanbietern und Trauerbegleitern überwechseln. Hier, so scheint es, wird dem Bedürfnis nach individueller Begleitung und Bedienung besser Rechnung getragen. Theologische Gegenargumente – etwa der fehlende ekklesiale Bezug – haben kein Gewicht mehr und werden oft überhaupt nicht verstanden. M.a.W.: Die Kirchen stehen in der Gefahr, auch noch ihr „Kerngeschäft" zu verlieren. Der Witz über den Christen, der seinen Gott sonntags lieber im Wald als in der Kirche sucht und über den der Pfarrer sagt, dann solle er sich auch demnächst vom Förster beerdigen lassen, zieht nicht mehr.

Diese höchst unübersichtliche Gemengelage sollte aufmerken lassen. Wie bereits angedeutet gibt es hier zahlreiche Bemühungen auf unterschiedlichsten Ebenen. In diesem Beitrag geht es darum, einige Überlegungen hinsichtlich sakramentaler Feien im Umfeld von Sterben und Tod anzustellen. Dabei wird ein weiter Sakramentsbegriff (im Sinne der Benediktionen, früher „Sakramentalien" genannt) vorausgesetzt, der zudem auf seine ökumenische Tragfähigkeit hin zu befragen ist.[4] Es geht also um die Frage, welche Möglichkeiten die christlichen Kirchen hierzulande haben, ihr Proprium bei aller Differenziertheit der konfessionellen Prägungen als gemeinsame Offerte den Menschen in unserer Gesellschaft zu präsentieren. Dabei wird selbstverständlich vorausgesetzt, dass das Christentum auch für

---

[3] Vgl. Paul M. Zulehner, Wenn selbst Atheisten religiöse Riten wünschen, in: Gerhards/Kranemann, 16–24.

[4] Selbstverständlich darf hier kein Gegensatz zwischen Wort und Sakrament aufgebaut werden. Jede Sakramentsfeier enthält auch Wortverkündigung, und jede Wortverkündigung hat auch sakramentalen Charakter; vgl. Albert Gerhards, Stationen der Gottesbegegnung. Zur theologischen Bestimmung der Sakramentenfeiern, in: Martin Klöckener/Winfried Glade (Hgg.), Die Feier der Sakramente in der Gemeinde (FS Heinrich Rennings), Kevelaer 1986, 17–30; vgl. ders., Sakrament und Lebenswelt – Tauftheologie und -praxis vor gegenwärtigen Herausforderungen, in: Silvia Hell (Hg.), Die Glaubwürdigkeit christlicher Kirchen. Auf dem Weg ins 3. Jahrtausend (FS Lothar Lies), Innsbruck–Wien 2000, 157–172.

unsere Zeit ein Hoffnungspotential bereithält, welches freilich schwerer zu vermitteln ist als zu Vorzeiten. Zum Ausdruck kommt dies in der letzten Aussage des Credo, die nicht mehr auf Seiendes oder Geschehendes bezogen ist, sondern auf Kommendes: *Et exspecto resurrectionem mortuorum et vitam venturi saeculi.* Zu vermitteln wäre, wie eine Grundhaltung aus der Erwartung des Kommenden das Hier und Jetzt prägt, so dass eine christliche Lebensgestalt „attraktiv" erscheint. Letztlich handelt es sich um den Versuch, die ars moriendi als ars bene vivendi für unsere Zeit neu zu formulieren.

2. Geschichtliche und praktische Anmerkungen: Grundzüge der Sterbe- und Totenliturgie

Die Thematik gliedert sich im Wesentlichen in drei Themenkomplexe: (1) Sakramentale Feiern im Umfeld von Krankheit und Sterben, (2) Begräbnisliturgie und (3) Formen liturgischen Gedenkens.

Aus den einleitenden Bemerkungen ging bereits indirekt hervor, dass die christliche Liturgie von spätantiken Vorstellungen bezüglich der kosmischen Zusammenhänge des menschlichen Lebens geprägt ist, die heute schwer zu vermitteln sind. Dies gilt z.B. für die eindrucksvollen, aber kaum mehr nachvollziehbaren Bilder und Metaphern im klassischen katholischen Requiem, dessen Ambiente von der Sequenz „Dies irae" bestimmt war.[5] Bereits das „Deutsche Requiem" von Johannes Brahms sollte hierzu einen Gegenpol bilden. Dennoch hat man bei der Liturgiereform des Zweiten Vatikanischen Konzils möglicherweise das Kind mit dem Bade ausgeschüttet, indem man den österlichen Aspekt so stark in den Vordergrund stellte, dass jene Register, die die existentielle Betroffenheit der Menschen angesichts des Todes zum Ausdruck brachten, nicht mehr zum Klingen kamen. Inzwischen wissen wir, dass Liturgie, wenn sie heilsam sein soll, diese Erfahrungen nicht ausklammern darf.[6]

Im Folgenden sollen einige liturgiegeschichtliche und -praktische Anmerkungen zu den drei Themenkomplexen gemacht werden. Sie erheben

---

[5] Vgl. Albert Gerhards, Eschatologische Vorstellungen und Modelle in der Totenliturgie, in: ders. (Hg.), Die größere Hoffnung der Christen, 147–158.

[6] Vgl. Andreas Odenthal, Liturgie als Ritual. Theologische und psychoanalytische Überlegungen zu einer praktisch-theologischen Theorie des Gottesdienstes als Symbolgeschehen, PrTh 60, Stuttgart 2002; Wolfgang Reuter, Heilsame Seelsorge. Ein psychoanalytisch orientierter Ansatz von Seelsorge mit psychisch Kranken, TuP 19, Münster 2004.

keinerlei Anspruch auf Vollständigkeit, sondern sollen der ökumenischen Betrachtungsweise dieses Beitrags dienen.

2.1 Sakramentale Feiern im Umfeld von Krankheit und Sterben

Wie bei kaum einer anderen Sakramentsfeier hat die Reform des Zweiten Vatikanischen Konzils in die Sinngestalt des Krankensakraments eingegriffen.[7] Die Liturgiekonstitution stellte fest: „Die ‚Letzte Ölung', die auch – und zwar besser – ‚Krankensalbung' genannt werden kann, ist nicht nur das Sakrament derer, die sich in äußerster Lebensgefahr befinden. Daher ist der rechte Augenblick für ihren Empfang sicher schon gegeben, wenn der Gläubige beginnt, wegen Krankheit oder Altersschwäche in Lebensgefahr zu geraten" (SC 73).

Emil Joseph Lengeling brachte seinerzeit die Diskussion auf die Formel: Todesweihe oder Krankensalbung?[8] Bei der Reform und vor allem bei ihrer praktischen Umsetzung ging der Pendelausschlag teilweise zu sehr in die Gegenrichtung, so dass Gisbert Greshake für einen Mittelweg plädierte, „der die Polarität dieses Sakraments ‚zwischen' Krankensalbung und Letzter Ölung ernst nimmt".[9]

Entscheidend für die Öffnung in Richtung auf die Ökumene war aber die sakramententheologische Einbettung der Salbung in das Gebet der Kirche und damit die Beendigung der Isolation der auf Sündenvergebung reduzierten Salbung. Wie Harald Wagner hervorhebt, ergeben sich hier Anknüpfungspunkte für das ökumenische Gespräch mit den Kirchen der Reformation.[10] Als eine Sonderform des Krankensegens wird die Krankensalbung in der evangelischen Kirche zunehmend wiederentdeckt.[11] Im Handbuch der Liturgik widmet Christian Grethlein dieser Frage breiten Raum.[12]

Heutige Theologie und Praxis der Krankensalbung lassen sich thesenartig wie folgt zusammenfassen: Das Sakrament der Krankensalbung kann

---

[7] Vgl. Albert Gerhards, Die Krankensalbung – ein heilsames Sakrament, in: LS 51 (2000) 147–152.

[8] Emil J. Lengeling, Todesweihe oder Krankensalbung?, in: LJ 21 (1971) 193–213.

[9] Gisbert Greshake, Art. Krankensalbung II. Historisch-theologisch, LThK³ VI, 422.

[10] Vgl. Harald Wagner, Art. Krankensalbung IV. Ökumenisch, LThK³ VI, 423.

[11] Vgl. Agende für evangelisch-lutherische Kirchen III/4, Hannover 1994; dazu Andreas Heinz, Art. Krankensalbung VI. Praktisch-theologisch, LThK³ VI, 425.

[12] Christian Grethlein, Benediktionen und Krankensalbung, in: Hans-Christian Schmidt-Lauber/Michael Meyer-Blanck/Karl-Heinrich Bieritz (Hgg.), Handbuch der Liturgik. Liturgiewissenschaft in Theologie und Praxis der Kirche, Göttingen ³2003, 551–574.

seine heilsame Wirkung nur dann entfalten, wenn die Erfahrung ernster, lebensbedrohender Krankheit eingebunden ist in die durch die Taufe begründete Glaubensgewissheit der Kirche, dass Gott die Treue hält auch im Tod. „Heilung" ist daher immer im umfassendsten Sinne zu verstehen und keineswegs auf die körperliche Krankheit reduziert. Sie betrifft ganzheitlich auch die seelische und geistige Konstitution und macht den ganzen Menschen – auch in seiner schuldhaften Verstrickung – heil. Dies gilt unabhängig davon, ob er im medizinischen Sinn wieder gesund wird oder nicht. „Heilsam" ist die Krankensalbung nicht nur für den kranken Menschen, sondern auch für die Glaubensgemeinschaft der Kirche.[13]

Für Gisbert Greshake ist die Krankensalbung, insofern sie in besonderer Weise mit dem leidenden und verherrlichten Herrn verbindet[14], „gewissermaßen die Tauferneuerung in einer Situation, die den Menschen mit den von ihm selbst nicht zu bewältigenden Grenzen seines Lebens konfrontiert."[15]

Wesentlich für das heutige Verständnis der Krankensalbung ist ihre Einbettung in die Kranken- und Sterbendenpastoral mit einer Fülle von Zeichenhandlungen. Neben der Einbettung der sakramentalen Handlung in einen eigenen Gottesdienst mit Schriftlesungen, Gesängen, Gebeten und anderen Zeichenhandlungen steht die Krankensalbung in einem noch weiteren pastoralen Umfeld. Erwähnt wurde bereits der Krankensegen, der Bestandteil des Krankenbesuchs (auch von Laien) ist. Krankenbesuch und Krankenkommunion sind gewissermaßen der Rhythmus, in den die Krankensalbung als eine besonders herausgehobene Form eingefügt ist. Das katholische Rituale für die Feier der Krankensakramente klammert Sterben und Tod selbstverständlich nicht aus. Die Wegzehrung – das eigentliche Sterbesakrament – und Sterbegebete gehören zu seinem Bestand.

2.2 Begräbnisliturgie

Die Begräbnisliturgie hat in den vergangenen Jahrzehnten ebenfalls große Wandlungen erfahren und befindet sich weiterhin im Umbruch. Das hängt nicht zuletzt mit dem Wandel der Bestattungskultur und dem Niedergang traditioneller Formen des Totengedenkens zusammen. In den vergangenen

---

[13] Gerhards, Krankensalbung, 148.
[14] Vgl. in diesem Zusammenhang das am Karfreitag gelesene Vierte Lied vom Gottesknecht, insbes. Jes 52,4: „Aber er hat unsere Krankheit getragen und unsere Schmerzen auf sich geladen."
[15] Gisbert Greshake, Art. Krankensalbung III. Systematisch-theologisch, LThK³ VI, 422.

Jahren haben sich verschiedene Fachtagungen mit dieser Thematik befasst, so die der Arbeitsgemeinschaft der katholischen Liturgikdozentinnen und -dozenten unter dem Thema „Liturgie im Umfeld von Sterben und Tod im Kontext der säkularen Gesellschaft" 2000 in Schmochtitz/Bautzen[16] oder die des Bereichs Pastoral der Deutschen Bischofskonferenz sowie des Kuratoriums Deutsche Bestattungskultur unter dem Titel „Bestattungskultur – Zukunft gestalten" 2003 in Erfurt.[17]

Seit längerer Zeit liegt eine an der Universität Mainz vor allem durch Hansjakob Becker besorgte große Dokumentation der Totenliturgien vor.[18] Erwähnt seien auch die von Klemens Richter herausgegebenen Arbeiten.[19] Die Riten im Umfeld von Tod und Bestattung sind einerseits durch Kontinuität geprägt, andererseits kreieren neue Lebensumstände und Werteordnungen gerade in diesem Bereich neue Rituale. Die überkommenen Rituale sind vielfältig, weil regional verschieden.[20] Dennoch gibt es hier jahrhundertealte konfessionsübergreifende Übereinstimmungen, die erst in jüngster Zeit grundsätzlicher angefragt werden. Zu den angefragten Kontinua gehören die Verwendung bestimmter Psalmen (seit dem 4. Jahrhundert bezeugt), Zeichenhandlungen wie Aspersion und Inzens seit dem Frühmittelalter sowie der Erdwurf seit dem Hochmittelalter.[21] Wie sehr das christliche Verständnis der Übergabe des Leichnams in die Erde mit dem Deutewort „Staub bist du und zum Staub kehrst du zurück" im Horizont des Auferstehungsglaubens heute nicht mehr vorausgesetzt werden kann, zeigt allein das Faktum, dass an vielen Orten der Sarg nicht mehr coram publico abgesenkt wird. Die Zeichenhandlung des Erdwurfs mit ihren Deuteworten ver-

---

[16] Vgl. Martin Stuflesser, Liturgie im Umfeld von Sterben und Tod im Kontext der säkularen Gesellschaft, in: LJ 51 (2001) 253–258, sowie den Tagungsband: Gerhards/Kranemann.

[17] Kerstin Gernig (Hg.), Bestattungskultur – Zukunft gestalten. Publikation der Fachtagung am 16.–17. Oktober 2003 in Erfurt, Düsseldorf 2004.

[18] Vgl. Hansjakob Becker/Bernhard Einig/Peter-Otto Ullrich (Hgg.), Im Angesicht des Todes. Ein interdisziplinäres Kompendium I–II (Pietas Liturgica 3–4), St. Ottilien 1987; Liturgie im Angesicht des Todes. Kommentierte Edition der orientalischen, lateinischen und reformatorischen Sterbe- und Begräbnisliturgien (Pietas Liturgica 9–14), Tübingen–Basel 1996ff.

[19] Vgl. Klemens Richter (Hg.), Der Umgang mit den Toten. Tod und Bestattung in der christlichen Gemeinde, QD 123, Freiburg–Basel–Wien 1990, ders./Manfred Probst, Zeichen der Hoffnung in Tod und Trauer. Ein Werkbuch zur Sterbe- und Totenliturgie, Freiburg 1996.

[20] Vgl. Reiner Kaczynski, Die Sterbe- und Begräbnisliturgie, GdK VIII, Regensburg 1984, vgl. auch Gerhards/Kranemann.

[21] Vgl. Jürgen Bärsch, Die nachkonziliare Begräbnisliturgie. Anmerkungen und Überlegungen zu Motiven ihrer Theologie und Feiergestalt, in: Gerhards/Kranemann, 62–99.

liert dadurch ihren Sinn, da es sich nun nicht mehr um ein symbolisches Zuschaufeln des offenen Grabes handelt.

Das Wesen des christlichen Begräbnisses besteht darin, den bitteren Ernst der Abschiedsituation nicht zu leugnen, sondern ihn so zu inszenieren, dass zugleich eine Hoffnungsperspektive eröffnet wird. Daher gehören die Exequien, das Requiem, zur katholischen Bestattungsliturgie wesentlich hinzu. In ihm liegt der eigentliche sakramentale Höhepunkt der Totenliturgie, gegenüber dem die Riten der Verabschiedung und der Bestattung nur ausdeutende Riten darstellen. Bei der Totenmesse handelt es sich nicht um eine „Auferstehungsfeier", sondern um die sakramentale Vergegenwärtigung des Todes und der Auferstehung Jesu angesichts der Erfahrung des Weggangs eines geliebten Menschen, der so als Transitus zum ewigen Leben gedeutet werden kann. Der Übergang zum neuen Leben setzt das Sterben notwendig voraus. Es handelt sich beim Requiem demnach primär um eine Messe im Angesicht des Todes, freilich in christlicher Deutung.[22]

De facto gleichen sich die Formen evangelischer und katholischer Bestattungsliturgie dadurch an, dass das katholische Begräbnis immer häufiger nicht mehr vom Priester unter Einschluss der Totenmesse, sondern von haupt- oder ehrenamtlichen Laien geleitet wird. Diese z.B. in Frankreich schon lange geübte Praxis[23] kann dann fruchtbar sein, wenn die Begräbnisfeier eingebettet ist in eine Sterbe- und Trauerbegleitung durch dieselbe Person. Doch ist der (teilweise rigoros durchgeführte) Verzicht auf die Begräbnismesse ein Verlust, dessen Folgen noch nicht absehbar sind. Dies ist um so bedauerlicher, als in der evangelischen Kirche die Bedeutung des Abendmahls im Kontext der Bestattung wiederentdeckt wird.[24]

2.3 Formen liturgischen Gedenkens

Die Gedächtniskultur ist in unserer Gesellschaft nach wie vor stark durch die christliche Tradition geprägt. Dies zeigt sich insbesondere angesichts von Krisenerfahrungen wie dem Angriff auf das World Trade Center in New York, dem Amoklauf in der Erfurter Schule oder der Flutkatastrophe

---

[22] Vgl. Winfried Haunerland, Nicht nur „Auferstehungsgottesdienst". Zur Eucharistiefeier als Teil der Begräbnisliturgie, in: Gerhards/Kranemann, 100–119; vgl. auch die grundlegende Untersuchung zum Gedenktag Allerseelen: Jürgen Bärsch, Allerseelen – Studien zu Liturgie und Brauchtum eines Totengedenktags in der abendländischen Kirche, Münster 2004.

[23] Vgl. Lioba Zodrow, Ehrenamtliche Trauerbegleitung als Regelfall. Römisch-katholische Beerdigungspastoral in Frankreich, in: Gerhards/Kranemann, 252–276.

[24] Vgl. Eberhard Winkler, Die Bestattung, in: Handbuch der Liturgik, 549.

Weihnachten 2004 in Südostasien. Ökumenische Gottesdienste bilden in solchen Situationen oft die einzige Möglichkeit, der Trauer einen angemessenen kommunitären Ausdruck zu verleihen. Dabei geht die Akzeptanz offensichtlich weit über die kirchlich gebundenen Personenkreise hinaus. Interessanterweise gibt es hier eine Suche nach angemessenen quasisakramentalen Zeichenhandlungen. Meist werden im Zusammenhang mit dem Fürbittgebet Kerzen entzündet. Christliche Symbole wie Kreuz und Osterkerze gehören wie selbstverständlich dazu.

Diese erstaunliche Erfahrung sollte den Kirchen zu denken geben. Könnte es nicht sein, dass gerade das Gegenläufige christlicher Identität gegenüber heutigem Lebensgefühl, nämlich das Traditionsbezogene, Beständige, von heutigen Menschen wieder gesucht und geschätzt wird? Offenbar traut man den christlichen Kirchen noch zu, Gedächtnis zu wahren und weiterzutragen. An diesem Punkt sollten die Überlegungen ansetzen. Ansatzpunkt ist der Begriff von Kirche als einer Gedächtnisgemeinschaft. Diese Vorstellung findet in der Struktur des Eucharistischen Hochgebets in Ost und West schon seit früher Zeit einen prägnanten Ausdruck: Die Kirche gedenkt der großen Taten Gottes, die in Tod und Auferstehung Jesu aufgipfeln (memores) und bittet um neuerliches Gedenken für die Gemeinschaft der Heiligen in Vergangenheit und Gegenwart (memento) in Hinblick auf die eschatologische Versammlung aller im Reich Gottes.[25] Die Verstorbenen – die namentlich Genannten und die, „um deren Glauben niemand weiß" als Gott (Messbuch, Viertes Hochgebet) – sind also immer Teil des kirchlichen Gedenkens. Durch die sakramentale Vergegenwärtigung des eucharistischen Leibes Christi wird der ekklesiale Leib durch die Zeiten hindurch auferbaut. Dazu gehören nicht nur die Getauften, sondern alle, „die mit lauterem Herzen dich [Gott, A.G.] suchen" (ebd.).

Es stellt sich die Frage, ob und wie die Kirchen als Träger von Erinnerung und Wahrer des Gedächtnisses sich gegenüber unserer Gesellschaft so präsentieren können, dass sie ihr Angebot nicht als Vereinnahmung, sondern als diakonische Offerte begreifen und in Freiheit annehmen kann. Der gegenwärtige Zeitpunkt erscheint dafür in mehrfacher Hinsicht geeignet. Zwar nimmt der Trend zur Niedrigpreis-Bestattung vor allem in Grenznähe noch zu, doch zeichnet sich bereits ein Gegentrend zur anonymen Bestattung ab. Viele suchen aufgrund schmerzlicher Verlusterfahrung wieder Orte und Zeiten der Erinnerung und des Gedenkens. Die Kirchen können etwa

---

[25] Vgl. Albert Gerhards, Art. Eucharistisches Hochgebet, LThK³ III, 972–975; ders., Liturgiewissenschaft: Katholisch – Evangelisch – Ökumenisch, in: Michael Meyer-Blanck (Hg.), Liturgiewissenschaft und Kirche. Ökumenische Perspektiven, Rheinbach 2003, 63–86.

durch die Führung von Totenbüchern und durch regelmäßige ökumenische Totengedenkfeiern hier einen wichtigen Dienst leisten. Wenn es sich um christliche Gruppen handelt, kann das Taufgedächtnis, das in jüngerer Zeit eine ökumenische Renaissance erlebt, dabei eine große Rolle spielen.[26]

Zum andern stellt sich innerkirchlich zunehmend die Frage nach der sinnvollen Nutzung überzähliger Kirchenräume. Die Debatte um die Umnutzung oder Umwidmung ist in vollem Gange.[27] Eine Facette ist die Umgestaltung von Kirchenräumen oder eines Teils davon in Urnenbegräbnisstätten, Kolumbarien. Hier bietet sich eine Chance für Kirchengemeinden, Formen kommunitären Gedenkens im Sinne einer diakonischen Pastoral auch und gerade gegenüber Nichtmitgliedern der Kirche zu entwickeln und zu pflegen.[28] Dies könnte z.b. im Rahmen einer gemeinsamen Wiederbelebung der Tagzeitenliturgie geschehen.[29]

3. Klassische ökumenische Problempunkte und neue Konvergenzen

Es kann nicht verschwiegen werden, dass bei aller Annäherung zwischen der evangelischen und katholischen Praxis der Feiern um Sterben und Tod offene Fragen bleiben. Diese betreffen teilweise noch die in der Reformation aufgeworfenen Gräben. Ottfried Jordahn resümiert die reformatorische Reform am Begräbnisritus, die etwa bei Luther im Gegensatz zu Taufe und Trauung zu keiner Musterordnung führte: „Zu vielfältig waren die örtlichen Sitten und Gebräuche, die es in christlicher Freiheit dem Evangelium gemäß zu gestalten galt [...]. Denn eine theologische Neuorientierung am Rechtfertigungsglauben füllt die äußerlich übernommenen Riten der Exequien mit neuen Inhalten. Im Gegensatz zum mittelalterlichen Verständnis des Totengeleits verstehen Luther und – ihm folgend – die Kirchenordnungen das Begräbnis nicht mehr als Einwirkung auf das postmortale Geschick des Verstorbenen, sondern als Bezeugung des fröhlichen Artikels unseres Glaubens an die Auferstehung der Toten und damit als Gegengewicht „und zu trotz dem schrecklichen Feinde, dem Tode" (Luther, WA 35,479). Unter dem Aspekt von Gesetz und Evangelium wird die Rechtfertigung des Sün-

---

[26] Vgl. dazu die umfassende Untersuchung von Martin Stuflesser, Liturgisches Gedächtnis der einen Taufe. Überlegungen im ökumenischen Kontext, Freiburg 2004.
[27] Vgl. das Themenheft der Zeitschrift Kunst und Kirche 3/2004: Kirchen: Zwischen Nutzung und Umnutzung.
[28] Vgl. Albert Gerhards, „Barmherzigkeit will ich, nicht Opfer" (Mt 9,13). Zur diakonischen Dimension des Kirchengebäudes (im Druck).
[29] Vgl. Axel B. Kunze, Nun lässt du, Herr, deinen Knecht, wie du gesagt hast, in Frieden scheiden ... Memento mori und Tagzeitenliturgie, in: LJ 52 (2002) 85–100.

ders aus Gnade um Christi willen in den Mittelpunkt gerückt und führt zur Verkündigung der Todesüberwindung durch die Auferstehung Jesu Christi, zugleich aber auch zur Erinnerung an den eigenen Tod sowie zur Bereitung zum seligen Ende. Die Begräbnisfeier wendet sich also an die Lebenden."[30] Allerdings wird seit der lutherischen Orthodoxie das Begräbnis sehr wohl auch als ein Handeln an den Toten verstanden, „zwar nicht im Sinne eines Einwirkens, wohl aber als gleichsam doxologische Fürbitte und Segnung."[31] Der bleibende Unterschied zur katholischen Auffassung ist evident. Hier wird die Möglichkeit postmortalen Einwirkens noch vorausgesetzt, nicht zuletzt aufgrund der Fürbitte der Heiligen. Allerdings spielt dieser Aspekt in der erneuerten Totenliturgie eine eher untergeordnete Rolle. In der Betonung des österlichen Charakters nähern die Traditionen sich einander an.

Wenn man nicht kontroverstheologisch ansetzt, sondern die lex orandi als locus theologicus ernst nimmt, so ist die Schnittmenge zwischen evangelischer und katholischer Praxis beachtlich. Diese liegt zum einen in der gemeinsamen Hochschätzung der biblischen Grundlagen. Die Lesungen und Gesänge der Sterbe- und Begräbnisliturgie bieten ein breites gemeinsames Fundament. Zunehmend lässt sich eine Konvergenz feststellen in der (Wieder-)Entdeckung und dem Gebrauch von Zeichenhandlungen und Symbolen. Die Osterkerze mit den Christussymbolen, vor Jahrzehnten noch ein katholisches Erkennungszeichen, ist jetzt beiden Konfessionen gemeinsam. Das Taufgedächtnis – als ritueller Vollzug nur bei den Katholiken üblich – wird als gemeinsames Ritual entdeckt und weiterentwickelt. Eine große Übereinstimmung gibt es in der Wiederentdeckung der biblisch-jüdischen Kategorie des Segens, die auf dem ersten Ökumenischen Kirchentag in Berlin 2003 eine große integrative Kraft erwies. Vielleicht führen die den christlichen Konfessionen gemeinsamen Herausforderungen seitens der heutigen Lebenswelt dazu, die „Zeichen der Nähe Gottes" (Theodor Schneider) an der Schwelle zum Tod zu erkennen und so zu feiern, dass sie als Segen Gottes empfangen und geglaubt werden können.

---

[30] Ottfried Jordahn, Die Bestattung – Geschichte und Theologie, in: Handbuch der Liturgik, 535.
[31] AaO. 537.

KONFIRMATION UND ORDINATION

Reformatorische Anliegen bei einer Neuordnung der confirmatio in Deutschland während des 16. Jahrhunderts

Wolf-Dieter Hauschild

Über eine mögliche Annäherung im Verständnis der confirmatio, der katholischen Firmung und der evangelischen Konfirmation, haben sich ohne Probleme der Jubilar und der Verfasser des folgenden Beitrags bei der gemeinsamen Vorbereitung des Dokuments „Lehrverurteilungen – kirchentrennend?" in der Arbeitsgruppe, die sich mit der Sakramentenlehre und -praxis befasste, 1982–84 verständigen können. Theodor Schneider leitete diese Arbeitsgruppe, die ohne nennenswerte Schwierigkeiten den Abschnitt über „Firmung/Konfirmation" erarbeitete[1]. Dieser bot eine den historischen Sachverhalt präzise – wenngleich notgedrungen knapp – wiedergebende Interpretation, deren praktische Relevanz allerdings von den Adressaten unseres Dokuments kaum erörtert wurde. Der vor über zwanzig Jahren gesponnene Faden sei hier insofern aufgenommen, als versucht wird, das von der Herausgeberin und dem Herausgeber dieser Festschrift gestellte Thema in historischer Perspektive so zu behandeln, dass auch die damalige „ökumenische" Situation beleuchtet wird. Schon seit längerer Zeit sind die einschlägigen Quellen erforscht worden[2]. Doch in den letzten drei Jahr-

---

[1] Ökumenischer Arbeitskreis evangelischer und katholischer Theologen, Lehrverurteilungen – kirchentrennend?, herausgegeben von Karl Lehmann und Wolfhart Pannenberg, Göttingen–Freiburg 1986, 125–132. Dort wird der gemeinsame Bezug auf Taufe und Leben in der Kirche differenziert dargestellt, und es wird konstatiert, dass hinsichtlich Firmung und Konfirmation kein kirchentrennender Widerspruch bestehe. Den Entwurf zu diesem Abschnitt hat Heribert Schützeichel angefertigt. In dem von mir entworfenen Abschnitt „Allgemeine Sakramentenlehre" (aaO. 77–88) wird betont und erläutert, dass die evangelische Konfirmation „Elemente sakramentaler Praxis beibehalten" habe (80) und dass hinsichtlich des Taufbezugs und der Nichtwiederholbarkeit eine Analogie zur Firmung bestehe (85).

[2] Vgl. die Zusammenfassung des Forschungsstandes und die entsprechende Literatur bei Karl Dienst, Konfirmation I. Historisch, TRE XIX, 437–445. Die grundlegende Untersuchung mit dem Ergebnis, dass die evangelische Konfirmationspraxis nicht erst mit dem Pietismus, sondern bereits mit der Reformation beginnt, bot Walter Caspari, Die evangelische Konfirmation, vornämlich in der lutherischen Kirche, Erlangen–Leipzig 1890. Wichtige Quellenauswertungen kamen hinzu durch Wilhelm Maurer, Gemeindezucht, Gemeindeamt, Konfirmation, Schriftenreihe des Pfarrervereins Kurhessen-Waldeck H. 2, Kassel 1940, 43–107; den dortigen Befund hat Maurer – etwas fragwürdig durch seine Beurteilung (mit Luthers Konzeption als Maßstab) systemati-

zehnten ist die historische Erkenntnis nicht gewachsen. Wenn man „reformatorische Anliegen" aufzeigen soll in diesem immer noch nicht vollständig erforschten Gebiet, dann stößt man auf zwei Komplexe. Einerseits war verbreitet eine einhellige Ablehnung der Firmung als Sakrament mitsamt einer Kritik an der zeitgenössischen Firmpraxis; das hatte wohl zur Folge, dass relativ rasch nach 1520 die Firmung in etlichen evangelischen Gebieten – nach Auskunft der lückenhaften Quellen – fast spurlos verschwand (vermutlich auch deswegen, weil im Volk in dieser Hinsicht kaum eine Nachfrage bestand). Andererseits gab es sowohl Versuche einer Reform der Firmung durch eine evangelisch fundierte confirmatio als auch durch einen unabhängig vom Bezug auf die Firmung vorgenommenen Ritus. Dieses Nebeneinander zweier unterschiedlicher Reformversuche wirft die Frage auf, ob für all das, was in der einschlägigen Sekundärliteratur – etwa mit Blick auf Luther, Melanchthon, Zwingli, Bucer, Calvin u.a. – als Konfirmation angesehen wird, diese Bezeichnung historisch angemessen ist. Im folgenden soll nur das als evangelische confirmatio betrachtet werden, was irgendeinen „Ritus" – also eine kirchliche Feierhandlung, wie auch immer diese ausgestaltet gewesen sein mag – implizierte[3].

Der Konflikt zwischen evangelischen Reformatoren und katholischen Altgläubigen im 16. Jahrhundert – wesenhaft ein Dissensus hinsichtlich des Verständnisses von Wort Gottes und Kirche – bezog sich hinsichtlich der praktischen Konkretionen vor allem auf die Sakramente und auf das geistliche Amt. Da es im Kern um die Heilsvermittlung durch das kirchliche Handeln ging, bildeten Messopfer, Buße und Ordination die zentralen

---

sierend – zusammengefasst in seinem Beitrag „Geschichte von Firmung und Konfirmation bis zum Ausgang der lutherischen Orthodoxie", in: Kurt Frör (Hg.), Confirmatio. Forschungen zur Geschichte und Praxis der Konfirmation, München 1959. Kurze Übersichten im Zusammenhang eines LWB-Projekts zur Erneuerung der Konfirmation präsentierten der Schwede Carl-Gustaf Andrén, Die Konfirmationsfrage in der Reformationszeit, und der Norweger Bjarne Hareide, Die Konfirmation in den Kirchenordnungen der Reformationszeit; beide in: Kurt Frör (Hg.), Zur Geschichte und Ordnung der Konfirmation in den lutherischen Kirchen, München 1962, 36–57 und 58–82. Letzterer erarbeitete umfassend aus den Quellen die bis heute maßgebliche Darstellung, die bis 1552 reicht; s. Bjarne Hareide, Die Konfirmation in der Reformationszeit. Eine Untersuchung der lutherischen Konfirmation in Deutschland 1520–1585, APTh 8, Göttingen 1971. Vgl. auch die Auswahl übersetzter Texte in: Wilhelm Rott (Hg.), Konfirmation. Ein Studienbuch zur Frage ihrer rechten Gestaltung, Berlin-Dahlem 1941, 5–64.

[3] Vgl. Christian Grethlein, Konfirmation I. Geschichtlich und praktisch-theologisch, RGG[4] IV, 1558–1561, 1558: „ [...] im engeren Sinne als Ritus innerhalb der ev. Kirchen verstanden".

Themen. Die confirmatio war ein nachrangiges, kaum intensiv diskutiertes Konfliktthema.

1. Völliger Fortfall der confirmatio in der Wittenberger Reformation

Für fast alle Reformatoren – einschließlich der zahlreichen Prediger und Theologen, welche in deutschen Städten und Territorien die kirchliche Neuordnung praktisch gestalteten und dadurch große wirkungsgeschichtliche Bedeutung bekamen[4] – galt die Kritik, mit der erstmals Martin Luther 1520 höchst einflussreich mitsamt der ganzen traditionellen Sakramentenlehre und -praxis auch die Firmung als Sakrament ablehnte[5]. An seiner diesbezüglichen Ausführung in „De captivitate Babylonica ecclesiae praeludium" fällt zweierlei auf: In dem umfangreichen Traktat ist der Abschnitt „De confirmatione" unverhältnismäßig kurz geraten[6]; und er enthält keinerlei polemische Bemerkungen oder kategorische Verurteilungen. Luther rekurriert zunächst auf die Handauflegung, die einst Christus und die Apostel praktizierten, und hält sie für eine auch in der gegenwärtigen Kirche wünschenswerte Zeremonie, die man als confirmatio (Firmung) oder curatio (Wartung, Heilung) bezeichnen könnte; er konstatiert, von ihr – d.h. der Firmung – sei nichts übrig geblieben als die Ausschmückung der bischöflichen Amtstätigkeit. Sodann lehnt Luther die herkömmliche Reservierung der Firmung für das Bischofsamt ab und weist sie dem allgemeinen priesterlichen Dienst zu. Schließlich betont er, es gebe keinen Grund dafür, die confirmatio als Sakrament zu qualifizieren, weil ihr die dafür konstitutiven Merkmale fehlten (die Verbindung mit einer göttlichen Verheißung zur Glaubensstärkung und die Heilswirksamkeit)[7]. Der Abschnitt „De confirmatione" endet mit der Folgerung, es sei genug, die confirmatio für einen kirchlichen Ritus oder eine sakramentale Zeremonie zu halten[8]. Insgesamt

---

[4] Damit soll angedeutet werden, dass die übliche Konzentration des Reformatorenbegriffs auf die herausragenden Protagonisten Luther, Zwingli etc. gerade bei unserem Thema historisch unangemessen ist. Alle, die von der evangelischen Theologie her die Praxis im 16. Jahrhundert veränderten, waren Reformatoren.

[5] Allerdings ist zu beachten, dass – nach John Wyclifs Kritik – schon die Böhmischen Brüder sich hier hervortaten; vgl. unten Anm. 22.

[6] Von den 44 Blättern des Erstdrucks umfasste der Abschnitt ein halbes. Vgl. die Edition WA 6, 497–573: dort eine Seite (549f; vgl. dagegen z.B. die Ordination 560–567, die Ölung 567–571).

[7] Vgl. WA 6, 550, 10.19: „[...] verbum divinae promissionis, quo fides exerceatur [...] Neque enim salutem operantur [sc. sonstige Worte und Gebete]".

[8] Vgl. WA 6, 550, 14f.: „Quare satis est pro ritu quodam Ecclesiastico seu ceremonia sacramentali confirmationem habere".

findet sich hier kein praktikabler Hinweis auf eine Neuordnung; die Reminiszenz an den apostolischen Brauch der Handauflegung wird man nicht für einen solchen halten dürfen.

Nach 1520 äußerte sich Luther nur in kurzen beiläufigen, polemischen Bemerkungen zur Firmung; ein theologisch relevantes Thema war diese für ihn offenkundig nicht[9]. Und sie bot ihm auch keinen Grund, jene positive Einschätzung des Handauflegungsritus bei den Neuordnungsmaßnahmen nach 1522/23 seinerseits in eine evangelische Praxis der confirmatio zu überführen[10]. Das ist deswegen ein bemerkenswerter Sachverhalt, weil Luther sich um eine intensive Neubelebung des Katechismusunterrichtes bemühte und dafür allerlei organisatorische Vorkehrungen traf oder anregte[11]. Es gibt keinerlei Hinweise darauf, dass Luther „eine Konzeption von der Firmung" oder gar „eine neue Form einer evangelischen Konfirmation" entwickelt habe, die durch den Bezug auf die beiden Sakramente Taufe und Abendmahl ihr spezifisches Charakteristikum erhalten habe[12]. Entscheidend war für ihn einerseits die Ablehnung der sakramental verstandenen, bischöflich monopolisierten Firmung mit dem Chrisma als materia und der entsprechenden Spendeformel („Signo te signo crucis et confirmo te chrismate salutis ...") als forma. Entscheidend war für ihn andererseits die fundamentale Bedeutung der Taufe, deren Integrität und Suffizienz nicht angetastet werden durfte. Dieses Anliegen bestimmte alle Äußerungen zum Thema, auch bei den von Luther beeinflussten Reformatoren.

Hätte Luther eine evangelische Neuordnung für wichtig oder sinnvoll gehalten, dann hätte er das wohl bei den Visitationen im Kurfürstentum Sachsen 1527ff zum Ausdruck gebracht[13]. Dieser Fehlanzeige entspricht

---

[9] Das zeigt auch die sorgfältige Auswertung vieler Äußerungen bei Hareide, Konfirmation in der Reformationszeit, 29–44. Luther hat danach „kein positives Konfirmationsprogramm" entwickelt (44), sondern „im wesentlichen in negativer Form" sich geäußert (ebd.).

[10] Hareide, Konfirmation in der Reformationszeit, 43f: Wenn andere, z.B. Nikolaus Hausmann in Zwickau, eine Neuordnung intendieren, dann muss nach Luther diese – nach gründlicher Unterweisung der getauften Kinder – aus Handauflegung und Gebet bestehen.

[11] Umfangreiche Quellen- und Materialsammlung in Ferdinand Cohrs, Die evangelischen Katechismusversuche vor Luthers Enchiridion, MGP 20–23.39, 5 Bde., Berlin 1900–1905. – Zu Luthers Bemühungen seit 1520 s. Johann Michael Reu, D. Martin Luthers Kleiner Katechismus. Die Geschichte seiner Entstehung, seiner Verbreitung und seines Gebrauchs, München 1929, 1–47; Christoph Weismann, Eine kleine Biblia, Stuttgart 1985, 19–32.

[12] Diese These vertrat Maurer, Geschichte, 25. Etwas zurückhaltender urteilte er noch in: ders., Gemeindezucht, 54–57.

[13] Der von Melanchthon verfasste, von Luther durch eine Vorrede autorisierte „Unter-

die nicht unerhebliche Tatsache, dass die confirmatio sowohl bei der gutachterlichen Vorbereitung für den Augsburger Reichstag 1530 als auch in der Confessio Augustana – und demgemäss bei den Augsburger Religionsgesprächen – im buchstäblichen Sinne „kein Thema" gewesen ist: Sie begegnet weder bei den dogmatischen, auf Demonstration der evangelischen Katholizität bedachten Ausführungen (CA 1–21, wo immerhin die viel problematischere Heiligenverehrung positiv thematisiert wird) noch in denjenigen Artikeln, welche die praktischen Veränderungen im kirchlichen Leben als eine Abschaffung von Missbräuchen begründen (CA 22–28).

Melanchthon war am Problem einer Reform der confirmatio genauso desinteressiert wie sein – bis dahin jedenfalls noch für ihn maßgeblicher – reformatorischer Lehrer Luther[14]. Offenkundig zählten die dogmatischen Bedenken gegen die römisch-katholische Lehre und die empirische Kritik an der problematischen zeitgenössischen Praxis der Firmung nicht genug, um diese unter den reformatorisch beseitigten oder veränderten Missbräuchen aufzuführen. Dementsprechend behandelte Melanchthon in seiner umfänglichen, 1531 publizierten Verteidigung des Augsburger Bekenntnisses

---

[14] richt der Visitatorn ..." (1528) enthält keinerlei Bemerkung zur Firmung. Er betont, dass die Taufe „den glauben erwecken" soll; zum Abendmahl sollen nur diejenigen zugelassen werden, die vorher zum Pfarrer gegangen und von diesem verhört worden sind, ob sie „vom Sacrament recht unterricht" seien; Text: Melanchthons Werke 1 (Studienausgabe), herausgegeben von Robert Stupperich, Gütersloh 1951, 237, 3f; 241,25f. Das hier – und auch bei Luther – begegnende Abendmahlsverhör in rudimentärer Form kann noch nicht als Element der evangelischen Konfirmation gewertet werden, wohl aber als Ausgangspunkt für die weitere Entwicklung.
In seinen „Loci communes" 1521 urteilte er im Anhang zur Sakramentenlehre knapp und distanziert, die Firmung (confirmatio) sei nach seiner Meinung eine Handauflegung und – wie die Letzte Ölung – als Zeichenhandlung nicht überliefert worden, um Gnade zu vermitteln; Text: Melanchthons Werke (Studienausgabe) Bd. 2/1, Gütersloh 1952, 156, 31–35. Über eine evangelische Adaption sagte Melanchthon hier ebenso nichts wie in den später überarbeiteten Ausgaben der „Loci": im Druck 1535 ebenso knapp wie 1520 (altkirchlicher Ritus, nicht heilsnotwendig; CR 21, Sp. 470). Seit der Ausgabe 1543 erschien das als eigener, freilich kurzer Abschnitt (erstmals mit der Überschrift „De confirmatione"; CR 21, Sp. 853): ein bloß historischer Rückblick auf die altkirchliche Zeit, wo die confirmatio eine individuelle Glaubensprüfung war, die später als Ritus mit öffentlicher Fürbitte und Handauflegung gestaltet wurde, in der jüngsten Vergangenheit und in der Gegenwart aber zu einer „otiosa ceremonia" der Bischöfe entartete. Allerdings ließ Melanchthon 1543 wie auch in der Letztausgabe der „Loci" 1559 anklingen, dass er eine Reform für nützlich hielt: Die confirmatio sollte eine individuelle Glaubensprüfung und ein Glaubensbekenntnis der getauften Jugendlichen sein, verbunden mit öffentlicher Fürbitte für sie bzw. pro piis (Werke [Studienausgabe] Bd. 2/2, 507). Diese Änderung der Konzeption war veranlasst durch Melanchthons Beteiligung an den Religionsgesprächen 1539–41 und an der Kölner Reformation 1543.

diesen Gegenstand auffallend knapp im Zusammenhang der allgemeinen Sakramentenlehre: Wie die Letzte Ölung gehöre die confirmatio zu den an sich sinnvollen altkirchlichen Zeremonien bzw. Riten, die in der Kirche niemals als heilsnotwendig gegolten hätten, weil ihnen – im Unterschied zu den wirklichen Sakramenten - ein Mandat Gottes und eine Gnadenverheißung fehlten[15]. Wenn man damit vergleicht, wie sehr sich Melanchthon in der „Apologie" um ein evangelisches Verständnis der beiden traditionellen Sakramente ordo und matrimonium bemüht hat, dann fällt die kühle Zurückhaltung gegenüber der confirmatio besonders auf[16].

Ein weiterer enger Mitarbeiter Luthers, der wie Melanchthon bis dahin von ihm stark beeinflusst war, bestätigt den negativen Befund: Johannes Bugenhagen, seit 1523 als Wittenberger Stadtpfarrer in besonderer Weise mit der praktischen Seite der Reformation befasst[17]. In seinen Kirchenordnungen, mit welchen er 1528–1543 nicht nur die evangelischen Kirchenstrukturen in den betreffenden Städten und Territorien (Braunschweig, Hamburg, Lübeck, Pommern, Dänemark, Schleswig-Holstein, Hildesheim, Braunschweig-Wolfenbüttel) geprägt, sondern auch Vorbilder für andere Gebiete geboten hat, fehlte jeder Hinweis auf die Konfirmation[18]. Hingegen spielten dort Taufe und Katechismusunterweisung eine zentrale Rolle, besonders betont ausgeführt in der Braunschweiger Kirchenordnung 1528. Dort hat Bugenhagen einleitend als Grundlegung für die Reform des Schulwesens in einem ausführlichen Abschnitt „Van der Dope" gehandelt; er hat die Praxis der Kindertaufe rechtfertigungstheologisch begründet und gemäß Mt 28,19 mit der Notwendigkeit der nachfolgenden christlichen Unterweisung verbunden: Da die Kinder in der Taufe von Christus angenommen und durch den Heiligen Geist geheiligt worden seien, müsse man sie lehren und deshalb darauf bedacht sein, „vor alle andere dinge [...] gude

---

[15] Apologia Confessionis Augustanae 13,6 (BSLK 293, 9–16).

[16] Im „De potestate et primatu papae tractatus" 1537 erwähnt Melanchthon die confirmatio sehr knapp als – für ihn unerhebliche – bischöfliche Tätigkeit (§ 73; BSLK 493, 13–15).

[17] Vgl. dazu z.B. Wolf-Dieter Hauschild, Biblische Theologie und kirchliche Praxis. Die Kirchenordnungen 1528–1543 in Johannes Bugenhagens Gesamtwerk, in: Karl-Heinz Stoll (Hg.), Kirchenreform als Gottesdienst, Hannover 1985, 44–91; Hans-Günter Leder: Johannes Bugenhagen Pomeranus – Vom Reformer zum Reformator (Greifswalder theologische Forschungen 4), Frankfurt/Main–Berlin u.a. 2002; Georg Buchwald (Hg.), Johannes Bugenhagens Katechismuspredigten, QDGR 9, Leipzig 1909.

[18] Das ist bei den Kirchenordnungen für Hildesheim 1542 und für Braunschweig-Wolfenbüttel 1543 deshalb bemerkenswert, weil an deren Entstehung mit Antonius Corvinus ein Reformator beteiligt war, der die Konfirmation im Calenberger Territorium befürwortete (dazu s.u. Anm. 87).

scholen uptorichten"[19]. Wenn man die spätere Konfirmationspraxis in lutherischen Gebieten bedenkt, hätte es sich eigentlich nahegelegt, dass in diesem Zusammenhang Bugenhagen – ein Humanist, ehemaliger Erasmianer, langjähriger Schulrektor – auf eine Verbindung der Unterweisung zumindest mit einer Prüfung des Glaubenswissens hingewiesen hätte. Er tat das jedoch nicht, auch nicht im Zusammenhang mit seinen Ausführungen über die Zulassung zum Abendmahl oder über die Wichtigkeit von Katechismusunterricht und Katechismuspredigten[20].

Zwei Faktoren hätten die lutherische Reformation in der bisher betrachteten Frühzeit zu einer positiveren Haltung gegenüber einer Neugestaltung der Firmung bewegen können. Die auch von ihr als wesentliche Reformmaßnahme geschätzte Katechismusunterweisung war von Erasmus 1522 als ein aus der Taufverpflichtung erwachsender Ansatz für eine Reform des christlichen Lebens proklamiert worden: Die Jugendunterweisung sollte nach einer privaten Prüfung mit einer gemeinschaftlichen Feier abgeschlossen werden, die eine öffentliche Erneuerung des Taufbekenntnisses bzw. -gelübdes zum Inhalt haben sollte[21]. Wahrscheinlich orientierte Erasmus

---

[19] [Braunschweiger Kirchenordnung:] Der erbarn stadt Brunswig christlike ordeninge ... Dorch Joannem Bugenhagen Pomeren 1528, in: Die Evangelischen Kirchenordnungen des XVI. Jahrhunderts [= EKO] VI/1: Niedersachsen: Die Welfischen Lande, Tübingen 1955, 348–455, 364.

[20] Als signifikant wird man sein Schweigen über eine Konfirmation werten können, weil Bugenhagen im Einleitungskapitel „Van den Scholen" an den Hinweis, dass aus der Taufe die Verpflichtung der Eltern erwachse, ihre Kinder unterrichten zu lassen und sich für „gude scholen" finanziell zu engagieren, eine relativ umfangreiche Polemik gegen die vorreformatorische Frömmigkeitspraxis folgen lässt (u.a. gegen Stiftungen von Kapellen, Messen und Gottesdiensten, gegen Wallfahrten und Bruderschaften), ohne dabei die bisherige Firmung zu erwähnen. Vgl. dazu EKO VI/1, 363f.

[21] So das Nachwort bei Paraphrasis in Matthaeum 1522. Vgl. dazu ausführlich Maurer, Gemeindezucht, 44–53; ders., Geschichte, 19–22; Hareide, Konfirmation in der Reformationszeit, 62–73. Text z.T. bei Cohrs: Katechismusversuche 4, 238, und in Desiderii Erasmi opera omnia, herausgegeben von Johannes Clericus, Bd. 9, Leiden 1706; ND Hildesheim 1962, Sp. 820–822; vgl. die deutsche Übersetzung bei Léon E. Halkin, Erasmus von Rotterdam, Zürich 1989, 189f. Die öffentliche Bekräftigung des Taufbekenntnisses sollte feierlich ausgestaltet sein „mit ehrwürdigen, passenden, reinen, ernsten und großartigen Zeremonien". Diese spezifiziert Erasmus nicht, von einer Handauflegung spricht er hier nicht. Dass er „die Handauflegung beibehalten" habe (so Maurer, Geschichte, 21), stimmt nicht, wohl aber dies, dass Erasmus damit kein Sakrament einführen wollte (ebd.). Wenn man Erasmus' Vorschlag als „eine Art Konfirmationshandlung" bezeichnet (so Cohrs, Katechismusversuche 4, 5) oder als „die katechetische Konfirmation in Reinkultur" würdigt (so Maurer, Geschichte, 20) und wenn man dadurch einen spezifischen Typ von Konfirmation begründet sieht, dann wird deutlich, dass eine klare Definition des Begriffs „Konfirmation" erforderlich ist: Das „confirmare" kann – wenn es um eine Entsprechung zur Firmung geht –

sich mit diesem Vorschlag an einer bereits etablierten Praxis: Die böhmischen Brüdergemeinden hatten seit 1468 anstelle der traditionellen Firmung einen – vermutlich von ihnen als Sakrament der Firmung bezeichneten – Ritus entwickelt; danach sollten drei Taufpaten („Bürgen" für die christliche Erziehung) das herangewachsene Kind dem Pastor zur Prüfung dessen vorstellen, ob das Kind „in der Kraft der Taufe bewahrt worden ist und Belehrung empfangen hat"; es sollte gefragt werden, ob es im Christusglauben und in der apostolischen Lehre „beharren will"; „nach seinem eigenen mündlichen Bekenntnis soll man es in der Gemeinde aufnehmen und durch Handauflegung bestätigen und beten, dass Gott ihm von oben Kraft zum Beharren gebe"[22]. Die Praxis der Böhmischen Brüder bestand noch im 16. Jahrhundert und war den Reformatoren bekannt; sie enthielt die wesentlichen Elemente der späteren evangelischen Konfirmation. Warum die Wittenberger trotz ihrer Kontakte zu den Böhmen und trotz der positiven Aufnahme von deren Katechismustradition die skizzierte Umformung der Firmung nicht aufnahmen, lässt sich von den literarischen Quellen her nicht erklären. Welchen Einfluss Erasmus' Konzeption auf reformatorische Neuansätze bekam, ist quellenmäßig nicht exakt zu bestimmen; seine eher beiläufige Äußerung, die nur durch die Kritik der Pariser Theologen eine öffentliche Resonanz erhielt, wirkte jedenfalls – anders als Luthers Destruktion des Firmsakraments – nicht als ein Programm, an dem Reformatoren sich orientierten.

2. Katechismusunterricht als Ersatz der Firmung

Eher als die Wittenberger Reformation bemühte sich wohl die Züricher Reformation um eine evangelische Umgestaltung der traditionellen Firmung, und zwar schon seit Anfang 1522. Doch auch dort ergab sich ein eher mageres Ergebnis. Zwingli kritisierte in seinen „Schlußreden" (Thesen) bei der großen Disputation vom Januar 1523 die Messopferlehre (Nr. 18), im Anschluss daran wohl auch generell den römisch-katholischen Sakramentenbegriff. In seiner bald darauf veröffentlichten Schrift „Uslegen und gründ

---

nicht allein in der Bekräftigung des Taufbekenntnisses durch die Jugendlichen liegen, sondern muss auch in rituellen kirchlichen Handlungen an denselben bestehen. Erasmus lässt diesen heiklen Punkt klug in der Schwebe, wie auch seine Reaktion auf die Kritik des Pariser Theologen Natalis Beda 1525/26 zeigt; dazu vgl. Hareide, Konfirmation in der Reformationszeit, 65f.

[22] Zitate aus der böhmischen Apologie 1468 (dort im Anschluss an den Abschnitt „Vom Sakrament der Taufe") nach einem im Herrnhuter Unitätsarchiv aufbewahrten Text in: Georg Rietschel, Lehrbuch der Liturgik, Göttingen ²1951, 629f.

der Schlußreden" behandelte er – wohl unbeeinflusst von Erasmus[23] – im Anschluss an die Erörterung der allgemeinen Sakramentenlehre innerhalb des 18. Artikels auch die Firmung (durch spezielle Überschrift im Druck hervorgehoben)[24]. Generell ließ Zwingli sie als „Zeichen" und insofern auch als ein Sakrament im weiteren Sinne gelten, doch er lehnte es ab, sie zusammen mit Taufe und Abendmahl als Sakrament zu bezeichnen, weil sie kein von Gott eingesetzter Ritus wäre, sondern auf einen sinnvollen Brauch der Alten Kirche zurückginge: nämlich die „Bestätigung"/confirmatio, dass die zuvor getauften Kinder in einem Alter, wo sie ihren Verstand gebrauchen könnten, nach der Unterweisung durch den Priester ihren Glauben öffentlich vor der Gemeinde bekennen könnten. Als Konsequenz seiner Verteidigung der Kindertaufpraxis übernahm Zwingli jenen Brauch: Die herangewachsenen Kinder wurden nunmehr in Zürich zweimal im Jahr – am Osterfest und im Spätherbst oder am 28. Dezember (dem Tag der Unschuldigen Kindlein!) – unterwiesen hinsichtlich des christlichen Verhaltens gegenüber Gott und dem Nächsten. Das bezeichnete Zwingli als Firmung. Von einem nachfolgenden Ritus sagte er nichts, vielmehr kritisierte er die Lehre, dass durch die Firmung der Heilige Geist verliehen werden sollte und dass sie durch die Salbung eine besondere Weihe erhalten sollte. Der skizzierte Textbefund rechtfertigt es nicht, von einer evangelischen „Konfirmation" bei Zwingli zu sprechen[25]. Vielmehr handelte es sich um eine – einmalige oder fortgesetzte – kurzzeitige Katechese (ohne Prüfung?) als nachgeholten Taufunterricht[26].

Mit Skepsis sind auch Aussagen in der Sekundärliteratur zu betrachten, wonach etwas später als Zwingli und über diesen hinausgehend der Baseler

---

[23] So die chronologisch plausible Begründung bei Cohrs, Katechismusversuche 4, 236 Anm. 5.

[24] Zum folgenden s. CR 2, 122–125. Vgl. auch Huldrych Zwingli, Schriften II, herausgegeben von Thomas Brunnschweiler u.a., Zürich 1995, 146–149.

[25] Gegen Maurer, Geschichte, 27, der Zwingli gar als den „Vater der katechetischen Konfirmation" bezeichnet hat. Maurers Behauptung, Zwingli sei hier von Erasmus abhängig, die in der Literatur oft vorgebracht worden ist, wird durch die chronologische Beobachtung bei Cohrs, ebd., widerlegt, wonach Zwinglis Text vor demjenigen des Erasmus verfasst worden ist.

[26] Andrén, Konfirmationsfrage, 48: „Dabei sollten die Kinder auch selbst öffentlich das Taufbekenntnis wiederholen [...] Gleichzeitig wurde jedoch der Gedanke einer Handlung von einmaligem Charakter völlig beiseite geschoben". Letzteres hat keinerlei Anhalt an Zwinglis Aussagen, ersteres könnte nur aus seiner Skizze der altkirchlichen Praxis gefolgert werden. Vgl. auch Hareide, Konfirmation in der Reformationszeit, 112: „Das Kind soll mit seinem eigenen Munde [...] seinen Glauben bekennen, und dies Bekenntnis soll öffentlich geschehen". Gerade das lässt Zwingli bei seinem Hinweis auf die Züricher Praxis weg.

Reformator Johannes Oekolampad eine „Konfirmationsordnung" entwickelte, deren Elemente „öffentliche Katechismusprüfung, Bestätigung des Taufgelübdes und Erinnerung an den Taufbund" gewesen seien[27]. Die Quellen stützen eine solche Behauptung kaum, und schon das völlige Schweigen der Baseler Kirchenordnung vom Frühjahr 1529 zu unserem Thema stimmt bedenklich[28]. Oekolampad hat für die Unterweisung der getauften Kinder einen Katechismus („Frag und Antwort") wohl 1525/26 verfasst, der vermutlich auch im Zusammenhang mit der von der Kirchenordnung vorgesehenen „Prüfung" verwandt worden ist. Dieser Text gibt keinerlei Hinweis auf eine angeblich von Oekolampad eingerichtete „Art Konfirmationsverfahren"[29], desgleichen nicht seine etwas später verfasste sog. Rede an die Confirmanden, die gründlich auf die Taufe eingeht und die angesprochene „Jugend", „die Unerfahrenen und Unbefestigten [sic!]" samt ihren Eltern ermahnt, sich im christlichen Glauben (gemäß dem hier ausgelegten Credo Apostolicum) und Gebetsleben zu üben[30]. Es ist wahrscheinlich, dass Oekolampad der 1527 von einem Freund publizierten Kritik an der Firmung und deren Umformung zu einer mit Katechese verbundenen Tauferinnerung zugestimmt hat. Doch auch daraus ergibt sich kein Beleg für eine „Art Konfirmationsverfahren" in Basel, wenn man diesen Begriff nicht weitgehend unklar interpretiert.[31]

---

[27] So Hareide, Konfirmation in der Reformationszeit, 114.

[28] Text in: Aemilius Ludwig Richter (Hg.), Die evangelischen Kirchenordnungen des sechzehnten Jahrhunderts I, Weimar 1846, 120–127. Dort findet sich zu unserem Thema ein vor allem gegen die Wiedertäufer gerichtetes Taufkapitel (ohne Hinweis auf Unterweisung etc.), Bemerkungen zur Abendmahlszucht ohne Erwähnung von Erstkommunikanten und deren Zulassung, schließlich Anweisungen für die Gemeindepfarrer („Lütpriester"): Diese sollen u.a. die Kinder zwischen sieben und vierzehn Jahren viermal jährlich in der Kirche öffentlich fragen, ob sie beten können und Gottes Gebote kennen – und daraufhin „sy in glauben und liebe Gottes tugentlich underwisen". In diesem Zusammenhang wird angeordnet, dass diejenigen „jungen", die erstmals am „nachtmal" teilnehmen wollen, über die Sakramente „underricht werden"(aaO. 122). Von einer Prüfung wird nichts gesagt.

[29] So Cohrs, Katechismusversuche IV, 253. Wenn Oekolampad hier neben Zwingli „möglicherweise auch von Erasmus angeregt" worden sein sollte, dann hätte er dessen Hinweis auf eine Zeremonie nicht unberücksichtigt lassen können.

[30] Text der „Rede an die Confirmanden" in hochdeutsch-modernisierter Fassung bei Karl Rudolph Hagenbach, Johann Oekolampad und Oswald Myconius, LASRK 2, Elberfeld 1859, 284–295; 296–301 die Fragen und Antworten, deren kritische Edition sich bei Cohrs, Katechismusversuche 4, 13–19 findet.

[31] Vgl. den Bericht über einen vermutlich vom ehemaligen Baseler Weihbischof, dem späteren evangelischen Prediger Tilman Limperger verfassten kurzen Traktat „Was Mißbreuch im wychbischofflichem ampt" (Basel 1527) bei: Julius Smend, Zur Vorgeschichte der Konfirmation, in: MGKK 19 (1914) 237–239. Dort wird hauptsächlich kritisiert, dass die bisherige – unrechtmäßig dem Bischof statt dem Pfarrer zugewie-

Nicht nur in Zwinglis Einflussbereich entwickelten sich Ansätze für eine am Katechismus orientierte – von der Forschung als Konfirmation gewertete – Praxis. Im Blick auf die Vorbereitung für das angestrebte Nationalkonzil äußerten sich lutherisch beeinflusste Theologen in der Markgrafschaft Brandenburg-Ansbach sowie im Fränkischen Reichskreis 1524 in umfangreichen, substantiellen Gutachten zu Reformproblemen, davon einige u.a. auch zur Firmung. Die Nürnberger Theologen unter Führung von Andreas Osiander erledigten dies Problem kurz: „Die firmung ist vom bapst erdichtet, die schrifft sagt nichts darvon, so bedeut es nichts und hat kein zusagung, dorumb ists kein sacrament"[32]. Damit nahm man Luthers destruierende Argumentation von 1520 schlicht auf. Differenzierter verfuhr dagegen der sog. Ansbacher Ratschlag, ein von evangelischen Predigern der Ansbacher Markgrafschaft im September 1524 verfasstes Gutachten. Diese Theologen nahmen eine defensive, doch nicht von vornherein negative Haltung gegenüber der Frage ein, „welcher massen die firmung zu gedulden sein möcht"[33]. Die Erörterung stand im Zusammenhang einer längeren Auseinandersetzung mit der traditionellen Sakramentenlehre und wandte sich zunächst dagegen, die Firmung als Sakrament bzw. als „ein göttlich gnadenzaichen" anzusehen, urteilte sodann jedoch positiv: Infolge der Kindertaufe sei der – durch die Heilige Schrift nicht belegte – Ritus aufgekommen, dass ein Kind im verständigen Alter „vor dem bischof oder pfarher und anderm volk offenlich annemen bewilligen und bestetigen solle", was seine Paten stellvertretend für es bei der Taufe versprochen hätten; darauf verweise der Begriff „confirmacion [...], das im teutschen bestetigung heist"; diesen Ritus wolle man im skizzierten Sinne – unter Abstellung allen Missbrauchs, insbesondere des sakramentalen Verständnisses – beibehalten als „ein christliche erinnerung des göttlichen gnadenzaichens darvor empfangner tauf". Einen vorangehenden Katechismusunterricht er-

---

[32] sene – Firmung eine menschliche Erfindung sei (z.B. mit geweihtem Öl), das Volk irreführe und völlig unsachgemäß auch an Kindern, die noch gar nicht sprechen könnten, vollzogen werde. Positiv votiert der Verfasser für eine confirmatio als „befestigung", d.h. als Bestätigung des Taufbekenntnisses durch die Kinder selber, wenn sie „zu verstendigem alter komen", also „zu einer erinnerung davor entpfangnem tauff". Von einer vorangehenden Katechese scheint in jenem Büchlein nichts gesagt worden zu sein.
So der sog. Große Nürnberger Ratschlag von 1524/25 in: Andreas Osiander d.Ä., Gesamtausgabe I, hg. von Gerhard Müller und Gottfried Seebaß, Gütersloh 1975, 319–380, 373.

[33] Zum folgenden s. den Text in: Wilhelm-F. Schmidt/Karl Schornbaum (Bearb.), Die Fränkischen Bekenntnisse – eine Vorstufe der Augsburgischen Konfession, München 1930, 180–322, 238f der Abschnitt „Von der firmung".

wähnte der Ansbacher Ratschlag ebensowenig[34] wie eine liturgische Gestaltung des öffentlichen Bekenntnisaktes. Er wehrte sich nur – unter der Überschrift „Schedlichkeit der firmung" – dagegen, dass sie allein durch die Weihbischöfe um Geldes willen („und nit auch durch einen iren pfarher umsonst") und mit dem bischöflich geweihten „cresem" vollzogen würde.

Man kann vermuten, dass die grundsätzlich beibehaltene, als Erinnerung an das Taufsakrament verstandene Firmung, die „bestetigung", nicht nur den Katechismusunterricht voraussetzte und nicht nur aus einem Glaubensbekenntnis, sondern auch aus Handauflegung und Gebet bestand[35]. Wie es sich damit in der Praxis der Zeit nach 1524 verhielt, muss allerdings offen bleiben. Eine rein „katechetische Konfirmation" war es jedenfalls nicht[36]. Wahrscheinlich kam es schon bald in der Markgrafschaft Brandenburg-Ansbach-Kulmbach zur völligen Abschaffung der Firmung (vielleicht unter dem theologischen Einfluss der Nürnberger Reformatoren), wenn man das Schweigen der Kirchenordnungen von 1528 und von 1533 so deuten darf. Doch als Ersatz derselben wurde 1556 offiziell eine Katechismusprüfung eingeführt, die vielleicht hier und dort schon vorher existierte; sie war ohne jeden begleitenden Ritus[37]. Offenkundig trug man damit der Tatsache Rechnung, dass in fränkischen Landen (den brandenburgischen Markgrafschaften wie in den Reichsstädten Nürnberg, Dinkelsbühl, Rothenburg u.a.) bereits seit gut einer Generation der Katechismusunterricht bzw. die Katechismuspredigt als ein wichtiges Element der Reformation intensiv betrieben wurde[38].

---

[34] Deswegen ist es eher unwahrscheinlich, hier den Einfluss Zwinglis anzunehmen; so aaO. 57, 69.

[35] Das für die Vorbereitung des Augsburger Reichstages 1530 vom Markgrafen angeforderte Gutachten des Pfarrers Georg Amersbacher aus Blaufelden beschrieb die im evangelischen Sinne reformierte Firmung als aus Katechismusprüfung und Handauflegung bestehend; aaO. 520f.

[36] Gegen Maurer, Gemeindezucht, 60, der hier die Abhängigkeit von Erasmus' Konzept deutlich ausgeprägt sieht. Dagegen liegt vermutlich eine „katechetische" Konfirmation vor bei dem Crailsheimer Pfarrer Adam Weiß, der 1527 oder 1528 dem Ansbacher Markgrafen einen entsprechenden Vorschlag unterbreitete; vgl. dazu Theodor Kolde, Zur Geschichte der Konfirmation, in: BBKG 4 (1897) 189–192.

[37] Vgl. die Texte von 1528 und 1533, in: EKO XI: Bayern, 1. Teil: Franken, Tübingen 1961, 135–139 und 140–205. Im Jahre 1556 vereinbarten die fränkischen Superintendenten und Pastoren, dass „anstat der confirmation" die zwölfjährigen Kinder jährlich zwischen Ostern und Pfingsten vor der Zulassung zum ersten Abendmahlsempfang im Katechismuswissen geprüft werden sollten; Text aaO. 335.

[38] Vgl. z.B. die brandenburgisch-nürnbergische Visitationsordnung von 1528 in: Andreas Osiander d.Ä., Gesamtausgabe III, Gütersloh 1979, 214–224, 222 über „Cathecismus, das ist kinderleere"; Gesamtausgabe IV, Gütersloh 1981, 317–333 Ratschlag der Nürnberger Prediger zum Katechismusunterricht. Die brandenburgisch-nürnbergische

3. Katechismusunterricht mit abschließendem Ritus

Unter den frühesten Quellen für eine reformatorische Konfirmation ist häufig ein nicht klar einzuordnender Text aufgeführt worden: der Bericht des jungen evangelischen Waldecker Pfarrers Johann Hefentreger (1497–1542) aus dem Jahre 1529[39]. Bis heute ist allerdings nicht definitiv geklärt, ob er wirklich auf die Konfirmation, d.h. auf einen für getaufte Jugendliche gedachten Ritus bezogen ist oder eine Kirchenzuchtmaßnahme für alle erwachsenen Gemeindeglieder sein sollte[40]. Der Entdecker des Textes, Victor Schultze, hat das kurze Zitat über die „Weise des Glaubensbekenntnisses ..." (De ratione confitendi fidem et evangelion Jesu Christi"), die der Lutheraner Hefentreger erstmals zu Pfingsten 1529 in der Stadt Waldeck praktizierte, „mit voller Sicherheit" als einen „Konfirmationsakt" interpretiert[41]. Der Text, der „in der Reformationsgeschichte ohne Parallele ist"[42], besagt folgendes: Dieser reformatorische Pfarrer ließ – wohl vor der Zulassung zum Abendmahl – seine Gemeindeglieder ein öffentliches Glaubensbekenntnis ablegen, einerseits um den einen Teil, der vom Wort Gottes bzw. vom Evangelium (also von der reformatorischen Predigt) überzeugt war, diese Überzeugung proklamieren zu lassen, andererseits um die bloßen Namenschristen aufzurütteln, „öffentlich zu bekennen (profiteri) und vor der Gemeinde (ecclesia) Rechenschaft über ihren Glauben zu geben". Inhalt des Bekenntnisaktes waren Vaterunser, Credo, Dekalog, die „Verheißungen über die Taufe, die Eucharistie, die Sündenvergebung" (vermutlich als die drei rezipierten Sakramente).

---

[39] Kirchenordnung von 1533 brachte als Anhang Osianders „Catechismus oder Kinderpredig"; s. EKO XI/1, 206–283.

[40] Beschreibung des von ihm entdeckten Textes mit teilweisem Abdruck bei Victor Schultze, Ein unbekanntes lutherisches Konfirmationsbekenntnis aus dem Jahre 1529, in: NKZ 11 (1900) 233–242. Ausführliche Erörterung des Sachverhalts z.B. bei Maurer, Gemeindezucht, 62–66 und Hareide, Konfirmation in der Reformationszeit, 171–173. Zu Person und Werk s. Victor Schultze, Waldeckische Reformationsgeschichte, Leipzig 1903, 83–85, 92–102; Hans Schneider, Johann Hefentreger und die Reformation in Waldeck, in: HJLG 40 (1990) 97–124.

Ernst Christian Achelis, Bemerkungen zu dem Waldeckschen Konfirmationsbekenntnis aus dem Jahre 1529, in: NKZ 11 (1900) 423–427, erklärte den Text als Kirchenzuchtordnung (Aufnahme Erwachsener in die Abendmahlsgemeinde der „Heiligen"), die der Homberger Kirchenordnung 1526 folge. (Zu dieser s.u. Anm. 43.) Victor Schultze hat demgegenüber Aspekte betont, die für eine Konfirmation sprechen: Ein Nachwort zur waldeckischen Konfirmationsordnung vom Jahre 1529, in: NKZ 11 (1900) 586–589.

[41] Schultze, Konfirmationsbekenntnis, 234.

[42] So Schneider, 114.

Die strittige Frage, ob Hefentreger damit bereits 1529 einen evangelischen Konfirmationsritus oder bloß – nach dem Vorbild der sog. Homberger Kirchenordnung 1526 des Franz Lambert von Avignon – eine Glaubensentscheidung im Sinne der Kirchenzucht (der öffentlichen Identifizierung der wahren Christenmenschen) gemeint hat, kann hier offen bleiben[43]. Entscheidend ist, dass er bereits Getaufte ein öffentliches Zeugnis hinsichtlich der üblichen Katechismusinhalte ablegen ließ und das wohl kaum zufällig am Pfingstfest. Für das Jahr 1534 ist belegt, dass Johann Hefentreger – inzwischen Pfarrer von Wildungen, Visitator und Superintendent für die kleine Grafschaft – auf das öffentliche Einzelbekenntnis zu einem dem Evangelium gemäßen Glauben und Leben (in Verbindung mit dem Begehren, „in dye versamlung vnd geeynschafft der heyligen Christenheyt auffgenommen zu werden") ein längeres Gebet folgen ließ: dass Gott der angesprochenen bekennenden Person „wölle mit gnaden in dyr bestettigen, was er durch seynen heyligen geist in dyr angefangenn haitt" (sc. im „Sacrament der heyligen Tauff") und dass Jesus Christus „wölle dich durch seynen heyligen geist vnd durch das wort seyner gnade vor allem vnglauben vnd yrthumb behüten vnd gnad vorleyhen, das du teglich im glauben, hoffnung vnd lyebe zunemen vnd wachsen mögest"[44]. Hier zeigen sich in der betonten Pneumatologie wesentliche Elemente einer über den Typ der „katechetischen Konfirmation" hinausgehenden evangelischen Reform der Firmung. Es geht um die göttliche Bestätigung der in der Taufe begonnenen, durch den Heiligen Geist gewirkten Entwicklung, die sich auf die nach der Taufe erfolgte neue Erweckung durch das göttliche Wort bezieht; und der Taufe wird nur insofern etwas hinzugefügt, als der Liturg die bekennenden Gläubigen „im namen vnseres herren Jesu Christi" in die Sakramentsgemeinschaft aufnimmt[45]. Das aber ist eine logische Folge der Taufe. Ob Hefentreger mit seiner Firmungsreform auf die Täuferbewegung

---

[43] Text der „Reformatio Ecclesiarum Hassiae", in: EKO VIII: Hessen, 1. Hälfte: Die gemeinsamen Ordnungen, 43–65, 52f. Bestimmungen über den Ausschluss derer, „qui contra fidei rationem vivunt", aus der Gemeinde. Vgl. dazu Wilhelm Maurer, Franz Lambert von Avignon und das Verfassungsideal der Reformatio ecclesiarum Hassiae von 1526, in: ZKG 48 (1929) 208–260; Abdruck in: ders., Kirche und Geschichte I, Göttingen 1970, 319–364, 327–333.
[44] Text bei Schultze, Konfirmationsbekenntnis, 241f.
[45] Vgl. ebd.: „Der almechtige Gott [...], der dich durch seyne gnad vormittelst dem Sacrament der heyligen Tauff zu seynem reich beruffen vnd nun von neuwem an durch seyn götlichs wortt erwecket hait [...]". Durch ihr Bekenntnis drücken die Gläubigen aus, dass sie „der heyligen Christenheit zugerechnet werden" wollen; und der Pastor deklariert daraufhin, dass er sie in die Gemeinschaft „am heiligen Euangelio, an der Absolution, an den heiligen Sacramenten, am gebett [...]" aufnehme.

reagierte (wie etwas später Bucer und Corvinus), kann man fragen; eine schlüssige Beantwortung ist von den Quellen her nicht möglich.

Nach Hefentregers frühem Tod 1542 blieb das von ihm geformte Ritual anscheinend bestehen, zunächst in der Wildunger Gemeinde[46]. Die Dauerhaftigkeit seiner Konzeption erwies sich jedenfalls daran, dass die offizielle Waldeckische Kirchenordnung 1556 sie in einem ausführlichen Abschnitt weiterentwickelte: „Von der Firmung der jungen Knaben und Meydlein, wie dieselbigen in die Christl. Gemeyn sollen angenommen werden". Hier wurde die bisherige Praxis, den Katechismusunterricht mit Bekenntnis und Fürbitte abzuschließen, zu einem wirklichen, eindeutig nur auf „die Jugent" bezogenen Konfirmationsritus ausgebaut, der ausdrücklich als „Firmung" bzw. „Confirmation" bezeichnet und als Fortsetzung der altkirchlichen Handauflegung (unter Hinweis, dass aus dieser „keyn besonder Sacrament" gemacht werden solle) verstanden wurde: Nach einjähriger Katechismusunterweisung fand von Ostermontag bis Pfingsten ein spezieller Examensunterricht statt[47]. Im Pfingstmontagsgottesdienst sollten die Knaben und Mädchen dann öffentlich – nach Vortrag des ganzen Katechismus durch je einen Knaben und ein Mädchen – einzeln bekennen, dass sie „bei solcher lehr vnnd Glauben, vermittelst Göttlicher hülff, wöllen beharren". Auf „solche bekentnus vnd zusage" hin singen sie „mit gebeugten knien: Kom heyliger geyst, erfüll etc.", woraufhin der Liturg in einem Gebet Gott bitten soll, in den durch die Taufe wiedergeborenen Kindern, die er „nun so weit erleuchtet" hat, seinen Heiligen Geist zu „mehren"[48]. Dann legt der Pastor „jnen die hend" auf und spricht dabei jenes 1534 von Hefentreger formulierte Gebet, das bereits oben ausgewertet worden ist. Die individuelle Handauflegung in Verbindung mit der Bitte um individuelle Stärkung durch den Heiligen Geist und mit der Deklaration der Aufnahme in die Sakramentsgemeinschaft ist in der Ordnung von 1556 wahrscheinlich ein neues

---

[46] Durch das Augsburger Interim trat wohl keine rekatholisierende Veränderung ein (vgl. dazu unten bei Anm. 105), weil die meisten Pfarrer der Grafschaft Waldeck das Interim ablehnten und dabei von Graf Wolrad II. tapfer unterstützt wurden. Doch die schon vorher bestehende liturgische Vielfalt und Unklarheit verstärkte sich nach 1548, so dass erst die Kirchenordnung von 1556 zur einheitlichen Praxis führte. Vgl. zum Ganzen Schultze, Reformationsgeschichte, 184–199.

[47] Text in: Richter, Kirchenordnungen II, 1846, 169–177, 173–175. Was hier angeordnet wurde, war eine Verknüpfung von Unterricht und Prüfung: Die betroffenen Kinder sollten beim Pastor angemeldet („angezeyget") werden, „damit sie verhöret vnnd fleissiger vnderricht" werden; ihnen sollte an jedem Sonntag ein Stück aus dem Katechismus zu lernen aufgegeben werden, über das sie dann am folgenden Sonntag „abgehort" werden sollten. Am Pfingstsonntag sollte der Pastor „die Firmung der verhorten vnnd geschickten Kinder" vornehmen.

[48] Text: aaO. 174f.

Element gegenüber 1534. Nicht nur der Bezeichnung nach, sondern auch im sachlichen Gehalt begegnet hier eine evangelische Konfirmation als Reform der vorreformatorischen Firmung.

Die bisher skizzierten Praxiskonzeptionen der Frühzeit bis ca. 1530 wird man sensu stricto nicht als Reform der confirmatio werten können (im Vergleich sowohl mit der traditionellen Firmung als auch mit der Konfirmation des 19./20. Jahrhunderts). Denn bei ihnen fehlen zwei konstitutive Elemente: die Fürbitte und die Handauflegung[49]. Diese machen aber in der theologisch-liturgischen Interpretation die confirmatio über eine bloße Bestätigung des glaubenden, dereinst als Kind getauften Subjekts hinaus zu einem Akt, bei dem das Wirken Gottes bzw. des Heiligen Geistes berücksichtigt wird. Wenn man in der historischen Gesamtperspektive beachtet, dass die Firmung ursprünglich der zweite Teil der frühchristlichen Taufe bzw. der sog. Initiationsfeier war (postbaptismale Handauflegung und Salbung durch den Bischof), dann muss gerade um des konstitutiven Zusammenhangs mit der Taufe willen betont werden, dass nicht nur das eigenverantwortete persönliche Glaubensbekenntnis unter Rückbezug auf die Taufe erforderlich ist, sondern dass zum Wesen der Taufe als der Aufnahme in die Gemeinschaft mit Gott die pneumatologische Komponente gehört. Von der evangelischen Theologie her wird man diese – mit Artikel 5 der Confessio Augustana auf die Korrelation von Gottes Wort, Heiligem Geist und Glauben bezogen – auf eine glaubensbewusste, entschieden christliche Existenz beziehen, welche so von einem getauften Säugling nicht öffentlich manifestiert werden kann.

4. Martin Bucer als „Vater der evangelischen Konfirmation"

Unter den sog. Hauptreformatoren hat ein einziger die schlichte Orientierung am überall als wichtig betonten Katechismusunterricht programmatisch durch liturgische, ekklesiologische und sakramententheologische Ergänzungen zu einer wirklichen Konfirmation im evangelischen Sinne umgeformt: Martin Bucer. Seine geschichtliche Bedeutung als „Vater der evangelischen Konfirmation" ist mit Recht stets in der betreffenden Sekundärliteratur gewürdigt worden; sie ist von einigen Forschern etwas ausführlicher dargestellt, doch in ihrem systematischen Zusammenhang mit Bucers

---

[49] Ausnahmen könnten hier sein einerseits die Verfasser des sog. Ansbacher Ratschlags mit ihrer konservativen Firmungsreform (s.o. bei Anm. 33–35), andererseits der progressive, an Gemeindezucht und -pädagogik interessierte Johann Hefentreger (s.o. bei Anm. 45 und 48). Eindeutig praktiziert wurden Fürbitte und Handauflegung in den Böhmischen Brüdergemeinden (s.o. bei Anm. 22).

Theologie und Reformationswerk noch nicht intensiv genug erforscht worden[50]. Bucers innovatorische Leistung mit ihrem spezifischen Profil unter den reformatorischen Konzeptionen wird nicht hinreichend gewürdigt, wenn man sie als Abhängigkeit von Erasmus oder als eine Synthese von Erasmus' und Luthers Konfirmationstyp versteht[51]. Vielmehr ergab sie sich aus eigenständiger theologischer Reflexion bestimmter reformatorischer Praxisprobleme und sie blieb nicht – wie bei Erasmus – bloßes Konzept, sondern erfuhr vielfältige Realisierungen. Drei Voraussetzungen sind dabei fundamental gewesen: Bucers intensive Bemühungen um Konkretionen einer evangelischen Ordnung der Kirche (zumal der Gemeindezucht), seine Orientierung an Bibel und Alter Kirche (Kirchenvätern) bei der Lösung der Ordnungsfragen, seine die gesamte Theologie und Praxiskonzeption prägende Pneumatologie[52]. Eine weitere historische Voraussetzung ist die Tatsache, dass gerade Bucer sich umfassend mit der Position der (Wieder-)Täufer auseinandersetzt hat, die in Straßburg sein unmittelbarer Widerpart waren und in anderen, für ihn wichtigen Territorien eine theologische Herausforderung bildeten[53].

---

[50] Vgl. z.B. die Überblicke bei Caspari, 10–27; Maurer, Gemeindezucht, 72–81; ders., Geschichte, 28–30; die ausführlichere Darstellung von Hareide, Konfirmation in der Reformationszeit, 109–151. Zu Wilhelm Diehl s.u. Anm. 68. In der Bucer-Literatur begegnet das Thema „Konfirmation" substantiell z.B. bei Gottfried Hammann, Martin Bucer 1491–1551. Zwischen Volkskirche und Bekenntnisgemeinschaft (VIEG 139), Stuttgart 1989, 44–56, 163–175, 242–246 u.ö. Vgl. auch René Bornert, La réforme protestante du culte à Strasbourg au XVIe siècle (1523–1598) (SMRT 28), Leiden 1981, 360–370: Konfirmation als sachgerechte Konsequenz der Kindertaufe in Rückbindung an die Tauftheologie.

[51] Vgl. Maurer, Gemeindezucht, 43: „Von ihm [sc. Erasmus] ist der Straßburger Reformator in entscheidenden Stücken abhängig". Dazu ist allerdings festzustellen, dass das, was bei Bucer entscheidend wird, bei Erasmus gefehlt hat. Vgl. auch Maurer, Geschichte, 28, der einen erasmischen und einen lutherischen „Typus" der Konfirmation konstatierte (mit problematischer inhaltlicher Definition!); er sah die „Synthese der beiden" als „die Forderung der Zeit" und als von Martin Bucer „in vorbildlicher Weise erfüllt". Das entspricht kaum der historischen Wirklichkeit. Ähnlich wertete Hammann, 245: „Synthese aus lutherischen und erasmischen Elementen". Zutreffend dagegen urteilte Hareide, Konfirmation in der Reformationszeit, 151, dass „die Bucersche Konfirmation als eigener Typus anzusehen" ist.

[52] Dazu z.B. W. Peter Stephens, The Holy Spirit in the Theology of Martin Bucer, Cambridge 1970. Es ist erstaunlich, dass er über die pneumatologische Komponente der Konfirmation kaum etwas bemerkt (vgl. nur 193 die etwas dürren Angaben).

[53] Ob Bucers Konfirmationskonzeption als eine Reaktion auf die Kritik der Täufer und Caspar von Schwenckfelds Kritik an der Kindertaufe und der „Volkskirche" historisch zu verstehen ist, ist umstritten. Gegen einen solchen Zusammenhang hat sich z.B. Maurer, Geschichte, 29 ausgesprochen: Sie dürfe „nicht vom Täufertum her verstanden werden"; differenzierter ders., Gemeindezucht, 73, 80. Anders urteilten z.B.

Bucer thematisierte in der Confessio Tetrapolitana 1530 (wie die Confessio Augustana) die Firmung nicht, bot aber einerseits mit seiner Definition der Sakramente als sichtbarer Zeichen der unsichtbaren Gnade und als Glaubensbekenntnisse, andererseits mit seiner Lehre von der Taufe als Erneuerung des Geistes und Analogie zur alttestamentlichen Beschneidung[54] Ansätze, die er 1531 in seiner Apologie aufnahm. Dort bezeichnete er – unter Berufung auf Cyprian und Augustin – die „Confirmation" als guten altkirchlichen Brauch, der aus Handauflegung und Fürbitte, wodurch die Getauften den Heiligen Geist empfangen sollten, und aus der signatio crucis, wodurch sie als auserwählt bezeichnet würden, bestand[55]. Allerdings gab er keinen Hinweis auf eine entsprechende Praxis in Straßburg oder in den anderen Städten[56]. Aus der Auseinandersetzung mit Schwenckfeld und den Täufern – vor allem auf der Straßburger Synode 1533 und im Blick auf den Umsturz in Münster 1534 – entwickelte Bucer erste Ansätze für seine spätere Konfirmationskonzeption[57].

Entscheidendes Thema von Bucers „Bericht ..." ist die Auseinandersetzung mit der Bestreitung der theologischen Legitimität der Kindertaufe; er betont deren Charakter als Sakrament, d.h. als göttlicher Bundes- und Heilszusage (in Analogie zur alttestamentlichen Beschneidung). Er argumentiert meist mit Schriftbelegen, gelegentlich auch mit Hinweisen auf Kirchenväter wie Cyprian, Origenes, Hieronymus, Augustin und andere. Ausführlich erörtert er das Wesen der Sakramente als sichtbarer Zeichen der unsichtbaren Gnade, welche die Erlösung darreichen, im Glauben empfangen werden und denselben stärken[58]. Er nennt in diesem Zusammenhang neben Taufe und Abendmahl nur die Handauflegung und lässt dabei offen,

---

[54] Caspari, 11–14; Hareide, Konfirmation in der Reformationszeit, 124f, 131f, 136ff; Hammann, 244f.

[55] Martin Bucers Deutsche Schriften 3, herausgegeben von Robert Stupperich, Gütersloh 1969, 119–123.

[56] AaO. 270f; Maurer, Gemeindezucht, 73 Anm. 52 verweist auf eine Aussage Bucers von 1530, welche die Handauflegung als geistmitteilende Segenshandlung im Sinne einer „sakramentalen Zeremonie" versteht.

[57] Demgemäss sah sein Entwurf einer Ulmer Kirchenordnung 1531 keine in diesem Sinne reformierte Firmung, auch keine Ergänzung der Taufe vor; s. Martin Bucers Deutsche Schriften IV, Gütersloh 1975, 374–398, 386f „Vom Tauff".

[58] Vgl. den gegen die Münsteraner Täufer – hauptsächlich zur Sakramentenfrage – verfassten „Bericht auß der heyligen geschrift ...", in: Martin Bucers Deutsche Schriften V, Gütersloh 1978, 109–258.

AaO. 158–169: „Von Sacramenten ingemein. Cap. VII."; vgl. z.B. 160, 31: „das in sacramenten uns die gaben Gottes und unser Erlösung wurt dargereichet und ubergeben"; durch sie hält Christus seine Kirche als Glieder seines Leibes zusammen und will durch sie „unsern glauben [...] erwecken und stercken" (166,13f).

ob ihm auch die letztere als ein Sakrament gilt[59]. Er verweist auf Jesus und die Kinder (Mt 19,13f) sowie auf die Apostel (Apg 8,17; 19,6 und 6,6; 13,3), wobei er konstatiert, die Handauflegung sei „ein zeichen [...] deß ubergebnen H. geysts und geystlichen ampts" gewesen[60]. Vermutlich versteht er auch sie als Zeichen „der erlösung, gemeinschafft und geysts unsers Herren Jesu Christi"[61]. Doch er sagt in diesem relativ langen Kapitel nichts über einen entsprechenden kirchlichen Ritus (anders als hinsichtlich Taufe und Abendmahl). Im nächsten Kapitel über die Taufe der Kinder und Jesu Verheißung für die Kinder Mt 19,14 betont er, dass – wie im alten Bund – auch in der Kirche die Kinder in die Gottesgemeinschaft aufgenommen werden[62]. Zum Abschluss setzt er sich mit dem täuferischen Argument auseinander, dass die Kindertaufpraxis die Kirche mit unbewährten Scheinchristen verunreinigt habe. Er bestreitet das mit dem Hinweis, es komme darauf an, was die Kirche nach der Taufe mit den Kindern mache, und äußert sich im folgenden Satz vorsichtig über folgende Möglichkeit[63]: Als öffentliches Bekenntnis bzw. Gelübde, Absage an den Teufel und Übergabe an Christus könnte man mit den herangewachsenen getauften Kindern, die aufgrund des Katechismusunterrichts zur Bestätigung ihres Glaubens vorbereitet seien, den „alten brauch widerbringen, darauß die confirmation entstanden, das die Bischöff den geteufften die händ ufflegten und in [ihnen] den H. geyst also mitleysteten nach dem exempel der Apostel"[64].

Bucer hielt 1534 also eine evangelische Reform der confirmatio für sinnvoll, kannte aber offenbar keine entsprechende Praxis, auf die er gegen die Täufer hätte verweisen können[65]. Die Veröffentlichung seines Kate-

---

[59] Wenn er das Wesen das Sakraments erläutert, bezieht er sich nur auf Einsetzungsworte/Taufbefehl und weitere neutestamentliche Belege zu Abendmahl und Taufe. Keineswegs kann man in Bucers „Bericht ..." finden, dass „für Taufe und Konfirmation [...] die gleiche sakramentale Bedeutung" gelten soll; so Hammann, 50. Vgl. aber Anm. 66.

[60] Bucer, „Bericht ...", 159,25–29.

[61] So in Korrespondenz zum „sacrament der beschneidung" als Bundeszeichen und Heilszusage Gottes gelten auch die Zeichen „in unseren christlichen sacramenten"; aaO. 159,34.

[62] AaO. 170–176.

[63] AaO. 175,39–176,2: „Und so man meinet, es solte je so vil zur sachen thun, das man auch offentlich einmal in Christlichem thun profeß und zusag thäte, sagte dem teufel ab, ergebe sich selb an Christum ...".

[64] AaO. 176,5–9 (unter Hinweis auf Apg 8,17 und Hieronymus). Keinerlei Anhalt am Text des „Bericht ..." hat die bedeutsame Feststellung Hammanns, 245, dass Bucers „Lehre von der Konfirmation als Weihe zum Amt des allgemeinen Priestertums" schon 1533/34 vorlag.

[65] Im XIX. Capitel des „Bericht ..." greift Bucer die Thematik angesichts des Vorwurfs auf, die Kindertaufe hindere daran, „das man eyn reinere Kirch und Christlichen bann

chismus im selben Jahr sollte der Vorbereitung für die von ihm vorsichtig angeregte Konfirmation dienen[66]. In Straßburg fand er allerdings keine Realisierungsmöglichkeit, wie die Fehlanzeige in der Kirchenordnung von 1534 bewies, die zu dem bis dahin feststellbaren Befund in den anderen evangelischen Städten und Territorien passte[67]. Wahrscheinlich wirkte die von Luther erstmals formulierte, von fast allen Reformatoren vertretene Ablehnung der traditionellen Firmung hinsichtlich ihres sakramentalen Charakters und ihrer anstößigen Praxis als allgemeine Blockade. Insofern betätigte sich Bucer als ein die Theorie verändernder „Blockadebrecher", veranlasst einerseits durch die ekklesiologische Herausforderung der täuferischen Kindertaufkritik, andererseits durch seine besondere Wertschätzung der Alten Kirche. Wenig später gelang ihm auch die praktische Realisierung, wobei ihm wohl zustatten kam, dass außerhalb Straßburgs einige Theologen ähnlich dachten und entsprechend handeln wollten.

In Teilen der Landgrafschaft Hessen hatte das Täufertum nach 1535 viele Anhänger gefunden. Auf Bitten des Landgrafen Philipp kam der in der theologischen Auseinandersetzung mit den täuferischen Argumenten erprobte Martin Bucer im Herbst 1538 nach Hessen. Im Zusammenhang mit dessen Bemühung, die täuferischen Separatisten für die evangelische Kirche zu gewinnen, erarbeitete Ende November 1538 eine Synode hessischer Theologen, Räte und Städtevertreter in Ziegenhain die „Ordenung der Christlichen Kirchenn zucht", die sog. Ziegenhainer Zuchtordnung[68]. Den Entwurf dafür hatte Bucer angefertigt, der bei der Beratung anwesend war; man kann die Zuchtordnung also hauptsächlich als sein Werk ansehen, die

---

[66] hielte"; aaO. 216–219. Den Begriff confirmatio erwähnt er hier nicht, doch er plädiert nochmals für eine Anknüpfung an den altkirchlichen Brauch: „wann die kinder erwachsen sind, losse man sy also profeß thun und den bekennenden lege man die hend uff, die anderen schliesse man auß!"; aaO. 217,12–15.

Text in: Martin Bucers Deutsche Schriften VI/3, Gütersloh 1987, 51–173. Dort heißt es: „[...] so ist doch bei im [sc. Jesus] ein Sacrament wie das ander, das hendufflegen als vil als der tauff" (77,23f).

[67] Text der Straßburger Kirchenordnung in: Martin Bucers Deutsche Schriften 5, Gütersloh 1978, 24–41. Dort wird im Kapitel „Der Jugend halb" lediglich auf die regelmäßige Katechismusunterweisung eingegangen und es wird gefordert, dass jedes Kind, welches erstmals am Abendmahl teilnehmen wolle, vom zuständigen Prediger „Christlicher leer halben [...] etwas verhöret" werden solle (34f.). Das war die sog. katechetische Konfirmation ohne den von Bucer vorgeschlagenen Ritus.

[68] Text in: EKO VIII: Hessen, 1. Hälfte, Tübingen 1965, 101–112, 104 (ohne Überschrift als Abschnitt „Zum dritten ..."). Zur Entstehung vgl. Wilhelm Diehl, Zur Geschichte der Konfirmation. Beiträge aus der hessischen Kirchengeschichte, Gießen 1897, 2–13; Alfred Uckeley, Die Kirchenordnungen von Ziegenhain und Kassel 1539, Marburg 1939.

einem seiner wichtigsten Ziele entsprach: ein lebendiges Gemeindewesen aufzubauen[69]. Dem sollten vor allem eine Verstärkung der Aufsicht und Seelsorge durch ein neues Ältestenamt, ein regelmäßiger Katechismusunterricht samt Konfirmation und eine konsequente Handhabung des Bannes als Glaubens- und Lebenszuchtmaßnahme dienen. Aus der Taufe wurde die Notwendigkeit des Katechismusunterrichts abgeleitet; dieser sollte zu Ostern, Pfingsten und Weihnachten mit einer öffentlichen Prüfung (Befragung) der unterwiesenen Kinder durch den Pfarrer abschließen[70]. Dem folgte ein Konfirmationsritus mit den von Bucer schon früher als wesentlich betonten Elementen: dem Fürbittgebet der Gemeinde bzw. der Bitte an Gott, jenen Kindern „bestendigkeit und merung des h. Geistes" zu verleihen, und der Handauflegung des Pfarrers[71]. Die anschließende Teilnahme am Abendmahl verdeutlichte, dass die Handauflegung als eigentlicher Konfirmationsakt die Bestätigung der entschiedenen Zugehörigkeit zur Kirche und zu Jesus Christus war. Aufgrund von Landgraf Philipps Bedenken gegen einige Elemente der Zuchtordnung (die allerdings nicht die Konfirmation betrafen) sollte deren praktische Umsetzung nur in wenigen Städten erfolgen. Demgemäss konzipierte für die evangelischen Gemeinden der Hauptstadt Kassel Anfang Dezember 1538 eine kleine Kommission, der wohl auch Bucer angehörte[72], die „Ordenung der Kirchenn übung"[73]. Hier folgte auf – durch entsprechende Überschriften hervorgehobene – Kapitel über den Katechismus oder „kinderbericht", über die Sakramente Taufe und Abendmahl das Kapitel „Von den sacramentlichen ceremonien und erstlich vom hendauflegen"[74]. Der Begriff der sakramentlichen Zeremonie, der schon terminologisch die Konfirmation von der Taufe unterschied, sie aber mit dieser und mit dem Abendmahl verband, entsprach Bucers Sakramententheologie. Er machte deutlich, dass es auch um eine evangelische Neu-

---

[69] Hier lag sein Spezifikum als Reformator; vgl. z.B. Hammann, 127ff, 191ff, 207–321; Martin Greschat, Martin Bucer, München 1990, 127–138, 153–166.

[70] Dieser Prüfung sollte ein Bekenntnis bzw. Gelübde folgen (ohne dass der Text diese Begriffe nannte), dass die Kinder sich „offentlich Christo dem Herren und seiner kirchen ergeben haben"; EKO VIII/1, 104.

[71] „Dem allem nach soll dann der pfarherr denselbigen kindern die hende auflegen und sie also im namen des Herrn confirmiren und zu christlicher gemeinschaft bestetigen, auch darauf zum tisch des Herren gehen heißen" (ebd.).

[72] Nach einer späteren Notiz war die Ordnung unterzeichnet von Martin Bucer, Johannes Kymäus, Dionysius Melander, Johannes Pistorius, Justus Winter und Caspar Lanius Confugianus (Caspar Kaufung) (s. EKO VIII/1, 130 Anm. 54).

[73] Faksimile des verlorenen Erstdrucks 1539 bei Uckeley, danach der Text in EKO 8/1, 113–130.

[74] EKO VIII/1, 124; unter derselben Kapitelüberschrift steht „Von einsegnung der ehe" und die Ordination als zweite und dritte der „sacramentlich ceremonien" (126f).

ordnung der traditionellen Firmung (samt der beiden anderen römisch-katholischen Sakramente Ehe und Ordination) gehen sollte. Die Regelung der Handauflegung als Bestätigung des Bekenntnisses der unterrichteten Kinder fiel in der sog. Kasseler Kirchenordnung sehr knapp aus, weil man hier auf die Beschreibung in der sog. Ziegenhainer Zuchtordnung verwies[75]. Allerdings fügte eine ebenfalls 1539, aber etwas später gedruckte, erweiterte Neuausgabe hier wie an anderen Stellen eine ausführliche Agende hinzu unter der Überschrift „Ordnung der firmunge und der hendauflegen"[76].

5. Die Konfirmationsformel „Nimm hin den heiligen Geist ..."

Mit dieser Ergänzung der sog. Kasseler Kirchenordnung verbindet sich ein gravierendes Problem. Sie bringt Fragen und Antworten für die Glaubensprüfung, die der durch Bucer geformten Katechismustradition entsprechen; sie bringt sodann ein ausführliches Gebet, welches Bucers Konfirmationskonzeption entspricht; dann jedoch folgt eine bei Bucer nicht begegnende Konfirmationsformel: „Darnach sol der pfarherr ihnen [sc. den Kindern] die hend uflegen und sagen: Nimm hin den heiligen geist, schutz und schirm vor allem argen, sterk und hülf zu allem guten, von der gnedigen hand Gottes des Vaters, Sohns und heiligen Geistes. Amen"[77]. In der einschlägigen Sekundärliteratur ist zumeist Bucer als Urheber der eigentümlichen, auffälligen Formel anerkannt worden[78]. Ausschließen kann man das nicht, doch

---

[75] Vgl. aaO. 124: „die wir verhoffen, also wie sie gestelt, auch hie [sc. in Kassel] ins werk zu bringen".

[76] „Ordenung der kirchen zu Cassel ..."; ein Druck von Melchior Sachsse in Erfurt, der außer der sog. Kasseler Ordnung (Siglum „KE" in EKO VIII/1) fast alle anderen hessischen Ordnungen im 16. Jahrhundert druckte – auch die in Anm. 87 genannte calenbergische. Vgl. EKO VIII/1, 113 Anm. 1. Abdruck des Textes zur „firmung ...": aaO. 124 Anm. 1 (=124–126).

[77] AaO. 126 (im Apparat).

[78] Vgl. z.B. Caspari, 24–27; Diehl, 14–28 (mit Hinweisen auf angeblich entsprechende Segensformeln in Bucers Korrespondenz, die sich allerdings nirgendwo genau mit der Konfirmationsformel berühren); Maurer, Gemeindezucht, 74–80; Hareide, Konfirmation in der Reformationszeit, 148–151. Für die Autorschaft Bucers spricht auch die Nähe zu dessen Artikeln, die er der Straßburger Synode 1533 und – vielleicht in veränderter Fassung – derjenigen von 1539 vorlegte (vgl. Martin Bucers Deutsche Schriften VI/2, Gütersloh 1984, 199, 201, 214f). Dort deutet Bucer entweder die Taufe oder in Entsprechung zu dieser die nicht namentlich bezeichnete Konfirmation folgendermaßen: „Der halben, wie Gott wollte, die alltenn beschnitten haben, vnd der herre Jesus selbs dass Sacrament seines segens und verleihung deß H. geistes, die hende vfflegung sampt dem gepett, den kindern mittheilet, Also theilen wir ihnnen auch den tauff mit, der nicht mehr thun vnnd sein kann, dan deß herrenn hende aufflegen vnnd segnen" (Deutsche Schriften V, 381).

sie stimmt nicht überein mit seinen sonstigen Aussagen über den Konfirmationsritus, welche stets die Bitte um den Heiligen Geist bzw. die entsprechende Fürbitte enthalten. Kritisiert worden ist fast durchgängig, dass in dieser exhibitiven Spende- oder Segensformel ein katholischer Sakramentalismus begegne[79]. Doch sie muss keineswegs als so „unevangelisch" abgelehnt werden, wie das nahezu einhellig getan worden ist. Sie knüpft an Jesu Christi Wort zu den Jüngern Joh 20,22 („Nehmt hin den Heiligen Geist") an und berücksichtigt dessen Bezug auf die Absolution/Sündenvergebung durch den Hinweis auf den Schutz vor allem Bösen, wobei sie auf ein Gebet folgt, das auf die Taufe als Voraussetzung hinweist[80]. Man kann sie so interpretieren, dass sie zu Bucers Tauflehre, Pneumatologie und Konfirmationskonzeption passt[81]. Dennoch bleibt es seltsam, dass in jener durchweg Bucer entsprechenden „Konfirmationsagende" nicht eine seiner typischen Konfirmationsformeln zitiert wird. Man kann das auch damit erklären, dass hier andere Hände am Werk gewesen sind[82].

Nun hat man schon früher gelegentlich bemerkt, dass jene ungewöhnliche Konfirmationsformel in der 1542 erstellten Kirchenordnung für das Herzogtum Calenberg-Göttingen vorkommt, als deren Verfasser mit Recht

---

[79] Vgl. die Hinweise auf ältere Arbeiten bei Hareide, Konfirmation in der Reformationszeit, 148f, deren Kritik er sich anschließt: „Woher das Formular auch stammen mag, inhaltlich erweist es eine enge Verwandtschaft mit katholischen Sakramentengedanken auf" (149). Bucers Texte zeigten „eine Konfirmation, die zu einem besonderen Gnadenmittel, einer sakramentalen Handlung gestaltet worden ist. Heilsnotwendig ist sie nicht, aber sie scheint für die Heiligung und das Bewahrtwerden im Glauben nötig zu sein" (150). Scharfe Kritik übt von Calvins Konfirmationskonzeption her Wilhelm Niesel, Die Konfirmation nach einem reformatorischen Formular, in: EvTh 1 (1934) 296–307, abgedruckt in ders., Gemeinschaft mit Jesus Christus, München 1964, 144–153, 150. Zur Erklärung des „katholischen" Charakters jener Konfirmationsformel und damit zu deren geschichtlicher Ableitung ist vielfach auf eine Aufnahme der Dogmatisierung von Florenz 1439 hingewiesen worden. Doch die dortige Aussage über den effectus sacramenti trifft höchstens ungefähr als Parallele zu: quia in eo [sc. sacramento] datur spiritus sanctus ad robur" („Stärkung", so DH 1319). Die Handauflegung spielt hier keine wesentliche Rolle.

[80] „Almechtiger, barmherziger Gott [...], wir bitten dich für diese kinder, die du deiner kirchen geschenkt und durch den heiligen tauf wider geboren und nu auch so weit erleuchtet hast, dass sie diese deine gnade und güte auch selbst erkennen und vor deiner gemein bekannt haben, sterk dies dein werk, das du in inen angefangen hast, mer inen deinen h. Geist [...]" (EKO VIII/1, 125 Anm. 1).

[81] Das betonen z.B. Diehl, 25f; Hammann, 244f.

[82] Vgl. z.B. die Namen in Anm. 72, von denen Johannes Pistorius (ca. 1502/03 bis 1583) – ein auf evangelische Katholizität bedachter Konservativer, Teilnehmer an den Religionsgesprächen des Reiches zwischen 1540 und 1557 – an den hessischen Ordnungen bis 1574 mitwirkte (s.u. Anm. 91). Eine andere Möglichkeit bietet der Hinweis auf die Artikel der Straßburger Synode 1533 bzw. 1539 (vgl. Anm. 78).

allgemein Antonius Corvinus gilt, seit 1538/39 Berater der Regentin Elisabeth und Reformator dieses welfischen Territoriums[83]. Zuvor war er, und zwar seit 1529 Pfarrer in Witzenhausen (ca. 30 km östlich von Kassel), theologisch durch Luther geprägt, ein wichtiger Berater des Landgrafen Philipp, wie Bucer in dessen Auftrag gegen die Täufer engagiert[84]. Nach Ausweis der überlieferten Namenslisten war er an der Ausarbeitung sowohl der Ziegenhainer als auch der Kasseler Ordnung nicht beteiligt, doch er hielt sich im November/Dezember 1538 in Witzenhausen auf und hatte Kontakte zu Philipp[85]. Da Corvinus 1537–1541 kontinuierlich in landgräflichem Auftrag an offiziellen Aktionen (Lehrgesprächen etc.) teilnahm, kann man vermuten, dass er auch an der für Hessen wichtigen Kasseler Ordnung irgendwie beteiligt worden ist. Wie Bucer verband er die reformatorische Position mit dem Rekurs auf die altkirchliche Tradition und die Lehren der Kirchenväter[86].

Das prägte auch die ausführliche „Ordnung der confirmation oder firmung", einen gesondert gedruckten vierten Teil der Calenberg-Göttinger Kirchenordnung, welcher die entsprechenden Bestimmungen der ebenfalls separat gedruckten Agende, des dritten Teils, konkretisierte[87]. Hier handelte im Anschluss an die Taufordnung ein Kapitel „Von dem catechismo und der confirmation oder firmung", fügte also gleichsam programmatisch die beiden reformatorischen Grundanliegen einer Reform der Firmung zusammen: Die „zum verstand" gekommenen „getauften kindlein" sollten nach

---

[83] Vgl. die bis heute einzige Biographie von Paul Tschackert, Antonius Corvinus. Leben und Schriften, QDGNS 3, Hannover–Leipzig 1900, 95 (seit Herbst 1540 Arbeit an der calenbergischen Kirchenordnung) und 97f („dass er selbst die Ordnung verfaßt hat"). Weitergehende Forschungen zu diesem bedeutsamen Reformator gibt es nur wenig; vgl. z.B. Inge Mager, „Ich diene mit dem einigen pfunde, so mir Gott gegeben, der lieben Kirchen ...". Der Beitrag des Antonius Corvinus zur Durchsetzung und Festigung der lutherischen Reformation ..., in: JWKG 97 (2002) 13–32; Jutta Prieur, Im Autrag des hessischen Landgrafen: Antonius Corvinus und die Reformation in Lippe, aaO. 33–53.

[84] Einzelheiten s. bei Tschackert, 53, 58f, 63f.

[85] Leider finden sich bei Tschackert, 50, 54, 56f, 63 keine exakten Angaben.

[86] Vgl. dazu z.B. Corvinus' umfangreiches patristisches Florilegium in Loci-Form „Augustini et Chrysostomi theologia" (1539); Tschackert, 83 Anm. 1.

[87] Die Calenberg-Göttinger Kirchenordnung erschien in Erfurt 1542 in vier separaten Teilen; Text in: EKO VI/1: Niedersachsen. Die Welfischen Lande, Tübingen 1957, 708–843. Bezeichnend der Titel des ersten Teils, einer Lehrordnung: „Christliche, bestendige und in der schrift und heiligen veteren wol gegründete verklerung ..."; die Konfirmationsordnung aaO. 838–843. Im Vergleich damit fällt auf, dass die ebenfalls von Corvinus verfasste, freilich relativ kurze Kirchenordnung für die calenbergische Stadt Northeim 1539 nichts über eine Konfirmation sagt und die Katechismusunterweisung nur zweimal knapp erwähnt (aaO. 924, 931).

der katechetischen Unterweisung in „allen heuptpunkten und artikelen unsers glaubens" an einem nicht näher bestimmten Sonn- oder Festtag „fur der ganzen gemein dargestelt und examinirt werden". Danach sollte ihnen der Pfarrer – möglichst unter Beteiligung von zwei oder drei anderen Pfarrern, „damit solche christliche ceremonia [!] ein desto stathlicher ansehens habe" – „die hende auflegen und mit der gemein ein ernstlich gebet thun, das sie Gott umb Christus willen durch die kraft des heiligen Geists in solchem glauben sterken und bestetigen wölle"; anschließend sollte er ihnen „erleuben, das sie zum tische des Herrn gehen"[88]. Die Beziehung zu Taufe und Abendmahl entsprach ebenso wie die Glaubensunterweisung und -prüfung der allgemeinen reformatorischen Konzeption. Über einen sakramentalen Charakter oder eine ähnliche Qualifizierung der Konfirmation sagte die Ordnung nichts; sie sah diese als feierliche „Zeremonie" an. – Dieselbe Konzeption vertrat in spezifizierter Ausgestaltung die „Ordnung der confirmation oder firmung", die durch mancherlei Hinweise die evangelische Position gegen die römisch-katholische Praxis hervorhob[89]. In gelehrt-gemeindepädagogischer Weise betonte die „Ermanung zum volk", die jeder Pfarrer einleitend halten sollte, die Abgrenzung dieser „ceremonia des confirmirens" gegen die Definition der „papisten" als „sacrament" samt der bischöflichen Ölung und betonte die Heilsbedeutung der Taufe. Die reformatorische Intention, den rechten Gebrauch der Firmung „widerumb in unser kirchen zu bringen", wurde hervorgehoben; sie realisierte sich darin, „das diese ceremonia der firmung zweyerlei dinge begreifet, nhemlich die catechesin [...], zum andern impositionem manuum". Nach Erläuterung der Unterweisung (ausführlich mit patristischen Belegen gestützt!) wurde unter Bezug auf Hieronymus und biblische Belege die Handauflegung – „diese feine, alte ceremonia" bzw. „ein nützliche, gute ceremonia" – im evangelischen Sinne interpretiert: Dadurch werde nicht „umb solcher eusserlichen ceremonien willen [...] der heilige Geist gegeben [...], sonder viel mehr umb des worts und gebets willen der kirchen" (unter Berufung auf Jesu Wort Lk 11,13 und auf Augustinus). Liturgisch dargestellt wurde dieser Bitte-Charakter durch den Beginn der Zeremonie mit dem Lied „Komm, heiliger Geist!"; ihm folgten die „examination" der Kinder, der Hinweis auf Jesu Segnung der Kinder und ein längeres Fürbittengebet mit inkludierter Vaterunser-Paraphrase, welches für die richtige theologische Deutung des abschließenden Ritus gedacht war: der Handauflegung mit der oben zitierten

---

[88] AaO. 804.
[89] Die einzige nennenswerte Divergenz bestand darin, dass jetzt der Konfirmationstermin fixiert wurde: „jerlich dreymal [...], auf die Ostern, Pfingsten und Weihnachten" (aaO. 838. Vgl. dazu die Kasseler Ordnung oben bei Anm. 70).

Konfirmationsformel „Nim hin den heiligen Geist" (vgl. den Text bei Anm. 77).

Ein sakramental-exhibitives Verständnis dieser Formel wehrte Corvinus in auffälliger Weise ab, indem er vorangehend mehrfach betonte, dass es sich bei der Konfirmation (Examen als Bekenntnis und Handauflegung) um die Bestärkung der in der Taufe von Gott geschenkten Wiedergeburt durch die „Mehrung" des Heiligen Geistes (nicht eine erstmalige Verleihung!) ginge, die die Heiligung des weiteren Christenlebens ermöglichen sollte[90]. Dadurch machte Corvinus implizit deutlich, dass die Konfirmation kein Sakrament, auch keine „sakramentliche", sondern bloß eine „nützliche" Zeremonie wäre. Es war der Sache nach eine klare Abgrenzung gegen diejenige Neukonzeption der Firmung, die bei Bucer und in der Kasseler Ordnung begegnete. Dass er trotzdem jene exhibitive Konfirmationsformel zur Verwendung vorsah, war eigentlich missverständlich. Vermutlich tat er es deswegen, weil sie einer gerade in der hessischen Geistlichkeit verankerten Praxis entsprach, die auf Kontinuität mit dem vorreformatorischen Sakramentsverständnis bedacht war. Immerhin ist bemerkenswert, dass sie in der Folgezeit zwar in der hessischen Kirchenordnung und Agende beibehalten wurde[91], aber in den entsprechenden Formularen der welfischen Territorien nicht wieder begegnete[92]. Und das wird bestätigt durch die Kritik, die Corvinus 1548 am Firmungsartikel des Augsburger Interims übte[93].

---

[90] Vgl. die „Ermanung zum volk" (aaO. 841f). Das Gebet (aaO. 842) drückt die skizzierte Intention ebenso deutlich aus; es entspricht wörtlich der Kasseler Ordnung (s.o. Anm. 80).

[91] Die „Christliche kirchenordenung" für die Landgrafschaft Hessen 1566 (EKO VIII/1, 187–337) brachte ein ausführliches Kapitel über „die form oder weise der confirmation" (293–304; vgl. aaO. 299: „Als denn gehet der diener zu idem, legt die hende ihnen ufs heupt und spricht: Herr Jesu Christe, der du gesagt hast, so ihr, die ihr böse seid, könt euern kindern gute gaben geben, wie viel mehr wird der Vatter im himmel den heiligen Geist geben denen, so ihn darumb bitten [Lk 11,13], uf solche deine verheißung vertröstet, sage ich zu diesem kinde in deinem namen: Nim hin den heiligen Geist, schutz und schirm vor allem argen, sterke und hilf zu allem guten von der gnedigen hand Gottes des Vatters, Sons und heiligen Geistes, Amen". Etwas verändert in der „Agenda" für Hessen 1574, aaO. 433: „Darauf wird ihm auch die hand vom diener aufgelegt mit diesen worten: Nimm hin den heiligen Geist, schutz und schirm vor allem argen, sterk und hülf zu allem guten von der gnedigen hand Gottes des Vaters und des Sohns und des heiligen Geistes. Amen".

[92] Vgl. die – allerdings nicht von Corvinus erarbeiteten – Texte in EKO VI/1, 281–335; 533–575 und bei Rott, 42f, 61–64.

[93] Antonius Corvinus, Confutatio Augustani libri quem Interim vocant 1548, herausgegeben von Wilhelm Radtke, SKGNS 7, Göttingen 1936, 39f („De confirmatione"). Unter Ablehnung der römisch-katholischen Position versteht Corvinus hier die Konfirmation als Rückkehr zum apostolischen Brauch der Glaubensprüfung und Handauf-

6. Ökumenische Annäherung und konfessionelle Abgrenzung

Bei der reformatorischen Neuordnung der Kirchenstrukturen gab es hinsichtlich der alten Firmung keinen wesentlichen Dissensus darüber, dass sie nicht als Sakrament (bzw. nicht als Sakrament im Vollsinne) verstanden und dass ihre bisherige Form nicht beibehalten werden dürfte. Diese von Luther bestimmte Grundeinstellung – von Melanchthon, Bugenhagen, Osiander und anderen geteilt – führte dazu, dass es bis 1548 vielerorts keine evangelische Konfession gab: u.a. in Kursachsen und anderen entsprechend geprägten lutherischen Territorien und Städten, z.B. Braunschweig-Lüneburg, Schleswig-Holstein, Mecklenburg, Pommern, Bistum Osnabrück, Ansbach-Kulmbach, Nürnberg, Hamburg, Lübeck. Die sog. katechetische Konfirmation war in Deutschland anscheinend weniger verbreitet als die sog. sakramentale (besser: die rituelle) Konfirmation[94]. Sie stellte einen viel stärkeren Traditionsabbruch dar. Sie war derjenige Typ, der von Johannes Calvin und Johannes a Lasco her in den reformierten Kirchen vorherrschte[95].

---

[94] legung, „durch welche die offenbaren Gaben des Geistes geschenkt wurden"; in der reformatorischen Kirche umfasse sie das Gebet um Erlangung der Gaben des Heiligen Geistes und die Handauflegung.
Diese – in der evangelischen Konfirmationsdiskussion des 19./20. Jahrhunderts verwandte – Typenunterscheidung samt Nomenklatur geht letztlich zurück auf Theodor Kliefoth, Liturgische Abhandlungen II. Die Beichte und Absolution. III. Die Confirmation, Schwerin 1856, 70f. Kliefoth führte ferner den Begriff der „kirchenregimentlichen" Konfirmation ein, der aber in der Diskussion mit Recht durch den Begriff „kirchenzuchtlich" ersetzt wurde.
Die sog. katechetische Konfirmation wurde 1535 in dem gemeinsamen Reformprogramm der Geistlichkeit von Lübeck, Bremen, Hamburg, Rostock, Stralsund und Lüneburg vereinbart (s. EKO V, Leipzig 1913, 542, Ziffer IX); sie galt seit 1535 im Herzogtum Liegnitz (s. EKO III, Leipzig 1909, 436f: Katechismusunterricht samt öffentlichem Bekenntnis „anstatt der firmung"); in Naumburg wurde sie 1537 eingeführt durch den dortigen Superintendenten Nikolaus Medler (s. Hareide, Konfirmation in der Reformationszeit, 174); aufgrund der von Andreas Osiander erstellten Kirchenordnung existierte sie in Pfalz-Neuburg seit 1543 für kurze Zeit (EKO XIII/3, 62; Andreas Osiander d.Ä., Gesamtausgabe VII, Gütersloh 1988, 671f). Die Handauflegung fehlte hier. Dass diese aufgenommen wurde in dem von Melanchthon verfassten – immerhin von Luther, Bugenhagen u.a. unterzeichneten – Gutachten 1545, der sog. Wittenberger Reformation, dürfte eine Konzession an das Ergebnis der Religionsgespräche (dazu s.u.) gewesen sein; Text: EKO I/1, Leipzig 1902, 211. Eine entsprechende Praxis ergab sich aus diesem Vorschlag einer „Confirmation" jedoch nicht.
[95] Zu Calvin s. z.B. Maurer, Gemeindezucht, 67–72; W. Niesel, Konfirmation. Zu Lasco s. Anneliese Sprengler-Ruppenthal, Mysterium und Riten nach der Londoner Kirchenordnung der Niederländer, Köln–Graz 1967, 97–106.

Einen pneumatologisch orientierten Konfirmationsritus gab es bis 1548 nur in Hessen und Calenberg-Göttingen, vielleicht auch in Waldeck. Man darf – wenn man an Corvinus (und ggf. Hefentreger) denkt – diesen Typ nicht als „unlutherisch" qualifizieren oder gar als „unevangelisch" abwerten, wie es in der Literatur gelegentlich geschehen ist[96]. Dieser Typ erhielt beträchtliche Resonanz in den evangelisch-katholischen Religionsgesprächen seit 1540 und erlebte eine schwere Krise infolge des Augsburger Interims.

Solche Theologen in beiden Lagern, die sich substantiell an der altkirchlichen Tradition orientierten, hatten offenbar wenig Schwierigkeiten, sich auf eine gemeinsame Konzeption für die Neuordnung der Firmung zu verständigen. Das zeigte sich in dem konfessionell zerrissenen Herzogtum Sachsen 1539 beim sog. Leipziger Reformationsentwurf, den trotz erheblicher Gegensätze Martin Bucer nach Gesprächen mit Georg Witzel erarbeitete[97]. Hier begegnete nach der ausführlich behandelten Taufe ein Artikel „Von der Confirmation", der unter Berufung auf Hieronymus' Erläuterung, wie es seit der Apostel Zeiten in der Kirche zum Ritus der Handauflegung „mit anruffung des heyligen geists" nach erfolgter Unterweisung gekommen wäre (einer Bitte „vmb den geist christlicher standthafftigkeit"), um die Glaubenden „jm namen des herren zu der christlichen gemeinschafft zubestettigen", wozu später auch das Chrisma gebraucht worden wäre: Diese „ceremonien vnd breuch" sollten zwecks Besserung des Volkes und Abwehr der Wiedertäufer als Abschluss des Katechismusunterrichts in der gegenwärtigen Kirche Sachsens „reformiert vnd wider geubt" werden. Der Sakramentsbegriff fehlte[98]. Zwar wurde dieser Text nicht in eine entspre-

---

[96] Vgl. z.B. Franz Rendtorff, Das Problem der Konfirmation und der Religionsunterricht in der Volksschule, Leipzig 1910, 17f; ders., Konfirmation und Kirche, Leipzig 1928, 26f. Abgesehen von sachlichen Argumenten wäre hier u.a. auf die von Luther gebilligte Kirchenordnung für das Kurfürstentum Mark-Brandenburg von 1540 zu verweisen (Text in: EKO III, Leipzig 1909, 39–90). Dass der zuständige brandenburgische Bischof Matthias von Jagow sie autorisierte, war bemerkenswert. Ihr Artikel „Von der confirmation oder firmung" fixierte eine Neuordnung im evangelischen Sinne (unter Kritik an „allerlei misbreuch"): Die getauften Kinder sollten im passenden Alter im Katechismus unterwiesen und „verhört" werden hinsichtlich Glauben und christlichen Lebenswandel; der Bischof oder gegebenenfalls ein Pfarrer sollten ihnen dann die Hände auflegen und Gott für sie um Stärkung bitten (aaO. 59). Vom Heiligen Geist war hier überhaupt nicht die Rede.

[97] Text in: Martin Bucers Deutsche Schriften IX/1: Religionsgespräche (1539–1541), bearbeitet von C. Augustijn/M. de Kroon, Gütersloh 1995, 23–51: „Artikel belangend dy religion".

[98] Zitate aaO. 36f. Die Überschrift unterscheidet sich von derjenigen des Taufartikels, wo der Sakramentsbegriff begegnet (aaO. 28).

chende Praxis überführt, aber er spielte eine Rolle bei den seit 1539 geplanten Religionsgesprächen auf Reichsebene[99]. Denn Bucer und der Kölner Reformkatholik Johannes Gropper als Hauptautoren des am 31. Dezember 1540 fertiggestellten Vergleichsentwurfs, des sog. Wormser Buches, verständigten sich auf einen Kompromiss wie bei der ganzen Sakramentenlehre so auch bei der confirmatio[100]. Bucer kam der römisch-katholischen Position entgegen, wenn er die Firmung – wie auch Ordination, Buße, Ehe, Ölung – als Sakrament bezeichnete[101]. Immerhin hatte er kurz vorher von sich aus als Mitverfasser der sog. Kasseler Ordnung von „sacramentlichen ceremonien" gesprochen (s.o. bei Anm. 74). Doch wenn er jetzt den Begriff Sakrament akzeptierte, ging er einen Schritt weiter. Zu seinem Sakramentenverständnis passte es nur unter eventueller Hinzufügung einer evangelischen Interpretation, wenn allgemein die Sakramente als sichtbare Zeichen der unsichtbaren göttlichen Gnade gelten sollten, die „auch jnstrument der gnaden gottes seyen, dardurch vns Gott heiliget"[102]. Die inhaltliche Bestimmung der confirmatio entsprach einerseits der bisher von Bucer entwickelten Lehre, wenn sie als elementum (äußerliches Zeichen) die Handauflegung und als vis („das werck dieses Sacraments") den Glauben der Konfirmierten an den Empfang des Heiligen Geistes nannte; sie entsprach ihr auch darin, dass sie die Notwendigkeit des vorangehenden Katechismusunterrichts und des individuellen Bekenntnisses betonte; andererseits enthielt sie ein für Bucer fremdes Stück, wenn sie neben der in apostolischer Zeit begründeten Handauflegung als dem Element auch auf das später von der Kirche hinzugefügte „symbolum Chrismatis" verwies, welches zwar hier – entgegen der traditionellen katholischen Sicht – nicht als die spezifische materia erwähnt wurde, aber als Zeichen der Geistgabe galt[103]. Hier wurde eine Konzeption von sakramentaler Geistmitteilung vertreten, die sich mit Bucers früherer Auffassung höchstens dann vereinbaren ließ, wenn man die oben besprochene Kasseler Konfirmationsformel (s. bei

---

[99] Vgl. die instruktive, differenzierte Würdigung bei Hareide, Konfirmation in der Reformationszeit, 153–171.

[100] Text des sog. Wormser Buches in: Martin Bucer Deutsche Schriften IX/1, 338–483: lateinischer Text mit Bucers deutscher Übersetzung. Der Entwurf stammte von Gropper, wurde aber aufgrund von Bucers Einwänden überarbeitet.

[101] AaO. 434/435: „Vom Sacrament der Furmung/De Sacramento Confirmationis".

[102] AaO. 426–429: „Von den sacramenten/De sacramentis".

[103] AaO. 435,8: „Elementum vero est manuum impositio". Doch vgl. 435,11–13: „ [...] surrogatum est symbolum Chrismatis, quo inuisibilis et interior unctio Spiritus sancti fidem Christi post baptisma professis donaretur, vt testantur patres". Die nachfolgende Aussage, dass die Geistgabe als Stärkung für ein Fortschreiten auf dem Heilsweg gegen alle Anfechtungen zu verstehen sei (435,15f), entsprach Bucers Position eher.

Anm. 77) – im katholischen Sinne interpretiert – für einen zutreffenden Ausdruck seiner Lehre hielt. Im zeitgenössischen Protestantismus war das ein nicht konsens- oder gar mehrheitsfähiger Kompromiss[104]. – Dieser am weitesten gehende ökumenische Verständigungsversuch (eine Weiterentwicklung von Bucers eigentlichem Ansatz) scheiterte an den kirchenpolitischen Interessen und Realitäten. Welche Folgen das hatte, zeigte seit 1548 die Diskussion um das sog. Augsburger Interim. Dieses reformkatholische Programm für eine theologisch begründete Rückführung der reformatorischen Kirchen (die faktisch durch Karls V. Politik als brutaler Gewaltakt wirkte) basierte unter anderem auf Gutachten Groppers, entstand in einem längeren Diskussionsprozess katholischer Theologen, abschließend redigiert von Julius Pflug und Michael Helding unter marginaler Beteiligung des evangelischen Johann Agricola[105]. Der 16. Artikel „De confirmatione/Von der firmung" ging insofern hinter das sog. Wormser Buch zurück, als die dort von Bucer eingebrachten Aspekte weggelassen oder erheblich eingeschränkt wurden. Katechismusunterweisung, Glaubensbekenntnis, Fürbitte und Handauflegung erschienen nur als Reminiszenzen; als theologisch entscheidend wurde der Zusammenhang von innerlicher „Salbung des Heiligen Geistes" (d.h. der sakramentalen Geistverleihung) mit dem „äuße-

---

[104] Das zeigte z.B. Melanchthons kritische Distanzierung; vgl. die Zitate bei Hareide: Konfirmation, 167–169. Nach den gescheiterten Verständigungsversuchen der Religionsgespräche 1540/41 nahm Bucer die Gelegenheit wahr, seine vermittelnde Position bei der evangelischen Neuordnung des Erzbistums Köln in die Praxis umzusetzen. Das im wesentlichen von ihm entworfene, von Melanchthon zum Teil überarbeitete und ergänzte, mit Erzbischof Hermann von Wied und einigen kompromissbereiten Landständen beratene „Einfaltigs bedencken ...", der sog. Kölner Reformationsentwurf 1543, brachte einen Artikel „Von der firmung vnd selbwilligen begebung der geteufften kinder in die gehorsame vnsers Herren Jesu Christi". Text in: Martin Bucers Deutsche Schriften XI/1, bearbeitet von Christoph Strohm/Thomas Wilhelmi, Gütersloh 1999, 315–324. Diese Konfirmationskonzeption entsprach Bucers Texten von 1531–1538. Auf einem intensiven Katechismusunterricht basierend sollte – zweimal jährlich in besonderen Feiern – das eigenständige Bekenntnis der Kinder in Form einer Wissensprüfung erfolgen; daraufhin sollte der Konfirmator bzw. Visitator unter betontem Bezug auf die Taufe ein Fürbittgebet halten (um Mehrung des in der Taufe empfangenen Heiligen Geistes) und den Kindern die Hände auflegen, um für sie jeweils individuell Christus zu bitten, sie durch seinen Heiligen Geist zu stärken, damit sie dem Evangelium gehorsam bleiben und ein christliches Leben führen könnten (aaO. 322,26ff; 323,12ff).

[105] Der lateinische Text war das eigentliche „Original", die deutsche Übersetzung für die offizielle Behandlung auf dem Augsburger Reichstag fertigte im wesentlichen Johann Agricola an. Edition beider Fassungen nach den Reichstagsakten: Joachim Mehlhausen (Hg.), Das Augsburger Interim von 1548, Neukirchen-Vluyn 1970, ²1996. Zur Entstehungsgeschichte vgl. Joachim Mehlhausen, Interim, TRE XVI, 230–237.

ren Zeichen" des Chrisma und der Signatio crucis betont[106]. Das entsprach der Lehrfixierung des Florentinum 1439, auch die Definition der „vis sacramenti" als Stärkung zu christlichem Leben (mit weitgehender Aufnahme der Formulierungen des sog. Wormser Buches). Was bei jenem ökumenischen Kompromisspapier von 1540/41 aus verständlichen Gründen verschwiegen worden war, wurde jetzt – in Aufnahme des Florentinum – unter Berufung auf die katholische Tradition dekretiert: „Minister autem huius sacramenti sit episcopus" (mit welchem praktischem Spielraum im „sit"?)[107]. Zahlreiche theologische Gutachten, welche die evangelischen Obrigkeiten zum Widerstand, d.h. zur praktischen Verweigerung der Rekatholisierungsmaßnahmen motivieren sollten, wurden 1548ff in der Öffentlichkeit verbreitet. Sie trugen massiv bei zur Bewusstwerdung des durch das Interim verschärften konfessionellen Gegensatzes. Die Firmung/confirmatio war dabei ein Thema, über welches differenziert geurteilt wurde. An drei Beispielen sei das hier aufgezeigt.

Martin Bucer und seine Predigerkollegen stellten in einem Gutachten vom 27. Juni 1548 gegenüber dem Straßburger Rat fest[108]: Die Firmung sei kein Sakrament, sondern eine „Ceremonien", nicht durch die Apostel begründet, sondern in der frühen Kirche aufgekommen (mit Handauflegung und Chrisam); eine evangelische Reform („die recht alte und besserliche Confirmation"), die – angeblich! – „in vilen vnseren kirchen im werck ist", umfasst den Katechismusunterricht der getauften Kinder, die Vorstellung vor der Gemeinde als Präsentation ihres Glaubenswissens, ihr Bekenntnis zu Christus und ihr Gelöbnis zum Gehorsam gegen Christus, daraufhin die Fürbitte samt Handauflegung „vmb die bestettigung des h. geists"[109]. Hier zeigte Bucer in der Situation harter Konfrontation die Grundzüge seiner – biblisch, patristisch und gemeindepädagogisch begründeten – Konfirmationskonzeption, frei von Kompromissen im Blick auf die römisch-katholische Tradition.

Eine eindeutige Abwehrstrategie fiel erheblich leichter bei den norddeutschen Lutheranern, die in ihren Kirchen zwar den Katechismusunter-

---

[106] AaO. 78–81.
[107] AaO. 81.
[108] Text dieses ungedruckten zweiten Gutachtens in: Martin Bucers Deutsche Schriften 17, herausgegeben von Robert Stupperich, Gütersloh 1981, 484–536; Text des ersten, ebenfalls nicht veröffentlichten Gutachtens vom 29. Mai 1548 s. aaO. 442–467.
[109] AaO. 514 – mit der Überschrift „Von dem Sacrament der fürmung" (anders als im Interimsdekret, wo es nur „De confirmatione" hieß). Den im „Interim" fixierten Charakter als Sakrament negierten Bucer und die Straßburger Prediger durch eine fehlende Erörterung zum Sakramentenverständnis sowie implizit durch den Hinweis auf die apostolische Zeit.

richt eingeführt, aber nicht einen als Konfirmation zu bezeichnenden Ritus begründet hatten. Im ernestinischen Kurfürstentum Sachsen (vor der Gebietsänderung 1547) hatte es keinen Konfirmationsritus gegeben. Angesichts der vom Kaiser erzwungenen Neugliederung des Landes ergab sich die Situation, dass einerseits in Luthers und Melanchthons alter Landesherrschaft, im nunmehrigen Herzogtum Sachsen (mit der Hauptstadt Weimar), die sog. Gnesiolutheraner, die sich an Luthers Ablehnung jeglicher Firmungspraxis hielten, nun erst recht ihren Widerstand bestätigt fanden[110]. Andererseits war im neuen (albertinischen) Kurfürstentum Sachsen die Sache komplizierter, obwohl auch hier die 1539 postulierte Neuordnung der confirmatio (s.o. bei Anm. 97f) kaum realisiert war. Melanchthon wurde zum entscheidenden Ratgeber, der mit Luther stets das Firmsakrament abgelehnt hatte, aber durch Bucer seit 1541–43 neue Denkanstöße erfahren hatte. Er äußerte sich in einem ersten Gutachten zu dem in Arbeit befindlichen „Interim" ganz pauschal und kurz gegen die Sakramentalität und die Heilsnotwendigkeit der confirmatio[111]. In einem weiteren, an Kurfürst Moritz von Sachsen adressierten Gutachten riet er, keinen Streit wegen der confirmatio anzufangen, weil sie strittig sei und in der sächsischen Kirche nicht praktiziert werde[112]. Eine Beratung der Wittenberger Theologen am 24. April 1548 – immer noch vor dem offiziellen Reichstagsbeschluss – ergab die gleiche schlichte Auskunft: „Wir wollen von der Confirmation und Oelung nicht streiten, wiewohl es nicht recht ist, dass das Buch [sc. das „Interim"] spricht: es werde Gnade dadurch gegeben"[113]. Diese Einstellung verschärfte Melanchthon etwas in dem gedruckten „Bedenken aufs Interim" im Namen der Wittenberger Theologen: Man solle über die Confirmation und die Ölung dogmatisch nicht streiten, obwohl es falsch sei, sie zu den Sakramenten zu rechnen und die Wirkung des Heiligen Geistes an sie zu binden; doch in praktischer Hinsicht sei es eine „große Gotteslästerung, dass man unsern Priestern sollt auflegen anzunehmen oder auszutheilen solche unctiones und abgöttische consecrationes"[114]. Die Ablehnung des sakramentalen Charakters durch Luther 1520ff wirkte hier entschieden nach. Dem stand freilich entgegen, dass im neuen Territorium Kur-Sachsen die alten Riten bis 1539 unangefochten fortbestanden; und diesem Sachverhalt entsprach im August 1548 die von Melanchthon und anderen erstellte sog. Pegauer Formel, die im Dezember 1548 von den Kurfürsten Sachsens

---

[110] Dazu vgl. z.B. Hareide, Konfirmation in der Reformationszeit, 256–258.
[111] Vgl. den Text vom 1. April 1548 in: CR VI, Sp. 840.
[112] AaO. Sp. 844.
[113] AaO. Sp. 869.
[114] AaO. Sp. 932f.

und Brandenburgs als gemeinsame Position offiziell bekräftigt wurde[115]. Demgemäss wurde die Firmung zwar akzeptiert, aber in ihrer Sinndeutung anders als im „Interim" – und damit nicht im Sinne der römischen Tradition – interpretiert[116].

Eine umfassendere und differenziertere Auseinandersetzung mit der reformkatholischen Pression bot 1548 das in mehreren Drucken publizierte Gutachten der Theologen der Hansestädte Lübeck, Hamburg und Lüneburg, das wahrscheinlich von dem Hamburger Superintendenten Johannes Aepinus entworfen worden war[117]. Es sprach für evangelische Kirchen, in denen zwar die Firmung offenbar ersatzlos entfallen war, aber eine evangelische Neugestaltung als wünschenswert erschien (vgl. oben Anm. 94). Es lehnte den vom „Interim" beanspruchten Sakramentscharakter ab, weil die confirmatio nicht von Christus oder von Aposteln eingesetzt worden sei und weil sie per se keine Gnade vermittelte; es wollte alle früheren Missbräuche abgestellt wissen; zur Seligkeit sei allein die Taufe nötig. Es akzeptierte indes die confirmatio als „ein verdienstliche Ceremonia in der Kirche", wenn sie zur Besserung der Jugend und zu deren Befestigung im Glauben verstanden werde. Deswegen müsste sie aus zwei Stücken bestehen: aus Katechismusunterricht mit nachfolgender Prüfung, aus einem feierlichen Ritus der Handauflegung, der den Jugendlichen „derselbigen Tauff und Glaub confirmirt und bestätigt" (so unter Berufung auf Cyprian, Hieronymus, Augustinus u.a.). Eine solche, von den römisch-katholischen Missbräuchen ge-

---

[115] Vgl. dazu Günther Wartenberg, Philipp Melanchthon und die sächsisch-albertinische Interimspolitik, in: LuJ 55 (1988) 60–82. Text des Beschlusses in: CR VII, Sp. 215–221, dort der Artikel „Firmung" Sp. 217: „Die Firmung soll gelehrt und gehalten, und sonderlich die Jugend, die erwachsen, von ihren Bischoffen, oder weme es dieselbigen befehlen, verhöret werden ihres Glaubens, dass sie den bekennen, und die Zusage, die ihre Pathen in der Taufe für sie gethan, und dem Teufel abgesagt haben, bekräftigen, und also in ihrem Glauben vermittelst göttlicher Gnade confirmirt und bestätigt werden, mit Auflegung der Hände und christlichen Gebethen und Ceremonien".

[116] Vgl. dazu den Kommentar Georg Majors (Brief an Matthias Wanckel in Halle vom 11. Januar 1549): Die confirmatio ist ohne Chrisma und ohne allen Aberglauben rezipiert worden, dergestalt, dass sie nichts anderes ist als die Prüfung von Glaubenswissen und Fortschritt der Jugend, welche nicht von den Bischöfen, sondern von den Dienern des Wortes auszuführen ist (CR VII, Sp. 298).

[117] Ein umfangreiches Buch: Bekenntnisse vnd Erkleringe vp dat Interim, Magdeburg 1548; im folgenden wird zitiert nach der hochdeutschen Ausgabe: Bekenntnuß vnnd Erklerung auffs Interim durch der Erbarn Stedte Lübeck, Hamburg, Lüneburg etc. Superintendenten, Pastorn vnnd Predigern zu Christlicher vnd notwendiger vnterrichtung gestellet, Magdeburg 1549. Vgl. dazu: Wolf-Dieter Hauschild, Zum Kampf gegen das Augsburger Interim in norddeutschen Hansestädten, in: ZKG 84 (1973) 60–81.

reinigte confirmatio unter starker Betonung der Katechese wollten die drei Hansestädte praktizieren (womit sie andeuteten, dies bisher nicht getan zu haben), weil sie zur Erbauung der Kirche nützlich sei. Die traditionelle Lehre, dass durch die bischöfliche Handauflegung der Heilige Geist vermittelt werde, sei eine gotteslästerliche menschliche Tradition[118]. Anders als die sächsischen Gnesiolutheraner hielten also diese gleichgesinnten Lutheraner der drei Hansestädte eine evangelische Neugestaltung der confirmatio für möglich und notwendig. Was sie intendierten, war ein nichtsakramentaler Handauflegungs-Ritus, der sich hinsichtlich des Fehlens jeglicher pneumatologischer Aspekte ebenso von Martin Bucer wie von der katholischen Tradition unterschied. Neben der sakramentsähnlichen Praxis in Hessen und der sog. katechetischen Konfirmation in etlichen anderen Gebieten zeigte sich hier ein lutherischer Typus, der sich in der Folgezeit erheblich verbreitete.

Die Abwehr der Rekatholisierung zwischen 1548 und 1555 führte nicht zur totalen Aversion gegen die Firmung als Ganze; man blieb vielmehr hinsichtlich der Konfirmationspraxis bei dem, was vor 1548 an Konzeptionen entwickelt worden war. In einigen evangelischen Gebieten wurde die Konfirmation erst nach jener Zäsur eingeführt, doch z.B. in Kur-Brandenburg wurde sie abgeschafft. Nur wenige Kirchen blieben wie bisher ohne einen solchen Ritus zum Abschluss des überall praktizierten Katechismusunterrichts. Die beiden Typen der sog. katechetischen und der sog. rituellen Konfirmation waren etwa gleich stark vertreten; bei letzterer war der ursprüngliche Ansatz, die römisch-katholische Firmung durch eine evangelische confirmatio zu ersetzen, deutlicher[119].

---

[118] Text aaO. 34b–38b: „Von der Firmung".
[119] Zur sog. katechetischen Konfirmation s. z.B. Kur-Sachsen 1580; EKO I/1, Leipzig 1902, 425. In der Kirchenordnung für Pommern von 1569 wurde die Katechese reguliert (EKO IV, Leipzig 1911, 385f) und diese wurde in der Agenda von 1569 rituell mit einer Segenshandlung abgeschlossen (aaO. 444). Die von Martin Chemnitz gestaltete Kirchenordnung von Braunschweig-Wolfenbüttel von 1569 sah Handauflegung und Fürbitte vor (mit der Bitte um Mehrung des in der Taufe verliehenen Heiligen Geistes); s. EKO VI/1, Tübingen 1955, 164–166.

Amtsantritt der Ordinierten
Interkonfessionelle Beobachtungen zur Feier der Primiz und der Einführung eines Pfarrers

Winfried Haunerland

In der Mitte der 1990er Jahre feierte ein evangelischer Pfarrer im Ruhrgebiet sein Ordinationsjubiläum. Der zuständige Superintendent gratulierte, wobei er sinngemäß ausführte: In der evangelischen Kirche gäbe es zwei verschiedene Traditionen. Die einen sähen in der Ordination einen einmaligen Akt, der den Ordinierten unabhängig von seinem jeweiligen Amt in die Pflicht nehme. Die anderen sähen in der Ordination dagegen vor allem die Einweisung in ein konkretes Amt. Der Jubilar teile offensichtlich die erste Position, er, der Superintendent dagegen die zweite.

Soll eine solche Aussage einen katholischen Hörer nicht irritieren? Denn mit Selbstverständlichkeit feiert doch ein katholischer Priester sein Priesterjubiläum 25, 40 oder 50 Jahre nach seiner Ordination. Die hohe Wertschätzung der Priesterweihe[1] führt dazu, dass allfällige Jubiläen in einer bestimmten Aufgabe üblicherweise mit weit weniger Aufwand gefeiert werden. Schaut man jedoch in die Diözesanritualien des 18. und 19. Jahrhunderts, gewinnt man leicht den Eindruck, in der Substanz werde nicht das Jubiläum der Priesterweihe, sondern der Primiz gefeiert. Schon die in früheren Zeiten üblichen Ausdrücke „zweite Primiz"[2] oder auch „Sekundiz"[3] lassen diesen Zusammenhang deutlich erkennen.[4] – Die beiden eher marginal erscheinenden Beobachtungen illustrieren schlaglichtartig konfessionelle Eigenheiten. Im ökumenischen Kontext aber können sie eine Einladung

---

[1] Auch ein Bischof feiert das Jubiläum seiner Priesterweihe. Bemerkenswert ist allerdings, dass in der Regel ein Jubiläum der Diakonenweihe von Priestern und Bischöfen nicht begangen wird. Zur anderen Praxis und Wertung in den Kirchen der Orthodoxie vgl. die Hinweise bei Peter Plank, Der Diakon. Gedanken und Anmerkungen zur Festschrift für Weihbischof Augustinus Frotz, in: LJ 32 (1982) 231–248, 232.

[2] Vgl. etwa Damian H. Lehrbach, Heilige Jubel-Rede als der hochw. hochwohlg. Herr Christoph Franz Benno Eckher Freyherr von Kapfing, Dompropst von Freysing, die zweite Primiz begangen hat, Augsburg 1778.

[3] Vgl. etwa Die Sekundiz-Feier des Heiligen Vaters und dessen Leben und Wirken nebst einer genauen Beschreibung aller Feierlichkeiten, die am 11. April in Rom zur 50jährigen Sekundizfeier des hl. Vaters stattgefunden haben dem Volke dargebracht zur Erinnerung an das 50jährige Priester-Jubiläum Sr. Heiligkeit Papst Pius IX. Von einem katholischen Geistlichen, Augsburg 1869.

[4] Verfasser hofft bald, eine kleine Studie zu diesem Phänomen vorlegen zu können.

sein, sich der eigenen und der jeweils anderen Tradition noch einmal zu nähern mit der Frage, welche Bedeutung den jeweiligen Feiern des Amtsantritts und der Amtseinführung zukommt. Einleitend soll aus römisch-katholischer Perspektive über den Zusammenhang der Feiern gehandelt werden, die den Dienstbeginn des katholischen Priesters kennzeichnen. Ein zweiter Blick gilt dann den liturgischen Feiern, die in den pfarrlichen Dienst der evangelischen Kirche einführen. Aus der Zusammenschau und dem Vergleich ergeben sich abschließend Überlegungen für eine sachgerechte Feierpraxis. Sie versuchen sowohl die ökumenische Dimension liturgiewissenschaftlicher Beobachtungen für die konfessionelle Praxis fruchtbar zu machen, als auch Möglichkeiten einer ökumenischen Dimension der konfessionellen Praxis selbst anzudenken.

1. Römisch-katholische Liturgie am Beginn des priesterlichen Dienstes

1.1 Weiheamt und presbyterale Aufgaben

Sakramentale Grundlage für den priesterlichen Dienst in der katholischen Kirche ist der gültige Empfang der Priesterweihe. Nur der ordinierte Priester kann der Eucharistie vorstehen[5] und nur ihm kann das Amt eines Pfarrers übertragen werden[6]. Weil nicht nur die Kirche allgemein, sondern auch die einzelne Pfarrgemeinde in der (sonntäglichen) Messfeier ihr Zentrum haben soll[7], wird deutlich, dass der Leitungsdienst in der Pfarrgemeinde und der Vorsteherdienst bei der Eucharistiefeier aufeinander bezogen sind. Walter Kasper weist darauf hin, „daß die Gemeindeleitung nicht ablösbar ist vom Vorsteherdienst bei der Eucharistie. Die Eucharistie ist das Sakrament der Einheit; als solche ist sie nicht nur Mittel- und Höhepunkt des Lebens der Gemeinde, sondern auch der zentrale Vollzug der Gemeindeleitung."[8] Ganz ähnlich formuliert Gerhard Ludwig Müller: „Weil die Eucharistie schon nach urchristlicher Überzeugung (1 Kor 10,17) die sakramentale Verdichtung der Einheit der Kirche in ihren einzelnen Gliedern

---

[5] Vgl. can. 900 § 1 CIC.
[6] Vgl. can. 521 § 1 CIC.
[7] Vgl. Sacrosanctum Concilium, Nr. 42; auch Papst Johannes Paul II., Enzyklika Ecclesia de Eucharistia über die Eucharistie in ihrer Beziehung zur Kirche, 17. April 2003, VApS 159, 2. korr. Aufl., Bonn 2003, Nr. 32.
[8] Walter Kasper, Der priesterliche Dienst. Repräsentation Jesu Christi als Haupt der Kirche, in: ders., Theologie und Kirche II, Mainz 1999, 128–144, 139.

und mit Christus, ihrem Haupt ist, kommt gerade dem Amt der Einheit der Vorsitz in der Eucharistiefeier zu."[9]

Es ist also verständlich, warum andere rechtliche Konstruktionen bei der Besetzung des Pfarramtes nach dem 2. Vatikanischen Konzil keinen Bestand gehabt haben. Weder Nichtpriester noch juristische Personen können Pfarrer sein.[10] Aber nicht jeder Priester ist Pfarrer. Zumindest für die Zeit unmittelbar nach der Priesterweihe kann die Rahmenordnung für die Priesterbildung in Deutschland ganz selbstverständlich davon ausgehen, dass ein Neupriester „seinen priesterlichen Dienst in der Zuordnung zu einem Pfarrer"[11] beginnt. Erst nach der 2. Dienstprüfung, dem Pfarrexamen, mit dem die Zeit seiner Einführung in den priesterlichen Dienst abgeschlossen wird, soll ihm eine selbständige Aufgabe übertragen werden. Natürlich kommt dem Amt eines Pfarrers für das Priesterbild und die tatsächlichen Priesterbiographien eine zentrale Bedeutung zu.[12] Unbeschadet der jeweiligen persönlichen Motivation macht aber nicht erst die Übernahme einer selbständigen Aufgabe oder gar die Übertragung einer Pfarrei den Priester zu dem, was er durch die Ordination wird: Mitarbeiter des Bischofs, der am Priestertum des Dienstes teilhat. Insofern ist das sakramentale Amt (*ordo*) von der konkreten Aufgabe (*officium*) zu unterscheiden. Dies hat auch Konsequenzen für die liturgischen Feiern im Umfeld von Ordination und Amtsantritt.

1.2 Stadtrömische Praxis im 8. und 9. Jahrhundert

Ordination und Amtsantritt des Presbyters in der stadtrömischen Praxis des 8. und 9. Jahrhunderts spiegeln der Ordo Romanus 39 und der Ordo Romanus 36. Gemeinsam ist den beiden Ordines, dass die Neupriester nach ihrer Ordination feierlich zu ihrer Titelkirche geleitet werden und dort erstmals der Messfeier vorstehen. Die hohe Wertschätzung und Besonderheit dieser Primiz zeigt sich darin, dass wie in der Osternacht ein besonderer Sitz ne-

---

[9] Gerhard Ludwig Müller, Katholische Dogmatik. Für Studium und Praxis der Theologie, Freiburg–Basel–Wien 1995, 755.

[10] Vgl. Heribert Hallermann, Pfarrei und pfarrliche Seelsorge. Ein kirchenrechtliches Handbuch für Studium und Praxis, KStKR 4, Paderborn u.a. 2004, 202–205.

[11] Rahmenordnung für die Priesterbildung. Nach Überarbeitung der Fassung vom 1. Dezember 1988 verabschiedet von der Vollversammlung der Deutschen Bischofskonferenz am 12. März 2003. Approbiert durch Dekret der Kongregation für das Katholische Bildungswesen vom 5. Juni 2003. Datum des Inkrafttretens: 1. Januar 2004, Die deutschen Bischöfe 73, hier Nr. 161.

[12] Vgl. Christus Dominus, Nr. 30.

ben dem Altar steht und der Neupriester das Gloria anstimmen darf sowie dass ein zweiter Priester (*paranymfus presbiter* genannt) ihm zur Seite steht.[13] Diese ältesten Quellen einer besonderen Primizpraxis lassen einen engen Zusammenhang von Ordination und Amtsantritt erkennen, wobei die Titelkirche offensichtlich durch die erste Eucharistiefeier in Besitz genommen wird.

Diese stadtrömische Praxis vor der Jahrtausendwende basierte weitgehend auf dem System der relativen Ordination, bei dem die Kandidaten für eine konkrete presbyterale Aufgabe (bzw. im Blick auf ein konkretes Benefizium) geweiht wurden. Ordination und Amtsantritt standen in einem direkten Zusammenhang.[14] In der römisch-katholischen Praxis der Gegenwart werden die Kandidaten für den (Diakonat und) Presbyterat jedoch zu (Diakonen und) Presbytern einer konkreten Teilkirche geweiht, ohne dass ihnen damit ein bestimmtes Benefizium oder eine bestimmte Aufgabe auf Dauer übertragen würde. Allein schon diese Entwicklung verbietet es, die stadtrömische Praxis des 8. und 9. Jahrhunderts bruchlos als ein Vorbild für die Liturgie der Gegenwart heranzuziehen.

1.3 Priesterweihe und Primiz

Nach einer alten Rechtsvorstellung wird ein Amt erst durch die erste Amtsausübung vollständig in Besitz genommen. Dies macht verständlich, warum in früheren liturgischen Ordnungen die einzelnen Ordinationen so in die Messfeier eingeordnet wurden, dass die Neugeweihten ihre jeweilige Aufgabe noch in der Weihemesse ausüben konnten.[15] In der nach dem 2. Vatikanischen Konzil erneuerten Ordinationsliturgie ist dieses Prinzip besonders deutlich bei der Priesterweihe zu beobachten. Wenn der Bischof die Presbyteranden zu Priestern geweiht hat, nehmen sie noch in derselben

---

[13] Vgl. dazu Winfried Haunerland, Die Primiz. Studien zu ihrer Feier in der lateinischen Kirche Europas, StPLi 13, Regensburg 1997, 9–11.

[14] Ein solcher Zusammenhang und damit die Idee der relativen Ordination spiegeln sich in der römisch-katholischen Praxis der Gegenwart allein bei der Weihe eines Bischofs. Mit der Zuweisung eines Titularbistums wird auch bei einem Nichtdiözesanbischof die Fiktion aufrechterhalten, dass jeder Bischof eine eigene Diözese hat. Liturgisch aber wird der Zusammenhang vor allem dann erfahrbar, wenn der neuernannte Diözesanbischof mit der Messe seiner Bischofsweihe in seiner Kathedralkirche auch den Leitungsdienst der Diözese antritt. Vgl. dazu Emil Lengeling, Der Bischof als Hauptzelebrant der Messe seiner Ordination, in: Patrick Granfield/Josef A. Jungmann (Hgg.), Kyriakon (FS Johannes Quasten), Volume II, Münster 1970, 886–912.

[15] Vgl. dazu Haunerland, 466.

Feier ihre neuen priesterlichen Aufgaben wahr und konzelebrieren in der Eucharistiefeier der Weihemesse. Die priesterliche Konzelebration ist ihnen erst durch die Priesterweihe möglich. Sie haben also in der Weihemesse selbst ihr neues Amt ausgeübt. Damit ist die feierliche Primiz – streng genommen – numerisch nicht die erste Messe der Neupriester.

Welche Funktion aber könnte dann die Primiz haben? Bruno Kleinheyer hat bereits 1968 angeregt, Priesterweihe und Primiz weniger als das Ende eines langen Vorbereitungsweges zu verstehen. Wenn Priesterweihe und Primiz stärker als Beginn des priesterlichen Dienstes gesehen würden, wäre der Ort der Priesterweihe oder zumindest der Primiz jene Gemeinde, in der der neugeweihte Priester anschließend wirken soll.[16] Da die Zuordnung zu dieser Gemeinde gerade nicht auf Dauer ausgerichtet ist und der Neupriester hier unter Anleitung eines erfahrenen Pfarrers in den priesterlichen Dienst hineinwachsen soll und nur zur Unterstützung des eigentlichen Gemeindeleiters wirkt, ist die starke Zuordnung zu dieser Dienst-Antrittsgemeinde nicht ohne Probleme. Kleinheyers Vorschlag erscheint als ein Versuch, an der stadtrömischen Praxis des 8. und 9. Jahrhunderts anzuknüpfen, musste aber wegen der veränderten Voraussetzungen scheitern.

Nimmt man dagegen die Primiz als Übergangsritus in den Blick, wird deutlich, warum sie in aller Regel zu Recht einen Platz in der Heimatgemeinde hat und dort für diese und den Neupriester von großer Bedeutung sein kann. Die sozialen Bezugsgruppen, mit denen der Neupriester möglicherweise seit Kindertagen verbunden war, haben ihn als Gemeindemitglied und Priesterkandidat kennen gelernt. Mit der Priesterweihe hat der Neupriester aber eine neue Rolle in der Kirche. Diese Rolle ist für die erste Einsatzgemeinde problemlos, da sie in aller Regel dem Neupriester bereits als geweihtem Priester erstmals begegnet. Für die Heimatgemeinde aber und für den Neupriester selbst kann die rituelle Verarbeitung der neuen Rolle eine Hilfe sein, den neuen Status anzuerkennen. Genau diese Aufgabe aber haben Übergangsriten.[17] Jene Gemeinschaft, die den Neupriester auf seinem bisherigen Weg begleitet hat, erfährt in der konkreten Feier, dass dieser Weg an ein (vorläufiges) Ziel gekommen ist und mit der neuen Rolle

---

[16] Vgl. Bruno Kleinheyer, Einführung in den priesterlichen Dienst. Neuer Stil für Priesterweihe, Primiz und Amtseinführung, in: Gottesdienst 3 (1969) 84f; auch ders., Auf sieben Stufen zum Altar? Zur Reform der Weiheliturgien: Amtseinsetzung als Feier der Gemeinde, in: Christ in der Gegenwart 27 (1975) 37f.

[17] Vgl. dazu immer noch instruktiv das im französischen Original 1909 erschienene Werk van Arnold Gennep, Übergangsriten (Les rites de passage). Aus dem Französischen von Klaus Schomburg und Sylvia M. Schomburg-Scherff. Mit einem Nachwort von Sylvia M. Schomburg-Scherff, Frankfurt–New York–Paris 1986.

des Neupriesters auch ein neues Verhältnis zu ihm begründet wird. Wertvoll ist die festliche Gestaltung der Primiz, ihre liturgischen Varianten und das mit ihr verbundene Brauchtum in dem Maße, wie all dies nicht einem Personenkult Vorschub leistet, sondern hilft, die mit dem Rollenwechsel verbundene grundsätzliche Verunsicherung zu verarbeiten.[18]

Natürlich ist bei dieser Interpretation zu beachten, dass nicht notwendigerweise die Heimatgemeinde die entscheidende soziale Bezugsgruppe bildet. In der relativ geschlossenen Welt eines Klosters ist dies primär die Ordensgemeinschaft, in der der Neupriester bisher als Laienbruder und Diakon gelebt hat, jetzt aber auch seinen priesterlichen Dienst ausüben wird.[19] Möglicherweise kann es auch eine Personalgemeinde oder eine geistliche Gemeinschaft sein, sondern seine neue Rolle anerkennen muss, damit er seinen priesterlichen Dienst fruchtbar ausüben kann.

Dass eine (Heimat-)Primiz auch gefeiert wird, wo es kaum soziale Bezüge zwischen Neupriester und Gemeinde gibt, dass auch solche Primizfeiern zumindest in der Vergangenheit hohe Wertschätzung erfuhren und dass bis in die Gegenwart mancher für die Teilnahme an einer Primiz und für den Empfang eines Primizsegens unabhängig von einer Beziehung zum Primizianten besondere Anstrengungen auf sich nimmt, liegt in der katholischen Wertschätzung des amtlichen Priestertums und einer verbreiteten Vorstellung einer besonderen Wirkkraft des Anfangs.[20]

Wenn aber die Primiz aus guten Gründen ihren Platz in der Regel in der Heimatgemeinde beibehalten wird[21], so bleibt es natürlich sinnvoll, dass der Neupriester wie jeder Priester, der eine neue Stelle antritt, der dortigen Gemeinde im Gottesdienst vorgestellt und in angemessener Weise in seinen

---

[18] Dass die Primiz als Angliederungsritus die dritte Stufe der Übergangsriten (aus Trennungs-, Umwandlungs- und Angliederungsriten) betrifft, kann und muss hier nicht weiter entfaltet werden. Vgl. dazu und zur Interpretation der Primiz als Übergangsritus insgesamt ausführlich Haunerland, 460–472.

[19] In der Neuzeit zeigte sich dies auch darin, dass zahlreiche Ordensgemeinschaften in ihren Ritualien oder Zeremonialien eigene Primizordnungen kannten, die sich allerdings in aller Regel auf die ordensinterne Primiz bezogen. Vgl. dazu Haunerland, 105–152.

[20] Vgl. dazu Haunerland, 472–483.

[21] Vgl. dazu auch die zustimmende Äußerung in der Rezension zu Haunerland von Hans Bernhard Meyer: „Daher werde ich z.B. aufgrund der Ausführungen zur Zuordnung von Priesterweihe, Primiz und Amtsführung (516–519) die auch von mir bisher vertretene Auffassung (in GdK IV,573) von der Primiz als Anfang des priesterlichen Dienstes korrigieren und stimme der Meinung zu, daß jedenfalls im System der absoluten Ordination die Heimatprimiz als Feier der Herkunfts- bzw. Heimatgemeinde ihre Berechtigung hat" (ZKTh 120 [1998] 319).

Dienst eingeführt wird. Auch in den diözesanliturgischen Büchern sind besondere Ordnungen für die Einführung von Kaplänen in der Regel nicht zu finden, wohl aber wird der Einführung eines Pfarrers in sein Amt besondere Aufmerksamkeit geschenkt.

1.4 Antritt einer Pfarrstelle

Für den römisch-katholischen Ritus insgesamt gibt es erstmals im Caeremoniale Episcoporum von 1984 eine liturgische Ordnung, die allerdings ausdrücklich die Ortsgewohnheiten nicht ablösen will.[22] Mit großer Selbstverständlichkeit wird schon in vorreformatorischer Zeit davon berichtet, wie ein rechtmäßig gewählter Pfarrer einzuführen ist.[23] Zahlreiche Bistümer des deutschen Sprachgebietes haben eigene Ordnungen für die Einführung eines neuen Pfarrers in ihren Diözesanritualien, und auch nach dem 2. Vatikanischen Konzil werden diese Ordnungen weiterentwickelt. – Unterschiede finden sich dabei nicht nur in der Feierform, sondern auch im Stellenwert, den die liturgische Einführung des Pfarrers in seiner Pfarrei hat: Der Gottesdienst mit der Gemeinde kann der entscheidende (performative) Akt sein, durch den dem Pfarrer die Pfarrei übertragen wird. Die liturgische Feier kann allerdings auch nur den Charakter einer öffentlichen Manifestation dessen haben, was rechtlich verbindlich in der vorausgehenden Investitur durch den Generalvikar bereits erfolgt ist. – In aller Regel erfolgt die Einführung eines Pfarrers in einer Messfeier, wobei nur selten der Bischof selbst dieser Feier vorsteht.[24] In letzterem Fall ist es kaum sinnvoll, dass der neue Pfarrer die Eucharistiefeier leitet, da seine gewöhnliche Aufgabe gerade nicht notwendig ist, den Bischof, der „nicht immer und nicht überall in eigener Person den Vorsitz über das gesamte Volk seiner Kirche führen kann"[25], zu vertreten. Wenn aber die Einführung nicht durch den Bischof, sondern durch den Dekan oder einen anderen Priester vorgenommen wird,

---

[22] Vgl. Caeremoniale Episcoporum ex decreto Sacrosancti Oecumenici Concilii Vaticani II instauratum auctoritate Ioannis Pauli Pp. II promulgatum. Editio typica, Typis Polyglottis Vaticanis 1984, 281–283 (Nr. 1185–1198).

[23] Vgl. Christoph Freilinger, Die Amtseinführung des Pfarrers. Die liturgischen Ordnungen und ihre Bilder des Gemeindeleiters – eine Studie zum deutschen Sprachgebiet in der Neuzeit, StPLi 16, Regensburg 2003, 57 zum Emsgauer Sendrecht von 1467.

[24] Vgl. dazu Christoph Freilinger, Die Amtseinführung eines Pfarrers durch den Bischof. Überlegungen zu einem Kapitel des Zeremoniale, in: Winfried Haunerland u.a. (Hgg.), Manifestatio Ecclesiae. Studien zu Pontifikale und bischöflicher Liturgie (FS Reiner Kaczynski), StPLi 17, Regensburg 2004, 589–614.

[25] Sacrosanctum Concilium, Nr. 42.

ist es angebracht, dass die Einführung ihr Ziel in der Eucharistiefeier findet, der der neue Pfarrer selbst vorsteht. So „übernimmt der Pfarrer liturgisch-sakramental die Leitung der Gemeinde. Er tritt damit augenscheinlich und deutlich als der (eigenständige) Leiter der Gemeinde hervor."[26] Für das Ordo-Verständnis ist aber bedeutsam, dass sich die Gemeindeleitung dabei nicht nur im sakramentalen Dienst konkretisiert, sondern der Pfarrer als Vorsteher der Messfeier auch die Homilie übernimmt und so zu erkennen ist, dass die Verkündigung zu seinen zentralen Aufgaben gehört.

2. Liturgische Initiation der Pfarrer in den Kirchen der Reformation

2.1 Zum reformatorischen Neuansatz des Amtes

Zu den Reformanliegen Martin Luthers gehörten Theologie und Praxis des kirchlichen Amtes. Priesterweihe und priesterlicher Alltag zeichneten das Bild eines Opferpriesters, der vor allem (und manchmal sogar nur) das Messopfer vollziehen sollte und konnte.[27] Dagegen muss ein evangeliumsgemäßes Amt nach Luther „Dienst der öffentlichen Verkündigung"[28] sein. Dabei stand „außer Frage, daß es das Gemeindepfarramt sei, in dem das besondere Amt in erster Linie gegeben ist, weshalb es auch vordringlich der Reformation bedürfe. Denn in erster Linie in der Gemeinde geschieht, wozu das Amt da ist, öffentliche Verkündigung in Predigt, Taufe und Abendmahl"[29]. Das neue Verständnis des Pfarramtes kann nicht zuletzt im Rückgriff auf das neutestamentlich-frühkirchliche Bischofsamt entwickelt werden, weshalb auch im Wittenberger Ordinationsformular von 1535 die Ordination der Pfarrer bewusst als Bischofsweihe konzipiert wird.[30] Die Sinnhaftigkeit und Notwendigkeit der Ordination selbst steht aber außer Frage, auch wenn diese evangeliumsgemäß umgestaltet werden muss. Dabei kommt in allen Ordinationsformularen des 16. Jahrhunderts zum Ausdruck, dass nur jene ordiniert werden, die einen konkreten Dienst übernehmen.[31]

---

[26] Freilinger, Die Amtseinführung eines Pfarrers durch den Bischof, 609.
[27] Vgl. dazu knapp etwa Otto Mittermeier, Evangelische Ordination im 16. Jahrhundert. Eine liturgiehistorische und liturgietheologische Untersuchung zu Ordination und kirchlichem Amt, MThS.S 50, St. Ottilien 1994, 30–35.
[28] Dorothea Wendebourg, Das Amt und die Ämter, in: ZEvKR 45 (2000) 1–37, 12.
[29] Ebd.
[30] Vgl. aaO. 15f.
[31] Vgl. Frieder Schulz, Evangelische Ordination. Zur Reform der liturgischen Ordnungen, in: JLH 17 (1972) 1–54, 52.

Berücksichtigt man die starke Zuspitzung auf den Verkündigungsdienst und die damit verbundene Absetzung von einem Priesterbild, in dessen Zentrum die Konsekrationsvollmacht stand, kann es nicht überraschen, dass eine festliche Feier des ersten Gottesdienstes nach der Ordination im Sinne der katholischen Primiz keinen Platz in den Kirchen der Reformation hat. Insofern Ordination aber immer auf eine konkrete Aufgabe und damit in der Regel auf eine konkrete Gemeinde ausgerichtet ist, bleibt jedoch die Frage, wie der konkrete Amtsantritt sich vollzieht bzw. liturgisch vollzogen wird.

2.2 Ordination und Amtseinführung im 16. Jahrhundert

In seiner Studie über die evangelische Ordinationsliturgie im 16. Jahrhundert resümiert Otto Mittermeier, dass Ordination und Amtseinführung in ganz unterschiedlichem Verhältnis zueinander stehen können: „In *Württemberg* geht die Ordination praktisch in der *Installation* auf und könnte [!] deshalb beim Stellenwechsel eines Pfarrers sogar wiederholt worden sein. In *Hessen* hingegen wird – trotz der Verbindung von Ordination und *erster* Einführung in die Gemeinde in *einem* Gottesdienst – genau zwischen der einmaligen *Ordination* zum Predigtamt mit Handauflegung und Gebet und der wiederholbaren *Installation* mit der *Commendatio* unterschieden. Daneben bleibt in einigen lutherischen Kirchen die Übung der *zentralen Ordination* mehrerer Ordinanden – wie in *Wittenberg* ab 1535 – und eines davon getrennten *Installierungsgottesdienstes* in der jeweiligen Gemeinde des Dienstortes bestehen."[32]

Diese unterschiedlichen Praktiken haben offensichtlich bis heute ihre Auswirkungen im Ordinationsverständnis. Mit Verweis auf Ansätze in der reformatorischen Frühzeit wurde um das Jahr 1970 verschiedentlich vorgeschlagen, die Ordination mit der Einführung in das konkrete (Pfarr-)Amt zusammenfallen zu lassen und bei einem Stellenwechsel entsprechend zu wiederholen.[33] Entsprechende Anregungen haben sich aber offensichtlich nicht durchgesetzt, wie ein Blick in die geltenden liturgischen Bücher zeigen kann, die deutlich zwischen der einmaligen Ordination und der prinzipiell wiederholbaren Einführung in konkrete Pfarrämter unterscheiden.

---

[32] Mittermeier, 223f.
[33] Vgl. zu den entsprechenden Überlegungen von H. Diem, E. Wolf und J. Hamel den Beitrag von Frieder Schulz, Die Ordination als Gemeindegottesdienst. Neue Untersuchungen zur evangelischen Ordination, in: JLH 23 (1979) 1–31, 1f. Schulz beschäftigt sich kritisch mit den von den genannten Autoren herangezogenen Ordnungen des 16. Jahrhunderts.

2.3 Ordination und Einführung eines Pfarrers

In mehrfacher Hinsicht kann hier nur ein exemplarischer Blick in die aktuellen Agenden geboten werden. Denn auch innerhalb des deutschen Sprachgebietes sind verschiedene Agenden im Gebrauch[34], von denen hier nur die Agende der Vereinigten Evangelisch-Lutherischen Kirche Deutschlands (VELKD), die Agende für die Evangelische Kirche der Union (EKU) und die Liturgie des Reformierten Bundes untersucht werden können. Die Agendenwerke kennen Einführungshandlungen in verschiedene kirchliche Dienste, wobei hier nur die Einführung eines Gemeindepfarrers berücksichtigt werden kann. Dabei gilt besondere Aufmerksamkeit allein der Frage, wie der Ordinierte oder Eingeführte sein neues Amt erstmals ausübt.

a) Die Agende der VELKD

Nach der Agende der VELKD erfolgt die Ordination nach der Predigt in einem Hauptgottesdienst, in dem sich an die Ordinationshandlung immer die Feier des Abendmahls anschließt. Ordinator ist der Bischof oder ein dazu Beauftragter jeweils mit zwei ordinierten Pfarrern als Assistenten. Im Horizont der anstehenden Fragestellung ist einerseits zu bemerken, dass bei der Ordnung für die Ordination eines einzelnen Ordinanden offensichtlich mit der Möglichkeit gerechnet wird, dass der Ordinierte für den Dienst in der Gemeinde vorgesehen ist, in der die Ordination vollzogen wird. Auffallend ist darüber hinaus, dass die Ordnungen den Ordinierten nach der Ordinationshandlung im engeren Sinn keine besondere Aufmerksamkeit mehr schenken.[35]

In diesem Punkt gibt es einen bemerkenswerten Unterschied bei der Einführung eines Pfarrers: Auch hier wird der Gottesdienst bis zu den Le-

---

[34] Einen instruktiven Überblick bietet: Ein Evangelisches Zeremoniale. Liturgie vorbereiten. Liturgie gestalten. Liturgie verantworten. Herausgegeben vom Zeremoniale-Ausschuss der Liturgischen Konferenz, Gütersloh 2004, 90–111.

[35] Vgl. Agende für Evangelisch-Lutherische Kirchen und Gemeinden, IV. Ordination und Einsegnung. Einführungshandlungen. Einweihungshandlungen, herausgegeben von der Kirchenleitung der Vereinigten Evangelisch-Lutherischen Kirche Deutschlands. Neu bearbeitete Ausgabe 1987, Hannover 1987, 17–34. – Im Entwurf von 1972 war offensichtlich noch eine Predigt des Neuordinierten nach der Ordination vorgesehen. Aufgrund der erbetenen Stellungnahmen durch die Gliedkirchen wurde dieser Entwurf überarbeitet. Vgl. Ordination, Einsegnung und Einführungshandlungen. Agende für evangelisch-lutherische Kirchen und Gemeinden – Neu bearbeitete Ausgabe – Bd. IV, Teil 1 und 2. Bearbeitet vom Liturgischen Ausschuß der Vereinigten Evangelisch-Lutherischen Kirche, RGD 13, Hannover 1982, 9: „Eine Predigt durch den Ordinanden selbst ist nicht mehr vorgesehen".

sungen oder bis zum Glaubensbekenntnis nach der Ordnung des Hauptgottesdienstes gefeiert – unter Leitung eines Pfarrers der Kirchengemeinde oder des ersten Assistenten. Die eigentliche Einführungshandlung übernimmt ein hierzu beauftragter Pfarrer im kirchlichen Aufsichtsamt – in den Rubriken prinzipiell Superintendent genannt – unter Assistenz eines ordinierten Vertreters des Pfarrkonventes und eines Vertreters des Kirchenvorstandes. Nach der Einführung heißt es aber dann: „Der Gottesdienst wird mit der *Predigt* des eingeführten Pfarrers ... und der Feier des *Heiligen Abendmahls* fortgesetzt."[36] Ob der neu eingeführte Pfarrer nun selbst bei der Feier des Abendmahles eine Aufgabe übernimmt, bleibt offen. Aber ausdrücklich wird gesagt, dass er nun unmittelbar nach seiner Einführung predigt. Damit umfasst die Einführung also nicht nur die Verlesung der Urkunde, eine Einführungsansprache, ein Bittlied um den Heiligen Geist, Schrifttexte zum Pfarramt, Einführungsfragen an Pfarrer und Kirchenvorsteher, ein Einführungsgebet, Sendung und Segnung sowie ein Wort an die Gemeinde. In der Feier selbst wird vielmehr jetzt auch vollzogen, was die Mitte seines zukünftigen Dienstes ausmacht: die Verkündigung des Wortes Gottes in der Predigt.

b) Agende für die EKU

Die Ordination zum Dienst der öffentlichen Verkündigung hat in der Agende der EKU von 1989 zwei Fassungen. Die erste Gottesdienstordnung bezieht sich auf die Ordination eines Einzelnen.[37] Die Ordination findet im Hauptgottesdienst[38] entweder der Gemeinde des zukünftigen Dienstes oder in der bisherigen Heimatgemeinde („deren Glied [...] er bisher war") statt. Nach der die Ordination abschließenden Sendung und Segnung heißt es im liturgischen Formular: „Der Gottesdienst wird nach der üblichen Ordnung mit der Predigt der/des Ordinierten fortgesetzt."[39] Die Gottesdienstordnung für die Ordination mehrerer Kandidaten macht keine Aussage über den Or-

---

[36] Einführung eines Pfarrers, in: Agende für Evangelisch-Lutherische Kirchen und Gemeinden IV, 50–58, 58.

[37] Die Texte der Agende bieten prinzipiell die männliche und weibliche Form, auf die hier in der Darstellung verzichtet wird.

[38] Die Agende lässt mit dem Begriff „Hauptgottesdienst" nicht erkennen, ob es sich um einen reinen Predigtgottesdienst oder um einen Gottesdienst mit Predigt und Abendmahl handelt. Allerdings gibt es keinen Hinweis auf eine mit der Ordination bzw. Einführung verbundene Feier des Abendmahls.

[39] Ordination zum Dienst der öffentlichen Verkündigung. Gottesdienstordnung wenn ein(e) einzelne(r) ordiniert wird, in: Agende für die Evangelische Kirche der Union II/2. Gottesdienstordnung für Ordination, Einführung, Bevollmächtigung und Vorstellung, Bielefeld 1989, 19–25, 25.

dinationsort. Über den weiteren Verlauf der Feier nach der Ordinationshandlung selbst heißt es dann: „Der Gottesdienst wird – wo es üblich ist: mit der Predigt einer/eines der Ordinierten – nach der gewohnten Ordnung fortgesetzt."[40] Während bei der Ordination eines Einzelnen die Predigt des Ordinierten offensichtlich zum Grundbestand der Feier gehört, ist diese erste Aktuierung des Amtes zumindest durch einen Ordinierten bei der Ordination mehrerer Kandidaten offensichtlich nicht überall vorgesehen.

Bei der „Ordination zum Dienst der öffentlichen Verkündigung, verbunden mit Einführung in die erste Pfarrstelle" heißt es am Ende lediglich, dass der Gottesdienst „in der Regel mit der Predigt der/des eingeführten Pfarrerin/Pfarrers fortgesetzt"[41] wird. Dieselbe Formulierung findet sich auch bei der Einführung eines bereits ordinierten Pfarrers in eine Pfarrstelle.[42]

So ist für die Agende der EKU festzuhalten: Bei der Ordination eines Einzelnen ist immer die Predigt des Ordinierten vorgesehen. Im Ordinationsgottesdienst selbst wird also der öffentliche Dienst der Verkündigung wahrgenommen und damit das vollzogen, was als das Ziel der Ordination schon im Titel beschrieben wird. Wer die Ordination mitfeiert, kann insofern nicht nur aus den liturgischen Texten ein Bild vom Sinn der Ordination gewinnen, sondern auch aus der Feiergestalt. Warum die öffentliche Verkündigung nicht auch bei der Einführung eines Pfarrers zum Grundbestand dazu gehört, sondern nur „in der Regel" vorgesehen ist, wird nicht klar.

c) Die Liturgie des Reformierten Bundes

Auch das 1999 erschienene Werk „Reformierte Liturgie" aller reformierten Kirchen und Gemeinden Deutschlands enthält Ordnungen für die Ordination und Einführungen. Das Buch erinnert an die reformierte Tradition, bei der „Ordination und Einführung in eine Pfarrstelle weithin identifiziert und unter der Bezeichnung ‚Berufung' zusammengefasst"[43] wurden, orientiert

---

[40] Ordination zum öffentlichen Dienst der Verkündigung. Gottesdienstordnung wenn mehrere ordiniert werden, in: Agende für die Evangelische Kirche der Union II/2, 26–31, 31.

[41] Ordination zum Dienst der öffentlichen Verkündigung, verbunden mit Einführung in die erste Pfarrstelle, in: Agende für die Evangelische Kirche der Union II/2, 32–38, 38.

[42] Vgl. Einführung in eine Pfarrstelle, in: Agende für die Evangelische Kirche der Union II/2, 39–44, 44.

[43] Einführung [zum Teil: Ordination – Einführungen], in: Reformierte Liturgie. Gebete und Ordnungen für die unter dem Wort versammelte Gemeinde im Auftrag des Moderamens des Reformierten Bundes erarbeitet und herausgegeben von Peter Bukowski u.a., Wuppertal–Neukirchen-Vluyn 1999, 487–489, 488.

sich aber dann an dem Konsens der evangelischen Landeskirchen in Deutschland, „dass die Ordination nicht wiederholt wird, dass sie mit der Zuweisung eines bestimmten kirchlichen Dienstes verbunden sein muss (nemo ordinetur in vacuum) und dass der mit ihr übertragene Auftrag nicht räumlich oder zeitlich beschränkt ist (non pro tempore et loco)"[44]. So ist die Ordination immer verbunden mit der Einführung in eine Pfarrstelle oder in den ehrenamtlichen Predigtdienst. Die Vorgaben für die Ordination im engeren Sinn enden mit dem Hinweis, dass der Gottesdienst „nach der üblichen Ordnung mit der Predigt des/der Ordinierten fortgesetzt"[45] wird. Auch die Einführung in eine Pfarrstelle oder den ehrenamtlichen Pfarr- oder Predigtdienst findet ihren Abschluss in der Predigt des Eingeführten.[46]

Wo die Einführungshandlungen der reformierten Kirchen und Gemeinden sich nach diesen Ordnungen richten, wird in der Feier selbst der Dienst ausgeübt, in den eingeführt wurde. Wer in den Pfarrdienst (oder auch nur in den ehrenamtlichen Predigtdienst) eingeführt wird, soll auch sofort den mit diesem Dienst verbundenen Dienst der öffentlichen Verkündigung wahrnehmen. Hier wird wieder deutlich, dass die Einführung eigentlich erst an ihr Ziel gekommen ist, wenn die damit verbundene Aufgabe auch übernommen ist.

3. Beobachtungen und Anregungen in ökumenischer Perspektive

3.1 Evangelische Ordination und katholische Primiz

Es dürfte evident sein, dass das reformatorische Amtsverständnis und nicht zuletzt die reformatorische Kritik am spätmittelalterlichen Priesterbild und der damit zusammenhängenden Messopferpraxis keinen Platz für eine evangelische Ausprägung der Primiz lassen. Denn eine Primiz als Feier des ersten Messopfers war von der grundsätzlichen reformatorischen Kritik in der Sache zutiefst mitbetroffen. Denkbar wäre natürlich gewesen, dass der ersten öffentlichen Verkündigung durch den Ordinierten eine größere Aufmerksamkeit entgegengebracht worden wäre, vor allem wenn die Predigt

---

[44] AaO. 489.
[45] Ordination (und Einführung in eine Pfarrstelle oder in den ehrenamtlichen Predigtdienst), in: Reformierte Liturgie, 491–503, 492 und 503.
[46] Vgl. Einführung in eine Pfarrstelle (in den ehrenamtlichen Pfarrdienst oder Predigtdienst), in: Reformierte Liturgie, 505–513, 506 und 513: „Der Gottesdienst wird nach der üblichen Ordnung mit der Predigt des/der Eingeführten fortgesetzt." – Analog endet auch die „Einführung in den Predigtdienst in der Ev.-altreformierten Kirche" (515–523) mit dem Hinweis: „Der Gottesdienst wird mit der Predigt des/der Eingeführten fortgesetzt" (516 und 523).

des Neuordinierten nicht selbstverständlicher Bestandteil der Ordinationsfeier ist oder – bei der gemeinsamen Ordination mehrerer Kandidaten – sein kann.

Bemerkenswert ist in diesem Zusammenhang, dass Johannes Chrysostomus seine erste Predigt nach seiner Priesterweihe als seine Erstlingsgabe ansah, die er nicht nur für die Menschen vollbrachte, sondern auch als Lobopfer Gott darbrachte.[47] Auch wenn die Predigt nicht als Lob Gottes, sondern allein als Verkündigung an die Menschen verstanden werden soll, ist es für die Gemeinde von Bedeutung, wenn der Prediger zum ersten Mal *rite vocatus*[48] das Wort Gottes auslegt. Wo diese „erste" Predigt integraler Bestandteil der Ordinationsfeier ist, bedarf es tatsächlich nicht mehr einer besonderen Feier, in der das neue Amt feierlich aktuiert wird. Gerade wenn in reformatorischer Sicht der Pfarrer aufgrund der Einheit des Amtes eher als Träger des Bischofsamtes denn als Träger einer zweiten Stufe eines gegliederten Amtes erscheint, wäre es nur folgerichtig, wenn er unmittelbar nach seiner Ordination nicht nur das Wort Gottes verkündete, sondern auch die Leitung der Feier übernähme.

3.2 Katholische Primizpraxis

Die historischen Quellen lassen eine antireformatorische Spitze der Primizfeier kaum erkennen. Dennoch wird man die Primiz als eine zutiefst konfessionell geprägte Feier der römisch-katholischen Kirche ansehen, eine Feier, die Ausdruck katholischer Identität ist.[49] Umso wichtiger ist, dass an dieser Feier auch abzulesen ist, wie sich katholische Kirche selbst und wie sie ihr (priesterliches) Amt heute versteht.[50] Von daher müssten sich alle triumphalistischen Formen und Ausdrucksweisen, die den Dienstcharakter des Amtes verdunkeln, von selbst verbieten. Auch alles, was nach Personenkult aussieht, widerspricht dem Sinn des Amtes in der Kirche.

---

[47] Vgl. Johannes Chrysostomus, Première Homélie lorsqu'il fut ordonné prêtre [Sermo cum presbyter fuit ordinatus] 1, in: Jean Chrysostome, Sur le sacerdoce (Dialoque et Homélie). Introduction, texte critique, traduction et notes par Anne-Marie Malingrey, Sources Chrétiennes 272, Paris 1980, 365–419, hier 394 und 396.

[48] Vgl. Confessio Augustana XIV (BSLK 69).

[49] Vgl. Haunerland, 533.

[50] Vgl. zum katholischen Amtsverständnis und zu seinem Dienstcharakter statt anderer Theodor Schneider, Zeichen der Nähe Gottes. Grundriß der Sakramententheologie. Durchgängig überarbeitet und ergänzt zusammen mit Dorothea Sattler, Mainz [7]1998, 236–273 (Lit.), v.a. 241 („Dienst, nicht Herrschaft").

Je mehr allerdings eine Gegenüberstellung von Kirche des Wortes und Kirche des Sakramentes, von Prediger und Opferpriester konfessionstheologisch problematisch erscheint, um so mehr kann der Blick auf die Akzentsetzungen in den Kirchen der Reformation noch einmal den Blick auf die eigene katholische Praxis schärfen. Unter diesem Gesichtspunkt verdient die Frage der Primizpredigt mehr und andere Aufmerksamkeit als in der Vergangenheit.

Als die Predigt noch nicht als Teil der Liturgie selbst (*pars ipsius liturgiae*[51]) verstanden wurde, war die Primizpredigt ein eigener Akt, der häufig auch vor der Messfeier stattfand.[52] Die Primizpredigt ist dagegen heute mit Selbstverständlichkeit die Predigt innerhalb der feierlichen ersten Messe. Damit ist auch klar, dass damit für die Primizpredigt all das gilt, was grundsätzlich für die Predigt in der Messfeier vorgeschrieben ist.

Während nun in den evangelischen Kirchen auch nicht-ordinierte Christen zur Predigt im sonntäglichen Hauptgottesdienst eingeladen werden können, ist nach den geltenden römisch-katholischen Regeln zumindest die Homilie in der Messfeier den Trägern des Weiheamtes vorbehalten. Ausnahmen, die es in der Nachkonzilszeit gegeben hatte, wurden durch den Codex des kanonischen Rechtes von 1983 in Frage gestellt bzw. aufgehoben.[53] Wenn heute selbst in der Priesterausbildung die Predigt innerhalb der Messfeier erst nach der Diakonenweihe möglich wird, ist für die Weihekandidaten wie für die Gemeinden konkret erfahrbar, dass mit der Ordination der Auftrag zur Verkündigung verbunden ist. Unbeschadet aller theologischen und pastoralen Anfragen[54] stärkt die restriktive Ordnung also

---

[51] Sacrosanctum Concilium, Nr. 52.
[52] Vgl. Haunerland, 333–339.
[53] Vgl. can. 767 § 1 CIC. Zur amtlichen Interpretation vgl. Instruktion zu einigen Fraugen über die Mitarbeit der Laien am Dienst der Priester, 15. August 1997, Praktische Verfügungen, Artikel 3 § 1, VApS 129, 20f; jetzt auch Instruktion Redemptionis Sacramentum über einige Dinge bezüglich der heiligsten Eucharistie, die einzuhalten und zu vermeiden sind, 25. März 2004, Nr. 64–66, VApS 164, 32f. Die Instruktion Redemptionis Sacramentum, Nr. 161, VApS 164, 64 erklärt dabei die Predigterlaubnis auch außerhalb der Messfeier zum „absoluten Ausnahmefall", der immer nur „ad actum" allein von den Ortsordinarien erlaubt werden könne.
[54] Vgl. etwa Peter Hünermann, Der Dienst am Wort und die Homilie. Eine kritische Reflexion, in: ders. (Hg.), Und dennoch... Die römische Instruktion über die Mitarbeit der Laien am Dienst der Priester. Klarstellungen – Kritik – Ermutigungen, Freiburg–Basel–Wien 1998, 86–101; Reiner Kaczynski, Was ist eine „Homilie"? – Wer darf sie halten?, in: KlBl 69 (1989) 38–40.

die konziliare Akzentsetzung, dass die Verkündigung erste Aufgabe des (ordinierten) Amtes ist.[55]

Fragwürdig ist allerdings gerade unter diesem Gesichtspunkt die verbreitete Praxis, dass der Neupriester in seiner ersten Messe zwar den Eucharistievorsitz, nicht aber auch den Predigtdienst übernimmt. Natürlich kann auch dieser Brauch sinnvoll gedeutet werden: Der Primiziant bleibt Hörer des Wortes; als Glied des Presbyteriums, dem er durch die Weihe angehört, findet er auch in diesem Presbyterium Unterstützung; verringert ist die Gefahr, beim Dienstantritt eine programmatische Predigt zu halten, die noch nicht durch eigene Erfahrung abgedeckt sein kann. Problematisch ist nicht nur, dass die sachgerechte Rollenverteilung in der Eucharistiefeier eigentlich dem Hauptzelebranten die Predigt zuweist. Vielmehr kommt dadurch in der Feiergestalt nicht mehr zum Ausdruck, dass die Verkündigung in dem priesterlichen Amt, das der Neupriester übertragen bekommen hat, einen hohen und vorrangigen Stellenwert hat.

3.3 Feiern zur Einführung eines Pfarrers

Vergleicht man die Grundgestalt der Einführungsfeiern eines Pfarrers in den evangelischen Agenden und in der ortskirchlichen Praxis der katholischen Diözesen des deutschen Sprachgebietes, so ist den Feiern in der Regel gemeinsam, dass die Ernennungsurkunde verlesen und öffentlich nach der Bereitschaft des ernannten Kandidaten zur Übernahme des Amtes und zur Erfüllung seiner Amtspflichten gefragt wird. Das Profil des evangelischen Pfarrers wird allerdings vor allem durch biblische Schriftlesungen herausgearbeitet. Dagegen zeichnen sich die meisten katholischen Ordnungen dadurch aus, dass dem neuen Pfarrer die Schlüssel der Kirche überreicht werden und dass er zu den liturgischen Orten (Altar, Kanzel bzw. Ambo, Vorstehersitz, gelegentlich auch Taufort und Beichtstuhl) geführt wird.[56] Tatsächlich spiegeln sich hier unterschiedliche Mentalitäten wieder, die freilich keinen sachlichen Dissens ausdrücken müssen.

Vielleicht mutet es historisch-kritischem Denken etwas gewagt an, wenn die Schrifttexte in evangelischen Agenden eingeleitet werden mit dem Hinweis: „Hört Gottes Wort für den Dienst eines Pfarrers"[57]. Denn das

---

[55] Vgl. Presbyterorum Ordinis, Nr. 4; Lumen Gentium, Nr. 25; Christus Dominus, Nr. 12.
[56] Vgl. dazu Freilinger, Die Amtseinsetzung des Pfarrers, 288–348.
[57] Agende für Evangelisch-Lutherische Kirchen und Gemeinden IV, 52. So auch Agende für die Evangelische Kirche der Union II/2, 37.

Pfarramt hat immer auch gewachsene und geschichtlich bedingte Züge. Deshalb können nicht einfach biblische Worte an die Jünger oder urkirchliche Funktionsträger bruchlos auf die Pfarrer des 20. oder 21. Jahrhunderts bezogen werden. Doch bringen die biblischen Schrifttexte zum Ausdruck, dass sich das Amt als evangeliumsgemäß erweisen muss und dass auch der einzelne Amtsträger sich immer neu dem Anspruch des Evangeliums stellen muss. Unabhängig von der konkreten rituellen Gestalt seiner Einführung gilt dies natürlich auch für das Amt und das Leben des katholischen Pfarrers.

Die sinnenfälligen Zeichen der katholischen Einführungsriten entstammen nicht selten rechtlichen Akten. Mit der Übernahme bestimmter Gegenstände nimmt der neue Pfarrer diese und die mit ihr symbolisierten Rechte in Besitz. Nachdem diese rechtliche Bedeutung längst verloren gegangen ist, haben die liturgischen Handlungen immer mehr eine erzieherische Funktion bekommen: „In praktisch allen Formularen – sowohl vor als auch nach dem Zweiten Vatikanischen Konzil – erscheinen die begleitenden Worte als pastoralliturgische Einführungen in die Feier der Liturgie und als Grundkatechesen über den Dienst des Pfarrers."[58] Die Gefahr einer spätaufklärerischen Überformung und Instrumentalisierung der Liturgie ist nicht von der Hand zu weisen. Die Wiedergewinnung einer sinnenfälligen, aber weniger wortreichen Feiergestalt dürfte ein sinnvolles Ziel nicht nur für die Liturgie der katholischen Pfarreinführung sein.

3.4 Zum ekklesialen Charakter der Einführungsfeiern

Das Gottesdienstbuch für die reformierten Kirchen und Gemeinden macht in seiner Einleitung zu den Ordnungen für Ordination und Einführungen auf eine Gefahr aufmerksam, die sicher nicht nur in den reformierten und auch nicht nur in den evangelischen Gemeinden existiert. Weil Ordination und Pfarreinführung für die Einzuführenden ein wichtiges biografisches Datum sind, besteht nicht selten der Wunsch nach biografischen Elementen in der Feier. Die in den evangelischen Ordnungen vorgesehenen Assistenten werden dann unter diesem Gesichtspunkt ausgesucht und die von den Assistenten gesprochenen Bibelworte können „den Charakter eines freundschaftlichen Zuspruchs für den persönlichen Lebensweg gewinnen". Um den kirchlichen Charakter dieser Feiern zu sichern, warnt die Agende vor diesen Entwicklungen und fügt an: „Auch weitere freundschaftliche Zeichen wie der Wangenkuss, die in einem anderen Kontext eine schöne Be-

---

[58] Freilinger, Die Amtseinsetzung des Pfarrers, 310.

deutung haben können, sollten hier besser unterbleiben. Es besteht sonst die Gefahr, dass die kirchlich-öffentliche Funktion von Ordination oder Einführung hinter den biografischen Elementen verschwindet."[59]

Tatsächlich zeigt sich hier eine fatale Konsequenz aus dem immer stärker werdenden Zug zur Individualisierung der kirchlichen Kasualien. Nicht mehr ihr ekklesialer Sinn wird zum Gestaltungsprinzip, sondern ihre lebensgeschichtliche Bedeutung. Schon im Dienste einer diakonischen Ritualpraxis ist die biografiebezogene Individualisierung nicht ohne Gefahren. Für die liturgische Feier einer Amtsübertragung bzw. eines Amtsantritts darf sie aber niemals entscheidend sein. Denn diese Feiern sind nicht Bestandteil der seelsorglichen Begleitung, sondern dichtester Ausdruck des kirchlichen Selbstverständnisses; hier soll offenbar werden, wie Kirche lebt und wie in ihr geordnet das Evangelium verkündet und gefeiert wird. Im Mittelpunkt darf deshalb nicht die Person des Einzuführenden stehen, sondern sein Dienst in der Kirche und an einer konkreten Gemeinde. Eine biografische Überformung würde diesem Anliegen nicht gerecht.

Wenn der Eindruck nicht täuscht, entgehen auch katholische Primiz- und Einführungsfeiern nicht immer der Gefahr, dem Biografischen ein zu großes Gewicht zu geben. Denn auch der überindividuelle kirchliche Charakter einer vorgegebenen Liturgie ist kein Garant dafür, dass bei der Auswahl der konkreten mitwirkenden Handlungsträger und einzelner Elemente weniger die Geschichte und die subjektiven Bedürfnisse des Priesters entscheidend sind als die Gemeinde, die als ganze Trägerin des Gottesdienstes ist. Auch bei diesen Feiern gilt die allgemeine liturgische Vorschrift, dass der Priester bei der Auswahl der Texte sich nicht nur nach den eigenen Vorlieben richten soll, sondern das Wohl und die lebendige Teilnahme der Gläubigen im Blick haben soll.[60] Die Selbstrelativierung der betroffenen Priester verlangt auch hier, dass „aus den von der Kirche angebotenen Ausdrucksformen und Riten mit großer Sorgfalt jene ausgewählt und verwendet werden, die unter Berücksichtigung der konkreten Situation der Gemeinde die volle und tätige Teilnahme aller ihrer Glieder am ehesten ermöglichen und dem geistlichen Wohl der Menschen am besten entsprechen"[61]. Amt in der Kirche muss immer Dienst an der Kirche sein. Davon dürfen auch die Feiern des Dienstantritts nicht ausgenommen sein.

---

[59] Einführung [zum Teil: Ordination – Einführungen], in: Reformierte Liturgie, 488.
[60] Vgl. AEM 313: „Der Priester soll bei der Zusammenstellung des Meßformulars mehr das geistliche Wohl der mitfeiernden Gemeinde als seine eigenen Wünsche vor Augen haben."
[61] AEM 5.

3.5 Zur ökumenischen Offenheit konfessionell-kirchlicher Feiern

Ordinationen, Primizen und Pfarreinführungen haben ihren Platz immer in den konfessionell getrennten Kirchen. Ohne eine gegenseitige Anerkennung der Ämter und ohne die gegenseitige Zulassung zum Herrenmahl sind es gerade diese Feiern, in denen die verschiedenen Konfessionen bei allen Analogien und Konvergenzen sich selbst mit ihren konfessionellen Merkmalen darstellen und erfahren. Gemeinde vor Ort lebt eben als evangelische oder katholische Gemeinde. Sie feiert hier, dass ein konkreter Amtsträger innerhalb einer bestimmten Bekenntnisgemeinschaft ihr gesandt und in sein Amt eingesetzt wird. So wenig es eine ökumenische Taufe gibt, so wenig kann es in faktisch getrennten Kirchen ökumenische Amtsträger und Amtsübertragungen geben. Doch bleibt die Frage, ob nicht auch in solchen Feiern jene Einheit aufleuchten kann, die die konfessionelle Prägung unserer Gemeinden noch einmal übersteigt. Anders gefragt: Können die konkreten Feiern eine ökumenische Dimension haben? – Natürlich können solche Feiern keine ökumenische Verbundenheit ersetzen, die im Alltag der Gemeinden nicht existiert. Auch wenn in der Zeichenwelt der Liturgie manches im Modus der Hoffnung zum Ausdruck kommen kann, so darf der Gottesdienst doch auch nicht mit der Inszenierung einer Scheinwelt überfordert werden. Gottesdienste des Amtsantritts können jedoch jene ökumenische Verbundenheit spiegeln, die sich auch im Alltag bereits entwickelt hat, und damit zugleich der ökumenischen Zusammenarbeit vor Ort wieder einen Impuls geben.

Weil Ökumene zum Auftrag der ganzen Kirche gehört, muss es ein wechselseitiges Interesse am Leben der jeweiligen Schwestergemeinden geben und damit auch an den Ereignissen, die für das Leben dieser Gemeinden von einschneidender Bedeutung sind. Weil die christlichen Kirchen trotz aller konfessionellen Trennung eine gemeinsame Aufgabe in der Welt haben, dürfen christliche Gemeinden nicht nur nebeneinander leben, sondern müssen miteinander ihre Dörfer und Städte, die Gesellschaft und die Welt gestalten. Christen der anderen Konfession werden sich mit der Schwesterngemeinde freuen können, dass diese einen neuen Pfarrer empfängt, und als Gäste an der gottesdienstlichen Feier teilnehmen. Es ist also sachgerecht und erfreulich, dass mit großer Selbstverständlichkeit auch die Pfarrer der jeweiligen Schwestergemeinde üblicherweise an den Pfarreinführungen der jeweils anderen Konfession teilnehmen und – sei es am Ende des Gottesdienstes oder bei einem anschließenden Empfang – auch ein kurzes Grußwort sprechen.

Der gegenwärtige Stand des ökumenischen Prozesses erlaubt es nicht, dass die Gäste der jeweils anderen Konfession auch sakramental am Herrenmahl teilnehmen. Dennoch ist ihre Teilnahme nicht nur passiv, weil sie sich ja an Gebeten und Liedern wie alle anderen Mitfeiernden beteiligen können. Es stellt sich allerdings die Frage, ob nicht die Einführung eines neuen Pfarrers eine Gelegenheit sein könnte, in der auch ein Mitglied der evangelischen Kirche eine Schriftlesung in der Messfeier vorträgt. Das ökumenische Direktorium von 1993 erinnert zwar daran, dass die „Lesung der Heiligen Schrift während der Eucharistiefeier der katholischen Kirche [...] durch Mitglieder dieser Kirche" geschieht. Es fährt aber dann fort: „In Ausnahmefällen und aus gutem Grund kann der Diözesanbischof dem Mitglied einer anderen Kirche oder kirchlichen Gemeinschaft erlauben, die Aufgabe des Lektors zu übernehmen."[62] Wo etwa gemeinsame Bibelarbeit in der ökumenischen Zusammenarbeit üblich ist, bezeugen sich die Gemeinden bereits im Alltag gegenseitig das Wort der Schrift. Insofern griffe die aktive Beteiligung eines Mitglieds der anderen Konfession an der Verkündigung des Wortes Gottes in der Einführungsliturgie etwas vom vor Ort erreichten Stand ökumenischer Zusammenarbeit auf. Dass die Einführung eines neuen Pfarrers ein Ausnahmefall ist, versteht sich wohl von selbst. Könnte sie aber nicht auch den guten Grund bilden, dass der Diözesanbischof um eine entsprechende Erlaubnis angegangen wird?

Bei aller ökumenischen Sensibilität werden am Ende solche Feiern ihre konfessionelle Prägung nicht verlieren können und dürfen. Doch hat sich gezeigt, dass der wechselseitige Blick auf die Feierordnungen der Konfessionen den Blick für die eigene Praxis schärfen kann. Es wäre nicht wenig, wenn ökumenische Aufmerksamkeit auch im eigenen Gottesdienst zu größerer liturgischer Wahrhaftigkeit und Stringenz führt.

---

[62] Päpstlicher Rat zur Förderung der Einheit der Christen, Direktorium zur Ausführung der Prinzipien und Normen über den Ökumenismus, 25. März 1993, Nr. 133, VApS 110, 71.

Amt und Ordination aus reformatorischer Sicht

Gunther Wenz

1. Das Amt der Kirche und das kirchliche Amt

Dass die Kirche das „ministerium docendi evangelium et porrigendi sacramenta" (CA V,1) nötig hat, um zu sein, was sie ist, daran lässt die reformatorische Bekenntnistradition keinen Zweifel aufkommen: „Nam per verbum et sacramenta tamquam per instrumenta donatur spiritus sanctus, qui fidem efficit, ubi et quando visum est Deo, in his, qui audiunt evangelium" (CA V,2). Weil wir den glaubenschaffenden Heiligen Geist nicht „ohn das leiblich Wort des Evangelii" (BSLK 58, 12f) erlangen, „hat Gott das Predigtamt eingesetzt" (BSLK 58,2); so steht es im V. Artikel der Confessio Augustana wörtlich zu lesen. Allerdings zeigt die Vorgeschichte des Artikels, dass Predigtamt zunächst nichts anderes bedeutet als „mundlich Wort, nämlich das Evangelion" (BSLK 59,4f)[1]. An dessen Verkündigung haben nach reformatorischer Lehre alle glaubenden Getauften Anteil, auch wenn

---

[1] Zwar steht der Artikel seit der Drucklegung der Augustana unter der Überschrift „Vom Predigtamt" („De ministerio ecclesiastico"), doch spricht er, wie unschwer zu erkennen ist, im Wesentlichen „über das Wirken des Heiligen Geistes in Wort und Sakramenten", denen das Predigtamt dienend zugeordnet ist. Zwar mag der bereits zitierte Eingangssatz des lateinischen Textes von CA V für sich genommen den Eindruck erwecken, entscheidendes Thema des Folgenden sei das ministerium ecclesiasticum, von dem schließlich auch die spätere Überschrift spricht. Aber die im Vergleich zum deutschen Text auffällige Verselbständigung der Eingangswendung verdankt sich doch weniger inhaltlichen Erwägungen als dem Interesse, das schwerfällige deutsche Satzgefüge im Lateinischen aufzulösen. Der nachfolgende Anschlusssatz macht denn auch unzweifelhaft deutlich, worum es thematisch vor allem geht. Vom Amt ist im gesamten Artikel überhaupt nur einmal die Rede, während sich die Aufmerksamkeit ansonsten ausschließlich auf Gottes glaubenstiftendes Geistwirken durch Wort und Sakrament konzentriert. In diesem Zusammenhang verdient es ferner bemerkt zu werden, dass sich noch Na 4 auf die Aussage beschränkt, „daß der heilig Geist geben werd durch das Mittel des Worts und der Sakrament" (BSLK 59,1–3 unter Berufung auf Röm 10,17). Dass in der Endgestalt von CA V das Predigtamt eigens erwähnt wird, ist im Wesentlichen dadurch bedingt, dass Melanchthon in Nb deutlich zu Luthers Fassung in Schwab 7 zurücklenkt, wo gesagt ist: „Solchen Glauben zu erlangen oder uns Menschen zu geben, hat Gott eingesetzt das Predigambt oder mundlich Wort, nämlich das Evangelion" (BSLK 59,2–5). Zu beachten ist, dass in dem zitierten Text das „Predigtambt" mit „mundlich Wort" synonym verwendet wird. Auch wenn solch direkte Gleichsetzung nicht mehr zu erkennen ist, wird doch auch in CA V das Predigtamt nicht zu einer dritten Instanz neben oder gar über Wort und Sakrament, sondern zu deren Funktion erklärt, ohne im Folgenden eigens thematisch zu werden.

davon weder in der CA insgesamt noch gar in CA V explizit gesprochen wird. So wahr die Lehre vom allgemeinen Priestertum unaufgebbar zur reformatorischen Theologie hinzugehört, so wenig wird durch sie gleichwohl in irgendeiner Weise die ekklesiologische Notwendigkeit des ordinationsgebundenen Amtes der Kirche in Abrede gestellt. Im Gegenteil: ausdrücklich wird gelehrt, „daß niemand in der Kirche offentlich lehren oder predigen oder Sakrament reichen soll ohn ordentlichen Beruf" (BSLK 69,2–5). „Rite vocatus" bzw. – wie ich mir hinzuzufügen erlaube – „rite vocata" zu sein, ist die Bedingung der Möglichkeit dafür, „in ecclesia publice docere aut sacramenta administrare" (CA XIV)[2]. So gebietet es ge-

---

[2] Während er in den Schwabacher Artikeln noch gänzlich fehlt, ist der Artikel in Na lediglich mit einer Zwischennummer vertreten, wobei offen bleiben kann, ob dies auf ein Versehen des Übersetzers zurückzuführen ist oder auf eine erst später erfolgte Entstehung bzw. Endredaktion schließen lässt. Veranlasst worden sein dürfte CA XIV, dessen deutsche Endfassung in Nb erreicht ist, analog zu anderen Zusatzartikeln nicht zuletzt durch die Angriffe Ecks, der im 267. und 268. Artikel seines Häresienkatalogs Luther mit den beiden Sätzen zitiert hatte: „Sacramentum ordinis ecclesia Christi ignorat ..." „Omnes, quotquot baptisati sumus, aequaliter sacerdotes sumus. Et quilibet laycus potest ecclesias consecrare, pueros confirmare ..." (D. Johann Ecks Vierhundertvier Artikel zum Reichstag von Augsburg 1530 nach der für Kaiser Karl V. bestimmten Handschrift hg. und erläutert mit zwei Exkursen I. Elias, Daniel, Gottesmann II. Hieronymus von Berchnishausen von W. Gußmann, Quellen und Forschungen zur Geschichte des Augsburgischen Glaubensbekenntnisses: Zweiter Band, Kassel 1930). Um den mit der Zitation solcher Sätze verbundenen Häresievorwurf abzuwehren, betont Melanchthon, dem hier möglicherweise der beschlagene Jurist Brück die Feder geführt hat (vgl. Maurer I, 205, Anm. 48), dass auch unter reformatorischen Bedingungen „niemand in der Kirchen offentlich lehren oder predigen oder Sakrament reichen soll ohn ordentlichen Beruf" (BSLK 69,3–5, vgl. Apol XIV,1). Wie CA V („Recte hic principes asserunt ministerium docendi evangelii et administrationis sacramentorum ..." / „Recht bekennen hie die fursten ein ampt leren das evangelium und verraichen die sacrament ..."), so fand auch diese Feststellung im Grundsatz die Anerkennung der Konfutatoren (vgl. Herbert Immenkötter, Die Confutatio der Confessio Augustana vom 3. August 1530, Münster [1979] ²1981.) Sie machten ihre Zustimmung aber von der Bedingung abhängig, dass allein derjenige Amtsträger als ordentlich eingesetzt gelten kann, der entsprechend dem kirchlichen Recht berufen wurde, so wie es in der ganzen Christenheit bisher gehalten ist. Die protestantischen Fürsten werden deshalb ermahnt, an dieser Praxis festzuhalten und niemanden in ihren Gebieten zum Pfarrer oder Prediger zuzulassen, der nicht ordentlich durch die geistliche Obrigkeit nach allgemeingültiger Maßgabe kanonischen Rechts berufen worden ist. Deutlicher noch hatte man sich in der „extemporalis responsio", einer Vorform der Confutatio geäußert. Hier werden als verpflichtend sowohl die Sakramentalität der Ordination, als auch die hierarchische Verfassung der Kirche, ferner die Achtung der Differenz zwischen Episkopat und Presbyterat und schließlich ein diesen Bestimmungen entsprechendes Ordinationsrecht eingeschärft. Die damit angezeigte amtstheologische Problemlage bestimmte sodann auch die einschlägigen Ausschussverhandlungen, die es bei dem etwas dürftigen Ergebnis belas-

mäß CA XIV der „ordo ecclesiasticus" nach Maßgabe einer Ordnung, die auch nach reformatorischem Urteil als iure divino gesetzt zu behaupten ist. Die Annahme, das ordinationsgebundene Amt der Kirche sei lediglich eine Funktion des Gemeindewillens, dessen Delegation es sich verdanke, ist daher mit evangelischer Lehre nicht kompatibel.

Unvereinbar mit evangelischer Lehre ist es freilich auch, die Besonderheit des ordinationsgebundenen Amtes der Kirche so zu bestimmen, dass dadurch die Gnadenstandsparität aller getauften Gläubigen geleugnet und ihre Teilhabe am gemeinsamen Priestertum der Kirche gemindert wird. Die Vorstellung von der theologischen Bedeutung der Ordination kann daher nicht die einer graduellen Steigerung der Taufgnade oder der Vermittlung einer Stellung exklusiver Christusrepräsentanz und mithin auch nicht diejenige einer Monopolstellung authentischer Wahrnehmung der christlichen Wahrheit im Sinne amtlicher Identitäts- und Kontinuitätsgarantie sein. Vielmehr ist das Verhältnis von ordinationsgebundenem Amt und jenem Priestertum, an dem alle getauften Gläubigen teilhaben, so zu bestimmen, dass beide wechselseitig sich bedingen und erfordern. Nicht so, als ob die Besonderheit des ordinationsgebundenen Amtes die Allgemeinheit des gemeinsamen Priestertums einschränken bzw. die Allgemeinheit des Priestertums die Besonderheit des ordinationsgebundenen Amtes überflüssig machen würde: Der wahre Sachverhalt stellt sich vielmehr so dar, dass das besondere Amt der Kirche, welches durch die Ordination vermittelt wird, seinem Wesen und seiner Eigenart nach ganz im Dienst der Realisierung des Priestertums aller getauften Gläubigen steht, so wie denn auch umgekehrt die Verwirklichung des gemeinsamen Priestertums des besonderen Dienstes des ordinationsgebundenen Amtes notwendig bedarf. Damit im

---

sen mussten, man sei hinsichtlich des XIV. Artikels gleich, „wie der in worten begriffen. So vil aber desselben declaration belanget, ist behalden under dem titel von geistlicher gewalt" (Karl E. Förstemann, Urkundenbuch zu der Geschichte des Reichstages zu Augsburg im Jahre 1530, Bd. I u. II, Halle 1833/35; reprografischer Nachdruck Hildesheim 1966, hier: II, 232.) Mit den kritischen Worten Ecks gesagt: „Articulus 14. concordat in usu (Coel.: in verbis), sed in practica discordat, cum non vocent plebanos et praedicatores secundum communem iuris dispositionem, aut provincialem ordinarii ordinationem, quod esset legitime vocare" (Friedrich W. Schirrmacher, Briefe und Acten zu der Geschichte des Religionsgespräches zu Marburg 1529 und des Reichstages zu Augsburg 1530, nach der Handschrift des Joh. Aurifaber nebst den Berichten der Gesandten Frankfurts a.M. und den Regesten zur Geschichte dieses Reichstages, Gotha 1876; unveränderter Nachdruck Amsterdam 1968, 205). In der Konsequenz dieses Urteils plädierte neben anderen auch Eck dafür, die Kontroverse um das kirchliche Amt auf die Diskussion von CA XXVIII zu verschieben, da erst in diesem Kontext das zentrale Postulat altgläubiger Amtstheologie, „ut ordinatio fiat ab episcopis" (BSLK 296,22), in seiner Bedeutung hinreichend zu ermessen sei.

Prozess der auf je besondere Weise statthabenden Verwirklichung der gemeinsamen Priesterschaft aller getauften Glaubenden die Einheit und Allgemeinheit dieser Priesterschaft[3] nicht verlorengehe, ist von Gott ein besonderes, durch Ordination – also nach Maßgabe entsprechend geregelter Ordnung – vermitteltes Amt eingesetzt, dessen die Einheit seines Begriffs begründende Spezifizität im besonderen Dienst an der Einheit und Katholizität der Kirche besteht. Mit den Stichwörtern „publice docere", geordnete Institutionalität der Evangeliumsverkündigung, Leitung des öffentlichen Gottesdienstes und namentlich der eucharistischen Feier sind notwendige Implikate dieser Wesensbestimmung umschrieben.[4]

---

[3] Die Allgemeinheit des allgemeinen Priestertums ist nicht gleichzusetzen mit einer Summe getaufter Glaubenden oder gar mit einer Summe von Gliedern einzelner Gemeinden oder Kirchentümer, sondern mit dem ekklesiologischen Wesensattribut der Katholizität zu assoziieren, dem konstitutiv dasjenige der Einheit beigeordnet ist, welches ebenfalls jede bloß numerische Fassung transzendiert.

[4] Im Rahmen der skizzierten amtstheologischen Begründung, für die der ekklesiologische Gedanke der Einheit der Vielen strukturell bestimmend ist, hat dann auch die Vorstellung vikarischer Christusrepräsentation ihren Ort, die, allein und für sich genommen die spezifische Besonderheit des ordinationsgebundenen Amtes nicht begründen kann, jedenfalls nicht im Sinne reformatorischer Theologie. Denn Repräsentanten Christi zu sein, dazu sind nach reformatorischer Auffassung alle Christen bestimmt, wenn sie denn am Priestertum aller Gläubigen teilhaben. Infolgedessen darf die Funktion der Repräsentation Jesu Christi nicht exklusiv dem ordinationsgebundenen Amt und seinen Trägern vorbehalten werden. Daran ändert die Tatsache nichts, dass die lutherische Bekenntnistradition die Vorstellung vikarischer Christusrepräsentation amtstheologisch durchaus rezipieren konnte, etwa wenn es Apol VII,28 von den Amtsträgern heißt, dass sie die Sakramente in Stellvertretung Christi darreichen („Christi vice et loco"). Indes soll damit, wie der Kontext zeigt, lediglich die Aussage von CA VIII unterstrichen werden, dass nämlich die Wirksamkeit der Sakramente nicht von der persönlichen Würdigkeit des Spenders abhängt: „Nec adimit sacramentis efficaciam, quod per indignos tractantur, quia repraesentant Christi personam propter vocationem ecclesiae, non repraesentant proprias personas, ut testatur Christus: Qui vos audit, me audit" (BSLK 240,40–45). Die Lehre, die aus diesem Wort Christi aus Lk 10,16 gezogen wird, lautet sonach schlicht, dass man keinen die Verlässlichkeit der Gnadenzusage Gottes verunsichernden Anstoß an der Unwürdigkeit der kirchlichen Diener nehmen möge. Ein exklusiver Autoritätsanspruch des Amtes auf bedingungslosen Gehorsam, wie er Christus gebührt, soll mit dem zitierten Herrenwort hingegen gerade nicht begründet werden. Vielmehr ist das Gegenteil der Fall, wie u.a. der Abschnitt CA XXVIII,22f bezeugt, wo Lk 10,16 ebenfalls in einschlägigen amtstheologischen Zusammenhängen zitiert wird mit dem eindeutigen Ergebnis, dass man den Bischöfen nicht um ihrer selbst oder um einer ihrem Amt unmittelbar eigenen Formalautorität willen, sondern ausschließlich wegen des Evangeliums Gehorsam schuldig sei: „At cum aliquid contra evangelium docent aut constituunt, tunc habent ecclesiae mandatum Dei, quod prohibet oboedire." Belegt wird dies mit Mt 7,15, Gal 1,8, 2 Kor 13,8.10 sowie unter Verweis auf das Decretum Gratiani (p. II q.7 c.8 und c.13) und Augustin (De un. eccl. 11,28). Zu einem ähnlichen Schluss

Um dasselbe noch einmal in anderer Weise und im Anschluss an meinen Vorgänger im Amt der wissenschaftlichen Leitung evangelischerseits des Ökumenischen Arbeitskreises evangelischer und katholischer Theologen zu formulieren: Die spezifische Differenz zwischen dem kirchlichen Leitungsamt, welches durch Ordination begründet wird, und dem Auftrag, an dem alle getauften Gläubigen in Teilhabe am Priestertum Christi gemeinsam partizipieren, besteht im Wesentlichen im geordneten Dienst an der „Einheit der Gemeinde im Glauben des Evangeliums bei aller Verschiedenheit ihrer Glieder und der ihnen vom Geist verliehenen Gaben"[5]. Dieser amtliche Dienst ist von Gott selbst geordnet und nicht lediglich eine Funktion des jeweiligen Gemeindewillens. Obwohl das kirchliche Dienstamt „nicht unmittelbar auf eine Anordnung der Apostel in Verbindung mit einer Einsetzung von Nachfolgern"[6] zurückgeführt und auch der Sache nach nicht direkt mit dem Apostelamt verglichen werden kann, hat es doch auf seine Weise Anteil an der apostolischen Aufgabe, durch Lehre und Leitung der Einheit der Gemeinde im Evangelium zu dienen, wobei den nachapostolischen Amtsträgern das apostolische Evangelium als Norm ihres Dienstes vorgegeben ist. Lehre und Leitungsfunktion bilden dabei eine differenzierte Einheit, sofern mit dem Auftrag zu amtlicher Lehre des Evangeliums ein Leitungsauftrag verbunden ist, der hinwiederum seinerseits primär in Form der *doctrina evangelii* wahrgenommen wird. Der Unterschied zwischen dem Amt der Lehre und der Leitung und dem Dienstauftrag, an dem alle getauften Christen teilhaben, besteht nicht in einem spezifischen Gnadenstatus der Träger des Lehr- und Leitungsamtes. Durch die Ordination in dieses Amt wird die Gnadenstandsparität aller Getauften nicht aufgehoben. Auch begründet die Ordination keinen Exklusivanspruch auf Christusrepräsentanz. Es ist vielmehr der durch Lehre und Leitung *publice* geübte Evangeliumsdienst an der Einheit aller, die gemeinsam am Priestertum Christi teilhaben, welcher die Besonderheit des ordinationsgebundenen Amtes der Kirche im Unterschied zum allgemeinen Priestertum begründet. „Die auf die Einheit der Gesamtkirche bezogene, sie am Ort einer gottesdienstlichen Gemeinde repräsentierende ‚Öffentlichkeit' des kirchlichen Predigt- und Leitungsamtes bedeutet, daß der Amtsträger nicht im eigenen Namen, sondern in der Autorität des der ganzen Christenheit gegebenen Auftrags zur Lehre des Evangeliums handelt und also im Auftrag Jesu Christi selbst: In diesem spezifischen Sinne handeln die öffentli-

---

[5] gelangt Melanchthon in Apol VII,47f.
Wolfhart Pannenberg, Systematische Theologie III, Göttingen 1993, 423.
[6] AaO. 414.

chen Amtsträger der Kirche *in persona Christi* und zugleich im Namen der ganzen Christenheit und des ihr durch Sendung der Apostel gegebenen Auftrags."[7]

2. Die presbyterale und episkopale Form des kirchlichen Amtes

Sein entwickelter Wesensbegriff erweist das ordinationsgebundene Amt als in sich eins und identisch. Dies wurde namentlich von der Wittenberger Reformation mit besonderem Nachdruck vertreten. Dabei ging man unter Berufung namentlich auf Hieronymus von einer grundsätzlichen Koinzidenz von Pfarramt und Bischofsamt aus, ohne deshalb die Möglichkeit und Notwendigkeit von Gliederungsformen des in sich einen ordinationsgebundenen Amtes der Kirche zu leugnen. Im Einzelnen galt und gilt Folgendes: Gemäß der bereits charakterisierten inneren Einheit des ordinationsgebundenen Amtes der Kirche sind dessen presbyterale und episkopale Wahrnehmungsgestalten und Vollzüge im Wesentlichen identisch. Im „Von der Bischofen Gewalt" („De potestate ecclesiastica") handelnden XXVIII. Artikel der Confessio Augustana – welcher nicht nur den letzten und längsten, sondern auch den Artikel darstellt, von dem her und auf den hin das gesamte Augsburgische Bekenntnis konzipiert ist – begegnet daher stereotyp die Wendung „episcopi seu presbyteri". Im Grundsätzlichen ihres Auftrags, so ist damit gesagt, sind Pfarramt und Bischofsamt eins. Zu predigen, die Sakramente zu verwalten, Sünde zu behalten oder nachzulassen, Kirchenzucht zu üben und Lehre zu beurteilen – die Wahrnehmung all dieser Vollzüge sind Pfarrer und Bischof gleichermaßen aufgegeben. Auch Möglichkeit und Recht der presbyteralen Ordination werden von CA XXVIII prinzipiell vorausgesetzt, obgleich man sich erklärtermaßen bereit und willens zeigte, die gegebene Ordnung nicht nur zu respektieren, sondern selbst zu üben, soweit dieser Weg irgend gangbar war. Auf der einen Seite ist die Feststellung also unzweifelhaft richtig, dass in der Reformation von der vorgeschriebenen Regel episkopaler Ordination nur deshalb abgewichen wurde, weil die installierten Bischöfe sich weigerten, evangelisch Gesinnte zu ordinieren; auf der anderen Seite ist das erfolgte Abweichen von dieser Regel doch ebenso zweifellos als theologisch verantwortbar und grundsätzlich möglich betrachtet worden, so sehr es faktisch aus der Not geboren war.

Soweit in skizzenhafter Form die Position der Wittenberger Reformation: Sie gewinnt an Profil und Plausibilität, wenn sie kritisch und konstruktiv mit der exegetischen Einsicht verbunden wird, dass das Episkopenamt

---

[7] AaO. 424f.

ursprünglich gar keine überörtliche Dienstfunktion bezeichnete, sondern mit der Leitung der Ortskirche betraut war. Anfänglich der gottesdienstlichen Hausgemeinde zugeordnet, wurde der Episkope im 2. Jahrhundert Vorsteher der Gesamtgemeinde eines Ortes, um erst später übergemeindliche Aufgaben zu übernehmen. Es sprechen also gute Gründe für die These, dass das ordinationsgebundene Amt im Sinne von CA V und XIV, dessen genuine Gestalt die Wittenberger Reformation mit dem Gemeindepfarramt assoziierte, im ortsgemeindlichen Episkopenamt der frühen Christenheit seine prototypische Ausprägung gefunden hat. Reformatorische Theologie kann unter diesen Umständen das episkopale Amt in Übereinstimmung mit römisch-katholischer Lehre ohne weiteres als das primäre und eigentliche Amt der Kirche anerkennen. Vorauszusetzen ist dabei lediglich, dass das Episkopenamt – wie exegetisch nahegelegt – als öffentlicher Verkündigungs- und Leitungsdienst an der Ortskirche verstanden wird. Das verbleibende Problem lässt sich dann auf die Frage reduzieren, was unter Ortskirche präzise zu verstehen sei. Die Antwort der Wittenberger Reformation hierauf ist klar: Inbegriff der Ortskirche ist die um Wort und Sakramente versammelte Gottesdienstgemeinde. Muss dem römisch-katholische Theologie prinzipiell widersprechen oder kann an dieser Stelle mit möglicher Zustimmung gerechnet werden?

Der Begriff des episkopalen Amtes bezeichnet, wie gezeigt, keineswegs von Anfang der Christentumsgeschichte an eine primär oder gar ausschließlich übergemeindliche Dienstfunktion. Die sachliche Notwendigkeit einer überörtlichen Sorge für die Einheit der Gemeinden im apostolischen Glauben bleibt dadurch unbestritten. Dass die geordnete Wahrnehmung translokal-übergemeindlicher Verantwortung ein wesentlicher Dienst der Kirche zu sein hat, ist von der Wittenberger Reformation niemals in Abrede gestellt worden und zwar unbeschadet der Tatsache, dass ihre Ekklesiologie und Amtslehre von der konkreten „congregatio sanctorum", wie CA VII sie beschreibt, ihren Ausgang nehmen und in genuiner Weise auf die örtliche Gottesdienstgemeinde bezogen sind: ist doch jede Ortsgemeinde, so wahr sie nicht nur teilweise Kirche, sondern Kirche im vollen Sinne des Begriffs ist, unveräußerlich auf einen ihre lokalen und temporalen Schranken transzendierenden Zusammenhang bezogen und ohne diesen Bezug in ihrem eigenen Wesen ekklesiologisch nicht recht zu begreifen.[8] Ist sonach Episkopé

---

[8] Das Wesen der una, sancta, catholica et apostolica ecclesia als einer allezeit und allerorten beständigen Größe wird im VII. Artikel der Confessio Augustana folgender Bestimmung zugeführt: „Est autem ecclesia congregatio sanctorum, in qua evangelium pure docetur et recte administrantur sacramenta" (CA VII,1). Die Kirche ist „die Versammlung aller Glaubigen, bei welchen das Evangelium rein gepredigt und die heili-

im Sinne der über den Bereich der Einzelgemeinde hinausgehenden Aufgabe der Kirchenleitung ein ekklesiologisch unverzichtbarer Dienst, der als iure divino verordnet zu bezeichnen ist, so ist die konkrete Gestaltung dieses gebotenen Dienstes kirchlicher Einheit und Katholizität nach evangelischer Lehre gleichwohl nicht definitiv festgelegt und in zeitinvarianter Weise vorgeschrieben, sowenig dessen institutionelle Notwendigkeit grundsätzlich zur Disposition gestellt werden kann. Anerkennung prinzipieller Strukturierungsnotwendigkeit und Offenheit für geschichtliche Gestaltungsvarianten schließen sich in diesem Sinne nicht aus, sondern wechselseitig ein mit dem Ziel, aus dem differenzierten Zusammenhang von Identität und Veränderung jeweils diejenigen kirchenverfassungstheoretischen und -praktischen Konsequenzen zu ziehen, welche ekklesiologisch geboten und im Sinne kirchlicher Weltsendung an der Zeit sind.

Besondere Brisanz gewinnt diese Feststellung durch die Tatsache, dass gegenwärtige evangelische Kirchenverfassungen im Unterschied zu der im 16. Jahrhundert jedenfalls im Bereich der Wittenberger Reformation üblichen Praxis in aller Regel auch nichtordinierten Christen synodale Mitwirkungsrechte an der Kirchenleitung auf allen Ebenen kirchlicher Organisation zuerkennen. Ist das theologisch legitim und wenn ja, in welcher Weise? Auch wenn man evangelischerseits nicht leugnen kann, dass in Bezug auf das geordnete Zusammenwirken ordinierter und nichtordinierter Christen bei der Leitung der Kirche noch erheblicher theoretischer Klä-

---

gen Sakrament lauts des Evangelii gereicht werden" (BSLK 61,4–7). Prototypische Realisierungsgestalt von Kirche ist diesen Wendungen zufolge die konkrete, um Wort und Sakrament versammelte Gottesdienstgemeinde. In ihr subsistiert die Kirche Jesu Christi nicht nur, sie ist (est) Kirche im eigentlichen und vollen Sinne des Begriffs, wie er durch die Etymologie des deutschen Lehnworts Kirche (kyriake) nahegelegt ist. Das ekklesiologische Wesen der Kirche ist geistvermittelte communio Christi. Mittels Wort und Sakrament als seinen Wirkmedien gewährt der Hl. Geist den Gläubigen durch ihren Glauben Anteil an der Beziehung des menschgewordenen Gottessohnes zum Vater, womit ihr Verhältnis zu Gott, Selbst und Menschenwelt von Grund auf zurechtgebracht wird. Als gerechtfertigte Sünder mit Gott selbst versöhnt und verbunden, sind die Gläubigen zugleich untereinander zusammengeschlossen, wobei Individualität und Sozialität in gleichursprünglicher Weise in Geltung stehen. Der originäre Verwirklichungszusammenhang dieses Geschehens ist, wie gesagt, die konkrete Gottesdienstgemeinschaft, durch welche Kirche konstituiert und erhalten wird. Doch ist jede Gottesdienstgemeinde ihrem Wesen nach mit einem universalkirchlichen Bezug unveräußerlich verbunden. Die Kirche ist als congregatio sanctorum zugleich Gemeinschaft „aller Glaubigen" (BSLK 61,4f). Dabei enthält der universalkirchliche Bezug, der jeder Gottesdienstgemeinde ihrem Wesen nach eigen ist, sowohl einen räumlichen als auch einen zeitlichen Aspekt. Beide Aspekte bedürfen der Berücksichtigung, um zu einem ekklesiologisch angemessenen Verständnis von Kirchengemeinschaft als communio ecclesiarum zu gelangen.

rungsbedarf besteht, wird das prinzipielle Recht und die Notwendigkeit einer entsprechenden Kooperation nach Maßgabe reformatorischer Grundsätze schwerlich zu bestreiten sein. Das ist im Wesentlichen in der entwickelten Zuordnung von allgemeinem Priestertum und ordinationsgebundenem Amt begründet, die auch hinsichtlich des episkopalen Dienstes ihre Richtigkeit behält. Das Amt übergemeindlicher Aufsicht ist kein bischöfliches Monopol, sondern kann nur in persönlicher, kollegialer und synodaler Weise ausgeübt werden, wobei das synodale Element nach evangelischer Auffassung Mitwirkungsrechte Nichtordinierter einschließt.

Kommt dem jeweils von einer Einzelperson repräsentierten Bischofsamt sonach keine episkopale Monopolstellung zu, so bleibt davon die Tatsache unberührt, dass das Luthertum mit einem bischöflichen Episkopenamt durchaus rechnet und von Anbeginn gerechnet hat. Dessen spezifische Besonderheit im Unterschied zum Ortsgemeindepfarramt liegt in der Notwendigkeit institutioneller Wahrnehmung des dem Wesen jeder Gottesdienstgemeinde unveräußerlich zugehörenden universalkirchlichen Bezugs in überörtlicher Hinsicht begründet. Seinem Begriff entsprechend ist das Bischofsamt sonach Amt der Aufsicht über die Presbyterien im Sinne des ekklesiologisch geforderten Dienstes an deren Einheit untereinander. Alle kirchlichen Pflichten und Rechte eines Bischofs sind, sofern sie sich von denen eines Pfarrers unterscheiden, von diesem – die spezifische Eigentümlichkeit des episkopalen Amtes bedingenden – Bestimmungsgrund her zu entfalten. Geschieht dies, dann wird u.a. auch der umstrittenen Thematik eines episkopalen Ordinationsvorbehalts derjenige kontextuelle Rahmen zuteil, welcher die Voraussetzung einer einvernehmlichen Lösung traditionell kontroverstheologischer Probleme darstellt. Das trifft nicht zuletzt in Bezug auf das Verhältnis zwischen den Reformationskirchen und der römisch-katholischen Kirche zu. Einer solchen Problemlösung kommt die Tatsache entgegen, dass die genaue Definition des Verhältnisses von Presbyterat und Episkopat eine bis heute noch nicht abschließend geklärte Materie römisch-katholischer Ekklesiologie darstellt; denn dadurch wird das erforderliche Maß an Flexibilität in ökumenisch entscheidenden Fragen eröffnet. Zwar behauptete bereits das Tridentinum unzweifelhaft einen Unterschied zwischen Priestern und Bischöfen in der hierarchischen Ordnung, wobei die episkopale Superiorität namentlich mit der Vollmacht zum Firmen und Weihen in Verbindung gebracht wurde. Doch verzichtete das Konzil bemerkenswerterweise darauf, die Frage nach der Sakramentalität des Episkopats zu entscheiden und den göttlichen Ursprung des bischöflichen Vorrangs zu deklarieren; gesagt wird lediglich, dass die Rangstufung von Priester und Bischof „divina ordinatione" (DH 1776) erfolgt sei. Im

II. Vatikanum konnte es dann allerdings eine Weile so scheinen, als sei das Presbyterat lediglich ein abgeleiteter und beschränkter Modus des Episkopats. Das dem – vom schließlichen Endergebnis her geurteilt – nicht so ist, wird man gleichwohl sagen dürfen und sagen müssen. Denn sowenig der ordinierte pastor loci bloßer Repräsentant seines Bischofs ist, sowenig hört die zur eucharistischen Gottesdienstgemeinschaft konkret versammelte Gemeinde dadurch, dass sie unveräußerlich auf eine überörtliche und transregionale Kircheneinheit bezogen und hingeordnet ist, auf, Kirche im ekklesiologischen Vollsinn des Begriffs zu sein.

3. Ordination, Ordinationskompetenz und apostolische Sukzession

Das evangelische Verständnis der unter Gebet und Handauflegung vollzogenen Ordination ist dem in Grundzügen skizzierten Verständnis des kirchlichen Amtes konform. Ordination ist ordnungsgemäße Berufung in das kirchliche Amt öffentlicher Evangeliumsverkündigung in Wort und Sakrament. Dabei ist die entscheidende Frage nicht die einer möglichen Sakramentalität der Ordination. Wenn das Amt nicht zum sazerdotalen Priestertum verkehrt wird, welches Gott durch Opfergaben gnädig zu stimmen sucht, anstatt die göttliche Gnadengabe verbindlich zuzusagen, hätte es nach Urteil der Reformatoren „kein Beschwerung, die Ordination ein Sakrament zu nennen" (BSLK 293, 38f; AC XIII,11: „Si autem ordo de ministerio verbi intelligatur, non gravatim vocaverimus ordinem sacramentum"). Ist doch der Allgemeinbegriff des Sakraments, der in den biblischen Schriften kein Funktionsäquivalent hat und in der Dogmengeschichte des Christentums erst relativ spät seine bis heute gebräuchliche Verwendung fand, nach reformatorischem Urteil lediglich ein heuristischer bzw. nachträglich zusammenfassender Hilfsbegriff, der das Verständnis der einzelnen für das Leben der Kirche elementaren Zeichenvollzüge nicht prädominieren darf, so dass schließlich auch das Problem der genauen Zahl der Sakramente als theologisch sekundär zu betrachten ist. Die unter bestimmten Bedingungen konzedierte Anwendung des Sakramentsbegriffs auf die Ordination beinhaltet indes nach reformatorischer Auffassung nicht die Meinung, durch das ordinatorische Wirkzeichen der Handauflegung werde ein gesonderter, die Taufgnade steigernder Gnadenstand begründet. Diese Annahme ist vielmehr ebenso auszuschließen wie der Gedanke einer durch Ordination begründeten Exklusivvollmacht der Christusrepräsentanz bzw. einer Monopolkompetenz authentischer Schriftauslegung und christlicher Wahrheitsvergewisserung. Weit davon entfernt, die Gnadenstandsparität aller Getauften aufzuheben, bestätigt das durch Ordination vermittelte Amt der Kirche nach evangelischem Verständnis vielmehr gerade in seiner Besonderheit die Allgemeinheit des Priestertums aller, insofern der spezifische Dienst des ordinationsgebundenen Amtes darin besteht, durch geordnete Wahrnehmung der Aufgabe öffentlicher Evangeliumsverkündigung Separation zu vermeiden und der Einheit und universalen Sendung aller zu dienen.

Wie das Ordinationsverständnis als solches, so resultiert auch die Antwort auf die Frage nach der regulären Ordinationskompetenz aus der entwickelten Grundbestimmung des ordinationsgebundenen Amtes und seinen presbyteralen und episkopalen Wahrnehmungsformen. Nach Maßgabe des ekklesiologischen Zentralartikels der Confessio Augustana ist die Kirche die „Versammlung aller Glaubigen, bei welchen das Evangelium rein gepredigt und die heiligen Sakrament lauts des Evangelii gereicht werden" (CA VII,2 „congregatio sanctorum, in qua evangelium pure docetur et recte administrantur sacramenta"). In dieser Wendung ist zwar der ursprüngliche Sinn der dem Apostolikum eingefügten Formel „communio sanctorum" zweifellos mitenthalten, der zufolge die Kirche die Gemeinschaft derer ist, die durch Teilhabe an den sancta dazu bestimmt sind, sancti zu sein. Doch akzentuiert der Terminus „congregatio" nachdrücklich den konkreten Versammlungscharakter der durch Wort und Sakrament vereinten Christenschar. Inbegriff und Vollgestalt der Kirche ist sonach die Ortsgemeinde. Den Prototyp des kirchlichen Amtes stellt entsprechend das Ortspfarramt des pastor loci dar. Da indes die Gemeinschaft des Glaubens ihrer Bestimmung nach die Grenzen des Raumes und der Zeit transzendiert und sonach jede Ortsgemeinde einen universalkirchlichen Bezug wesentlich beinhaltet, hat sich die Reformation der geschichtlichen Notwendigkeit institutionellamtlicher Wahrnehmungsgestalten übergemeindlicher Episkopé keineswegs verschlossen, wobei der episkopale Dienst als mit dem Auftrag besonderer Sorge um die Identität und Kontinuität christlichen Zeugnisses im Laufe der Zeiten verbunden zu denken ist. CA XXVIII anerkannte daher nicht nur prinzipiell das traditionelle Bischofsamt, sondern erklärte es fernerhin als wünschenswert, die episkopale Ordination als deren Regelfall beizubehalten, auch wenn die Möglichkeit presbyteraler Ordinationen in Ausnahmefällen der Not für nicht nur legitim, sondern für geboten erachtet wurde. Nach wie vor sieht das Ordinationsrecht der meisten aus der Reformation hervorgegangenen Kirchen die Mitwirkung von Trägern übergemeindlicher Leitungsfunktionen bei Ordinationsfeiern vor.

Hinzuzufügen ist, dass ein evangelisches Ordinationsrecht entsprechend der Zuordnung des ordinationsgebundenen Amtes zu jenem Priestertum, an dem alle Gläubigen vermöge ihrer Taufe partizipieren, auch die

Belange der Gemeinden und ihrer nichtordinierten Glieder gebührend zu berücksichtigen hat. Die übliche Mitwirkung von Gemeindevertretern bei Ordinationsfeiern ist nach evangelischem Verständnis mehr als eine schöne Zutat. Denn es gilt, dass die institutionelle Kontinuierung des ordinationsgebundenen Amtes, wie sie in der Ordination statthat, nicht ausschließlich in der Vollmacht von Ordinierten liegt – seien diese nun Episkopen oder Presbyter. Damit ist zugleich der entscheidende kritische Grundsatz für die Beurteilung des Prinzips der apostolischen Amtssukzession formuliert, welche innerhalb der durch diesen Grundsatz abgesteckten Rahmenbedingungen auch unter evangelischen Voraussetzungen durchaus positiv zu bewerten ist.

Auszugehen ist von der Tatsache, dass reformatorische Ekklesiologie zusammen mit der Einheit, Heiligkeit und Katholizität der Kirche ebenso entschieden deren Apostolizität bekennt. Als Kriterium kirchlicher Apostolizität fungiert dabei die Übereinstimmung mit der apostolischen Lehre, welche in der Hl. Schrift beurkundet und vom Bekenntnis des Glaubens, wie es in den altkirchlichen Symbolen exemplarischen Ausdruck gefunden hat, bezeugt wird.[9] Dabei ist selbstverständlich vorausgesetzt, dass von

---

[9] Als notae ecclesiae sind evangeliumsgemäße Verkündigung und stiftungsgemäße Sakramentsverwaltung naturgemäß auch Erkenntniszeichen des ekklesiologischen Wesensattributs der Apostolizität, ohne deren Gegebensein von apostolischer Kirche nicht die Rede sein kann. Im Einzelnen gilt folgendes: Kirche im ekklesiologischen Sinn des Begriffs gründet in dem in Jesus Christus, dem auferstandenen Gekreuzigten, offenbaren dreieinigen Gott. Der Geist, der von dem im Sohne offenbaren Vater ausgeht, erwählt und sammelt durch eingesetzte Wirkmittel realer Christuspräsenz, wie sie von den Aposteln genuin bezeugt und in der Heiligen Schrift beurkundet sind, die Gemeinschaft des Glaubens und bestimmt sie als Gottes Volk des Neuen Bundes zum Zeichen universalen Heils für Menschheit und Welt, damit sie durch Bekenntnis des Glaubens und Tat der Liebe Zeugnis gebe vom Evangelium zur Erbauung des Leibes Christi und zur Beförderung der Hoffnung des kommenden Reiches Gottes, in welchem sich die Sendung der Kirche erfüllt, zu der sie von ihrem Herrn berufen ist. Angemessen zu entsprechen vermag die Kirche ihrer eschatologischen Mission nur in „wahrer Einigkeit" (BSLK 61,8), wie sie ihr von ihrem ekklesiologischen Begriff her wesentlich ist. Nach Maßgabe von CA VII ist es für die Realisierung solcher Einigkeit ebenso notwendig wie hinreichend, „daß da einträchtiglich nach reinem Verstand das Evangelium gepredigt und die Sakrament dem gottlichen Wort gemäß gereicht werden" (BSLK 61,9–12): „Et ad veram unitatem ecclesiae satis est consentire de doctrina evangelii et de administratione sacramentorum" (CA VII,2). Communio ecclesiarum ist inhaltlich bestimmte Konsensgemeinschaft. Was dies präzise heißt, dürfte die interessanteste ökumenische Frage sein, an deren unterschiedlicher Beantwortung sich in der Regel der verbleibende Dissens entzündet. Wie wird der nach evangelischem Urteil für Kirchengemeinschaft notwendige und hinreichende Konsens bezüglich reiner Evangeliumsverkündigung und stiftungsgemäßer Sakramentsverwaltung authentisch repräsentiert? Mehr und wichtiger noch: Wie lassen sich die notae eccle-

siae, also die reine Evangeliumsverkündigung in ihrer Richtigkeit und die rechte Sakramentsverwaltung in ihrer Stiftungsgemäßheit angemessen erkennen? Mit diesen Fragen sind m.E. die bislang noch nicht behobenen Differenzen im ökumenischen Dialog um die Ekklesiologie im Allgemeinen und die Amtstheologie im Besonderen markiert.

In diesem Zusammenhang sei mir noch eine Bemerkung in eigener Sache erlaubt: Nach Eberhard Jüngel (Credere in ecclesiam. Eine ökumenische Besinnung, in: ZThK 99 [2002] 177–195, 183 Anm. 19) läuft die Forderung einer präzisen Beantwortung der Frage nach den Erkenntnisbedingungen der notae ecclesiae auf die Zerstörung von deren Begriff hinaus. „Denn wenn diese, um als Kennzeichen der Kirche gelten zu können, auf die Beantwortung der Frage nach den Möglichkeitsbedingungen ihrer Erkenntnis angewiesen wären, dann wären sie nicht mehr, was sie doch sein sollen: nämlich Kennzeichen, die jeden, der sie zur Kenntnis nimmt, dessen gewiß machen, daß die verborgene Kirche da anwesend ist, wo diese Kennzeichen vollzogen werden. Nach reformatorischem Verständnis leisten die reine Verkündigung des Evangeliums und die dem Evangelium gemäße Darreichung der Sakramente eben dies, weil sie selber die Präsenz der una sancta catholica et apostolica ecclesia bewirken, so daß immer da, wo die notae ecclesiae vollzogen werden, zu Recht behauptet werden kann: hier und jetzt ist die verborgene Kirche präsent." Ich sehe nicht, weshalb durch diese Argumentation die Frage nach den Möglichkeitsbedingungen der Erkenntnis der notae ecclesiae als unstatthaft erwiesen sein soll. Denn die Stimmigkeit der vorgetragenen Argumente hängt von der vorausgesetzten Beantwortbarkeit zumindest folgender Fragen ab: Welches sind die notae, die als Kennzeichen der Kirchen gelten können? Im Falle der Sakramente, um nur diese zu nennen, war und ist das keineswegs unumstritten. Auch wenn man das Problem ihrer Zahl dogmatisch nicht übergewichten darf (vgl. im Einzelnen meinen Artikel Sakramente I u. II, TRE XXIX, 663–695, bes. 689ff.): Der Begriff des Sakraments verlangt, wenn er bestimmt verwendet werden soll, notwendig eine Beantwortung der Stiftungsfrage. Mit der Frage der Einsetzung der Sakramente und ihres stiftungsgemäßen Gebrauchs ist diejenige der Reinheit der Evangeliumsverkündigung untrennbar verbunden. Wie lässt sich das Evangelium als Evangelium wahrnehmen und die Evangeliumsgemäßheit der Verkündigung gewährleisten? Im evangelischen Sinne zu beantworten ist diese Frage gewiss nur durch den Verweis auf das Evangelium selbst und die ihm in der Kraft des göttlichen Geistes eignende Selbstbewährungsfähigkeit. Doch unterscheidet sich diese zutreffende Antwort von einer bloßen Versicherung nur dann, wenn sie in der Gewissheit sich erweisenden Selbstbewährungsvermögens des Evangeliums klar von dessen inhaltlicher Bestimmtheit zu sprechen vermag. Von der Reinheit der Evangeliumsverkündigung lässt sich nur reden, wenn der Inhalt des Evangeliums klar ist. Würde, um es an einem ehemaligen Tübinger zu verdeutlichen, Ernst Käsemanns These ihre Richtigkeit haben, der neutestamentliche Kanon begründe nicht nur nicht die Einheit der Kirche, sondern die Vielfalt widerstreitender Konfessionen, ja die Unzahl aller möglichen Sekten und Häresien (vgl. Ernst Käsemann [Hg.], Das Neue Testament als Kanon. Dokumentation und kritische Analyse zur gegenwärtigen Diskussion, Göttingen 1970, hier bes.: 131 und 402), dann könnte von evangelischer Klarheit nicht mehr die Rede sein und das reformatorische Schriftprinzip samt seiner konstruktiven Implikationen wäre dahin. Kurzum: Die traditionellen Kontroversen um die Gewährleistung der Authentizität der Schriftauslegung, der Vergewisserung des Kanonizität des Kanons usf. sind keineswegs von gestern. Sie haben ihre aktuelle Bedeutung und müssen nachgerade im Zusammenhang des Problems der notae ecclesiae im Interesse ökumenischer

Zeugnis ohne Zeugen aktuell nicht die Rede sein kann. Als apostolisch kann die Zeugenschaft der Zeugen indes nur dann gelten, wenn sie sich im Kontext des kanonisch vorgeschriebenen und im Namen Jesu konzentrierten *verbum externum* bewegt und von der Gewissheit getragen ist, dass sich in, mit und unter dem äußeren Buchstaben des Wortes der Schrift, welche situationsgerecht auszulegen kirchlicher Zeugenschaft aufgetragen ist, der Geist des auferstandenen und zur Rechten Gottes erhobenen Gekreuzigten selbst lebendig zu bezeugen vermag. Neben Mandatstreue ist sonach die Verheißungsgewissheit gegebener Selbstbezeugungsfähigkeit des Bezeugten kennzeichnend für die Apostolizität kirchlicher Zeugenschaft. Das gilt auch und gerade unter amtstheologischen Gesichtspunkten. Daher kann das recht verstanden hilfreiche und schätzenswerte Zeichen der apostolischen Amtssukzession, wie es u.a. in der praktizierten Vorstellung einer ununterbrochenen Kette von Handauflegungen im Zusammenhang von episkopalen bzw. presbyteralen Ordinationsvollzügen zum Ausdruck kommt, unter evangelischen Bedingungen nicht als eine Garantie für die Identität und Kontinuität apostolischer Wahrheit durch die Zeiten hindurch gewertet werden. Eine solche Wertung kommt nicht nur deshalb nicht in Frage, weil die Annahme einer bis zu den apostolischen Ursprüngen zurückreichenden ununterbrochenen Kette bischöflicher Handauflegungen eine historische Fiktion darstellt. Sie ist auch und vor allem deshalb ausgeschlossen, weil prinzipielle theologische Gründe dagegen sprechen, mit einer Amtsperson oder einer Gruppe von Amtspersonen den förmlich autorisierten Anspruch infallibler Wahrheitsgewährleistungs-Kompetenz zu verbinden. Trifft dies zu, dann darf die sog. historische Amtssukzession einschließlich der successio sedis weder zu einem Konstituens des Kircheseins der Kirche noch zur Bedingung der Möglichkeit von Kirchengemeinschaft erklärt werden, auch wenn sie zum bene esse der Kirche zu rechnen ist. In der Regel wird dies sowohl im Anglikanismus als auch in den sonstigen Reformationskirchen, welche das Zeichen der historischen Amtssukzession bewahrt haben, so gesehen, selbst wenn die Akzentsetzungen im Einzelnen unterschiedlich ausfallen. Auch die römisch-katholische und die orthodoxe Theologie, so denke ich, werden hier nicht grundsätzlich anders urteilen, um den falschen Schein rein formalautoritativer Lösungen abzuwehren. Im Übrigen lässt sich das Thema apostolischer Amtssukzession insgesamt nur im großen Rahmen der Amtstheologie, ja der Ekklesiologie überhaupt erfolgsverspre-

---

Verständigung offen durchgefochten werden. Ich denke, Eberhard Jüngel weiß das mindestens ebenso gut wie ich. Deshalb vermag ich nicht einzusehen, warum er meine Forderung nach mehr evangelischer Klarheit in diesem Kontext als das bereits eingetretene „Ende aller Klarheit" disqualifiziert.

des Jurisdiktionsprimats sein, von der her seine primatiale Funktion zu begründen wäre. Eine solche Begründung könnte vielmehr nur im Hinblick auf bewährte und zu bewährende pastorale Kompetenz erfolgen, die ihrerseits zur Voraussetzung hat, dass der Papst nicht als Universalbischof über die ganze Kirche und in dem übersteigerten Bewusstsein, in Person die sakramentale Präsenz des Grundes und Zieles kirchlicher Einheit zu sein, sondern unter Achtung und Wahrung der Prinzipien der Kollegialität, Subsidiarität und Synodalität als Bischof von Rom seines Amtes waltet, wodurch eine päpstliche Monopolstellung in lehrmäßiger und rechtlicher Hinsicht ausgeschlossen wäre. Unter diesen theoretischen und praktischen Umständen werden ihm, so will ich meinen, die evangelischen Kirchen die Ehre, „Vorsitzender der Liebe" in der Christenheit zu sein, nicht streitig machen müssen.

Autorinnen und Autoren

Deselaers, Paul (römisch-katholisch), geb. 1947, Dr. theol., Spiritual am Bischöflichen Priesterseminar Münster; Lehrbeauftragter für Homiletik an der Katholisch-Theologischen Fakultät der Westfälischen Wilhelms-Universität Münster; Pfarrer in Greven-Gimbte

Faber, Eva-Maria (römisch-katholisch), geb. 1964, Dr. theol., Professorin für Dogmatik an der Theologischen Hochschule Chur

Genn, Felix (römisch-katholisch), geb. 1950, Dr. theol., Bischof von Essen

Gerhards, Albert (römisch-katholisch), geb. 1951, Dr. theol., Professor für Liturgiewissenschaft an der Katholisch-Theologischen Fakultät der Rheinischen Friedrich-Wilhelms-Universität Bonn

Hauke, Reinhard (römisch-katholisch), geb. 1953, Dr. theol., Pfarrer der Dompfarrei St. Marien in Erfurt

Haunerland, Winfried (römisch-katholisch), geb. 1956, Dr. theol., Professor für Liturgiewissenschaft an der Katholisch-Theologischen Fakultät der Bayerischen Julius-Maximilians-Universität Würzburg

Hauschild, Wolf-Dieter (evangelisch), geb. 1941, Dr. theol., Professor für Alte Kirchengeschichte der Evangelisch-Theologischen Fakultät der Westfälischen Wilhelms-Universität Münster

Heller, Dagmar (evangelisch), geb. 1959, Dr. theol., Oberkirchenrätin der Evangelischen Kirche in Deutschland; Referentin für Fragen der Ökumene

Hilberath, Bernd Jochen (römisch-katholisch), geb. 1948, Dr. theol., Professor für Dogmatik und Direktor des Instituts für Ökumenische Forschung der Katholisch-Theologischen Fakultät der Eberhard-Karls-Universität Tübingen

Jordahn, Ottfried (evangelisch), geb. 1939, Dr. theol., Pastor em. in Hamburg

Klaiber, Walter (methodistisch), geb. 1940, Dr. theol., Bischof der Evangelisch-Methodistischen Kirche in Deutschland

Kühn, Ulrich (evangelisch), geb. 1932, Dr. theol., Prof. em. für Systematische Theologie an der Evangelisch-Theologischen Fakultät der Universität Leipzig

Lehmann, Karl Kardinal (römisch-katholisch), geb. 1936, Dr. phil., Dr. theol., Bischof von Mainz, Vorsitzender der Deutschen Bischofskonferenz; Bischöflicher Leiter des Ökumenischen Arbeitskreises evangelischer und katholischer Theologen

Lies, Lothar (römisch-katholisch), geb. 1940, Dr. theol., Professor für Dogmatik am Institut für Historische Theologie der Katholisch-Theologischen Fakultät der Leopold-Franzens-Universität Innsbruck

Ulrike Link-Wieczorek (evangelisch), geb. 1955, Dr. theol., Professorin für Systematische Theologie und Religionspädagogik an der Carl von Ossietzky-Universität Oldenburg

Löwe, Hartmut (evangelisch), geb. 1935, Dr. theol., Bischof em. für die Evangelische Militärseelsorge in Deutschland; Bischöflicher Leiter des Ökumenischen Arbeitskreises evangelischer und katholischer Theologen

Meyer, Harding (evangelisch), geb. 1928, Dr. theol., Professor em. am Institut für Ökumenische Forschung des Lutherischen Weltbundes in Straßburg

Miggelbrink, Ralf (römisch-katholisch), geb. 1959, Dr. theol., Professor für Systematische Theologie an der Universität Essen

Neuner, Peter (römisch-katholisch), geb. 1941, Dr. theol., Professor für Dogmatik und Direktor des Ökumenischen Forschungsinstituts an der Katholisch-Theologischen Fakultät der Ludwig-Maximilians-Universität München

Nüssel, Friederike (evangelisch), geb. 1961, Dr. theol., Professorin für Systematische Theologie und Direktorin des Instituts für Ökumene der Evangelisch-Theologischen Fakultät der Westfälischen Wilhelms-Universität Münster

Olbrich, Christiane (evangelisch), geb. 1944, Dr. phil., Kirchenrätin, Leiterin der Abteilung Personalförderung in der Evangelischen Landeskirche von Baden

Röhrig, Hermann-Josef (römisch-katholisch), geb. 1955, Dr. theol., Professor für Systematische Theologie an der Philipps-Universität Marburg

Sattler, Dorothea (römisch-katholisch), geb. 1961, Dr. theol., Professorin für Ökumenische Theologie und Dogmatik und Direktorin des Ökumenischen Instituts der Katholisch-Theologischen Fakultät der Westfälischen Wilhelms-Universität Münster

Stuflesser, Martin (römisch-katholisch), geb. 1970, Dr. theol., Privatdozent für Liturgiewissenschaft an der Katholisch-Theologischen Fakultät der Westfälischen Wilhelms-Universität Münster

Thönissen, Wolfgang (römisch-katholisch), geb. 1955, Dr. theol., Professor für Ökumenische Theologie an der Kirchlichen Hochschule Paderborn und Leitender Direktor des Johann-Adam-Möhler-Instituts für Ökumenik in Paderborn

Ullrich, Peter-Otto (römisch-katholisch), geb. 1950, Dr. phil., Ordinariatsrat; Leiter der Abteilung Personal- und Organisationsförderung im Bischöflichen Ordinariat Mainz

Wagner, Harald (römisch-katholisch), geb. 1944, Dr. theol., Professor für Dogmatik und Dogmengeschichte an der Katholisch-Theologischen Fakultät der Westfälischen Wilhelms-Universität Münster

Welker, Michael (evangelisch), geb. 1947, Dr. theol., Professor für Systematische Theologie an der Ruprecht-Karls-Universität Heidelberg

Wenz, Gunther (evangelisch), geb. 1949, Dr. theol., Professor für Systematische Theologie und Direktor des Instituts für Fundamentaltheologie an der Evangelisch-Theologischen Fakultät der Ludwig-Maximilians-Universität München

Werbick, Jürgen (römisch-katholisch), geb. 1946, Dr. theol., Professor für Fundamentaltheologie an der Katholisch-Theologischen Fakultät der Westfälischen Wilhelms-Universität Münster